La Historia de Daniel el Profeta

Stephen N. Haskell

"Y tú irás al fin, y reposará, y te levantarás en tu suerte al fin de los días."
Daniel 12:13

PALABRA DEL EDITOR

La *Historia de Daniel el Profeta* fue escrita originalmente por Stephen N. Haskell en 1901 y ha resultado ser una rica bendición para muchos. No obstante, volvamos a recorder que la verdad es progresiva. La luz más brillante anunciada por los que nosh an precedido se convierte en un peldaño para nosotros hacia una luz nueva y más brillante. La comprensión de la profecia y de la interpretación bíblica de nuestros pioneros fue una luz brillante para la época en que vivieron y ha sentados una base segura para el progreso hacia el cielo del pueblo de Dios en la actualidad, aunque desde entonces se ha proporcionado una luz y una comprensión aún mayores. Cada pequeño detalle de la interpretación profética, las fechas, etc. contenidas en este libro pueden no ser absolutamente correctas según nuestra comprensión actual. No hemos vuelto a publicar este libro con la intención de probar o promover una comprensión particular de la profecía o de la interpretación bíblica, sino más bien para llamar la atención sobre las sorprendentes percepciones de Haskell sobre la verdadera educación y sobre los tratos de Dios con su pueblo en los acontecimientos que rodean la vida de Daniel. Estos proporcionan valiosas lecciones que haríamos bien en aplicar hoy. Es el ferviente deseo de los editores que cada lector estudie cuidadosamente para conocer por sí mismo lo que es la verdad y recuerde que las experiencias del Israel de antaño han sido escritas para nuestra admonición, sobre quienes ha llegado el fin del mundo (1 Corintios 10:11).

-*Los Editores, A Thinking Generation Ministries*

Edición Orignial Publicado por
REVIEW AND HERALD PUB. CO.,
Battle Creek, Mich.
CHICAGO, ILL. TORONTO, ONT. ATLANTA, GA.

Ingresado segun la Ley del Congreso, en el año 1901, por
STEPHEN N. HASKELL,
En la oficina del Bibliotecario del Congreso, Washington, D. C.
TODOS LOS DERECHOS RESERVADOS.

Copyright © 2021 por
A Thinking Generation Ministries
ISBN 978-0-9977124-8-3

CONTENTS

PREFACIO DEL AUTOR 4
INTRODUCCIÓN 5
UNAS PALABRAS AL LECTOR..12
   I.— DANIEL Y SUS SEGUIDORES PROBADOS............................13
   II.— UNA CONTROVERSIA ENTRE VERDAD Y ERROR 29
   III.— LA VERDADERA LIBERDAD EN ADORACION....................41
   IV.— EL ALTÍSIMO GOBIERNA...53
   V.— LOS ULTIMOS AÑOS DEL REINO BABILONICO 63
   VI.— LA ESCRITURA EN LA PARED (Capitulo 5)..........................71
   VII.— DANIEL EN LA FOSA DE LOS LEONES (Capitulo 6).............81
   VIII.— LA PROFECIA DE DANIEL SIETE 93
   IX.— EL OCTAVO CAPITULO DE DANIEL 111
   X.— LA HISTORIA DE LOS JUDIOS (Capitulo 9)..........................125
   XI.— EL SANTUARIO..143
   XII.— INTRODUCCIÓN A LA ULTIMA VISIÓN (Capitulo10).........163
   XIII.— LA HISTORIA DE LOS DECRETOS (Capitulo 11:1, 2) 171
   XIV.— LA HISTORIA DE GRECIA (Capitulo 11:3-13) 189
   XV.— EL CUARTO REINO (Capitulo 11:14-22)................................211
   XVI.— EL MISTERIO DE INIQUIDAD (Capitulo 11:23-31)...............231
   XVII.— EL TRABAJO DEL MISTERIO DE INIQUIDAD (Capitulo 11:32-45)..249
   XVIII.— CIERRE DE ESCENA (Capitulo 12) 265
APÉNDICE..283
PREGUNTAS PARA EL ESTUDIO 291
ÍNDICE DE REFERENCIAS MARGINALES.....................................347
ÍNDICE GENERAL 259

PREFACIO DEL AUTOR

El mundo está inundado de lecturas ficticias de todo tipo. Lo no real se presenta en el estilo más fascinante, mientras que con demasiada frecuencia las verdades vivas tomadas de la Palabra de Dios se presentan en un estilo sombrío y pesado. La Biblia es el más interesante de todos los libros. Se adapta a todas las mentes. En la Historia de Daniel el Profeta, se han reunido algunos de los hechos interesantes respecto a los tratos de Dios con su pueblo en una narración sencilla. El libro es el resultado de mucho estudio en oración. Se envía con una ferviente oración, para que en las manos de los padres pueda ser el medio de hacer que el estudio de la Biblia en la familia sea una bendición para jóvenes y mayores; y que el maestro en el aula pueda ver preciosos rayos de luz destellando de sus páginas, señalando tanto al maestro como al alumno al Gran Maestro Divino. Dios quiera que al caer en manos de los descuidados e incrédulos, se vean influenciados a leer, y que al leer, contemplen la belleza de nuestro Dios, y sean conducidos a la adoración hacia su santo templo. Confiamos en que, si bien su sencillez atraerá a muchos que no se sentirían inclinados a leer un profundo tratado argumentativo, los más estudiosos encontrarán alimento para sus reflexiones, y así se familiarizarán mejor con el carácter de nuestro Padre Celestial. Los que deseen adentrarse en un estudio más exhaustivo, encontrarán que las referencias marginales abren muchas vetas de precioso mineral en las profundas minas de la Palabra de Dios. Rogamos encarecidamente que ni siquiera el escéptico lo deseche, sino que le dé una lectura atenta y, mientras rastrea la profecía cumplida en la historia del mundo, aprenda a valorar la Palabra de Dios. A lo largo de todo el libro se pone de manifiesto la especial providencia de Dios sobre los que le son fieles, en claro contraste con el destino de los que ignoran su mano guiadora. La verdad es la misma, ya sea en la historia de las naciones o de los individuos. Mientras la Historia de Daniel el Profeta sigue adelante con su misión de amor al Gran Maestro, que resulte una bendición para todas las clases, jóvenes y viejos, curicos y pobres, cultos e ignorantes.

S. N. H.

INTRODUCCIÓN

Las profecías de la Biblia son como los raros diamantes que yacen ocultos en la soledad de la mina. El ojo practicante del prospector descubre las gemas e intuye su valor; y la hábil mano del lapidario saca a relucir sus múltiples bellezas en toda su brillante gloria. Cada faceta brilla como el sol. No se puede agotar un diamante; tampoco las profecías. Quedan nuevas facetas por pulir, para añadir su brillante reflejo al conjunto. En las profecías aparecen tantas facetas como temperamentos diferentes aportan los hombres a su estudio.

La profecía de Daniel no es una excepción. Este libro tiene lecciones para todas las clases. Como la magnitud del campo de su visión es ilimitada en extensión, puede estudiarse desde puntos de vista que ningún hombre puede enumerar. El historiador se deleita con sus registros. El cronólogo se deleita en el cálculo de sus períodos. El amante del Mesías se regocija en la contemplación de los tiempos y acontecimientos que condujeron a su primer advenimiento y demostraron su condición de Mesías. Y el amigo de Dios rastrea con placer los movimientos providenciales por los que el curso de los acontecimientos ha sido controlado, y los hombres han sido puestos y arrojados, tal como han sido instrumentos en las manos de Dios para llevar a cabo sus benéficos designios y propósitos.

Hay lecciones en estos aspectos para aquellos que se interesan por estos temas; pero sobre todo, y más grandes que todo, son las lecciones que se pueden extraer del carácter de Daniel,- su integridad, su devoción al deber, y su firmeza en adherirse a los verdaderos principios, frente al mayor peligro aparente, y en oposición a los dictados de la política mundana. Estos principios brillan con un lustre intacto a lo largo de toda su carrera, y han alentado, consolado y fortalecido a los siervos de Dios en todas las épocas.

Se ha escrito mucho sobre el libro de Daniel, y se podría escribir mucho más, siempre que los principios de la verdad divina, y los nobles ejemplos de fidelidad a ellos, constituyan temas de estudio interesantes y provechosos. En la presente obra se han extraído especialmente lecciones de esta última fuente. Se encontrarán temas maravillosos para el estudio, y se presentan muchos pensamientos notables sobre estos puntos en las siguientes páginas. Se trata de lecciones que pueden ser puestas en práctica con el mayor beneficio satisfactorio y duradero. Aquel que desee dominar la filosofía de una vida cristiana aceptable, y los medios y métodos por los que se puede mantener una estrecha conexión con Dios, no puede encontrar un libro de texto más competente que el proporcionado en el registro de las experiencias del profeta Daniel. Si desea adquirir un sentido vívido del cuidado de Dios por su pueblo, y su recuerdo constante de él, y los medios fáciles de los que se vale para lograr sus fines, encontrará el tema plenamente explotado en la profecía de Daniel.

El ejemplo es un factor poderoso en la promoción de la vida cristiana. "Sed seguidores de mí", dice Pablo, "como yo también lo soy de Cristo". 1 Cor. 11:1. Exhorta a Timoteo a ser "ejemplo de los creyentes". 1 Tim. 4:12. ¿Qué estándar más alto se puede elevar para alcanzar, que el que se muestra en la relación de Daniel con Dios? pues se dice de él que era un "hombre muy amado". Tal fue el enfático testimonio dado por Dios por el

INTRODUCCIÓN

ángel Gabriel a Daniel, viniendo como lo hizo inmediatamente de la corte del cielo y de la presencia de Dios.

La ocasión en que estas palabras fueron pronunciadas por primera vez, muestra la relación que el hombre así dirigido mantenía con Dios, y Dios con él. Fue cuando el profeta, agobiado por la ansiedad respecto a una visión anterior que no había entendido, apeló a Dios en busca de ayuda. Había estado buscando al Señor, mediante una ferviente oración, para conocer el significado de la misma. Un ángel había sido estrictamente encargado de hacer comprender a Daniel todo el asunto. Y ahora, cuando el ángel vino a completar su misión y a hacer que el profeta comprendiera la visión, lo que la enfermedad de Daniel le había impedido hacer en su totalidad en su entrevista anterior (Dan. 8:27), dice: "Oh Daniel, ahora he salido para darte habilidad y entendimiento. Al principio de tu súplica surgió el mandamiento, y he venido para mostrártelo; porque eres muy amado; por lo tanto, entiende el asunto y considera la visión." Dan. 9:22, 23. El ángel afirma que una razón, tal vez la principal, por la que había venido ahora a darle habilidad y entendimiento, era que era un hombre "*muy amado*".

Piensa en las circunstancias de este caso. Dios estaba impartiendo la verdad para dar a conocer al mundo lo que iba a venir después. Estaba haciendo uso de uno de sus siervos para este propósito. El proceso se interrumpió temporalmente. Pero Daniel había fijado su corazón en comprender todo lo que Dios tenía que revelar; y elevó su petición a la única fuente de la que podía venir la ayuda. Ahora bien, fíjate en la respuesta que le llegó desde el trono del universo, de la mano de un poderoso ángel: "Al principio de tu súplica, salió el mandamiento". El mandamiento al que se refiere, fue la orden, o instrucción, a

Gabriel, de bajar a la tierra, a este siervo del Señor, y aclarar todas las dudas e incertidumbre en su mente con respecto a la verdad sobre la que estaba perplejo.

¿Alguien se preguntará ahora si el Señor escucha la oración? ¿Está atento a las necesidades de su pueblo? A la vista de esta narración, ¿cómo podemos albergar el menor vestigio de duda? Tan pronto como la oración de Daniel comienza a ascender al trono, se reciben instrucciones de Dios para que Gabriel descienda a la tierra y cumpla su misión con el profeta. Con presteza él obedece. Y el profeta dice de él: "siendo hecho volar rápidamente". Desde el comienzo de la oración de Daniel, tal como se registra en Daniel 9, hasta ese punto de la oración en que Gabriel apareció en escena (versículo 20), no pudieron pasar más de tres minutos y medio, al ritmo ordinario del habla. En este breve espacio de tiempo la oración del profeta ascendió al cielo, fue escuchada, se tomó una decisión y llegó la respuesta. En el cielo no se pierde el tiempo. El primer débil susurro de deseo por parte del hijo de Dios, se aloja instantáneamente en el trono. Se da la orden de responder, y el mensajero de regreso está de inmediato al lado del profeta, con la respuesta de consuelo y alegría. Ningún "tránsito rápido" terrenal puede igualar esto. ¡Qué vistazo nos da esto a los atrios interiores del mundo celestial! ¡Qué visión de la telegrafía divina allí empleada, y esperando a la orden de la corte! ¡Qué seguridad, ánimo y consuelo deben impartir estos grandes hechos a todo siervo verdadero y confiado en la viña del Señor!

En esta historia de Daniel, no sólo se da un incidente de este tipo sino que toda una serie de ellos se entreteje en este tapiz de la verdad. Comienzan con Daniel como primer ministro en la corte del reino de Babilonia, la ciudad de renombre, revestida de

INTRODUCCIÓN

tal magnificencia que la inspiración ha tenido a bien describirla como la cabeza de oro de la gran imagen representativa del mundo. Daniel 2. El Señor por medio del profeta ha llamado a Babilonia "la gloria de los reinos, la belleza de la excelencia de los caldeos". Isa. 13:19. En esa ciudad había belleza, gloria y excelencia combinadas en las formas más llamativas y prolíficas.

Imaginemos un espacio (debemos imaginarlo, pues no existía antes ni ha existido desde entonces); imaginemos que este espacio contenía 225 millas cuadradas, situadas en una llanura fértil, forjada por un cultivo experto para la soberbia producción de árboles y arbustos ornamentales, flores fragantes y frutos sustanciosos, hasta que el conjunto se convirtió en un verdadero paraíso, como el jardín del Señor; imaginemos este espacio dispuesto en un cuadrado perfecto, regado por el magnífico Éufrates, y rodeado por una muralla de ochenta y siete pies de grosor y trescientos cincuenta pies de altura, de quince millas de longitud por cada lado, y el gran cuadrado de toda la zona de la ciudad, subdividido en cuadrados menores por veinticinco calles que partían de cada lado de la ciudad, paralelas a las murallas opuestas, y en ángulo recto entre sí, y adornadas con palacios, pórticos, columnas, columnatas, torres, monumentos y jardines colgantes, revestidos de todo lo que el arte puede embellecer o el dinero y el trabajo pueden producir, para hacer un lugar agradable a la vista y al tacto y a todos los sentidos corporales.

Así era Babilonia, resplandeciente a la luz del sol sirio, y abanicada por los céfiros más suaves que jamás hayan soplado, cuando Daniel se dispuso a cumplir el largo período de setenta años de cautiverio. Pero fue cautivo sólo del poder político.

Sirvió al Señor, y fue espiritualmente libre. Desde este punto, a través de toda la experiencia personal del profeta, y a través de las escenas abiertas a su mente por el espíritu de profecía, discurre la narración divina. Estas escenas y experiencias se entretejen en este libro en un conjunto, y las lecciones espirituales y prácticas que deben extraerse de ellas están colgadas como estandartes de luz a lo largo de todo el camino.

Nadie puede salir del estudio de las profecías sin que la convicción esté profundamente grabada en su corazón de que el final del curso cristiano bien compensa todo el trabajo y el esfuerzo del viaje celestial. Las palabras del himno expresan bien este sentimiento:—

"Entonces esperemos; no es en vano; Aunque humedecida por nuestro dolor, la tierra; La cosecha nos trae alegría por el dolor; El descanso compensa el cansado trabajo. Porque cosecharán los que sembraron con lágrimas, rica alegría a través de los años eternos".

Después de su largo servicio y de todas sus penosas preocupaciones, la palabra para Daniel fue: "Descansarás y estarás en tu suerte al final de los días". El resultado del servicio cristiano de los discípulos en los últimos días es expresado en un tono similar por el apóstol Juan en el Apocalipsis: "Bienaventurados los muertos que mueren en el Señor desde ahora; sí, dice el Espíritu, para que descansen de sus trabajos; y sus obras los siguen". Apocalipsis 14:13. A Daniel: "Sigue tu camino hasta que llegue el fin; porque descansarás y estarás en tu suerte al final de los días". A Juan: "Ciertamente vengo pronto"; y "mi recompensa está conmigo, para dar a cada uno según su obra". Apocalipsis 22:20, 12. El descanso sigue a la labor; y el fin vendrá. Luego sigue el resto de la promesa: "Estarás en tu suerte". El descanso es indiscutible, y la suerte es segura. ¿Cuál es la suerte en la que Daniel y todos los de carácter similar van a estar finalmente? ¿Quién puede describirla? porque ¿quién puede concebirla? Debe abarcar la condición y todas las circunstancias del pueblo de Dios, cuando sea gloriosamente redimido. Y en referencia a esto, Pablo pronuncia las siguientes palabras vivas: "Ni el ojo ha visto, ni el oído ha oído, ni han entrado en el corazón del hombre, las cosas que Dios ha preparado para los que le aman". 1 Cor. 2:9. Es decir, el más audaz vuelo de la imaginación, la más intensa concepción de las glorias invisibles del mundo celestial, nunca han formado, ni pueden formar, en la mente humana ninguna idea tangible de lo que Dios ha preparado y tiene reservado para su pueblo. "Pero Dios", continúa el apóstol, "nos las ha revelado por su Espíritu". Sí, el Espíritu ha revelado estas cosas a quienes están llenos de ese Espíritu y han recibido el Espíritu Santo.

Nos complace dar, a modo de introducción, esta palabra de elogio a este libro, que tiene nuevas fases para todo lector con oído y mente espiritual; y que nunca envejece.

U.S Battle Creek, Mich., April, 1901.

PALABRA AL LECTOR

Ha sido con mucha oración, y un profundo sentido de la importancia del tema, que se han preparado estas páginas. Estamos viviendo en las escenas finales de la historia de este mundo. El propio tetimonio del Señor, en las palabras finales del libro de Daniel, "Sigue tu camino hasta el final, porque descansarás y estarás en tu destino al final de los días", debería llamar la atención de todos los que están interesados en prepararse para la venida de Cristo. Además, la forma en que el propio Salvador hace mención de las profecías de Daniel no debe pasarse por alto a la ligera. Dice: "Por lo tanto, cuando veáis la abominación de la desolación, de la que habló el profeta Daniel, estar en el lugar santo, (el que lea, que entienda)". El profeta Daniel es el único en la Biblia a quien el Señor dirigió, a través del ángel Gabriel, las palabras: "Eres muy amado". Tales palabras a cualquier mortal vivo en la carne son dignas de consideración por parte de los devotos.

Invitamos a una cuidadosa lectura del contenido de esta obra, con la plegaria de que el Señor imprima las mentes por su Espíritu Santo. El libro no está diseñado para suscitar controversias o despertar discusiones sobre teorías, sino para decir la verdad tal como es en Jesucrito. Desde el principio hasta el final hemos tratado de contar la historia del profeta y sus escritos en un estilo breve y sencillo, para crear un interés religioso en las cosas de Dios. Al estudiante de la Biblia le hemos sugerido pensamientos, tanto en la historia como por las referencias laterales, que fomentarán el estudio en el hogar y en la escuela.

Vuestro en la bendita esperanza,
S. N. H.

LA HISTORIA DE DANIEL EL PROFETA

CAPITULO I

DANIEL Y SUS SEGUIDORES PROBADOS

Aunque Daniel vivió hace doscientos años, es un profeta de los últimos tiempos. Su carácter debe ser estudiado, pues su desarrollo revela el secreto de la preparación por parte de Dios de aquellos que darán la bienvenida a Cristo en su aparición. Sus profecías deben ser comprendidas, pues en ellas está la llave que abre la historia hasta el final de los tiempos. El propio Salvador dio testimonio de ello. Cuando los discípulos le preguntaron: "¿Cuál será la señal de tu venida y del fin del mundo?", dijo: "Cuando veáis la abominación de la desolación de la que habló el profeta Daniel . . el que lea, que entienda". En esto tenemos el permiso divino para leer y entender las profecías de Daniel. Estas profecías están destinadas, por tanto, a advertir al pueblo de la venida de Cristo.

Es cierto que una vez fue un libro sellado, pues se le dijo al profeta que encerrara las palabras y sellara el libro "hasta el tiempo del fin", "porque al tiempo del fin será la visión". Y de nuevo: "Las palabras *están* cerradas y selladas

Y dijo: ¿Sabes por qué he venido á ti?
Dan. 10:20.

Soy pues venido para hacerte saber lo que ha de venir á tu pueblo en los postreros días; porque la visión es aún para días
Dan. 10:14.
Entiende, hijo del hombre, porque al tiempo se cumplirá la visión.
Dan. 8:16, 17.

Behold, I will make thee know what shall be in the last end of the indignation: for at the time appointed the end shall be.
Dan. 8:19.

Matt. 24:3, 15.

Lucas 21:20.

Considera lo que digo; y el Señor te dé entendimiento en todo.
2 Tim. 2:7.

1 Cor. 10:15.

Tú empero Daniel, cierra las palabras y sella el libro hasta el tiempo del fin: pasarán muchos, y multiplicaráse la ciencia.
Dan. 12:4.

NOTA.—En el margen hay muchos pasajes de las Escrituras que dirigirán la mente del lector hacia aquellas porciones de la Biblia que arrojan luz sobre la historia del profeta Daniel. En los textos citados se omiten las marcas de omisión; y con frecuencia se citan varios versículos en la referencia, aunque sólo uno o más están impresos en su totalidad.

LA HISTORIA DE DANIEL EL PROFETA

Y dijo: Anda, Daniel, que estas palabras están cerradas y selladas hasta el tiempo del cumplimiento. Muchos serán limpios, y emblanquecidos, y purificados; mas los impíos obrarán impíamente, y ninguno de los impíos entenderá, pero entenderán los entendidos. Y tú irás al fin, y reposarás, y te levantarás en tu suerte al fin de los días.
Dan. 12:9, 10, 13.

Dan. 8:26.

1 Juan 2:27.

Apoc. 2:29.

*1.*En el año tercero del reinado de Joac- im rey de Judá, vino Nabucodonosor rey de Babilonia á Jerusalem, y cercóla.
*2.*Y el Señor entregó en sus manos á Joacim rey de Judá, y parte de los vasos de la casa de Dios, y trájolos á tierra de Sinar, á la casa de su dios: y metió los vasos en la casa del tesoro de su dios.
Dan. 1:1, 2.

Lam. 4:12.

2 Reyes 23:36.

2 Reyes 24:5.

2 Cron. 36:5-7.

Deut. 32:8.
Hech 13:47, 48.

hasta el tiempo del fin". Pero el tiempo del fin ha llegado. Comenzó en 1798, y aunque "ninguno de los *malvados* entenderá", sin embargo "*los sabios entenderán*". Con el libro de Daniel en la mano, y un corazón abierto para escuchar la voz de Dios, el hombre puede entrar en contacto con el Padre de la luz. "El que tenga oído, que oiga lo que dice el Espíritu".

Daniel comienza el libro con la simple declaración de que en el tercer año del reinado de Joacim, rey de Judá, 607 a.c., Nabucodosor, el rey de Babilonia, llegó a Jerusalem y la sitió; que en el asedio, Joacim fue entregado por el Señor en manos de Nabucodonosor, pero se le permitió permanecer en el trono en Jerusalén, sin embargo, Nabucodonosor se llevó consigo a Babilonia, como tributo, una parte de los vasos de la casa de Dios y, como rehenes, algunos de los miembros de la casa real.

Este acto, con otros similares que le siguieron en rápida sucesión, no fue sino la culminación de unos acontecimientos que comenzaron años antes. Para apreciar este clímax, es esencial que estudiemos las causas que lo provocaron. Puesto que el cautiverio de Judá es una lección objetiva para la gente de la última generación, es doblemente necesario que tracemos la relación entre ciertas causas y resultados.

LA HISTORIA EN BREVEDAD

Dios tenía un objetivo al llamar a la nación judía a separarse de las demás naciones del mundo. Era para que su pueblo se presentara ante el mundo como portador de luz. Como un faro colocado en una colina, Israel debía enviar

DANIEL Y SUS SEGUIDORES PROBADOS 15

rayos de luz al mundo. El plan de educación dado a conocer a Israel a través de sus profetas era el medio para mantener esa luz encendida. Cuando se descuidaba este plan dado por Dios, la luz, como una vela privada del oxígeno que da vida, se apagaba. Entonces fue cuando la nación fue presionada por todos lados por el enemigo. Hay una máxima hebrea que dice que "Jerusalén fue destruida porque se descuidó la educación de sus hijos". Las profecías de Daniel y la historia relacionada demuestran la verdad de esta máxima. Puede añadirse que los judíos fueron restaurados en Jerusalén como resultado de la adecuada educación de unos pocos niños hebreos.

Unos cien años antes de los días de Daniel, Ezequías era rey de Judá. Tras un reinado de trece años, se encontraba en su lecho de muerte, pero suplicó a Dios que le alargara la vida. Así se hizo, y se le añadieron quince años. Al recuperarse el rey fue visitado por embajadores de Babilonia, a quienes mostró todos sus tesoros. Vinieron a oír hablar del Dios poderoso, que podía curar a los enfermos; pero él sólo les mostró tesoros terrenales. Perdió la oportunidad de darles del tesoro del cielo. Entonces llegó un mensaje de Dios por mano del profeta Isaías, diciendo: "He aquí que vendrán días en que todo lo que hay en tu casa... será llevado a Babilonia; no quedará nada". También se le dijo al mismo tiempo que sus descendientes serían eunucos en el palacio del rey de Babilonia.

Aquí se retrató el futuro cautiverio de la raza hebrea. La profecía quedó registrada y fue repetida una y otra vez por las madres judías cuando enseñaban a sus hijos. "¿Debe mi hijo ser un cautivo en la corte de un rey pagano?

Isa. 42:6, 7.
Isa. 49:6.
1 Sam. 10:5-12; 19:23, 24.

Al tercer año de su reinado envió sus príncipes Ben-hail, Obdías, Zacharías, Nathaniel y Michêas, para que enseñasen en las ciudades de Judá. Y con ellos á los Levitas, Semeías, Nethanías, Zebadías, y Asael, y Semiramoth, y Jonathán, y Adonías, y Tobías, y Tobadonías, Levitas; y con ellos á Elisama y á Joram, sacerdotes. Y enseñaron en Judá, teniendo consigo el libro de la ley de Jehová, y rodearon por todas las ciudades de Judá enseñando al pueblo.
2 Cron. 17:7-12.

Mi pueblo fué talado, porque le faltó sabiduría. Porque tú desechaste la sabiduría, yo te echaré del sacerdocio: y pues que olvidaste la ley de tu Dios, también yo me olvidaré de tus hijos.
Oseas 4:6-10.
Isa. 5:13.

En aquellos días cayó Ezechías enfermo para morir. Y vino á él Isaías profeta, hijo de Amoz, y díjole: Jehová dice así: Ordena tu casa, porque tú morirás, y no vivirás. Entonces volvió Ezechías su rostro á la pared, é hizo oración á Jehová. Entonces fué palabra de Jehová á Isaías, diciendo: Ve, y di á Ezechías: Jehová Dios de David tu padre dice así: Tu oración he oído, y visto tus lágrimas: he aquí que yo añado á tus días quince años.
Isa. 38:1-5.
2 Reyes 20:1-6.

En aquel tiempo Merodach-baladán, hijo de Baladán, rey de Babilonia, envió cartas y presentes á Ezechías; porque había oído que había estado enfermo, y que había convalecido. Y holgóse con ellos Ezechías, y enseñóles la casa de su tesoro, no hubo cosa en su casa y en todo su señorío, que Ezechías no les mostrase.
Isa. 39:1, 2.

He aquí, vienen días en que será llevado á Babilonia todo lo que hay en tu casa; De tus hijos que hubieren salido de ti, tomarán, y serán eunucos en el palacio del rey de Babilonia.
Isa. 39:6, 7.
2 Cron. 32:24-26.

Porque mandamiento tras mandamiento, mandato sobre mandato,

16 LA HISTORIA DE DANIEL EL PROFETA

renglón tras renglón, línea sobre línea, un poquito allí, otro poquito allá.
Isa. 28:10.

¡Ojalá miraras tú á mis mandamientos! fuera entonces tu paz como un río, y tu justicia como las ondas de la mar.
Isa. 48:18.

De doce años era Manasés cuando comenzó á reinar, y reinó en Jerusalem cincuenta y cinco años: el nombre de su madre fué Hepsiba. E hizo lo malo en ojos de Jehová, según las abominaciones de las gentes que Jehová había echado delante de los hijos de Israel.
2 Reyes 21:1-3.

Aun el muchacho es conocido por sus hechos, si su obra fuere limpia y recta.
Prov. 20:11.

Y cuando fué de doce años, subieron ellos á Jerusalem conforme á la costumbre del día de la fiesta. Entonces él les dice: ¿Qué hay? ¿por qué me buscabais? ¿No sabíais que en los negocios de mi Padre me conviene estar? Y Jesús crecía en sabiduría, y en edad, y en gracia para con Dios y los hombres.
Lucas 2:42, 49, 52.

2 Cron. 33:1-10.

La vara y la corrección dan sabiduría: mas el muchacho consentido avergonzará á su madre. Corrige á tu hijo, y te dará descanso, y dará deleite á tu alma.
Prov. 29:15-17.
Gen. 18:19.

2 Pedro 3:3, 4.

Jer. 1:2, 3.

Entonces permítanme que lo eduque de tal manera que sea fiel al Dios de sus padres". Hubo otras madres que dejaron pasar ligeramente el pensamiento, y la historia de la vida de sus hijos está registrada para nuestra instrucción.

Tres años después de haber salvado su vida, le nació un hijo a Ezequías. A pesar de la reciente profecía, Ezequías y su esposa, Hefzibá, no enseñaron al joven Manasés en el camino de la verdad. No tenía más que doce años cuando llegó al trono, pero si hubiera sido educado en el temor de Dios, no habría elegido el culto de los paganos.

El joven Jesucristo, a la misma edad, decidió no sólo su propio destino, sino el destino del universo. Cuando tenía doce años, de pie junto al templo de Jerusalén, su futura obra se abrió ante él, y aceptó la misión que se le había asignado. ¿Por qué? Porque María, su madre, le había enseñado que el servicio del corazón a Dios era su mayor placer. Manasés se decidió por las deidades paganas; hizo el mal a los ojos de Dios; y "por los pecados de Manasés" vino el cautiverio de Judá.

A la edad de doce años, Cristo tomó una decisión que salvó al mundo; a la misma edad Manasés eligió un curso que trajo la ruina a la nación. En la formación de su hijo, ¿es Hefzibá o María?

Pasó el largo reinado de Manasés, y la profecía enviada a Ezequías aún no se había cumplido. Los hombres comenzaron a preguntarse si alguna vez se cumpliría. "Desde que los padres se durmieron", decían, "todas las cosas siguen como estaban".

Fue en los días de Josías, el nieto de Manasés, cuando Jeremías profetizó.

DANIEL Y SUS SEGUIDORES PROBADOS 17

A través de este profeta, Dios suplicó a Jerusalén que volviera a él. "He aquí que traeré sobre vosotros una nación de lejos, oh casa de Israel, dice el Señor: es una nación poderosa, es una nación antigua, una nación cuya lengua no conoces". Así se describió a Babilonia y se retrató la inminente perdición de Jerusalén.

Josías se libró de la visión de la destrucción total de Jerusalén debido a las reformas que intentó. En sus días se celebró en Judá, y también en Israel, la mayor fiesta de la Pascua en la historia de la nación. "Porque tu corazón se enterneció y te humillaste ante el Señor, ... he aquí que yo te reuniré con tus padres ... y tus ojos no verán todo el mal que traeré sobre este lugar". De una manera peculiar, Dios le dio a Josías una oportunidad para evitar la calamidad inminente. Todavía no era demasiado tarde para cambiar el curso de los acontecimientos. Esta oportunidad fue a través de los dones de sus hijos. Josías tenía tres hijos y un nieto, que se sentaron a su vez en el trono de Jerusalén. Cada uno de ellos, debido a una formación errónea en la juventud, se negó a tomar a Dios por su palabra y, al fracasar, aceleró el derrocamiento final.

Los tres hijos eran Joacház, Joacim y Sedecías. El nieto fue Johoiachin, que precedió a su tío, Sedequías. El destino de cada uno es una solemne advertencia para las personas que viven al final de los tiempos. El que podría haber sido la luz de las naciones paganas fue tragado por las tinieblas egipcias. Joacim, el segundo, que, debidamente entrenado, habría estado tan cargado del poder de Dios que el rey pagano

---

Mas como la esposa quiebra la fe de su compañero, así prevaricasteis con- tra mí, oh casa de Israel, dice Jehová.
Jer. 3:20.

Deut. 28:49-52.

He aquí yo traigo sobre vosotros gente de lejos, oh casa de Israel, dice Jehová; gente robusta, gente antigua, gente cuya lengua ignorarás, y no entenderás lo que hablare.
Jer. 5:15.

Entonces mandó el rey á todo el pueblo, diciendo: Haced la pascua á Jehová vuestro Dios, conforme á lo que está escrito en el libro de esta alianza.No fué hecha tal pascua desde los tiempos de los jueces que gobernaron á Israel, ni en todos los tiempos de los reyes de Israel, y de los reyes de Judá. A los diez y ocho años del rey Josías fué hecha aquella pascua á Jehová en Jerusalem. Asimismo barrió Josías los pythones, adivinos, y terapheos, y todas las abominaciones que se veían en la tierra de Judá y en Jerusalem, para cumplir las palabras de la ley que estaban escritas en el libro que el sacerdote Hilcías había hallado en la casa de Jehová. No hubo tal rey antes de él que se convirtiese á Jehová de todo su corazón, y de toda su alma, y de todas sus fuerzas, conforme á toda la ley de Moisés; ni después de él nació otro tal..
2 Reyes 23:21-25.

2 Reyes 22:19, 20.

Jer. 18:7, 8.

2 Reyes 24:6, 7.

De veintitres años era Joachaz cuando comenzó á reinar, y reinó tres meses en Jerusalem. El nombre de su madre fué Amutal, hija de Jeremías de Libna. Y él hizo lo malo en ojos de Jehová, conforme á todas las cosas que sus padres habían hecho. De veinticinco años era Joacim cuando comenzó á Reinar, y once años reinó en Jerusalem. El nombre de su madre fué Zebuda hija de Pedaia, de Ruma. E hizo lo malo en ojos de Jehová, conforme á todas las cosas que sus padres habían hecho.
2 Reyes 23:31-37

18   LA HISTORIA DE DANIEL EL PROFETA

Ciertamente vino esto contra Judá por dicho de Jehová, para quitarla de su presencia, por los pecados de Manasés, conforme á todo lo que hizo; asimismo por la sangre inocente que derramó.
2 Reyes 24:1-4.

De dieciocho años era Joachîn cuando comenzó á reinar, y reinó en Jerusalem tres meses. E hizo lo malo en ojos de Jehová.
2 Reyes 24:8, 9, 17.

En aquel tiempo subieron los siervos de Nabucodonosor rey de Babilonia contra Jerusalem, y la ciudad fué cercada. Y llevó en cautiverio á toda Jerusalem, á todos los príncipes, y á todos los hombres valientes.
2 Reyes 24:10-16.

Rey de Babilonia, en el primer año de su reinado, levantó la cabeza de Joachîn rey de Judá, sacán- dolo de la casa de la cárcel: Y hablóle bien, y puso su asiento sobre el asien- to de los reyes que con él estaban en Babilonia. Y mudóle los vestidos de su prisión, y comió siempre delante de él todos los días de su vida. Y fuéle diariamente dada su comida de parte del rey de continuo, todos los días de su vida.
2 Reyes 25:27-30.

2 Reyes 24:17-20.

Y dijo el rey Sedechîas á Jeremías: Témome á causa de los Judíos que se han adherido á los Caldeos, que no me entreguen en sus manos y me escarnezcan.
Jer. 38:17-28.

habría unido sus fuerzas con el rey de Judá o, oponiéndose, habría sido golpeado como por un rayo, fracasando, pagó tributo a Babilonia. Se entró en su capital. Los tesoros de la casa de Dios fueron arrancados despiadadamente de su lugar y dedicados al culto pagano. Los jóvenes, jóvenes brillantes y prometedores, fueron tomados de la familia real para servir al rey de Babilonia. Joacim contempló esto, pero fue impotente para interferir. Su vida había desaparecido; no estaba relacionado con el trono de Dios. Su madre y su padre cometieron un error fatal, pues no le dieron la formación que Dios les había ordenado. Tampoco sacó provecho de estos errores, sino que educó a su hijo en los modales cortesanos y en la filosofía del mundo; y, como resultado, su hijo Joachîn languideció casi treinta y siete años en una prisión en Babilonia. Esta fue otra lámpara sin el aceite; otra alma sin el alimento celestial; otro hijo mal educado que se sumó a la desgracia de Judá. "Jerusalén fue destruida porque se descuidó la educación de sus hijos".

Sedequías, el tercer hijo de Josías, tuvo aún una oportunidad de salvar a Jerusalén. Parte de los tesoros de esta ciudad estaban ya en Babilonia. Daniel y sus compañeros llevaban diecisiete o dieciocho años en la corte cuando Jeremías se presentó ante Sedequías con las palabras "Si sales con seguridad hacia los príncipes del rey de Babilonia, entonces tu alma vivirá y esta ciudad no será quemada por el fuego. . . . Obedece, te ruego, la voz del Señor que te hablo; así te irá bien, y tu alma vivirá". En este tiempo de peligro, ¿cómo actuó Sedequías? ¿Se entregó a los babilonios? Dios lo había ordenado; la ciudad se habría salvado con ello; su propia alma se habría salvado. Sedequías alegó una excusa muy humana, diciendo: "Tengo miedo".

En estos tres hijos se revela la debilidad, la cobardía, la maldad y la ruina final de aquellos que han sido entrenados para el servicio del mundo y no para el servicio de Dios.

Jer. 38:19.

UNA VERDADERA EDUCACIÓN

Viviendo al mismo tiempo y en la misma ciudad con los príncipes ya nombrados, había otros que la Escritura menciona por su nombre. Estos eran Daniel, Ananías, Misael y Azarías, hijos de Judá, de la familia real, parientes de Joacaz, Joacim y Sedequías.

En el primer sitio de Jerusalén, 607 a.C., Daniel no tenía más de dieciocho años; más o menos la edad del príncipe Sedequías, que gobernó después en Jerusalén. Daniel tenía una madre piadosa que conocía la profecía relativa a la destrucción de su ciudad. Ella le repitió a su hijo las palabras de Dios, de que algún día los hijos de los hebreos debían estar en la corte pagana de Babilonia. Esta madre enseñó cuidadosamente a su hijo a leer los pergaminos de los profetas. Se estudió la historia de Israel; se contó y volvió a contar la historia de Nadab y Abiú. El efecto de la bebida fuerte se imprimió en la mente. Se estudiaron las leyes de su propio ser. Se sabía que el exceso en la comida y la bebida embotaría de tal manera la mente que no se podría oír la voz de Dios.

Las canciones que cantaban estos niños hebreos contaban la historia del trato de Dios con su pueblo. Fue así como la imagen de Dios se grabó en sus corazones. Esta educación no

Oye pues, oh Israel, y cuida de ponerlos por obra, para que te vaya bien, y seáis multiplicados, como te ha dicho Jehová el Dios de tus padres, en la tierra que destila leche y miel. Oye, Israel: Jehová nuestro Dios, Jehová uno es: Y amarás á Jehová tu Dios de todo tu corazón, y de toda tu alma, y con todo tu poder. Y estas palabras que yo te mando hoy, estarán sobre tu corazón: Y las repetirás á tus hijos, y hablarás de ellas estando en tu casa, y andando por el camino, y al acostarte, y cuando te levantes: Y has de atarlas por señal en tu mano, y estarán por frontales entre tus ojos: Y las escribirás en los postes de tu casa, y en tus portadas. Cuando mañana te preguntare tu hijo, diciendo: ¿Qué significan los testimonios, y estatutos, y derechos, que Jehová nuestro Dios os mandó?

Deut. 6:3-9, 20.

Trayendo á la memoria la fe no fingida que hay en ti, la cual residió primero en tu abuela Loida, y en tu madre Eunice; y estoy cierto que en ti también.

2 Tim. 1:5.

Tú, y tus hijos contigo , no beberéis vino ni sidra, cuando hubiereis de entrar en el tabernáculo del testimonio, porque no muráis: estatuto perpetuo por vuestras generaciones; Y para poder discernir entre lo santo y lo profano, y entre lo inmundo y lo limpio, Y para enseñar á los hijos de Israel todos los estatutos que Jehová les ha dicho por medio de Moisés.

Lev. 10:9-11.

Prov. 23:19-22.
Deut. 21:20, 21.

Entonces cantó Moisés y los hijos de Israel este cántico á Jehová, y dijeron: Cantaré yo á Jehová, porque se ha magnificado grandemente, echando en la mar al caballo y al que en él subía. Jehová es mi fortaleza, y mi canción, y hame sido por salud: éste es mi Dios, y

á éste engrandeceré; Dios de mi padre, y á éste ensalzaré. Jehová, varón de guerra; Jehová es su nombre.
Ex. 15:1-21.

Jueces 5:1-31.

Sal. 137:1-4.

1 Sam. 2:1-10.

Sal. 105.

1 Juan 2:13, 14.

2 Reyes 5:2-4.

Mucho se alegrará el padre del justo: y el que engendró sabio se gozará con él. Alégrense tu padre y tu madre, y gócese la que te engendró.
Prov. 23:24, 25.

3. Y dijo el rey á Aspenaz, príncipe de sus eunucos, que trajese de los hijos de Israel, del linaje real de los príncipes,
4. Muchachos en quienes no hubiese tacha alguna, y de buen parecer, y enseñados en toda sabiduría, y sabios en ciencia, y de buen entendimiento, é idóneos para estar en el palacio del rey; y que les enseñase las letras y la lengua de los Caldeos.
5. Y señalóles el rey ración para cada día de la ración de la comida del rey, y del vino de su beber: que los criase tres años, para que al fin de ellos estuviesen delante del rey.
6. Y fueron entre ellos, de los hijos de Judá, Daniel, Ananías, Misael y Azarías:

Prov. 23:1-3.

7. A los cuales el príncipe de los eunucos puso nombres: y puso á Daniel, Beltsasar; y á Ananías, Sadrach; y á Misael, Mesach; y á Azarías, Abed-nego.

se obtenía en las escuelas de la época, pues se habían apartado del plan de Dios; pero las madres santas, que vivían cerca del Padre eterno, guiaban a sus hijos con el precepto y el ejemplo, con la palabra y el canto, para formar caracteres que resistieran la prueba.

Era la época en que la mayoría de los jóvenes de la capital de Judá eran salvajes e imprudentes. Se excusaban por su juventud. Pero Dios eligió de entre ellos a algunos en los que podía confiar en una tierra extranjera. Daniel y sus tres compañeros fueron arrebatados del refugio del hogar, y con otros fueron puestos a cargo de Aspenaz, maestro de los eunucos en Babilonia.

Ahora pueden verse los resultados del entrenamiento en el hogar. La comida pura, los pensamientos limpios y el ejercicio físico los colocaron en la lista de "niños en los que no había mancha, sino que eran bien favorecidos". ¿Pero qué hay de su capacidad intelectual? No habían sido educados en las escuelas de Jerusalén, y mucho menos en las de Babilonia. ¿No había un gran peligro de que carecieran de las ciencias o de las ramas esenciales? En el examen, estos cuatro pasaron como "hábiles en toda la sabiduría, y astutos en el conocimiento, y comprensivos en la ciencia", y capaces de aprender una lengua difícil y extranjera. Dios había cumplido su promesa en estos niños de la escuela hogar.

El momento crucial llegó cuando "el rey les asignó una provisión diaria de la comida del rey y del vino que él bebía". Daniel tenía una confianza ilimitada en los principios de la templanza, no sólo porque sabía que eran científicamente ciertos, sino porque eran dados por Dios y, en su caso, habían sido puestos en práctica. Su educación tenía una base bíblica, y sabía que estaba en armonía con la verdadera ciencia. Era una cuestión de vida o muerte; pero los principios eran divinos, y él obedecería, caminaría por fe, y dejaría los resultados a su Hacedor. "Daniel se propuso en su corazón no contaminarse con la porción de la comida del rey, ni con el vino que bebía". El lenguaje del príncipe de los eunucos muestra que hubo otros jóvenes hebreos seleccionados que no hicieron esta petición. "Porque", dijo el príncipe de los eunucos, "¿por qué ha de ver [el rey] vuestros rostros más desagradables que los de los niños de *vuestra clase*?"

Daniel y sus compañeros, después de considerar su peligrosa y difícil posición, llevaron este asunto al Señor en oración, y decidieron ser fieles a los principios. Había mucho en juego en esta decisión. Si se sentaban a la mesa del rey, participarían de alimentos que habían sido consagrados a los ídolos; y los hijos de los hebreos deshonrarían así a Dios, y arruinarían sus propios caracteres al eliminar la salvaguarda de la templanza, y dejarse influir por asociaciones corruptas. Aun a costa de parecer singulares, decidieron no sentarse a la mesa del rey. Podrían haber razonado que por orden del rey se veían obligados a participar en la comida de la mesa real que había sido dedicada a un ídolo. Pero decidieron no implicarse con el paganismo y no deshonrar los principios de su religión nacional y de su Dios. Rodeados de peligros, después de haber hecho un esfuerzo

1 Tim. 6:20, 21.

8. *Y Daniel propuso en su corazón de no contaminarse en la ración de la comida del rey, ni en el vino de su beber: pidió por tanto al príncipe de los eunucos de no contaminarse.*
9. *Y puso Dios á Daniel en gracia y en buena voluntad con el príncipe de los eunucos..*
Dan. 1:3-9.

El vino es escarnecedor, la cerveza albrotadora; y cualquiera que por ello errare, no será sabio.
Prov. 20:1.

10. *Y dijo el príncipe de los eunucos á Daniel: Tengo temor de mi señor el rey, que señaló vuestra comida y vuestra bebida; pues luego que él habrá visto vuestros rostros más tristes que los de los muchachos que son semejantes á vosotros, condenaréis para con el rey mi cabeza.*
11. *Entonces dijo Daniel á Melsar, que estaba puesto por el príncipe de los eunucos sobre Daniel, Ananías, Misael, y Azarías.*
Dan. 1:10, 11.

Encomienda á Jehová tu camino, y espera en él; y él hará.
Sal. 37:5, 6.

¿Para quién será el ay? ¿para quién el ay? ¿para quién las rencillas? ¿para quién las quejas? ¿para quién las heridas en balde? ¿para quién lo amoratado de los ojos? Para los que se detienen mucho en el vino, para los que van buscando la mistura.
Prov. 23:29-32.
No es de los reyes, oh Lemuel, no es de los reyes beber vino, ni de los príncipes la cerveza. No sea que bebiendo olviden la ley, y perviertan el derecho de todos los hijos afligidos.
Prov. 31:4, 5.

Isa. 5:11.

Guarda, hijo mío, el mandamiento de tu padre, y no dejes la enseñanza de tu madre. Te guiarán cuando anduvieres; cuando durmieres te guardarán; hablarán contigo cuando despertares. Porque el mandamiento es antorcha, y la enseñanza luz
Prov. 6:20-23.

*12. Prueba, te ruego, tus siervos diez días, y dennos legumbres á comer, y agua á beber.
13. Parezcan luego delante de ti nuestros rostros, y los rostros de los muchachos que comen de la ración de la comida del rey; y según que vieres, harás con tus siervos.
14. Consintió pues con ellos en esto, y probó con ellos diez días.*
Dan. 1:12-14.

Oye, hijo mío, y recibe mis razones; y se te multiplicarán años de vida.
Prov. 4:10-12.

La ira del rey es mensajero de muerte.
Prov. 16:14.

El trigo alegrará á los mancebos.
Zac. 9:17.

¿Por qué gastáis el dinero no en pan, y vuestro trabajo no en hartura? Oidme atentamente, y comed del bien, y deleitaráse vuestra alma con grosura.
Isa. 55:2.

*15. Y al cabo de los diez días pareció el rostro de ellos mejor y más nutrido de carne, que los otros muchachos que comían de la ración de la comida del rey.
16. Así fué que Melsar tomaba la ración de la comida de ellos, y el vino de su beber, y dábales legumbres.*
Dan. 1:15, 16.

muy decidido para resistir la tentación, debían confiar los resultados a Dios.

Con verdadero valor y cortesía cristiana, Daniel dijo a los oficiales que estaban a su cargo "Te ruego que pongas a prueba a tus siervos durante diez días, y que nos den legumbres para comer y agua para beber. Entonces que nuestros rostros sean vistos ante ti, y los rostros de los niños que comen la porción de la comida del rey; y, según veas, trata a tus siervos." No fue un experimento para ellos, pues preveían el resultado.

El oficial dudó. Temía que la rígida abstinencia que proponían tuviera un efecto desfavorable en su apariencia personal y que, en consecuencia, perdieran el favor del rey. Los niños hebreos explicaron al oficial el efecto de la comida sobre el cuerpo; que comer en exceso y el uso de alimentos ricos entorpecía las sensibilidades, incapacitando la mente y el cuerpo para el trabajo duro y severo. Insistieron muy seriamente en que se les permitiera la dieta simple, y rogaron que se les diera una prueba de diez días, para que pudieran demostrar por su propia apariencia física al final de ese tiempo las ventajas de la comida simple y nutritiva. La petición les fue concedida, pues obtuvieron el favor de Dios y de los hombres. Fue un acto de fe; no había ningún sentimiento de envidia hacia los que comían de la carne del rey. Las mentes de los cuatro se llenaron de pensamientos de amor y paz, y de hecho crecieron durante esos diez días.

Dios aprobó su proceder, pues "al final de los diez días, sus semblantes parecían más bellos y más gordos de carne que todos los niños que comían de la porción de la comida del rey". El claro brillo de los ojos, el rubicundo y saludable resplandor del semblante, denotaban solidez física y pureza moral. A partir de entonces se permitió a los cautivos hebreos tomar la comida que habían elegido.

La legumbre y el agua que entonces deseaban no fue siempre la dieta exclusiva de Daniel; pues, en otra ocasión de su vida posterior, dijo: "No comí pan agradable, ni entró carne ni vino en mi boca." Pero cuando entró en el curso de estudios del rey y se relacionó con la corte real, él y sus hermanos eligieron voluntariamente este alimento sencillo y nutritivo. Del mismo modo, cuando se enfrentaba a cualquier problema difícil, o cuando deseaba especialmente conocer la mente de Dios, el registro habla de la abstinencia de Daniel de la comida de carne, del vino y de los alimentos que tentaban el apetito.

El personaje de Daniel es referido por Ezequiel, que fue un profeta contemporáneo, como representación de aquellos que vivirán justo antes de la segunda venida de Cristo. Las personas serán llamadas a pasar por experiencias que requieren la más aguda visión espiritual; por lo tanto, Dios les pide que renuncien a todas las cosas que de alguna manera frenen el flujo del Espíritu Santo a través de la mente. Aquí radica la razón de la estricta adhesión a los principios de la reforma sanitaria. Daniel y sus compañeros obtuvieron la victoria en el punto del apetito. Esta fue la vía, y la única, a través de la cual se le permitió a Satanás tentar a Adán; y, si Adán se hubiera mostrado fiel en el jardín del Edén, y no hubiera comido del fruto prohibido, el pecado y el sufrimiento nunca se habrían conocido. El apetito fue la puerta abierta

Sal. 42:11.
Isa. 58:8.

Amado, yo deseo que tú seas prosperado en todas cosas, y que tengas salud, así como tu alma está en prosperidad.
3 Juan 1:2.

Dan. 10:3.

Y estuvieren en medio de ella Noé, Daniel, y Job, vivo yo, dice el Señor Jehová, no librarán hijo ni hija; ellos por su justicia librarán su vida.
Eze. 14:20.

Eze. 14:14-20.

Y mirad por vosotros, que vuestros corazones no sean cargados de glotonería y embriaguez, y de los cuidados de esta vida, y venga de repente sobre vosotros aquel día.
Lucas 21:34.

He aquí que esta fué la maldad de Sodoma tu hermana: soberbia, hartura de pan, y abundancia de ociosidad tuvo ella y sus hijas; y no corroboró la mano del afligido y del menesteroso.
Eze. 16:49.

Y mandó Jehová Dios al hombre, diciendo: De todo árbol del huerto comerás; Mas del árbol de ciencia del bien y del mal no comerás de él; porque el día que de él comieres, morirás.
Gen. 2:16, 17.

Gen. 3:17.

24   LA HISTORIA DE DANIEL EL PROFETA

Entonces Jesús fué llevado del Espíritu al desierto, para ser tentado del diablo. Y habiendo ayunado cuarenta días y cuarenta noches, después tuvo hambre. Y llegándose á él el tentador, dijo: Si eres Hijo de Dios, di que estas piedras se hagan pan. Mas él respondiendo, dijo: Escrito está: No con solo el pan vivirá el hombre, mas con toda palabra que sale de la boca de Dios.
Mat. 4:1-4.

Prov. 16:32.

Y todo aquel que lucha, de todo se abstiene.
1 Cor. 9:25.

Variedad de comida a la vez en la Biblia.
Gen. 18:6-8.
Gen. 19:3.
Gen. 25:34.
Rut 2:14.
1 Sam. 30:11, 12.
1 Reyes 17:13-16.
1 Reyes 19:5, 6.
2 Reyes 4:42-44.
Mat. 14:18-20.
Juan 21:9, 12.

17. Y á estos cuatro muchachos dióles Dios conocimiento é inteligencia en todas letras y ciencia: mas Daniel tuvo entendimiento en toda visión y sueños.
Dan. 1:17.

Hijo mío, si tomares mis palabras, y mis mandamientos guardares dentro de ti, si clamares á la inteligencia, y á la prudencia dieres tu voz; Si como á la plata la buscares, y la escudriñares como á tesoros; entonces entenderás el temor de Jehová, y hallarás el conocimiento de Dios.
Prov. 2:1-5.

a través de la cual llegaron todos los resultados del pecado que, durante seis mil años, han sido tan manifiestos en la familia humana.

Cuando Cristo entró en la obra de su ministerio, comenzó donde Adán cayó. La primera tentación en el desierto fue a punto de apetito. Aquí el Salvador tendió un puente sobre el abismo que el pecado había hecho. Redimió a toda la familia de Adán y obtuvo una victoria en beneficio de todos los que son tentados de este modo. En los últimos días Dios probará a su pueblo como probó a Daniel. Un autocontrol voluntario del apetito está en la base de toda reforma.

Significa mucho ser fiel a Dios. Abarca la reforma de la salud. Significa que la dieta debe ser sencilla; exige el ejercicio de la templanza en todas las cosas. Una variedad demasiado grande de alimentos tomados en la misma comida es altamente perjudicial; y sin embargo, cuán a menudo se olvida esto. La mente y el cuerpo deben conservarse en las mejores condiciones de salud. Sólo aquellos que han sido entrenados en el temor y el conocimiento de Dios, y que son fieles a los principios, están capacitados para asumir responsabilidades en la obra final del evangelio.

Daniel y sus compañeros pasaron por una extraña escuela en la que se les capacitó para llevar una vida de sobriedad, industria y fidelidad. Rodeados de grandeza cortesana, hipocresía y paganismo, ejercitaron la abnegación y procuraron absolverse de manera tan acreditada, que los israelitas, su pueblo oprimido, pudieran ser honrados, y que el nombre de Dios fuera glorificado.

DANIEL Y SUS SEGUIDORES PROBADOS

Estos niños tenían al Señor como su educador. Estaban conectados con el Manantial de la sabiduría, por el canal de oro, el Espíritu Santo. Mantenían continuamente una conexión viva con Dios, caminando con él como lo hizo Enoc. Estaban decididos a obtener una verdadera educación; y, como consecuencia de su coparticipación con la naturaleza divina, llegaron a ser en todo sentido hombres completos en Cristo Jesús. Mientras se aplicaban diligentemente para adquirir un conocimiento de las lenguas y las ciencias, también recibieron luz directamente del trono del Cielo, y leyeron los misterios de Dios para las edades futuras.

Cuando, al cabo de tres años, el rey Nabucodonosor puso a prueba la capacidad y las adquisiciones de los príncipes reales de las naciones a los que había estado educando, no se encontró ninguno igual a los jóvenes hebreos, Daniel, Ananías, Misael y Azarías. Superaron diez veces a sus asociados en su aguda comprensión, su lenguaje selecto y correcto, y sus amplios y variados conocimientos. El vigor y la fuerza de sus facultades mentales estaban intactos. De ahí que se presentaran ante el rey. "Y en todos los asuntos de sabiduría y entendimiento que el rey les preguntó, los encontró diez veces mejores que todos los magos y astrólogos que había en todo su reino".

Estos jóvenes respetaban su propia virilidad, y sus talentos encomendados no habían sido debilitados ni pervertidos por la indulgencia del apetito. El bien que deseaban realizar estaba siempre en mente. Fueron fieles en las cosas pequeñas. Dios los honró; porque ellos lo honraron. Dios siempre honra la adhesión

Mas vosotros tenéis la unción del Santo, y conocéis todas las cosas. Pero la unción que vosotros habéis recibido de él, mora en vosotros, y no tenéis necesidad que ninguno os enseñe; mas como la unción misma os enseña de todas cosas, y es verdadera, y no es mentira, así como os ha enseñado, perseveraréis en él.
1 Juan 2:20, 27.

Pero cuando viniere aquel Espíritu de verdad, él os guiará á toda verdad; porque no hablará de sí mismo, sino que hablará todo lo que oyere, y os hará saber las cosas que han de venir.
Juan 16:13.

18. Pasados pues los días al fin de los cuales había dicho el rey que los trajesen, el príncipe de los eunucos los trajo delante de Nabucodonosor.
19. Y el rey habló con ellos, y no fué hallado entre todos ellos otro como Daniel, Ananías, Misael, y Azarías: y así estuvieron delante del rey.
20. Y en todo negocio de sabiduría é inteligencia que el rey les demandó, hallólos diez veces mejores que todos los magos y astrólogos que había en todo su reino.
Dan. 1:18-20.

Manantial de vida es el entendimiento al que lo posee
Prov. 16:22.

Cuando la sabiduría entrare en tu corazón, y la ciencia fuere dulce á tu alma, el consejo te guardará, te preservará la inteligencia: Para librarte del mal camino, de los hombres que hablan perversidades.
Prov. 2.10 12.

Prov. 13:15.

Lucas 16:10.

1 Sam. 2:30.

El principio de la sabiduría es el temor de Jehová: buen entendimiento tienen cuantos ponen aquéllos por obra: su loor permanece para siempre.
Sal. 111:10.

26 LA HISTORIA DE DANIEL EL PROFETA

> Y dijo al hombre: He aquí que el temor del Señor es la sabiduría, y el apartarse del mal la inteligencia.
> Job 28:28.

> Me has hecho más sabio que mis enemigos con tus mandamientos; porque me son eternos. Más que todos mis enseñadores he entendido: porque tus testimonios son mi meditación.
> Sal. 119:98-101.

> El fin de todo el discurso oído es este: Teme á Dios, y guarda sus mandamientos; porque esto es el todo del hombre.
> Ecle. 12:13.

> Instruye al niño en su carrera: aun cuando fuere viejo no se apartará de ella.
> Prov. 22:6.

> Y los sabios del pueblo darán sabiduría á muchos.
> Dan. 11:33.

a los principios. Entre todos los jóvenes más prometedores recogidos de las tierras sometidas por Nabucodonosor, los cautivos hebreos no tenían rival. Su respeto por las leyes de la naturaleza y por el Dios de la naturaleza se revelaba en la forma erguida, el paso elástico, el semblante justo, el aliento impoluto, los sentidos no empañados. No fue por casualidad que alcanzaron su maravillosa sabiduría. "El temor del Señor es el principio de la sabiduría". El fundamento de la más alta educación es el principio religioso. La fe se había desarrollado en la infancia; y cuando estos jóvenes tuvieron que actuar por sí mismos, dependieron de Dios para obtener fuerza y eficiencia en sus labores, y fueron ricamente recompensados.

¿Dónde están los padres que hoy en día enseñan a sus hijos a controlar el apetito, y a mirar a Dios como la Fuente de toda sabiduría? Nuestra juventud se encuentra diariamente con seducciones para gratificar el apetito. Toda forma de indulgencia se hace fácil e invitante, especialmente en nuestras grandes ciudades. Los que se niegan firmemente a contaminarse serán recompensados como lo fue Daniel. La juventud de hoy puede dar un testimonio de peso a favor de la verdadera templanza.

Estos principios, acariciados, capacitarían a los jóvenes arraigados y cimentados en las Escrituras, para entrar en las universidades mundanas y, mientras toman un curso de estudio, difundir las verdades del evangelio, y al final de su curso, salir impolutos. Hubo jóvenes consagrados entre los valdenses que entraron en las universidades mundanas y, mientras obtenían su educación, esparcieron las semillas de la Reforma. Las autoridades papales no pudieron, mediante las más cuidadosas indagaciones, averiguar quién había introducido la llamada herejía; y sin embargo, la obra se había llevado a cabo, dando fruto en la conversión de muchos que se convirtieron en líderes de la causa del protestantismo. Si se practicaran estos principios, se podría confiar en más jóvenes como misioneros en puestos de responsabilidad y en instituciones de enseñanza. Muchos serán aún llamados a presentarse ante jueces y reyes. ¿Cómo se educa a los niños?

Las últimas palabras del primer capítulo de Daniel son verdaderamente significativas: "Daniel continuó hasta el primer año del rey Ciro". En otras palabras, Daniel vivió todos los días del cautiverio en Babilonia, más de setenta años, y tuvo el placer de conocer a ese Ciro cuyo nombre el profeta Isaías había mencionado casi doscientos años antes de que emitiera su maravilloso decreto para la liberación del pueblo de Dios.

¿Has visto hombre solícito en su obra? delante de los reyes estará; no estará delante de los de baja suerte.
Prov. 22:29.

Sino santificad al Señor Dios en vuestros corazones, y estad siempre aparejados para responder con mansedumbre y reverencia á cada uno que os demande razón de la esperanza que hay en vosotros:
1 Pedro 3:15.

21Y fué Daniel hasta el año primero del rey Ciro.
Dan. 1:21.

Que dice de Ciro: Es mi pastor, y cumplirá todo lo que yo quiero, en diciendo á Jerusalem, Serás edificada; y al templo: Serás fundado.
Isa 44:28.

Isa. 45:1, 2.

CAPITULO II

UNA CONTROVERSIA ENTRE LA VERDAD Y EL ERROR

En el segundo año de Nabucodonosor, éste soñó sueños". Así se nos presenta al monarca del mayor de los reinos terrenales en su propia casa. En el capítulo uno, se habla de Nabucodonosor como el que asedió Jerusalén; en el capítulo dos, se habla de él como el gobernante de todas las naciones de la tierra. El reino que Nabucodonosor llevó a la cima de su gloria puede rastrearse en la historia bíblica hasta su fundación. La historia de Babilonia es la historia de la gran controversia entre Cristo y Satanás, iniciada en el cielo, continuada en la tierra, y que sólo terminará cuando la piedra cortada sin manos del monte llene toda la tierra.

La acusación de Satanás contra Dios es que el Padre es injusto. "Pero dame una oportunidad justa", argumentó Lucifer, "y podré establecer un reino en la tierra que superará en gloria al reino de Dios en el cielo". Se le concedió el privilegio de hacer una prueba. Las llanuras de Sinar fueron elegidas; el pueblo al que Dios dijo que llenara toda la tierra fue reunido en una ciudad. Babilonia creció, y sus poderosas murallas de trescientos cincuenta pies de altura y ochenta y siete de grosor, con las enormes puertas de bronce, fueron diseñadas para imitar la fuerza de la ciudad de Dios. En el momento de la fundación de Babilonia, Satanás todavía

1. Y en el segundo año del reinado de Nabucodonosor, soñó Nabucodonosor sueños, y perturbóse su espíritu, y su sueño se huyó de él.
Dan. 2:1.
Dan. 1:1.
Dan. 2:37, 38.
Jer. 27:6-11.

Y Cush engendró á Nimrod: éste comenzó á ser poderoso en la tierra. Este fué vigoroso cazador delante de Jehová; por lo cual se dice: Así como Nimrod, vioroso cazador delante de Jehová. Y fué la cabecera de su reino Babel, y Erech, y Accad, y Calneh, en la tierra de Shinar.

Gen. 11:9.
Isa. 14:12-14.

Y dijeron: Vamos, edifiquémonos una ciudad y una torre, cuya cúspide llegue al cielo; y hagámonos un nombre, por si fuéremos esparcidos sobre la faz de toda la tierra. Por esto fué llamado el nombre de ella Babel.
Gen. 11:1-9.

Mira la tierra de los Caldeos; este pueblo no era; Assur la fundó para los que habitaban en el desierto: levantaron sus fortalezas, edificaron sus palacios; él la convirtió en ruinas.
Isa. 23:13.
Jer. 50:58.

Y un día vinieron los hijos de Dios á presentarse delante de Jehová, entre los cuales vino también Satán. Y dijo Jehová á Satán: ¿De dónde vienes? Y respondiendo Satán á Jehová, dijo: De rodear la tierra, y de andar por ella.
Job 1:6, 7.
Job 2:1, 2.
2 Cron. 18:18.

LA HISTORIA DE DANIEL EL PROFETA

Y Jehová le dijo: ¿De qué manera? Y él dijo: Yo saldré, y seré espíritu de mentira en boca de todos sus profetas.
1 Reyes 22:18-23.

Apoc. 22:1, 2.

Al que con ira hería los pueblos de llaga permanente, el cual se enseñoreaba de las gentes con furor, y las perseguía con crueldad.
Isa. 14:3-7.

He aquí yo contra ti, oh monte destruidor, dice Jehová, que destruiste toda la tierra; y extenderé mi mano sobre ti, y te haré rodar de las peñas, y te tornaré monte quemado.
Jer. 51:25.

Isa. 13:19.

Y en todo negocio de sabiduría é inteligencia que el rey les demandó, hallólos diez veces mejores que todos los magos y astrólogos que había en todo su reino.
Dan. 1:17-20.

Tu sabiduría y tu misma ciencia te engañaron, y dijiste en tu corazón: Yo, y no más.
Isa. 47:10.

Haste fatigado en la multitud de tus consejos. Parezcan ahora y defiéndante los contempladores de los cielos, los especuladores de las estrellas, los que contaban los meses, para pronosticar lo que vendrá sobre ti. He aquí que serán como tamo; fuego los quemará, no salvarán sus vidas del poder de la llama.
Isa. 47:13, 14.

se reunía con el consejo de los representantes de los mundos, que se celebraba a las puertas del cielo. Su propósito era falsificar los planes de Dios. La ciudad terrestre fue modelada según la celestial. El Éufrates fluía a través de ella como lo hacía el río de Dios a través del Paraíso. El gobierno era una monarquía absoluta; un hombre ocupaba el trono, y a medida que crecía, toda rodilla de la tierra se hacía doblar ante su rey. La tiranía ocupó el lugar del amor. Esto es siempre cierto cuando el hombre es exaltado por encima de Dios. Había una estrecha unión entre la Iglesia y el Estado, pues no se toleraba ningún poder por encima del del monarca. Fue a un reino tal que Nabucodonosor cayó como heredero, y la belleza y el poder del reino fueron aumentados por él de todas las maneras posibles, hasta que se habló de ella en todas partes como "Babilonia, la gloria de los reinos, la belleza de la excelencia de los caldeos".

No sólo el poder, sino también la sabiduría de Nabucodonosor era sumamente grande. El rey favoreció la educación, y durante su reinado Babilonia fue el centro educativo del mundo. En las escuelas de Babilonia se enseñaban todas las artes y ciencias. La sabiduría de los antiguos se daba a conocer a los estudiantes que se sentaban a los pies de sus magos y sabios. Se deleitaban con el estudio de la astronomía y las matemáticas superiores. Había lingüistas que podían enseñar la lengua de todas las naciones.

El propio rey era muy culto, pues era él quien examinaba a los estudiantes al terminar su curso y les otorgaba sus títulos. Babilonia estaba orgullosa de su sistema educativo; confiaba en él para su salvación, pero fue la causa de su

UNA CONTROVERSIA ENTRE LA VERDAD Y EL ERROR 31

ruina. "Tu sabiduría y tu conocimiento, te han hecho desviarte". Dios mismo habla, diciendo: "¿Acaso Dios no ha hecho insensata la sabiduría de este mundo?" En la corte de Babilonia esto quedó ejemplificado. Nabucodonosor y sus consejeros, -los sabios, astrólogos y adivinos-, por un lado, representaban la educación del mundo. Daniel, un joven de no más de veintiún años, hebreo y esclavo, fue elegido por Dios para avergonzar la sabiduría de los poderosos.

El SUEÑO

La Escritura ofrece la historia en un lenguaje que puede ser fácilmente comprendido. Pero, ¿por qué Dios le dio a Nabucodonosor un sueño? ¿Cómo pudo el Dios del cielo revelar la verdad a este rey pagano? Sin duda no podía hacerlo durante sus momentos de vigilia; pero Nabucodonosor había contemplado la gloria de su reino, y se durmió con un anhelante deseo de conocer su futuro. Sabía que la vida era corta. Pronto debía morir; ¿cuál sería el futuro? Era la oportunidad de Dios, y mientras esos ojos estaban cerrados a las cosas terrenales; mientras el yo estaba perdido, -muerto, por así decirlo-, la historia futura del mundo se extendía ante Nabucodonosor. Al despertar, no encontró lenguaje para expresar sus pensamientos. El que estaba familiarizado con la sabiduría del mundo no conocía el lenguaje del cielo. Esto nunca se le había enseñado. Intentó pensar en lo que había visto, pero cuando sus ojos se posaron de nuevo en la gloria que le rodeaba, la visión se desvaneció. Las cosas terrenales corrían un velo sobre las cosas de Dios, y aunque sabía que había visto algo, no sabía qué era.

¿Qué es del sabio? ¿qué del escriba? ¿qué del escudriñador de este siglo? ¿no ha enloquecido Dios la sabiduría del mundo? Porque por no haber el mundo conocido en la sabiduría de Dios á Dios por sabiduría, agradó á Dios salvar á los creyentes por la locura de la predicación. Mas nosotros predicamos á Cristo crucificado, á los Judíos ciertamente tropezadero, y á los Gentiles locura; Empero á los llamados, así Judíos como Griegos, Cristo potencia de Dios, y sabiduría de Dios. Porque lo loco de Dios es más sabio que los hombres; y lo flaco de Dios es más fuerte que los hombres.
1 Cor. 1:19-25.

Sí: ¿nunca leísteis: De la boca de los niños y de los que maman perfeccionaste la alabanza?
Mat. 21:16.

2. Y mandó el rey llamar magos, astrólogos, y encantadores, y Caldeos, para que mostrasen al rey sus sueños. Vinieron pues, y se presentaron delante del rey.
3. Y el rey les dijo: He soñado un sueño, y mi espíritu se ha perturbado por saber del sueño.
4. Entonces hablaron los Caldeos al rey en lengua aramea: Rey, para siempre vive: di el sueño á tus siervos, y mostraremos la declaración.
Dan. 2:2-4.

¿Qué es vuestra vida? Ciertamente es un vapor que se aparece por un poco de tiempo, y luego se desvanece.
Santiago 4:14.

¿Por qué tomaste pleito contra él? Porque él no da cuenta de ninguna de sus razones. Sin embargo, en una ó en dos maneras habla Dios; mas el hombre no entiende. Por sueño de visión nocturna, cuando el sueño cae sobre los hombres, cuando se adormecen sobre el lecho; entonces revela al oído de los hombres, y les señala su consejo; Para quitar al hombre de su obra, y apartar del varón la soberbia.
Job 33:13-17.

¡Oh profundidad de las riquezas de la sabiduría y de la ciencia de Dios! ¡Cuán incomprensibles son sus juicios, é inescrutables sus caminos!
Rom. 11:33.

5. *Respondió el rey y dijo á los Caldeos: El negocio se me fué: si no me mostráis el sueño y su declaración, seréis hechos cuartos, y vuestras casas serán puestas por muladares.*
6. *Y si mostrareis el sueño y su declaración, recibiréis de mí dones y mercedes y grande honra: por tanto, mostradme el sueño y su declaración.*
7. *Respondieron la segunda vez, y dijeron: Diga el rey el sueño á sus siervos, y mostraremos su declaración.*
8. *El rey respondió, y dijo: Yo conozco ciertamente que vosotros ponéis dilaciones, porque veis que el negocio se me ha ido.*
9. *Si no me mostráis el sueño, una sola sentencia será de vosotros. Ciertamente preparáis respuesta mentirosa y perversa que decir delante de mí, entre tanto que se muda el tiempo: por tanto, decidme el sueño, para que yo entienda que me podéis mostrar su declaración.*
Dan. 2:5-9.

Mas el hombre animal no percibe las cosas que son del Espíritu de Dios, porque le son locura: y no las puede entender, porque se han de examinar espiritualmente. Empero el espiritual juzga todas las cosas; mas él no es juzgado de nadie.
1 Cor. 2:14, 15.

10. *Los Caldeos respondieron delante del rey, y dijeron: No hay hombre sobre la tierra que pueda declarar el negocio del rey: demás de esto, ningún rey, príncipe, ni señor, preguntó cosa semejante á ningún mago, ni astrólogo, ni Caldeo.*
11. *Finalmente, el negocio que el rey demanda, es singular, ni hay quien lo pueda declarar delante del rey, salvo los dioses cuya morada no es con la carne.*
12. *Por eso el rey con ira y con grande enojo, mandó que matasen á todos los sabios de Babilonia.*
13. *Y publicóse el mandamiento, y los sabios eran llevados á la muerte; y buscaron á Daniel y á sus compañeros para matarlos.*

El rey exigió una interpretación, pero los hombres más sabios del rey respondieron: "No hay un hombre sobre la tierra que pueda mostrar el asunto del rey.... No hay otro que pueda mostrarlo ante el rey, excepto los dioses, cuya morada no es con la carne". Para que el pretendido conocimiento de los sabios de Babilonia quedara al descubierto, el Señor había dado en su providencia a Nabucodonosor este sueño, y luego le permitió olvidar los detalles, mientras le hacía retener una vívida impresión de la visión. El rey se enfadó por la petición de los sabios de que les contara el sueño, diciendo: "Sé con certeza que ganarías el tiempo, porque ves que la cosa se me ha ido". Es decir, que se pondrían de acuerdo en alguna interpretación si el rey pudiera contar el sueño. El rey amenazó entonces con que si no contaban el sueño, todos serían destruidos. Los sabios insistieron en que la exigencia era muy poco razonable; pero cuanto más discutían, más se enfurecía el rey, y en su cólera finalmente "ordenó destruir a todos los sabios de Babilonia".

Este decreto fue hecho en el segundo año del reinado de Nabucodonosor. Había gobernado dos años conjuntamente con su padre, Nabopolasar, y dos años en solitario; así que Daniel y sus compañeros estaban cumpliendo su primer año como sabios en la corte de Babilonia, habiendo terminado su curso de tres años en las escuelas. Por lo tanto, fueron buscados por Arioc, el capitán del rey, para ser asesinados. Daniel preguntó: "¿Por qué es tan precipitado el decreto del rey?" Entonces Arioch se lo hizo saber a Daniel. Sólo Daniel tuvo el valor de aventurarse a la presencia del

UNA CONTROVERSIA ENTRE LA VERDAD Y EL ERROR 33

rey, a riesgo de su vida, para rogar que se le concediera tiempo para mostrar el sueño y la interpretación. La petición fue concedida.

"Hay en la providencia de Dios períodos particulares en los que debemos levantarnos en respuesta al llamado de Dios". El momento supremo había llegado para Daniel. Para este mismo momento Dios le había estado dando una preparación. Desde su nacimiento cada detalle de su vida había estado apuntando hacia este momento, aunque él no lo supiera. Su educación temprana fue tal que en este momento, cuando la muerte le miraba a la cara, podía mirar a Dios y reclamar su promesa.

Aunque el propio Nabucodonosor le había concedido un diploma de las escuelas de Babilonia, y se le consideraba diez veces más sabio que sus compañeros, todavía no se le había clasificado entre los astrólogos y sabios de Caldea. Probablemente su juventud e inexperiencia retrasaron tal reconocimiento. Pero Dios elige las cosas débiles de la tierra para confundir a los poderosos, porque la necedad de Dios es más sabia que los hombres.

Cuatro jóvenes hebreos se inclinaron en oración, y esa noche "le fue revelado el secreto a Daniel". ¿Cómo pudo Dios hablar con Daniel? -Porque el Espíritu del Señor está con los que le temen. La educación de Daniel lo había familiarizado con la voz de Dios. Tenía la costumbre de ver las cosas eternas con el ojo de la fe. Dios mostró a Daniel las mismas cosas que había revelado a Nabucodonosor, pero que le estaban ocultas por el encanto de la mundanidad.

El canto de alabanza que surgió de los labios de Daniel cuando llegó la visión, muestra lo

14. Entonces Daniel habló avisada y prudentemente á Arioch, capitán de los de la guarda del rey, que había salido para matar los sabios de Babilonia.
15. Habló y dijo á Arioch capitán del rey: ¿Qué es la causa que este mandamiento se publica de parte del rey tan apresuradamente? Entonces Arioch declaró el negocio á Daniel.
16. Y Daniel entró, y pidió al rey que le diese tiempo, y que él mostraría al rey la declaración.
Dan. 2:10-16.

No tendrás temor de pavor repentino, ni de la ruina de los impíos cuando viniere: porque Jehová será tu confianza, y él preservará tu pie de ser preso.
Prov. 3:25, 26.

17. Fuése luego Daniel á su casa, y declaró el negocio á Ananías, Misael, y Azarías, sus compañeros,
18. Para demandar misericordias del Dios del cielo sobre este misterio, y que Daniel y sus compañeros no pereciesen con los otros sabios de Babilonia.
Dan. 2:17, 18.

Ninguno tenga en poco tu juventud; pero sé ejemplo de los fieles en palabra, en conversación, en caridad, en espíritu, en fe, en limpieza.
1 Tim. 4:12.

19. Entonces el arcano fué revelado á Daiel en visión de noche; por lo cual bendijo Daniel al Dios del cielo.
20. Y Daniel habló, y dijo: Sea bendito el nombre de Dios de siglo hasta siglo; porque suyo es la sabiduría y la fortaleza:
21. Y él es el que muda los tiempos y las oportunidades: quita reyes, y pone reyes: da la sabiduría á los sabios, y la ciencia á los entendidos:
22. El revela lo profundo y lo escondido: conoce lo que está en tinieblas, y la luz mora con él.
23. A ti, oh Dios de mis padres, confieso y te alabo, que me diste sabiduría y fortaleza; y ahora me enseñaste lo que te pedimos; pues nos has enseñado el negocio del rey.
Dan. 2:19-23.

34 LA HISTORIA DE DANIEL EL PROFETA

El secreto de Jehová es para los que le temen; y á ellos hará conocer su alianza.
Sal. 25:12-14.

Alegraos, justos, en Jehová: á los rectos es hermosa la alabanza.
Sal. 33:1.

24. Después de esto Daniel entró á Arioch, al cual el rey había puesto para matar á los sabios de Babilonia; fué, y díjole así: No mates á los sabios de Babilonia: llévame delante del rey, que yo mostraré al rey la declaración.
25. Entonces Arioch llevó prestamente á Daniel delante del rey, y díjole así: Un varón de los trasportados de Judá he hallado, el cual declarará al rey la interpretación.
Dan. 2:24, 25.

Envió un varón delante de ellos, á José, que fué vendido por siervo. Púsolo por señor de su casa, y por enseñoreador en toda su posesión; Para que reprimiera á sus grandes como él quisiese, y á sus ancianos enseñara sabiduría.
Sal. 105:17-22.

Sal. 119:98-100.

26. Respondió el rey, y dijo á Daniel, al cual llamaban Beltsasar: ¿Podrás tú hacerme entender el sueño que vi, y su declaración?
27. Daniel respondió delante del rey, y dijo: El misterio que el rey demanda, ni sabios, ni astrólogos, ni magos, ni adivinos lo pueden enseñar al rey.
28. Mas hay un Dios en los cielos, el cual revela los misterios, y él ha hecho saber al rey Nabucodonosor lo que ha de acontecer á cabo de días. Tu sueño, y las visiones de tu cabeza sobre tu cama, es esto:
29. Tú, oh rey, en tu cama subieron tus pensamientos por saber lo que había de ser en lo por venir ; y el que revela los misterios te mostró lo que ha de ser.

olvidado que estaba de sí mismo, y lo cerca que estaba su corazón del corazón de Dios.

Las escuelas de Babilonia desarrollaron el orgullo, el amor al placer, la altanería y la autoestima. Fomentaron una aristocracia y cultivaron el espíritu de opresión y esclavitud. Contrasta con esto la simplicidad nativa, la cortesía, la gentileza y el olvido de sí mismo del hijo de Dios cuando entra en la corte y es presentado por Arioch.

Años antes, cuando Egipto era el centro educativo del mundo, Dios enseñó a los senadores egipcios por boca de José, un muchacho no mayor que Daniel. Cuando Babilonia había superado los consejos del Cielo, otro hebreo se reúne con los hombres de las escuelas. "¿No pueden los sabios mostrar el secreto al rey?"

Ante Daniel estaba el rey en su gloria; a su alrededor estaban los mismos maestros con los que había estudiado tres años. En ese momento se ejemplificaron las palabras del salmista: "Tengo más entendimiento que todos mis maestros, porque tus testimonios son mi meditación. Entiendo más que los antiguos, porque guardo tus preceptos".

Nabucodonosor estaba preocupado por la pérdida de sueño, y en gran ansiedad porque el sueño lo perturbaba; pero Daniel estaba tranquilo, consciente de su conexión con Dios, el Rey de los reyes. Daniel tuvo ahora la oportunidad de exaltar su propia sabiduría, pero prefirió dar toda la gloria a Dios. Le dijo claramente al rey que estaba más allá del poder del hombre revelar el sueño o dar la interpretación; "pero hay un Dios en el cielo

UNA CONTROVERSIA ENTRE LA VERDAD Y EL ERROR

que revela los secretos, y da a conocer al rey Nabucodonosor lo que sucederá en los últimos días." La mente del rey se dirigió sólo a Dios.

En una noche Dios reveló la historia de más de veinticinco años, y lo que el historiador humano requiere volúmenes para explicar se da en quince versos. Las Escrituras se explican por sí mismas, y en los registros divinos cada palabra está bien elegida y colocada en el marco apropiado.

En la imagen revelada a Nabucodonosor, la gloria del reino babilónico es reconocida por el Señor, y representada por la cabeza de oro. Pero al mismo tiempo que da el debido crédito al estado actual de las cosas, el espíritu de la profecía señala con igual franqueza al autoexaltado rey la debilidad de las instituciones en las que ha depositado su confianza, y la incapacidad del aprendizaje babilónico para salvar de la inminente destrucción.

"Baja y siéntate en el polvo, oh virgen hija de Babilonia, siéntate en el suelo; no hay trono, oh hija de los caldeos, porque ya no serás llamada tierna y delicada. Toma las piedras de molino y muele harina". De ser la dueña de todo, Babilonia debe convertirse en la más humilde sierva. Debido a que este pueblo había despreciado al Dios del cielo, y había dicho: "Nadie me ve", el mal vendría de fuentes desconocidas, y Babilonia debería ser cortada. Ella haría un esfuerzo desesperado por salvarse recurriendo a sus educadores y sabios. "Que se levanten ahora los astrólogos, los observadores de las estrellas, los pronosticadores mensuales, y te

30. Y á mí ha sido revelado este misterio, no por sabiduría que en mí haya más que en todos los vivientes, sino para que yo notifique al rey la declaración, y que entendieses los pensamientos de tu corazón.

31. Tú, oh rey, veías, y he aquí una grande imagen. Esta imagen, que era muy grande, y cuya gloria era muy sublime, estaba en pie delante de ti, y su aspecto era terrible.

32. La cabeza de esta imagen era de fino oro; sus pechos y sus brazos, de plata; su vientre y sus muslos, de metal;

33. Sus piernas de hierro; sus pies, en parte de hierro, y en parte de barro cocido.

34. Estabas mirando, hasta que una piedra fué cortada, no con mano, la cual hirió á la imagen en sus pies de hierro y de barro cocido, y los desmenuzó.

35. Entonces fué también desmenuzado el hierro, el barro cocido, el metal, la plata y el oro, y se tornaron como tamo de las eras del verano; y levantólos el viento, y nunca más se les halló lugar. Mas la piedra que hirió á la imagen, fué hecha un gran monte, que hinchió toda la tierra.

36. Este es el sueño: la declaración de él diremos también en presencia del rey.

37. Tú, oh rey, eres rey de reyes; porque el Dios del cielo te ha dado reino, potencia, y fortaleza, y majestad.

38. Y todo lo que habitan hijos de hombres, bestias del campo, y aves del cielo, él ha entregado en tu mano, y te ha hecho enseñorear sobre todo ello: tú eres aquella cabeza de oro.

39. Y después de ti se levantará otro reino menor que tú; y otro tercer reino de metal, el cual se enseñoreará de toda la tierra.

Dan. 2:26-39.

Isa. 47:1, 2, 13.

Isa. 47:13.

Apercibíos contra Babilonia alrededor, todos los que entesáis arco; tirad contra ella, no escatiméis las saetas; porque pecó contra Jehová.

Jer. 50:14.

Así dijo Jehová: No se alabe el sabio en su sabiduría, ni en su valentía se alabe el valiente, ni el rico se alabe en sus riquezas: mas alábese en esto el que se hubiere de alabar: en entenderme y conocerme, que yo soy Jehová, que hago misericordia, juicio, y justicia en la tierra: porque estas cosas quiero, dice Jehová.
Jer. 9:23, 24.

Y todas las gentes le servirán á él, y á su hijo, y al hijo de su hijo, hasta que venga también el tiempo de su misma tierra; y le servirán muchas gentes y reyes grandes.
Jer. 27:7.

Aquel carnero que viste, que tenía cuernos, son los reyes de Media y de Persia. Y el macho cabrío es el rey de Javán: y el cuerno grande que tenía entre sus ojos es el rey primero.
Dan. 8:21, 22.

Y acontecio en aquellos días que salió edicto de parte de Augusto César, que toda la tierra fuese empadronada. (Este empadronamiento primero fué hecho siendo Cirenio gobernador de la Siria.) E iban todos para ser empadronados, cada uno á su ciudad.
Lucas 1:2, 3.

Dan. 2:44.

Que levantarás esta parábola sobre el rey de Babilonia, y dirás: ¡Cómo paró el exactor, cómo cesó la ciudad codiciosa del oro!
Isa. 14:3.

En vez de cobre traeré oro, y por hierro plata, y por madera metal, y en lugar de piedras hierro.
Isa. 60:17.

Del revés, del revés, del revés la tornaré; y no será ésta más, hasta que venga aquel cuyo es el derecho, y se

salven de estas cosas. . . . He aquí que serán como el rastrojo". Cuando llegó la prueba, no había nada en todos los reinos de Babilonia que pudiera salvarla.

"La fuerza de las naciones y de los individuos no se encuentra en las oportunidades y facilidades que parecen hacerlos invencibles; no se encuentra en su jactanciosa grandeza. Lo único que puede hacerlos grandes o fuertes es el poder y el propósito de Dios. Ellos mismos, por su actitud hacia su propósito, deciden su propio destino".

El reino de Nabucodonosor duró sólo hasta el reinado de su nieto, cuando la segunda o inferior nación representada por el pecho y los brazos de plata entró en el escenario de la acción.

Medo-Persia ocupó el lugar de Babilonia; Grecia siguió al reino medo-persa, mientras que Roma, el cuarto reino, se dividió en diez partes, que permanecerían hasta el final de los tiempos. En los días de estos reyes, el Dios del cielo establecería un reino que nunca sería destruido ni conquistado por ningún otro pueblo; se rompería en pedazos y consumiría todos los reinos anteriores, y permanecería para siempre.

La imagen era un esquema completo de la historia del mundo. La "gloria de los reinos" formaba la cabeza de oro, todos los reinos siguientes se deterioraron a partir de Babilonia, como lo muestra el grado de los metales que formaban la imagen. Primero el oro, luego la plata, el latón y el hierro. En la última parte de la historia del mundo, se reveló un marcado cambio al mezclarse el hierro con la arcilla

UNA CONTROVERSIA ENTRE LA VERDAD Y EL ERROR 37

cenagosa. Ya no habría más reinos universales gobernados por los hombres cuando se rompiera el poder del cuarto reino, que permanecería dividido hasta el final. En lugar de un solo reino habría varios.

La arcilla mezclada con el hierro también denota la unión de la Iglesia y el Estado. Esta combinación es peculiar de la última parte de la historia del mundo, de los pies y los dedos de la imagen.

La religión era la base del gobierno en las naciones paganas; no podía haber separación entre la iglesia y el estado. Cuando el cristianismo apóstata se unió con el estado, cada uno permaneció en un sentido distinto como la arcilla cenagosa está separada del hierro. Esta unión continúa hasta que la piedra hiere a la imagen en los pies. El mismo hecho de que la "piedra fue cortada del monte sin manos", muestra que los últimos reinos de la tierra no serán derrocados por ningún poder terrenal, sino que el Dios del cielo traerá sobre ellos la destrucción final entregándolos a las llamas ardientes.

UN CORAZÓN CAMBIADO

El rey escuchó cada frase que Daniel pronunció al contar el sueño, y reconoció que era la visión que le había preocupado. Cuando Daniel le dio la interpretación, tuvo la certeza de que podía aceptarla como una verdadera profecía del Dios del cielo. La visión había afectado profundamente al rey, y cuando se le dio el significado, se postró ante Daniel con asombro y humildad, y dijo: "En

la entregaré.

Eze. 21:27.

40. Y el reino cuarto será fuerte como hierro; y como el hierro desmenuza y doma todas las cosas, y como el hierro que quebranta todas estas cosas, desmenuzará y quebrantará.

Dan. 2:40.

Y me llevó en Espíritu al desierto; y vi una mujer sentada sobre una bestia bermeja llena de nombres de blasfemia y que tenía siete cabezas y diez cuernos.

Apoc. 17:3.

Con la cual han fornicado los reyes de la tierra, y los que moran en la tierra se han embriagado con el vino de su fornicación.

Apoc. 17:2.

Porque su madre fornicó; la que los engendró fué avergonzada; porque dijo: Iré tras mis amantes, que me dan mi pan y mi agua, mi lana y mi lino, mi aceite y mi bebida.

Oseas 2:5.

Sal. 2:8, 9.

41. Y lo que viste de los pies y los dedos, en parte de barro cocido de alfarero, y en parte de hierro, el reino será dividido; mas habrá en él algo de fortaleza de hierro, según que viste el hierro mezclado con el tiesto de barro.

42. Y por ser los dedos de los pies en parte de hierro, y en parte de barro cocido, en parte será el reino fuerte, y en parte será frágil.

43. Cuanto á aquello que viste, el hierro mezclado con tiesto de barro, mezcláranse con simiente humana, mas no se pegarán el uno con el otro, como el hierro no se mistura con el tiesto.

44. Y en los días de estos reyes, levantará el Dios del cielo un reino que nunca jamás se corromperá: y no será dejado á otro pueblo este reino; el cual desmenuzará y consumirá todos estos reinos, y él permanecerá para siempre.

45. De la manera que viste que del monte fué cortada una piedra, no con manos, la cual desmenuzó al hierro, al metal, al tiesto, á la plata, y al oro; el gran Dios ha mostrado al rey lo que ha de acontecer en lo por venir : y el sueño es verdadero, y fiel su declaración.

46. Entonces el rey Nabucodonosor cayó sobre su rostro, y humillóse á Daniel, y mandó que le sacrificasen presentes y perfumes.

47. El rey habló á Daniel, y dijo: Ciertamente que el Dios vuestro es Dios de dioses, y el Señor de los reyes, y el descubridor de los misterios, pues pudiste revelar este arcano.
Dan. 2:41-47.

Y andarán las gentes á tu luz, y los reyes al resplandor de tu nacimiento.
Isa. 60:3-5.

Deut. 28:12, 13.

Deut. 15:6.

Mi pueblo fué talado, porque le faltó sabiduría.
Oseas 4:6.

Isa. 5:13.

48. Entonces el rey engrandeció á Daniel, y le dió muchos y grandes dones, y púsolo por gobernador de toda la provincia de Babilonia, y por príncipe de los gobernadores sobre todos los sabios de Babilonia.
49. Y Daniel solicitó del rey, y él puso sobre los negocios de la provincia de Babilonia á Sadrach, Mesach, y Abednego: y Daniel estaba á la puerta del rey.
Dan. 2:48, 49.

Prov. 2:10, 11.

Mas, ciertamente vivo yo y mi gloria hinche toda la tierra
Num. 14:21.

verdad, es que tu Dios es un Dios de dioses, y un Señor de reyes, y un revelador de secretos, ya que pudiste revelar este secreto."

El joven de veintiún años fue nombrado gobernante de todas las provincias de Babilonia, y gobernador principal de todos los sabios del reino. Los compañeros de Daniel también recibieron altos cargos en el gobierno. Debe recordarse que este sueño registrado en el segundo capítulo de Daniel le fue dado a Nabucodonosor en el segundo año de su único reinado. Fue todavía durante la vida de Joaquín, rey de Judá.

Estaba en la providencia de Dios que su pueblo llevara la luz de la verdad a todas las naciones paganas. Lo que no hicieron en tiempo de paz, debían hacerlo en tiempo de angustia. Babilonia era la potencia gobernante del mundo; era el centro educativo. Los judíos eran comparativamente un pueblo pequeño; perdieron el poder de Dios al descuidar la educación de sus hijos; no dejaron brillar su luz. De entre ellos, Dios tomó a unos pocos que fueron formados en el temor del Señor, los colocó en la corte pagana, los puso en gracia con el gobernante del mundo, dándose a conocer así al rey pagano. Hizo aún más; se reveló al rey y utilizó a estos hijos suyos para demostrar que la sabiduría de Dios superaba a la de los caldeos. Habiendo exaltado la verdadera educación, puso a Daniel y a sus compañeros a la cabeza de aquel vasto imperio para que el conocimiento del Dios del cielo llegara hasta los confines de la tierra.

Habiendo reconocido al Dios de Daniel, Nabucodonosor estuvo en condiciones de salvar a Jerusalén en lugar de destruirla. Fue por estas experiencias que Dios pudo enviar la palabra por su profeta unos años más tarde de que, si Sedequías, rey de Judá, se entregaba al rey de Babilonia, Jerusalén no sería quemada, y el mundo recibiría la luz del evangelio.

La historia de la ciudad de Babilonia se registra porque es la lección objetiva de Dios para el mundo de hoy. El libro del Apocalipsis, que es el complemento del libro de Daniel, utiliza frecuentemente el nombre, aplicándolo a las iglesias modernas. La relación de los judíos con la Babilonia de Nabucodonosor es la misma que sostiene la iglesia remanente, el verdadero Israel, con las iglesias que, habiendo conocido la verdad, la han rechazado.

Los pecados de la antigua Babilonia se repetirán hoy en día. Su sistema educativo es el que ahora se acepta generalmente; su gobierno, con sus impuestos excesivos, su exaltación de los ricos y la opresión de los pobres, su orgullo, su arrogancia, su amor por la exhibición, su elección de lo artificial en lugar de lo natural, y la exaltación del dios de la ciencia en lugar del Dios del cielo, es aquel hacia el que se precipita el mundo de hoy.

Así como Dios llamó a Abraham para que saliera de la idolatría de Caldea y lo hizo padre de la nación hebrea; así como entregó a ese pueblo una forma de gobierno que exaltara a Dios; así como les dio el mandamiento de enseñar a sus hijos para que los judíos se convirtieran en maestros de naciones y pudieran ser un reino eterno, así hoy llama a un pueblo

Hab. 2:14.

Entonces dijo Jeremías á Sedechías: Así ha dicho Jehová Dios de los ejércitos, Dios de Israel: Si salieres luego á los príncipes del rey de Babilonia, tu alma vivirá, y esta ciudad no será puesta á fuego; y vivirás tú y tu casa: Mas si no salieres á los príncipes del rey de Babilonia, esta ciudad será entregada en mano de los Caldeos, y la pondrán á fuego, y tú no escaparás de sus manos.
Jer. 38:17, 18.

Cayó, cayó Babilonia; y todos los ídolos de sus dioses quebrantó en tierra.
Isa. 21:9.

Huid de en medio de Babilonia, y librad cada uno su alma, porque no perezcáis á causa de su maldad: porque el tiempo es de venganza de Jehová; darále su pago.
Jer. 51:6.

Y otro ángel le siguió, diciendo: Ha caído, ha caído Babilonia, aquella grande ciudad, porque ella ha dado á beber á todas las naciones del vino del furor de su fornicación.
Apoc. 14:8.

Vaso de oro fué Babilonia en la mano de Jehová, que embriaga toda la tierra: de su vino bebieron las gentes; aturdiéronse por tanto las naciones.
Jer. 51:7.
Apoc. 17:4.

Que levantarás esta parábola sobre el rey de Babilonia, y dirás: ¡Cómo paró el exactor, cómo cesó la ciudad codiciosa del oro!
Isa. 14:4, margin.

Y diciendo: ¡Ay, ay, aquella gran ciudad, que estaba vestida de lino fino, y de escarlata, y de grana, y estaba dorada con oro, y adornada de piedras preciosas y de perlas! Porque en una hora han sido desoladas tantas riquezas.
Apoc. 18:16, 17.

Gen. 12:1.
Josue 24:2, 3.
Deut. 6:6, 7.
Sal. 105:22.
Apoc. 18:1-4.

Porque eres pueblo santo á Jehová tu Dios, y Jehová te ha escogido para que le seas un pueblo singular de entre

todos los pueblos que están sobre la haz de la tierra. Nada abominable comerás.
Lev. 11:44.
Deut. 14:1-3.

1 Pedro 2:9.

Guardadlos, pues, y ponedlos por obra: porque esta es vuestra sabiduría y vuestra inteligencia en ojos de los pueblos, los cuales oirán todos estos estatutos, y dirán: Ciertamente pueblo sabio y entendido, gente grande es ésta. Porque ¿qué gente grande hay que tenga los dioses cercanos á sí, como lo está Jehová nuestro Dios en todo cuanto le pedimos?
Deut. 4:5-8.
Gal. 3:28.

Porque muchos son llamados, y pocos escogidos.
Mat. 22:14.

de la moderna Babilonia. Les ha confiado principios de vida saludable que los convertirán mental y físicamente en una maravilla para el mundo. Les ha dado principios educativos que, si los siguen, los convertirán en los maestros del mundo, y finalmente los llevarán al reino de Dios. Y les ha entregado los principios del verdadero gobierno que reconocen la igualdad de derechos de todos los hombres, y que en la organización eclesiástica los unen a todos: un solo cuerpo en Cristo Jesús.

Sólo unos pocos -cuatro de miles- fueron fieles a estos principios en los días de Daniel. ¿Cómo será hoy en día?

CAPITULO III

LA VERDADERA LIBERTAD EN LA ADORACIÓN

El rey Nabucodonosor hizo una imagen de oro". Según la cronología de Usher, habían pasado veintitrés años desde el sueño de este mismo Nabucodonosor registrado en el segundo capítulo de Daniel. Como resultado de la experiencia de entonces, Daniel fue nombrado consejero, sentado en la puerta del rey, y Sadrac, Mesac y Abed-nego fueron nombrados gobernantes en la provincia de Babilonia. A estos hombres de Dios se les habían presentado muchas oportunidades, y habían mantenido el conocimiento de su Dios ante el pueblo de Babilonia. Mientras tanto, Jerusalén había sido destruida. Los judíos, como nación, estaban dispersos por el reino de Nabucodonosor; su rey, Joaquín, languidecía en una de las prisiones de Babilonia. Fue un tiempo de dolor y luto para el pueblo elegido por Dios. ¿Será que fueron olvidados por Aquel que hirió a Egipto y condujo a las huestes a través del Mar Rojo? Hasta donde el ojo humano podía ver, era correcto pensarlo.

Nabucodonosor había sido humillado cuando Daniel interpretó su sueño, y entonces había adorado a Dios. Pero con el paso de los años, perdió el espíritu que caracterizaba la verdadera adoración, y aunque en la mente reconocía al Dios de los judíos, en el corazón seguía siendo pagano. Así que hizo una imagen de oro, modelándola lo más fielmente posible a

1. EL rey Nabucodonosor hizo una estatua de oro, la altura de la cual era de sesenta codos, su anchura de seis codos: levantóla en el campo de Dura, en la provincia de Babilonia.

2. Y envió el rey Nabucodonosor á juntar los grandes, los asistentes y capitanes, oidores, receptores, los del consejo, presidentes, y á todos los gobernadores de las provincias, para que viniesen á la dedicación de la estatua que el rey Nabucodonosor había levantado.

3. Fueron pues reunidos los grandes, los asistentes y capitanes, los oidores, receptores, los del consejo, los presidentes, y todos los gobernadores de las provincias, á la dedicación de la estatua que el rey Nabucodonosor había levantado: y estaban en pie delante de la estatua que había levantado el rey Nabucodonosor.

4. Y el pregonero pregonaba en alta voz: Mándase á vosotros, oh pueblos, naciones, y lenguas,

5. En oyendo el son de la bocina, del pífano, del tamboril, del arpa, del salterio, de la zampoña, y de todo instrumento músico, os postraréis y adoraréis la estatua de oro que el rey Nabucodonosor ha levantado:

6. Y cualquiera que no se postrare y adorare, en la misma hora será echado dentro de un horno de fuego ardiendo.

Dan. 3:1-6.

Y él respondiendo, dijo: Amarás al Señor tu Dios de todo tu corazón, y de toda tu alma, y de todas tus fuerzas, y de todo tu entendimiento; y á tu prójimo como á ti mismo.

Lucas 10:27.

LA HISTORIA DE DANIEL EL PROFETA

Ninguno puede servir á dos señores; porque ó aborrecerá al uno y amará al otro, ó se llegará al uno y menospreciará al otro: no podéis servir á Dios y á Mammón.
Mat. 6:24.

Porque cualquiera que se ensalza, será humillado.
Lucas 14:11.

Toda alma se someta á las potestades superiores; porque no hay potestad sino de Dios; y las que son, de Dios son ordenadas.
Rom. 13:1.

7. *Por lo cual, en oyendo todos los pueblos el son de la bocina, del pífano, del tamboril, del arpa, del salterio, de la zampoña, y de todo instrumento músico, todos los pueblos, naciones, y lenguas, se postraron, y adoraron la estatua de oro que el rey Nabucodonosor había levantado.*
Dan. 3:7.

Sal. 33:13-15

Porque las cosas que antes fueron escritas, para nuestra enseñanza.
Rom. 15:4.

Amonéstales que se sujeten á los príncipes y potestades, que obedezcan, que estén prontos á toda buena obra.
Tito 3:1.

No te harás imagen, ni ninguna semejanza de cosa que esté arriba en el cielo, ni abajo en la tierra, ni en las aguas debajo de la tierra: No te inclinarás á ellas, ni las honrarás; porque yo soy Jehová tu Dios, fuerte, celoso, que visito la maldad de los padres sobre los hijos, sobre los terceros y sobre los cuartos, á los que me aborrecen.
Ex. 20:4-5.

la imagen que se le había revelado en su sueño, gratificando al mismo tiempo su propio orgullo, pues toda la figura era de oro. No había rastro de los otros reinos que estaban representados por la plata, el bronce, el hierro y la arcilla en el sueño. En la llanura de Dura se alzaba, elevándose por lo menos cien pies por encima del país circundante, y era visible por millas en todas direcciones.

Entonces, Nabucodonosor emitió un decreto en el que convocaba a la capital a los gobernadores y jefes de provincias de todo el mundo. Él, el gobernante de los reinos, mostró así su autoridad. Era una gran ocasión, y los reyes y gobernadores sometidos no se atrevían a desobedecer los mandatos de este rey universal.

El cielo observaba con intenso interés, pues era la ocasión en la que la más alta autoridad mundana iba a encontrarse con el gobierno del cielo.

Babilonia no sólo era el gobierno más grande y poderoso en los días de Nabucodonosor, sino que es un símbolo de los gobiernos terrenales de todos los tiempos, y por esa razón tenemos el registro que se da en Daniel 3.

Como rey, tenía perfecto derecho a convocar a sus súbditos. Como súbditos, era el deber de los convocados obedecer.

Mientras aquella gran compañía se reunía alrededor de la imagen en la amplia llanura, se oyó la voz del heraldo: "En el momento en que oigáis el sonido... de toda clase de música, os postraréis y adoraréis la imagen de oro. . . . El que no se postule y adore será arrojado en

LA VERDADERA LIBERTAD EN LA ADORACIÓN 43

la misma hora en medio de un horno de fuego ardiente".

"Dios es un Espíritu, y los que lo adoran deben adorarlo en espíritu". Pero de la adoración espiritual, el paganismo es totalmente ignorante. A menos que haya alguna forma, alguna imagen ante la cual puedan inclinarse, no puede haber, para ellos, ninguna adoración. Estaba totalmente de acuerdo con la religión, la educación y el gobierno de Babilonia, que el rey erigiera una imagen como lo hizo. Estaba totalmente en armonía con las costumbres -educativas, religiosas y civiles- que el pueblo en general respetara la orden de adorar tal imagen.

Aunque estaba en armonía con el gobierno mundano, no estaba, sin embargo, de acuerdo con el principio del gobierno celestial. De ahí que nuevamente, en la persona del rey babilónico, Satanás desafíe el gobierno de Dios. Cuando Lucifer y sus ángeles se negaron a inclinarse ante el trono de Dios, el Padre no quiso entonces destruirlos. Deberían vivir hasta que la muerte llegara como resultado del curso que siguieron. El rey de Babilonia, sin embargo, amenazó con la destrucción total a todos los que se negaran a adorar su imagen de oro. La fuerza motriz en el gobierno celestial es el amor; el poder humano cuando se ejerce se convierte en tiranía. Toda tiranía es una repetición de los principios babilónicos. A veces la llamamos papal; también es babilónica. Cuando el poder civil impone un culto de cualquier tipo, sea ese culto verdadero o falso en sí mismo, obedecer es idolatría. El mandato debe estar respaldado por alguna forma de castigo, un horno de fuego,

Juan 4:24.

A mí también me mandó Jehová entonces enseñaros los estatutos y derechos, para que los pusieseis por obra en la tierra á la cual pasáis para poseerla.Guardad pues mucho vuestras almas: pues ninguna figura visteis el día que Jehová habló con vosotros de en medio del fuego: Porque no os corrompáis, y hagáis para vosotros escultura, imagen de figura alguna, efigie de varón ó hembra, Figura de algún animal que sea en la tierra, figura de ave alguna alada que vuele por el aire, Figura de ningún animal que vaya arrastrando por la tierra, figura de pez alguno que haya en el agua debajo de la tierra: Y porque alzando tus ojos al cielo, y viendo el sol y la luna y las estrellas, y todo el ejército del cielo, no seas incitado, y te inclines á ellos, y les sirvas; que Jehová tu Dios los ha concedido á todos los pueblos debajo de todos los cielos.

Deut. 4:14-19.

Prenderán al impío sus propias iniquidades, y detenido será con las cuerdas de su pecado.

Prov. 5:22.

Rom. 6:23.

Porque el amor de Cristo nos constriñe, pensando esto: Que si uno murió por todos, luego todos son muertos.

2 Cor. 5:14.

Escogeos hoy á quién sirváis

Josue 24:15.

Y el Espíritu y la Esposa dicen: Ven. Y el que oye, diga: Ven. Y el que tiene sed, venga: y el que quiere, tome del agua de la vida de balde.

Apoc. 22:17.

8. *Por esto en el mismo tiempo algunos varones Caldeos se llegaron, y denunciaron de los Judíos.*
9. *Hablando y diciendo al rey Nabucodonosor: Rey, para siempre vive.*

Dan. 3:8, 9.

10. *Tú, oh rey, pusiste ley que todo hombre en oyendo el son de la bocina, del pífano, del tamboril, del arpa, del salterio, de la zampoña, y de todo instrumento músico, se postrase y adorase la estatua de oro:*

11. *Y el que no se postrase y adorase, fuese echado dentro de un horno de fuego ardiendo.*

12. *Hay unos varones Judíos, los cuales pusiste tú sobre los negocios de la provincia de Babilonia; Sadrach, Mesach, y Abed-nego: estos varones, oh rey, no han hecho cuenta de ti; no adoran tus dioses, no adoran la estatua de oro que tú levantaste.*

Dan. 3:10-12.

Jehová está en pie para litigar, y está para juzgar los pueblos.

Isa. 3:13.

Poned pues en vuestros corazones no pensar antes cómo habéis de responder: Porque yo os daré boca y sabiduría, á la cual no podrán resistir ni contradecir todos los que se os opondrán.

Lucas 21:14, 15.

Porque el defensor de ellos es el Fuerte, el cual juzgará la causa de ellos contra ti.

Prov. 23:11.

13. *Entonces Nabucodonosor dijo con ira y con enojo que trajesen á Sadrach, Mesach, y Abed-nego. Al punto fueron traídos estos varones delante del rey.*

14. *Habló Nabucodonosor, y díjoles: ¿Es verdad Sadrach, Mesach, y Abednego, que vosotros no honráis á mi dios, ni adoráis la estatua de oro que he levantado?*

y la conciencia del hombre ya no es libre. Desde un punto de vista civil, tal legislación es una tiranía, y vista desde un punto de vista religioso, es una persecución.

La vasta multitud cayó postrada ante la imagen, pero Sadrac, Mesac y Abed-nego permanecieron erguidos. Entonces, ciertos caldeos -maestros en el reino, celosos de la posición y el poder de estos hebreos-, habiendo esperado una oportunidad para acusarlos, dijeron al rey: "Hay ciertos judíos a los que has puesto al frente de los asuntos de la provincia de Babilonia, ... estos hombres no te han mirado".

¿Puede ser, pensó el rey, que cuando la imagen está hecha según el modelo de la que me mostró el Dios de los judíos, esos hombres, Sadrac, Mesac y Abed-nego, hayan dejado de adorar a mi mandato? ¿Es posible que cuando he elevado a esos hombres, que sólo eran esclavos, a altos cargos en el gobierno, hagan caso omiso de mis leyes? El pensamiento se agitó en el corazón del rey. La exaltación propia no admite oposición, y los hombres fueron llamados inmediatamente a la presencia de Nabucodonosor.

¿Es posible, oh Sadrac, Mesac y Abed-nego, después de todo lo que se ha hecho por vosotros, que no sirváis a mis dioses ni adoréis la imagen que he levantado? Sin duda se explicó la razón por la que se hizo la imagen, y se les ofreció otra oportunidad en la que podrían redimir la ofensa pasada. Pero si se trataba de un desprecio deliberado de la autoridad, debía aplicarse la ley del país. El rey señaló que el horno esperaba a los traidores y rebeldes.

LA VERDADERA LIBERTAD EN LA ADORACIÓN

¡Qué prueba para la fidelidad de estos tres compañeros de Daniel! Se dieron cuenta de que estaban en presencia no sólo del monarca más rico de la tierra, y que la desobediencia significaba la muerte, sino ante las multitudes reunidas de la llanura de Dura, y que eran un espectáculo para Dios, para los ángeles y para los habitantes de otros mundos.

El universo entero estaba observando con inexpresable interés para ver lo que harían estos hombres. La controversia no era entre el hombre y Satanás, sino entre Satanás y Cristo, y estaban en juego principios eternos. Los hombres eran actores en la contienda. Podían ser testigos de Cristo o de Satanás en este momento de decisión. ¿Permitirían que una emoción no santificada se apoderara de sus vidas y comprometiera su fe? ¿Qué puede valer una religión que admita el compromiso? ¿Qué puede valer cualquier religión si no enseña la lealtad al Dios del cielo? ¿Qué hay de valor real en el mundo, -especialmente cuando se está en las mismas fronteras de la eternidad-, si no es el reconocimiento de Dios como sus hijos?

Estos jóvenes hebreos habían aprendido de la historia de los tratos de Dios con los israelitas en tiempos pasados, que la desobediencia sólo traía deshonra, desastre y ruina; y que el temor del Señor no sólo era el principio de la sabiduría, sino la base de toda verdadera prosperidad. Por lo tanto, dijeron con calma y respeto al rey que no adorarían su imagen de oro, y que tenían fe en que su Dios era capaz de protegerlos.

El rey se enfadó. Su espíritu orgulloso no podía tolerar esta negativa a obedecer su decreto. Ordenó que el horno se calentara siete

---

15. Ahora pues, ¿estáis prestos para que en oyendo el son de la bocina, del pífano, del tamboril, del arpa, del salterio, de la zampoña, y de todo instrumento músico, os postréis, y adoréis la estatua que he hecho? Porque si no la adorareis, en la misma hora seréis echados en medio de un horno de fuego ardiendo: ¿y qué dios será aquel que os libre de mis manos?
Dan. 3:13-15

16. Sadrach, Mesach, y Abed-nego respondieron y dijeron al rey Nabucodonosor: No cuidamos de responderte sobre este negocio.

17. He aquí nuestro Dios á quien honramos, puede librarnos del horno de fuego ardiendo ; y de tu mano, oh rey, nos librará.
Dan. 3:16, 17.

Isa. 43:10.
Mateo. 10:32.

Mateo. 16:26.
1 Reyes 18:21.

2 Cron. 20:20.

18. Y si no, sepas, oh rey, que tu dios no adoraremos, ni tampoco honraremos la estatua que has levantado.

19. Entonces Nabucodonosor fué lleno de ira, y demudóse la figura de su rostro sobre Sadrach, Mesach, y Abed-nego: así habló, y ordenó que el horno se encendiese siete veces tanto de lo que cada vez solía.

20. Y mandó á hombres muy vigorosos que tenía en su ejército, que atasen á Sadrach, Mesach, y Abed-nego, para echarlos en el horno de fuego ardiendo.

21. Entonces estos varones fueron atados con sus mantos, y sus calzas, y

46   LA HISTORIA DE DANIEL EL PROFETA

sus turbantes, y sus vestidos, y fueron echados dentro del horno de fuego ardiendo.

22. Y porque la palabra del rey daba priesa, y había procurado que se encendiese mucho, la llama del fuego mató á aquellos que habían alzado á Sadrach, Mesach, y Abed-nego.
Dan. 3:18-22.

¿Tú quién eres que juzgas al siervo ajeno? para su señor está en pie, ó cae: mas se afirmará; que poderoso es el Señor para afirmarle
Rom. 14:4.

Rom. 12:19.

Porque siete veces cae el justo, y se torna á levantar; mas los impíos caerán en el mal.
Prov. 24:16.

Cuando cayere, no quedará postrado; porque Jehová sostiene su mano.
Sal. 37:24.

Sal. 76:10.

23. Y estos tres varones, Sadrach, Mesach, y Abed-nego, cayeron atados dentro del horno de fuego ardiendo.
Dan. 3:23.

Cuando pasares por las aguas, yo seré contigo; y por los ríos, no te anegarán. Cuando pasares por el fuego, no te quemarás, ni la llama arderá en ti.
Isa. 43:2.

1 Juan 5:4.
Marcos 11:24

24. Entonces el rey Nabucodonosor se espantó, y levantóse apriesa, y habló, y dijo á los de su consejo: ¿No echaron tres varones atados dentro del fuego? Ellos respondieron y dijeron al rey: Es verdad, oh rey.
25. Respondió él y dijo: He aquí que yo veo cuatro varones sueltos, que se pasean en medio del fuego, y ningún daño hay en ellos; y el parecer del cuarto es semejante á hijo de los dioses.
Dan. 3:24, 25.
Sal. 18:48.

veces más de lo habitual, y que los hombres más poderosos de su ejército ataran a estos tres hebreos y los arrojaran al fuego. Esto se hizo, pero Dios en este acto comenzó a reivindicar a sus valientes. El horno estaba tan sumamente caliente que los hombres poderosos que arrojaron a los hebreos al fuego fueron ellos mismos destruidos por el intenso calor.

Dios no permitió que la envidia y el odio prevalecieran contra sus hijos. ¡Cuántas veces los enemigos de Dios han unido su fuerza y su sabiduría para destruir el carácter y la influencia de unas pocas personas humildes y confiadas! Pero nada puede prevalecer contra los que son fuertes en el Señor. La promesa es: "La ira del hombre te alabará".

Dios preservó a sus siervos en medio de las llamas, y el intento de forzarlos a la idolatría resultó en llevar el conocimiento del verdadero Dios ante la asamblea de príncipes y gobernantes del vasto reino de Babilonia. "Esta es la victoria que vence al mundo, nuestra fe". Todo es posible para los que creen. "Todo lo que deseéis, cuando oréis, creed que lo recibiréis, y lo tendréis". Puede que Dios no siempre obre la liberación de la manera que mejor nos parezca, pero él, que lo ve todo desde el principio, sabe lo que traerá honor y alabanza a su nombre.

De repente, el rey palideció de terror. Miró atentamente en medio del horno de fuego, y se dirigió a los que estaban cerca de él con estas palabras: "¿No echamos a tres hombres atados en medio del fuego?" Ellos respondieron: "Cierto, oh rey". El rey dijo entonces: "He aquí que veo a cuatro hombres sueltos, caminando

LA VERDADERA LIBERTAD EN LA ADORACIÓN

en medio del fuego, y no tienen ningún daño; y la forma del cuarto es como el Hijo de Dios."

¿Cómo reconoció el rey la forma del Hijo de Dios? Evidentemente por las enseñanzas de los judíos en la corte de Babilonia y en recuerdo de su visión. Daniel y sus compañeros habían tratado siempre de llevar ante el rey, los príncipes y los sabios de Babilonia el conocimiento del verdadero Dios. Estos hebreos, que ocupaban altos cargos en el gobierno, se habían asociado con el rey; y como no se avergonzaban de su Dios, habían honrado y dado gloria al Señor siempre que se presentaba la oportunidad. El rey había oído de sus labios descripciones del glorioso Ser al que servían; y fue a partir de esta instrucción que pudo reconocer a la cuarta persona en el fuego como el Hijo de Dios. El rey también comprendió el ministerio de los ángeles, y ahora creía que habían interferido en favor de estos hombres fieles que entregarían sus cuerpos al castigo antes que consentir con sus mentes servir o adorar a cualquier Dios que no fuera el suyo. Estos hombres eran verdaderos misioneros. Ocupaban puestos de honor en el gobierno y, al mismo tiempo, dejaban que la luz del evangelio brillara a través de sus vidas. Este milagro fue uno de los resultados de sus vidas piadosas.

Con amargo remordimiento y sentimientos de humildad, el rey se acercó al horno y exclamó: "Sadrac, Mesac y Abed-nego, siervos del Dios altísimo, salid y venid aquí". Así lo hicieron, y todas las huestes de la llanura de Dura fueron testigos de que ni siquiera el olor del fuego caía sobre sus vestidos, y ni un pelo de sus cabezas se había chamuscado.

Nuestras letras sois vosotros, escritas en nuestros corazones, sabidas y leídas de todos los hombres; siendo manifiesto que sois letra de Cristo administrada de nosotros, escrita no con tinta, mas con el Espíritu del Dios vivo; no en tablas de piedra, sino en tablas de carne del corazón.
2 Cor. 3:2, 3.

Así que, somos embajadores en nombre de Cristo, como si Dios rogase por medio nuestro; os rogamos en nombre de Cristo: Reconciliaos con Dios.
2 Cor. 5:20.

Porque de la abundancia del corazón habla la boca. El hombre bueno del buen tesoro del corazón saca buenas cosas.
Mateo 12:34, 35.

El ángel de Jehová acampa en derredor de los que le temen, y los defiende.
Sal. 34:7.

El que ama la limpieza de corazón, por la gracia de sus labios su amigo será el rey.
Prov. 22:11.

Así alumbre vuestra luz delante de los hombres, para que vean vuestras obras buenas, y glorifiquen á vuestro Padre que está en los cielos.
Mateo 5:16.

26. Entonces Nabucodonosor se acercó á la puerta del horno de fuego ardiendo, y habló y dijo: Sadrach, Mesac, y Abed-nego, siervos del alto Dios, salid y venid. Entonces Sadrach, Mesach, y Abed-nego, salieron de en medio del fuego.

27. Y juntáronse los grandes, los gobernadores, los capitanes, y los del consejo del rey, para mirar estos varones, como el fuego no se enseñoreó de sus cuerpos, ni cabello de sus cabezas fué quemado, ni sus ropas

LA HISTORIA DE DANIEL EL PROFETA

se mudaron, ni olor de fuego había pasado por ellos.

28. Nabucodonosor habló y dijo: Bendito el Dios de ellos, de Sadrach, Mesach, y Abed-nego, que envió su ángel, y libró sus siervos que esperaron en él, y el mandamiento del rey mudaron, y entregaron sus cuerpos antes que sirviesen ni adorasen otro dios que su Dios.
Dan. 3:26-28.

Mas antes de todas estas cosas os echarán mano, y perseguirán, entregándoos á las sinagogas y á las cárceles, siendo llevados á los reyes y á los gobernadores por causa de mi nombre. Y os será para testimonio.
Lucas 21:12, 13.

La gloria de tu reino digan, y hablen de tu fortaleza; Para notificar á los hijos de los hombres sus valentías, y la gloria de la magnificencia de su reino. Tu reino es reino de todos los siglos, y tu señorío en toda generación y generación. Sostiene Jehová á todos los que caen, y levanta á todos los oprimidos.
Sal. 145:11-14.

Teniendo vuestra conversación honesta entre los Gentiles; para que, en lo que ellos murmuran de vosotros como de malhechores, glorifiquen á Dios en el día de la visitación, estimándoos por las buenas obras.
1 Pedro 2:12.

Prov. 21:1

29. Por mí pues se pone decreto, que todo pueblo, nación, ó lengua, que dijere blasfemia contra el Dios de Sadrach, Mesach, y Abed-nego, sea descuartizado, y su casa sea puesta por muladar; por cuanto no hay dios quepueda librar como éste.
Dan. 3:29.

Dios había triunfado gracias a la constancia de sus fieles servidores. La magnífica imagen fue olvidada por el pueblo en su asombro, y la solemnidad impregnó la asamblea.

Lo que la nación judía, como nación, había fracasado al proclamar la verdad a las naciones del mundo, Dios lo logró en las circunstancias más difíciles, con sólo tres hombres. La historia de la liberación milagrosa se contó hasta los confines de la tierra. Se dieron a conocer los principios de la libertad religiosa y la libertad de conciencia. La historia de los judíos se contó de boca en boca cuando los que no conocían a los tres hebreos preguntaban quiénes eran y cómo habían llegado a Babilonia. Se proclamó el sábado. Se dio a conocer la historia de la educación judía. La gloria de Babilonia se olvidó por un tiempo mientras el esplendor del reino celestial y los principios del gobierno de Dios se convirtieron en el tema absorbente. Sin duda, algunos hombres fijaron la fecha de su conversión en ese día, y se pusieron en marcha fuerzas que prepararon el camino para el regreso de los judíos unos años más tarde.

De nuevo el monarca pagano es llevado a reconocer el poder del Rey del cielo. Cuando Daniel interpretó el sueño, la sabiduría mundana y la erudición de las escuelas babilónicas cayeron ante la sencilla enseñanza del Evangelio llevada a cabo por las madres fieles en Israel. Cuando los tres hebreos fueron salvados del calor del horno, los principios del gobierno de Dios -el verdadero protestantismo, como se llamaría hoy en día- fueron proclamados ante las naciones de la tierra.

LA VERDADERA LIBERTAD EN LA ADORACIÓN

Fue sólo una apreciación parcial de estos principios la que obtuvo Nabucodonosor al principio; sin embargo, condujo al decreto de que en todo el dominio, dondequiera que viviera un judío, ningún hombre debía hablar contra el Dios de Sadrac, Mesac y Abed-nego. Esto dio libertad a todo creyente para adorar sin ser molestado. Satanás, al intentar destruir a los hebreos, había sobrepasado los límites, y en lugar de la muerte de tres, se concedió la vida a miles.

El juicio en las llanuras de Dura fue el acto culminante en la vida de los tres hebreos. Se nos dice que fueron ascendidos a puestos más altos en la provincia de Babilonia, pero no se sabe nada más de ellos. En el momento de la prueba no sabían que el Señor los libraría del horno, pero tenían fe para creer que tenía poder para hacerlo si era su voluntad. En esos momentos se necesita más fe para confiar en que Dios llevará a cabo sus propósitos a su manera que para creer en nuestra propia manera. Es la ausencia de esta fe y confianza en tiempos críticos lo que trae perplejidad, angustia, miedo y conjeturas de maldad. Dios está siempre dispuesto a hacer grandes cosas por su pueblo cuando éste pone su confianza en él. "La piedad con satisfacción es una gran ganancia".

Rara vez se nos coloca en las mismas circunstancias dos veces. Abraham, Moisés, Elías, Daniel y otros fueron dolorosamente probados, incluso hasta la muerte, y sin embargo cada prueba vino de una manera diferente. Cada uno tiene hoy una experiencia peculiar a su carácter y circunstancias. Dios tiene una obra que realizar en la vida de cada

Cuando los caminos del hombre son agradables á Jehová, aun á sus enemigos pacificará con él.
Prov. 16:7.

Porque ninguna cosas podemos contra la verdad, sino por la verdad.
2 Cor. 13:8.

Mas ¿qué dice? Cercana está la palabra, en tu boca y en tu corazón. Esta es la palabra de fe, la cual predicamos:
Rom. 10:18.
Sal. 19:3, 4.

30. Entonces el rey engrandeció á Sadrach, Mesach, y Abed-nego en la provincia de Babilonia.
Dan. 3:30.

Espera en Jehová, y haz bien; vivirás en la tierra, y en verdad serás alimentado.
Sal. 37:3.

Muestra tus estupendas misericordias, tú que salvas á los que en ti confían de los que se levantan contra tu diestra.
Sal. 17:7.

Estad quietos, y conoced que yo soy Dios: ensalzado he de ser entre las gentes, ensalzado seré en la tierra.
Sal. 46:10.

Confiad en Jehová perpetuamente: porque en el Señor Jehová está la fortaleza de los siglos.
Isa. 26:4.

1 Tim. 6:6.
Gen. 22:1-14.
Num. 20:8-12.
1 Reyes 18:30-40.
Dan. 6:10-23.

Porque los ojos de Jehová contemplan toda la tierra, para corroborar á los que tienen corazón perfecto para con él. Locamente has hecho en esto; porque de aquí adelante habrá guerra contra ti.
2 Cron. 16:9.

Jer. 32:19.
Isa. 59:1.

Los ojos de Jehová están sobre los justos, y atentos sus oídos al clamor de ellos.
Sal. 34:15.

Haré más precioso que el oro fino al varón, y más que el oro de Ophir al hombre.
Isa. 13:12.

Santiago 5:17.

Todo lo que te viniere á la mano para hacer, hazlo según tus fuerzas.
Ecl. 9:10.

Porque las cosas que antes fueron escritas, para nuestra enseñanza fueron escritas.
Rom. 15:4.

Porque así dijo el Alto y Sublime, el que habita la eternidad, y cuyo nombre es el Santo: Yo habito en la altura y la santidad, y con el quebrantado y humilde de espíritu, para hacer vivir el espíritu de los humildes, y para vivificar el corazón de los quebrantados.
Isa. 57:15.

Hijo mío, está atento á mis palabras; inclina tu oído á mis razones. No se aparten de tus ojos; guárdalas en medio de tu corazón. Porque son vida á los que las hallan, y medicina á toda su carne.
Prov. 4:20-22.

No seas sabio en tu opinión: teme á Jehová, y apártate del mal; porque será medicina á tu ombligo, y tuétano á tus

individuo. Cada acto, por pequeño que sea, tiene su lugar en nuestra experiencia vital. Dios está más que dispuesto a guiarnos por el camino correcto. No ha cerrado las ventanas del cielo a la oración, sino que sus oídos están siempre abiertos a los gritos de sus hijos, y su ojo vigila cada movimiento de Satanás para contrarrestar su obra.

Sadrac, Mesac y Abed-nego eran hombres de pasiones similares a las nuestras. Sus vidas se dan para mostrar lo que el hombre puede llegar a ser incluso en esta vida, si hace de Dios su fuerza y mejora sabiamente las oportunidades a su alcance. Entre los cautivos del rey que tenían ventajas similares, sólo Daniel y sus tres compañeros dedicaron todas sus energías a buscar la sabiduría y el conocimiento de Dios tal como se revela en su Palabra y en sus obras. Aunque después ocuparon altos cargos de confianza, no eran orgullosos ni autosuficientes. Tenían una conexión viva con Dios, amándolo, temiéndolo y obedeciéndolo. Permitieron que su luz brillara con un lustre intacto, mientras ocupaban puestos de responsabilidad. En medio de todas las tentaciones y fascinaciones de la corte, se mantuvieron firmes como una roca en la adhesión a los principios.

El cumplimiento directo de las exigencias bíblicas y la fe en Dios aportarán fuerza tanto a la voluntad como al cuerpo. El fruto del Espíritu no es sólo amor, alegría y paz, sino también templanza. Si estos jóvenes hubieran transigido con los oficiales paganos al principio, y hubieran cedido a la presión de la ocasión comiendo y bebiendo según la

LA VERDADERA LIBERTAD EN LA ADORACIÓN

costumbre de los babilonios, en contra de los requisitos de Dios, ese paso erróneo habría conducido indudablemente a otros, hasta que sus conciencias se habrían cauterizado, y se habrían desviado por caminos equivocados. La fidelidad en este único punto los preparó para soportar mayores tentaciones, hasta que finalmente se mantuvieron firmes en esta prueba crucial en la llanura de Dura.

El tercer capítulo de Daniel puede estudiarse con provecho en relación con el mensaje al que se refiere el capítulo trece del Apocalipsis. Los principios son los mismos en ambos. Todo el mundo fue llamado a adorar la imagen erigida en la provincia de Babilonia; al negarse, sufrirían la muerte. En el Apocalipsis se trae a la vista una imagen de la bestia,-gobiernos en la tierra que enmarcarán leyes contrarias a los requerimientos de Dios. A esta imagen se le dará vida y poder, y hablará y decretará que todos los que no la adoren serán condenados a muerte. Todos, pequeños y grandes, ricos y pobres, libres y esclavos, serán obligados a recibir los requerimientos de Dios. A esta imagen se le dará vida y poder, y hablará y decretará que todos los que no la adoren serán condenados a muerte. A todos, pequeños y grandes, ricos y pobres, libres y esclavos, se les exigirá que reciban una marca en la mano derecha o en la frente. Los hombres serán destituidos por no adorar esta imagen; pues no se permitirá comprar o vender a nadie que no tenga la marca o el nombre de la bestia, o el número de su nombre.

¿Quién será capaz de soportar la prueba cuando se aplique este decreto de adorar la imagen a la bestia? ¿Quién elegirá más bien "sufrir aflicción

huesos.

Gal. 6:22, 23.

Prov. 23:20, 21.

1 Tim. 4:2.

Y comenzare á herir á sus consiervos, y aun á comer y á beber con los borrachos: tVendrá el señor de aquel siervo en el día que no espera, y á la hora que no sabe, Y le cortará por medio, y pondrá su parte con los hipócritas.

Matt. 24:49-5

Prov. 3:7, 8.

Y el tercer ángel los siguió, diciendo en alta voz: Si alguno adora á la bestia y á su imagen, y toma la señal en su frente, ó en su mano.

Apo. 14:9.

Y engaña á los moradores de la tierra por las señales que le ha sido dado hacer en presencia de la bestia, mandando á los moradores de la tierra que hagan la imagen de la bestia que tiene la herida de cuchillo, y vivió. Y le fué dado que diese espíritu á la imagen de la bestia, para que la imagen de la bestia hable; y hará que cualesquiera que no adoraren la imagen de la bestia sean muertos. Y hacía que á todos, á los pequeños y grandes, ricos y pobres, libres y siervos, se pusiese una marca en su mano derecha, ó en sus frentes: Y que ninguno pudiese comprar ó vender, sino el que tuviera la señal, ó el nombre de la bestia, ó el número de su nombre.

Apo 13·14 17.

Mas se afirmará; que poderoso es el Señor para afirmarle.

Rom. 14:4.

Escogiendo antes sufrir aflicción con el pueblo de Dios, que gozar de los placeres del pecado por una temporada; estimando el oprobio de Cristo mayor riqueza que los tesoros de Egipto; porque tuvo respeto a

la recompensa del galardón. Pues soportó, como viendo al que es invisible
Heb. 11:25. 26.

Instruye al niño en su carrera: aun cuando fuere viejo no se apartará de ella.
Prov. 22:6.

Y en aquel tiempo se levantará Miguel, el gran príncipe que está por los hijos de tu pueblo; y será tiempo de angustia, cual nunca fué después que hubo gente hasta entonces: mas en aquel tiempo será libertado tu pueblo, todos los que se hallaren escritos en el libro.
Dan. 12:1.

con el pueblo de Dios que disfrutar de los placeres del pecado por una temporada"? ¿Qué niños están siendo formados y educados ahora en estos principios de integridad a Dios? ¿De qué hogares saldrán los Daniels y los Meshachs? Esta será la prueba final que se les impondrá a los siervos de Dios. Las escenas retratadas en el tercer capítulo de Daniel no son más que una representación en miniatura de esas pruebas en las que se encuentra el pueblo de Dios a medida que se acerca el fin.

CAPITULO IV

EL ALTÍSIMO GOBIERNA

El cuarto capítulo de Daniel es, en algunos aspectos, el más maravilloso de la Biblia. Es un documento público escrito por Nabucodonosor, rey de Babilonia, después de su humillación por el Dios del cielo. Fue enviado "a todos los pueblos, naciones y lenguas que habitan en toda la tierra". Por lo tanto, llega a nosotros con tanta frescura y vitalidad como si fuera emitido a la generación en la que vivimos. El objetivo era, dice Nabucodonosor, "mostrar las señales y las maravillas que el alto Dios ha hecho conmigo". Contemplando lo que se había hecho, exclamó en un lenguaje similar al del apóstol Pablo: "¡Qué grandes son sus señales! Su reino es un reino eterno, y su dominio es de generación en generación".

El reinado de Nabucodonosor había sido una larga escena de guerra. Era un hombre de guerra. Esta característica fue tan prominente en la vida del gran rey que la profecía lo llama "el terrible de las naciones" y el "martillo de toda la tierra". Se había enfrentado al enemigo por todos lados y había tenido éxito, porque Dios había puesto su "espada en la mano del rey de Babilonia", y se había servido de este monarca para castigar a otras naciones que habían rechazado la luz de la verdad. Para ilustrar: Durante trece años la ciudad de Tiro resistió todos los esfuerzos de Nabucodonosor. Finalmente tuvo éxito, pero no obtuvo ningún botín, pues Tiro, capturada en la costa del mar,

---

1. Nabucodonosor rey, á todos los pueblos, naciones, y lenguas, que moran en toda la tierra: Paz os sea multiplicada:

2. Las señales y milagros que el alto Dios ha hecho conmigo, conviene que yo las publique.

3. ¡Cuán grandes son sus señales, y cuán potentes sus maravillas! Su reino, reino sempiterno, y su señorío hasta generación y generación.
Dan. 4:1-3.

Y estas cosas les acontecieron en figura; y son escritas para nuestra admonición, en quienes los fines de los siglos han parado.
1 Cor. 10:11.

Dan. 2:44, 45.
2 Pedro 1:11.

Eze. 30:10, 11.
Jer. 50:23.

Eze. 31:12.
Eze. 30:25.

Y aconteció en el año veinte y siete, en el mes primero, al primero del mes, que fué á mí palabra de Jehová, diciendo: Hijo del hombre, Nabucodonosor rey de Babilonia hizo á su ejército prestar grande servicio contra Tiro. Toda cabeza se encalveció, y pelóse todo hombro; y ni para él ni para su ejercito hubo paga

de Tiro, por el servicio que prestó contra ella. Por tanto, así ha dicho el Señor Jehová: He aquí que yo doy á Nabucodonosor, rey de Babilonia, la tierra de Egipto; y él tomará su multitud, y cogerá sus despojos, y arrebatará su presa, y habrá paga para su ejército.
Eze. 29:17-21.

Eze. 30:9-11.

Que fué á mí palabra de Jehová, diciendo: Hijo del hombre, di á Faraón rey de Egipto, y á su pueblo: ¿A quién te comparaste en tu grandeza? He aquí era el Asirio cedro en el Líbano, hermoso en ramas, y umbroso con sus ramos, y de grande altura, y su copa estaba entre densas ramas.
Eze. 31:1-8.

4. *Yo Nabucodonosor estaba quieto en mi casa, y floreciente en mi palacio.*

5. *Vi un sueño que me espantó, y las imaginaciones y visiones de mi cabeza me turbaron en mi cama.*

6. *Por lo cual yo puse mandamiento para hacer venir delante de mí todos los sabios de Babilonia, que me mostrasen la declaración del sueño.*

7. *Y vinieron magos, astrólogos, Caldeos, y adivinos: y dije el sueño delante de ellos, mas nunca me mostraron su declaración;*

8. *Hasta tanto que entró delante de mí Daniel, cuyo nombre es Beltsasar, como el nombre de mi dios, y en el cual hay espíritu de los dioses santos, y dije el sueño delante de él, diciendo:*
Dan. 4:4-8.

se retiró a una isla. Entonces Nabucodonosor volvió sus armas contra Egipto, y esa nación, que años antes mantenía a Israel en la esclavitud, se convirtió ahora en una esclava del poder babilónico.

El profeta Ezequiel, uno de los cautivos hebreos, recibió una visión de la captura de Egipto por Nabucodonosor, y se le dijo que enviara el testimonio al Faraón, rey de Egipto. En esta profecía se representa a Egipto como un árbol poderoso que se eleva por encima de todos los árboles de la tierra. Incluso los árboles del Edén envidiaban el esplendor de éste. Todas las aves del cielo anidaban en sus ramas; las huestes de la tierra habitaban bajo sus ramas. Pero este árbol de Egipto se alzó a causa de su grandeza, y Dios envió a Babilonia para derribarlo. El estruendo de su caída hizo temblar la tierra.

Esta profecía debió ser conocida por Nabucodonosor, si no antes, al menos después de su victoria sobre Egipto, pues era conocida por los judíos y había hebreos en la corte babilónica. Esto arroja luz sobre el cuarto capítulo de Daniel.

Habiendo conquistado el mundo, Nabucodonosor estaba descansando en su casa, cuando una noche soñó un sueño. El éxito le había seguido a donde quiera que se dirigiera. A sus pies se inclinaban los representantes de todas las naciones. En sus arcas fluían las riquezas del este y del oeste, del norte y del sur. En torno a él se agrupaban el ingenio y el saber de la época. Las bibliotecas estaban a sus órdenes y el arte floreció. ¿Por qué no iba a florecer el rey Nabucodonosor en su reino? Pero había

EL ALTÍSIMO GOBIERNA

soñado un sueño que le inquietaba, y llamó a sus sabios para que le dieran una interpretación. Ellos escucharon, pero es extraño decir que no pudieron dar ninguna explicación. Dios siempre permitió que los sabios de la tierra tuvieran la primera prueba. Cuando estos sabios fracasaron, se llamó a Daniel.

El nombre de Daniel había sido cambiado cuando entró por primera vez en la corte babilónica, y para el rey y sus asociados era conocido como Beltsasar, un hijo del dios pagano Bel, pero Daniel mismo siempre conservó su propio nombre hebreo. Sin embargo, años antes de esto, el Dios de Daniel había dicho: "Bel se inclina y Nebo se rebaja; ... no pudieron liberar la carga, sino que ellos mismos han ido al cautiverio". Daniel tuvo de nuevo la oportunidad de demostrar la sabiduría de su Dios y la debilidad de las deidades babilónicas.

El sueño, tal como lo repitió el rey en la audiencia de Daniel, es maravilloso de contemplar. El árbol era un objeto familiar y un símbolo llamativo. Los ejemplares más magníficos que el mundo ofrecía habían sido trasplantados a los jardines babilónicos. La historia del Edén y de sus árboles se transmitía por tradición, y el pueblo conocía el árbol de la vida y también el del conocimiento del bien y del mal. El árbol visto en el sueño estaba plantado en medio de la tierra, y mientras observaba, el rey lo vio crecer hasta que la copa llegó al cielo, y sus ramas se extendieron hasta los confines de la tierra. Es extraño que este árbol que crecía hacia el cielo a pesar de todo, que era regado por los rocíos del cielo

Los sabios se avergonzaron, espantáronse y fueron presos: he aquí que aborrecieron la palabra de Jehová; ¿y qué sabiduría tienen?
Jer. 8:9.

9. *Beltsasar, príncipe de los magos, ya que he entendido que hay en ti espíritu de los dioses santos, y que ningún misterio se te esconde, exprésame las visiones de mi sueño que he visto, y su declaración.*
Dan. 4:9.

Postróse Bel, abatióse Nebo; sus simulacros fueron puestos sobre bestias, y sobre animales de carga: os llevarán cargados de vosotros, carga penosa; fueron humillados, fueron abatidos juntamente; no pudieron escaparse de la carga, sino que tuvieron ellos mismos que ir en cautiverio.
Isa. 46: 1, 2.

Y entregaron los dioses de ellos al fuego: porque no eran dioses, sino obra de manos de hombre, leño y piedra.
Isa. 37:19.

10. *Aquestas las visiones de mi cabeza en mi cama: Parecíame que veía un árbol en medio de la tierra, cuya altura era grande.*
11. *Crecía este árbol, y hacíase fuerte, y su altura llegaba hasta el cielo, y su vista hasta el cabo de toda la tierra.*
12. *Su copa era hermosa, y su fruto en abundancia, y para todos había en él mantenimiento. Debajo de él se ponían á la sombra las bestias del campo, y en sus ramas hacían morada las aves del cielo, y manteníase de él toda carne.*
Dan. 4:10-12.

Que esta sabiduría no es la que desciende de lo alto, sino terrena, animal, diabólica.
Sant. 3:15.

56   LA HISTORIA DE DANIEL EL PROFETA

> Vi yo al impío sumamente ensalzado, y que se extendía como un laurel verde.
> Sal. 37:35 [margen].

> No te jactes contra las ramas; y si te jactas, sabe que no sustentas tú á la raíz, sino la raíz á ti.
> Rom. 11:18.

> 13. *Veía en las visiones de mi cabeza en mi cama, y he aquí que un vigilante y santo descendía del cielo.*
>
> 14. *Y clamaba fuertemente y decía así: Cortad el árbol, y desmochad sus ramas, derribad su copa, y derramad su fruto: váyanse las bestias que están debajo de él, y las aves de sus ramas.*
>
> 15. *Mas la cepa de sus raíces dejaréis en la tierra, y con atadura de hierro y de metal entre la hierba del campo; y sea mojado con el rocío del cielo, y su parte con las bestias en la hierba de la tierra.*
>
> 16. *Su corazón sea mudado de corazón de hombre, y séale dado corazón de bestia, y pasen sobre él siete tiempos*
>
> 17. *La sentencia es por decreto de los vigilantes, y por dicho de los santos la demanda: para que conozcan los vivientes que el Altísimo se enseñorea del reino de los hombres, y que á quien él quiere lo da, y constituye sobre él al más bajo de los hombres.*
>
> 18. *Yo el rey Nabucodonosor he visto este sueño. Tú pues, Beltsasar, dirás la declaración de él, porque todos los sabios de mi reino nunca pudieronmostrarme su interpretación: mas tú puedes, porque hay en ti espíritu de los dioses santos.*
>
> 19. *Entonces Daniel, cuyo nombre era Beltsasar, estuvo callando casi una hora, y sus pensamientos lo espantaban: El rey habló, y dijo: Beltsasar, el*

y alimentado por el propio sol de Dios, sólo conociera la tierra y los reinos terrestres.

Como había sucedido con el árbol egipcio, también con éste; las aves descansaban en las ramas y las bestias habitaban a su sombra. El rey en su sueño sólo vio la parte superior del árbol, las ramas, las hojas y los frutos, pero las raíces de cualquier árbol son tan numerosas y están tan extendidas como sus ramas; por eso este poderoso árbol, cuya copa llegaba al cielo y cuyas ramas se extendían hasta los confines de la tierra, estaba sostenido por raíces que, aunque ocultas, recorrían toda la tierra. Profundamente arraigado, se nutría de manantiales ocultos. De hecho, las hermosas hojas y los abundantes frutos dependían del estado de las raíces.

Mientras Nabucodonosor contemplaba el árbol, vio a un "vigilante, un santo", un mensajero del cielo, cuyo aspecto era similar al que caminaba en medio del horno de fuego con los niños hebreos. A la orden de este mensajero divino, el árbol fue cortado, quedando sólo el tocón. El derribo del árbol no mató el tocón ni las raíces. La vida permaneció, y estaba lista para enviar nuevos brotes más numerosos que antes.

Es dudoso que el hombre haya recibido alguna vez un mensaje cargado de mayor importancia que éste dado a Nabucodonosor. En su sueño anterior se le mostró la brevedad de su reino y se le dio una prueba de la decadencia del imperio. Si hubiera vivido en armonía con lo que entonces se le reveló, se habría evitado la experiencia que estaba por venir. Las palabras de despedida del ángel al dejar a Nabucodonosor fueron: "Este asunto es por decreto de los vigilantes... para que los vivos sepan que el Altísimo gobierna en el reino de los hombres y lo da a quien quiere". Más que eso, "Él coloca sobre él al más bajo de los hombres". El hecho de que un hombre ocupe una posición, no significa que sea mejor que los demás.

Cuando Daniel se dio cuenta del verdadero significado del sueño, y previó la humillación del rey de Babilonia, "sus pensamientos lo turbaron". El rey le animó a no turbarse, sino a dar la verdadera interpretación. Así lo hizo, diciéndole claramente al rey que el árbol visto en la visión era emblemático del propio Nabucodonosor, y de su dominio. "Eres tú, oh rey, el que ha crecido y se ha hecho fuerte; porque tu grandeza ha crecido y llega hasta el cielo, y tu dominio hasta el fin de la tierra". Tan grande como era el reino de Nabucodonosor, había crecido desde un pequeño comienzo. Gradualmente los principios sobre los que se fundaba -principios mucho más antiguos que el rey, pues se originaron con Lucifer, y eran una perversión de las verdades celestiales- habían echado raíces. En el gobierno era la monarquía más rígida; el rey tenía la vida de sus súbditos en su mano. Los esclavos se inclinaban ante él en abyecta subyugación; se obligaba a pagar impuestos exorbitantes a las provincias sometidas; las cabezas coronadas eran abatidas y los hombres esclavizados para que el rey de Babilonia pudiera deleitarse con las riquezas del mundo. Las semillas de esa forma de gobierno se sembraron allí donde Babilonia estableció su poder, y tal como sembró, así ha cosechado ella, al igual que otros. Cuando Babilonia cayó, los

---

sueño ni su declaración no te espante. Respondió Beltsasar, y dijo: Señor mío, el sueño sea para tus enemigos, y su declaración para los que mal te quieren.

Dan. 4:13-19.

20. El árbol que viste, que crecía y se hacía fuerte, y que su altura llegaba hasta el cielo, y su vista por toda la tierra; 21. Y cuya copa era hermosa, y su fruto en abundancia, y que para todos había mantenimiento en él; debajo del cual moraban las bestias del campo, y en sus ramas habitaban las aves del cielo,

22. Tú mismo eres, oh rey, que creciste, y te hiciste fuerte, pues creció tu grandeza, y ha llegado hasta el cielo, y tu señorío hasta el cabo de la tierra.

23. Y cuanto á lo que vió el rey, un vigilante y santo que descendía del cielo, y decía: Cortad el árbol y destruidlo: mas la cepa de sus raíces dejaréis en la tierra, y con atadura de hierro y de metal en la hierba del campo; y sea mojado con el rocío del cielo, y su parte sea con las bestias del campo, hasta que pasen sobre él siete tiempos.

Dan. 4:20-23.

Gritad contra ella en derredor; dió su mano; caído han sus fundamentos, derribados son sus muros; porque venganza es de Jehová. Tomad venganza de ella; haced con ella como ella hizo. Haced juntar sobre Babilonia flecheros, á todos los que entesan arco; asentad campo sobre ella alrededor; no escape de ella ninguno: pagadle según su obra; conforme á todo lo que ella hizo, haced con ella: porque contra Jehová se ensoberbeció, contra el Santo de Israel.

Jer. 50:15, 16, 29.

Gal. 6:7.

Porque sembraron viento, y torbellino segarán: no tendrán mies, ni el fruto hará harina; si la hiciere, extraños la tragarán.

Oseas 8:7.

principios por los que había controlado a otros se aplicaron a su vez a ella. Dondequiera que haya tiranía en el gobierno en cualquier nación de la tierra hoy en día, es un vástago de esa raíz que llenó la tierra, cuyo muñón se permitió que permaneciera hasta el final de los tiempos.

Dondequiera que Babilonia puso su mano en la conquista, se implantaron los principios de su religión. Las formas más viles de adoración se practicaban en ese reino con toda su gloria exterior. El corazón estaba podrido. El misterio de la iniquidad dominaba plenamente, oculto por el brillo exterior del oro. Los misterios de Grecia en un día posterior no eran sino una repetición de los misterios babilónicos. De la copa de oro que sostenía en su mano, y que era un símbolo familiar en las sociedades secretas babilónicas, emborrachó a todas las naciones con el vino de su fornicación.

Las naciones y los pueblos de hoy en día, inconscientes de su origen, perpetúan las costumbres religiosas babilónicas cuando celebran la Navidad con festejos, velas encendidas, acebo y muérdago. Es en conmemoración de los dioses paganos babilónicos que comen huevos en Pascua, e incluso las salvajes cabriolas de Halloween repiten los misterios de Babilonia. La raíz no fue destruida; sus principios religiosos han brotado de nuevo en cada generación y han dado fruto en todos los países.

La influencia de Babilonia en las líneas educativas no fue menos marcada que su influencia en el gobierno y la religión, y la raíz educativa del árbol fue tan vigorosa como las otras. Tenemos la costumbre de rastrear el

---

Y visitaré la maldad sobre el mundo, y sobre los impíos su iniquidad; y haré que cese la arrogancia de los soberbios, y abatiré la altivez de los fuertes.
Isa. 13:11.

Jer. 51:7.

Porque todas las gentes han bebid del vino del furor de su fornicación; y los reyes de la tierra han fornicado con ella, y los mercaderes de la tierra se han enriquecido de la potencia de sus deleites.
Apoc. 18:3.

Mas ahora, habiendo conocido á Dios, ó más bien, siendo conocidos de Dios, ¿cómo os volvéis de nuevo á los flacos y pobres rudimentos, en los cuales queréis volver á servir? Guardáis los días, y los meses, y los tiempos, y los años. Temo de vosotros, que no haya trabajado en vano en vosotros.
Gal. 4:9-11.

¿Qué es lo que fué? Lo mismo que será. ¿Qué es lo que ha sido hecho? Lo mismo que se hará: y nada hay nuevo debajo del sol. ¿Hay algo de que se

sistema educativo del mundo hasta Grecia o Egipto; sus principios son más antiguos que Grecia. Pertenecen a Babilonia. La prominencia dada a esta fase de la vida babilónica por el Espíritu de Dios en el libro de Daniel, y el hecho de que los principales educadores e instituciones educativas del mundo fueran puestos en contacto directo con los principios más simples de la verdadera educación cada vez que los hebreos se encontraban con los caldeos y los sabios, muestra el lugar que ocupa la educación tanto en los falsos reinos de los que Babilonia es un tipo, como en el verdadero, que los hebreos representaban. La llamada "educación superior" de hoy en día, que exalta la ciencia del mundo por encima de la ciencia de la salvación; que envía estudiantes con credenciales mundanas, pero no reconocidos en los libros del cielo, estudiantes que aman la exhibición, que están llenos de orgullo, egoísmo y autoestima, esta educación es una planta que ha brotado de esa amplia raíz que sostenía el árbol que representaba el dominio babilónico.

Las semillas de la verdad habían sido plantadas en Babilonia. El santo vigilante buscaba constantemente el crecimiento de un árbol que diera vida. Todas las naciones se reunieron bajo la influencia de Babilonia con la esperanza de que allí fueran alimentadas con un fruto que resultara ser el pan de la vida; pero en lugar de ello, era una mezcla de bien y mal, que envenenaba al consumidor.

Las hojas del árbol eran hermosas a la vista, y podrían haber servido para la curación de las naciones; pero el mismo olor que exhalaban, intoxicaba y llevaba a los excesos. Lo mismo

pueda decir: He aquí esto es nuevo? No hay memoria de lo que precedió, ni tampoco de lo que sucederá habrá memoria en los que serán después.
Ecl. 1:9, 10.

Aquello que fué, ya es: y lo que ha de ser, fué ya; y Dios restaura lo que pasó.
Ecl. 3:15.

Dan. 1:20.
Dan. 2:27, 19.
Dan. 3:18.
Dan. 4:6-9.
Dan. 5:8, 13, 14
Dan. 6:1-3.

Oh Timoteo, guarda lo que se te ha encomendado, evitando las profanas pláticas de vanas cosas, y los argumentos de la falsamente llamada ciencia; la cual profesando algunos.
1 Tim. 6:20, 21.

Porque todo lo que hay en el mundo, la concupiscencia de la carne, y la concupiscencia de los ojos, y la soberbia de la vida, no es del Padre, mas es del mundo.
1 Juan 2:16.

Curamos á Babilonia, y no ha sanado: dejadla, y vámonos cada uno á su tierra; porque llegado ha hasta el cielo su juicio, y alzádose hasta las nubes.
Jer. 51:9

Gen. 2:17.
Dan. 2:38.

ocurre con la planta que ha brotado de esas raíces ocultas. Puede ser hermosa a la vista, su fruto puede ser tan dulce que el que lo come no puede ser persuadido de que no es la verdad, pero la sabiduría de Dios permanecerá mucho tiempo después de que la del mundo haya sido destruida. Deberíamos vigilar y guardarnos de los males que brotan de la raíz babilónica.

Aparte de la aplicación general a todo el reino, una parte del sueño ilustra la experiencia de Nabucodonosor personalmente. A causa de su orgullo de corazón, perdería la razón, abandonaría las moradas de los hombres, encontraría su hogar con las bestias del campo y permanecería en esta condición durante siete años, hasta que hubiera aprendido "que el Altísimo gobierna en el reino de los hombres y lo da a quien quiere". Daniel exhortó al rey: "Que mi consejo sea aceptable para ti, y rompe tus pecados con la justicia, y tus iniquidades mostrando misericordia a los pobres". Todavía había tiempo para el arrepentimiento, y si el rey hubiera prestado atención a este consejo, lo habría salvado de la gran humillación que le sobrevino. Pero cuando los corazones de los hombres están fijados, el mensaje para cambiar, aunque sea dado por un ángel del cielo, permanece desatendido. En consecuencia, "todo esto vino sobre el rey Nabucodonosor".

Después de esta solemne advertencia se le concedió al rey un año de prueba. Al final de este tiempo, el rey estaba en su palacio real, y pensando en su reino con orgullo y satisfacción, exclamó: "¿No es ésta la gran Babilonia que he construido para casa del reino con la fuerza de mi poder y para el honor de mi majestad?"

Porque si el árbol fuere cortado, aun queda de él esperanza; retoñecerá aún, y sus renuevos no faltarán. Si se envejeciere en la tierra su raíz, y su tronco fuere muerto en el polvo, al percibir el agua reverdecerá, y hará copa como planta.
Job 14:7-9.
2 Cor. 11:3.

*24. Esta es la declaración, oh rey, y la sentencia del Altísimo, que ha venido sobre el rey mi señor:
25. Que te echarán de entre los hombres, y con las bestias del campo será tu morada, y con hierba del campo te apacentarán como á los bueyes, y con rocío del cielo serás bañado; y siete tiempos pasarán sobre ti, hasta que entiendas que el Altísimo se enseñorea en el reino de los hombres, y que á quien él quisiere lo dará.
26. Y lo que dijeron, que dejasen en la tierra la cepa de las raíces del mismoárbol, significa que tu reino se te quedará firme, luego que entiendas que el señorío es en los cielos.*
Dan. 4:24-26.

Dan. 11:13 [margin].
Isa. 1:16-20.
Isa. 58:7-11.
Mat. 23:12.
Lucas 16:31.

Cualquier hombre de la casa de Israel que hubiere puesto sus ídolos en su corazón, y establecido el tropiezo de su maldad delante de su rostro, y viniere al profeta, yo Jehová responderé al que viniere en la multitud de sus ídolos; Y pondré mi rostro contra aquel hombre, y le pondré por señal y por fábula,
Eze. 14:4-8.

*27. Por tanto, oh rey, aprueba mi consejo, y redime tus pecados con justicia, y tus iniquidades con misericordias para con los pobres; que tal vez será eso una prolongación de tu tranquilidad.
28. Todo aquesto vino sobre el rey Nabucodonosor.*

EL ALTÍSIMO GOBIERNA

Estaba repitiendo los pensamientos, casi las palabras exactas, de Satanás, cuando pretendía exaltar su trono por encima de Dios. Cuando se abrigaron pensamientos orgullosos y se pronunciaron estas palabras, se pronunció la sentencia que fulminó al árbol y degradó al monarca que el árbol simbolizaba. Era Dios quien había dado al rey su razón y capacidad para establecer un reino así. El mismo Dios podía quitar el juicio y la sabiduría de los que el rey se enorgullecía. Y Dios lo hizo. Es la mente la que eleva al hombre por encima de las bestias. Cuando se le quita el poder de la mente, se hunde al nivel más bajo. Nabucodonosor se volvió como las bestias. David dice: "He visto al impío con gran poder, y extendiéndose como un laurel verde. Pero pasó, y he aquí que no estaba; sí, lo busqué, pero no se encontró".

Cuando Dios no puede salvar a los hombres en la prosperidad, trae sobre ellos la adversidad. Si en todo esto rechazan a Dios, entonces traen sobre sí la destrucción. Sean los resultados que sean, Dios está libre de toda censura. Esto lo ilustra el caso de Nabucodonosor. El orgulloso y poderoso monarca ya no manejaba el cetro. Se convirtió en un maníaco, y durante siete años se encontró con el ganado, compañero de las bestias, alimentándose como ellas. Destronada su razón, ya no era considerado ni siquiera como un hombre. El mandato había salido: "Derribad el árbol y cortad sus ramas, sacudid sus hojas y esparcid su fruto".

Es necesario en la causa de Dios y en el mundo, que los hombres asuman su responsabilidad. Pero cuando los hombres se enaltecen en el orgullo y dependen de la sabiduría

Dan. 4:27, 28.

Subiré al cielo, en lo alto junto á las estrellas de Dios ensalzaré mi solio.
Isa. 14:13, 14.

29. A cabo de doce meses, andándose paseando sobre el palacio del reino de Babilonia.

30. Habló el rey, y dijo: ¿No es ésta la gran Babilonia, que yo edifiqué para casa del reino, con la fuerza de mi poder, y para gloria de mi grandeza?

31. Aun estaba la palabra en la boca del rey, cuando cae una voz del cielo: A ti dicen, rey Nabucodonosor; el reino es traspasado de ti.

32. Y de entre los hombres te echan, y con las bestias del campo será tu morada, y como á los bueyes te apacentarán: y siete tiempos pasarán sobre ti, hasta que conozcas que el Altísimo se enseñorea en el reino de los hombres, y á quien él quisiere lo da.
Dan. 4:29-32.

Sal. 37:35, 36.

Porque el Señor al que ama castiga, y azota á cualquiera que recibe por hijo.
Heb. 12:4-11.

Bienaventurado el hombre á quien tú, JAH, castigares, y en tu ley lo instruyeres; Para tranquilizarle en los días de aflicción, en tanto que para el impío se cava el hoyo.
Sal. 94:12, 13.

33. En la misma hora se cumplió la palabra sobre Nabucodonosor, y fué echado de entre los hombres; y comía hierba como los bueyes, y su cuerpo se bañaba con el rocío del cielo, hasta que su pelo creció como de águila, y sus uñas como de aves.
Dan. 4:33.

Yo Jehová: este es mi nombre; y á otro no daré mi gloria, ni mi alabanza á esculturas.
Isa. 42:8.

Humillaos pues bajo la poderosa

mano de Dios, para que él os ensalce cuando fuere tiempo.
1 Pedro 5:6.

Y lo vil del mundo y lo menospreciado escogió Dios, y lo que no es, para deshacer lo que es: para que ninguna carne se jacte en su presencia. Mas de él sois vosotros en Cristo Jesús, el cual nos ha sido hecho por Dios sabiduría, y justificación, y santificación, y redención.
1 Cor. 1:28-30.

Col. 2:3.

Mas lejos esté de mí gloriarme, sinoen la cruz de nuestro Señor Jesucristo, por el cual el mundo me es crucificado á mí, y yo al mundo.
Gal. 6:14.

34. Mas al fin del tiempo yo Nabucodonosor alcé mis ojos al cielo, y mi sentido me fué vuelto; y bendije al Altísimo, y alabé y glorifiqué al que vive para siempre; porque su señorío es sempiterno, y su reino por todas las edades.
35. Y todos los moradores de la tierra por nada son contados: y en el ejército del cielo, y en los habitantes de la tierra, hace según su voluntad: ni hay quien estorbe su mano, y le diga: ¿Qué haces?
36. En el mismo tiempo mi sentido me fué vuelto, y la majestad de mi reino, mi dignidad y mi grandeza volvieron á mí, y mis gobernadores y mis grandes me buscaron; y fuí restituído á mi reino, y mayor grandeza me fué añadida.
37. Ahora yo Nabucodonosor alabo, engrandezco y glorifico al Rey del cielo, porque todas sus obras son verdad, y sus caminos juicio; y humillar puede á los que andan con soberbia.
Dan. 4:34-37.

mundana, Dios ya no puede sostenerlos, y caen. Tanto las naciones como los individuos tienen esta experiencia. Incluso la supuesta iglesia de Cristo que se aleja de la humildad del Maestro, pierde su poder, y ciertamente será abatida. Las personas que se glorían en la riqueza, o en el intelecto, o en el conocimiento, o en cualquier cosa que no sea Jesucristo, serán llevadas a la confusión. Sólo en Cristo "están escondidos todos los tesoros de la sabiduría y el conocimiento". Todo pensamiento brillante, toda idea intelectual, que de alguna manera trae grandeza, se origina con nuestro Señor. Es Dios quien se ocupa de la humanidad. Él gobierna.

Hay que recordar que en todo el trato de Dios con el rey Nabucodonosor, Dios estaba trabajando para la salvación del gobernante y de los afectados por su influencia. Dios permitió que sufriera siete años de degradación deplorable, y luego retiró su mano castigadora. Después de pasar por esta terrible humillación, fue llevado a ver su propia debilidad; confesó su culpa y reconoció al Dios del cielo. Envió a todo el mundo la descripción de esta experiencia tal y como se recoge en el cuarto capítulo de Daniel. Había aprendido que a los que caminan con orgullo, Dios es capaz de abatirlos. En comparación con Dios y su universo, los habitantes de la tierra se hunden en la insignificancia y son considerados como nada. "Él hace según su voluntad en el ejército del cielo y entre los habitantes de la tierra, y nadie puede detener su mano ni decirle: "¿Qué haces?".

CAPITULO V

LOS ÚLTIMOS AÑOS DEL REINO BABILÓNICO

La historia de la nación babilónica revela al que busca los principios ocultos, todo lo necesario para comprender la relación de los gobiernos terrestres con Dios; los tratos de Dios con todas las naciones de la tierra, y la actitud que los hombres deben asumir hacia Dios y hacia los gobiernos terrestres. Estos cuatro principios pueden obtenerse del estudio de la historia de Babilonia, tal como está registrada en el libro de Daniel y por los profetas que escribieron sobre este reino. Esto es cierto, porque en Babilonia se ve en algunos aspectos el más alto desarrollo de los planes de Satanás. Aquí se falsificaron los principios del reino celestial, y se mezcló tanto del verdadero metal con la aleación que se desarrolló una fuerza inusual. En otras palabras, el reino de Babilonia fue construido y desarrollado de acuerdo con leyes que eran en sí mismas divinas, pero como el mayor mal está cerca y es una perversión del mayor bien, así la perversión de los principios del gobierno del cielo hizo el más fuerte de los reinos terrestres. Construido de modo que fuera difícil para los seres que observaban el progreso de los acontecimientos detectar el error, Dios, que nunca trata arbitrariamente con los hombres o los ángeles, ni siquiera con el propio Satanás, permitió que el reino babilónico siguiera su curso natural, para que el mundo tuviera una

Cuando el Altísimo hizo heredar á las gentes, cuando hizo dividir los hijos de los hombres, estableció los términos de los pueblos según el número de los hijos de Israel.
Deut. 32:8

Sal. 75:4-7.
Hechos 17:26, 27.
Mat. 22:18-22.

TODA alma se someta á las potestades superiores; porque no hay potestad sino de Dios; y las que son, de Dios son ordenadas.
Rom. 13:1-7.

1 Sam. 2:9.
1 Sam. 14:6.

Sino que de cualquiera nación que le teme y obra justicia, se agrada.
Hechos 10:34, 35.

Y en su frente un nombre escrito: MISTERIO, BABILONIA LA GRANDE, LA MADRE DE LAS FORNICACIONES Y DE LAS ABOMINACIONES DE LA TIERRA.
Apoc. 17:5.

Hab. 1:5-13.
Isa. 10:1-16.
Sal. 33:15-17.

He aquí que todas las almas son mías; como el alma del padre, así el alma del hijo es mía; el alma que pecare, esa morirá.
Eze. 18:4.

64 LA HISTORIA DE DANIEL EL PROFETA

Porque la paga del pecado es muerte: mas la dádiva de Dios es vida eterna en Cristo Jesús Señor nuestro.
Rom. 6:23.

Dan. 4:17.

Toda cabeza se encalveció, y pelóse todo hombro; y ni para él ni para su ejército hubo paga de Tiro, por el servicio que prestó contra ella. Por tanto, así ha dicho el Señor Jehová: He aquí que yo doy á Nabucodonosor, rey de Babilonia, la tierra de Egipto; y él tomará su multitud, y cogerá sus despojos, y arrebatará su presa, y habrá paga para su ejército. Por su trabajo con que sirvió contra ella le he dado la tierra de Egipto: porque trabajaron por mí, dice el Señor Jehová.
Eze. 29:18-20.

En su mano está el alma de todo viviente, y el espíritu de toda carne humana.
Job. 12:10.

¿Qué más se había de hacer á mi viña, que yo no haya hecho en ella? ¿Cómo, esperando yo que llevase uvas, ha llevado uvas silvestres?
Isa. 5:4.

Isa. 14:4-6.

Curamos á Babilonia, y no ha sanado.
Jer. 51:9.

Jer. 18:7, 8.
Eze. 33:11, 14-16.

Isa. 13:1-15.

Amos 3:7.

El secreto de Jehová es para los que le temen; y á ellos hará conocer su alianza.
Sal. 25:14.

Y estas cosas les acontecieron en figura; y son escritas para nuestra admonición, en quienes los fines de

lección objetiva y supiera para siempre que la verdad trae la vida, pero que la menor perversión de la verdad, por mínima que sea, trae la muerte.

Para reivindicarse ante el universo, Dios concedió toda clase de bendiciones a este reino terrenal que Satanás reclamaba jactanciosamente como suyo. La sabiduría fue dada al pueblo de Babilonia, el santo Vigilante protegió al rey en su trono, y Dios dio poder al gobernante en la batalla, haciéndolo un conquistador. Fue Dios quien hizo que el árbol llegara hasta el cielo, y dio fuerza y belleza a sus ramas. Todo, a modo de advertencia y súplica, fue utilizado por la Sabiduría Infinita para hacer que los babilonios vieran la diferencia entre lo verdadero y lo falso, y los llevó a elegir lo verdadero. Es uno de los comentarios más contundentes de la historia de la tierra sobre el cuidado de Dios por todos, incluso por el más grande pecador.

Si Babilonia hubiera tomado la ayuda ofrecida, a pesar de todo el poder de Satanás como príncipe de este mundo, habría unido su trono con el trono de Dios, y habría sido un reino eterno. ¡Cuán fácilmente podría haber cambiado la historia del mundo!

Las personas que viven en estos últimos días, sean cristianas o no, no tienen por qué permanecer ignorantes respecto a su deber hacia el gobierno civil. Las naciones no pueden alegar ignorancia respecto a su deber hacia los cristianos, hacia otras naciones, ni hacia Dios, pues las profecías de Daniel lo explican todo. Es un libro tanto para los gobernantes como para el pueblo llano. Babilonia es una lección objetiva para las naciones que existen hoy en día. Su crecimiento fue según las leyes

LOS ÚLTIMOS AÑOS DEL REINO BABILONICO 65

del crecimiento de las naciones; sus fracasos describen los fracasos que se cometen hoy en día, y su destrucción es una descripción del fin de todos los reinos terrestres. Las naciones tienen un tiempo de prueba, al igual que los individuos. Se lleva un registro de los acontecimientos nacionales, y cuando la copa de la iniquidad está llena, llega la destrucción, y otro poder más vigoroso, porque menos corrupto, ocupa su lugar. "El Altísimo gobierna en el reino de los hombres", se le reconozca o no, y las cosas que, a los ojos humanos, parecen haber ocurrido por casualidad, están directamente bajo el control del santo Vigilante.

El estudio del libro de Daniel exige, por tanto, que nos tomemos tiempo para trazar la historia de Babilonia como nación.

Entre el cierre del cuarto capítulo y la apertura del quinto interviene un período de unos veinticinco años. El reinado de Nabucodonosor se cerró poco después de la restauración de su razón relatada en el cuarto capítulo de Daniel. Desde el punto de vista mundano, el suyo había sido un reinado largo y próspero, y a su término no había señales de debilitamiento en el imperio. Nabucodonosor tenía un hijo mayor de edad para ocupar el lugar de su padre. Nadie cuestionó su derecho al trono, y mientras lloraban la muerte de Nabucodonosor, aparentemente los súbditos tenían muchos motivos para alegrarse por la sucesión del hijo. A los ojos del cielo esta historia era accidentada. Hubo periodos en los que el deseo de conocer el derecho y gobernar con justicia estaban escritos frente al nombre del rey. Pero a éstos siguieron períodos aún más largos en los que la voz del

los siglos han parado.
1 Cor. 10:11.
Ecl. 1:9.
Jer 51:63, 64.
Apoc. 18:21.

Entonces Jehová le dijo: Por cuanto el clamor de Sodoma y Gomorra se aumenta más y más, y el pecado de ellos se ha agravado en extremo: Descenderé ahora, y veré si han consumado su obra según el clamor que ha venido hasta mí; y si no, saberlo he.
Gen. 18:20, 21.

Gen. 19:14.

Dan. 10:20.

Martillo me sois, y armas de guerra; y por medio de ti quebrantaré gentes, y por medio de ti desharé reinos; Y por medio quebrantaré caballos y sus cabalgadores, y por medio de ti quebrantaré carros y los que en ellos suben.
Jer. 51:20-23.

Dan. 4:36, 37.

Jer. 28:14.

Y será, que la gente y el reino que no sirviere á Nabucodonosor rey de Babilonia, y que no pusiere su cuello debajo del yugo del rey de Babilonia, con espada y con hambre y con pestilencia visitaré á la tal gente, dice Jehová, hasta que los acabe yo por su mano.
Jer. 27.3-8.

Dan. 2:47.
Dan. 3:28.
Dan. 4:37.

Jer. 39:11-14.
Jer. 44:30.

Antes que fuera yo humillado, descarriado andaba; mas ahora guardo tu palabra.
Sal. 119:67.

Y aunque era Hijo, por lo que padeció aprendió la obediencia.
Heb. 5:8.

Bueno me es haber sido humillado, para que aprenda tus estatutos.
Sal. 119:71.

Sequedad sobre sus aguas, y secaránse: porque tierra es de esculturas, y en ídolos enloquecen.
Jer 50:38.

Ephraim es dado á ídolos; déjalo.
Oseas 4:17.

Y acontecio á los treinta y siete años de la trasportación de Joachîn rey de Judá, en el mes duodécimo, á los veinte y siete del mes, que evil-merodach rey de Babilonia, en el primer año de su reinado, levantó la cabeza de Joachîn rey de Judá, sacándolo de la casa de la cárcel: Y hablóle bien, y puso su asiento sobre el asiento de los reyes que con él estaban en Babilonia; Y mudóle los vestidos de su prisión, y comió siempre delante de él todos los días de su vida. Y fuéle diariamente dada su comida de parte del rey de continuo, todos los días de su vida.
2 Reyes 25:27-30.

Jer. 52:31-34.

Bienaventurados los misericordiosos: porque ellos alcanzarán misericordia.
Mat. 5:7.

Entonces el rey engrandeció á Daniel, y le dió muchos y grandes dones, y púsolo por gobernador de toda la provincia de Babilonia, y príncipe de los gobernadores sobre todos los sabios de Babilonia.
Dan. 2:48.

Y todas las gentes le servirán á él, y á su hijo, y al hijo de su hijo, hasta que venga también el tiempo de su misma tierra; y le servirán muchas gentes y reyes grandes.
Jer. 27:7.

Belsasar, con el gusto del vino, mandó

Divino fue totalmente desatendida. Hubo un registro de maravillosas providencias, ricas bendiciones y amargas pruebas, todas con un solo objeto: volver las mentes del mundo hacia la única fuente de vida y poder. Si el Cielo se cansa alguna vez de observar las luchas de las naciones, cuál debe haber sido la carga al ver que este reino elegía repetidamente el curso que conducía a la ruina inevitable. Malvado-merodac, el hijo de Nabucodonosor, es mencionado sólo dos veces en las Escrituras, y en cada caso se hace referencia a un acto de su vida. Parece extraño que a un padre así le siga un hijo del que se registra tan poco, pero es gratificante notar que cuando se rompe el silencio, es para relatar un acto de bondad. En el primer año de su reinado sacó de la cárcel a Joaquín, el antiguo rey de Jerusalén, un hombre que ahora tenía cincuenta años y que había languidecido en las cárceles desde que era un muchacho de dieciocho años. El ex gobernante judío recibió ropa y provisiones de rey, y fue exaltado por encima de otros reyes en Babilonia durante todo el resto de sus días.

Malvado-merodac se había criado en la corte babilónica, y había conocido a los judíos y su historia desde su juventud. No sería algo imposible que Daniel, nombrado jefe de los sabios caldeos por Nabucodonosor, hubiera sido el instructor del príncipe. Aunque se omiten los detalles, lo cierto es que por alguna razón la destrucción de Babilonia se retrasó más allá del reinado de Malvado-merodac. A su breve reinado de dos años le siguió un período de inestabilidad, una experiencia de lo más peligrosa en una monarquía.

LOS ÚLTIMOS AÑOS DEL REINO BABILONICO 67

Finalmente Nabonadio, el yerno de Nabucodonosor, se sentó en el trono, y hacia el año 541 asoció con él a su hijo Belsasar. Ambos reinaron conjuntamente hasta la destrucción del reino en el año 538 a.c. Este joven, nieto del gran Nabucodonosor, pronto demostró ser testarudo, caprichoso, cruel y disoluto. Daniel ya no fue retenido en la corte. No se indica el momento de su despido, pero en el tercer año del reinado de Belsasar, vivía en Susa, la capital de Elam, a cierta distancia al este de Babilonia, y fue en ese lugar donde vio la visión que relata el octavo capítulo del libro de Daniel.

Durante el reinado de Nabonadio y Belsasar, ocurrieron acontecimientos de la mayor importancia. Para los judíos que aceptaron las palabras de los profetas que Dios envió, levantándose temprano y enviando, la caída del reino en un futuro cercano era bien conocida. A pesar de su propia opresión, había un mundo que debía ser advertido, y cuando la hueste de los redimidos se reúna en torno al trono de Dios, compuesta, como lo estará, por representantes de toda nación, tribu, lengua y pueblo, habrá algunas almas de la antigua Babilonia que, habiendo escuchado la proclamación del mensaje, se separaron de sus pecados y fueron salvadas.

Cuando los monarcas gobernantes perdieron el conocimiento de Dios, y ya no había hombres temerosos de Dios entre los consejeros, la opresión de los judíos se hizo casi insoportable.

Al entrar en Babilonia habían sido instruidos por el Señor para que construyeran casas y plantaran viñedos, para que se casaran y aumentaran en número, y para que oraran por

que trajesen los vasos de oro y de plata que Nabucodonosor su padre había traído del templo de Jerusalem.
Dan. 5:2 [margin].
Dan. 5:1.

En el año tercero del reinado del rey Belsasar, me apareció una visión á mí, Daniel, después de aquella que me había aparecido antes.
Dan. 8:1.

Jer. 51:60-64.

Y hablé á los trasportados todas las palabras de Jehová que él me había mostrado.
Eze. 11:24, 25.

Huid de en medio de Babilonia, y librad cada uno su alma, porque no perezcáis á causa de su maldad: porque el tiempo es de venganza de Jehová; daréle su pago.
Jer. 51:6.

Después de estas cosas miré, y he aquí una gran compañía, la cual ninguno podía contar, de todas gentes y linajes y pueblos y lenguas, que estaban delante del trono y en la presencia del Cordero, vestidos de ropas blancas, y palmas en sus manos
Apo. 18:4.   Apo. 7:9.

Ex. 1:8.
Lam. 4:6, 18, 19

Jer. 29:4-7.
Jer. 25:11, 12.
Jer. 29:10.
2 Cron. 36:21.

Y díles también mis sábados, que fuesen por señal entre mí y ellos, para que supiesen que yo soy Jehová que los santifico. Y santificad mis sábados, y sean por señal entre mí y vosotros, para que sepáis que yo soy Jehová vuestro Dios.
Eze. 20:12, 16, 20.

Jerusalem, cuando cayó su pueblo en

68 LA HISTORIA DE DANIEL EL PROFETA

mano del enemigo y no hubo quien le ayudase, se acordó de los días de su aflicción, y de sus rebeliones, y de todas sus cosas deseables que tuvo desde los tiempos antiguos: miráronla los enemigos, y escarnecieron de sus sábados.
Lam. 1:7.

Las calzadas de Sión tienen luto, porque no hay quien venga á las solemnidades; todas sus puertas están asoladas, sus sacerdotes gimen, sus vírgenes afligidas, y ella tiene amargura. Fuése de la hija de Sión toda su hermosura: sus príncipes fueron como ciervos que no hallan pasto, y anduvieron sin fortaleza delante del perseguidor.
Lam. 1:2-6.

Sal. 137:1-6.

Jer. 50:17.

Todos los que los hallaban, los comían; y decían sus enemigos: No pecaremos, porque ellos pecaron á Jehová morada de justicia, á Jehová, esperanza de sus padres.
Jer. 50:7.

Dan. 9:16.
Jer. 2:3.

Porque así ha dicho Jehová: Hemos oído voz de temblor: espanto, y no paz. Preguntad ahora, y mirad si pare el varón: porque he visto que todo hombre tenía las manos sobre sus lomos, como mujer de parto, y hanse tornado pálidos todos los rostros.¡Ah, cuán grande es aquel día! tanto, que no hay otro semejante á él: tiempo de angustia para Jacob; mas de ella será librado.
Jer. 30:3-9.

El redentor de ellos es el Fuerte; Jehová de los ejércitos es su nombre: de
cierto abogará la causa de ellos.
Jer. 50:33, 34.

He aquí que vienen los días, dice Jehová, y despertaré á David renuevo justo, y reinará Rey, el cual será dichoso, y hará juicio y justicia en la tierra. En sus días será salvo Judá, é Israel habitará confiado: y este será su nombre que le llamarán: JEHOVÁ, JUSTICIA NUESTRA.

la paz y la prosperidad de Babilonia, pues su cautiverio duraría setenta años. El pueblo de Dios tenía la observancia del sábado del cuarto mandamiento para preservar su peculiaridad y evitar que se mezclara con los paganos. Llegó el momento en que los babilonios, que eran adoradores del sol, se burlaron de los judíos a causa del sábado. Les prohibieron celebrar sus fiestas; los sacerdotes y gobernantes fueron degradados y perseguidos. Los babilonios exigían a menudo canciones a los judíos. "Los que nos maltrataban nos exigían alegría, diciendo: "Cantadnos uno de los cantos de Sión"; pero sus corazones estaban afligidos. "Israel es una oveja dispersa", escribió Jeremías; "los leones lo han ahuyentado; . Nabucodonosor, rey de Babilonia, ha roto sus huesos". Los babilonios se jactaban de que no era pecado oprimir a los judíos, razonando que Dios había puesto a los hebreos en la esclavitud a causa de sus pecados.

No es de extrañar que el yugo fuera difícil de soportar y que el rey fuera implacable. Fue un tiempo de angustia, un anticipo del gran tiempo de angustia por el que pasará el pueblo de Dios antes de la segunda venida del Salvador. Ambos períodos son llamados con el mismo nombre, -el tiempo de la angustia de Jacob- por el profeta Jeremías. Bajo estas difíciles circunstancias, los judíos se vieron obligados a predicar el evangelio que una vez tuvieron la oportunidad de dar con poder desde Jerusalén.

Gimiendo bajo la opresión, habían enseñado sobre la venida del Mesías, el libertador; enseñaron la justicia por la fe, y el evangelio eterno, la hora del juicio de Dios, la caída de

LOS ÚLTIMOS AÑOS DEL REINO BABILONICO 69

Babilonia y la destrucción de aquellos sobre los que se encontraba la marca del culto babilónico. El espíritu de profecía, como perteneciente a los judíos, fue conocido por los babilonios durante todo el período de cautiverio. Daniel, en presencia del rey, había recibido más de una vez la iluminación divina. Ezequiel enviaba mensajes emitidos por el Señor, y Jeremías había recibido la palabra de Dios con la orden de darla a conocer a todas las naciones de alrededor. No se podía ocultar el hecho de que el Dios de los judíos tenía profetas entre su pueblo. Fue así como no sólo los judíos, sino Moab, Edom, Tiro y Sidón, Amón, Egipto, Arabia, e incluso Media y Persia supieron que la caída de Babilonia estaba decretada. Muchas de estas naciones, y los persas entre el número, sabían exactamente qué reino sería utilizado para destruir a Babilonia, y el nombre del hombre que Dios había elegido para llevar a cabo el derrocamiento.

Tales son los mensajes que Dios envió, y así fue como se sirvió de su pueblo. A los que no pudo utilizar cuando se les concedió paz y prosperidad y una ciudad propia, los utilizó cuando eran esclavos bajo el talón de hierro de Babilonia. Babilonia era como una ciudad al borde de un cráter volcánico, pero no lo creía. En el año 539 a.C., el general de las fuerzas combinadas de medos y persas se dirigió hacia Babilonia. La noticia llegó a la ciudad de que el enemigo estaba en marcha. Entonces llegó el mensaje de huir de la ciudad y ser como cabras en la ladera de la montaña. Los judíos que hicieron caso a la palabra del Señor, se retiraron entonces de Babilonia. Pero el ejército persa no vino. La historia dice que Ciro fue detenido por la muerte de un caballo blanco sagrado, que se

Jer. 23:5, 6.

He aquí el día de Jehová viene, crudo, y de saña y ardor de ira, para tornar la tierra en soledad, y raer de ella sus pecadores.
Isa. 13:6-22.

Isa. 21:9.
Jer. 51:8, 6, 35, 47.
Dan. 2:36.
Dan. 4:24.
Dan. 7:1.
Eze. 27:1, 2.
Eze. 29:2, 3.
Eze. 25:2, 3.
Jer. 25:15-28.

Isa. 44:28.
Isa. 45:1, 2.
Isa. 14:13.

Sube, Persa; cerca, Medo. Todo su gemido hice cesar.
Isa. 21:2.

Jer. 51:11, 28.

Quieto estuvo Moab desde su mocedad, y sobre sus heces ha estado él reposado, y no fué trasegado de vaso en vaso, ni nunca fué en cautiverio: por tanto quedó su sabor en él, y su olor no se ha trocado. Por eso, he aquí que vienen días, ha dicho Jehová, en que yo le enviaré trasportadores que lo harán trasportar; y vaciarán sus vasos, y romperán sus odres.
Jer. 48:11, 12.

2 Reyes 12: 5:3 4.
Dan. 2:49.

Y porque no desmaye vuestro corazón, y temáis oír de la fama que se oirá por la tierra, en un año vendrá la fama, y después en otro año el rumor, y la violencia en la tierra, y el enseñoreador sobre el que enseñorear.
Jer. 51:46.

Jer. 50:8.
Jer. 51:6.
Mat. 24:15-20.

Los que escapasteis del cuchillo, andad, no os detengáis; acordaos por

70   LA HISTORIA DE DANIEL EL PROFETA

> muchos días de Jehová, y acordaos de Jerusalem.
> Jer. 51:50.
>
> Jer. 51:44.
>
> Del grito de la toma de Babilonia la tierra tembló, y el clamor se oyó entre las gentes.
> Jer. 51:46.
>
> Y pagaré á Babilonia y á todos los moradores de Caldea, todo el mal de ellos que hicieron en Sión delante de vuestros ojos, dice Jehová.
> Jer. 51:24.
>
> Sabiendo primero esto, que en los postrimeros días vendrán burladores, andando según sus propias concupiscencias.
> 2 Pedro 3:3.
>
> Oyó su fama el rey de Babilonia, y sus manos se descoyuntaron: angustia le tomó, dolor como de mujer de parto.
> Jer. 50:43.
>
> Y temblará la tierra, y afligiráse; porque confirmado es contra Babilonia todo el pensamiento de Jehová, para poner la tierra de Babilonia en soledad, y que no haya morador.
> Jer. 51:29.
>
> Háceslos pasar como avenida de aguas; son como sueño; como la hierba que crece en la mañana: En la mañana florece y crece; á la tarde es cortada, y se seca.
> Sal. 90:5

ahogó al cruzar un río. Ciro puso a sus hombres a cavar canales para el río, pasando un año en esta tarea. La profecía dice: "Los muros de Babilonia caerán. Pueblo mío, salid de en medio de ella y entregad cada uno su alma....

Y no sea que vuestro corazón desfallezca, y temáis por el rumor que se oirá en la tierra; un año vendrá un rumor, y después de eso, en otro año, vendrá un rumor".

Y así fue; una primavera llegó el rumor, pero el ejército no apareció. Los descuidados e incrédulos se burlaron, pero para los creyentes fue un momento oportuno. La primavera siguiente el rumor llegó de nuevo, pero entonces no hubo tiempo para vender o prepararse para partir, pues el ejército también llegó, y las fuerzas babilónicas y medopersas se encontraron en una batalla abierta. Los babilonios fueron derrotados y regresaron dentro de las fortificaciones de la ciudad.

Se cerraron las puertas y comenzó el asedio. Los que ahora estaban en Babilonia debían vivir o morir con los babilonios, salvo que Dios detuviera la mano del destructor.

El clímax fue alcanzado por el más grande de los gobiernos terrenales. Todo el cielo estaba vivo de ansiedad. Sólo el hombre estaba dormido ante su inminente destrucción.

CAPITULO VI

LA ESCRITURA EN LA PARED
(Capitulo 5)

Era la última noche de la existencia de una nación, pero el pueblo no lo sabía. Algunos dormían en una paz inconsciente; otros se deleitaban en una danza irreflexiva. En los antros de Babilonia, los hombres impregnados de vicio continuaban sus orgías salvajes; en los salones del palacio, Belsasar festejaba con mil de sus señores. La música resonaba por las salas brillantemente iluminadas. Los nobles se apiñaban en torno a las mesas suntuosamente dispuestas. Las mujeres de la corte y las concubinas del rey entraban en aquellos salones. Era una fiesta de Baco, y bebían a la salud del rey en su trono. Ordenó que se trajeran los vasos sagrados del templo para demostrar que ningún ser, humano o divino, podía levantar una mano contra él, el rey de Babilonia. Se levantó la copa de oro llena de vino y se invocó la bendición de Bel, pero nunca llegó a los labios del rey medio intoxicado. Su mano fue detenida. Aquellos vasos habían sido moldeados por manos divinamente hábiles y según modelos celestiales. Los ángeles los habían vigilado mientras los sacaban del templo de Jerusalén y los llevaban a Babilonia. Mensajeros divinamente designados los habían custodiado, y su sola presencia en el templo pagano era un testimonio del Dios de los judíos. Algún día

1. Belshazzar the king made a great feast to a thousand of his lords, and drank wine before the thousand.
2. Belshazzar, whiles he tasted the wine, commanded to bring the golden and silver vessels which his father Nebuchadnezzar had taken out of the temple which was in Jerusalem; that the king, and his princes, his wives, and his concubines, might drink therein.
3. Then they brought the golden vessels that were taken out of the temple of the house of God which was at Jerusalem; and the king, and his princes, his wives, and his concubines, drank in them.
Dan. 5:1-2.

Isa. 21:4, 5.
2 Cron. 36:7.

4. Bebieron vino, y alabaron á los dioses de oro y de plata, de metal, de hierro, de madera, y de piedra.
Dan. 5:1-4.

Todos los vasos de oro y de plata, cinco mil y cuatrocientos,
Esdras 1:11.

Mil tazones de plata.
Esdras 1:9.

Y mira, y hazlos conforme á su modelo, que te ha sido mostrado en el monte.
Ex. 25:40 [margin.]

Ex. 31:2-7.
Ex. 25:9, 40.

Voz de los que huyen y escapan de la tierra de Babilonia, para dar las nuevas en Sión de la venganza de

Jehová nuestro Dios, de la venganza de su templo.
Jer. 50:28.

Jer. 50:24-28.
Jer. 51:11.

5. *En aquella misma hora salieron unos dedos de mano de hombre, y escribían delante del candelero sobre lo encalado de la pared del palacio real, y el rey veía la palma de la mano que escribía.*
6. *Then the king's countenance was changed, and his thoughts troubled him, so that the joints of his loins were loosed, and his knees smote one against another.*
Dan. 5:5-6

Isa. 21:3-5.

7. *El rey clamó en alta voz que hiciesen venir magos, Caldeos, y adivinos. Habló el rey, y dijo á los sabios de Babilonia: Cualquiera que leyere esta escritura, y me mostrare su declaración, será vestido de púrpura, y tendrá collar de oro á su cuello; y en el reino se enseñoreará el tercero.*
8. *Entonces fueron introducidos todos los sabios del rey, y no pudieron leer la escritura, ni mostrar al rey sudeclaración.*
9. *Entonces el rey Belsasar fué muy turbado, y se le mudaron sus colores y alteráronse sus príncipes.*
Dan. 5:7-9.

Isa. 45:1-3.
Jer. 51:53.

Si Jehová no edificare la casa, en vano trabajan los que la edifican: si Jehová no guardare la ciudad, en vano vela la guarda.
Sal. 127:1.

Porque he aquí yo alzo mi mano sobre ellos, y serán despojo á sus siervos, y sabréis que Jehová de los ejércitos me envió.
Zac. 2:9.

No levantéis en alto vuestro cuerno;

se rompería el silencio. La profanación de su templo no quedaría siempre impune.

Llegó ese momento en que el rey levantó la copa que había llenado de vino espumoso. Su mano se puso rígida, pues en la pared opuesta, frente a las luces, había una mano sin sangre que escribía palabras de un idioma desconocido. La copa de vino cayó al suelo; el semblante del rey palideció; tembló violentamente, y sus rodillas se golpearon hasta que el magnífico cinturón de sus lomos se aflojó y cayó a un lado. Las fuertes risas cesaron y la música se apagó. Asustados, un millar de invitados miraron desde el rostro del rey hasta la escritura en la pared.

Llamaron a los astrólogos y adivinos caldeos, pero la escritura no tenía sentido para ellos. Los que enseñaban todas las lenguas terrenales no reconocieron el lenguaje del cielo. Los cuatro extraños caracteres permanecieron como al principio, marcados con letras de fuego en la pared.

Hacía días que el asedio a Babilonia estaba en marcha. Las puertas estaban cerradas y sus muros se consideraban inexpugnables, mientras que dentro de la ciudad había provisiones para veinte años. Pero por muy fuerte que pareciera, Dios había dicho: "Aunque Babilonia se alzara hasta el cielo, y aunque fortificara la altura de su fuerza, de mí vendrán a ella saqueadores".

Las fortalezas más fuertes que el hombre puede construir son aplastadas como una hoja moribunda cuando la mano de Dios se posa sobre ellas. Pero esta era una lección que los gobernantes de Babilonia aún no habían aprendido. El padre de la iniquidad, que impulsaba a estos gobernantes hacia un pecado

LA ESCRITURA EN LA PARED

más profundo, no había reconocido aún la debilidad de su causa. El cielo y los mundos no caídos observaban el progreso de los asuntos en esta gran ciudad, pues era el campo de batalla de las dos poderosas fuerzas del bien y del mal. Cristo y Satanás contendían aquí.

Los ángeles, no vistos por los ojos humanos, como reunieron a los animales en el arca antes del diluvio, habían reunido fuerzas contra Babilonia. Dios estaba utilizando a hombres que no lo conocían como Dios, pero que eran fieles a sus principios y deseaban hacer lo correcto. A Ciro, el líder del ejército persa que ahora estaba fuera de los muros de la ciudad, Dios le había dicho que le tendía la mano para hacerlo fuerte. Ante ti "desataré los lomos de los reyes". Abriré las puertas de dos hojas y las puertas no se cerrarán; "Iré delante de ti y enderezaré los lugares torcidos; romperé las puertas de bronce y partiré las barras de hierro".

Mientras Belsasar y sus señores bebían y festejaban, el ejército de Ciro bajaba las aguas en el lecho del Éufrates, preparándose para entrar en la ciudad.

Como los caldeos no pudieron leer la escritura en la pared, el terror del rey aumentó. Sabía que se trataba de una reprimenda a su fiesta sacrílega, y sin embargo no podía saber el significado exacto. Entonces la reina-madre se acordó de Daniel, que tenía "el Espíritu del Dios santo", y que había sido nombrado maestro de los sabios en los días de Nabucodonosor como resultado de la interpretación del sueño del rey.

Daniel, el profeta de Dios, fue llamado

no habléis con cerviz erguida. Porque ni de oriente, ni de occidente, ni del desierto viene el ensalzamiento. Mas Dios es el juez: á éste abate, y á aquél ensalza.
Sal. 75:4-7.

Porque somos hechos espectáculo al mundo, y á los ángeles, y á los hombres..
1 Cor. 4:9.

Gen. 7:7-9.

Abrió Jehová tu tesoro, y sacó los vasos de su furor: porque esta es obra de Jehová, Dios de los ejércitos, en la tierra de los Caldeos.
Jer. 50:25.

Jer. 51:2.
Isa. 13:1-5.
Isa. 45:1-4

Isa. 43:1-3.

Alzad bandera en la tierra, tocad trompeta en las naciones, apercibid gentes contra ella, . . . Apercibid contra ella gentes; á reyes de Media, á sus capitanes, y á todos sus príncipes, y á toda la tierra de su señorío.
Jer. 51:27, 28.

Que dice al profundo: Sécate, y tus ríos haré secar;
Isa. 44:27.

Sequedad sobre sus aguas, y secaránse: porque tierra es de esculturas, y en ídolos enloquecen.
Jer. 50:38.

10. La reina, por las palabras del rey y de sus príncipes, entró á la sala del banquete. Y habló la reina, y dijo: Rey, para siempre vive, no te asombren tus pensamientos, ni tus colores se demuden:

11. En tu reino hay un varón, en el cual mora el espíritu de los dioses santos; y en los días de tu padre se halló en él luz é inteligencia y sabiduría, como ciencia de los dioses: al cual el rey Nabucodonosor, tu padre, el rey tu padre constituyó príncipe sobre todos los magos, astrólogos, Caldeos, y adivinos;

12. Por cuanto fué hallado en él mayor espíritu, y ciencia, y entendimiento, interpretando sueños, y declarando preguntas, y deshaciendo dudas, es á saber, en Daniel; al cual el rey puso por nombre Beltsasar. Llámese pues ahora á Daniel, y él mostrará la declaración.

13. Entonces Daniel fue traído delante del rey. Y dijo el rey a Daniel: ¿Eres tú aquel Daniel de los hijos de la cautividad de Judá, que mi padre trajo de Judea?
Dan. 5:10-13.

Gen. 17:5.
Gen. 32:28.
Juan 1:42.
Hechos 4:36.

14. Yo he oído de ti que el espíritu de los dioses santos está en ti, y que en ti se halló luz, y entendimiento y mayor sabiduría.

15. Y ahora fueron traídos delante de mí, sabios, astrólogos, que leyesen esta escritura, y me mostrasen su interpretación: pero no han podido mostrar la declaración del negocio:

16. Yo pues he oído de ti que puedes declarar las dudas, y desatar dificu tades. Si ahora pudieres leer esta escritura, y mostrarme su interpretación, serás vestido de púrpura, y collar de oro tendrás en tu cuello, y en el reino serás el tercer señor.

17. Entonces Daniel respondió, y dijo delante del rey: Tus dones sean para ti, y tus presentes dalos a otro. La escritura yo la leeré al rey, y le mostraré la declaración.

18. El altísimo Dios, oh rey, dió á Nabucodonosor tu padre el reino, y la grandeza, y la gloria, y la honra:

19. Y por la grandeza que le dió, todos los pueblos, naciones, y lenguas, temblaban y temían delante de él. Los que él quería mataba, y daba vida á

a la sala del banquete. Al presentarse ante Belsasar, el monarca le prometió convertirlo en el tercer gobernante del reino si interpretaba la escritura. El profeta, con la tranquila dignidad de un siervo del Dios Altísimo, se presentó ante la magnífica y aterrorizada muchedumbre que daba muestras de un festín desmesurado y de un jolgorio perverso.

En Israel, los niños eran nombrados bajo la inspiración del Espíritu, y el nombre era una expresión del carácter. Cuando Dios cambiaba un nombre, como en el caso de Abraham, Jacob o Pedro, se debía a un cambio de carácter en el individuo. Fiel al nombre que le dio su madre, Daniel -el juez de Dios- aparece de nuevo para reivindicar la verdad. Nabucodonosor le había llamado Beltsasar, en honor al dios babilónico Bel, pero hasta el final este hebreo, que conocía al Señor, permaneció fiel al nombre que Dios le había dado, como se muestra en el duodécimo versículo de este capítulo. No habló con palabras lisonjeras, como habían hecho los supuestos sabios del reino, sino que dijo la verdad de Dios. Fue un momento de intensidad, pues sólo había una hora para dar a conocer el futuro. Daniel era ya un anciano, pero renunció severamente a todo deseo de recompensas u honores, y procedió a repasar la historia de Nabucodonosor, y el trato del Señor con ese gobernante: su dominio y gloria, su castigo por la soberbia de su corazón, y su posterior reconocimiento de la misericordia y el poder del Dios que creó los cielos y la tierra. Reprendió a Belsasar por su alejamiento de los verdaderos principios, y por su gran maldad y orgullo.

LA ESCRITURA EN LA PARED

"Y tú, su hijo, oh Belsasar, no has humillado tu corazón, aunque sabías todo esto, sino que te has levantado contra el Señor del cielo. Y al Dios en cuya mano está tu aliento, y cuyos son todos tus caminos, no lo has glorificado". Directas y fuertes fueron las palabras de Daniel. Belsasar había pisado suelo sagrado; había puesto manos impías en las cosas sagradas; había cortado los lazos que unen el cielo y la tierra; y no había forma de que ese Espíritu de Dios que da vida llegara a él o a sus seguidores. Día a día se le había dado su aliento, símbolo del aliento espiritual, pero alababa y agradecía a los dioses de la madera y la piedra. Cada uno de sus movimientos había sido en virtud del poder del Dios del cielo, pero había prostituido ese poder a una causa impía. "Entonces la parte de la mano fue enviada desde él; y esta escritura fue escrita". Lo que no podía ver escrito en su propio aliento y en sus músculos, lo que no podía leer en los latidos de su corazón, Dios lo escribió en caracteres místicos en la pared del palacio, junto al candelabro.

El pueblo esperó con la respiración contenida mientras Daniel se volvía hacia la escritura en la pared, y leía el mensaje trazado por la mano del ángel. La mano se había retirado, pero quedaban cuatro palabras terribles. El profeta anunció que su significado era: "Mene, Mene, Tekel, Upharsin: ... Dios ha contado tu reino y lo ha terminado: . . . has sido pesado en la balanza, y has sido hallado falto: . . tu reino ha sido dividido, y entregado a los medos y a los persas.

Al tratar con los hombres, Dios siempre utiliza un lenguaje que apela forzosamente a su entendimiento. Esto se ilustra en la escritura en la pared. Es una creencia común entre los idólatras

los que quería: engrandecía á los que quería, y á los que quería humillaba.

20. Mas cuando su corazón se ensoberbeció, y su espíritu se endureció en altivez, fué depuesto del trono de su reino, y traspasaron de él la gloria:

21. Y fué echado de entre los hijos de los hombres; y su corazón fué puesto con las bestias, y con los asnos monteses fué su morada. Hierba le hicieron comer, como á buey, y su cuerpo fué bañado con el rocío del cielo, hasta que conoció que el altísimo Dios se enseñorea del reino de los hombres, y que pondrá sobre él al que quisierele.

Dan. 5:14-21.

Porque en él vivimos, y nos movemos, y somos.

Hech 17:28.

22. Y tú, su hijo Belsasar, no has humillado tu corazón, sabiendo todo esto;

Sal. 139:14.

23. Antes contra el Señor del cielo te has ensoberbecido, é hiciste traer delante de ti los vasos de su casa, y tú y tus príncipes, tus mujeres y tus concubinas, bebisteis vino en ellos; demás de esto, á dioses de plata y de oro, de metal, de hierro, de madera, y de piedra, que ni ven, ni oyen, ni saben, diste alabanza: y al Dios en cuya mano está tu vida, y cuyos son todos tus caminos, nunca honraste:

Job 31:6.

24. Entonces de su presencia fué enviada la palma de la mano que esculpió esta escritura.

Sal. 62:9.

1 Sam. 2:3.

25. Y la escritura que esculpió es: MENE, MENE, TEKEL, UPHARSIN.
26. La declaración del negocio es:

76   LA HISTORIA DE DANIEL EL PROFETA

MENE: Contó Dios tu reino, y halo rematado.
Prov. 6:2, 11.

27. TEKEL: Pesado has sido en balanza, y fuiste hallado falto.
Dan. 5:22-27.

Diles: Vivo yo, dice el Señor Jehová, que no quiero la muerte del impío, sino que se torne el impío de su camino, y que viva. Volveos, volveos de vuestros malos caminos: ¿y por qué moriréis, oh casa de Israel?. . . Diciendo yo al justo, De cierto vivirá, y él confiado en su justicia hiciere iniquidad, todas sus justicias no vendrán en memoria, sino que morirá por su iniquidad que hizo. Y diciendo yo al impío: De cierto morirás; si él se volviere de su pecado, é hiciere juicio y justicia; . . . No se le recordará ninguno de sus pecados que había cometido: hizo juicio y justicia; vivirá ciertamente.
Eze. 33:10-16.

Y con todo engaño de iniquidad en los que perecen; por cuanto no recibieron el amor de la verdad para ser salvos.
2 Tesa. 2:10.

Por lo cual te digo que sus muchos pecados son perdonados, porque amó mucho; mas al que se perdona poco, poco ama.
Lucas 7:47.

La ley empero entró para que el pecado creciese; mas cuando el pecado creció, sobrepujó la gracia.
Rom. 5:20.

1 Juan 1:9.

Mi pecado te declaré, y no encubrí mi iniquidad. Confesaré, dije, contra mí mis rebeliones á Jehová; y tú

que los dioses pesan las acciones en una balanza, y que si las buenas acciones superan a las malas, el individuo entra en su recompensa; si se obtiene el resultado contrario, le sigue el castigo. El lenguaje, por tanto, era familiar para el rey Belsasar. "Dios ha contado tu reino; . . . has sido pesado en la balanza, y has sido hallado falto". Para los magos que estaban al alcance de la vista, mientras Daniel daba la interpretación, las palabras llegaron con una fuerza peculiar debido a su familiaridad con las costumbres religiosas.

Para el que conoce a Dios, la actitud del Señor hacia el pecador es muy diferente, y aun así el símbolo de los pesos y balanzas es aplicable. Para que se entienda este tema, Dios envió una explicación por medio del profeta Ezequiel. Cuando el hombre peca y muere sin arrepentirse, queda apartado de Dios, porque nuestras iniquidades se interponen entre nosotros y Dios, y el hombre no puede salvarse. Si un hombre ama a Cristo y lo acepta a él y a su justicia, el carácter de Cristo está escrito frente al nombre de ese hombre en los libros del cielo, y mientras se abrigue un amor por la verdad, el hombre se esconde en Cristo y es conocido por el carácter de Cristo. Dios trata con los hombres en el presente. Podemos haber sido el peor de los pecadores, pero si hoy estamos ocultos en Cristo, el cielo sólo tiene en cuenta nuestra posición actual.

Así fue que Dios trató con las naciones, y esto responde a la pregunta de por qué Nabucodonosor podía estar un día en el favor de Dios y al día siguiente estar en la condena; por qué el curso de acción de Sedequías fue condenado una vez, y luego otra vez se le dijo que estaba en su poder salvar a Jerusalén. Dios dio a los monarcas babilónicos, y a través de ellos a todo el reino, un tiempo abundante para aceptarlo. Esperó mucho tiempo. El Santo Vigilante rondó durante mucho tiempo cerca del centro de los gobiernos terrestres; todas las bendiciones que el Cielo podía conceder fueron dadas para cortejar al reino hacia el lado del derecho. Pero al final el delgado cordón que conectaba la tierra y el cielo se rompió; no había canal para el flujo del Espíritu Santo; sólo podía resultar la muerte y la muerte. Para que no hubiera malentendidos, la última palabra decía: "Tu reino ha sido dividido y entregado a los medos y a los persas".

Apenas se le había colocado a Daniel el manto escarlata y se le había colgado la cadena de oro al cuello, cuando los gritos del ejército invasor resonaron en el palacio.

En medio de sus festines y alborotos, nadie había notado que las aguas del Éufrates disminuían constantemente. El ejército asediador de Ciro, que había sido mantenido a raya durante mucho tiempo por las enormes murallas, observaba con avidez el río. El río se había desviado de su cauce, y tan pronto como el agua había disminuido lo suficiente como para permitir a los hombres un paso en el lecho del río, entraron por lados opuestos de la ciudad. En su imprudente sentimiento de seguridad, los babilonios habían dejado abiertas las puertas de las murallas que bordeaban las orillas del río dentro de la ciudad. Así que los persas, una vez en el lecho del río, entraron fácilmente en la ciudad a través de las puertas abiertas.

Pronto un puesto corrió al "encuentro de

perdonaste la maldad de mi pecado. (Selah.)
Sal. 32:5.
El que encubre sus pecados, no prosperará: mas el que los confiesa y se aparta, alcanzará misericordia.
Prov. 28:13.
En un instante hablaré contra gentes y contra reinos, para arrancar, y disipar, y destruir.Empero si esas gentes se convirtieren de su maldad, de que habré hablado, yo me arrepentiré del mal que había pensado hacerles. Y en un instante hablaré de la gente y del reino, para edificar y para plantar; Pero si hiciere lo malo delante de mis ojos, no oyendo mi voz, arrepentiréme del bien que había determinado hacerle.
Jer. 18:7-10.
Zac. 4:11, 12.

28. PERES: Tu reino fué rompido, y es dado á Medos y Persas.
29. Entonces, mandándolo Belsasar, vistieron á Daniel de púrpura, y en su cuello fué puesto un collar de oro, y pregonaron de él que fuese el tercer señor en el reino.
Dan. 5:28, 29.

Cuchillo sobre los Caldeos, dice Jehová, y sobre los moradores de Babilonia, y sobre sus príncipes, y sobre sus sabios. Cuchillo sobre los adivinos, y se atontarán; cuchillo sobre sus valientes, y serán quebrantados. Cuchillo sobre sus caballos, y sobre sus carros, y sobre todo el vulgo que está en medio de ella, y serán como mujeres: cuchillo sobre sus tesoros, y serán saqueados ... Del grito de la toma de Babilonia la tierra tembló, y el clamor se oyó entre las gentes.
Jer. 50:35-46.

Porque así ha dicho Jehová de los ejércitos, Dios de Israel: La hija de

78　LA HISTORIA DE DANIEL EL PROFETA

Babilonia es como parva; tiempo es ya de trillarla: de aquí á poco le vendrá el tiempo de la siega.
Jer. 51:30-33.

Isa. 51:57

Si subiese Babilonia al cielo, y si fortaleciere en lo alto su fuerza, de mí vendrán á ella destruidores, dice Jehová. ¡Sonido de grito de Babilonia, y quebrantamiento grande de la tierra de los Caldeos! . . . Así ha dicho Jehová de los ejércitos: El muro ancho de Babilonia será derribado enteramente, y sus altas puertas serán quemadas á fuego; y en vano trabajarán pueblos y gentes en el fuego, y se cansarán.
Jer. 51:53-58.

Hacerlos he traer como corderos al matadero, como carneros con cabritos.
Jer. 51:40.

Jer. 51:41.

Púsete lazos, y aun fuiste tomada, oh Babilonia, y tú no lo supiste: fuiste hallada, y aun presa, porque provocaste á Jehová.
Jer. 50:24.

30. La misma noche fué muerto Belsasar, rey de los Caldeos.
31. Y Darío de Media tomó el reino, siendo de sesenta y dos años.
Dan. 5:30, 31.

Jehová, tú nos depararás paz; porque también obraste en nosotros todas nuestras obras.
Isa. 26:12.

otro, y un mensajero al encuentro de otro, para mostrar al rey de Babilonia que su ciudad está tomada por un extremo". Pero la noticia se recibió demasiado tarde para salvar al rey. Dios había contado y acabado con su reino. El enemigo se precipitó enloquecido hacia el palacio. La pluma de la inspiración describe el derrocamiento del reino más vívidamente que cualquier historiador humano. De los invitados al banquete de Belsasar se dice: "Los embriagaré para que se regocijen y duerman un sueño perpetuo y no se despierten. . . . Los haré caer como corderos al matadero". Luego, como si el ojo del profeta no lograra separar a Satanás del reino que había controlado durante tanto tiempo, exclama: "¡Cómo es tomado Sheshach! y ¡cómo está sorprendida la alabanza de toda la tierra! Cómo se ha convertido Babilonia en un asombro entre las naciones!" El fuego se extendió por las calles, y cuando el pueblo se dio cuenta de que la destrucción estaba sobre ellos, un grito llegó al cielo. Fue una lucha cuerpo a cuerpo con fuego y espada hasta que los hombres se cansaron y abandonaron la lucha.

"Aquella noche fue asesinado Belsasar, y el reino fue entregado a Darío, el anciano rey de los medos. Así llegó a su fin una de las monarquías más orgullosas que jamás haya existido sobre la tierra. Cuando un individuo o una nación llenan la copa de la iniquidad, y pasan el límite de la misericordia de Dios, son rápidamente humillados en el polvo.

La pregunta surge naturalmente: ¿Por qué el ejército conquistador no destruyó a Daniel, que era el tercer gobernante del reino, en este momento crítico? La respuesta es simple y natural. Cuando el reino fue tomado y Belsasar asesinado, Nabonadio, el primer gobernante, al frente de un ejército, fue rodeado por el enemigo en otra parte del reino. Esto dejó a Daniel como único gobernante en Babilonia. Él, sabiendo que más de cien años antes, Isaías había profetizado que Ciro tomaría el reino, estaba dispuesto a recibir a quien Dios había dicho que debía construir la casa del Señor en Jerusalén.

Isa. 45:1-3.

Que dice de Ciro: Es mi pastor, y cumplirá todo lo que yo quiero, en diciendo á Jerusalem, Serás edificada; y al templo: Serás fundado.
Isa. 44:28.

También hay buenas razones para creer que Daniel y Ciro no eran extraños. Cuando fue excluido del consejo de Belsasar, Daniel había pasado una parte de su tiempo en Susa, la capital de Elam.

Dan. 8:2.

Elam se había rebelado contra Babilonia, en cumplimiento de la profecía de Jeremías. Es posible que Daniel haya entablado una relación con Ciro, y le haya mostrado, como el sumo sacerdote hizo con Alejandro en cierta ocasión, la profecía que le correspondía, y también le haya revelado la forma en que Dios había dicho que debía entrar en Babilonia. Es evidente, por la redacción del decreto dado en el primer capítulo de Esdras, que Ciro estaba familiarizado con estas profecías.

Jer. 49:39.
Isa. 21:2.

Que dice al profundo: Sécate, y tus ríos haré secar;
Isa. 44:27.

Isa. 45:1, 2.
Jer. 50:38.
Jer. 51:36.

Jehová Dios de los cielos ... me ha mandado que le edifique casa en Jerusalem.
Esdras 1:1-5.

Dios da continuas oportunidades para que su pueblo prepare el camino para que le lleguen las bendiciones, cuando camina en la luz. Dios nunca es tomado por sorpresa, pero su Palabra es una lámpara para los pies y una guía para la vida. Esto ilustra la importancia de que el pueblo de Dios "conozca el tiempo" en el que vive desde la luz de la profecía. Hay un Testigo en cada escena de júbilo sacrílego, y el ángel registrador escribe: "Se te pesa en la balanza y se te encuentra falto". Este mismo Testigo está

Sal. 119:105.
Rom. 13:11.

Porque no hay nada oculto que no haya de ser manifestado, ni secreto que no haya de descubrirse.
Marcos 4:22.

Sal. 139:1-16.

Mas yo os digo, que toda palabra ociosa que hablaren los hombres, de ella darán cuenta en el día del

juicio. Porque por tus palabras serás justificado, y por tus palabras serás condenado.
Mat. 12:36, 37.

¿Quién despertó del oriente al justo, lo llamó para que le siguiese, entregó delante de él naciones, é hízolo enseñorear de reyes; entrególos á su espada como polvo, y á su arco como hojarascas arrebatadas? Siguiólos, pasó en paz por camino por donde sus pies nunca habían entrado.
Isa. 41:1-5.

Jer. 51:6.
Apo. 18:4

con nosotros dondequiera que estemos. Aunque podamos sentir que tenemos libertad para seguir los impulsos del corazón natural, y entregarnos a la ligereza y a la trivialidad, sin embargo, hay que rendir cuentas por estas cosas. Según sembremos, así cosecharemos.

Las naciones de hoy en día están repitiendo la historia de los últimos años del reino de Babilonia. Medo-Persia fue el instrumento en manos del Señor para castigar a Babilonia. El próximo gran derrocamiento de los gobiernos dará paso al reino de nuestro Señor. Para la batalla final, las naciones están ahora reuniendo sus fuerzas. Se ha lanzado el grito: "Huid de en medio de Babilonia, y librad cada uno su alma; no seáis cortados en su iniquidad, porque éste es el tiempo de la venganza del Señor".

CAPITULO VII

DANIEL EN EL FOSO DE LOS LEONES (Capitulo 6)

Los primeros cinco capítulos del libro de Daniel relatan la historia del reino de Babilonia. Al cierre del quinto capítulo, el gobierno es transferido a los medos, de los cuales Darío, conocido en la historia como Darío el Medo, un hombre de sesenta y dos años, es rey. Con él se asocia a Ciro, el persa, líder del ejército y heredero del trono. El tiempo representado por la cabeza dorada de la imagen ha pasado, y un metal más bajo representa el poder emergente. Sin embargo, los medos no eran una potencia nueva o desconocida, pues se les menciona en la cronología como descendientes de Jafet, y ya en el siglo VIII A.C., cuando Israel fue llevado cautivo por los asirios, estaban dispersos por las ciudades de los medos. Esto había puesto a los medos en contacto con los judíos dos siglos antes de la caída de Babilonia. A su conocimiento del Dios de los judíos puede atribuirse la pureza de su culto, pues aunque eran paganos, nunca habían caído en las formas groseras de idolatría que practicaban la mayoría de las naciones de Asia occidental.

Los hábitos tanto de los medos como de los persas, pero más particularmente de los persas, los ponían en estrecho contacto con la naturaleza, y en su culto tomaban los elementos, el fuego, la tierra, el agua y el aire como las

Y Darío de Media tomó el reino, siendo de sesenta y dos años.
Dan. 5:31.

La cabeza de esta imagen era de fino oro; sus pechos y sus brazos, de plata . . . Y después de ti se levantará otro reino menor que tú.
Dan. 2:32-39.

Gen. 10:2.
1 Cron. 1:5.
2 Reyes 18:11.

En el año nueve de Oseas tomó el rey de Asiria á Samaria, y trasportó á Israel á Asiria, y púsolos en Hala, y en Habor, junto al río de Gozán, y en las ciudades de los Medos.
2 Reyes 17:6.

Isa. 45:1-13.

Los cuales mudaron la verdad de Dios en mentira, honrando y sirviendo á las criaturas antes que al Criador, el cual es bendito por los siglos. Amén.
1:19, 20, 25.

Aun sacrificaba y quemaba el pueblo

perfumes en los altos.
2 Reyes 12:3.

Destruiréis enteramente todos los lugares donde las gentes que vosotros heredareis sirvieron á sus dioses, sobre los montes altos, y sobre los collados, y debajo de todo árbol espeso.
Deut. 12:2.

Isa. 45:7.

Porque he aquí que yo suscito y hago subir contra Babilonia reunión de grandes pueblos de la tierra del aquilón; y desde allí se aparejarán contra ella, y será tomada: sus flechas como de valiente diestro, que no se tornará en vano.
Jer. 50:9.
Limpiad las saetas, embrazad los escudos: despertado ha Jehová el espíritu de los reyes de Media.
Jer. 51:11.

Levantad bandera sobre un alto monte; alzad la voz á ellos, alzad la mano, que que entren por puertas de príncipes. Yo mandé á mis santificados, asimismo llamé á mis valientes para mi ira, á los que se alegran con mi gloria..
Isa. 13:1-5.

1. Pareció bien á Darío constituir sobre el reino ciento veinte gobernadores, que estuviesen en todo el reino.
2. Y sobre ellos tres presidentes, de los cuales Daniel era el uno, á quienes estos gobernadores diesen cuenta, porque
el rey no recibiese daño.
Dan. 6:1, 2.

Prov. 15:22.

La salud está en la multitud de consejeros.
Prov. 24:6.

En la multitud de pueblo está la gloria del rey: y en la falta de pueblo la flaqueza del príncipe.
Prov. 14:28.
Ecl. 8:2-4.

3. Pero el mismo Daniel era superior á estos gobernadores y presidentes, porque había en él más abundancia de espíritu: y el rey pensaba de ponerlo sobre todo el reino.
Dan. 6:3.

manifestaciones más elevadas de la Deidad. Por ello, buscaban una zona de colinas y mantenían un fuego perpetuo encendido. Creían en la lucha entre el bien y el mal representada por la luz y las tinieblas, y sin duda las palabras de Isaías, dirigidas a Ciro, tenían esta creencia en mente, pues el Señor dice: "Yo formo la luz y creo las tinieblas: Yo hago la paz y creo el mal; yo, el Señor, hago todas estas cosas". En estas palabras se sitúa por encima de los dioses de los persas, y explica por qué llamó a Ciro a su extraña obra.

Los persas en la época del derrocamiento de Babilonia eran físicamente fuertes y robustos, debido en gran medida a la simplicidad de sus hábitos y a su templanza en la alimentación. Tales fueron las condiciones que hicieron posible que los medos y los persas fueran la vara en la mano del Señor para el castigo de Babilonia. La organización de los reinos efectuada por los monarcas babilónicos se da en el versículo I del sexto capítulo, pues Darío colocó inmediatamente a ciento veinte príncipes sobre las ciento veinte provincias. Este cambio en la administración del gobierno de las provincias es muy importante, ya que la fuerza del monarca gobernante está en proporción a la simpatía y cooperación de los príncipes súbditos. Era imposible mantener un gobierno representativo donde había provincias conquistadas, y la paz dependía mucho de la fuerza de la organización central. Sobre los ciento veinte príncipes estaban los tres presidentes, de los cuales Daniel fue el primero.

No fue según el orden del mundo que Daniel, perteneciendo a una raza mantenida

DANIEL EN EL FOSO DE LOS LEONES

en la esclavitud, recibiera de inmediato uno de los cargos más altos en el gobierno recién organizado. Parecerá aún más insólito cuando se recuerde que Daniel había sido nombrado tercer gobernante del reino babilónico bajo Belsasar. La referencia a los versículos primero y segundo del octavo capítulo de Daniel muestra que Daniel no era un extraño para el nuevo gobierno, pues antes de la muerte de Belsasar, había vivido en Susa, en la provincia de Elam. Al hecho de ser conocido puede añadirse que el excelente espíritu y la insuperable habilidad para los negocios de Daniel lo llevaron a la prominencia.

Aquí se registra el caso de un hombre que era un devoto seguidor de Dios, uno cuya honestidad, precisión y habilidad en todos los aspectos era una maravilla para el mundo. Es un poderoso testimonio de los deberes y privilegios de todo hombre de negocios cristiano. Fue un noble estadista, pero no un político, un ejemplo para todos los funcionarios. Cumplió sus deberes bajo los medos tan fielmente como bajo los babilonios. Sirvió al Dios del cielo, y no a un partido creado por el hombre. Un hombre de negocios no tiene que ser necesariamente un hombre agudo y político, sino que puede ser instruido por Dios a cada paso. Cuando era primer ministro de Babilonia, Daniel, como profeta de Dios, recibía la luz de la inspiración celestial. El tipo habitual de un estadista, mundano, ambicioso, intrigante, es comparado en las Escrituras con la hierba del campo, y con la flor que se marchita. El Señor se complace en tener hombres inteligentes en su obra si permanecen fieles a él. Por la gracia de Cristo,

Y sacóme á anchura: libróme, porque se agradó de mí. Hame pagado Jehová conforme á mi justicia: conforme á la limpieza de mis manos me ha vuelto.
Sal. 18:19, 20.

Cuando los caminos del hombre son agradables á Jehová, aun á sus enemigos pacificará con él.
Prov. 16:7.

Que yo estaba en Susán, que es cabecera del reino en la provincia de Persia
Dan. 8:2.

La benevolencia del rey es para con el ministro entendido.
Prov. 14:35.

En todo tiempo ama el amigo; y el hermano para la angustia es nacido.
Prov. 17:17.

¿Has visto hombre solícito en su obra? delante de los reyes estará; no estará delante de los de baja suerte.
Prov. 22:29.

Bienaventurado el varón que no anduvo en consejo de malos, ni estuvo en camino de pecadores, ni en silla de escarnecedores se ha sentado. Antes en la ley de Jehová está su delicia, y en su ley medita de día y de noche. Y será como el árbol plantado junto á arroyos de aguas, que da su fruto en su tiempo, y su hoja no cae; y todo lo que hace, prosperará.
Sal. 1:1-3.

Y él es antes de todas las cosas, y por él todas las cosas subsisten:
Col. 1:17.

Prov. 23:17-19.

En el cuidado no perezosos; ardientes en espíritu; sirviendo al Señor;.
Rom. 12:11.

Mas ahora os jactáis en vuestras soberbias. Toda jactancia semejante es mala.
Sant. 4:11-16.

Estas cosas os he hablado, para que en mí tengáis paz. En el mundo tendréis aflicción: mas confiad, yo he vencido al mundo.

Gen. 39:7-14.

Sal. 68:13.

Juan 16:33.

Porque el hombre tampoco conoce su tiempo: como los peces que son presos en la mala red, y como las aves que se prenden en lazo, así son enlazados los hijos de los hombres en el tiempo malo, cuando cae de repente sobre ellos.

Ecl. 9:12

Y sobre ellos tres presidentes, de los cuales Daniel era el uno, á quienes estos gobernadores diesen cuenta, porque el rey no recibiese daño.

Dan. 6:2.

El rey con el juicio afirma la tierra: mas el hombre de presentes la destruirá.

Prov. 29:4.

No tuerzas el derecho; no hagas acepción de personas, ni tomes soborno; porque el soborno ciega los ojos de los sabios, y pervierte las palabras de los justos.

Deut. 16:19.

Faltó el misericordioso de la tierra, y ninguno hay recto entre los hombres: todos acechan á la sangre; cada cual arma red á su hermano. Para completar la maldad con sus manos, el príncipe demanda, y el juez juzga por recompensa; y el grande habla el antojo de su alma, y lo confirman. El mejor de ellos es como el cambrón; el más recto, como zarzal: el día de tus atalayas, tu visitación, viene; ahora será su confusión.

Miqueas 7:2-4.

¿Hay algo de que se pueda decir: He aquí esto es nuevo? Ya fué en los siglos que nos han precedido.

Ecl. 1:10.

Tus príncipes, prevaricadores y compañeros de ladrones: todos aman las dádivas, y van tras ellas.

el hombre puede conservar la integridad de su carácter cuando está rodeado de circunstancias adversas. Daniel hizo de Dios su fuerza, y no fue abandonado en su momento de mayor necesidad.

La propia posición que ocupaba sometió a Daniel a la más dura prueba. Como presidente o jefe de los presidentes sobre los príncipes, Daniel estaba obligado a tratar con todos los subgobernantes del imperio. Uno por uno estaban obligados a rendirle cuentas. Esto era para que el rey no recibiera ningún daño. El rey, entonces, estaba en peligro; no en peligro de perder la vida, sino que estos funcionarios eran políticos intrigantes que estaban robando al gobierno de todas las maneras posibles. Si tenían que recaudar impuestos, destinaban un gran porcentaje a su propia cuenta. Había sobornos, trampas, tirones de cable y compra de cargos en el gobierno babilónico, como los hay en el mundo de hoy. La deshonestidad se encontraba en todas partes.

La inspiración no describe la iniquidad en detalle, pero dice: "Los piadosos han perecido de la tierra,. . cada uno caza a su hermano con una red. Para hacer el mal con ambas manos, el príncipe pide, y el juez pide una recompensa; y el gran hombre, expresa su deseo de maldad: así lo envuelven". Los príncipes y los hombres en el poder no sólo obran con malicia, sino que trabajan con las dos manos con avidez. Si se quieren detalles, estudien los gobiernos de hoy en día. Son los vástagos de la misma raíz de Babilonia, y estudiando la iniquidad de hoy en día, podemos conocer los pecados contra los que Daniel tuvo que enfrentarse. Incluso en

DANIEL EN EL FOSO DE LOS LEONES

el mejor de los gobiernos terrenales, cientos de miles de dólares se utilizan anualmente de manera ilícita. Cuando se pagan 3.500 dólares por un solo voto, y el individuo devuelve el dinero porque tiene una oferta de 3.700 dólares del otro partido; cuando un alcalde de una ciudad puede gastar tres o cuatro veces su salario para obtener un cargo, debe saberse que el dinero proviene de alguna fuente ilícita.

La historia romana, con sus historias de fideicomisos, monopolios y corporaciones, sus sobornos en el senado y fuera del senado, es la historia de Babilonia, pues Roma fue uno de los gobiernos que se construyeron sobre los principios babilónicos. La historia francesa del período de la Revolución repite la historia. La historia de Inglaterra, de los países continentales y de los Estados Unidos en la actualidad repite la misma historia. Así, en la historia actual puede leerse con detalle lo que tuvo que cumplir el primer ministro en la ciudad de Babilonia. El sexto capítulo de Daniel queda registrado para mostrar cómo un hombre de Dios, cuando es elevado a tal posición, puede permanecer incontaminado. Muestra la actitud que cualquier hombre de Dios debe asumir hacia el vicio popular y la corrupción, y más que eso, muestra el trato que un hombre fiel a los principios debe esperar recibir de manos de los corruptos.

Debido a que Daniel sí protegió los intereses del rey, Darío estuvo a punto de ponerlo al frente de todo el reino. Pero la honestidad de un hombre es como una espina en la carne de los injustos, y en sus reuniones políticas los príncipes y presidentes trataron de destruir al hombre que hacía informes precisos, y que era intachable en sus tratos. "Dad a César lo que es de César", es un principio del

recompensas: no oyen en juicio al huérfano, ni llega á ellos la causa de la viuda.
Isa. 1:23.
Miqueas 3:11.
1 Sam. 8:1-5.

Porque desde el más chico de ellos hasta el más grande de ellos, cada uno sigue la avaricia; y desde el profeta hasta el sacerdote, todos son engañadores.
Jer. 6:13.

Hay una trabajosa enfermedad que he visto debajo del sol: las riquezas guardadas de sus dueños para su mal.
Ecl. 5:13.

Y tornéme yo, y vi todas las violencias que se hacen debajo del sol: y he aquí las lágrimas de los oprimidos, y sin tener quien los consuele; y la fuerza estaba en la mano de sus opresores, y para ellos no había consolador.
Ecl. 4:1.
Santiago. 5:1-5.
Ecl. 1:9, 10, 15.
Isa. 8:9-12.

Jer. 10:2, 3.

No entres por la vereda de los impíos, ni vayas por el camino de los malos. Desampárala, no pases por ella; apártate de ella, pasa.
Prov. 4:14, 15.

Maquina el impío contra el justo, y cruje sobre él sus dientes.
Sal. 37:12.
Prov. 22:4.

Ellos aborrecieron en la puerta al repensor, y al que hablaba lo recto abominaron.
Amos 5:10, 12.
1 Reyes 22:8.
Isa. 29:21.

4. Entonces los presidentes y gobernadores buscaban ocasiones

86　LA HISTORIA DE DANIEL EL PROFETA

contra Daniel por parte del reino; mas no podían hallar alguna ocasión ó falta, porque él era fiel, y ningún vicio ni falta fué en él hallado.
Dan. 6:4.

Rom. 22:21.
Prov. 24:15-24.
2 Tes. 1:6.

5. Entonces dijeron aquellos hombres: No hallaremos contra este Daniel ocasión alguna, si no la hallamos contra él en la ley de su Dios.
Dan. 6:5.

Porque así ha dicho Jehová de los ejércitos: Después de la gloria me enviará él á las gentes que os despojaron: porque el que os toca, toca á la niña de su ojo.
Zac. 2:8.

6. Entonces estos gobernadores y presidentes se juntaron delante del rey, y le dijeron así: Rey Darío, para siempre vive:

7. Todos los presidentes del reino, magistrados, gobernadores, grandes, y capitanes, han acordado por consejo promulgar un real edicto, y confirmarlo, que cualquiera que demandare petición de cualquier dios ú hombre en el espacio de treinta días, sino de ti, oh rey, sea echado en el foso de los leones.

8. Ahora, oh rey, confirma el edicto, y firma la escritura, para que no se pueda mudar, conforme á la ley de Media y de Persia, la cual no se revoca.

Prov. 24:5.

9. Firmó pues el rey Darío la escritura y el edicto.
Dan. 6:6-9.

gobierno divino, y de este principio Daniel no podía desviarse.

Uno puede imaginar el lenguaje de los príncipes mientras discutían el asunto. Todos los esquemas que habían intentado habían sido frenados y, sin embargo, se reconocía en general que sería inútil presentar una queja sobre la obra de Daniel. Sólo había una forma posible de condenarlo, y debía ser en relación con su religión. Incluso en ese punto no se atrevían a hacer una acusación abierta, sino que debían lograr su fin sin revelar su objeto. Su despreciable e infravalorado método de proceder los ponía en conflicto con el Dios de Daniel, no con Daniel como individuo.

Con manifiesto respeto por el rey, y con palabras que lo halagaban, un comité de los príncipes esperó a Darío. Las primeras palabras que pronunciaron después revelaron que había un complot en marcha, pues dijeron: "Todos los presidentes del reino, los gobernadores" y otros funcionarios habían consultado juntos, cuando en realidad habían celebrado reuniones secretas, y el jefe de los presidentes se mantuvo en la ignorancia del asunto.

El rey depositaba una gran confianza en su primer ministro, y todo lo que pretendía contar con su aprobación era aceptado sin mayor investigación. La forma de un decreto fue presentada al rey. Exaltaba a Darío por encima de todos los monarcas terrenales, e intentaba situarlo por encima de Dios. El rey Darío puso su sello sobre el documento, convirtiéndolo en una ley del país. Durante treinta días ningún hombre debía inclinarse ni adorar ni pedir ninguna petición, salvo al rey.

DANIEL EN EL FOSO DE LOS LEONES

El corazón de Dios fue atraído hacia Babilonia. El cielo estaba muy cerca de la tierra, a pesar de la iniquidad, porque el pueblo elegido por Dios estaba allí, y el momento de su liberación se acercaba. Aunque los medos y los persas sabían de Dios, no lo conocían. Era necesaria una experiencia real, y Dios manifestaría su poder a través de aquel mismo siervo fiel que había sido testigo por él durante sesenta y ocho años.

Daniel era sincero, noble y generoso. Estaba ansioso por estar en paz con todos los hombres, pero no permitía que ningún poder lo desviara del camino del deber. Estaba dispuesto a obedecer a quienes lo gobernaban; pero los reyes y los decretos no podían hacerle desviarse de su lealtad al Rey de reyes. Se dio cuenta de que el cumplimiento de los requisitos bíblicos era una bendición tanto para el alma como para el cuerpo.

Daniel era consciente del propósito de sus enemigos de destruir su influencia y su vida; conocía el decreto, pero no supuso ninguna diferencia en su vida diaria. No hizo nada fuera de lo común para provocar la ira, sino que de manera directa cumplió con sus deberes acostumbrados, y tres veces al día, a sus horas habituales de oración, entraba en su habitación, y con las ventanas abiertas hacia Jerusalén, suplicaba fervientemente al Dios del cielo que le diera fuerzas para ser fiel.

Daniel tenía un lugar de encuentro especial y una hora señalada para reunirse con el Señor, y estas citas se cumplieron. Hay una belleza en el pensamiento de la conexión anímica entre Daniel y el cielo. Su vida espiritual era algo real, una vida que vivía tan real y tan verdadera como

Porque la parte de Jehová es su pueblo; Jacob la cuerda de su heredad.
Deut. 32:9.

Yo Jehová, y ninguno más hay: no hay Dios fuera de mí. Yo te ceñiré, aunque tú no me conociste.
Isa. 45:5.

Y hasta la vejez yo mismo, y hasta las canas os soportaré yo: yo hice, yo llevaré, yo soportaré y guardaré.
Isa. 46:4.

Job 5:26.

Considera al íntegro, y mira al justo: que la postrimería de cada uno de ellos es paz.
Sal. 37:37.
La ley de su Dios está en su corazón; por tanto sus pasos no vacilarán.
Sal. 37:31.
Porque son vida á los que las hallan, y medicina á toda su carne.
Prov. 4:22.

10. Y Daniel, cuando supo que la escritura estaba firmada, entróse en su casa, y abiertas las ventanas de su cámara que estaban hacia Jerusalem, hincábase de rodillas tres veces al día, y oraba, y confesaba delante de su Dios, como lo solía hacer antes.
Dan. 6:10.

Yo á Dios clamaré; y Jehová me salvará. Tarde y mañana y á medio día oraré y clamaré; y él oirá mi voz.
Sal. 55:16, 17.

2 Cron. 6:36-39.

Y un día de sábado salimos de la puerta junto al río, donde solía ser la oración; y sentándonos, hablamos á las mujeres que se habían juntado.
Hechos 16:13.

Con Cristo estoy juntamente

88 LA HISTORIA DE DANIEL EL PROFETA

crucificado, y vivo, no ya yo, mas vive Cristo en mí: y lo que ahora vivo en la carne, lo vivo en la fe del Hijo de Dios, el cual me amó, y se entregó á sí mismo por mí.
Gal. 2:20.
1 Cor. 2:14.

Y aconteció en aquellos días, que fué al monte á orar, y pasó la noche orando á Dios.
Lucas 6:12.

Y despedidas las gentes, subió al monte, apartado, á orar: y como fué la tarde del día, estaba allí solo.
Mat. 14:23.

Que os dé, conforme á las riquezas de su gloria, el ser corroborados con potencia en el hombre interior por su Espíritu. Que habite Cristo por la fe en vuestros corazones; para que, arraigados y fundados en amor. Podáis bien comprender con todos los santos cuál sea la anchura y la longura y la profundidad y la altura. Y conocer el amor de Cristo, que excede á todo conocimiento, para que seáis llenos de toda la plenitud de Dios.
Efe. 3:16-19.
Job. 37:16.

No os ha tomado tentación, sino humana: mas fiel es Dios, que no os dejará ser tentados más de lo que podéis llevar; antes dará también juntamente con la tentación la salida, para que podáis aguantar.
1 Cor. 10:13.

Sed llenos de Espíritu.
Efe. 5:18.
Efe. 2:22.

11. Entonces se juntaron aquellos hombres, y hallaron á Daniel orando y rogando delante de su Dios..

12. Llegáronse luego, y hablaron delante del rey acerca del edicto real: ¿No has confirmado edicto que cualquiera que pidiere á cualquier dios ú hombre en el espacio de treinta días, excepto á ti, oh rey, fuese echado en el foso de los leones? Respondió el rey y dijo: Verdad es, conforme á la ley de Media y de Persia, la cual no se abroga..

13. Entonces respondieron y dijeron delante del rey: Daniel que es de los

la vida física. La única vida que sus enemigos conocían o podían comprender era la vida física. Cortar la relación con Dios sería tan doloroso para Daniel como privarle de la vida natural; y así como Cristo se retiró a las montañas después de días de trabajo que acorralaba el alma para llenarse de nuevo con esa vida que impartía constantemente a las multitudes hambrientas, así Daniel buscaba a Dios en la oración. Sólo gracias a estos frecuentes momentos de llenado del espíritu, por así decirlo, tuvo fuerzas para hacer frente a la tensión nerviosa de sus deberes oficiales. Cuando la presión externa era mayor, entonces tenía la mayor necesidad de ser llenado, para que el equilibrio se mantuviera. Aquel que equilibra las nubes equilibrará de tal manera la presión exterior con la fuerza interior si se lo permitimos, que nunca necesitaremos ser perturbados. Seis kilos por cada centímetro cuadrado de superficie en el cuerpo es la presión bajo la que vivimos físicamente. ¿Por qué no nos aplasta? Porque la presión es igual en todos los lados, y así somos inconscientes de ella. No es más que un tipo de la vida espiritual. Si las pruebas son grandes, abre el alma al cielo, e iguala la presión llenándose desde arriba.

Daniel no negó ni podía negar a su Salvador ocultándose en algún rincón de su habitación para orar. Se arrodilló junto a la ventana abierta, hacia Jerusalén. No oró en su corazón, en silencio. Oró en voz alta, como había sido su costumbre antes de que se emitiera el decreto. Noble y verdadero es el que tiene a Dios gobernando en su corazón. Intrusos y mezquinos son los actos de los que ceden a la influencia de Satanás. Todo lo que

DANIEL EN EL FOSO DE LOS LEONES

es noble en el hombre se pierde para siempre cuando se elige un líder así. Satanás estaba en los consejos de aquellos funcionarios mientras tramaban contra Daniel, y después de firmado el decreto, pusieron espías para atraparlo. Lo vieron arrodillarse en su lugar habitual de oración; tres veces al día oyeron su voz elevada en ferviente súplica. Fue suficiente; la acusación se hizo contra "ese Daniel que es de los hijos de la cautividad de Judá".

Por primera vez el designio de los consejeros pasó por la mente de Darío. Un decreto firmado con el sello del rey era inalterable en el reino de los medos y los persas, sin embargo, el rey se pasó todo el día suplicando a los de la alta autoridad, y buscando alguna forma de escapar; pero con sonrisas satánicas aquellos príncipes respondían a cada argumento con las palabras: "Sabe, oh rey, que la ley de los medos y los persas es, que ni el decreto ni el estatuto que el rey establece puede ser cambiado."

Cuando las manos de los hombres están atadas; cuando no hay poder en la tierra para ayudar; entonces es la oportunidad de Dios. Y la oración de Daniel aún ascendía: "Es hora de que tú, Señor, trabajes. Mantenme en perfecta armonía contigo". Y mientras su propio corazón estaba en simpatía con el cielo, no había poder en la tierra que pudiera privarlo de su vida, si Dios deseaba que viviera.

Daniel y Darío se encontraron en la boca del foso de los leones, pero no había otro hombre en el reino tan apto para entrar como este mismo Daniel. Apretando la mano de su estimado ministro, Darío dijo: "Tu Dios, a quien sirves continuamente, te librará". Daniel entró

hijos de la cautividad de los Judíos, no ha hecho cuenta de ti, oh rey, ni del edicto que confirmaste; antes tres veces al día hace su petición.
Dan. 6:11-13.

Prov. 6:17-19.

Prov. 1:11.

Jer. 5:26.

14. El rey entonces, oyendo el negocio, pesóle en gran manera, y sobre Daniel puso cuidado para librarlo; y hasta puestas del sol trabajó para librarle.

15. Empero aquellos hombres se reunieron cerca del rey, y dijeron al rey: Sepas, oh rey, que es ley de Media y de Persia, que ningún decreto ú ordenanza que el rey confirmare pueda mudarse.
Dan. 6:14, 15.

Y dijo el rey Sedechías á Jeremías: Témome á causa de los Judíos que se han adherido á los Caldeos, que no me entreguen en sus manos y me escarnezcan. Y dijo Jeremías: No te entregarán. Oye ahora la voz de Jehová que yo te hablo, y tendrás bien, y vivirá tu alma.
Jer. 38:19, 20.

Isa. 37:35, 36.

16. Entonces el rey mandó, y trajeron á Daniel, y echáronle en el foso de los leones. Y hablando el rey dijo á Daniel: El Dios tuyo, á quien tú continuamente sirves, él te libre.

17. Y fué traída una piedra, y puesta sobre la puerta del foso, la cual selló el rey con su anillo, y con el anillo de sus príncipes, porque el acuerdo acerca

en medio de las bestias salvajes del bosque, y se trajo una piedra que se colocó en la boca del foso. Probablemente algunos temían que los amigos y simpatizantes de Daniel acudieran al rescate, por lo que se colocó el sello del rey sobre la piedra, para que no se cambiara el propósito.

Satanás exultó como lo hizo años después cuando vio al Hijo de Dios en el sepulcro, con una piedra ante la puerta, y la piedra sellada con el sello romano. Pero no había más poder para retener a Daniel en el foso de los leones que para mantener a Cristo en la tumba. El ángel llegó, no a la piedra, sino al foso, y uno de los momentos más preciosos para Daniel fue cuando se sentó en el centro de la cueva, y aquellos leones se posaron a sus pies o le lamieron cariñosamente las manos.

Hubo un tiempo en que el león y el cordero jugaban juntos, y al hombre se le dio el dominio sobre las bestias de la tierra. Sólo después de que entrara el pecado y el hombre tomara la vida de las bestias, éstas, a su vez, trataron de destruir al hombre. La armonía con Dios restaurará finalmente al hombre al lugar que Dios le dio como rey de las bestias. El corazón de Daniel latía con el corazón de Dios, y cuando entró en la guarida, las bestias estaban en paz con él. La unidad de sentimientos se muestra en el hecho de que un ángel era visible, y Daniel habló cara a cara con el visitante celestial.

El corazón del rey estaba triste, y pasó la noche en ayuno y oración. Apresurándose a la guarida en las primeras horas de la mañana, llamó: "Oh Daniel, siervo del Dios vivo, ¿es tu Dios, al que sirves continuamente, capaz de

DANIEL EN EL FOSO DE LOS LEONES

librarte de los leones?" Y de los recovecos de la guarida salieron las palabras de júbilo: "Mi Dios ha enviado a su ángel y ha cerrado la boca de los leones".

"No está aquí, sino que ha resucitado". "¿Por qué buscáis a los vivos entre los muertos?", dijo el ángel, cuando las mujeres se acercaron al sepulcro de Cristo. Así que no se encontró ninguna clase de daño en Daniel, el representante de Cristo, "porque creyó en su Dios"; porque se encontró inocencia en él.

Cuando los acusadores de Daniel fueron arrojados al foso de los leones, fueron aplastados y devorados al instante. De nuevo las naciones del mundo vieron el poder del Dios de Israel para preservar a su pueblo fiel. Darío vio confirmada su creencia en Dios; y Ciro había recibido una lección que no podría olvidar pronto. Fue una nueva muestra para los israelitas de que Dios estaba en medio de ellos para bendecirlos. A Daniel le llegó la voz de Dios prometiendo paciencia y fuerza para cumplir con sus deberes de siervo de Dios. A Daniel le llegó una luz mayor, pues fue después de esta experiencia que se le dio una gran parte de las profecías.

Darío publicó a "todos los pueblos, naciones y lenguas que habitan en toda la tierra", "que en todos los dominios de mi reino los hombres tiemblan y temen ante el Dios de Daniel". Así, Dios no sólo honró a Daniel con una liberación sumamente milagrosa, sino que su integridad fue el medio para publicar la verdad en todo el mundo. A partir de este momento Daniel prosperó -durante el reinado de Darío, y en el reinado de Ciro, quien emitió el maravilloso

voces á Daniel con voz triste: y hablando el rey dijo á Daniel: Daniel, siervo del Dios viviente, el Dios tuyo, á quien tú continuamente sirves ¿te ha podido librar de los leones?
21. Entonces habló Daniel con el rey: oh rey, para siempre vive.
22. El Dios mío envió su ángel, el cual cerró la boca de los leones, para que no me hiciesen mal: porque delante de él se halló en mí justicia: y aun delante de ti, oh rey, yo no he hecho lo que no debiese.

Sal. 31:23.
Sal. 7:15, 16.

23. Entonces se alegró el rey en gran manera á causa de él, y mandó sacar á Daniel del foso: y fué Daniel sacado del foso, y ninguna lesión se halló en él, porque creyó en su Dios.
Dan. 6:18-23.
24. Y mandándolo el rey fueron traídos aquellos hombres que habían acusado á Daniel, y fueron echados en el foso de los leones, ellos, sus hijos, y sus mujeres; y aun no habían llegado al suelo del foso, cuando los leones se apoderaron de ellos, y quebrantaron todos sus huesos..
Dan. 6:24.

Bienaventurado el varón que sufre la tentación; porque cuando fuere probado, recibirá la corona de vida, que Dios ha prometido á los que le aman.
Sant. 1:12.

25. Entonces el rey Darío escribió á todos los pueblos, naciones, y lenguas, que habitan en toda la tierra: Paz os sea multiplicada.
26. De parte mía es puesta ordenanza, que en todo el señorío de mi reino todos teman y tiemblen de la presencia del Dios de Daniel: porque él es el Dios viviente y permanente por todos los siglos, y su reino tal que no será deshecho, y su señorío hasta el fin.

27. *Que salva y libra, y hace señales y maravillas en el cielo y en la tierra; el cual libró á Daniel del poder de los leones.*
28. *Y este Daniel fué prosperado durante el reinado de Darío, y durante el reinado de Ciro, Persa.*
Dan. 6:25-28.

Mas los malos hombres y los engañadores, irán de mal en peor, engañando y siendo engañados.
2 Tim. 3:13.

De la mano del sepulcro los redimiré, librarélos de la muerte. Oh muerte, yo seré tu muerte; y seré tu destrucción.
Hos. 13:14.

Isa. 26:19.

Juan 10:10.

decreto para la liberación de los judíos.

Si está enfermo del corazón a causa de la aparente prosperidad de los malvados y el aumento de la maldad entre los hombres de las altas esferas, aprenda su destino del sexto capítulo de Daniel.

Si está oprimido a causa de la adhesión a la Palabra de Dios, recuerde que Daniel representa a todos los tales, y lo que se hizo por él se hará por todos los que el Cielo favorezca hoy. Aunque la muerte reclame el cuerpo, la promesa de Dios es una pronta resurrección; y ya sea en la muerte, en la prisión o en el foso de los leones, Satanás no tiene poder sobre Cristo. "He venido para que tengáis vida, y para que la tengáis en abundancia".

CAPITULO VIII

LA PROFECÍA DE DANIEL SIETE

LA ESCENA DEL JUICIO

La primera mitad del libro de Daniel trata de cuestiones relacionadas particularmente con el reino de Babilonia tal como existía en los días del profeta. Los últimos seis capítulos están dedicados enteramente a la historia del mundo en su conjunto, y en visiones dadas en diversos momentos, se le muestran al profeta los grandes acontecimientos hasta el fin de los tiempos. Mirando hacia el futuro, ve, por así decirlo, las cumbres de las montañas iluminadas con la gloria de Dios, y estos rasgos sorprendentes se anotan con una precisión infalible para que sirvan como postes de guía, no sólo a los judíos, sino a todos los pueblos, para que puedan comprender los tiempos en los que viven, y saber lo que está a punto de llegar a la tierra.

Para el estudioso de la profecía, el séptimo capítulo de Daniel es un registro importantísimo. Mediante una cadena continua de acontecimientos, el profeta da la historia desde los días de Babilonia hasta el gran juicio investigador, que es el tema central del capítulo.

El hecho de que Dios pudiera abrir el futuro a un rey pagano fue notable. A Nabucodonosor sólo se le mostró el futuro de los gobiernos terrenales, porque él mismo era terrenal, y era incapaz de comprender las cosas más elevadas; pero a Daniel Dios le abrió las escenas del

Y Babilonia, hermosura de reinos y ornamento de la grandeza de los Caldeos.
Isa. 13:19.

Porque no hará nada el Señor Jehová, sin que revele su secreto á sus siervos los profetas.
Amos 3:7.

Empero yo te declararé lo que está escrito en la escritura de verdad.
Dan. 10:21.

Conmigo está el consejo y el ser; yo soy la inteligencia; mía es la fortaleza. Por mí reinan los reyes, y los príncipes determinan justicia. Por mí dominan los príncipes, y todos los gobernadores juzgan la tierra.
Prov. 8:14-16.

Por tanto, cuando viereis la abominación del asolamiento, que fué dicha por Daniel profeta, estará en el lugar santo, (el que lee, entienda),
Mat. 24:15.

Mas hay un Dios en los cielos, el cual revela los misterios, y él ha hecho saber al rey Nabucodonosor lo que ha de acontecer á cabo de días.
Dan. 2:28.

Dan. 2:31-35.

Dan. 7:9-14.

Y dije yo en mi corazón: Al justo y al

94 LA HISTORIA DE DANIEL EL PROFETA

impío juzgará Dios; porque allí hay tiempo á todo lo que se quiere y sobre todo lo que se hace.
Ecl. 3:17.

Las cosas secretas pertenecen á Jehová nuestro Dios: mas las reveladas son para nosotros y para nuestros hijos por siempre, para que cumplamos todas las palabras de esta ley.
Deut. 29:29.

1. En el primer año de Belsasar rey de Babilonia, vió Daniel un sueño y visiones de su cabeza en su cama: luego escribió el sueño, y notó la suma de los negocios..
Dan. 7:1.

La justicia guarda al de perfecto camino: mas la impiedad trastornará al pecador.
Prov. 13:6.

Y mira, y hazlos conforme á su modelo, que te ha sido mostrado en el monte.
Ex. 25:40, margin.

Y cuando hubo acabado Moisés de hablar con ellos, puso un velo sobre su rostro.
Ex. 34:29-33.

Antes, como está escrito: Cosas que ojo no vió, ni oreja oyó, ni han subido en corazón de hombre, son las que ha Dios preparado para aquellos que le aman. Empero Dios nos lo reveló á nosotros por el Espíritu: porque el Espíritu todo lo escudriña, aun lo profundo de Dios.
1 Cor. 2:9, 10.

Oseas 12:10.

2. Habló Daniel y dijo: Veía yo en mi visión de noche, y he aquí que los cuatro vientos del cielo combatían en la gran mar.
Dan. 7:2.

cielo. Aunque al profeta se le mostró la historia de las naciones, el ángel de la revelación tocó brevemente esos temas, pero se detuvo en la descripción estremecedora del juicio investigador.

El séptimo capítulo de Daniel revela el futuro del pueblo de Dios; no sólo la nación hebrea, sino el verdadero, el Israel espiritual. Esta visión le fue dada a Daniel en el primer año del reinado de Belsasar, alrededor del año 540 A.C. El mero hecho de dar esta visión da el más fuerte testimonio de los resultados de la educación de Daniel cuando era joven, de su firmeza de propósito y de su crecimiento en las cosas espirituales. A la edad de ochenta y cinco años, después de sesenta y siete años de vida en la corte, con todos sus encantos, y la tendencia natural de la naturaleza humana a hundirse en una existencia puramente física, su ojo de la fe estaba tan indemne que, por orden de Miguel, Gabriel pudo llevar a Daniel hasta el mismo cielo, para contemplar allí al Padre y al Hijo en la obra final del santuario de arriba. Moisés vio una vez estas cosas desde la cima del monte Horeb cuando se iba a construir el tabernáculo, y tan grande era la gloria que se veló el rostro antes de que el pueblo pudiera contemplarlo. El corazón de Daniel estaba con Dios, de ahí que las cosas que el ojo no ha visto ni el oído ha oído, pudieran serle reveladas por el Espíritu.

Dios dijo por medio del profeta Oseas: "He hablado por medio de los profetas, y he multiplicado las visiones, y he usado similitudes, por el ministerio de los profetas". Los reinos que han gobernado el mundo fueron representados ante Daniel como bestias

LA PROFECÍA DE DANIEL SIETE

de rapiña, que surgieron cuando los "cuatro vientos del cielo lucharon sobre el gran mar". Los vientos son, en la profecía, un símbolo de guerra y lucha. Las secuelas de la guerra y la revolución, por las que los reinos llegan al poder, están representadas en Daniel siete por los cuatro vientos del cielo que batallaban sobre el gran mar. El mar o las aguas denotan "pueblos, multitudes, naciones y lenguas". Las bestias a las que se refiere representan reyes o reinos.

Cuatro grandes bestias subieron del mar; es decir, surgieron en la prominencia de en medio de las multitudes de la tierra. Babilonia, el primero de estos reinos, se representó ante Nabucodonosor como la cabeza de oro de la gran imagen. A Daniel el mismo poder se le apareció como un león con alas de águila. La fuerza del monarca de la selva, a la que se añade la rapidez del rey de las aves, se toma para representar el reino del que la ciudad de Babilonia era la capital. Antes de que Babilonia fuera conocida como un reino independiente, cuando todavía era una provincia sujeta a Asiria, Habacuc, un profeta de Israel, recibió una visión de su obra que muestra la fuerza del símbolo de un león con alas de águila. Hablando a Israel, les habla de una obra tan maravillosa que no la creerán cuando se la cuenten. "He aquí que yo levanto a los caldeos, esa nación amarga y presurosa, que marchará a lo ancho de la tierra, para poseer las moradas que no son suyas. Son terribles y temibles. . . . Sus caballos también son más veloces que los leopardos, y son más feroces que los lobos de la tarde. . . . Volarán como el águila que se apresura a comer.

Antes los esparcí con torbellino por todas las gentes que ellos no conocían.
Zac. 7:14.
Jer. 25:32, 33.
Isa. 8:7.

Y él me dice: Las aguas que has visto donde la ramera se sienta, son pueblos y muchedumbres y naciones y lenguas.
Apoc. 17:15.

Dan. 7:17, 23.

3. Y cuatro bestias grandes, diferentes la una de la otra, subían de la mar.
Dan. 7:3.

Tú eres aquella cabeza de oro.
Dan. 2:38.

Dan. 2:32, 38.

4. La primera era como león, y tenía alas de águila. Yo estaba mirando hasta tanto que sus alas fueron arrancadas, y fué quitada de la tierra; y púsose enhiesta sobre los pies á manera de hombre, y fuéle dado corazón de hombre.
Dan. 7:4.

Mira la tierra de los Caldeos; este pueblo no era; Assur la fundó para los que habitaban en el desierto: levantaron sus fortalezas, edificaron sus palacios; él la convirtió en ruinas.
Isa. 23:13

Hab. 1:6-10.

Enojéme contra mi pueblo, profané mi heredad, y entreguélos en tu mano: no les hiciste misericordias; sobre el viejo agravaste mucho tu yugo.
Isa. 47:6.

Y olvídase de que los pisará el pie, y que los quebrará bestia del campo.
Job 39:18.

96　　LA HISTORIA DE DANIEL EL PROFETA

Porque te confiaste en tu maldad, diciendo: Nadie me ve. Tu sabiduría y tu misma ciencia te engañaron, y dijiste en tu corazón: Yo, y no más.
Isa. 47:10.

Tu arrogancia te engañó, y la soberbia de tu corazón, tú que habitas en cavernas de peñas, que tienes la altura del monte: aunque alces como águila tu nido, de allí te haré descender, dice Jehová..
Jer. 49:16.
Job 39:27.
Rom. 14:23.
Heb. 12:2.

Los valientes de Babilonia dejaron de pelear, estuviéronse en sus fuertes: faltóles su fortaleza, tornáronse como mujeres: encendiéronse sus casas, quebráronse sus cerrojos.
Jer. 51:30.

Estas dos cosas te vendrán de repente en un mismo día, orfandad y viudez: en toda su perfección vendrán sobre ti, por la multitud de tus adivinanzas, y por la copia de tus muchos agüeros.
Isa. 47:9.
Hab. 1:11.
Dan. 5:1-4.

Sequedad sobre sus aguas, y secaránse: porque tierra es de esculturas, y en ídolos enloquecen.
Jer. 50:38.

Tú, oh rey, en tu cama subieron tus pensamientos por saber lo que había de ser en lo por venir ; y el que revela los misterios te mostró lo que ha de ser. Y á mí ha sido revelado este misterio, no por sabiduría que en mí haya más que en todos los vivientes, sino para que yo notifique al rey la declaración, y que entendieses los pensamientos de tu corazón. Tú, oh rey, veías , y he aquí una grande imagen. Esta imagen, que era muy grande, y cuya gloria era muy sublime, estaba en pie delante de ti, y su aspecto era terrible..
Dan. 2:29-31.
He aquí que yo despierto contra ellos

Vendrán todos por la violencia; . . . recogerán la cautividad como la arena. Y se burlarán de los reyes, y los príncipes serán un escarnio para ellos; se burlarán de toda fortaleza".

Esta es Babilonia como la vio Habacuc. Mientras Daniel observaba el mismo reino en su visión, el noble león con sus alas, que denotaban poder y rapidez de conquista, había sido levantado de la tierra en una posición antinatural y se le había hecho pararse sobre sus pies como un hombre, y se le había dado un corazón de hombre. El corazón del hombre sin Cristo es simplemente pecado. Las alas fueron trasquiladas, y entonces se representó a Babilonia tal como existía en el momento de la visión, desprovista de su fuerza, abandonada por Dios, con Belsasar de pie a la cabeza del gobierno.

El profeta Habacuc da la razón de este repentino debilitamiento del poderoso poder de Babilonia. Dice: "Entonces su mente cambiará, y pasará de largo, y ofenderá, imputando este su poder a su dios". La historia del reino dada en los capítulos anteriores muestra cómo y cuándo se hizo esto. Babilonia cometió el pecado imperdonable, imputando el poder y el Espíritu de Dios a los dioses de los paganos, y por este acto el león fue trasquilado de su fuerza, se le arrancaron las alas y se le dio un corazón de hombre. Dos años después de la visión, en el año 538 a.C., Daniel fue testigo del completo derrocamiento del reino.

El reino medo-persa era sanguinario y cruel en su naturaleza, y está representado por un oso. Darío era un medo; y Ciro, el principal general, un persa. Darío el Medo tomó el reino

LA PROFECÍA DE DANIEL SIETE

de Babilonia, y gobernó durante un corto tiempo. Ciro el persa fue el espíritu dirigente del gobierno después de la muerte de Darío. El oso, así como las otras bestias que seguían al león, representaban reinos todavía en el futuro en el momento en que Daniel vio la visión. El oso de Daniel siete simboliza el mismo poder que el carnero del capítulo ocho, que el ángel allí le dice al profeta que representa el imperio medo-persa. La historia de este imperio dada en el capítulo once del libro de Daniel, y el estudio de ese capítulo junto con los capítulos trece y veintiuno de Isaías, revelará el carácter de oso de la nación que se levantó y devoró mucha carne. La historia del segundo gran reino abarca los años comprendidos entre el 538 y el 331 a.C.

Después de que surgiera y cayera el reino medo-persa, surgió otro totalmente diferente al representado por la naturaleza de un oso. El reino griego, que siguió al medo-persa, se compara con la vivacidad de un leopardo en su estado natural. No siendo esto suficiente para representar la rapidez de la conquista de Alejandro, el primer rey, el leopardo tenía en su espalda cuatro alas de ave. También tenía cuatro cabezas, que simbolizaban la división del imperio de Alejandro tras su muerte, cuando sus cuatro generales tomaron su reino y se les entregó el dominio. Este poder está representado por el macho cabrío con el cuerno notable, que pisoteaba todo bajo sus pies, como se describe en el octavo capítulo de Daniel.

La historia de los tres primeros reinos no se toca más que ligeramente en este capítulo, pero cuando apareció la cuarta bestia, "espantosa y terrible, y sumamente fuerte", Daniel

á los Medos, que no curarán de la plata, ni codiciarán oro. Y con arcos tirarán á los niños, y no tendrán misericordia de fruto de vientre, ni su ojo perdonará á hijos.

Isa. 13:17, 18.

5. El día de nuestro rey los príncipes lo hicieron enfermar con vasos de vino: extendió su mano con los escarnecedores.

Dan. 7:5.

Aquel carnero que viste, que tenía cuernos, son los reyes de Media y de Persia.

Dan. 8:20.

Pon la mesa, mira del atalaya, come, bebe: levantaos, príncipes, ungid el escudo.

Isa. 21:5.

6. Después de esto yo miraba, y he aquí otra, semejante á un tigre, y tenía cuatro alas de ave en sus espaldas: tenía también esta bestia cuatro cabezas; y fuéle dada potestad.

Dan. 7:6.

Pero cuando estará enseñoreado, será quebrantado su reino, y repartido por los cuatro vientos del cielo; y no á sus descendientes, ni según el señorío con que él se enseñoreó: porque su reino será arrancado, y para otros fuera de aquellos.

Dan. 11:2 1.

Y el macho cabrío es el rey de Javán: y el cuerno grande que tenía entre sus ojos es el rey primero.Y que fué quebrado y sucedieron cuatro en su lugar, significa que cuatro reinos sucederán de la nación, mas no en la fortaleza de él.

Dan. 8:21, 22.

Porque todo aquel que pide, recibe; y el que busca, halla; y al que llama,

se abre.
Lucas 11:10.

7. *Después de esto miraba yo en las visiones de la noche, y he aquí la cuarta bestia, espantosa y terrible, y en grande manera fuerte; la cual tenía unos dientes grandes de hierro: devoraba y desmenuzaba, y las sobras hollaba con sus pies: y era muy diferente de todas las bestias que habían sido antes de ella, y tenía diez cuernos.*

8. *Estando yo contemplando los cuernos, he aquí que otro cuerno pequeño subía entre ellos, y delante de él fueron arrancados tres cuernos de los primeros; y he aquí, en este cuerno había ojos como ojos de hombre, y una boca que hablaba grandezas.*
Dan. 7:7, 8.

Cortad el árbol y destruidlo: mas la cepa de sus raíces dejaréis en la tierra.
Dan. 4:23.
Rom. 11:18.

9. *Así que, yo sin la ley vivía por algún tiempo: mas venido el mandamiento, el pecado revivió, y yo morí.*
Dan. 7:9.

Un poco de levadura leuda toda la masa.
Gal. 5:9.

Porque si el árbol fuere cortado, aun queda de él esperanza; retoñecerá aún, y sus renuevos no faltarán. Si se envejeciere en la tierra su raíz, y su tronco fuere muerto en el polvo; al percibir el agua reverdecerá, y hará copa como planta.
Job 14:7-9.

10. *Un río de fuego procedía y salía de delante de él: millares de millares le servían, y millones de millones asistían delante de él: el Juez se sentó, y los libros se abrieron.*
11. *Yo entonces miraba á causa de la voz de las grandes palabras que*

"quiso saber la verdad", y el ángel explicó minuciosamente ese poder.

Los tres poderes precedentes estaban simbolizados por tres de las bestias más poderosas de la tierra, pero cuando se consideró la cuarta bestia, no había ningún animal con un carácter que representara su terrible naturaleza; así que se presentó al profeta una bestia sin nombre, que tenía dientes de hierro, uñas de bronce y diez cuernos.

El ángel le había dicho a Daniel: "En cuanto al resto de las bestias, se les quitó el dominio, pero se les prolongó la vida". Cada una, antes de ser destruida, se fundía en la siguiente. La misma verdad fue representada en el capítulo cuatro cuando el árbol que representaba a Babilonia fue cortado, pero las raíces permanecieron en la tierra. Las raíces representaban los principios fundacionales sobre los que se construyó Babilonia, y han permanecido en la tierra desde entonces. Cuando Medo-Persia cayó, dejó sus principios de gobierno, educación y religión aún vivos, transmitiéndolos a su posteridad, las naciones de la tierra. Grecia hizo lo mismo, y con cada imperio sucesivo, esos principios fundacionales que fueron tan claramente retratados en Babilonia, que fueron puestos allí por el príncipe del poder del aire, en lugar de aparecer en un estado debilitado, brotaron a la vida con renovado vigor. Así fue que cuando apareció el cuarto reino, esos principios de gobierno que eran la falsificación de los principios subyacentes del cielo eran tan fuertes que ninguna bestia natural podía simbolizar ni siquiera a la Roma pagana.

Roma en la religión renovó todos los errores religiosos de Babilonia, y en la

LA PROFECÍA DE DANIEL SIETE

educación siguió los pasos de su gran madre. Pero mientras el profeta observaba, aparecieron cosas aún más maravillosas. La cuarta bestia, Roma, que sucedió a Grecia en el año 161 a.C., tenía diez cuernos, que, dijo el ángel, "son diez reyes que se levantarán". Esta cuarta bestia es idéntica a las patas de hierro de la imagen mostrada a Nabucodonosor, y los diez cuernos corresponden a la mezcla de hierro y arcilla de los pies de esa imagen. Cada uno de los reinos precedentes había caído en manos de algún general fuerte que tomó el mando, pero con Roma el caso fue diferente. Los detalles de esta historia se dan en el octavo capítulo del Apocalipsis bajo el símbolo de las siete trompetas. Las hordas bárbaras del norte de Europa y Asia arrasaron el imperio romano entre los años 351 y 483 d.C., aplastando el gobierno en diez partes.

Hubo un tiempo en el que el imperio romano tuvo la más maravillosa oportunidad de aceptar al verdadero Dios. Roma era el reino universal durante la vida de Cristo. A Babilonia Dios envió a su pueblo, los judíos, para difundir las verdades de su reino y llevar a los hombres al arrepentimiento. Los medos y los persas recibieron el evangelio de este mismo pueblo, y los representantes de Grecia llegaron a Jerusalén, al propio templo, en contacto con los sacerdotes, para que no hubiera excusa para que rechazaran a Cristo. Pero para el reino romano, el mismo cielo se derramó en la persona del Salvador, y fue Roma quien lo clavó en la cruz. Fue un sello romano en su tumba, y una guardia romana en su tumba. La iglesia primitiva sufrió persecución a manos

hablaba el cuerno; miraba hasta tanto que mataron la bestia, y su cuerpo fué deshecho, y entregado para ser quemado en el fuego. 12. Habían también quitado á las otras bestias su señorío, y les había sido dada prolongación de vida hasta cierto tiempo.

13. Miraba yo en la visión de la noche, y he aquí en las nubes del cielo como un hijo de hombre que venía, y llegó hasta el Anciano de grande edad, é hiciéronle llegar delante de él.
Dan. 7:10-13.

Dan. 2:40-42.

14. Y fuéle dado señorío, y gloria, y reino; y todos los pueblos, naciones y lenguas le sirvieron; su señorío, señorío eterno, que no será transitorio, y su reino que no se corromperá.

Apoc. 8:7-13.

Lucas 2:1-4.

15. Mi espíritu fué turbado, yo Daniel, en medio de mi cuerpo, y las visiones de mi cabeza me asombraron. 16. Lleguéme á uno de los que asistían, y preguntéle la verdad acerca de todo esto. Y habléme, y declaróme la interpretación de las cosas.
Dan. 7:14-16.

Y había ciertos Griegos de los que habían subido á adorar en la fiesta: estos pues, se llegaron á Felipe, que era de Bethsaida de Galilea, y rogáronle, diciendo: Señor, querríamos ver á Jesús.
Juan 12:20, 21.
Hechos 4:26, 27.

Y Pilato les dijo: Tenéis una guardia: id, aseguradlo como sabéis. Y yendo ellos, aseguraron el sepulcro, sellando la piedra, con la guardia..
Mat. 27:62-66.

Mat. 27:24-26.
Hechos 12:1-3.

17. Estas grandes bestias, las cuales son cuatro, cuatro reyes son, que se levantarán en la tierra..

18. Después tomarán el reino los santos del Altísimo, y poseerán el reino hasta el siglo, y hasta el siglo de los siglos.

19. Entonces tuve deseo de saber la verdad acerca de la cuarta bestia, que tan

tosa en gran manera, que tenía dientes de hierro, y sus uñas de metal, que devoraba y desmenuzaba, y las sobras hollaba con sus pies.
Dan. 7:17-19.

He increaseth the nations, and destroyeth them: he enlargeth the nations, and straiteneth them again.
Job 12:23.

20. Asimismo acerca de los diez cuernos que tenía en su cabeza, y del otro que había subido, de delante del cual habían caído tres: y este mismo cuerno tenía ojos, y boca que hablaba grandezas, y su parecer mayor que el de sus compañeros.
21. Y veía yo que este cuerno hacía guerra contra los santos, y los vencía,
22. Hasta tanto que vino el Anciano de grande edad, y se dió el juicio á los santos del Altísimo; y vino el tiempo, y los santos poseyeron el reino.
23. Dijo así: La cuarta bestia será un cuarto reino en la tierra, el cual será más grande que todos los otros reinos, y á toda la tierra devorará, y la hollará, y la despedazará.

El lleva despojados á los príncipes, y trastorna á los poderosos.
Job 12:19.

24. Asimismo acerca de los diez cuernos que tenía en su cabeza, y del otro que había subido, de delante del cual habían caído tres: y este mismo cuerno tenía ojos, y boca que hablaba grandezas, y su parecer mayor que el

de este mismo poder. El juicio llegó a Roma cuando estos bárbaros invadieron el imperio con fuego y espada, y el reino se dividió en diez partes.

Pero la historia romana no terminó con la división. Daniel observó: "Y he aquí que subió entre ellos otro cuerno pequeño, ante el cual fueron arrancados de raíz tres de los primeros cuernos". Un nuevo poder, un poder ajeno al imperio está aquí representado por el cuerno pequeño. Las tres divisiones que fueron arrancadas fueron los hérulos en el 493, los vándalos en el 534 y los ostrogodos en el 538 d.C. Justiniano, el emperador, cuya sede estaba en Constantinopla, actuando a través del general Belisario, fue el poder que derrocó a los tres reinos representados por los tres cuernos, y la razón de su derrocamiento fue su adhesión al arrianismo en oposición a la fe católica ortodoxa. Los detalles del derrocamiento, y la controversia religiosa que fue la raíz del problema, son dados completamente por Gibbon en la "Decadencia y Caída del Imperio Romano", por Mosheim en su historia de la iglesia, y por otros.

El cuerno pequeño que estaba en el poder al arrancar los tres, era diferente a todos los demás. Tenía ojos "como ojos de hombre, y una boca que hablaba grandes cosas"; su aspecto también era más robusto que el de sus compañeros.

Roma estaba cayendo en la ruina; sus ciudades habían sido saqueadas, su gobierno roto. Como del tronco en descomposición del pantano brota el hongo en una noche, ganando su vida de la descomposición, así surgió en el Imperio Romano un poder que se nutrió de esta

LA PROFECÍA DE DANIEL SIETE

decadencia nacional. Este poder fue el cuerno pequeño conocido como el papado. Está escrito que Babilonia, la madre de las rameras, cayó por imputar su poder a los dioses de los paganos. La Roma pagana cayó porque presumió de tener autoridad sobre la persona de Cristo y sus seguidores. Entonces surgió el cuerno pequeño, y "hizo la guerra a los santos y prevaleció contra ellos". "Hablará grandes palabras contra el Altísimo, y desgastará a los santos del Altísimo, y pensará en cambiar los tiempos y las leyes". Roma en los días de Cristo era el centro del mundo. Pablo y otros predicaron el evangelio en esa ciudad. Se organizó una iglesia, y durante años esta iglesia de Roma estuvo a la altura de las iglesias de Jerusalén, Constantinopla y otras. Gradualmente, pero con seguridad, la mundanidad tomó el lugar del espíritu de Cristo, y los obispos romanos se exaltaron. El misterio de iniquidad del que Pablo escribió en su carta a los tesalonicenses, estaba actuando en Roma. En el momento de la división del imperio los obispos estaban ávidos de poder civil, y en el tiempo de la angustia nacional la iglesia tomó las riendas del gobierno; el cuerno pequeño había recibido el poder. Esto fue en el año 538 d.C., cuando el último de los tres cuernos fue arrancado y el decreto que Justiniano hizo en el 533 entró en vigor. (Véase Gibbon, capítulo 41.) El paganismo en el trono había sido suficientemente cruel, pero cuando aquellos principios paganos que habían vivido desde los días de Babilonia tomaron el nombre y la forma exterior del cristianismo, el poder que se impuso fue aún más cruel. El cuerno pequeño no sólo

---

de sus compañeros.
Dan 7:20-24.

No tendrás dioses ajenos delante de mí.
Ex. 20:3.

25. Y hablará palabras contra el Altísimo, y á los santos del Altísimo quebrantará, y pensará en mudar los tiempos y la ley: y entregados serán en su mano hasta tiempo, y tiempos, y el medio de un tiempo.

26. Empero se sentará el juez, y quitaránle su señorío, para que sea destruído y arruinado hasta el extremo.
Dan. 7:25, 26.

Hechos 28:16, 30.

Porque vuestra obediencia ha venido á ser notoria á todos.
Rom. 16:19.

Primeramente, doy gracias á mi Dios por Jesucristo acerca de todos vosotros, de que vuestra fe es predicada en todo el mundo.
Rom. 1:8.

Como habrá entre vosotros falsos doctores, que introducirán encubiertamente herejías de perdición.
2 Pedro 2:1-3.

2 Tesa. 2:5-7.

Y me llevó en Espíritu al desierto; y vi una mujer sentada sobre una bestia bermeja llena de nombres de blasfemia y que tenía siete cabezas y diez cuernos.
Apoc. 17:3.

Marginal notes (left column)

Y vi la mujer embriagada de la sangre de los santos, y de la sangre de los mártires de Jesús: y cuando la vi, quedé maravillado de grande admiración.
Apoc. 17:6.

Por lo cual trajo contra ellos al rey de los Caldeos, que mató á cuchillo sus mancebos en la casa de su santuario Asimismo todos los vasos de la casa de Dios, grandes y chicos, los tesoros de la casa de Jehová, y los tesoros del rey y de sus príncipes, todo lo llevó á Babilonia. Y quemaron la casa de Dios, y rompieron el muro de Jerusalem, y consumieron al fuego todos sus palacios, y destruyeron todos sus vasos deseables.
2 Cron. 36:17-19.

León rugiente y oso hambriento, es el príncipe impío sobre el pueblo pobre.
Prov. 28:15.

Y veía yo que este cuerno hacía guerra contra los santos, y los vencía. Hasta tanto que vino el Anciano de grande edad, y se dió el juicio á los santos del Altísimo; y vino el tiempo, y los santos poseyeron el reino..
Dan. 7:21, 22.

Apoc. 11:2, 3.

Eze. 4:6.

Porque habrá entonces grande aflicción, cual no fué desde el principio del mundo hasta ahora, ni será. Y si aquellos días no fuesen

Main text

hablaría con palabras duras contra el Altísimo, sino que "presumiría de cambiar los tiempos señalados y la ley". (Traducción de Spurrell).

En años pasados se habían puesto manos impías sobre el templo de Dios y los vasos consagrados en el templo, y sobre el pueblo de Dios, pero el cuerno pequeño puso las manos sobre la misma ley de Dios, intentando cambiar el sábado del cuarto mandamiento. El cuerno pequeño tenía todo el poder de Babilonia. En el gobierno era una monarquía absoluta, que tenía autoridad sobre todos los tronos de Europa. Los reyes subían y bajaban al dictado de Roma. Desde el punto de vista religioso, era el poder gobernante que dictaba a las conciencias de los hombres, llevándolos ante su tribunal y escudriñando sus propios pensamientos. El potro y la inquisición eran sus instrumentos, y ningún hombre escapaba al escrutinio del ojo del hombre en el cuerno pequeño. El medio por el que se mantuvo este poder fue su sistema de educación, que mantuvo a Europa en la oscuridad durante más de mil años.

Este fue un reino longevo. "Ellos [los santos, los tiempos y las leyes] serían entregados en sus manos por un tiempo y tiempos y la división de los tiempos". Se remite al lector al capítulo 11:13, margen; al séptimo versículo del capítulo 12, y a Apocalipsis 12:6; 13:5, y Núm. 14:34 para diferentes expresiones que dan el mismo tiempo y se refieren al mismo poder. Este tiempo, tres años y medio, o cuarenta y dos meses, o mil doscientos sesenta años, como se le designa diversamente, comenzó en 538, cuando tres cuernos fueron arrancados para dar paso al establecimiento de este único poder, el cuerno pequeño. Continuó hasta 1798, cuando su dominio fue arrebatado. Su poder, sin embargo, aún no ha sido destruido.

A Daniel, en su visión, se le mostraron no sólo los reinos y poderes terrenales, sino que, después de escuchar la voz del cuerno pequeño, que hablaba grandes palabras contra el Altísimo, se llamó su atención sobre escenas en la corte celestial que ocurrirían simultáneamente con el cumplimiento de la profecía relativa a las naciones de la tierra.

Fue durante el tiempo en que la cuarta bestia tenía dominio y poder que el Salvador fue crucificado. Fue el Cordero inmolado en el atrio exterior, y en su ascensión entró en el lugar santo del santuario celestial. Allí fue visto por Juan como se describe en los capítulos cuarto y quinto del Apocalipsis. Pero esta obra en el lugar santo era sólo una parte del ministerio del Salvador para la humanidad. Llegó el momento en que debía realizar en el cielo aquel servicio del que el día de la expiación en el santuario terrenal era el tipo. Spurrell interpreta el noveno versículo: "Contemplé hasta que los tronos fueron colocados [Versión Revisada, colocados], cuando el Anciano de Días fue entronizado [o se sentó] en juicio. Su vestimenta era blanca como la nieve, el cabello de su cabeza como lana pura, su trono era llamas de fuego, sus ruedas rodantes la llama ardiente".

Aquí, en el lugar santísimo, se encuentra la morada del Rey de reyes, Dios Padre, donde miles y decenas de miles de ángeles ministran ante él. Este, el trono de Dios, es el centro de toda la creación; alrededor de él giran los sistemas

acortados, ninguna carne sería salva; mas por causa de los escogidos, aquellos días serán acortados.
Mat. 24:21, 22.

Estuve mirando hasta que fueron puestas sillas; y un Anciano de grande edad se sentó, cuyo vestido era blanco como la nieve, y el pelo de su cabeza como lana limpia; su silla llama de fuego, sus ruedas fuego ardiente. Un río de fuego procedía y salía de delante de él: millares de millares le servían, y millones de millones asistían delante de él: el Juez se sentó, y los libros se abrieron.
Dan. 7:9, 10.

Porque no entró Cristo en el santuario hecho de mano, figura del verdadero, sino en el mismo cielo para presentarse ahora por nosotros en la presencia de Dios.
Heb. 9:24.

Fué, pues, necesario que las figuras de las cosas celestiales fuesen purificadas con estas cosas; empero las mismas cosas celestiales con mejores sacrificios que éstos.
Heb. 9:23.

¡Ojalá pudiese disputar el hombre con Dios, como con su prójimo!
Job 16:21.

Él está sentado sobre los querubines, conmoveráse la tierra.
Sal. 99:1.

Jehová afirmó en los cielos su trono; y su reino domina sobre todos. Bendecid á Jehová, vosotros sus

LA HISTORIA DE DANIEL EL PROFETA

<small>ángeles, poderosos en fortaleza, que ejecutáis su palabra, obedeciendo á la voz de su precepto.
Sal. 103:19-21.

Y las cuatro tenían una misma semejanza: su apariencia y su obra como rueda en medio de rueda.
Eze. 1:16.

Y el resplandor fué como la luz; rayos brillantes salían de su mano; y allí estaba escondida su fortaleza.
Hab. 3:4 [margin].

Y él es antes de todas las cosas, y por él todas las cosas subsisten.
Col. 1:17, R. V. [margin].

¿Has tú conocido las diferencias de las nubes, las maravillas del Perfecto en sabiduría?
Job 37:16.
Job 28:24-27.

Isa. 40:12-17.

Mat. 10:29.

Hechos 17:28.

Mat. 5:14.

Y hablóles Jesús otra vez, diciendo: Yo soy la luz del mundo: el que me sigue, no andará en tinieblas, mas tendrá la lumbre de la vida.
Juan 8:12.
Ahora pues, Padre, glorifícame tú cerca de ti mismo con aquella gloria que tuve cerca de ti antes que el mundo fuese.
Juan 17:5.
Del Cordero, el cual fué muerto desde el principio del mundo.
Apoc. 13:8.

Porque de tal manera amó Dios al mundo, que ha dado á su Hijo unigénito, para que todo aquel que en él cree, no se pierda, mas tenga vida eterna.
Juan 3:16.

Sal. 57:17.</small>

solares en toda la extensión del espacio. Los mundos giran en torno a sus soles, y los soles con sus planetas acompañantes giran a su vez en torno al trono de Dios. Es la rueda dentro de la rueda que describe Ezequiel. Daniel dijo: "Un torrente de fuego brotaba y salía de delante de él", porque allí todo es vida, un trono vivo y en constante movimiento.

El poder de Dios impregna el espacio en todas las direcciones. Como rayos de luz, de él irradia una fuerza que mantiene a los mundos en sus órbitas. El poder que el hombre llama gravedad no es más que una parte del poder de atracción de Dios. Mantiene los orbes del cielo en su lugar, equilibra las nubes, pesa la montaña y mide las aguas del mar. El mismo poder nota la caída de cada hoja en la tierra, la muerte del más pequeño gorrión, y los latidos del pulso de cada hombre. De él procede toda la vida: "En él vivimos y nos movemos y tenemos nuestro ser".

Somos una parte de ese gran centro de luz que es nuestro Dios de amor, y es ese poder que el profeta intentó vanamente expresar en lenguaje humano el que convierte el alma. El Hijo era uno con el Padre, y fue de esta gloria de donde salió cuando se ofreció a sí mismo en la fundación del mundo. Él fue el Cordero inmolado, y el corazón de Dios se quebró en esa ofrenda. Cada vez que el cuchillo se clavaba en una víctima en el altar del santuario terrenal, la sangre que fluía tocaba de nuevo el corazón del Padre eterno. Cada vez que un hombre o una mujer con el corazón roto se acerca al trono en penitencia, la herida en el corazón de nuestro Padre estalla y sangra de nuevo. "Al corazón

LA PROFECÍA DE DANIEL SIETE

quebrantado y contrito no lo despreciarás, oh Dios". Nunca, nunca, por toda la eternidad, ese Hijo reanudará su condición anterior. Lo que asumió por el hombre caído lo conservará para siempre. Es un hombre todavía en la corte celestial, tocado por cada aflicción humana. El universo contempló el don y se inclinó en adoración. El templo está lleno de la gloria. Allí los serafines y querubines, con su brillante gloria, como guardianes, extienden sus alas sobre su trono, velan sus rostros en adoración y se inclinan ante él.

"Oh, instrúyenos en lo que debemos decir de Él; no podemos hacer justicia a causa de nuestra ignorancia.... Si un hombre se atreve a hablar, seguramente será abrumado.

"Ni siquiera podemos contemplar ahora la luz del sol cuando brilla en los cielos; y el viento que pasa ha despejado el cielo. Pero, ¡qué esplendor aparecerá desde el santo de los santos! ¡Con Dios es insufrible la majestad! El Todopoderoso! ¡No podemos comprenderlo!" -Traducción de Spurrell.

La puerta del santo de los santos se abrió en 1844, y "He aquí que uno como el Hijo del Hombre vino con las nubes del cielo y se acercó al Anciano de los Días, y lo acercaron ante él".

No se podrían enmarcar palabras que den una visión más vívida de la apertura del juicio que ocurrió en el momento del anuncio: "La hora de su juicio ha llegado". En Daniel siete está la única descripción que se encuentra en la Biblia de la escena del juicio anunciada por el primer ángel de Apocalipsis catorce. El mensaje mismo es el único anuncio en la Biblia de que la hora había llegado; y el versículo catorce del

Isa. 49:16.

Y le preguntarán: ¿Qué heridas son éstas en tus manos? Y él responderá: Con ellas fuí herido en casa de mis amigos.
Efe. 3:9, 10.
Zac. 13:6.

Y fuéle dado señorío, y gloria, y reino; y todos los pueblos, naciones y lenguas le sirvieron; su señorío, señorío eterno, que no será transitorio, y su reino que no se corromperá.
Dan. 7:14.

Eze. 28:14.

Job 37:19-23.

La luna se avergonzará, y el sol se confundirá, cuando Jehová de los ejércitos reinare en el monte de Sión, y en Jerusalem, y delante de sus ancianos fuere glorioso.
Isa. 24:23.

He aquí, he dado una puerta abierta delante de ti, la cual ninguno puede cerrar.
Apoc. 3:8.

Miraba yo en la visión de la noche, y he aquí en las nubes del cielo como un hijo de hombre que venía, y llegó hasta el Anciano de grande edad, é hiciéronle llegar delante de él.
Dan. 7:13.

Y vi otro ángel volar por en medio del cielo, que tenía el evangelio eterno para predicarlo á los que moran en la tierra, y á toda nación y tribu y lengua y pueblo. Diciendo en alta voz: Temed á Dios, y dadle honra; porque la hora

capítulo octavo de Daniel es el único período profético dado en la Biblia que marca el tiempo del comienzo del juicio de Dios. Ese período son los 2300 días o años literales que comenzaron en el año 457 a.c., con el decreto de construir y restaurar Jerusalén, y expiraron en 1844, d.C. Fue en esta última fecha cuando el primer ángel del Apocalipsis catorce proclamó la hora del juicio de Dios. El mensaje llegó a todas las tierras, y las islas del mar lo oyeron.

Cuando Dios hubo tomado su posición sobre su ley en el lugar santísimo del santuario celestial, entonces Cristo entró para abogar ante él por su pueblo. Esta venida no pudo ser cuando ascendió a lo alto; porque entonces ascendió al Padre, y el juicio estaba en el futuro. No puede referirse a su segunda venida a esta tierra; porque entonces viene del Padre: Fue su venida ante el Padre cuando tomó su posición en el juicio al final de los 2300 días. Vino ante el Padre rodeado de las nubes del cielo; es decir, con miles de ángeles que, como espíritus ministradores, han vigilado la vida de los hombres, registrando cada una de sus palabras, actos y pensamientos. Se han formado caracteres, y ya sean buenos o malos, se han reflejado en los libros del cielo. Cuando Cristo se presentó ante el Padre, se abrieron los libros y se investigaron los casos de los muertos. Los hechos pueden haber sido cometidos a la luz del día, o en la oscuridad de la noche, pero todos están abiertos y manifiestos ante aquel con quien tenemos que ver. Las inteligencias celestiales han sido testigos de cada pecado, y han registrado fielmente los mismos. El pecado puede ocultarse a los amigos, a los parientes y

---

de su juicio es venida; y adorad á aquel que ha hecho el cielo y la tierra y el mar y las fuentes de las aguas.
Apoc. 14:6, 7.

Y él me dijo: Hasta dos mil y trescientos días de tarde y mañana; y el santuario será purificado.
Dan. 8:14.

Y dije yo en mi corazón: Al justo y al impío juzgará Dios; porque allí hay tiempo á todo lo que se quiere y sobre todo lo que se hace.
Ecle. 3:17.

Justicia y juicio son el asiento de su trono.
Sal. 97:2 [margin].

Y disertando él de la justicia, y de la continencia, y del juicio venidero.
Hechos 24:25.

El que venciere, será vestido de vestiduras blancas; y no borraré su nombre del libro de la vida, y confesaré su nombre delante de mi Padre, y delante de sus ángeles.
Apoc. 3:5.

El que hace á sus ángeles espíritus, sus ministros al fuego flameante.
Sal. 104:4.

¿No son todos espíritus administradores, enviados para servicio á favor de los que serán herederos de salud?
Heb. 1:14.

Sal. 34:7.

Los libros fueron abiertos: y otro libro fué abierto, el cual es de la vida: y fueron juzgados los muertos por las cosas que estaban escritas en los libros, según sus obras.
Apoc. 20:12.

Así que, no juzguéis nada antes de tiempo, hasta que venga el Señor, el cual también aclarará lo oculto de las tinieblas, y manifestará los intentos de los corazones: y entonces cada uno tendrá de Dios la alabanza.
1 Cor. 4:5.

a nuestros socios más íntimos. Nadie, excepto los actores culpables, puede tener el menor conocimiento de las malas acciones, pero todo esto queda al descubierto ante los ángeles y los habitantes de otros mundos. La más oscura de todas las noches oscuras, el más profundo complot de los individuos o las naciones, no puede ocultar ni un solo pensamiento del conocimiento de las inteligencias celestiales. Dios tiene un registro fiel de cada trato torcido, de cada pecado y práctica injusta. Si el corazón interior está lleno de hipocresía, una apariencia externa de rectitud no puede engañarlo.

Mientras se leen uno a uno estos nombres, el Salvador levanta sus manos, que aún llevan las huellas de los clavos del Calvario, y clama: "Mi sangre, Padre, mi sangre, mi sangre". Sobre su trono está el arco iris; allí se mezclan la misericordia y la justicia. El corazón de Dios es tocado por las súplicas de su Hijo, y el perdón está escrito frente al nombre. Entonces, a través de los arcos del cielo, resuena un grito de triunfo. Los ángeles arrojan sus coronas ante el trono, gritando: "Santo, santo, santo". Durante casi sesenta años la obra del juicio investigador ha estado en marcha. Está llegando rápidamente a su fin. Antes de que se cierre, resolverá el caso de cada hombre y mujer vivos. Día a día estamos haciendo el registro que determinará nuestro futuro para bien o para mal. Qué solemne es el pensamiento de que las palabras una vez pronunciadas, las acciones una vez realizadas, nunca pueden ser cambiadas. La sangre expiatoria de Cristo se ofrece hoy. "Hoy, si escucháis su voz, no endurezcáis vuestros corazones".

Tu pecado está sellado delante de mí, dijo el Señor Jehová.
Jer. 2:22.

Y no hay cosa criada que no sea manifiesta en su presencia; antes todas las cosas están desnudas y abiertas á los ojos de aquel á quien tenemos que dar cuenta.
Heb. 4:13.

Aun las tinieblas no encubren de ti.
Sal. 139:7-12.

Así también vosotros de fuera, á la verdad, os mostráis justos á los hombres; mas de dentro, llenos estáis de hipocresía é iniquidad.
Mat. 23:28.

He aquí, esto he hallado, dice el Predicador, pesando las cosas una por una para hallar la razón.
Ecle. 7:27.
Lucas 21:36.

La sangre de Jesucristo su Hijo nos limpia de todo pecado.
1 Juan 1:7.

Un arco celeste había alrededor del trono, semejante en el aspecto á la esmeralda.
Apo. 4:3.

Si confesamos nuestros pecados, él es fiel y justo para que nos perdone nuestros pecados, y nos limpie de toda maldad.
1 Juan 1:9.

El que es injusto, sea injusto todavía: y el que es sucio, ensúciese todavía: y el que es justo, sea todavía justificado: y el santo sea santificado todavía.
Apoc. 22:11.

Mas he aquí que en los cielos está mi testigo, y mi testimonio en las alturas.
Job 16:19.

Mas yo os digo, que toda palabra ociosa que hablaren los hombres, de ella darán cuenta en el día del juicio. Porque por tus palabras serás justificado, y por tus palabras serás condenado.
Mat. 12:36, 37.

Heb. 3:7, 8.

Yo entonces miraba á causa de la voz de las grandes palabras que hablaba el cuerno; miraba hasta tanto que mataron la bestia, y su cuerpo fué deshecho, y entregado para ser quemado en el fuego.
Dan. 7:11.

2 Tesa. 2:4.

Por lo cual puede también salvar eternamente á los que por él se allegan á Dios, viviendo siempre para intercederrpor ellos.
Heb. 7:25.

Ofenderá atribuyendo esta su potencia á su dios.
Hab. 1:11.
Dan. 7:11.

Y la bestia fué presa, y con ella el falso profeta que había hecho las señales delante de ella, con las cuales había engañado á los que tomaron la señal de la bestia, y habían adorado su imagen. Estos dos fueron lanzados vivos dentro de un lago de fuego ardiendo en azufre.
Apoc. 19:20.

Estabas mirando, hasta que una piedra fué cortada, no con mano, la cual
hirió á la imagen en sus pies de hierro y de barro cocido, y los desmenuzó.
Dan. 2:34 [margin].

27. Y que el reino, y el señorío, y la majestad de los reinos debajo de todo el cielo, sea dado al pueblo de los santos del Altísimo; cuyo reino es reino eterno, y todos los señoríos le servirán y obedecerán.
Dan. 7:27.

Si en alguna manera llegase á la resurrección de los muertos.
Fil. 3:11. Young's trans.

La vida de la cuarta bestia, especialmente del cuerno pequeño, se prolonga más allá del tiempo del juicio investigador. Incluso después de que los tronos fueron colocados y la obra en el lugar santísimo fue iniciada, las grandes palabras del cuerno pequeño atrajeron la atención del profeta. La mayor palabra jamás pronunciada contra Dios fue el decreto de infalibilidad emitido por el concilio ecuménico de 1870. Esto fue un intento de sentar a un hombre en un trono al lado del Hijo de Dios. Mientras Cristo estaba de pie como un Cordero inmolado ante el Padre, abogando por la salvación del mundo, el pobre y frágil hombre exaltaba su trono por encima de las estrellas de Dios.

Babilonia cayó porque imputó su poder a los dioses. De la cuarta bestia dice Daniel: "Contemplé hasta que la bestia fue muerta, y su cuerpo destruido, y entregado a la llama ardiente". Así, al final, en lugar de ser conquistada por algún otro poder que surja en la tierra, ésta va al lago de fuego. A las otras bestias que representan reinos, se les quitó su dominio, pero su vida se prolongó por un tiempo y una temporada; es decir, se fundieron en el reino siguiente. Pero no es así con el cuarto reino; su destrucción es completa.

El quinto reino, que es el celestial, el reino de Dios, no está en manos humanas. Dios mismo lo establece bajo todo el cielo, y existirá por siempre y para siempre. "Y el reino y el dominio, y la grandeza del reino bajo todo el cielo, serán dados al pueblo de los santos del Altísimo". Los que sean considerados dignos en el juicio investigador saldrán en la primera resurrección, o serán trasladados sin ver la muerte, y reinarán con Cristo por los siglos de los siglos. El pecado, con todos los que se han aferrado a él, será destruido para siempre. El orgullo y la arrogancia de la antigua Babilonia, su iniquidad en todas sus formas, que ha sido repetida por todas las naciones de la tierra, junto con el instigador de todo el mal, serán por fin borrados. El final de la controversia se ha alcanzado. El triunfo de la verdad es presenciado por todos los seres creados. La cicatriz que el pecado ha hecho ha desaparecido para siempre. La discordia que durante seis mil años ha manchado el universo será olvidada. La música de las esferas se retomará y el hombre reinará con su Creador. "Hasta aquí el fin del asunto". ¡Qué maravilla que la visión turbara a Daniel, y que su semblante cambiara! ¿Quién puede comprender el incomparable amor de Cristo?

Apo. 20:4, 6.

El que hace pecado, es del diablo; porque el diablo peca desde el principio. Para esto apareció el Hijo de Dios, para deshacer las obras del diablo.
1 Juan 3:8.

Para destruir por la muerte al que tenía el imperio de la muerte, es á saber, al diablo.
Heb. 2:14.

Y no habrá más maldición; sino que el trono de Dios y del Cordero estará en ella, y sus siervos le servirán.
Apoc. 22:3.

28. Hasta aquí fué el fin de la plática. Yo Daniel, mucho me turbaron mis pensamientos, y mi rostro se me mudó: mas guardé en mi corazón el negocio.
Dan. 7:28.

CAPITULO IX

DANIEL OCHO

Había transcurrido un período de dos años desde la visión registrada en el capitulo séptimo de Daniel. La mente del profeta había reflexionado a menudo sobre las escenas que su ojo contempló entonces, y el tema del juicio había sido ponderado una y otra vez. Guardó el asunto en su corazón, según él mismo dice, pues en los días de Daniel, como en la actualidad, sólo unos pocos podían comprender y apreciar los temas espirituales. Muchos cambios de naturaleza material habían tenido lugar durante esos dos años. La maldad aumentaba en el reino de Babilonia, y no se mostraba ninguna reverencia hacia Dios o su pueblo. Esta condición entristeció el corazón de Daniel. El que durante años había sido consejero principal del imperio, ahora ya no vivía en la capital, sino que tenía su residencia en el palacio de Susa. Susa era la capital de Elam, que antiguamente era una provincia súbdita del reino de Babilonia, pero cuando ese imperio comenzó a debilitarse, y se reconoció la fuerza de Ciro, el general persa, Elam, bajo Abradates, el virrey o príncipe, se había rebelado contra Babilonia, y se unió a las fuerzas de los persas. Años antes, el profeta Isaías había dicho que Elam y Media unirían sus fuerzas en la conquista de Babilonia. Mientras Daniel vivía en el palacio de Susa, vio cómo se abría el camino para el cumplimiento de esta profecía. Si Babilonia no

1. En el año tercero del reinado del rey Belsasar, me apareció una visión á mí, Daniel, después de aquella que me había aparecido antes.
Dan. 8:1.

Hasta aquí fué el fin de la plática. Yo Daniel, mucho me turbaron mis pensamientos, y mi rostro se me mudó: mas guardé en mi corazón el negocio.
Dan. 7:28.

Mas el hombre animal no percibe las cosas que son del Espíritu de Dios, porque le son locura: y no las puede entender, porque se han de examinar espiritualmente.
1 Cor. 2:14.

2. Vi en visión, (y aconteció cuando vi, que yo estaba en Susán, que es cabecera del reino en la provincia de Persia;) vi pues en visión, estando junto al río Ulai.
Dan. 8:2.

Mas acontecerá en lo postrero de los días, que haré tornar la cautividad de Elam, dice Jehová.
Jer. 49:39.

He aquí que yo despierto contra ellos á los Medos, que no curarán de la plata, ni codiciarán oro.
Isa. 13: 17.

Visión dura me ha sido mostrada. El

> prevaricador prevarica, y el destructor destruye. Sube, Persa; cerca, Medo. Todo su gemido hice cesar.
> *Isa. 21:1-3.*

> 3. Y alcé mis ojos, y miré, y he aquí un carnero que estaba delante del río, el cual tenía dos cuernos: y aunque eran altos, el uno era más alto que el otro; y el más alto subió á la postre.
> *Dan. 8:3.*

> Y he aquí otra segunda bestia, semejante á un oso, la cual se puso al un lado, y tenía en su boca tres costillas entre sus dientes; y fuéle dicho así: Levántate, traga carne mucha.
> *Dan. 7:5.*

> Así dice Jehová á su ungido, á Ciro, al cual tomé yo por su mano derecha, para sujetar gentes delante de él y desatar lomos de reyes; para abrir delante de él puertas, y las puertas no se cerrarán.
> *Isa. 45:1-5.*

> Aquel carnero que viste, que tenía cuernos, son los reyes de Media y de Persia.
> *Dan. 8:20.*

> 4. Vi que el carnero hería con los cuernos al poniente, al norte, y al mediodía, y que ninguna bestia podía parar delante de él, ni había quien escapase de su mano: y hacía conforme á su voluntad, y engrandecíase.
> *Dan. 8:4.*

> Y acontecío en los días de Assuero, (el Assuero que reinó desde la India hasta la Etiopía sobre ciento veinte y siete provincias,).
> *Esther 1:1*
> *Dan. 6:1*

estaba ya sometida a un asedio a manos de Ciro y Darío, su caída era tan inminente que en esta visión la historia de las naciones comienza con el naciente reino de los medos y persas.

Daniel fue transportado al río Ulai, junto al cual se encontraba un carnero con dos cuernos, uno más alto que el otro, y el más alto subió al final. En su visión anterior, el segundo reino había sido representado por un oso que se alzaba por un lado y tenía tres costillas en la boca. Ambos símbolos se aplican a la doble naturaleza del reino de los medos y de los persas, pero los cuernos desiguales del carnero dan una descripción más específica; pues aunque el reino medo era el más antiguo de los dos, el persa lo superaba en fuerza, y su posición en la historia debe atribuirse a la línea de reyes persas que comenzó con Ciro el Grande. La definición con la que se interpreta este símbolo es una ilustración del hecho de que las Escrituras son sus propios y mejores comentarios. Dijo el ángel: "El carnero que has visto con dos cuernos son los reyes de Media y Persia".

Así como el carnero empujaba hacia el oeste, el norte y el sur, y ninguna bestia podía pararse frente a él, así el imperio Medo-Persa extendía su dominio en estas direcciones. A la caída de Babilonia, ciento veinte provincias reconocieron la autoridad de Ciro y Darío. Estas fueron mantenidas en sujeción, y se añadieron otras, de modo que en la época de Asuero de Ester, el reino controlaba ciento veintisiete provincias, y se extendía desde la India por el reparto hasta el Mediterráneo por el oeste, y desde el mar Caspio hasta Etiopía. Se le llamaba entonces un reino glorioso, y

DANIEL OCHO

se hablaba del monarca como "su excelente majestad". Los mismos hechos se destacan en el capítulo undécimo de Daniel, donde Jerjes, el cuarto de Ciro, agita a todas las naciones orientales para que hagan la guerra a Grecia: "Hizo según su voluntad, y se hizo grande".

Sin embargo, la grandeza del segundo reino no aseguraba la duración de la vida, y al profeta se le mostró un macho cabrío que venía del oeste y, como lo da la traducción de Spurrell, "se precipitaba sobre la faz de toda la tierra, sin tocar el suelo". El macho cabrío tenía un notable cuerno entre los ojos. En la interpretación el ángel dijo: "El áspero macho cabrío es el rey [o reino] de Grecia, y el gran cuerno... es el primer rey". El reino de Grecia fue descrito en la visión anterior (cap. 7, vs. 6), pero en el momento que ahora se considera, se dan los detalles de su surgimiento. En el capítulo undécimo se dice que el cuarto reino después de Ciro debía azuzar a las naciones contra Grecia. Esto se llevó a cabo cuando Jerjes cruzó el Helesponto con un gran ejército en el año 480 a.C. Según Heródoto, su ejército contaba con más de un millón y medio de personas. Era una reunión de naciones, y tan vasto era el ejército que se necesitaron siete días para pasar de Asia a suelo griego. Pero a pesar de todos los preparativos, el ejército persa fue derrotado en Thermopylæ, en Salamina y en Plateæ, y Jerjes, desanimado y descorazonado, renunció al intento de invadir Grecia. La profecía había predicho que cuando Medo-Persia y Grecia se enfrentaran, Grecia sería la potencia agresora.

Más tarde, el macho cabrío, Grecia, se acercó al carnero, Medo-Persia, "y se precipitó

Para mostrar él las riquezas de la gloria de su reino, y el lustre de la magnificencia de su poder, por muchos días, ciento y ochenta días.
Ester 1:4.

Levantaráse luego un rey valiente, el cual se enseñoreará sobre gran dominio, y hará su voluntad.
Dan. 11:3.

5. Y estando yo considerando, he aquí un macho de cabrío venía de la parte del poniente sobre la haz de toda la tierra, el cual no tocaba la tierra: y tenía aquel macho de cabrío un cuerno notable entre sus ojos.
6. Y vino hasta el carnero que tenía los dos cuernos, al cual había yo visto que estaba delante del río, y corrió contra él con la ira de su fortaleza.
Dan. 8:5, 6.

Y el macho cabrío es el rey de Javán: y el cuerno grande que tenía entre sus ojos es el rey primero.
Dan. 8:21.

Y ahora yo te mostraré la verdad. He aquí que aun habrá tres reyes en Persia, y el cuarto se hará de grandes riquezas más que todos; y fortificándose con sus riquezas, despertará a todos contra el reino de Javán.
Dan. 11:2.

Sonido de látigo, y estruendo de movimiento de ruedas; y caballo atropellador, y carro saltador. Caballero enhiesto, y resplandor de espada, y resplandor de lanza; y multitud de muertos, y multitud de cadáveres; y de sus cadáveres no habrá fin, y en sus cadáveres tropezarán.
Nahum 3:2, 3.

No confiéis en los príncipes.
Sal. 146:3.

Isa. 17:12, 13.

LA HISTORIA DE DANIEL EL PROFETA

7. Y vilo que llegó junto al carnero, y levantóse contra él, é hiriólo, y quebró sus dos cuernos, porque en el carnero no había fuerzas para parar delante de él: derribólo por tanto en tierra, y hollólo; ni hubo quien librase al carnero de su mano.
Dan. 8:7.

Plata desechada los llamarán, porque Jehová los desechó.
Jer. 6:30.

Aun no está cumplida la maldad del Amorrheo hasta aquí.
Gen. 15:16.

El fué en grande manera abominable, caminando en pos de los ídolos, conforme á todo lo que hicieron los Amorrheos, á los cuales lanzó Jehová delante de los hijos de Israel.
1 Reyes 21:26.

Y dijo: ¿Sabes por qué he venido á ti? Porque luego tengo de volver para pelear con el príncipe de los Persas; y en saliendo yo, luego viene el príncipe de Grecia. Empero yo te declararé lo que está escrito en la escritura de verdad: y ninguno hay que se esfuerce conmigo en estas cosas, sino Miguel vuestro príncipe.
Dan. 10:20. 21.

Dan. 11:1.

Martillo me sois, y armas de guerra; y por medio de ti quebrantaré gentes, y por medio de ti desharé reinos.
Jer. 51:20.

Deut. 30:19, 20.

Prov. 3:13, 18.

Y vino hasta el carnero que tenía los dos cuernos, al cual había yo visto que estaba delante del río, y corrió contra él con la ira de su fortaleza.
Dan. 8:6.

Conocidas son á Dios desde el siglo todas sus obras.
Hechos 15:18.

El hace andar á los consejeros desnudos de consejo, y hace

sobre él en el calor de su fuerza. Y lo vi acercarse al carnero, y se enfureció sobremanera contra él, e hirió al carnero, y le rompió los dos cuernos, de modo que no hubo fuerza en el carnero para mantenerse en pie ante él, pues lo arrojó al suelo y lo pisoteó; ni nadie pudo librar al carnero de sus garras". -Spurrell.

Ningún historiador ha dado un relato más gráfico de la contienda entre los griegos bajo Alejandro Magno y los persas bajo Darío. Aquel reino que antes había mostrado una fuerza tan maravillosa, se desmoronó y cayó, y no hubo nadie que lo ayudara. Había pasado su período de prueba y llenado la copa de su iniquidad. Miguel, el Señor de los cielos, se había puesto a la derecha del monarca persa en el trono para persuadirlo, y sin embargo éste se había resistido a la influencia divina, y aquel reino que había sido una vara en la mano de Dios para derribar a Babilonia en su maldad, repitió sus pecados, y a su vez corrió la misma suerte. Aunque los persas restauraron a los judíos en Jerusalén, eso no pudo salvarlos. Sólo en la medida en que las naciones o los individuos continúan en el amor a la verdad, sólo en la medida en que participan constantemente de las hojas del árbol de la vida, se prolonga su existencia.

El carnero y la cabra se encontraron en un río. La primera batalla exitosa librada por los griegos contra los medos tuvo lugar a orillas del Gránico, un río de Asia Menor. Esto ocurrió en el año 334 a.C. La victoria de Grecia ya quedó registrada en los libros del cielo. La batalla en el Gránico fue seguida pronto por la derrota de la fuerza medopersa en el paso de Issus, y la tercera y abrumadora derrota fue en las llanuras de Arbela.

Nadie pudo librar la causa que se hundía del imperio medopersa de las manos del victorioso Alejandro.

Alejandro no tiene rival por la rapidez de sus conquistas. No era más que un joven de veinte años cuando, por la muerte de su padre, Filipo de Macedonia, cayó heredero de un pequeño dominio. Unió los estados griegos, se colocó a la cabeza de los asuntos y dirigió sus ejércitos en una serie de maravillosas victorias. En el espacio de unos pocos años fue el amo reconocido del mundo. El que ascendió a la posición más alta que el mundo podía ofrecer, cayó igualmente de forma repentina. Había conquistado reinos, pero no era dueño de sus propias pasiones. Su amor por las alabanzas le llevó a hacerse proclamar Hijo de Júpiter-Amón en Egipto, y su amor por la bebida le causó la muerte a la edad de treinta y dos años, tras un reinado universal de sólo dos años. Tal fue el destino de quien no temía ni a Dios ni a los hombres. "El Altísimo gobierna en los reinos de los hombres".

"La promoción no viene del este, ni del oeste, ni del sur, sino que Dios es el juez. Él derriba a uno y pone a otro".

"Por la fuerza ningún hombre prevalecerá". No hay restricción del Señor para salvar por muchos o por pocos.

"No hay rey que se salve por la multitud de un ejército; un hombre poderoso no se libra por mucha fuerza. Un caballo es una cosa vana para la seguridad: ni librará a nadie por su gran fuerza. He aquí que el ojo del Señor está sobre los que le temen, sobre los que esperan en su misericordia, para librar sus almas de la muerte y mantenerlas vivas en el hambre".

enloquecer á los jueces. El suelta la atadura de los tiranos, y ata el cinto á sus lomos. El lleva despojados á los príncipes, y trastorna á los poderosos.
Job 12:17-19.

Después de esto yo miraba, y he aquí otra, semejante á un tigre, y tenía cuatro alas de ave en sus espaldas.
Dan. 7:6.

Estruendos espantosos hay en sus oídos; en la paz le vendrá quien lo asuele.
Job 15:21.

Estando en su mayor fuerza, aquel gran cuerno fué quebrado.
Dan. 8:8.

El derrama menosprecio sobre los príncipes, y enflaquece la fuerza de los esforzados.
Job 12:21.
Sal. 107:40.

Mejor es el que tarde se aira que el fuerte; y el que se enseñorea de su espíritu, que el que toma una ciudad.
Prov. 16:32.
Dan. 4:17.
Sal. 75:6, 7.

Jehová empobrece, y él enriquece: abate, y ensalza.
1 Sam. 2:7.
1 Sam. 2:9.

Oh Jehová, tú eres nuestro Dios: no prevalezca contra ti el hombre.
2 Cron. 14:11.
1 Sam. 14:6.
Sal. 33:16-18.

Porque no confiaré en mi arco, ni mi espada me salvará.
Sal. 44:6.

Estos confían en carros, y aquéllos en caballos: mas nosotros del nombre de Jehová nuestro Dios tendremos memoria.
Sal. 20:7.

116   LA HISTORIA DE DANIEL EL PROFETA

Job 12:23-25.
Isa. 26:15.
Isa. 9:3.

El Altísimo se enseñorea en el reino de los hombres, y que á quien él quisiere lo dará.
Dan. 4:17-25.
Dan. 2:21.
Dan. 5:21.

8. *Y engrandecióse en gran manera el macho de cabrío; y estando en su mayor fuerza, aquel gran cuerno fué quebrado, y en su lugar subieron otros cuatro maravillosos hacia los cuatro vientos del cielo.*
Dan. 8:8.
Dan. 11:4.

Y que fué quebrado y sucedieron cuatro en su lugar, significa que cuatro reinos sucederán de la nación, mas no en la fortaleza de él.
Dan. 8:22.

9. *Y del uno de ellos salió un cuerno pequeño, el cual creció mucho al mediodía, y al oriente, y hacia la tierra deseable.*
10. *Y engrandecióse hasta el ejército del cielo; y parte del ejército y de las estrellas echó por tierra, y las holló.*
Dan. 8:9, 10.

Entonces tuve deseo de saber la verdad acerca de la cuarta bestia, que tan diferente era de todas las otras, espantosa en gran manera, que tenía dientes de hierro, y sus uñas de metal, que devoraba y desmenuzaba, y las sobras hollaba con sus pies.
Dan. 7:19.

Que visita la iniquidad de los padres sobre los hijos y sobre los hijos de los hijos, sobre los terceros, y sobre los cuartos.
Ex. 34:7.

En verdad, el Señor "acrecienta las naciones, y las destruye; ensancha las naciones, y las endereza de nuevo. Quita el corazón a los pueblos de la tierra, y los hace vagar por un desierto donde no hay camino. Andan a tientas en la oscuridad sin luz, y los hace tambalearse como un borracho". "Cuando se hizo fuerte, el gran cuerno se rompió, y por él subieron cuatro notables hacia los cuatro vientos del cielo". Alejandro no dejó ningún heredero capaz de gobernar el reino, y en menos de veinte años de luchas, sus cuatro principales generales consiguieron repartirse el imperio.

Ptolomeo tenía Egipto al sur; Seleuco tomó Siria y la división oriental; Lisímaco tenía Asia Menor y el territorio al norte; mientras que Casandro tenía Grecia o la división occidental. Estos cuatro no tenían el poder de Alejandro. La historia de estas cuatro divisiones se da en el undécimo capítulo de Daniel.

En la división que estamos considerando, el profeta ve un cuerno pequeño que sale de una de estas divisiones. Aquí se trae a su vista el poder simbolizado por la cuarta bestia de Daniel siete. En su primera visión la cuarta bestia era tan terrible y tenía una apariencia tan extraña que Daniel pidió una explicación más clara de su obra. En esta segunda visión no se nombra al cuerno pequeño, pero se describe aún más su labor como reino. Uno siente al leer tanto la visión como la interpretación que está llegando a la presencia de un poder mayor y más terrible que cualquiera que hubiera existido hasta entonces. Las fuerzas acumuladas de la maldad de las épocas pasadas se concentran en este poder naciente, que se hace excesivamente grande. Es en verdad la obra maestra del taller de Satanás. Cuatro mil años de prueba no habían pasado en vano. Así como el cielo estaba a punto de vaciarse en el don del Salvador, toda la diablura del mundo inferior fue puesta en juego para contrarrestar el amor de Dios y destruir el efecto del sacrificio. Hay un mundo de significado en las palabras del ángel.

Dijo Gabriel: "Su poder será poderoso, pero no por su propia fuerza". Ningún poder meramente humano podría hacer lo que este reino haría. Así como la luz, el amor y el poder vienen de arriba a aquellos cuyos ojos se dirigen hacia el cielo, un poder de abajo se apodera de los individuos y las naciones que se resisten al amor de Dios. Este reino creció "en extremo, hacia el sur, y hacia el este, y hacia la tierra placentera". Roma extendió su territorio alrededor del Mediterráneo; no hubo lugar donde sus armas no resultaran victoriosas. Algunas de las mayores batallas que registra la historia fueron libradas por los ejércitos romanos. La pluma de la inspiración dice: "Él [el cuerno pequeño] destruirá maravillosamente". Las ciudades que se atrevieron a resistir el poder de Roma fueron borradas de la existencia. Al describir el gobierno, el ángel dijo: "Prosperará y practicará", y "mediante su política también hará prosperar la artesanía en su mano". Pero aparte del fuerte gobierno central que fue construido por Roma, que puso a todas las demás naciones a sus pies, e hizo esclavos a las razas más nobles; que estaba robando a los hombres los derechos dados por Dios, y violando todo principio de equidad y justicia; aparte de todo esto, la gran arrogancia de Roma

2 Tesa. 2:4.

Juan 3:16.

Oh, lleno de todo engaño y de toda maldad, hijo del diablo, enemigo de toda justicia, ¿no cesarás de trastornar los caminos rectos del Señor?
Hechos 13:10.

Y su poder se fortalecerá, mas no con fuerza suya; y destruirá maravillosamente, y prosperará; y hará arbitrariamente, y destruirá fuertes y al pueblo de los santos.
Dan. 8:24.

Y el dragón le dió su poder, y su trono, y grande potestad.
Apoc. 13:2.

Juan 3:7 [margin].

En que en otro tiempo anduvisteis conforme á la condición de este mundo, conforme al príncipe de la potestad del aire, el espíritu que ahora obra en los hijos de desobediencia.
Efe. 2:2.

Que devoraba y desmenuzaba, y las sobras hollaba con sus pies.
Dan. 7:19.

Y al cabo del imperio de éstos, cuando se cumplirán los prevaricadores, levantaráse un rey altivo de rostro, y entendido en dudas. Y su poder se fortalecerá, mas no con fuerza suya; y destruirá maravillosamente, y prosperará; y hará arbitrariamente, y destruirá fuertes y al pueblo de los santos. Y con su sagacidad hará prosperar el engaño en su mano; y en su corazón se engrandecerá, y con paz destruirá á muchos: y contra el príncipe de los príncipes se levantará; mas sin mano será quebrantado.
Dan. 8:23-25.

11. Aun contra el príncipe de la fortaleza se engrandeció, y por él fué quitado el continuo sacrificio, y el lugar de su santuario fué echado por tierra..
Dan. 8:11.

Porque el que os toca, toca á la niña de su ojo.
Zac. 2:8.

Porque la parte de Jehová es su pueblo; Jacob la cuerda de su heredad. Hallólo en tierra de desierto, y en desierto horrible y yermo; trájolo alrededor, instruyólo, guardólo como la niña de su ojo.
Deut. 32:9-12.

Estas cosas os he hablado, para que en mí tengáis paz. En el mundo tendréis aflicción: mas confiad, yo he vencido al mundo.
Juan 16:33.

Hechos 3:13-16.
Hechos 4:26, 27.
Hechos 7:52.

Entonces el dragón fué airado contra la mujer; y se fué á hacer guerra contra los otros de la simiente de ella, los cuales guardan los mandamientos de Dios, y tienen el testimonio de Jesucristo.
Apoc. 12:17.
Gen. 3:15.
Apoc. 12:9, 12.

Y con su sagacidad hará prosperar el engaño en su mano; y en su corazón se engrandecerá, y con paz destruirá á muchos.
Dan. 8:25.
Mat. 7:15.

Y de vosotros mismos se levantarán hombres que hablen cosas perversas, para llevar discípulos tras sí..
Hechos 20:30.
Zac. 3:6, 7.

Y que desde la niñez has sabido las Sagradas Escrituras, las cuales te pueden hacer sabio para la salud por la fe que es en Cristo Jesús.
2 Tim. 3:15.

se mostró cuando la nación se engrandeció contra el ejército (iglesia) del cielo, "Sí, se engrandeció incluso contra [mar.] el príncipe del ejército". "También se levantará contra el Príncipe de los príncipes".

El pueblo de Dios es precioso a sus ojos, y quien lo toca toca la niña de sus ojos. Roma primero privó a los judíos del derecho de adoración, moliendo a esa nación bajo el talón de la opresión. Entonces vino Cristo, cuando la opresión era más severa, para que Roma pudiera ver a Dios en carne humana. Vino para identificarse con ese pueblo oprimido, y para mostrar a los hombres que Dios está siempre con los oprimidos y esclavizados. Vino para ilustrar la actuación del Espíritu en el corazón humano, y para demostrar que es posible tener un cielo interior, aunque las circunstancias exteriores sean contrarias.

Pero Roma crucificó a quien el Cielo envió. El dragón se enfureció e hizo la guerra a la semilla de la mujer -Cristo- que había sido prometida cuando el pecado entró en el mundo. Este era el paganismo en su mayor fuerza. Estaba en su agonía, y con la agonía de la muerte golpeó la verdad.

Lo que Satanás no pudo lograr mediante la oposición abierta, trató de lograrlo mediante la política y la estrategia. Silenciosa y sigilosamente, los principios del mal se introdujeron en la iglesia de Cristo, que había crecido a pesar de la oposición pagana. La humildad del Hijo de Dios caracterizó al principio el cuerpo de los cristianos, y ahí radicó el poder de la iglesia primitiva. Las madres cristianas reunían a sus hijos en torno a ellas como lo habían hecho las madres judías en los días de su prosperidad. Desde la infancia, las verdades de la palabra de Dios se implantaron en sus corazones; los cantos sagrados estaban en sus labios; la Palabra de Dios era el libro de texto del que se aprendían todas las lecciones. Los padres no se atrevían a permitir que sus hijos permanecieran en las escuelas paganas, pues la propia atmósfera respiraba el culto pagano; el aire estaba cargado con el olor de los sacrificios a los ídolos. No se atrevían a sentarse a la mesa con aquellos con los que una vez habían estado familiarizados, pues la comida había sido consagrada a los ídolos. De la manera más cuidadosa se educó a la generación naciente, y el cristianismo ocupó el lugar del paganismo.

Pero Satanás no podía ver derrocado su poder sin librar una lucha desesperada, y con sigilo insinuó sus principios en la nueva iglesia. Las riñas, las disputas y las controversias teológicas ahuyentaron el espíritu de la vida. La autoexaltación puso a los hombres en el poder; la igualdad de derechos de todos cayó ante el creciente poder de una jerarquía. Los principios de fideicomisos y monopolios, de uniones y ligas, que siempre habían caracterizado a la sociedad pagana, enroscaron sus zarcillos en torno a la nueva organización de los cristianos y ahogaron su vida. El paganismo -el "diario" de Dan. 8:12- fue eliminado, es cierto. Roma se convirtió nominalmente en un imperio cristiano. Su emperador profesaba el nombre de Cristo, y llevaba ante su ejército el estandarte de la cruz. Se emitieron decretos para que los hombres rindieran culto según los dictados de Roma. Entonces fue que el hombre -el emperador- y

2 Tim. 1:5.

Hechos 15:20, 28, 29.

Hechos 21:25.
Apoc. 2:14.

Porque si te ve alguno, á ti que tienes ciencia, que estás sentado á la mesa en el lugar de los ídolos, ¿la conciencia de aquel que es flaco, no será adelantada á comer de lo sacrificado á los ídolos? Y por tu ciencia se perderá el hermano flaco por el cual Cristo murió. De esta manera, pues, pecando contra los hermanos, é hiriendo su flaca conciencia, contra Cristo pecáis.

1 Cor. 8:9-13.

1 Cor. 10:19, 20.

Rom. 1:8.
Col. 1:6.
Gen. 3:1.
Efe. 4:14.
Rom. 16:17, 18.
1 Cor. 1:11.
Fil. 1:15, 16.
Tito 3:9.
Marcos 10:35-37.
Isa. 8:12.
Sant. 5:1-6.

12. Y el ejército fuéle entregado á causa de la prevaricación sobre el continuo sacrificio: y echó por tierra la verdad, é hizo cuanto quiso, y sucedióle prósperamente.

Dan. 0.12.

Porque yo sé que después de mi partida entrarán en medio de vosotros lobos rapaces, que no perdonarán al ganado.

Hechos 20:29, 30.

2 Tesa. 2:4-7.

13. Y oí un santo que hablaba; y otro de los santos dijo á aquél que hablaba: ¿Hasta cuándo durará la visión del continuo sacrificio, y la prevaricación

asoladora que pone el santuario y el ejército para ser hollados?
14. Y él me dijo: Hasta dos mil y trescientos días de tarde y mañana; y el santuario será purificado.
Dan. 8:13, 14.

Aun contra el príncipe de la fortaleza se engrandeció. . . . y echó por tierra la verdad, é hizo cuanto quiso, y sucedióle prósperamente.
Dan. 8:11, 12.

Y el macho cabrío es el rey de Javán: y el cuerno grande que tenía entre sus ojos es el rey primero.
Dan. 8:21.

Dan. 7:25.

Dan. 7:7, 8.

Dan. 8:23-25.

Y yo Daniel fuí quebrantado, y estuve enfermo algunos días: y cuando convalecí, hice el negocio del rey; mas estaba espantado acerca de la visión, y no había quien la entendiese.
Dan. 8:27.

Oye, Señor; oh Señor, perdona; presta oído, Señor, y haz; no pongas dilación, por amor de ti mismo, Dios mío: porque tu nombre es llamado sobre tu ciudad y sobre tu pueblo.
Dan. 9:19.

El Juez se sentó, y los libros se abrieron.
Dan. 7:9, 10.
1 Pedro 4:17.

Yo entonces miraba á causa de la voz de las grandes palabras que hablaba el cuerno; miraba hasta tanto que mataron la bestia, y su cuerpo fué deshecho, y entregado para ser quemado en el fuego.
Dan. 7:11.
Apoc. 14:6.

Estabas mirando, hasta que una piedra fué cortada, no con mano, la cual hirió á la imagen en sus pies

el imperio intentaron exaltarse por encima del Dios del cielo. Los principios del mismo Lucifer habían desplazado la verdad de Cristo y, como se le mostró a Daniel, la verdad fue arrojada al suelo.

Para Juan esta transferencia del paganismo al papado se representa como una transferencia de poder del dragón a la bestia. Apocalipsis 13:7. Los versos undécimo y duodécimo de Daniel ocho son paralelos a los versos vigésimo primero y vigésimo quinto del capítulo séptimo, donde el cuerno pequeño hace la guerra a los santos y habla grandes palabras contra el Altísimo, intentando incluso cambiar sus tiempos y leyes. Dos veces se le había mostrado a Daniel la doble historia de Roma: primero como poder pagano, cuando era más cruel que cualquier gobierno pagano anterior; y después como poder profesamente cristiano, cuando su crueldad superaba con creces todas las obras del paganismo.

El profeta sintió un gran dolor de corazón al contemplar estas escenas y los profundos sufrimientos del pueblo de Dios. No podía comprender la idea del momento del cumplimiento de los acontecimientos, y pensaba que su propio pueblo, tal vez los mismos que estaban en ese momento en la esclavitud de Babilonia, serían llamados a sufrir estas cosas. El juicio investigador le había sido revelado, cuando los casos de los hombres serían juzgados y el opresor sería condenado. El fin también de este poder opresor que se le había mostrado era el lago de fuego, cuando la autoridad romana fuera rota sin manos. En el sueño de Nabucodonosor el final llegaría cuando la piedra cortada sin manos debería golpear la imagen y finalmente llenar toda la tierra. Mientras estas escenas pasaban como un panorama ante el ojo del profeta, los ángeles también observaban, pues sus intereses son uno con los del hombre. El universo ha esperado ahora seis mil años para la cuestión final entre la verdad y el error. No es de extrañar que las huestes angélicas se pregunten cuándo terminará la lucha, y cuándo el canto de las canciones podrá ser retomado por el coro del cielo. Estos tiempos están ocultos para el Padre, pero el hombre puede comprender algunos de los secretos del Todopoderoso. El interés que el cielo manifiesta en estas escenas de la tierra se muestra en el decimotercer verso. Un ángel llamó a Gabriel y le preguntó: "¿Hasta cuándo será la visión sobre el sacrificio diario [la Roma pagana] y la transgresión de la desolación [el papado] para que el santuario y el ejército sean pisoteados?" Y Gabriel respondió: "Hasta dos mil trescientos días; entonces el santuario será purificado".

Daniel anhelaba comprender lo que había visto, y aquí se muestra la estrecha relación entre el anhelo humano y el corazón de Cristo; porque Cristo, apareciendo como hombre, se presentó ante el profeta, y a Gabriel le dijo: "Haz que este hombre comprenda la visión". Gabriel se acercó, y ante su excesivo resplandor Daniel cayó al suelo con el rostro hacia la tierra. Entonces, como para quitar la tensión de la mente de aquel que llevaba a Israel en su corazón, dijo: "Entiende, oh hijo de hombre, porque en el momento del fin será la visión. . . . Te haré saber lo que habrá en el último fin de la indignación; porque en el tiempo señalado será el fin".

de hierro y de barro cocido, y los desmenuzó.
Dan. 2:34 [margin].
Mas la piedra que hirió á la imagen, fué hecha un gran monte, que hinchió toda la tierra.
Dan. 2:35.
En las cuales desean mirar los ángeles..
1 Pedro 1:12.
¿No son todos espíritus administradores, enviados para servicio á favor de los que serán herederos de salud?
Heb. 1:14.
¿Cuándo será el fin de estas maravillas?
Dan. 12:6.
Apoc. 5:13.

Puesto que no son ocultos los tiempos al Todopoderoso, ¿por qué los que le conocen no ven sus días?
Job 24:1.
Job 15:20.
Sal. 25:14.
Dan. 8:13, 14.

15. Y acaeció que estando yo Daniel considerando la visión, y buscando su inteligencia, he aquí, como una semejanza de hombre se puso delante de mí.

Juan 7:17.

16. Y oí una voz de hombre entre las riberas de Ulai, que gritó y dijo: Gabriel, enseña la visión á éste.

17. Vino luego cerca de donde yo estaba; y con su venida me asombré, y caí sobre mi rostro. Empero él me dijo: Entiende, hijo del hombre, porque al tiempo se cumplirá la visión.

18. Y estando él hablando conmigo, caí dormido en tierra sobre mi rostro: y él me tocó, é hízome estar en pie.

19. Y dijo: He aquí yo te enseñaré lo que ha de venir en el fin de la ira: porque al tiempo se cumplirá:.

20. Aquel carnero que viste, que tenía cuernos, son los reyes de Media y de Persia.

21. Y el macho cabrío es el rey de Javán: y el cuerno grande que tenía entre sus ojos es el rey primero.

22. Y que fué quebrado y sucedieron cuatro en su lugar, significa que cuatro reinos sucederán de la nación, mas no en la fortaleza de él.

23. Y al cabo del imperio de éstos, cuando se cumplirán los prevaricadores, levantaráse un rey altivo de rostro, y entendido en dudas

24. Y su poder se fortalecerá, mas no con fuerza suya; y destruirá maravillosamente, y prosperará; y hará arbitrariamente, y destruirá fuertes y al pueblo de los santos.
Dan. 8:15-24.

Seguid la caridad; y procurad los dones espirituales, mas sobre todo que profeticéis.
1 Cor. 14:1.
1 Cor. 12:28, 29.

Y él mismo dió unos, ciertamente apóstoles; y otros, profetas; y otros, evangelistas; y otros, pastores y doctores.
Efe. 4:11.

Bienaventurados los de limpio corazón: porque ellos verán á Dios.
Mat. 5:8.

Y respondiendo el ángel le dijo: Yo soy Gabriel, que estoy delante de Dios; y soy enviado á hablarte , y á darte estas buenas nuevas.
Lucas 1:19.

Ninguno hay que se esfuerce conmigo en estas cosas, sino Miguel vuestro príncipe.
Dan. 10:21.
Isa. 14:12-14.
Lucas 1:26, 27.
Lucas 2:13, 14.

Saldrá ESTRELLA de Jacob
Num. 24:17.

Y ellos, habiendo oído al rey, se fueron: y he aquí la estrella que habían visto en el oriente, iba delante de ellos,

Gabriel retomó la historia de los reinos uno por uno, y cuando llegó a los dos mil trescientos días, dijo: "La visión de la mañana y de la tarde [ver margen, vs. 14, igual a los dos mil trescientos días] que se contó es verdadera. Por lo tanto, encierra la visión, porque será por muchos días". Daniel se desmayó, pues la crucifixión del Salvador acababa de serle revelada, y la visión era más de lo que podía soportar. La explicación adicional se retrasó hasta una visión posterior. Los acontecimientos que tendrían lugar durante ese período se señalan en el siguiente capítulo del libro de Daniel.

Además de la verdad que enseña la profecía en sí misma, hay conectados con el octavo capítulo de Daniel algunos principios subyacentes de maravillosa belleza.

El espíritu de profecía es un don que debe ser codiciado. Dios nunca se deja sin alguna representación en la tierra, y entre su pueblo algunos son profetas. El estudio de la vida de Daniel revela el carácter que hace posible que el hombre comprenda el lenguaje de Dios. Se necesita un alma limpia y pura. Gabriel es el ángel de la profecía, el mensajero que lleva la luz de la verdad a los hombres. Al padre de Juan el Bautista le dijo: "Yo soy Gabriel, que estoy en la presencia de Dios". A Daniel le dijo: "No hay nadie que sostenga conmigo en estas cosas sino Miguel, tu príncipe", el propio Cristo. Gabriel es, pues, el asistente personal del Hijo de Dios, ocupando la posición de portador de la luz que ocupaba Satanás antes de su caída. Fue Gabriel quien anunció el nacimiento del Salvador a María en Nazaret. Fue él quien dirigió el coro de ángeles en las llanuras de Belén; él con otros, como la estrella, guió a los sabios hasta el Niño de Belén.

Fue Gabriel quien aportó fuerza al Salvador al final del conflicto de los cuarenta días en el desierto de la tentación, y quien levantó la forma postrada del Hijo del Hombre en Getsemaní y acolchó esa cabeza dolorida, mojada de sudor sangriento, sobre su propio pecho. Ante Gabriel, la guardia romana cayó como muertos, y su voz hizo temblar la tierra cuando el Salvador salió del sepulcro. Tomando asiento en el sepulcro vacío, fue él quien se reunió con los discípulos y las mujeres, y les ordenó que buscaran a su Señor entre los vivos.

El Salvador ascendió al cielo dejando a sus discípulos solos, pero no solos, pues "He aquí que dos hombres estaban junto a ellos con ropas blancas". Mientras el cielo resonaba con cantos de bienvenida al Hijo de Dios que regresaba, dos ángeles se quedaron en la tierra para consolar a los solitarios. Uno de ellos era Gabriel, el ángel asistente de Cristo. De todos los ángeles del cielo ninguno ha estado más estrechamente relacionado con el hombre que Gabriel. Sin embargo, a Juan, que se postró ante él para adorarle, le dijo: "No lo hagas, porque soy tu consiervo". Tan ligado a los asuntos del hombre está este poderoso ángel que se considera uno con nosotros. Es el que Cristo ha utilizado para transmitir la luz de los acontecimientos futuros a los hombres de la tierra. A cada profeta, desde Moisés hasta Juan, vino el mismo ángel, y a la iglesia remanente, Gabriel revela la verdad a través de la persona del profeta.

Antes de su caída, Lucifer era el portador de la luz. Desde entonces ha utilizado su poder para llevar la oscuridad a los hijos de los hombres. Siempre ha habido y habrá hasta el final de los tiempos, falsos profetas y videntes. Los hombres

hasta que llegando, se puso sobre donde estaba el niño.
Mat. 2:9.

El diablo entonces le dejó: y he aquí los ángeles llegaron y le servían.
Mat. 4:11.
Y le apareció un ángel del cielo confortándole..
Lucas 22:43.

Y de miedo de él los guardas se asombraron, y fueron vueltos como muertos.
Mat. 28:4.
Mat. 28:2.

Mas él les dice: No os asustéis: buscáis á Jesús Nazareno, el que fué crucificado; resucitado há, no está aquí; he aquí el lugar en donde le pusieron
Marcos 16:6.

¿Por qué buscáis entre los muertos al que vive?
Lucas 24:5.

Hechos 1:9-11.

25. Y con su sagacidad hará prosperar el engaño en su mano; y en su corazón se engrandecerá, y con paz destruirá á muchos: y contra el príncipe de los príncipes se levantará; mas sin mano será quebrantado.
26. Y la visión de la tarde y la mañana que está dicha, es verdadera: y tú guarda la visión, porque es para muchos días.
Dan. 8:25, 26.

Apoc. 19:10.
Apoc. 22:8, 9.

La revelación de Jesucristo, que Dios le dió, para manifestar á sus siervos las cosas que deben suceder presto ; y la declaró, enviándola por su ángel á Juan su siervo.
Apoc. 1:1.

27. Y yo Daniel fuí quebrantado, y estuve enfermo algunos días: y cuando convalecí, hice el negocio del rey; mas estaba espantado acerca de la visión, y no había quien la entendiese.
Dan. 8:27.

Juan 8:44.

Deut. 13:1-3.

Porque se levantarán falsos Cristos,

y falsos profetas, y darán señales grandes y prodigios; de tal manera que engañarán, si es posible, aun á los escogidos.
Mat. 24:24.

Hechos 16:16.

Hechos 13:6-10.

Apoc. 16:13, 14.

Y no es maravilla, porque el mismo Satanás se transfigura en ángel de luz.
2 Cor. 11:14.

2 Cron. 20:20.

Num. 12:6.

Vi pues en visión, estando junto al río Ulai.
Dan. 8:2.

Y vilo que llegó junto al carnero, y levantóse contra él, é hiriólo, y quebró sus dos cuernos, porque en el carnero no había fuerzas para parar delante de él: derribólo por tanto en tierra, y hollólo; ni hubo quien librase al carnero de su mano.
Dan. 8:7.

Y yo, Daniel, miré, y he aquí otros dos que estaban, el uno de esta parte á la orilla del río, y el otro de la otra parte á la orilla del río. Y dijo uno al varón vestido de lienzos, que estaba sobre las aguas del río: ¿Cuándo será el fin de estas maravillas?
Dan. 12:5, 6.

Dan. 8:16.

Del arroyo beberá en el camino: por lo cual levantará cabeza.
Sal. 110:7.

Mas vuestras iniquidades han hecho división entre vosotros y vuestro Dios, y vuestros pecados han hecho ocultar su rostro de vosotros, para no oir.
Isa. 59:2.

Efe. 2:13, 14.

que podrían ser utilizados por Dios, si sus corazones se entregaran a él, a menudo se someten a la influencia del poder falso. Aquí radica la explicación de las manifestaciones espirituales. Tan grande será este poder que antes del fin el mismo Satanás, personificando a un ángel de luz, aparecerá en la tierra, engañando, si es posible, a los mismos elegidos. La seguridad del pueblo de Dios residirá en hacer caso a la voz de Gabriel cuando hable a través de algún instrumento elegido. Cristo habla a través de Gabriel a su profeta.

Daniel, aunque vivía en el palacio de Susa, fue llevado por el ángel al río Ulai. En las orillas del río fue testigo de la contienda entre el carnero y el macho cabrío; entre el imperio medo-persa y los griegos. Ulai representa el río del tiempo, que tiene su fuente en la eternidad. El tiempo con el que tenemos que tratar no es más que una fracción infinitamente pequeña de la eternidad, como una gota en el cubo; como el arroyo al océano. Pero en las orillas de este río se encuentran todas las naciones; allí se levantan y allí caen. Cristo preside las aguas, y su voz se oyó desde entre las orillas del río llamando a Gabriel: "Haz que este hombre entienda la visión". La nación puede contender con la nación en sus orillas, pero el "Santo Vigilante" está siempre cerca. Este río contiene el agua de la vida para todos los que quieran beber, pero todas las naciones han construido muros fluviales que superan la altura de los de Babilonia, para alejar a los hombres de las aguas y romper la influencia de Aquel que llama desde entre las orillas.

CAPITULO X

LA HISTORIA DE LOS JUDÍOS
(Capitulo 9)

Sólo transcurrieron unos pocos meses entre la visión del capítulo ocho y los acontecimientos que relata la primera parte del capítulo nueve. Las palabras de despedida de Gabriel habían sido que las cosas vistas concernientes a los dos mil trescientos días eran ciertas. Daniel no pudo oír la explicación de este tiempo, y mientras se ocupaba de los asuntos del rey pensaba a menudo en la visión. Entretanto había sido llamado de Susa a Babilonia y a la corte del rey para interpretar la extraña escritura en la pared. Se había leído el destino de la nación, y apenas se habían apagado las palabras cuando comenzó la matanza de los babilonios. Aquella misma noche Belsasar fue asesinado, y el rey de los medos fue proclamado monarca del mundo. Por Darío, Daniel había sido nombrado presidente en jefe, y ocupaba un puesto en Babilonia junto a Ciro, el socio de Darío.

Durante la agitación y el bullicio de todo el cambio en los asuntos, mientras las manos de Daniel estaban llenas de deberes de la corte y las preocupaciones de los negocios lo apremiaban, todavía tenía tiempo para la oración y el estudio. La profecía había predicho que Ciro devolvería la libertad a los judíos; el momento de su liberación se acercaba, y Daniel buscaba cuidadosamente una comprensión del tiempo. Las profecías de Jeremías eran las únicas

Y la visión de la tarde y la mañana que está dicha, es verdadera: y tú guarda la visión, porque es para muchos días.
Dan. 8:26

TEKEL: Pesado has sido en balanza, y fuiste hallado falto. PERES: Tu reino fué rompido, y es dado á Medos y Persas.
Dan. 5:27, 28.

La misma noche fué muerto Belsasar, rey de los Caldeos. Y Darío de Media tomó el reino, siendo de sesenta y dos años.
Dan. 5:30, 31.

Y sobre ellos tres presidentes, de los cuales Daniel era el uno, á quienes estos gobernadores diesen cuenta, porque el rey no recibiese daño.
Dan. 6:2.

1. En el año primero de Darío hijo de Assuero, de la nación de los Medos, el cual fué puesto por rey sobre el reino de los Caldeos;
2. En el año primero de su reinado, yo Daniel miré atentamente en los libros el número de los años, del cual habló Jehová al profeta Jeremías, que había de concluir la asolación de Jerusalem en setenta años.
Dan. 9:1, 2.

> Porque así dijo Jehová: Cuando en Babilonia se cumplieren los setenta años, yo os visitaré, y despertaré sobre vosotros mi buena palabra, para tornaros á este lugar.
> Jer. 29:10.

Jer 25:11, 12.
2 Cron. 36:21.

> 3. Y volví mi rostro al Señor Dios, buscándole en oración y ruego, en ayuno, y cilicio, y ceniza.
>
> 4. Y oré á Jehová mi Dios, y confesé, y dije: Ahora Señor, Dios grande, digno de ser temido, que guardas el pacto y la misericordia con los que te aman y guardan tus mandamientos
>
> 5. Hemos pecado, hemos hecho iniquidad, hemos obrado impíamente, y hemos sido rebeldes, y nos hemos apartado de tus mandamientos y de tus juicios.
>
> 6. No hemos obedecido á tus siervos los profetas, que en tu nombre hablaron á nuestros reyes, y á nuestros príncipes, á nuestros padres, y á todo el pueblo de la tierra.
>
> 7. Tuya es, Señor, la justicia, y nuestra la confusión de rostro, como en el día de hoy á todo hombre de Judá, y á los moradores de Jerusalem, y á todo Israel, á los de cerca y á los de lejos, en todas las tierras á donde los has echado á causa de su rebelión con que contra tí se rebelaron.
>
> 8. Oh Jehová, nuestra es la confusión de rostro, de nuestros reyes, de nuestros príncipes, y de nuestros padres; porque contra tí pecamos.
>
> 9. De Jehová nuestro Dios es el tener misericordia, y el perdonar, aunque contra él nos hemos rebelado.
> Dan. 9:3-9.

que indicaban claramente la duración del cautiverio. Sin duda, la mente de Daniel estaba perpleja por los dos mil trescientos días de que había hablado Gabriel, porque para los hebreos el templo de Jerusalén era el santuario de Dios, y la purificación significaba para ellos la eliminación de las manos impías del monte de Sión.

Dos veces en el libro de Jeremías se indica la duración del cautiverio. "Estas naciones servirán al rey de Babilonia setenta años. Y sucederá que cuando se cumplan los setenta años castigaré al rey de Babilonia". De nuevo el profeta había dicho: "Después que se cumplan setenta años en Babilonia os visitaré, y realizaré mi buena obra para con vosotros, haciéndoos volver a este lugar." Babilonia había caído, y Jerusalén había estado desolada casi setenta años. Se acercaba una crisis para el pueblo de Dios, y Daniel trató de comprender el asunto mediante la oración y el ayuno.

Este es uno de los casos en las Escrituras en que se registra una oración. Ésta se da como ejemplo de la oración ferviente y eficaz del justo, que mucho puede. Daniel se dio cuenta de que el pecado había oscurecido la visión de muchos del pueblo profeso de Dios. Algunos que estaban en Babilonia eran descuidados e indiferentes respecto a la verdad de Dios. Muchos se habían procurado casas, y descansaban seguros en la seguridad de que, cuando comenzara el cautiverio, se les diría que compraran tierras y construyeran hogares. Algunos estaban contentos con el ambiente presente, y temían las dificultades que acompañarían el viaje a Jerusalén, que estaba en manos de tribus hostiles, y donde no había casas agradables. Jerusalén debía ser construida, argumentaban, pero otros debían hacerlo, no ellos.

El amor a Babilonia era fuerte en los corazones de muchos, pues setenta años después del decreto de Ciro, cuando todos estaban en libertad de regresar a Palestina, todavía había cientos de judíos en Babilonia. De hecho, sólo un pequeño porcentaje de los judíos regresó alguna vez. Los jóvenes, que habían sido educados en la ciudad, habían, muchos de ellos, como las hijas de Lot en Sodoma, participado tan ampliamente de las costumbres que permanecían entre los paganos, aunque los ángeles les ordenaban que se apresuraran a salir. El espíritu de profecía era pasado por alto con unos pocos comentarios, o caía en oídos completamente sordos; aunque en esclavitud, las condiciones presentes eran preferibles a la libertad con el esfuerzo necesario para obtenerla. Daniel conocía esta condición, y confesó los pecados del pueblo ante Dios. Se identificó con su pueblo. La suya es una de las oraciones más maravillosas que se conocen.

Este hombre, a quien el cielo llamaba "muy amado", en quien no se podía encontrar falta alguna, ni siquiera por parte de sus enemigos más acérrimos, se colocó bajo la carga de pecado que oprimía a Israel. Inclinado ante Dios, se encontró con el Padre con las palabras: "Hemos pecado y cometido iniquidad, y hemos hecho maldad, y nos hemos rebelado"; "ni hemos escuchado a tus siervos los profetas". "Oh Señor, a ti te pertenece la justicia, pero a nosotros la confusión de rostro, a nuestros

Esdras 8:21-23.
Neh. 2:19.

10. Y no obedecimos á la voz de Jehová nuestro Dios, para andar en sus leyes, las cuales puso él delante de nosotros por mano de sus siervos los profetas.

Gen. 19:12-16.

11. Y todo Israel traspasó tu ley apartándose para no oir tu voz: por lo cual ha fluído sobre nosotros la maldición, y el juramento que está escrito en la ley de Moisés, siervo de Dios; porque contra él pecamos.

Zech. 7:11.

12. Y él ha verificado su palabra que habló sobre nosotros, y sobre nuestros jueces que nos gobernaron, trayendo sobre nosotros tan grande mal; que nunca fué hecho debajo del cielo como el que fué hecho en Jerusalem.

13. Según está escrito en la ley de Moisés, todo aqueste mal vino sobre nosotros: y no hemos rogado á la faz de Jehová nuestro Dios, para convertirnos de nuestras maldades, y entender tu verdad.

14. Veló por tanto Jehová sobre el mal, y trájolo sobre nosotros; porque justo es Jehová nuestro Dios en todas sus obras que hizo, porque no obedecimos á su voz.

15. Ahora pues, Señor Dios nuestro, que sacaste tu pueblo de la tierra de Egipto con mano poderosa, y te hiciste nombre cual en este día; hemos pecado, impíamente hemos hecho.

16. Oh Señor, según todas tus justicias, apártese ahora tu ira y tu furor de sobre tu ciudad Jerusalem, tu santo monte: porque á causa de nuestros pecados, y por la maldad de nuestros padres, Jerusalem y tu pueblo dados son en oprobio á todos en derredor nuestro..

17. Ahora pues, Dios nuestro, oye la oración de tu siervo, y sus ruegos, y haz que tu rostro resplandezca sobre tu santuario asolado, por amor del Señor.

18. Inclina, oh Dios mío, tu oído, y oye; abre tus ojos, y mira nuestros asolamientos, y la ciudad sobre la cual es llamado tu nombre: porque no derramamos nuestros ruegos ante tu acatamiento confiados en nuestras justicias, sino en tus muchas miseraciones.
Dan. 9:10-18

Isa. 53:4.
1 Pedro 2:24.
2 Cor. 3:18.
2 Cor. 5:20.
Isa. 60:2.
Juan 10:11-17.

Isa. 65:5.

19. Oye, Señor; oh Señor, perdona; presta oído, Señor, y haz; no pongas dilación, por amor de ti mismo, Dios mío: porque tu nombre es llamado sobre tu ciudad y sobre tu pueblo.
Dan 9:19.

Al corazón contrito y humillado no despreciarás tú, oh Dios.
Sal. 51:17.

Amístate ahora con él, y tendrás paz; y por ello te vendrá bien.
Job 22:21.

Gen. 18:17-19.
Heb. 11:6.

reyes, a nuestros príncipes y a nuestros padres, porque hemos pecado"; "nos hemos rebelado contra él; tampoco le hemos obedecido"; "la maldición se ha derramado sobre nosotros"; "todo este mal ha caído sobre nosotros, pero no hemos hecho nuestra oración ante el Señor, nuestro Dios, para que nos convirtamos de nuestras iniquidades"; " "no hemos obedecido su voz;" "hemos pecado, hemos hecho impíamente;" "porque por nuestros pecados y por las iniquidades de nuestros padres," "he aquí nuestras desolaciones;" "no presentamos nuestras súplicas delante de ti por nuestras justicias. "

Ante el Padre tenemos a uno, a Cristo, que "llevó nuestras enfermedades y sufrió nuestros dolores", "que llevó él mismo nuestros pecados en su cuerpo". Daniel era un representante de Cristo, y había vivido tan cerca de Dios, y le conocía tan íntimamente, que el espíritu que distinguía a Cristo de todos los demás se manifestaba también en Daniel. Era un verdadero pastor en Israel, y su oración es una represión a toda justicia propia; una represión cortante a los que dicen de palabra o de obra: "Yo soy más santo que tú".

"Señor, escucha; Señor, perdona; Señor, escucha y obra; no lo dejes para ti, Dios mío, porque tu ciudad y tu pueblo son llamados por tu nombre". Tal era la súplica de un corazón agobiado. Tales fueron las palabras con las que Daniel se dirigió a su Dios. Conocía al Padre y sabía que sus palabras llegaban hasta el trono del cielo. La fe y la oración son los dos brazos que el hombre mortal puede entrelazar alrededor del cuello del Amor Infinito. Cristo se

LA HISTORIA DE LOS JUDÍOS 129

inclinó para escuchar, y ordenó a Gabriel que se apresurara hacia la tierra. En nuestras oraciones soltamos demasiado pronto el brazo del Señor. Deberíamos elevar más y más nuestras súplicas. Dios prueba a veces la fuerza de nuestros deseos demorando una respuesta inmediata.

"Mientras yo oraba, el varón Gabriel, a quien había visto en visión al principio, volando velozmente, me tocó a la hora de la ofrenda de la tarde".

La misma cosa por la que Daniel había preguntado, fue mencionada por primera vez cuando Gabriel puso sus manos sobre el profeta. "Oh Daniel, ahora he salido para darte habilidad y entendimiento. Al principio de tus súplicas salió la palabra (margen), y yo he venido para mostrártela". El Cielo estaba más interesado que el hombre en aquello por lo que Daniel oraba, y tan pronto como se abrió el canal, el Espíritu fluyó. En el mundo espiritual como en el natural se aborrece el vacío. Como el aire entra en un recipiente cuando se vierte un líquido, así el Espíritu Santo llena el corazón cuando se vacía de sí mismo. Si hubiera más espacio para Cristo en los corazones, la experiencia pentecostal se repetiría con frecuencia.

Dios tiene muchos favoritos entre los hijos de los hombres. De hecho, cada hombre es un favorito especial, y altamente honrado por el Rey del cielo, pero hay muy pocos a quienes los ángeles han dicho la palabra: "Tú eres muy amado." La lectura marginal del versículo veintitrés da la traducción hebrea como "un hombre de deseos". Aquel hombre cuyo deseo es celestial, que anhela el alimento espiritual como el corazón suspira por el arroyo de agua,

Sal. 103:20.

20. Aun estaba hablando, y orando, y confesando mi pecado y el pecado de mi pueblo Israel, y derramaba mi ruego delante de Jehová mi Dios por el monte santo de mi Dios;
21. Aun estaba hablando en oración, y aquel varón Gabriel, al cual había visto en visión al principio, volando con presteza, me tocó como á la hora del sacrificio de la tarde.
Dan. 9:20, 21.

No hablé en escondido, en lugar de tierra de tinieblas; no dije á la generación de Jacob: En vano me buscáis. Yo soy Jehová que hablo justicia, que anuncio rectitud.
Isa. 45:19.

22. E hízome entender, y habló conmigo, y dijo: Daniel, ahora he salido para hacerte entender la declaración.

23. Al principio de tus ruegos salió la palabra, y yo he venido para enseñártela, porque tú eres varón de deseos. Entiende pues la palabra, y entiende la visión.
Dan. 9:22, 23.

He aquí, yo estoy á la puerta y llamo: si alguno oyere mi voz y abriere la puerta, entraré á él, y cenaré con él, y él conmigo.
Apoc. 3:20.

Yo honraré á los que me honran.
1 Sam. 2:30.

Por cuanto en mí ha puesto su voluntad, yo también lo libraré: pondrélo en alto, por cuanto ha conocido mi nombre.
Sal. 91:14.

Porque tú eres varón de deseos. Entiende pues la palabra, y entiende la visión.
Dan. 9:23 [margin].

Del mandamiento de sus labios nunca me separé; guardé las palabras de su boca más que mi comida.
Job 23:12.

Como el ciervo brama por las

> corrientes de las aguas, así clama por ti, oh Dios, el alma mía.
> Sal. 42:1.

> Y Jehová dijo á Satán: ¿No has considerado á mi siervo Job, que no hay otro como él en la tierra, varón perfecto y recto, temeroso de Dios, y apartado de mal?
> Job 1:8.

> 24 Setenta semanas están determinadas sobre tu pueblo y sobre tu santa ciudad, para acabar la prevaricación, y concluir el pecado, y expiar la iniquidad; y para traer la justicia de los siglos, y sellar la visión y la profecía, y ungir al Santo de los santo.
> Dan. 9:24.

> Y tomarás el aceite de la unción, y ungirás el tabernáculo, y todo lo que está en él; y le santificarás con todos sus vasos, y será santo.
> Ex. 40:9.

> Marcos 1:15.

> Entonces Pablo y Bernabé, usando de libertad, dijeron: A vosotros á la verdad era menester que se os hablase la palabra de Dios; mas pues que la desecháis, y os juzgáis indignos de la vida eterna, he aquí, nos volvemos á los Gentiles.
> Hechos 13:46.

> Porque es tiempo de que el juicio comience de la casa de Dios: y si primero comienza por nosotros, ¿qué será el fin de aquellos que no obedecen al evangelio de Dios?
> 1 Pedro 4:17.

es muy amado por Dios, porque Dios está en busca de tales para cumplir su voluntad en la tierra. A éstos puede hablar Gabriel.

A partir del versículo veinticuatro el ángel explica el período de tiempo, los dos mil trescientos días del capítulo 8: 14. No hay preliminares. Gabriel conoce los pensamientos del profeta, y por eso dice: "Setenta semanas están determinadas sobre [o asignadas a] tu pueblo y sobre tu santa ciudad, para consumar la transgresión, y poner fin a los pecados, y expiar la iniquidad, y traer la justicia eterna, y sellar la visión y la profecía, y ungir al santísimo". Toda la historia futura de los judíos como nación está contenida en este versículo. Ninguna otra historia contenía tanto en tan pocas palabras. Aquí se da la fecha exacta para el comienzo de la obra de Cristo; el tiempo asignado a Israel como nación para el arrepentimiento, el tiempo en que el tipo se encontraría con el antitipo en todas las ofrendas de sacrificio; el período en que la libertad condicional terminaría para la raza hebrea, y la justicia eterna sería predicada al mundo en general. En esta entrevista con Gabriel sólo se dio la parte de los dos mil trescientos días que se aplicaba a la nación hebrea. A Daniel ya le había sido revelada la historia de las naciones del mundo; los dos mil trescientos días tienen que ver más especialmente con el pueblo de Dios, independiente de los gobiernos nacionales.

El período de setenta semanas [70 X 7 = 490], o cuatrocientos noventa días de tiempo profético, abarca un período de cuatrocientos noventa años, durante el cual continuaría la historia judía como tal. Estos cuatrocientos noventa años no empezaron de una vez, pues el ángel dijo que debían empezar a contar desde la salida del mandamiento de restaurar y edificar Jerusalén. El ángel divide así el período de setenta semanas de la historia judía: Siete semanas para edificar los muros y las calles de Jerusalén; sesenta y dos (62) semanas hasta la obra del Mesías; y una semana, que abarcaría el período de su ministerio, y el tiempo siguiente, hasta que el Evangelio saliera a los gentiles. Esta última semana está dedicada a la confirmación de la alianza.

Para comprender la primera división, las siete semanas o cuarenta y nueve años, tenemos la historia tal como se registra en Esdras, Nehemías, Hageo y Zacarías. Dios levantó a Ciro y lo puso en el trono, para que restaurara a los judíos a su ciudad natal. Mucho antes de que comenzara el cautiverio babilónico, el profeta Isaías (44:28) escribió de Ciro: "Él es mi pastor, y cumplirá todo lo que yo quiero; hasta decir a Jerusalén: Serás edificada; y al templo: Serán puestos tus cimientos".

En el primer capítulo del libro de Esdras se registra el decreto de Ciro. El cumplimiento por Ciro de la profecía de Isaías es sorprendente: "En el primer año de Ciro, rey de Persia. . . el Señor despertó el espíritu de Ciro, rey de Persia, que hizo una proclama por todo su reino, y la puso por escrito, diciendo: Así dice Ciro, rey de Persia: El Señor Dios del cielo. . . me ha encargado que le edifique una casa en Jerusalén".

Entonces fue que cada judío en Babilonia estaba en libertad de regresar a Palestina. Si era necesario, los gastos del viaje serían sufragados

25. Sepas pues y entiendas, que desde la salida de la palabra para restaurar y edificar á Jerusalem hasta el Mesías Príncipe, habrá siete semanas, y sesenta y dos semanas; tornaráse á edificar la plaza y el muro en tiempos angustiosos.
26. Y después de las sesenta y dos semanas se quitará la vida al Mesías, y no por sí: y el pueblo de un príncipe que ha de venir, destruirá á la ciudad y el santuario; con inundación será el fin de ella, y hasta el fin de la guerra será talada con asolamientos.
Dan. 9:25, 26.

Heb. 2:3.

Escudriñad las Escrituras, porque á vosotros os parece que en ellas tenéis la vida eterna; y ellas son las que dan testimonio de mí.
Juan 5:39.

Que dice de Ciro: Es mi pastor, y cumplirá todo lo que yo quiero, en diciendo á Jerusalem, Serás edificada; y al templo: Serás fundado.
Isa. 44:28.

2 Cron. 36:23.

Yo lo desperté en justicia, y enderezaré todos sus caminos; él edificará mi ciudad, y soltará mis cautivos, no por precio ni por dones, dice Jehová de los ejércitos.
Isa. 45:13.

¿Quién hay entre vosotros de todo su pueblo? Sea Dios con él, y suba á Jerusalem que está en Judá, y edifique la casa á Jehová Dios de Israel, (él es el Dios,) la cual está en Jerusalem.
Esdras 1:3.
Y traerán á todos vuestros hermanos de entre todas las naciones, por

132 LA HISTORIA DE DANIEL EL PROFETA

presente á Jehová, en caballos, en carros, en literas, y en mulos, y en camellos, á mi santo monte de Jerusalem, dice Jehová, al modo que los hijos de Israel traen el presente en vasos limpios á la casa de Jehová.
Isa. 66:20.

Isa. 49:6.

Isa. 52:2.

Y sacólos con plata y oro; y no hubo en sus tribus enfermo.
Sal. 105:37.

Con el soplo de tus narices se amontonaron las aguas; paráronse las corrientes como en un montón; los abismos se cuajaron en medio de la mar.
Ex. 15:8.

Josue 3:9-17.
Ex. 16:14-31.
Ex. 15:8-14.

Esdras 2:64-67.

Mas el príncipe del reino de Persia se puso contra mí veintiún días: y he aquí, Miguel, uno de los principales príncipes, vino para ayudarme, y yo quedé allí con los reyes de Persia.
Dan. 10:13.
Esdras 1:7-11.

Y cuando los albañiles del templo de Jehová echaban los cimientos, pusieron á los sacerdotes vestidos de sus ropas, con trompetas, y á Levitas hijos de Asaph con címbalos, para que alabasen á Jehová, según ordenanza de David rey de Israel. Y cantaban, alabando y confesando á Jehová, y decían: Porque es bueno, porque para siempre es su misericordia sobre

por el gobierno de Ciro. Había una amplia provisión para todos los pobres y enfermos. Nunca se había promulgado un decreto semejante. Israel debería haberse levantado en masa, llevando consigo a todos aquellos de otras nacionalidades que, habiendo oído el evangelio, estuvieran dispuestos a echar su suerte con el pueblo de Dios. La tierra debería haber resonado con gritos de alabanza y con los cantos de los rescatados. El éxodo de Babilonia debería haber sido un poderoso testimonio para las naciones de la tierra del poder del Dios de los judíos. El éxodo de Egipto, y las maravillas que acompañaron el cruce del Mar Rojo y del Jordán, y la alimentación de los millares en el desierto, se habrían reducido a la insignificancia si Israel hubiera aprovechado el camino que Dios había preparado.

¿Cuál fue el resultado del decreto? Daniel observó con ansiedad los preparativos que se hacían para partir, y al final del primer año apenas cincuenta mil habían viajado de Babilonia a Jerusalén.

Ciro se sintió desalentado y disgustado por la débil respuesta, y cayó en la indiferencia. Más tarde, el ángel de Dios, con la ayuda de Miguel, le suplicó durante tres semanas que tocara de nuevo su corazón.

Los utensilios que Nabucodonosor se llevó del templo a Babilonia fueron devueltos a los jefes de los judíos, que los llevaron de vuelta a Jerusalén. En el segundo año de su llegada a Palestina, se iniciaron los trabajos de restauración del templo. El sitio del templo de Salomón, que había sido quemado por Nabucodonosor, estaba oculto por la basura, la acumulación de casi

LA HISTORIA DE LOS JUDÍOS

setenta años. La obra de restauración fue pronto detenida por los samaritanos que vivían en el país, y fue imposible seguir avanzando hasta la promulgación de un segundo decreto por Darío, rey de Persia, en 520 a.C. Los trabajos en la casa de Dios se detuvieron durante quince años. Entonces los profetas Ageo y Zacarías reprendieron al pueblo por su inactividad.

Parecería que los judíos, aunque profesaban ser el pueblo de Dios, construían sus propias casas y retrasaban la obra del templo, porque no había una orden directa del rey para proceder. Pero Dios quería que siguieran adelante, ejercitando la fe, y cuando, en respuesta a la palabra del Señor por el profeta Hageo, se pusieron a trabajar, el Señor despertó el corazón del rey persa para que les ayudara. Esto se verá más adelante en el capítulo doce. Los hombres del mundo, enemigos de los judíos, se quejaron abiertamente al rey, pero esto, en vez de obstaculizar la obra, provocó una búsqueda en los registros reales, que reveló el decreto de Ciro. Entonces Darío, en lugar de reprender a los judíos, promulgó un decreto para que la obra siguiera adelante, y ordenó además que se ayudara a la construcción con dinero del tesoro real.

Jerusalén estuvo sometida al gobierno persa hasta los días de Esdras, en el reinado de Artajerjes. En el séptimo año del reinado de ese rey, 457 a.C., se promulgó el tercer decreto relativo a la reconstrucción de Jerusalén. Este decreto (1) permitía a todos los judíos que lo desearan volver a Jerusalén; (2) permitía la recogida de una ofrenda voluntaria de toda Babilonia para la causa de Jerusalén; (3) proclamaba la libertad perfecta para seguir los mandamientos de Dios

---

Israel. Y todo el pueblo aclamaba con grande júbilo, alabando á Jehová, porque á la casa de Jehová se echaba el cimiento.
Esdras 3:10, 11.

Cesó entonces la obra de la casa de Dios, la cual estaba en Jerusalem: y cesó hasta el año segundo del reinado de Darío rey de Persia.
Esdras 4:1-24.

Esdras 5:1, 2.

Hageo, Capitulo 1 y 2.

¿Es para vosotros tiempo, para vosotros, de morar en vuestras casas enmaderadas, y esta casa está desierta?
Hageo 1:4.

Pues poned ahora vuestro corazón desde este día en adelante, desde el día veinticuatro del noveno mes, desde el día que se echó el cimiento al templo de Jehová; poned vuestro corazón. ¿Aun no está la simiente en el granero? Ni la vid, ni la higuera, ni el granado, ni el árbol de la oliva ha todavía florecido: mas desde aqueste día daré bendición.
Hageo 2:18, 19.

Esdras 5:1-17.

Entonces el rey Darío dió mandamiento, y buscaron en la casa de los libros, donde guardaban los tesoros allí en Babilonia. Y fué hallado en Achmetta, en el palacio que está en la provincia de Media, un libro, dentro del cual estaba escrito así: Memoria. En el año primero del rey Ciro, el mismo rey Ciro dió mandamiento acerca de la casa de Dios que estaba en Jerusalem.
Esdras 6:1-3.

Dejad la obra de la casa de este Dios al principal de los Judíos, y á sus ancianos, para que edifiquen la casa de este Dios en su lugar.
Esdras 6:7.

Y este es el traslado de la carta que dió el rey Artajerjes á Esdras, sacerdote escriba, escriba de las palabras mandadas de Jehová, y de sus estatutos á Israel. . . . Por mí es dado mandamiento, que cualquiera que quisiere en mi reino, del pueblo de Israel y de sus sacerdotes y Levitas, ir contigo á Jerusalem, vaya . . . Y á llevar la plata y el oro que el rey y sus consultores voluntariamente ofrecen al Dios de Israel, cuya morada está en Jerusalem. Y toda la plata y el oro que hallares en toda la provincia de Babilonia, con las ofrendas voluntarias del pueblo y de los sacerdotes, que de su voluntad ofrecieren para la casa de su Dios que está en Jerusalem. Comprarás pues prestamente con esta plata becerros, carneros, corderos, con sus presentes y sus libaciones, y los ofrecerás sobre el altar de la casa de vuestro Dios que está en Jerusalem. Y lo que á ti y á tus hermanos pluguiere hacer de la otra plata y oro, hacedlo conforme á la voluntad de vuestro Dios. Y los vasos que te son entregados para el servicio de la casa de tu Dios, los restituirás delante de Dios en Jerusalem. Y lo demás necesario para la casa de tu Dios que te fuere menester dar, daráslo de la casa de los tesoros del rey. Y por mí el rey Artajerjes es dado mandamiento á todos los tesoreros que están al otro lado del río, que todo lo que os demandare Esdras sacerdote, escriba de la ley del Dios del cielo, concédase le luego. . . . Todo lo que es mandado por el Dios del cielo, sea hecho prestamente para la casa del Dios del cielo: pues, ¿por qué habría de ser su ira contra el reino del rey y de sus hijos? Y á vosotros os hacemos saber, que á todos los sacerdotes y Levitas, cantores, porteros, Nethineos y ministros de la casa de Dios, ninguno pueda imponerles tributo, ó pecho, ó renta. Y tú, Esdras, conforme á la sabiduría de tu Dios que tienes, pon jueces y gobernadores, que gobiernen á todo el pueblo que está del otro lado del río, á todos los que tienen noticia de las leyes de tu Dios; y al que no la tuviere, le enseñaréis. Y cualquiera que no hiciere la ley de tu Dios, y la ley del rey, prestamente sea juzgado, ó á muerte, ó á desarraigo, ó á pena de la hacienda, ó á prisión.

Esdras 7:11-26.

Neh. 2:1-3.
Neh. 2:5-8.

Neh. 4:16-21.

Ruégoos que les devolváis hoy sus tierras, sus viñas, sus olivares, y sus casas, y la centésima parte del dinero

en todo el territorio al oeste del Jordán; (4) liberó a todos los levitas y ministros de pagar peaje o tributo; (5) las murallas de Jerusalén debían ser reconstruidas; (6) dispuso el nombramiento de magistrados y jueces en Palestina de entre los propios judíos, organizando así un gobierno del pueblo, algo totalmente ajeno a la política de una monarquía oriental.

Esto ocurrió en el año 457 a.C., y es el momento a partir del cual debe contarse el período de setenta semanas, según las palabras de Gabriel a Daniel. Que se requerían los tres decretos para constituir el mandamiento de Dan. 9:25, es evidente por las palabras de inspiración en Esdras 6:14: "La edificaron y la amueblaron, conforme al mandamiento de Ciro, y de Darío, y de Artajerjes, rey de Persia". Los tres decretos están así conectados.

El profeta Nehemías describe los "tiempos difíciles durante los cuales debía llevarse adelante la edificación". Entre quince y veinte años después de la promulgación del decreto de Artajerjes, Nehemías, que era copero del rey en Babilonia, estaba de luto por los problemas de Jerusalén, y en respuesta a su petición se le permitió subir a la ciudad en favor de la obra. Bajo la dirección de Nehemías, el pueblo trabajaba en los muros de Jerusalén con las armas sujetas a los costados. Los que edificaban en el muro, y los que llevaban cargas, con los que cargaban, cada uno con una mano trabajaba en la obra, y con la otra empuñaba un arma'. Así trabajábamos en la obra; y la mitad de ellos sostenía las lanzas desde el amanecer hasta que aparecían las estrellas."

Nehemías en estos tiempos de problemas fue un líder maravilloso para Israel. Sus lecciones al

THE LA HISTORIA DE LOS JUDÍOS

pueblo sobre la usura, los salarios y los alquileres deberían ser seguidas por los cristianos de hoy. La reconstrucción de Jerusalén en tiempos difíciles es un símbolo apropiado de llevar el evangelio a todas las naciones en los últimos días. Israel trajo este problema sobre sí mismo por sus pecados y falta de fe; y lo que debería haber hecho a modo de advertencia al mundo en paz y tranquilidad, tuvo que hacerlo en gran angustia. Además, se notará que unos pocos años de descanso siempre encontraban abundancia de pecado e iniquidad en Israel. Apenas salió la nación de las manos de Babilonia, cuando el pueblo tuvo a sus propios hermanos como esclavos a causa de las deudas. Una proclamación de libertad debía venir de sus propias fronteras antes de que pudiera haber paz y ayuda del exterior. Cuando viniera de dentro, la palabra de Dios prometía el apoyo incluso de sus enemigos. Estos principios son verdaderos en el cuerpo de los cristianos de hoy. La propagación del Evangelio será una obra fácil, y será como la voz de un ángel poderoso que ilumina al mundo, cuando el pueblo de Dios proclame la libertad entre ellos.

"Desde la salida de la orden de restaurar y edificar a Jerusalén hasta el Mesías príncipe, habrá siete semanas y sesenta y dos semanas" (7 + 62 = 69 semanas, o 483 días proféticos, o años literales). Mesías, en hebreo, y Cristo, en griego, son lo mismo que "ungido" en español. Dios ungió a Jesús de Nazaret con el Espíritu Santo. Esta unción tuvo lugar en el momento de su bautismo. Las sesenta y nueve semanas, o cuatrocientos ochenta y tres años, llegaron hasta el bautismo de Cristo por Juan en el río Jordán.

---

y grano, del vino y del aceite que demandáis de ellos.
Neh. 5:14, 15. Neh. 5:1-13.

Neh. 9:28.

Algunas de nuestras hijas sujetas: mas no hay facultad en nuestras manos para rescatarlas, porque nuestras tierras y nuestras viñas son de otros.
Neh. 5:5-8.

Zac. 8:9-11.
Hageo 2:15-19.

Así que, si el Hijo os libertare, seréis verdaderamente libres.
Juan 8:36.

Y conoceréis la verdad, y la verdad os libertará.
Juan 8:32.

Y después de estas cosas vi otro ángel descender del cielo teniendo grande potencia; y la tierra fué alumbrada de su gloria.
Dan. 9:25. Apoc. 18:1.

Hemos hallado al Mesías (que declarado es, el Cristo).
Juan 1:41 [margin].

Cuanto á Jesús de Nazaret; cómo le ungió Dios de Espíritu Santo y de potencia; el cual anduvo haciendo bienes, y sanando á todos los oprimidos del diablo; porque Dios era con él.
Lucas 3:21, 22. Hechos 10:38.

LA HISTORIA DE DANIEL EL PROFETA

Y luego, subiendo del agua, vió abrirse los cielos, y al Espíritu como paloma, que descendía sobre él.
Marcos 1:10.

Y aconteció en aquellos días que salió edicto de parte de Augusto César, que toda la tierra fuese empadronada. Este empadronamiento primero fué hecho siendo Cirenio gobernador de la Siria.
Lucas 2:1, 2.

Mas tú, Beth-lehem Ephrata, pequeña para ser en los millares de Judá, de ti me saldrá el que será Señor en Israel; y sus salidas son desde el principio, desde los días del siglo.
Miqueas 5:2.

Mal. 3:1.
Mal. 4:5, 6.
Lucas 3:1-3.

Mat. 3:5, 13.
Juan 1:31-34.

Mat. 3:17.

El siguiente día otra vez estaba Juan, y dos de sus discípulos Y mirando á Jesús que andaba por allí, dijo: He aquí el Cordero de Dios.
Juan 1:35-37.

Marcos 1:15.

Desde el decreto de Artajerjes, cuatrocientos cincuenta y siete años llegan hasta el año I d.c., en la presente dispensación. Pero quedaron veintiséis años de las sesenta y nueve semanas (483-457=26), que terminaron con el bautismo de Cristo. Veintiséis años añadidos al año i d.c. nos llevan al 27 d.c., en cuyo otoño Cristo fue bautizado. Véase Marcos 1:10, margen; Lucas 3:21-23, margen.

Durante años la nación judía había tenido la promesa de un libertador. El fin de las sesenta y nueve semanas encontró a los judíos bajo el control del cuarto reino, la bestia espantosa y terrible que Daniel había descrito antes. El deseo de toda mujer judía fiel a su Dios era ser la madre del Salvador. En las reuniones familiares se hablaba a menudo de esto; siempre que se presentaba un niño al Señor, era con la esperanza de que fuera el aceptado. El lugar del nacimiento del Mesías había sido predicho. Malaquías había profetizado acerca de Juan, el precursor del Salvador, y durante seis meses se había oído la voz de este testigo por toda la tierra de Israel. El tiempo de la predicación de Juan queda establecido por seis hechos históricos. Israel y Judá acudieron a las orillas del Jordán, y entre ellos vino Jesús de Nazaret. Juan lo reconoció por una señal del cielo, y al salir del agua se abrieron los cielos; y vio la paloma celestial posada sobre su cabeza, y oyó la voz que lo proclamaba Hijo de Dios.

Las sesenta y nueve semanas habían concluido. Los que en aquel tiempo estudiaban las profecías de Daniel le esperaban, y creyeron las palabras de Juan cuando dijo: "He aquí el Cordero de Dios, que quita el pecado del mundo".

```
                                                                              1844 A.D.
          2300 días or años. Dan. 8:14.
                                                                                        Juicio
          70 semanas = 490 años
                                            34 A.D.
                                      27 A.D.  1 w
                                              ├──┤
                                                  7 años
                              62 semanas                    49      483        1810
                              434 años                      434     456 ½       34
                                                            483     26 ½       1844
                                                                 or 27 A.D.
                                       70    62             
                                        7     7             27     2300
                                      490    434             7      490
                                                            34     1810
456 ½ B.C.   7 wks
or 457 B.C.  49 yrs
         Artajerjes
79 años.
Descree  Darío
536 B.C.  Ciro
```

Los veintitréscientos días de Dan. 8:14 sitúa cuatro acontecimientos importantes en la historia de la obra de Dios en favor de su pueblo. La línea profética se abrió con la "salida de la orden de restaurar y edificar Jerusalén", Dan. 9:25; Esdras 7:11-26. Fueron necesarios setenta y nueve años para la ejecución de este mandato. Fue ejecutado por primera vez por Ciro en 536 a.C. Esdras 1:1-4. Varios años después Darío volvió a promulgar el decreto. Esdras 6:1-12. El decreto dado por Artajerjes en 457 a.C. completó el mandamiento. Esdras 6:14. El decreto entró en vigor cerca de la mitad del año, lo que haría la fecha exacta 456-½ a.C. Esdras 7:9.

El segundo gran acontecimiento localizado por esta línea de profecía fue la unción de Jesús, que se produjo en relación con su bautismo en la primavera del año 27 d.C., y marcó el final de la semana 69.

El tercer acontecimiento fue la crucifixión de Cristo, que tuvo lugar a mediados de la 70ª semana. El cuarto acontecimiento importante fue el juicio investigador que se inició en 1844 al final de los dos mil trescientos días.

LA HISTORIA DE DANIEL EL PROFETA

Lucas 19:41-45.

Juan 1:11.
Mat. 24:15.
Dan. 7:9, 10.
Dan. 8:14.
Apoc. 1:7.
Apoc. 14:6-12.
Lucas 21:35.

Y después de las sesenta y dos semanas se quitará la vida al Mesías, y no por sí; . . . Y en otra semana confirmará el pacto á muchos, y á la mitad de la semana hará cesar el sacrificio y la ofrenda.
Dan. 9:26, 27.

Me ha enviado para sanar á los quebrantados de corazón; para pregonar á los cautivos libertad, y á los ciegos vista; para poner en libertad á los quebrantados.
Lucas 4:18, 19.

27. Y en otra semana confirmará el pacto á muchos, y á la mitad de la semana hará cesar el sacrificio y la ofrenda: después con la muchedumbre de las abominaciones será el desolar, y esto hasta una entera consumación; y derramaráse la ya determinada sobre el pueblo asolado.
Dan. 9:27.

Mat. 26:2.
Lucas 22:1-18.
Hechos 3:14, 15.
Mat. 27:50, 51.
Heb. 9:7.

He aquí vuestra casa os es dejada desierta.
Mat. 23:38.
Hechos 2:22, 23.

Porque la ley, teniendo la sombra de

Cristo también dijo: "El tiempo se ha cumplido", refiriéndose al período profético de las sesenta y nueve semanas de Daniel. Pero la nación en su conjunto estaba ciega. "Vino a los suyos, y los suyos no le recibieron". Podrían haberlo sabido. El libro de Daniel era para que lo estudiaran. El mismo libro, junto con el Apocalipsis, proclama la hora del juicio de Dios y su segunda venida, pero los hombres serán sorprendidos porque no prestan atención a las profecías.

Así como el bautismo de Cristo fue una de las señales dadas por Gabriel para que los judíos conocieran al Mesías, su muerte fue una segunda señal. Quedaba una semana -siete años- del tiempo asignado a la nación judía. Durante la mitad de ese tiempo -tres años y medio- el Hijo de Dios caminó entre el pueblo. Sanó a los enfermos, consoló a los quebrantados de corazón y predicó el Evangelio a los pobres. Altos y bajos, ricos y pobres, entraban por igual en el círculo de su influencia.

"A la mitad de la semana", dijo el ángel a Daniel, "hará cesar el sacrificio y la ofrenda". En la fiesta de la Pascua, en la primavera del año 31 d.C., tres años y medio después de su bautismo, Cristo fue crucificado por el mismo pueblo al que había intentado salvar. Al apagarse su vida, el velo interior del templo se rasgó de arriba abajo. El propiciatorio, que sólo veía el sumo sacerdote una vez al año, quedó abierto a la mirada de las multitudes. El cuchillo cayó de la mano del sacerdote y el cordero del sacrificio escapó. Dios había retirado su presencia del templo. El mismo Cordero de Dios había sido inmolado, y el sacrificio y la oblación habían desaparecido para siempre. Aquellas ceremonias, que anunciaban la muerte del Salvador, cesaron en la cruz. Esto ocurría en medio de la última semana de los setenta profetas.

La misericordia persistía aún sobre el pueblo judío; había todavía un poco de tiempo para arrepentirse. Lo que no se realizó en la persona de Cristo, Dios, enviando su Espíritu Santo, trató de realizarlo a través de sus discípulos. Humildes pescadores imbuidos del poder de Dios enseñaron al pueblo acerca de un Salvador crucificado y resucitado. En un día, tres mil personas aceptaron el mensaje. Pero a medida que muchos creían, la enemistad de Satanás se despertaba de nuevo. En el año 34 d.C., Esteban fue apedreado, y como resultado de la severa persecución que siguió, los creyentes fueron expulsados de Jerusalén e "iban por todas partes anunciando la palabra". Israel se había apartado de Dios, y su Espíritu ya no podía protegerlos. En menos de cuarenta años la ciudad fue capturada por el ejército de Tito, el templo fue quemado, y los judíos fueron dispersados hasta los confines de la tierra, para permanecer allí hasta la consumación de todas las cosas en el tiempo determinado.

No puede haber ninguna duda en cuanto a la exactitud de la fecha 457 a.C. como el comienzo de las setenta semanas, porque está establecida por cuatro acontecimientos: El decreto de Artajerjes; el bautismo de Cristo; la crucifixión; y la difusión del evangelio entre los gentiles. La historia estableció la fecha de 457 a.C. como la séptima de Artajerjes por más de veinte eclipses. Los cuatrocientos noventa años pueden contarse hacia atrás desde la historia del Nuevo Testamento, o hacia adelante desde el decreto para restaurar y edificar Jerusalén.

los bienes venideros, no la imagen misma de las cosas.
Heb. 10:1.

Lo cual es la sombra de lo por venir; mas el cuerpo es de Cristo.
Col. 2:17.

Y que se predicase en su nombre el arrepentimiento y la remisión de pecados en todas las naciones, comenzando de Jerusalem.
Lucas 24:47.

¿Cómo escaparemos nosotros, si tuviéremos en poco una salud tan grande? La cual, habiendo comenzado á ser publicada por el Señor, ha sido confirmada hasta nosotros por los que oyeron?
Heb. 2:3.
Hechos 2:41.
Hechos 6:11-13.
Hechos 7:59, 60.

Hechos 8:1-4.

El pueblo de un príncipe que ha de venir, destruirá á la ciudad y el santuario; con inundación será el fin de ella, y hasta el fin de la guerra será talada con asolamientos.
Dan. 9:26.

Esdras 7:11-26.
Marcos 1:10 [margin].
Hechos 8:1-4.

Y dijo Dios: Sean lumbreras en la expansión de los cielos para apartar el día y la noche: y sean por señales, y para las estaciones, y para días y años.
Gen. 1:14.

LA HISTORIA DE DANIEL EL PROFETA

> Y cumplidos estos, dormirás sobre tu lado derecho segunda vez, y llevarás la maldad de la casa de Judá cuarenta días: día por año, día por año te lo he dado.
> Eze. 4:6.

> Conforme al número de los días, de los cuarenta días en que reconocisteis la tierra, llevaréis vuestras iniquidades cuarenta años, un año por cada día; y conoceréis mi castigo.
> Num. 14:34.

> Dan. 8:14.

> Temed á Dios, y dadle honra; porque la hora de su juicio es venida; y adorad á aquel que ha hecho el cielo y la tierra y el mar y las fuentes de las aguas.
> Apoc. 14:6, 7.

> Entendiendo primero esto, que ninguna profecía de la Escritura es de particular interpretación.
> 2 Pedro 1:20.

> Halláronse tus palabras, y yo las comí; y tu palabra me fué por gozo y por alegría de mi corazón.
> Jer. 15:16.

> Y vi otro ángel fuerte descender del cielo, cercado de una nube, y el arco celeste sobre su cabeza; y su rostro era como el sol, y sus pies como columnas de fuego. Y tenía en su mano un librito abierto: y puso su pie derecho sobre el mar, y el izquierdo sobre la tierra.
> Apoc. 10:1, 2

> Apoc. 14:6, 7.

> Y fuí al ángel, diciéndole que me diese el librito, y él me dijo: Toma, y trágalo; y él te hará amargar tu vientre, pero en tu boca será dulce como la miel.
> Apoc. 10:9.

De los dos mil trescientos días de Dan. 8:14, el ángel ha dado los acontecimientos de los primeros cuatrocientos noventa años. Quedaban mil ochocientos diez años, 2300-490 = 1810. Los cuatrocientos noventa años terminaron en el año 34 d.C. Añádase a esto mil ochocientos diez años, y tenemos el año 1844 d.C. A Daniel se le había mostrado el acontecimiento que marcaría este año. Era el juicio investigador, y la entrega del mensaje del primer ángel de Apocalipsis catorce.

Este mensaje fue dado dentro de la memoria de muchos que aún viven, y se conoce como el mensaje del advenimiento. Unos veinte años antes de la expiración del período profético de los dos mil trescientos días, se llamó la atención de algunos hombres para que estudiaran las profecías. El más destacado de estos estudiantes fue Guillermo Miller, quien se convenció plenamente de que el período profético de Daniel 8:14 terminaría en 1844. 8:14 concluiría en 1844. La expresión "hasta dos mil trescientos días entonces será purificado el santuario", fue interpretada en el sentido de que al final de ese período la tierra sería destruida por el fuego en la segunda venida de Cristo. Por consiguiente, entre 1833 y 1844 se predicó en todo el mundo la venida personal del Salvador. Se advirtió a los hombres, de acuerdo con el texto del mensaje del primer ángel de Apocalipsis 14, que el juicio estaba cerca, y miles se prepararon para encontrarse con el Señor.

Cuando pasó el año 1844 y Cristo no apareció, muchos perdieron la fe en las profecías; pero otros, sabiendo que la palabra de Dios permanece firme, fueron inducidos a buscar con más diligencia el acontecimiento que tuvo lugar al final del período profético. Un estudio más profundo corroboró la verdad de la interpretación del tiempo, y reveló también la luz sobre la cuestión del santuario.

Por primera vez los hombres vieron que el "santuario" del que se hablaba en la visión de Daniel se refería a la obra en el cielo y no en la tierra. Una investigación del servicio típico instituido en el desierto reveló la obra de purificación en el día de la expiación, Se vio que la obra del sumo sacerdote en el tabernáculo terrenal no era sino una figura del servicio en el que Cristo, el gran Sumo Sacerdote, entró en 1844. En ese momento entró en la presencia del Anciano de Días, como se ve en la visión del capítulo séptimo, y comenzó la obra del juicio investigador, al final de cuya obra aparecerá en las nubes del cielo. William Miller y otros que predicaron el segundo advenimiento en 1844 se equivocaron en el acontecimiento, pero no en el tiempo del período mencionado por Daniel.

Los acontecimientos ocurridos entre los años 34 d.C. y 1844 d.C. se describen en la siguiente visión, que le fue dada a Daniel, cuatro o cinco años más tarde que la visión del capítulo noveno.

Puesto que Gabriel explicó con tanto cuidado y minuciosidad la historia de los judíos, que como nación no tenían excusa en el rechazo del Hijo de Dios, podemos esperar que este mismo ángel de la profecía establezca los puntos de referencia altos y claros, para que los hombres de los últimos días puedan conocer el tiempo de la aparición de Cristo en juicio, y de su segunda venida en las nubes del cielo.

Velemos y estemos preparados.

Heb. 10:32-36.

Y el templo de Dios fué abierto en el cielo, y el arca de su testamento fué vista en su templo. Y fueron hechos relámpagos y voces y truenos y terremotos y grande granizo.
Apoc. 11:19.

Habiendo aún los sacerdotes que ofrecen los presentes según la ley. Los cuales sirven de bosquejo y sombra de las cosas celestiales, como fué respondido á Moisés cuando había de acabar el tabernáculo: Mira, dice, haz todas las cosas conforme al dechado que te ha sido mostrado en el monte.
Heb. 8:1-5.

Dan. 7:9, 10.

Y he aquí, yo vengo presto, y mi galardón conmigo, para recompensar á cada uno según fuere su obra.
Apoc. 22:12.

Dan. 11:1-45.

Y esto, conociendo el tiempo, que es ya hora de levantarnos del sueño; porque ahora nos está más cerca nuestra salud que cuando creímos. La noche ha pasado, y ha llegado el día: echemos, pues, las obras de las tinieblas, y vistámonos las armas de luz.
Rom. 13:11, 12.

CAPITULO XI

EL SANTUARIO

Puesto que un malentendido de la cuestión del santuario condujo a la decepción de 1844, parece apropiado dedicar un capítulo a la consideración de este tema tan importante.

La Biblia presenta tres santuarios o templos. El primero es el santuario celestial, donde Dios reina en su trono, rodeado de diez mil veces diez mil ángeles. Este templo fue abierto a la mirada maravillada del vidente solitario en la isla de Patmos, y también a Moisés en el monte Sinaí. El segundo santuario, o terrenal, era un modelo en miniatura del celestial, en el cual los sacerdotes servían a ejemplo y sombra del servicio en el templo celestial. Durante más de mil cuatrocientos años, Dios diseñó que el servicio se realizara en el santuario a la sombra. Llegó el momento en que los que seguían la sombra alcanzaron la sustancia.

Dos días antes de la crucifixión, Cristo salió lenta y lamentablemente del templo por última vez. Los sacerdotes y los gobernantes fueron golpeados con terror al escuchar sus lúgubres palabras: "He aquí vuestra casa os es dejada desierta". La hermosa estructura permaneció hasta el año 70 d.C., pero había dejado de ser el templo de Dios. El Padre mostró con una señal inequívoca que la gloria había partido. Cuando el Sufriente pronunció en la cruz las palabras: "Consumado es", el velo del templo se rasgó de

Porque miró de lo alto de su santuario; Jehová miró de los cielos á la tierra.
Sal. 102:19.

Jehová en el templo de su santidad: la silla de Jehová está en el cielo.
Sal. 11:4.

Estuve mirando hasta que fueron puestas sillas: y un Anciano de grande edad se sentó. Un río de fuego procedía y salía de delante de él: millares de millares le servían, y millones de millones asistían delante de él.
Dan. 7:9, 10 R. V.

Y el templo de Dios fué abierto en el cielo.
Apoc. 11:19.

Y mira, y hazlos conforme á su modelo, que te ha sido mostrado en el monte.
Ex. 25:40 [margin].

Los cuales sirven de bosquejo y sombra de las cosas celestiales, como fué respondido á Moisés cuando había de acabar el tabernáculo: Mira, dice, haz todas las cosas conforme al dechado que te ha sido mostrado en el monte.
Heb. 8:3-5.

Heb. 9:8, 9, 11, 23, 24.

Sabéis que dentro de dos días se haçe la pascua, y el Hijo del hombre es entregado para ser crucificado.
Mat. 26:2.

He aquí vuestra casa os es dejada desierta.
Mat. 23:38.

Y he aquí, el velo del templo se rompió en dos, de alto á bajo.
Mat. 27:51.

144 LA HISTORIA DE DANIEL EL PROFETA

Porque hay un Dios, asimismo un mediador entre Dios y los hombres, Jesucristo hombre.
1 Tim. 2:5, 6.

La sangre de Jesucristo su Hijo nos limpia de todo pecado.
1 Juan 1:7.

Dando en esto á entender el Espíritu Santo, que aun no estaba descubierto el camino para el santuario, entre tanto que el primer tabernáculo estuviese en pie.
Heb. 9:8, 9.

Heb. 9:24.

Heb. 6:19, 20.

¿O ignoráis que vuestro cuerpo es templo del Espíritu Santo, el cual está en vosotros, el cual tenéis de Dios, y que no sois vuestros?
1 Cor. 6:19, 20.

Respondió Jesús, y díjoles : Destruid este templo, y en tres días lo levantaré. Dijeron luego los Judíos: En cuarenta y seis años fué este templo edificado, ¿y tú en tres días lo levantarás? Mas él hablaba del templo de su cuerpo.
Juan 2:19-21.

Oh Pastor de Israel, escucha: tú que pastoreas como á ovejas á José, que estás entre querubines, resplandece.
Sal. 80:1.

Dios hizo al hombre recto.
Ecl. 7:29.

Rom. 6:6-8.

Y todos los que moran en la tierra le adoraron, cuyos nombres no están escritos en el libro de la vida del Cordero, el cual fué muerto desde el principio del mundo.
Apoc. 13:8.

arriba abajo por manos invisibles. Reinaban el terror y la confusión. El cuchillo levantado para matar el sacrificio cayó de la mano sin nervios del sacerdote, y el cordero escapó.

En adelante, el pecador ya no necesitaba esperar a que un sacerdote ofreciera su sacrificio. El gran Sacrificio había sido realizado. Todo hijo de Adán podía aceptar su sangre expiatoria. El camino hacia el templo celestial se había hecho manifiesto. Lo celestial había ocupado el lugar del santuario terrenal. En adelante, la fe del hombre debía entrar dentro del velo, donde Cristo oficiaba.

El tercer templo mencionado en la Biblia es el templo del cuerpo humano. Los judíos habían perdido de vista el hecho de que sus cuerpos debían ser los templos del Espíritu de Dios; y cuando el Salvador dijo: "Destruid este templo, y en tres días lo levantaré", pensaron sólo en la enorme estructura de mármol y piedra, y replicaron que se habían necesitado cuarenta y seis años para construir el templo, sin percibir que "hablaba del templo de su cuerpo".

Gloriosos rayos de luz brillan desde el santuario celestial sobre aquellos que estudian la obra típica en el terrenal. Estos rayos, cuando se recogen en el templo del cuerpo, reflejan el carácter de nuestro gran Sumo Sacerdote en los atrios celestiales.

En el principio, el cuerpo del hombre fue creado para ser morada del Espíritu Santo; pero Satanás se apoderó de él, y el hombre participó de una naturaleza maligna. Antes de que el cuerpo pudiera volver a ser un templo adecuado para el Espíritu de Dios, la naturaleza maligna debía morir. Cristo ofreció su vida por el pecador, y antes de la fundación del mundo fue contado como "Cordero inmolado".

Para que el hombre en su condición caída pudiera comprender este don, y entender la obra de la redención, al pecador que anhelaba crucificar al "viejo hombre", la naturaleza maligna, se le ordenó que trajera un animal inocente y le quitara la vida, como una lección objetiva del Cordero de Dios, y también para ilustrar el hecho de que la naturaleza maligna del pecador debe morir, a fin de que el Espíritu Santo pueda morar en su interior.

Ante la puerta del jardín del Edén, Adán y su familia presentaron sus ofrendas. Sus mentes claras captaron por la fe la promesa del Redentor, que les abriría de nuevo las alegrías del jardín. Adán, por la fe, esperaba el momento en que el Salvador le conduciría una vez más al Árbol de la Vida, y le ordenaría coger y comer de su fruto vivificante. Cuando tomó la vida del cordero inocente y vio por la fe al "único Hombre sin pecado" que sufría la muerte por él, su corazón se llenó de amor y gratitud a Dios por su maravilloso amor, y por un tiempo olvidó la terrible pena que pesaba sobre su alma. Cada hoja que caía, a la vez que enseñaba la muerte de Cristo, era también para él un recordatorio constante de que su pecado había traído la muerte a la tierra hasta entonces perfecta.

Mientras el hombre vivió cerca de Dios, los altares estaban iluminados por el fuego del cielo. Pero este culto perfecto se vio empañado. La mente de Caín quedó tan cegada por el pecado que no comprendió el sacrificio infinito. Satanás le convenció de que Dios era un juez austero,

Con Cristo estoy juntamente crucificado, y vivo, no ya yo, mas vive Cristo en mí: y lo que ahora vivo en la carne, lo vivo en la fe del Hijo de Dios, el cual me amó, y se entregó á sí mismo por mí.
Gal. 2:20.

Y enemistad pondré entre ti y la mujer, y entre tu simiente y la simiente suya; ésta te herirá en la cabeza, y tú le herirás en el calcañar.
Gen. 3:15.

El que tiene oído, oiga lo que el Espíritu dice á las iglesias. Al que venciere, daré á comer del árbol de la vida, el cual está en medio del paraíso de Dios.
Apoc. 2:7.

Después me mostró un río limpio de agua de vida, resplandeciente como cristal, que salía del trono de Dios y del Cordero. En el medio de la plaza de ella, y de la una y de la otra parte del río, estaba el árbol de la vida, que lleva doce frutos, dando cada mes su fruto: y las hojas del árbol eran para la sanidad de las naciones.
Apoc. 22:1, 2.

Enc. 17:1.
Zac. 14:8.

Y salió fuego de delante de Jehová, y consumió el holocausto y los sebos sobre el altar; y viéndolo todo el pueblo, alabaron, y cayeron sobre sus rostros.
Lev. 9:24.
Entonces cayó fuego de Jehová, el cual consumió el holocausto.
1 Reyes 18:38.
Jueces 6:21.

Y aconteció andando el tiempo,

146   LA HISTORIA DE DANIEL EL PROFETA

que Caín trajo del fruto de la tierra una ofrenda á Jehová. Y Abel trajo también de los primogénitos de sus ovejas, y de su grosura. Y miró Jehová con agrado á Abel y á su ofrenda.
Gen. 4:3, 4.
Heb. 11:4.

Echó, pues, fuera al hombre, y puso al oriente del huerto de Edén querubines, y una espada encendida que se revolvía á todos lados, para guardar el camino del árbol de la vida.
Gen. 3:24.

Mas no miró propicio á Caín y á la ofrenda suya. Y ensañóse Caín en gran manera, y decayó su semblante.
Gen. 4:5.

Porque la vida de la carne en la sangre está: y yo os la he dado para expiar vuestras personas sobre el altar: por lo cual la misma sangre expiará la persona.
Lev. 17:11

Y estas cosas les acontecieron en figura; y son escritas para nuestra admonición, en quienes los fines de los
siglos han parado.
1 Cor. 10:11.

Y pasóse de allí á un monte al oriente de Bethel, y tendió su tienda, teniendo á Bethel al occidente y Hai al oriente: y edificó allí altar á Jehová, é invocó el nombre de Jehová.
Gen. 12:8.

Y levantémonos, y subamos á Beth-el; y haré allí altar al Dios.
Gen. 35:3.
Rubén, tú eres mi primogénito, mi fortaleza, y el principio de mi vigor; principal en dignidad, principal en poder. Corriente como las aguas, no seas el principal.
Gen. 49:3, 4,
he aquí una escala que estaba apoyada en tierra, y su cabeza tocaba en el cielo: y he aquí ángeles de Dios que subían y descendían por ella. Y he aquí, Jehová estaba en lo alto de ella.

que exigía servicio. El amor y el sacrificio del Salvador fueron pasados por alto. Caín y Abel trajeron cada uno una ofrenda a la puerta del huerto; pero el deseo de los dos corazones era muy diferente. Abel trajo un cordero, y al quitarle la vida, su fe se apoderó del Cordero de Dios. El cordero fue puesto sobre el altar, y el fuego brotó de la brillante espada de los querubines que guardaban el camino hacia el Árbol de la Vida, y el sacrificio fue consumido.

Caín trajo una ofrenda de frutos. No había nada en su ofrenda que tipificara al Cordero moribundo del Calvario. Ninguna vida inocente fue tomada a cambio de su vida perdida. Esperó que el fuego la consumiera; pero no había nada que provocara el fuego del Vigilante celestial. No había amor dulce, ni anhelo de liberación de la esclavitud del pecado y de la muerte.

Caín y Abel son un tipo de todos los adoradores desde aquel tiempo hasta el presente. Los seguidores de Caín multiplicaron las ceremonias e hicieron ofrendas al sol y a otros objetos diversos. En ello pasaron por alto el principio importantísimo de que el yo debe morir, y que Cristo debe vivir en el templo del cuerpo humano.

Antiguamente cada familia erigía sus propios altares. El padre era el sacerdote de la casa, y le sucedía el hijo mayor. A veces el pecado separaba al mayor de la familia, y el carácter, en vez de la edad, decidía quién debía actuar como sacerdote.

Jacob conocía el carácter del único gran Sumo Sacerdote; y mientras yacía con la cabeza sobre la piedra en Betel, y miraba a los ángeles que subían y bajaban por aquella gloriosa

EL SANTUARIO

escalera, vio también al Señor por encima de ella. Contempló sus gloriosas vestiduras, y a imitación de ellas hizo a José una "túnica de muchos colores". Los otros hijos de Jacob no podían comprender estas hermosas verdades. Incluso la túnica era objeto de odio para ellos. Cuando los hermanos vendieron a José, mojaron el manto en sangre, y su belleza quedó estropeada. El futuro reveló que Jacob había leído bien el carácter de José, pues en medio de las tinieblas egipcias reflejaba la luz del cielo. Era un templo para la morada del Espíritu de Dios.

Cuando Israel salió de Egipto, sus mentes estaban tan nubladas por el pecado que ya no veían al Salvador prometido en las simples ofrendas. Dios dijo entonces: "Háganme un santuario, para que yo habite entre ellos". Seis días pasó Moisés en la ladera de la montaña escudriñando profundamente su corazón; entonces, la espesa nube de gloria que cubría el monte Sinaí estalló como fuego devorador a los ojos de todo Israel, y Moisés fue conducido a la presencia de la Deidad. Ante su mirada maravillada se extendieron las bellezas del santuario celestial. Durante cuarenta días el Señor estuvo en comunión con él, dándole minuciosas instrucciones para construir en la tierra una sombra de aquella estructura celestial. En medio de la idolatría de Egipto, Israel había perdido la verdad espiritual de que el cuerpo era la morada del Espíritu Santo. Tampoco podían formarse idea alguna de la obra realizada en el cielo en favor del hombre pecador.

Para alcanzar al hombre en su condición caída, Dios ordenó la construcción del

---

Gen. 28:10-13.
Y amaba Israel á José más que á todos sus hijos, porque le había tenido en su vejez: y le hizo una ropa de diversos colores.

Gen. 37:3.

Entonces tomaron ellos la ropa de José, y degollaron un cabrito de las cabras, y tiñeron la ropa con la sangre.

Gen. 37:31.

Por cuanto tú eres su mujer; ¿cómo, pues, haría yo este grande mal, y pecaría contra Dios?

Gen. 39:9.

Y hacerme han un santuario, y yo habitaré entre ellos. AConforme á todo lo que yo te mostrare, el diseño del tabernáculo, y el diseño de todos sus vasos, así lo haréis.

Ex. 25:8, 9.

Y la gloria de Jehová reposó sobre el monte Sinaí, y la nube lo cubrió por seis días: y al séptimo día llamó á Moisés de en medio de la nube. Y el parecer de la gloria de Jehová era como un fuego abrasador en la cumbre del monte, á los ojos de los hijos de Israel. Y entró Moisés en medio de la nube, y subió al monte: y estuvo Moisés en el monte cuarenta días y cuarenta noches.

Ex. 24:16-18.

Mas el hombre animal no percibe las cosas que son del Espíritu de Dios, porque le son locura: y no las puede entender, porque se han de examinar espiritualmente.

1 Cor. 2:14.

Lo cual era figura de aquel tiempo presente, en el cual se ofrecían presentes y sacrificios.

Heb. 9:9.

Y para los hijos de Aarón harás túnicas; también les harás cintos, y les formarás chapeos (tiaras) para honra y hermosura. Y con ellos vestirás á Aarón tu hermano, y á sus hijos con él: y los ungirás, y los consagrarás, y santificarás, para que sean mis sacerdotes.
Ex. 28:40, 41.

Y viendo antes la Escritura que Dios por la fe había de justificar á los Gentiles, evangelizó antes á Abraham, diciendo: En ti serán benditas todas las naciones.
Gal. 3:8.

No penséis que yo os tengo de acusar delante del Padre; hay quien os acusa, Moisés, en quien vosotros esperáis. Porque si vosotros creyeseis á Moisés, creeríais á mí; porque de mí escribió él. Y si á sus escritos no creéis, ¿cómo creeréis á mis palabras?
Juan 5:45-47.

Y respondiendo el presidente les dijo: ¿Cuál de los dos queréis que os suelte? Y ellos dijeron: A Barrabás. Pilato les dijo: ¿Qué pues haré de Jesús que se dice el Cristo? Dícenle todos: Sea crucificado.
Mat. 27:21, 22.

Lev. 4:27-35.

Confesarán su pecado que cometieron, y compensarán su ofensa enteramente, y añadirán su quinto sobre ello, y lo darán á aquel contra quien pecaron.
Num. 5:6, 7.

Y fué que como ella orase largamente delante de Jehová, Eli estaba observando la boca de ella. Mas Anna hablaba en su corazón, y solamente se

tabernáculo terrenal, para que la humanidad pudiera familiarizarse con la naturaleza de la obra en el santuario celestial. En este edificio, los hombres divinamente designados debían realizar a la vista del pueblo una sombra de la obra que realizaría en el santuario celestial el Salvador de la humanidad, cuando oficiara como nuestro Sumo Sacerdote.

Toda la economía judía era una profecía compacta del Evangelio. Cada acto del sacerdote en el servicio sombrío, cuando entraba y salía, era una profecía de la obra del Salvador cuando entrara en el cielo como nuestro Sumo Sacerdote. "Era el Evangelio en figuras", la lección objetiva del Señor para los "hijos" de Israel. Se habían convertido en niños de entendimiento, y para llegar a ellos Dios enseñó de manera que los sentidos pudieran captar el evangelio.

El hombre finalmente se volvió tan depravado que no pudo ver la luz que destellaba de las leyes levíticas y las ofrendas de sacrificio, y cuando vino el antitipo de todas sus ofrendas, lo rechazaron.

Volvamos con la imaginación al tabernáculo del desierto, y veamos si podemos discernir el glorioso evangelio de Cristo brillando desde la economía judía. Un hombre entra en el atrio exterior con un cordero, que lleva a la puerta del tabernáculo. Con solemne temor y los ojos levantados al cielo, pone su mano sobre la cabeza del cordero, mientras sus labios móviles, como los de Ana en otro tiempo, revelan la carga de su corazón. Luego levanta el cuchillo y toma la vida del sacrificio. Su fe se aferra al Cordero sangrante del Calvario, y su pecado rueda desde su agobiado corazón hasta el gran Sacrificio. La sangre es cuidadosamente recogida; cada gota es preciosa, porque por la fe ve el verdadero sacrificio. El sacerdote sale a su encuentro, toma la sangre de la vida sacrificada y desaparece de la vista por el primer velo, mientras el adorador espera con ansiedad su regreso.

En su niñez, su padre le había hablado del "arca de la alianza recubierta de oro alrededor, donde estaba la vasija de oro que contenía el maná, y la vara de Aarón que brotaba, y las tablas de la alianza; y sobre ella los querubines de gloria que daban sombra al propiciatorio"; que a veces la gloria resplandeciente de la shekinah sobre el propiciatorio brillaba y llenaba el santuario.

Se le había hablado de aquella mesa mística, con sus doce panes cubiertos de incienso; también del hermoso candelabro, cuyas siete lámparas estaban siempre encendidas; de cómo las paredes doradas a ambos lados reflejaban la luz, y como grandes espejos reproducían una y otra vez los brillantes matices de las cortinas ricamente bordadas con sus ángeles resplandecientes. Ante el segundo velo, que ocultaba el arca sagrada, imaginó el altar, del que ascendía constantemente el fragante incienso. Por la fe ve al sacerdote depositar la sangre del sacrificio expiatorio sobre los cuernos del altar. Su fe mira más allá del sombrío servicio hacia el momento en que Cristo alegará su sangre en el santuario celestial. Es el Evangelio de un Salvador crucificado y resucitado lo que contempla en la lección objetiva que él mismo está ayudando a llevar a cabo.

Pronto se levanta el velo y regresa el

movían sus labios, y su voz no se oía; y túvola Eli por borracha.
1 Sam. 1:12, 13.

Y el sacerdote ungido tomará de la sangre del becerro, y la traerá al tabernáculo del testimonio.
Lev. 4:5.

Tras el segundo velo estaba la parte del tabernáculo llamada el Lugar Santísimo, el cual tenía un incensario de oro y el arca del pacto cubierta de oro por todas partes, en la que estaba una urna de oro que contenía el maná, la vara de Aarón que reverdeció, y las tablas del pacto; y sobre ella los querubines de gloria que cubrían el propiciatorio; de las cuales cosas no se puede ahora hablar en detalle.
Heb. 9:3-5

Ex. 29:42, 43.

Cocerás de ella doce tortas; Y has de ponerlas en dos órdenes, seis en cada orden, sobre la mesa limpia delante de Jehová. Pondrás también sobre cada orden incienso limpio.
Lev. 24:57.
Para hacer arder continuamente las lámparas.
Ex. 27:20, 21.
También cubrirás las barras de oro.
Ex. 26:29.
Ex. 26:31, 32.

Y quemará sobre él Aarón sahumerio de aroma cada mañana: cuando aderezare las lámparas lo quemará. Y cuando Aarón encenderá las lámparas al anochecer, quemará el sahumerio: rito perpetuo delante de Jehová por vuestras edades.
Ex. 30:7, 8

Mas estando ya presente Cristo, pontífice de los bienes que habían de venir, por el más amplio y más perfecto tabernáculo, no hecho de manos, es á saber, no de esta creación. Y no por sangre de machos cabríos ni de becerros, mas por su propia sangre, entró una sola vez en el santuario, habiendo obtenido eterna redención.
Heb. 9:11, 12.
Heb. 9:9.

150 LA HISTORIA DE DANIEL EL PROFETA

Y quemará todo su sebo sobre el altar, como el sebo del sacrificio de las paces: así hará el sacerdote por él la expiación de su pecado, y tendrá perdón.
Lev. 4:26.

Y pondrá el sacerdote de la sangre sobre los cuernos del altar del perfume aromático, que está en el tabernáculo del testimonio delante de Jehová: y echará toda la sangre del becerro al pie del altar del holocausto.
Lev. 4:7, 18, 25, 30.

Gen. 3:17.

Lev. 4:8-10.

Y le quitará todo su sebo, de la manera que fué quitado el sebo del sacrificio de las paces; y el sacerdote lo hará arder sobre el altar en olor de suavidad á Jehová.
Lev. 4:31.

Mas los impíos perecerán, y los enemigos de Jehová como la grasa de los carneros serán consumidos: se disiparán como humo.
Sal. 37:20.

Gal. 1:4.

Mas á Dios gracias, el cual hace que siempre triunfemos en Cristo Jesús, y manifiesta el olor de su conocimiento por nosotros en todo lugar. Porque para Dios somos buen olor de Cristo en los que se salvan, y en los que se pierden: A éstos ciertamente olor de muerte para muerte; y á aquéllos olor de vida para vida. Y para estas cosas ¿quién es suficiente?
2 Cor. 2:14-16.

sacerdote. La ofrenda ha sido aceptada. El sacerdote ha hecho expiación por él y está perdonado. En la alegría y la libertad del perdón ora: "Cuando ve que el sacerdote se dirige al altar de bronce del atrio y "derrama toda la sangre al pie del altar". Al ver esa sangre, preciosa para él, porque representa su propia vida rescatada, así como la vida sacrificada del Salvador, derramada en el suelo, su corazón se estremece de alegría. Comprende que el decreto: "Maldita sea la tierra por tu causa", se cumple en Cristo, y que el Salvador prometido limpiará por fin la tierra de todos los efectos de sus pecados.

El cuerpo del cordero yace todavía cerca de la puerta del santuario, donde se le quitó la vida. A continuación se dirige a él, y con un cuchillo afilado separa de la carne toda partícula de grasa: "Toda la grasa que cubre las entrañas, y toda la grasa que está sobre las entrañas", etc. "Se quita toda la grasa, y el sacerdote la quema sobre el altar del holocausto en olor grato a Jehová". La grasa se quema como tipo de la destrucción final, cuando "los impíos perecerán, y los enemigos del Señor serán como la grasa de los corderos; se consumirán; en humo se consumirán." Sal. 37:20.

Todo pecador que se aferra al pecado será destruido con el pecado. Dios ha hecho provisión para que cada uno se separe del pecado, a fin de destruir el pecado y salvar al pecador. La grasa ardiente sobre el altar subía como un sabor dulce ante Dios, porque representaba el pecado que había sido separado del pecador y destruido, mientras que el pecador vivía una nueva vida por medio de Cristo.

EL SANTUARIO

El pecador separaba la grasa del sacrificio; el sacerdote la recibía y la quemaba, ilustrando la verdad de que debemos cooperar con el Señor; y por medio de Cristo, que nos fortalece, podemos hacer todas las cosas. Mientras el hombre buscaba cuidadosamente la grasa, se daba cuenta más plenamente de que su cuerpo debía ser templo del Espíritu Santo, y que cuando su pecado pasado es perdonado y él es aceptado, es para que pueda convertirse en morada del Espíritu de Dios. Cuando ese Espíritu entra en el hombre, como un cuchillo afilado, revela un pecado tras otro, y los separa del pecador hasta que el templo del alma queda limpio. Su fe capta la promesa del "Uno" que mora en los corazones de su pueblo por la fe. Al salir del sombrío atrio del templo, se da cuenta de que es un templo, no "vacío, barrido y guarnecido", listo para que vuelva a entrar en él el poder del mal, sino un templo en el que gobierna y reina el Espíritu de Dios.

Otro hombre trae una ofrenda; y cuando el sacerdote toma la sangre, en lugar de entrar dentro del velo, la derrama al pie del altar del holocausto. Luego una porción de la carne, que representa el pecado, es preparada y comida por el sacerdote en el lugar santo. En este acto el sacerdote enseñaba a los hijos de Israel la maravillosa verdad de que Cristo llevó nuestros pecados en su propio cuerpo sobre el madero.

Cada ofrenda presentaba una fase diferente de la obra de Cristo. El incienso que ascendía constantemente del altar era una lección objetiva del fondo inagotable de obediencia perfecta que se desprendía de la vida sin pecado de nuestro Salvador y que, añadido a las oraciones

Lev. 7:30.
Lev. 4:27-31.

Todo lo puedo en Cristo que me fortalece.
Fili. 4:13.

Que os dé, conforme á las riquezas de su gloria, el ser corroborados con potencia en el hombre interior por su Espíritu. Que habite Cristo por la fe en vuestros corazones; para que, arraigados y fundados en amor.
Efe. 3:16, 17.

Juan 6:63,

Porque la palabra de Dios es viva y eficaz, y más penetrante que toda espada de dos filos: y que alcanza hasta partir el alma, y aun el espíritu, y las coyunturas y tuétanos, y discierne los pensamientos y las intenciones del corazón.
Heb. 4:12.

Entonces dice: Me volveré á mi casa de donde salí: y cuando viene, la halla desocupada, barrida y adornada.
Mat. 12:43-45.

¿Por qué no comisteis la expiación en el lugar santo? porque es muy santa, y dióla él á vosotros para llevar la iniquidad de la congregación, para que sean reconciliados delante de Jehová. Veis que su sangre no fué metida dentro del santuario: habíais de comerla en el lugar santo, como yo mandé.
Lev. 10:16 18.

Lev. 6:30.

1 Pedro 2:24.

Y andad en amor, como también Cristo nos amó, y se entregó á sí mismo por nosotros, ofrenda y sacrificio á Dios en olor suave.
Efe. 5:2.

Y otro ángel vino, y se paró delante del altar, teniendo un incensario de oro; y le fué dado mucho incienso

152 LA HISTORIA DE DANIEL EL PROFETA

para que lo añadiese á las oraciones de todos los santos sobre el altar de oro que estaba delante del trono.
Apoc. 8:3, 4 [margin].

La casa se llenó del olor del ungüento.
Juan 12:3.

Mat. 26:13.
Ex. 30:7, 8.
Jer. 10:25.

Y toda la multitud del pueblo estaba fuera orando á la hora del incienso.
Lucas 1:9, 10.

Y del trono salían relámpagos y truenos y voces: y siete lámparas de fuego estaban ardiendo delante del trono, las cuales son los siete Espíritus de Dios.
Apoc. 4:5.

Isa. 11:2, 3.
Ex. 35:31-35.
Zac. 4:10.

Aquél era la luz verdadera, que alumbra á todo hombre que viene á este mundo.
Juan 1:9.
Prov. 4:18.

Ex. 25:8-10.

Y escribió en las tablas conforme á la primera escritura, las diez palabras que Jehová os había hablado en el monte de en medio del fuego, el día de la asamblea; y diómelas Jehová.
Deut. 10:1-5.

Porque todos los que sin ley pecaron, sin ley también perecerán; y todos los que en la ley pecaron, por la ley serán juzgados.
Rom. 2:12, 13.

Mas ahora, sin la ley, la justicia de Dios se ha manifestado, testificada por la ley y por los profetas.
Rom. 3:21.
Apoc. 3:5.

Y subieron sobre la anchura de la tierra, y circundaron el campo de

de todos los santos cuando se ofrecen sobre el altar de oro del cielo, las hace aceptables ante Dios. El perfume del incienso llenaba el aire más allá del atrio del templo. Del mismo modo, la dulce influencia de los cristianos que viven una vida de fe en Dios, es sentida por todos los que entran en contacto con ellos.

El fuego se reponía mañana y tarde, representando la adoración matutina y vespertina en la familia. "Toda la multitud del pueblo oraba sin incienso a la hora del incienso". Las lámparas eran un tipo de las siete lámparas de fuego ante el trono de Dios en el cielo, que son los siete espíritus de Dios. Estos "son los ojos del Señor, que recorren toda la tierra". Siete denota el Espíritu completo de Dios que ilumina a todo hombre que viene al mundo. Sus rayos vivificantes conducen al cristiano a la ciudad celestial.

La mesa de oro contenía el "pan de la proposición", que representaba la dependencia del hombre de Dios para obtener ayuda y fuerza tanto temporal como espiritual.

El arca era el centro de todo el culto; era el primer artículo mencionado al describir el santuario. La ley oculta en ella era la gran norma de juicio, y una copia perfecta de aquella ley celestial ante la cual el carácter de todo hijo de Adán será juzgado en el tribunal de lo alto. Si esa ley da testimonio de un carácter limpio de pecado por la sangre del sacrificio expiatorio, entonces el nombre será confesado ante el Padre y los santos ángeles.

La continua combustión de lo que tipificaba el pecado señalaba el tiempo en que el pecado y los pecadores serían

EL SANTUARIO

consumidos en el fuego del último día. A medida que las cenizas se acumulaban sobre el altar de los holocaustos, se recogían cuidadosamente al lado del altar; y en cierto momento el sacerdote se despojaba de sus vestiduras sacerdotales, llevaba las cenizas fuera del atrio y las depositaba en un "lugar limpio". No eran arrojadas descuidadamente a un lado, sino depositadas en un lugar limpio. Estas cenizas representaban todo lo que quedará del pecado y de los pecadores después de los fuegos de los últimos días. "Porque he aquí viene el día que arderá como un horno; y todos los soberbios, sí, y todos los que hacen iniquidad, serán estopa; y el día que vendrá los quemará, dice Jehová de los ejércitos, que no les dejará ni raíz ni rama. Mas a vosotros los que teméis mi nombre, nacerá el Sol de justicia, con sanidad en sus alas, y saldréis y creceréis como becerros de la manada. Y hollaréis a los impíos, porque serán ceniza bajo las plantas de vuestros pies el día que yo haga esto, dice el Señor de los ejércitos." Mal. 4:1-3. En aquel día las verdaderas cenizas de los impíos quedarán sobre una "tierra limpia".

Cuando el padre judío caminaba hacia el santuario con su hijo, la mente del niño sería atraída por las cenizas en el lugar limpio. Preguntaría: "¿Por qué se ponen esas cenizas en un lugar limpio, cuando tú arrojas las cenizas de nuestro fuego sobre el muladar?". La respuesta del padre le explicaría las bellezas de la nueva tierra, cuando será hecha como el Edén, y el pecado y el dolor serán eliminados para siempre. Con ella vendría la gentil admonición de separarse del pecado,

los santos, y la ciudad amada: y de Dios descendió fuego del cielo, y los devoró.
Apoc. 20:9, 15.

El sacerdote se pondrá su vestimenta de lino, y se vestirá pañetes de lino sobre su carne; y cuando el fuego hubiere consumido el holocausto, apartará él las cenizas de sobre el altar, y pondrálas junto al altar. Después se desnudará de sus vestimentas, y se pondrá otras vestiduras, y sacará la cenizas fuera del real al lugar limpio
Lev. 6:10, 11

En fin, todo el becerro sacará fuera del campo, á un lugar limpio, donde se echan las cenizas.
Lev. 4:12.

Sal. 37:9, 10.
Mal. 4:1-3.
Abdías 16.
Prov. 11:31.

Con la multitud de tus maldades, y con la iniquidad de tu contratación ensuciaste tu santuario: yo pues saqué fuego de en medio de ti, el cual te consumió, y púsete en ceniza sobre la tierra á los ojos de todos los que te miran.
Eze. 28:18.

Y las enseñaréis á vuestros hijos, hablando de ellas, ora sentado en tu casa, ó andando por el camino, cuando te acuestes, y cuando te levantes.
Deut. 11:19.

Ciertamente consolará Jehová á Sión: consolará todas sus soledades, y tornará su desierto como paraíso, y su soledad como huerto de Jehová: hallarse ha en ella alegría y gozo, alabanza y voz de cantar.
Isa. 51:3.

> Si alguno violare el templo de Dios, Dios destruirá al tal: porque el templo de Dios, el cual sois vosotros, santo es.
> 1 Cor. 3:17.

> Y cuando os dijeren vuestros hijos: ¿Qué rito es este vuestro? Vosotros responderéis: Es la víctima de la Pascua de Jehová, el cual pasó las casas de los hijos de Israel en Egipto, cuando hirió á los Egipcios, y libró nuestras casas. Entonces el pueblo se inclinó y adoró.
> Ex. 12:26, 27.

> Y habló á los hijos de Israel, diciendo: Cuando mañana preguntaren vuestros hijos á sus padres, y dijeren: ¿Qué os significan estas piedras? Declararéis á vuestros hijos, diciendo: Israel pasó en seco por este Jordán.
> Josue 4:21, 22.

> El sacerdote mandará luego que se tomen para el que se purifica dos avcillas vivas, limpias, y palo de cedro, y grana, é hisopo: Y mandará el sacerdote matar la una avecilla en un vaso de barro sobre aguas vivas: Después tomará la avecilla viva, y el palo de cedro, y la grana, y el hisopo, y lo mojará con la avecilla viva en la sangre de la avecilla muerta sobre las aguas vivas; Y rociará siete veces sobre el que se purifica de la lepra, y le dará por limpio; y soltará la avecilla viva sobre la haz del campo.
> Lev. 14:4-7.

> Porque la muerte ha subido por nuestras ventanas, ha entrado en nuestros palacios; para talar los niños de las calles, los mancebos de las plazas.
> Jer. 9:21.

y mantener puro el templo del cuerpo, para que en el gran día ardiente el pecado pueda ser consumido sin el pecador, y él esté entre los rescatados del Señor.

Gran parte del servicio y muchas de las costumbres del antiguo Israel tenían por objeto suscitar las preguntas de los niños, para que los padres de mente espiritual pudieran instruirlos en los caminos de Dios.

Después de hablar de la manera peculiar en que debía comerse la pascua, Dios añade: "Vuestros hijos os dirán: ¿Qué queréis decir con este servicio?", mostrando que su intención era que suscitara preguntas de los niños de todas las edades, y así los niños se familiarizaran con la sangre salvadora del gran Cordero pascual.

Al ver el montón de piedras junto al Jordán debía suscitar preguntas en las mentes de los niños de las generaciones futuras, las cuales, si se respondían adecuadamente, los familiarizarían con el poderoso poder de Dios. Lo mismo sucedía con todo el servicio judío.

El leproso que buscaba la purificación debía traer dos aves vivas y limpias, madera de cedro, escarlata e hisopo. El sacerdote mandaba matar una de las aves en una vasija de barro, sobre agua corriente. El ave viva, la madera de cedro, la grana y el hisopo se mojaron en la sangre, y el leproso fue rociado con ella; luego se soltó el ave viva en campo abierto. Voló por el aire, llevando en sus plumas la sangre, que era un tipo de la sangre de Cristo que purificará el aire, y eliminará de él todos los gérmenes del pecado y de la muerte. Ahora la muerte entra por nuestras ventanas, pero la sangre de Cristo nos dará una nueva atmósfera.

Tierra, aire y agua son los elementos que componen nuestro planeta. Todos están contaminados por el pecado. La vasija de barro que contenía la sangre, puesta sobre la corriente, tipificaba el momento en que la tierra, el aire y el agua serían liberados de la maldición del pecado por la sangre de Cristo. La madera de cedro y el hisopo representaban los dos extremos de la vegetación, desde el gigante del bosque hasta el hisopo de la pared. Se mojaban en la sangre, enseñando así a Israel que la sangre de Cristo liberaría a todo el mundo vegetal de la maldición y volvería a revestir la tierra de la belleza del Edén.

Podría parecerle al hombre que la maldición estaba tan profundamente marcada en la tierra, el aire y el mar que nunca podría ser eliminada; pero el pequeño trozo de lana escarlata, sumergido en la sangre con el pájaro vivo, el cedro y el hisopo, era una promesa de que la sangre de Cristo eliminaría las marcas más profundas de la tierra maldita por el pecado.

Tenemos que estudiar tanto el sacrificio real como la sombra. El tipo se encontró con el antitipo. La sangre de Cristo ha sido derramada; se ha pagado el precio que restaurará la pureza de la tierra, el aire y el mar. La tierra maldita por el pecado recibió la sangre de Cristo mientras oraba en el huerto. "De sus manos y de sus pies la sangre cayó gota a gota sobre la roca horadada para el pie de la cruz". Así pasó por el aire la preciosa sangre. De la herida de su costado "manaban dos corrientes copiosas y distintas, una de sangre y otra de agua". La sangre de Cristo entró en contacto con la tierra, el aire y el agua. Los dos extremos de la vegetación también

Y vi un cielo nuevo, y una tierra nueva.
Apoc. 21:1.

Maldita será la tierra por amor de ti; con dolor comerás de ella todos los días de tu vida.
Gen. 3:17.

Y la tierra se inficionó bajo sus moradores; porque traspasaron las leyes, falsearon el derecho, rompieron el pacto sempiterno.
Isa. 24;5, 6.

También disertó de los árboles, desde el cedro del Líbano hasta el hisopo que nace en la pared.
1 Reyes 4:33.

Isa. 35:1, 2.

Y no habrá más maldición.
Apoc. 22:3.

Si vuestros pecados fueren como la grana, como la nieve serán emblanquecidos: si fueren rojos como el carmesí, vendrán á ser como blanca lana.
Isa. 1:18.

La cual ganó por su sangre.
Hechos. 20:28.

Que es las arras de nuestra herencia, para la redención de la posesión adquirida para alabanza de su gloria.
Efe. 1:14.

Y estando en agonía, oraba más intensamente: y fué su sudor como grandes gotas de sangre que caían hasta la tierra.
Lucas 22:44.

Empero uno de los soldados le abrió el costado con una lanza, y luego salió sangre y agua.
Juan 19:34.

156 LA HISTORIA DE DANIEL EL PROFETA

Y estaba allí un vaso lleno de vinagre: entonces ellos hinchieron una esponja de vinagre, y rodeada á un hisopo, se la llegaron á la boca.
Juan 19:29.

El siguiente día ve Juan á Jesús que venía á él, y dice: He aquí el Cordero de Dios, que quita el pecado del mundo.
Juan 1:29.

Y dijo á Jesús: Acuérdate de mí cuando vinieres á tu reino. Entonces Jesús le dijo: De cierto te digo, que hoy estarás conmigo en el paraíso.
Lucas 23:39-43.

El cual mismo llevó nuestros pecados en su cuerpo sobre el madero, para que nosotros siendo muertos á los pecados, vivamos á la justicia: por la herida del cual habéis sido sanados.
1 Pedro 2:24.

¿No era necesario que el Cristo padeciera estas cosas, y que entrara en su gloria? Y comenzando desde Moisés, y de todos los profetas, declarábales en todas las Escrituras lo que de él decían.
Lucas 24:26, 27.

El siguiente día ve Juan á Jesús que venía á él, y dice: He aquí el Cordero de Dios, que quita el pecado del mundo.
Juan 1:29 [margin].

Y él les dijo: Estas son las palabras que os hablé, estando aún con vosotros: que era necesario que se cumpliesen todas las cosas que están escritas de mí en la ley de Moisés, y en los profetas, y en los salmos.
Lucas 24:44.

Estos son los que han venido de grande tribulación, y han lavado sus ropas, y las han blanqueado en la sangre del Cordero.
Apoc. 7:14.

Porque nuestra pascua, que es Cristo, fué sacrificada por nosotros.
1 Cor. 5:7.

se encontraron en el Calvario. La cruz fue hecha de madera tomada de los árboles del bosque; "y llenaron una esponja de vinagre, la pusieron sobre hisopo y se la acercaron a la boca."

¿Había un antitipo de la escarlata mientras su sangre goteaba de aquellas crueles heridas? Sí. En Jesús colgado de la cruz, magullado, escarnecido y sangrante, el ladrón contempló al Cordero de Dios que quita los pecados del mundo. La esperanza se encendió en su alma y se arrojó sobre el Salvador moribundo. Con plena fe en que Cristo poseería el reino, exclamó: "Señor, acuérdate de mí cuando vengas en tu reino". En un tono suave y melodioso, lleno de amor, la respuesta fue dada rápidamente: "En verdad te digo hoy: Estarás conmigo en el paraíso". Al pronunciar estas palabras, las tinieblas que rodeaban la cruz fueron atravesadas por una luz viva. El ladrón sintió la paz y la alegría de los pecados perdonados. Cristo fue glorificado. Mientras todos pensaban que lo veían vencido, él era el vencedor. No pudieron robarle su poder de perdonar los pecados.

El tipo se ha encontrado plenamente con el antitipo; el precio se ha pagado; la sangre del Redentor del mundo se ha derramado sobre la tierra. Ha caído por los aires desde la cruel cruz. Ha fluido con agua de la herida de la cruel lanza. Los extremos de la vegetación también entraron en contacto con ella, y aquel cuyo pecados eran como la grana, experimentó la paz de verlos emblanquecidos como la nieve por la preciosa sangre, incluso mientras fluía de las heridas abiertas.

Las diversas fiestas a lo largo del año tipificaban diferentes fases del Evangelio. La

EL SANTUARIO

Pascua era un tipo de Cristo en un sentido especial. Cristo es nuestra Pascua. Las primicias que se ofrecían al tercer día después de degollado el cordero pascual, enseñaban la resurrección de Cristo. El tipo se encontró con el antitipo, y se cumplió cuando Cristo, las primicias de los que durmieron, salió al tercer día y se presentó ante el Padre.

A lo largo del variado servicio del año, todo apuntaba hacia el Cordero de Dios, a la vez que enseñaba la lección de limpiar el cuerpo y mantener el templo puro para el Espíritu de Dios.

En otoño, el décimo día del séptimo mes, se celebraba el servicio supremo del año. Todos los demás servicios eran una preparación para éste. Día tras día los pecados del pueblo habían sido transferidos en tipo y sombra al sacerdote y al santuario, y una vez al año debían ser limpiados, y los pecados eliminados para siempre.

Gabriel reveló a Daniel el antitipo del tiempo de la purificación del santuario terrenal. "Hasta dentro de dos mil trescientos días será purificado el santuario". Este período de purificación, hemos encontrado en el estudio del noveno capítulo de Daniel, comenzó en 1844. La cubierta del arca en el santuario celestial fue entonces levantada, y la ley de Dios fue vista por el pueblo, no quebrantada, sino entera. En medio de la ley trazaron las palabras: "El séptimo día es reposo para Jehová tu Dios; no harás en él obra alguna". Despertaron al hecho de que habían estado descansando el primer día de la semana en lugar del séptimo. Al contemplar la ley, un halo de luz pareció rodear el cuarto mandamiento, que durante tantos años había

Estas son las solemnidades de Jehová, las convocaciones santas, á las cuales convocaréis en sus tiempos. En el mes primero, á los catorce del mes, entre las dos tardes, pascua es de Jehová. Y á los quince días de este mes es la solemnidad de los ázimos á Jehová: siete días comeréis ázimos. El primer día tendréis santa convocación: ninguna obra servil haréis. . . . Traeréis al sacerdote un omer por primicia de los primeros frutos de vuestra siega: El cual mecerá el omer delante de Jehová, para que seáis aceptos: el siguiente día del sábado lo mecerá el sacerdote.
Lev. 23:4-11.
1 Cor. 15:4, 20, 23.

Lev. 23:27.

Los cuales sirven de bosquejo y sombra de las cosas celestiales, como fué respondido á Moisés cuando había de acabar el tabernáculo: Mira, dice, haz todas las cosas conforme al dechado que te ha sido mostrado en el monte.
Heb. 8:5.

Y él me dijo: Hasta dos mil y trescientos días de tarde y mañana; y el santuario será purificado.
Dan. 8:14.

Acordarte has del día del reposo, para santificarlo. Seis días trabajarás, y harás toda tu obra: Mas el séptimo día será reposo para Jehová tu Dios: no hagas en él obra alguna, tú, ni tu hijo, ni tu hija, ni tu siervo, ni tu criada ni tu bestia, ni tu extranjero que está dentro de tus puertas. Porque en seis días hizo Jehová los cielos y la tierra, la mar y todas las cosas que en ellos hay, y reposó en el séptimo día: por tanto Jehová bendijo el día del reposo y lo santificó.
Ex. 20:8-11.

Si retrajeres del sábado tu pie, de hacer tu voluntad en mi día santo, y al sábado llamares delicias, santo, glorioso de Jehová; y lo venerares, no haciendo tus caminos, ni buscando tu voluntad, ni hablando tus palabras.
Isa. 58:13.

Sal. 119:59, 60.

Así hablad, y así obrad, como los que habéis de ser juzgados por la ley de libertad.
Sant. 2:12.

Apoc. 14:8-12.

Apoc. 11:1.

Entonces harás pasar la trompeta de jubilación en el mes séptimo á los diez del mes; el día de la expiación haréis pasar la trompeta por toda vuestra tierra.
Lev. 25:9.

Esto es lo que ha dicho Jehová: Mañanaes el santo sábado, el reposo de Jehová: lo que hubiereis de cocer, cocedlo hoy, y lo que hubiereis de cocinar, cocinadlo; y todo lo que os sobrare, guardadlo para mañana.
Ex. 16:23.

Ninguna obra haréis: estatuto perpetuo es por vuestras edades en todas vuestras habitaciones. Sábado de reposo será á vosotros, y afligiréis vuestras almas, comenzando á los nueve del mes en la tarde: de tarde á tarde holgaréis vuestro sábado.
Lev. 23:31, 32.

sido pisoteado. Reverentemente escucharon las palabras: "Si apartares tu pie del sábado, de hacer tu voluntad en mi día santo; y llamares al sábado delicia, santo de Jehová, honroso; y le honrares, no haciendo tus caminos, ni buscando tu voluntad, ni hablando tus propias palabras, entonces te deleitarás en Jehová". Isa. 58:13, 14.

Pensaron en sus caminos, y se apresuraron, y no tardaron en guardar los mandamientos. El período del juicio investigador se abrió en 1844, cuando todo carácter sería medido por la norma de la ley de Dios. Al iniciarse la obra en el cielo, era la voluntad de Dios que en la tierra su pueblo probase su vida por la ley de Dios, y se pusiese en armonía con sus santos preceptos. El día de la expiación era el tipo del juicio. Era el día más solemne del año para el antiguo Israel.

Cuando el sol doraba las colinas occidentales de la tierra de Judea, el noveno día del séptimo mes, se tocaba la trompeta en todo Israel. La solemne advertencia de la trompeta producía un marcado efecto en todos los hogares. Se dejaba de trabajar y reinaba la tranquilidad. No era el descanso ordinario del sábado semanal, pues no se servía la cena. No se horneaba ni se hervía como de costumbre en la preparación del sábado. No se preparó comida, pues no era un día de fiesta, sino de ayuno. El padre de familia reunió a su familia a su alrededor y leyó el rollo sagrado: "Haréis el reposo ordinario del sábado semanal, pues no se preparó la cena. No hubo la cocción y el hervido acostumbrados en la preparación del sábado. No se preparó comida alguna, pues no era día de fiesta, sino de ayuno. El padre de familia reunió a su familia a su alrededor y leyó el rollo

EL SANTUARIO

sagrado: "No haréis trabajo alguno; será estatuto perpetuo por vuestras generaciones en todas vuestras moradas. Os será sábado de descanso, y afligiréis vuestras almas". Con oración, ayuno y profundo examen de corazón pasó el día el Israel de Dios. Con solemne temor repetían: "Toda alma que no se aflija en aquel mismo día, será cortada de entre su pueblo".

¿Por qué, dicen, ayunamos, y no hiciste caso; humillamos nuestras almas, y no te diste por entendido? Isa. 58:3. Lev. 23:29

En los hogares gentiles que los rodeaban se comía y bebía y se realizaban todas las ajetreadas actividades de la vida cotidiana, pero en los hogares de Israel reinaba la tranquilidad. En el atrio del templo todo era actividad. Se traía el novillo sin defecto, y el sumo sacerdote ponía las manos sobre su cabeza, confesando sus pecados y los de su familia. Luego lo sacrificaban, y con la sangre hacía expiación por sí mismo y por los suyos, a fin de estar preparado para el servicio solemne del día.

Por tanto el Señor Jehová de los ejércitos llamó en este día á llanto y á endechas, á mesar y á vestir saco: Y he aquí gozo y alegría, matando vacas y de gollando ovejas, comer carne y beber vino, diciendo: Comamos y bebamos, que mañana moriremos. Esto fué revelado á mis oídos de parte de Jehová de los ejércitos: Que este pecado no os será perdonado hasta que muráis, dice el Señor Jehová de los ejércitos.
Isa. 22:12-14.
Lev. 16:11-14.

Al salir, después de presentar la sangre del novillo ante el Señor, se trajeron dos machos cabríos, se echaron suertes y uno fue elegido como macho cabrío del Señor, mientras que el otro, Azazel, el chivo expiatorio, representaba al maligno. El macho cabrío del Señor fue degollado. Con su sangre y el incensario de oro, el sacerdote entró por el segundo velo del santuario. Al acercarse al propiciatorio con la gloriosa luz de la shekinah brillando sobre él, esparció "mucho incienso" sobre los carbones del incensario, "para que la nube del incienso cubra el propiciatorio y no muera". Luego, de espaldas al sol naciente, roció la sangre expiatoria siete veces sobre y ante aquella ley quebrantada dentro del arca. Se detuvo en el lugar santo e hizo expiación por él y por el tabernáculo de reunión. El altar de oro, que

Y echará suertes Aarón sobre los dos machos de cabrío; la una suerte por Jehová, y la otra suerte por Azazel.
Lev. 16:8.

Yo apareceré en la nube sobre la cubierta.
Lev. 16:2.
Lev. 16:13.

Tomará luego de la sangre del becerro, y rociará con su dedo hacia la cubierta al lado oriental.
Lev. 16:14.

Verás abominaciones mayores que éstas. . . . como veinticinco varones, sus espaldas vueltas al templo de Jehová y sus rostros al oriente, y encorvábanse al nacimiento del sol.
Eze. 8:15, 16.

LA HISTORIA DE DANIEL EL PROFETA

Y abajo en sus orillas harás granadas de jacinto, y púrpura, y carmesí, por sus bordes alrededor; y entre ellas campanillas de oro alrededor. . . . Y estará sobre Aarón cuando ministrare; y oiráse su sonido cuando él entrare en el santuario delante de Jehová y cuando saliere, porque no muera.
Ex. 28:33-35.

Lev. 16:20.

Porque él es nuestra paz, que de ambos hizo uno, derribando la pared intermedia de separación, Dirimiendo en su carne las enemistades, la ley de los mandamientos en orden á ritos, para edificar en sí mismo los dos en un nuevo hombre, haciendo la paz; Y reconciliar por la cruz con Dios á ambos en un mismo cuerpo, matando en ella las enemistades:
Efe. 2:14-16.

Y pondrá Aarón ambas manos suyas sobre la cabeza del macho cabrío vivo, y confesará sobre él todas las iniquidades de los hijos de Israel, y todas sus rebeliones, y todos sus pecados, poniéndolos así sobre la cabeza del macho cabrío, y lo enviará al desierto por mano de un hombre destinado para esto.
Lev. 16:21.

Y aquel macho cabrío llevará sobre sí todas las iniquidades de ellos á tierra inhabitada: y dejará ir el macho cabrío por el desierto.
Lev. 16:22.

Mas Dios encarece su caridad para con nosotros, porque siendo aún pecadores, Cristo murió por nosotros.
Rom. 5:8.

Y él me dijo: Hasta dos mil y trescientos días de tarde y mañana; y el santuario será purificado.
Dan. 8:14.

Mas en el segundo, sólo el pontífice una vez en el año, no sin sangre, la cual ofrece por sí mismo, y por los pecados de ignorancia del pueblo.
Heb. 9:7.

tantas veces durante el año había dado testimonio de los pecados de Israel por las manchas escarlatas de sus cuernos, quedaba ahora limpio de toda contaminación por la sangre del macho cabrío del Señor. El pueblo escuchaba atentamente el sonido de las campanillas de sus vestiduras, mientras se movía por el santuario.

"Cuando haya terminado de reconciliar el lugar santo, el tabernáculo de reunión y el altar, traerá el macho cabrío vivo". La obra de la reconciliación había terminado, Dios y el hombre eran uno. La unión había sido hecha en figura. Los pecados separadores habían sido eliminados. El pueblo se regocijaba en Dios porque lo había aceptado, y porque todos sus pecados habían sido quitados de delante del Señor.

Cuando vieron al sumo sacerdote poner sus manos sobre la cabeza del chivo expiatorio, y confesar sobre él todas las iniquidades de los hijos de Israel, y todas sus transgresiones en todos sus pecados, poniéndolas sobre la cabeza del macho cabrío, y enviándolo por mano de un hombre idóneo al desierto", sus corazones se llenaron de la paz que sobrepasa todo entendimiento. Alabaron a Dios por el maravilloso don de su amor al dar a su Hijo para morir por el hombre pecador, librándolo del pecado y de la muerte. No fue hasta que el macho cabrío fue enviado al desierto estéril que esta paz llenó los corazones de la gente, y sintieron que estaban libres para siempre de sus pecados.

Ese era el tipo. ¿Qué significa para nosotros el antitipo? Desde 1844 el mundo ha estado viviendo en el gran día antitípico de la expiación. El juicio investigador ha estado en sesión en el cielo. En el tipo, la gente debía controlar sus apetitos, y mantener sus propios intereses comerciales en segundo plano con respecto a la adoración de Dios. Esto fue demostrado por el día de expiación en el tipo que era un día de descanso y ayuno.

Estamos viviendo en el tiempo cuando nuestro gran Sumo Sacerdote está limpiando el santuario celestial, quitando los registros de pecado. Se nos amonesta a arrepentirnos y convertirnos, para que nuestros pecados sean borrados "cuando vengan de la presencia del Señor tiempos de refrigerio". Cuando se complete la reconciliación, y se decida el último caso en el juicio final del cielo, el Salvador pronunciará el decreto: "El que es injusto, sea injusto todavía; y el que es inmundo, sea inmundo todavía; y el que es justo, sea justo todavía; y el que es santo, sea santo todavía". Cada caso será decidido para la eternidad. Satanás, el gran instigador de todos los males, el antitípico chivo expiatorio, vendrá entonces a cumplir su parte del servicio.

En el tipo, los pecados eran puestos sobre el chivo expiatorio en presencia de la congregación; en el antitipo, el Salvador, en presencia del Padre, de los ángeles de Dios y de toda la hueste redimida, pondrá los pecados de los justos sobre la cabeza de Satanás, y un ángel poderoso lo conducirá a la tierra desolada, donde permanecerá mil años. Al final de los mil años, irá al fuego que destruye la tierra. El tipo se encontrará plenamente con el antitipo cuando todos los pecados de los justos sean quemados, con Satanás, y no queden más que las cenizas en "un lugar limpio." Entonces se verá que "Satanás no sólo cargó con el peso y el castigo de sus propios pecados, sino también con los pecados de la hueste redimida, que habían sido

Y se han airado las naciones, y tu ira es venida, y el tiempo de los muertos, para que sean juzgados. Y el templo de Dios fué abierto en el cielo, y el arca de su testamento fué vista en su templo.
Apoc. 11:18, 19.

Fué, pues, necesario que las figuras de las cosas celestiales fuesen purificadas con estas cosas; empero las mismas cosas celestiales con mejores sacrificios que éstos.
Heb. 9:23.

Así que, arrepentíos y convertíos, para que sean borrados vuestros pecados; pues que vendrán los tiempos del refrigerio de la presencia del Señor. Y enviará á Jesucristo, que os fué antes anunciado. Al cual de cierto es menester que el cielo tenga hasta los tiempos de la restauración de todas las cosas, que habló Dios por boca de sus santos profetas que han sido desde el siglo.
Hechos 3:19-21.

El que es injusto, sea injusto todavía: y el que es sucio, ensúciese todavía: y el que es justo, sea todavía justificado: y el santo sea santificado todavía.
Apoc. 22:11.

Y vi un ángel descender del cielo, que tenía la llave del abismo, y una grande cadena en su mano. Y prendió al dragón, aquella serpiente antigua, que es el Diablo y Satanás, y le ató por mil años. Y arrojólo al abismo, y le encerró, y selló sobre él, porque no engañe más á las naciones, hasta que mil años sean cumplidos: y después de esto es necesario que sea desatado un poco de tiempo.
Apoc. 20:1-3.

Apoc. 20:10.

Y hollaréis á los malos, los cuales serán ceniza bajo las plantas de vuestros pies, en el día que yo hago, ha dicho Jehová de los ejércitos.
Mal. 4:3.

2 Sam. 22:43.

Ahora será hollada como lodo de las calles.
Miqueas 7:10.

Sal. 7:16.

En aquellos días y en aquel tiempo, dice Jehová, la maldad de Israel será buscada, y no parecerá; y los pecados de Judá, y no se hallarán: porque perdonaré á los que yo hubiere dejado.
Jer. 50:20.

Jer. 31:34.

Isa. 65:17.

Nahum 1:9.

Viviendo siempre para interceder por ellos.
Heb. 7:25.

Por tanto, teniendo un gran Pontífice, que penetró los cielos, Jesús el Hijo de Dios, retengamos nuestra profesión.
Heb. 4:14-16.

Lev. 23:29, 30.

Porque la paga del pecado es muerte: mas la dádiva de Dios es vida eterna en Cristo Jesús Señor nuestro.
Rom. 6:23.

Y mirad por vosotros, que vuestros corazones no sean cargados de glotonería y embriaguez, y de los cuidados de esta vida, y venga de repente sobre vosotros aquel día.
Lucas 21:3

Y cantaban como un cántico nuevo delante del trono, y delante de los cuatro animales, y de los ancianos: y ninguno podía aprender el cántico sino aquellos ciento cuarenta y cuatro mil, los cuales fueron comprados de entre los de la tierra. Estos son los que con mujeres no fueron contaminados; porque son vírgenes. Estos, los qu siguen al Cordero por donde quiera que fuere. Estos fueron comprados de entre los hombres por primicias para Dios y para el Cordero.
Apoc. 14:3-5.

Rom. 12:1, 2.

puestos sobre él; y también debe sufrir por la ruina de las almas que ha causado."

Los pecados de Israel nunca más serán encontrados. Las cosas pasadas no serán recordadas ni vendrán a la mente. Por toda la eternidad reinarán para siempre la alegría y la paz. El profeta dice: "Él hará un fin completo; la aflicción no se levantará la segunda vez".

El tipo debe encontrarse con el antitipo. El gran Sumo Sacerdote en el cielo está realizando ahora su servicio. ¿Estás cumpliendo tu parte? En los hogares esparcidos por toda la tierra, los fieles hijos de Dios llevarán a cabo el antitipo de la manera en que Dios indicó a los israelitas que pasaran el día típico de la expiación.

El sacerdote podía haber cumplido perfectamente su parte del servicio en el templo; pero a menos que el pueblo en sus hogares ayunara, descansara y orara, la obra no les servía de nada. Todo israelita que comía y se comportaba como los gentiles a su alrededor en el día de la expiación quedaba excluido del pueblo de Dios.

¿Es tu hogar un lugar donde se controla el apetito? ¿Consideras tus intereses comerciales secundarios a la obra de Dios? ¿Estás prestando atención a las palabras del Salvador: "Mirad que vuestros corazones no se carguen de glotonería [comer en exceso], y de embriaguez [comer alimentos inapropiados], y de los afanes de esta vida, y venga de improviso sobre vosotros aquel día"? Habrá ciento cuarenta y cuatro mil que prestarán atención a la advertencia, y en el temor de Dios cumplirán el antitipo. Mientras Cristo en el cielo intercede fielmente por ellos, presentarán sus cuerpos en sacrificio vivo, santo, agradable a Dios, para que Dios sea glorificado.

CAPITULO XII

INTRODUCCIÓN A LA ÚLTIMA VISIÓN (Capitulo 10)

Los tres últimos capítulos del libro de Daniel son inseparables, pues relatan la última visión registrada del profeta. El décimo capítulo es preliminar a una historia detallada del mundo, y es valioso por las importantes lecciones espirituales que contiene. Daniel era un anciano, y se acercaba al final de una larga y azarosa carrera, pero sus últimos días estuvieron llenos de ansiedad por su raza, y aún llevaba en su corazón la carga de su cautiverio. Desde los sucesos registrados en el capítulo noveno, había estado en el foso de los leones, empujado allí por el cruel odio de los hombres que ocupaban altos cargos. Su vida piadosa era un reproche constante a la corrupción de los hombres en el cargo, y ellos trataron de destruirlo, pero Dios puso a estos hombres en confusión, y dio testimonio de la pureza de la vida de Daniel. El profeta había sido tenido en gran estima por Darío el Medo, y a la muerte de éste y la ascensión de Ciro, Daniel había permanecido en la corte, como consejero del rey.

Ciro, en el primer año de su reinado, había proclamado la emancipación de los judíos. El Espíritu de Dios había suplicado al corazón del rey, y éste sintió que había sido llevado al poder con ese propósito. Cuando, después de haberse hecho todas las previsiones para

El justo florecerá como la palma: crecerá como cedro en el Líbano. Plantados en la casa de Jehová, en los atrios de nuestro Dios florecerán. Aun en la vejez fructificarán; estarán vigorosos y verdes.
Sal. 92:12-14.

Daniel debía tener unos noventa años en ese momento.

Dan. 6:4-22.

Pero el mismo Daniel era superior á estos gobernadores y presidentes, porque había en él más abundancia de espíritu: y el rey pensaba de ponerlo sobre todo el reino.
Dan. 6:3.

Excitó Jehová el espíritu de Ciro rey de Persia, el cual hizo pasar pregón por todo su reino, y también por escrito, diciendo: Así ha dicho Ciro rey de Persia: Jehová Dios de los cielos me ha dado todos los reinos de la tierra, y me ha mandado que le edifique casa en Jerusalem, que está en Judá.
Esdras 1:1, 2.

164 LA HISTORIA DE DANIEL EL PROFETA

Alcanzará piedad el impío, y no aprenderá justicia; en tierra de rectitud hará iniquidad, y no mirará á la majestad de Jehová.
Isa. 26:10.

Eze. 23:14-16.

Lam. 4:1, 2.

Tú eres varón de deseos. Entiende pues la palabra, y entiende la visión.
Dan. 9:23.

1. En el tercer año de Ciro rey de Persia, fué revelada palabra á Daniel, cuyo nombre era Beltsasar; y la palabra era verdadera, mas el tiempo fijado era largo: él empero comprendió la palabra, y tuvo inteligencia en la visión.

2. En aquellos días yo Daniel me contristé por espacio de tres semanas.

3. No comí pan delicado, ni entró carne ni vino en mi boca, ni me unté con ungüento, hasta que se cumplieron tres semanas de días.
Dan. 10:1-3.

Así que, yo de esta manera corro, no como á cosa incierta; de esta manera peleo, no como quien hiere el aire:. Antes hiero mi cuerpo, y lo pongo en servidumbre; no sea que, habiendo predicado á otros, yo mismo venga á ser reprobado.
1 Cor. 9:26, 27.

Por tanto, no desmayamos: antes aunque este nuestro hombre exterior se va desgastando, el interior empero se renueva de día en día.
2 Cor. 4:16.

el retorno, sólo una pequeña fracción de los judíos se aprovechó de ello, Ciro empezó a dudar de la sabiduría del decreto. Sucedió con los judíos como con los pecadores de hoy en día. Se les concede el perdón y se les ofrece la libertad, pero eligen permanecer en el pecado hasta recibir la pena: la muerte. Los pecados de Babilonia deslumbraban los ojos de los judíos que los contemplaban, y la voz de su Dios sólo se oía débilmente. (Comp. Eze. 33:30-32.)

Daniel no podía comprender la situación. La condición espiritual de su propio pueblo pesaba sobre él, y la actitud cambiante del rey le preocupaba. Pensó en la visión anterior y se preguntó si podía ser que su pueblo -los judíos- se aferrara a los pecados de Babilonia hasta que fueran alcanzados por las persecuciones descritas como propias de los últimos días. No podía comprender los tiempos, aunque las palabras pronunciadas por Gabriel parecían claras de comprender.

Dos años después del decreto de Ciro, Daniel determinó humillar su corazón ante Dios mediante la oración y el ayuno hasta que comprendiera el asunto. No practicó la abstinencia total de alimentos, pues este ayuno no era el ayuno de un día. Pero se retiró de la mesa del rey y comió los alimentos más sencillos, dedicando mucho tiempo a la oración y al estudio. Era su propósito tener su apetito tan sometido que las necesidades físicas no desplazaran su deseo de discernimiento espiritual. La vida espiritual del hombre participa con demasiada frecuencia del molde terrenal de su cuerpo mediante la indulgencia excesiva del apetito. El alma debe controlar al

INTRODUCCIÓN A LA ULTIMA VISIÓN

cuerpo, y no ser agobiada por el cuerpo. Esta condición trató de alcanzar Daniel. También procuró fortalecer la mente retirándose a un lugar tranquilo a orillas del río Tigris. Llevó consigo a algunos hombres como compañeros. Sin duda eran judíos que también sentían una carga por Israel. La soledad del lugar, el rápido fluir de las aguas del río, los elevados árboles y el claro cielo sobre ellos, condujeron la mente del profeta en pos de su Dios.

Durante tres semanas buscó así la luz y la verdad. Entonces levantó la vista y contempló al Hijo de Dios a su lado, el mismo que se apareció a Juan en la isla de Patmos. El resplandor que brillaba alrededor de Miguel era demasiado grande para los ojos de los compañeros de Daniel, y se apresuraron a esconderse. El semblante de Cristo era como un relámpago, y al contemplar la forma postrada de Daniel, los demás hombres huyeron para salvar sus vidas. Pero lo que habría sido muerte para los que albergaban el pecado, fue vida para aquel cuyo carácter era puro. La escoria se había consumido antes, y la luz brilló sobre el profeta como la luz del sol sobre un espejo.

Tan lleno de vida está el Hijo de Dios que sus ojos parecían lámparas de fuego, destellando luz. Él es quien dice: "Te guiaré con mi ojo". Daniel pudo soportar la mirada, pero sus compañeros sintieron que aquellos ojos les quemaban hasta el alma y se escondieron de su mirada.

Para los oídos de Daniel, acostumbrados por larga experiencia a los sonidos celestiales, la voz del "Hombre Único" era como la voz de la multitud, o como el sonido de muchas aguas,

4. *Y á los veinte y cuatro días del mes primero estaba yo á la orilla del gran río Hiddekel.*
Dan. 10:4.

5. *Y alzando mis ojos miré, y he aquí un varón vestido de lienzos, y ceñidos sus lomos de oro de Uphaz:*
6. *Y su cuerpo era como piedra de Tarsis, y su rostro parecía un relámpago, y sus ojos como antorchas de fuego, y sus brazos y sus pies como de color de metal resplandeciente, y la voz de sus palabras como la voz de ejército.*

Apoc. 1:15-18.

7. *Y sólo yo, Daniel, vi aquella visión, y no la vieron los hombres que estaban conmigo; sino que cayó sobre ellos un gran temor, y huyeron, y escondiéronse.*
8. *Quedé pues yo solo, y vi esta gran visión, y no quedó en mí esfuerzo; antes mi fuerza se me trocó en desmayo, sin retener vigor alguno.*
Dan. 10:7-8.

Para que la prueba de vuestra fe, mucho más preciosa que el oro, el cual perece, bien que sea probado con fuego, sea hallada en alabanza, gloria y honra, cuando Jesucristo fuere manifestado.
1 Pedro 1:7.
En él estaba la vida, y la vida era la luz de los hombres.
Juan 1:4.

Sal. 32:8.

Entonces tus oídos oirán á tus espaldas palabra que diga: Este es el camino, andad por él; y no echéis á la mano derecha, ni tampoco torzáis á la mano izquierda.
Isa. 30:21.
Bienaventurado el pueblo que sabe

166 LA HISTORIA DE DANIEL EL PROFETA

aclamarte: andarán, oh Jehová, á la luz de tu rostro.
Sal. 89:15.
Padre, glorifica tu nombre. Entonces vino una voz del cielo: Y lo he glorificado, y lo glorificaré otra vez. Y la gente que estaba presente, y había oído, decía que había sido trueno. Otros decían: Angel le ha hablado.
Juan 12:20, 28-30.

9. Empero oí la voz de sus palabras: y oyendo la voz de sus palabras, estaba yo adormecido sobre mi rostro, y mi rostro en tierra.
Dan. 10:9.

Y Abraham replicó y dijo: He aquí ahora que he comenzado á hablar á mi Señor, aunque soy polvo y ceniza.
Gen. 18:27.

Sal. 8:3-5.

10. Y, he aquí, una mano me tocó, é hizo que me moviese sobre mis rodillas, y sobre las palmas de mis manos.
11. Y díjome: Daniel, varón de deseos, está atento á las palabras que te hablaré, y levántate sobre tus pies; porque á ti he sido enviado ahora. Y estando hablando conmigo esto, yo estaba temblando.
Dan. 10:10, 11.

Marcos 1:31.

Y toda la gente procuraba tocarle; porque salía de él virtud, y sanaba á todos.
Lucas 6:19.
Y extendiendo Jesús su mano, le tocó, diciendo: Quiero; sé limpio. Y luego su lepra fué limpiada.
Mat. 8:2, 3.
Y respondiendo el ángel le dijo: Yo soy Gabriel, que estoy delante de Dios; y soy enviado á hablarte , y á darte estas buenas nuevas.
Lucas 1:19.
Y estas señales seguirán á los que creyeren: En mi nombre echarán fuera demonios; hablarán nuevas lenguas; Quitarán serpientes, y si bebieren cosa mortífera, no les dañará; sobre

clara y hermosa. Para los oídos humanos, embotados de oído, es como un trueno. Los judíos de la época en que los griegos llegaron a Cristo tuvieron una experiencia similar a la de los compañeros de Daniel. Sentados en el atrio del templo, los relámpagos jugaban alrededor de la cabeza de Cristo, y una voz que para él era la voz de Dios, para ellos sonaba como el estruendo de un rayo.

Daniel se quedó solo en presencia del Hijo de Dios, y al comparar su propia condición con la de Cristo, no le pareció más que un trozo de barro, una vasija rota, impropia e inútil. "Mi vigor se convirtió en mí en corrupción, y no conservé ninguna fuerza". Se aferró a la fría tierra, con el rostro contra el suelo en un profundo sueño, indefenso en las manos de su Dios. "¿Qué es el hombre para que te acuerdes de él, o el hijo del hombre para que lo visites?".

Entonces Gabriel, el ángel que tantas veces había hablado con Daniel, le tocó con la mano y levantó su forma postrada. Le dijo: "Oh Daniel, hombre muy amado, comprende las palabras que te digo y ponte en pie, porque a ti he sido enviado ahora." Había poder en el toque de la mano del ángel. Había poder en el toque de la mano del Salvador. Cuando estaba en la tierra, la virtud, la vida, el poder sanador de Dios, irradiaban constantemente de él. Podía tocar al leproso y una corriente de vida fluía de él al enfermo.

Lo mismo ocurría con el toque de Gabriel. El que estaba en presencia de Dios estaba tan lleno de vida que, al poner su mano sobre el hombre, un estremecimiento de vida se sentía en cada nervio. Así debe ser con los seres de hoy. El seguidor de Cristo debería tener la corriente

INTRODUCCIÓN A LA ULTIMA VISIÓN

vital tan fuerte en su interior que el pecado sea reprendido y la enfermedad sea expulsada de él. "Caerán mil a tu lado y diez mil a tu derecha, pero a ti no te alcanzará", es la promesa. Cristo vino para que tuviéramos vida en abundancia; la copa llena a rebosar. No nos damos ni la mitad de cuenta de nuestro privilegio.

Hacía tres semanas completas que Daniel había comenzado a orar, y Gabriel le explicó la causa del retraso. Desde el primer día del ayuno sus palabras habían sido escuchadas, pero su respuesta requería la cooperación de Ciro, el rey persa. Así que mientras Daniel esperaba, ignorante de la obra del cielo en su favor, y soñando poco con los afanes en el corazón del rey, Gabriel había estado en la corte persa suplicando a Ciro.

Uno puede preguntarse cómo trabajó Gabriel. No se dan detalles, pero una cosa es segura: hasta el momento del rechazo de una nación, los ángeles están siempre en medio de sus consejos. Los hombres serán llevados a tomar posiciones por la verdad, sin saber la verdadera razón de sus propias decisiones. El Santo Vigilante es un testigo constante en los salones legislativos hoy en día, y cada decreto justo es el resultado de un impulso del trono de Dios. Esta influencia estaba actuando en el corazón de Ciro, y tan apremiantes eran las peticiones ofrecidas por Daniel que el propio Cristo vino en persona para ayudar a Gabriel. A Daniel sin duda le pareció que su oración no era escuchada, pero Dios estaba obrando la respuesta de una manera desconocida para el profeta. Si hubiera dejado de interceder al final de una semana, o al final de dos semanas, la historia de todo un pueblo habría cambiado. La

---

los enfermos pondrán sus manos, y sanarán.
Marcos 16:17, 18.

Sal. 91:7.

Mas ahora es manifestada por la aparición de nuestro Salvador Jesucristo, el cual quitó la muerte, y sacó á la luz la vida y la inmortalidad por el evangelio.
2 Tim. 1:10.

Juan 10:10.

12. Y díjome: Daniel, no temas: porque desde el primer día que diste tu corazón á entender, y á afligirte en la presencia de tu Dios, fueron oídas tus palabras; y á causa de tus palabras yo soy venido.
13. Mas el príncipe del reino de Persia se puso contra mí veintiún días: y he aquí, Miguel, uno de los principales príncipes, vino para ayudarme, y yo quedé allí con los reyes de Persia.
Dan. 10:12, 13.

¿No son todos espíritus administradores, enviados para servicio á favor de los que serán herederos de salud?
Heb. 1:14.

Por mí reinan los reyes, y los príncipes determinan justicia. Por mí dominan los príncipes, y todos los gobernadores juzgan la tierra.
Prov. 8:15, 16.

Toda buena dádiva y todo don perfecto es de lo alto, que desciende del Padre de las luces, en el cual no hay mudanza, ni sombra de variación.
Sant. 1:17.

La oración del justo, obrando eficazmente, puede mucho.
Sant. 5:16.

Mas los que esperan á Jehová tendrán nuevas fuerzas; levantarán las alas como águilas; correrán, y no se cansarán; caminarán, y no se fatigarán.
Isa. 40:31.

Isa. 65:24.

Ni nunca oyeron, ni oídos percibieron, ni ojo ha visto Dios fuera de ti, que hiciese por el que en él espera.
Isa. 64:4.

14. Soy pues venido para hacerte saber lo que ha de venir á tu pueblo en los postreros días; porque la visión es aún para días.
15. Y estando hablando conmigo semejantes palabras, puse mis ojos en tierra, y enmudecí.
Dan. 10:14, 15.

Señor, abre mis labios; y publicará mi boca tu alabanza.
Sal. 51:15.

16. Mas he aquí, como una semejanza de hijo de hombre tocó mis labios. Entonces abrí mi boca, y hablé, y dije á aquel que estaba delante de mí: Señor mío, con la visión se revolvieron mis dolores sobre mí, y no me quedó fuerza.
17. ¿Cómo pues podrá el siervo de mi señor hablar con este mi señor? porque al instante me faltó la fuerza, y no me ha quedado aliento.
Dan. 10:16, 17.

Num. 24:15, 16.
Los cielos se abrieron, y vi visiones de Dios.
Eze. 1:1.

Apoc. 4:1.

Que fué arrebatado al paraíso.
2 Cor. 12:4.

18. aquella como semejanza de hombre me tocó otra vez, y me confortó;
19. Y díjome: Varón de deseos, no temas:
paz á ti; ten buen ánimo, y aliéntate. Y hablando él conmigo cobré yo vigor,

promesa es: "Antes que clamen responderé, y mientras aún estén hablando oiré". A menudo Dios está probando la fuerza de nuestros deseos cuando retiene una respuesta inmediata a nuestra oración.

"¿Sabes por qué he venido a ti?", preguntó Gabriel. "He venido para hacerte comprender lo que acontecerá a tu pueblo en los últimos días; porque aún la visión es para muchos días". Daniel cayó al suelo y el aliento se fue de su cuerpo. Esta era su condición cuando estaba en visión. Fue incapaz de hablar hasta que Cristo tocó sus labios. Entonces habló con Gabriel, que estaba a su lado para fortalecerle y explicarle la historia de los últimos días.

Dios ha tenido muchos profetas. El efecto del Espíritu sobre un ser humano cuando está en visión es inexplicable. Hay una presencia sobrecogedora que vence de tal modo al ser físico que no tiene fuerzas para actuar por sí mismo. El aliento abandona el cuerpo y la voz de Dios habla a través del instrumento humano. Los ojos permanecen abiertos, como describió Balaam su condición, pero la persona ve cosas fuera del mundo. A menudo es llevado mucho más allá de los límites de la tierra, como fue el caso de Ezequiel, Juan y Pablo. La atracción de la tierra se rompe, y con un ángel guía el profeta visita otros lugares, o contempla el futuro, leyendo allí la historia de los hombres y las naciones. Cuando el carbón vivo del altar se posa sobre esos labios, pronuncian palabras de sabiduría celestial. Isaías tuvo esta experiencia.

Por tercera vez Gabriel expresó el amor de Dios por Daniel, añadiendo: "Paz a ti; esfuérzate, sí, esfuérzate". Mediante la palabra

INTRODUCCIÓN A LA ULTIMA VISIÓN

y el tacto, Gabriel fortaleció al canoso profeta. Estaba preparado para la revelación, y dijo: "Deja hablar a mi Señor, porque me has fortalecido".

Las cosas que se anotan en la historia de la verdad fueron relatadas por este gran revelador. El hombre no ve como Dios ve, y en su miopía a menudo enfatiza lo sin importancia, y pasa ligeramente por alto acontecimientos de interés universal. Pero cuando la historia se da en la Palabra de Dios es una crónica de aquellas cosas que son "anotadas en la Escritura de la verdad". Este hecho es notable en la historia de los reyes persas, que figura en los versículos siguientes. De la manera más abreviada, Gabriel toca los acontecimientos de cientos de años, pero pone de relieve cosas que están anotadas en otras partes de la Palabra de Dios, y que sólo pueden comprenderse mediante un estudio cuidadoso de otros libros de la Biblia.

Para comprender la historia de Persia, es necesario estudiar detenidamente Esdras, Ester, Nehemías, Ageo y Zacarías. Estos libros llevan la historia hasta la época de mayor fuerza de Persia, y hasta el tiempo en que esa nación trabajó para Dios y su pueblo. Entonces, y no hasta entonces, el registro guarda silencio.

y dije: Hable mi señor, porque me has fortalecido.

20. Y dijo: ¿Sabes por qué he venido á tí? Porque luego tengo de volver para pelear con el príncipe de los Persas; y en saliendo yo, luego viene el príncipe de Grecia.

21. Empero yo te declararé lo que está escrito en la escritura de verdad: y ninguno hay que se esfuerce conmigo en estas cosas, sino Miguel vuestro príncipe.

Dan. 10:18-21.

Esdras, Nehemías, Ageo, Zacarías y Ester registran acontecimientos relacionados con el regreso de los judíos del cautiverio babilónico.

CAPITULO XIII

LA HISTORIA DE LOS DECRETOS
(CAPITULO 11:1, 2)

El ángel comenzó con la historia del reino persa, pues en el momento de la visión la monarquía babilónica había desaparecido por completo. Era el tercer año del reinado único de Ciro, y el quinto año desde que Darío el Medo había tomado Babilonia. Se recordará que Daniel había visto las diversas naciones, a medida que surgían una tras otra en la corriente del tiempo. Dios es el único historiador auténtico y perfecto; el único registro imparcial de los acontecimientos nacionales se encuentra en las Escrituras. Los hombres registran los actos, pero sólo Dios puede dar a esos actos su marco apropiado en el gran drama de la vida. Hay una cadena ininterrumpida de acontecimientos, un hilo de seda en la telaraña de la vida, un manantial perpetuo en la marea de los asuntos humanos. Es el registro de los tratos de Dios con su pueblo elegido. La historia egipcia figura en el registro inspirado del mundo, pero sólo en la medida en que desempeñó algún papel en relación con el pueblo de Jehová. Igualmente Asiria, Babilonia, Grecia y Roma; cualquiera que sea la nación y cualquiera que sea su lugar en el tiempo, su historia es anotada por el historiador divino sólo durante el tiempo en que ha sido un instrumento en la mano de Dios para difundir su verdad, o para proteger a su

En el tercer año de Ciro rey de Persia, fué revelada palabra á Daniel, cuyo nombre era Beltsasar; y la palabra era verdadera, mas el tiempo fijado era largo: él empero comprendió la palabra, y tuvo inteligencia en la visión..
Dan. 10:1.
Dan. 2:31-35.
Dan. 7:1-8.
Dan. 8:1-8.

Tu palabra es verdad.
Juan 17:17.
Porque el Dios de todo saber es Jehová, y á él toca el pesar las acciones.
1 Sam. 2:3.

Sal. 105:13, 14.

Hazte vasos de transmigración, moradora hija de Egipto; porque Noph será por yermo, y será asolada hasta no quedar morador. Becerra hermosa Egipto; mas viene destrucción, del aquilón viene.
Jer. 46:19, 20.

Misericordia y verdad guardan al rey; y con clemencia sustenta su trono.
Prov. 20:28.

Tú tienes dominio sobre la bravura de la mar: cuando se levantan sus ondas, tú las sosiegas. Tú quebrantaste á Rahab como á un muerto: con el

brazo de tu fortaleza esparciste á tus enemigos. Tuyos los cielos, tuya también la tierra: el mundo y su plenitud, tú lo fundaste.
Sal. 89:9-11 [margin].

Jer. 10:7.
Dan. 9:1, 2.
B. C. 538.
Dan. 5:30, 31.

1. Y en el año primero de Darío el de Media, yo estuve para animarlo y fortalecerlo.
Dan. 11:1.

Dan. 6:23.

Y este Daniel fué prosperado durante el reinado de Darío, y durante el reinado de Ciro, Persa.
Dan. 6:28.

Fuése luego el rey á su palacio, y acostóse ayuno; ni instrumentos de música fueron traídos delante de él, y se le fué el sueño.
Dan. 6:18.

Si Dios por nosotros, ¿quién contra nosotros?
Rom. 8:31.

Dan. 10:20.

Dan. 8:7.

El rey no es salvo con la multitud del ejército: no escapa el valiente por la mucha fuerza.
Sal. 33:16-19.

pueblo.

Fue con tal propósito que el reino medo-persa llegó a existir, y cuando hubo cumplido esa obra, y el Espíritu de Dios se retiró, pasó del escenario de la acción.

El imperio medo-persa nació cuando el tiempo estaba maduro para la liberación de Israel de la esclavitud de Babilonia. El primer rey del imperio unido fue Darío el Medo. Era un hombre bien avanzado en la vida cuando subió al trono; sesenta y dos años de edad, dice el registro. Pero durante todo su reinado, Gabriel estuvo a su lado "para confirmarlo y fortalecerlo". A Darío se le dio la oportunidad de liberar a los judíos. El Espíritu de Dios le suplicó y atrajo a Daniel a su favor, de modo que colocó al profeta en el tercer puesto del reino. Darío conocía a Dios y su poder, pues fue él quien pasó la noche en vela en oración mientras Daniel estaba en el foso de los leones. Darío, sin embargo, no hizo ninguna gran obra para el Señor. Reinó sólo dos años, cuando Ciro tomó el reino.

Desde la ascensión de Ciro hasta el final de la historia de Medo-Persia, Gabriel trabajó con los reyes. Sus primeras palabras a Daniel en esta última visión son a este efecto: "Volveré para luchar con el príncipe de Persia; y cuando haya salido, he aquí que vendrá el príncipe de Grecia." Cuando, por lo tanto, la influencia de Dios se retirara del rey de Persia, ningún poder en la tierra podría ayudarlos. Este pensamiento se hizo enfático cuando se vio al áspero macho cabrío encontrarse con el carnero a orillas del río Gránico. La riqueza, las armas y la influencia

LA HISTORIA DE LOS DECRETOS

no sirvieron de nada. De los siete años del reinado de Ciro, ya se había entrado en el tercero en el momento de la visión. Su primer acto registrado al tomar el reino fue emitir la proclamación de libertad a los judíos. A lo largo y ancho de la tierra se anunciaron las nuevas. El mensaje no tardó más de doce meses en llegar a los rincones más remotos del imperio donde pudieran encontrarse los judíos. Se ofrecieron a aquel pueblo todos los alicientes que el monarca podía ofrecer. La lentitud del movimiento por parte de unos pocos, y la total inactividad de la gran mayoría, sorprendió a Ciro más allá de toda medida. Es uno de los comentarios más tristes de toda la Biblia sobre la perversidad del corazón humano y su deseo de aferrarse al pecado.

Cuando se recuerda que Babilonia era la personificación de toda vileza; que abundaban la injusticia y la opresión, y que el decreto de Ciro era una llamada de Dios a la libertad y a la pureza de vida, el efecto de vivir mucho tiempo incluso a la vista del pecado debería horrorizarle a uno. Esta es una imagen de la forma en que las llamadas de Dios han sido tratadas una y otra vez. Aquí se ve la contraparte exacta de lo que la gente está haciendo hoy en día cuando se le pide a Dios que abandone la Babilonia moderna.

Una de las razones por las que los judíos tardaron en retirarse de la antigua Babilonia fue porque los niños y los jóvenes habían sido descuidados durante los setenta años de cautiverio. Los hogares judíos deberían haber sido escuelas, formando a estos niños para la ciudad de Jerusalén. En lugar de ello, los niños judíos asistían a escuelas babilónicas, se

Dan. 10:1.

Así ha dicho Ciro rey de Persia: Jehová Dios de los cielos me ha dado Todos los reinos de la tierra, y me ha mandado que le edifique casa en Jerusalem, que está en Judá. ¿Quién hay entre vosotros de todo su pueblo? his God be with him, and let him go up to Jerusalem, which is in Judah, and build the house of the Lord God of Israel, (he is the God,) which is in Jerusalem.

Esdras 1:1-6.
Isa. 5:3, 4.

Oid, cielos, y escucha tú, tierra; porque habla Jehová: Crié hijos, y engrandecílos, y ellos se rebelaron contra mí. El buey conoce á su dueño, y el asno el pesebre de su señor: Israel no conoce, mi pueblo no tiene entendimiento. ¡Oh gente pecadora, pueblo cargado de maldad, generación de malignos, hijos depravados! Dejaron á Jehová, provocaron á ira al Santo de Israel, tornáronse atrás.

Isa. 1:2-4.

Con cuerdas humanas los traje, con cuerdas de amor; y fuí para ellos como los que alzan el yugo de sobre sus mejillas, y llegué hacia él la comida.

Oseas 11:4.

Por cuanto llamé, y no quisisteis; extendí mi mano, y no hubo quien escuchase. Antes desechasteis todo consejo mío, y mi reprensión no quisisteis.

Prov. 1:24, 25.

Y volveré mi mano sobre ti, y limpiaré hasta lo más puro tus escorias, y quitaré todo tu estaño.

Isa. 1:25.

¿Cómo te he de perdonar por esto? Sus hijos me dejaron, y juraron por lo que no es Dios.

Jer. 5:7.

Confusión consumió el trabajo de nuestros padres desde nuestra mocedad; sus ovejas, sus vacas, sus hijos y sus hijas. Yacemos en nuestra confusión, y nuestra afrenta nos

174 LA HISTORIA DE DANIEL EL PROFETA

cubre: porque pecamos contra Jehová nuestro Dios, nosotros y nuestros padres, desde nuestra juventud y hasta este día; y no hemos escuchado la voz de Jehová nuestro Dios.
Jer. 3:24, 25.

Y los entendidos resplandecerán como el resplandor del firmamento; y los que enseñan á justicia la multitud, como las estrellas á perpetua eternidad.
Dan. 12:3 [margin].

Por tanto, id, y doctrinad á todos los Gentiles, bautizándolos en el nombre del Padre, y del Hijo, y del Espíritu Santo: Enseñándoles que guarden todas las cosas que os he mandado: y he aquí, yo estoy con vosotros todos los días, hasta el fin del mundo. Amén.
Mat. 28:19, 20.

Juan 3:2.

Envió el rey, y soltóle; el señor de los pueblos, y desatóle. Púsolo por señor de su casa, y por enseñoreador en toda su posesión: Para que reprimiera á sus grandes como él quisiese, y á sus ancianos enseñara sabiduría.
Sal. 105:17-22.

La vara y la corrección dan sabiduría: mas el muchacho consentido avergonzará á su madre.
Prov. 29:15.

Y muchos de los sacerdotes y de los Levitas y de los cabezas de los padres, ancianos que habían visto la casa primera, viendo fundar esta casa, lloraban en alta voz, mientras muchos otros daban grandes gritos de alegría: Y no podía discernir el pueblo el clamor de los gritos de alegría, de la voz del lloro del pueblo: porque clamaba el pueblo con grande júbilo, y oíase el ruido hasta de lejos.
Esdras 3:12, 13.

mezclaban con la sociedad babilónica, vestían ropas babilónicas, hablaban, comían y actuaban como los babilonios; y en consecuencia, cuando llegó el momento de abandonar, no tenían ningún deseo de hacerlo.

Si la raza hebrea hubiera sido fiel a sus privilegios, podrían haber establecido escuelas de profetas, desde las que la luz se habría irradiado a todas las partes del reino. Esta oportunidad se ofreció en los primeros días del cautiverio, cuando Nabucodonosor fue testigo de que todo el saber caldeo no valía ni la décima parte de lo que Dios podía enseñar. Daniel y sus compañeros fueron traídos en favor debido a su conocimiento de los verdaderos principios educativos, y si las escuelas se hubieran establecido en ese momento, la juventud caldea sin duda habría sido educada por los judíos, y en la religión de los judíos. Dios siempre tuvo la intención de que Israel fuera el maestro del mundo, e incluso después de que el pecado los llevara a la esclavitud, les dio la oportunidad de enseñar a sus captores y a los hijos de sus captores. ¿Lo hizo Israel? El final de los setenta años y la respuesta al decreto de Ciro responden: No. No enseñaron a otros; fracasaron incluso en enseñar a sus propios hijos. Como resultado, miles perecieron con Babilonia.

Los que sí subieron a Jerusalén eran poco entusiastas en su servicio y estaban dispuestos a rendirse ante la menor oposición. Cuando se pusieron los cimientos del templo, los ancianos lloraron porque no igualaba en esplendor al templo de Salomón, y se ejerció poca influencia para traer a otros de Babilonia. No es de extrañar que después de esperar dos años completos para ver los resultados, Ciro se quedara perplejo y

LA HISTORIA DE LOS DECRETOS   175

asombrado ante el resultado. No es de extrañar que Daniel tuviera que esperar tres semanas la respuesta a su oración, mientras Gabriel y Miguel suplicaban al descorazonado Ciro. Ciro estaba dispuesto, si los judíos hubieran hecho su parte, a hacer de Jerusalén la gloria de toda la tierra. Así las cosas, no encontramos constancia de ninguna obra posterior de este rey. Murió, y la obra que podría haber realizado no se llevó a cabo más que parcialmente a causa de la negligencia y la inactividad del pueblo elegido de Dios.

Satanás había sido testigo de la obra del Espíritu de Dios en los corazones de los hombres en el centro mismo del gobierno que reclamaba como suyo. Fue debido a su influencia que los judíos no hicieron una gran entrada en Jerusalén. Ciro se debatía entre dos influencias, pero fue refrenado por Gabriel de realizar cualquier acto de violencia. Cambises, su hijo, reinó casi ocho años, pero la mayor parte de su tiempo lo dedicó a guerras inútiles y costosas en Egipto y Etiopía. Cambises es el Asuero de Esdras 4:5. A él le escribieron los samaritanos cartas de queja contra los judíos de Jerusalén. Pero Cambises estaba demasiado ocupado con sus guerras extranjeras para prestar atención a este asunto, y por eso no se tomó ninguna medida ni a favor ni en contra de la obra en Jerusalén. Los judíos aún tenían libertad para salir de Babilonia, pero tal época de tranquilidad nacional no era propicia para una gran actividad por su parte, y permanecieron donde estaban. Llegó el momento en que desearon de todo corazón haber salido durante aquellos años de paz.

Cambises fue asesinado mientras se encontraba en Egipto; y antes de que el informe

Mas el príncipe del reino de Persia se puso contra mí veintiún días: y he aquí, Miguel, uno de los principales príncipes, vino para ayudarme, y yo quedé allí con los reyes de Persia.
Dan. 10:13.

Y oyendo los enemigos de Judá y de Benjamín, que los venidos de la cautividad edificaban el templo de Jehová Dios de Israel; Llegáronse á Zorobabel, y á los cabezas de los padres, y dijéronles: Edificaremos con vosotros, porque como vosotros buscaremos á vuestro Dios, y á él sacrificamos desde los días de Esar-haddón rey de Asiria, que nos hizo subir aquí. Y díjoles Zorobabel, y Jesuá, y los demás cabezas de los padres de Israel: No nos conviene edificar con vosotros casa á nuestro Dios, sino que nosotros solos la edificaremos á Jehová Dios de Israel, como nos mandó el rey Ciro, rey de Persia. Mas el pueblo de la tierra debilitaba las manos del pueblo de Judá, y los arredraban de edificar. Cohecharon además contra ellos consejeros para disipar su consejo, todo el tiempo de Ciro rey de Persia, y hasta el reinado de Darío rey de Persia. Y en el reinado de Assuero, en el principio de su reinado, escribieron acusaciones contra los moradores de Judá y de Jerusalem.
Esdras 4:1-6.

Ester 3:6, 13-15.

Y en días de Artajerjes, Bislam, Mitrídates, Tabeel, y los demás sus compañeros, escribieron á Artajerjes rey de Persia; y la escritura de la carta estaba hecha en siriaco, y declarada en siriaco. La carta que nos enviasteis claramente fué leída delante de mí.

Y por mí fué dado mandamiento, y buscaron, y hallaron que aquella ciudad de tiempo antiguo se levanta contra los reyes, y se rebela, y se forma en ella sedición. Y que reyes fuertes hubo en Jerusalem, quienes señorearon en todo lo que está á la parte allá del río; y que tributo, y pecho, y rentas se les daba. Ahora pues dad orden que cesen aquellos hombres, y no sea esa ciudad edificada, hasta que por mí sea dado mandamiento. Y mirad bien que no hagáis error en esto: ¿por qué habrá de crecer el daño para perjuicio de los reyes? Entonces, cuando el traslado de la carta del rey Artajerjes fué leído delante de Rehum, y de Simsai secretario, y sus compañeros, fueron prestamente á Jerusalem á los Judíos, é hiciéronles cesar con poder y fuerza. Cesó entonces la obra de la casa de Dios, la cual estaba en Jerusalem: y cesó hasta el año segundo del reinado de Darío rey de Persia.

Esdras 4:7, 18-24.

Y profetizaron Haggeo profeta, y Zacarías hijo de Iddo, profetas, á los Judíos que estaban en Judá y en Jerusalem yendo en nombre del Dios de Israel á ellos.

Esdras. 5:1.

En el año segundo del rey Darío en el mes sexto, en el primer día del mes, fué palabra de Jehová, por mano del profeta Haggeo, á Zorobabel hijo de Sealtiel, gobernador de Judá, y á Josué hijo de Josadac, gran sacerdote, diciendo. Jehová de los ejércitos habla así, diciendo: Este pueblo dice: No es aún venido el tiempo, el tiempo de que la casa de Jehová sea reedificada. Fué pues palabra de Jehová por mano del profeta Haggeo, diciendo: ¿Es para vosotros tiempo, para vosotros, de morar en vuestras casas enmaderadas, y esta casa está desierta? Y Pues así ha dicho Jehová de los ejércitos: Pensad bien sobre vuestros caminos. Sembráis mucho, y encerráis poco; coméis, y no os hartáis; bebéis, y no os saciáis; os vestís, y no os calentáis; y el que anda á jornal recibe su jornal en trapo horadado.

Hageo 1:1-6.

circulara por todo el imperio medo-persa, un impostor ocupó el trono que pertenecía a Esmerdis, el hijo de Cambises. El impostor, conocido en la historia como Pseudo-Smerdis (el falso Smerdis), es el Artajerjes de Esdras 4:7. Reinó sólo siete meses, pero eso le dio tiempo para considerar las quejas de los samaritanos y de las tribus de los alrededores de Jerusalén, y emitir un mandamiento para que cesara la construcción de Jerusalén hasta que llegaran nuevas noticias del trono. Esta carta del falso Esmerdis se encuentra en Esdras 4:18-22. Este es el único acto que el divino historiador menciona en la vida de este monarca persa.

Aunque se habla muy poco de él, Dios conocía todos sus movimientos. Esto se ve al seguir la historia de los decretos. Tan pronto como los judíos de Jerusalén oyeron la lectura de la carta del falso Esmerdis, cesó todo trabajo. "Porque", razonaron, "¿cómo vamos a continuar?". Después de que dejaron de construir, Dios suscitó a dos profetas, Ageo y Zacarías, y de ellos obtenemos un conocimiento de cómo iban entonces las cosas en Jerusalén.

El pueblo dejó de construir el templo y se dedicó a edificar casas para sí mismo. Cuando se les instó a continuar la obra del Señor, se quejaron de que el dinero escaseaba. Sembraron semillas, pero la cosecha fue inferior a la cantidad sembrada; sus árboles dieron poco o ningún fruto; hubo sequía, y el ganado murió; los hombres no pudieron pagar sus rentas o impuestos, y se convirtieron en esclavos a causa de las deudas, y vendieron a sus hijos como esclavos. Entonces se quejaron con Dios. Pero todo el tiempo Dios estaba trabajando para ellos,

LA HISTORIA DE LOS DECRETOS

y ellos no lo sabían.

Esta es la forma en que obró: En la ciudad de Babilonia, seis de los principales hombres del imperio sospechaban que el rey reinante no era el heredero legítimo, y se unieron para averiguarlo. Forzándose a entrar en presencia de Esmerdis, reconocieron al impostor y lo mataron, y Darío, el jefe de la banda, fue nombrado rey. Este es el hombre que en la historia se conoce como Darío Histaspes, y es Darío el Persa del que se habla en Esdras 4:24.

Gabriel todavía guardaba el trono de los persas, y mientras los judíos de corazón débil dejaban de construir el templo por un poco de oposición, Dios estaba trayendo al trono a un hombre que llevaría adelante la obra de Ciro. Hageo y Zacarías reunieron al pueblo y le instaron a reanudar la obra de construcción, dando la palabra del Señor de que su pobreza era el resultado directo de su propia negativa a construir ante las dificultades. Los judíos asumieron la carga, pero en ese momento Tatnai y otros, gobernadores de tribus en Palestina, llegaron a Jerusalén y advirtieron a los judíos que cesaran. Hageo, Zacarías, Zorobabel y Jesúa citaron el decreto de Ciro. Tatnai escribió entonces a Darío, esperando, por supuesto, que pusiera fin a la obra. Darío, sin embargo, hizo que se hiciera una búsqueda, y encontró el decreto de Ciro, con todos sus detalles relativos a la construcción, los sacrificios, y la orden de dinero para los mismos del tesoro del rey.

He aquí una manifestación de la bondad y la misericordia de Dios. Lo que a los ojos de los hombres parecía una derrota se convirtió en una gloriosa victoria. Darío promulgó un decreto

El rebelde no busca sino mal; y mensajero cruel será contra él enviado.
Prov. 17:11.

Enviáronle carta, y de esta manera estaba escrito en ella. Al rey Darío toda paz. Sea notorio al rey, que fuimos á la provincia de Judea, á la casa del gran Dios, la cual se edifica de piedra de mármol; y los maderos son puestos en las paredes, y la obra se hace apriesa, y prospera en sus manos. Entonces preguntamos á los ancianos, diciéndoles así: ¿Quién os dió mandamiento para edificar esta casa, y para restablecer estos muros? Y también les preguntamos sus nombres para hacértelo saber, para escribir te los nombres de los varones que estaban por cabezas de ellos. Y respondiéronnos, diciendo así: Nosotros somos siervos del Dios del cielo y de la tierra, y reedificamos la casa que ya muchos años antes había sido edificada, la cual edificó y fundó el gran rey de Israel. . . . Empero el primer año de Ciro rey de Babilonia, el mismo rey Ciro dió mandamiento para que esta casa de Dios fuese edificada. . . . Y ahora, si al rey parece bien, búsquese en la casa de los tesoros del rey que está allí en Babilonia, si es así que por el rey Ciro había sido dado mandamiento para edificar esta casa de Dios en Jerusalem, y envíenos á decir la voluntad del rey sobre esto.
Esdras 5:7-17.

Entonces el rey Darío dió mandamiento, y buscaron en la casa de los libros, donde guardaban los tesoros allí en Babilonia. Y fué hallado en Achmetta, en el palacio que está en la provincia de Media, un libro, dentro del cual estaba escrito así: Memoria: En el año primero del rey Ciro, el mismo rey Ciro dió mandamiento acerca de la casa de Dios que estaba en Jerusalem, que

fuese la casa edificada para lugar en que sacrifiquen sacrificios, y que sus paredes fuesen cubiertas; . . . Ahora pues, Tatnai, jefe del lado allá del río, Sethar-boznai, y sus compañeros los Apharsachêos que estáis á la otra parte del río, apartaos de ahí. Dejad la obra de la casa de este Dios al principal de los Judíos, y á sus ancianos, para que edifiquen la casa de este Dios en su lugar. Y por mí es dado mandamiento de lo que habéis de hacer con los ancianos de estos Judíos, para edificar la casa de este Dios: que de la hacienda del rey, que tiene del tributo de la parte allá del río, los gastos sean dados luego á aquellos varones, para que no cesen.
Esdras 6:1-12.

Como los repartimientos de las aguas, así está el corazón del rey en la mano de Jehová: á todo lo que quiere lo inclina.
Prov. 21:1.

Jer. 51:6, 9, 10.

Lucas 24:25.

Y díjele: ¿A dónde vas? Y él me respondió: A medir á Jerusalem, para ver cuánta es su anchura, y cuánta su longitud. Y he aquí, salía aquel ángel que hablaba conmigo, y otro ángel le salió al encuentro, Y díjole: Corre, habla á este mozo, diciendo: Sin muros será habitada Jerusalem á causa de la multitud de los hombres, y de las bestias en medio de ella: Yo seré para ella, dice Jehová, muro de fuego en derredor, y seré por gloria en medio de ella. Eh, eh, huid de la tierra del aquilón, dice Jehová, pues

que abarcaba todo lo que contenía el decreto de Ciro, y más también. Se ordenó a Tatnai y a los hombres que habían entrado en queja que ayudaran a llevar adelante la obra en Jerusalén dando su propio dinero para sufragar los gastos.

Observen a esos hombres, Tatnai, Shethar-boznai y sus compañeros, que habían levantado semejante clamor contra la obra de Dios. Cuando se recibió el decreto de Darío, los acusadores acudieron con gran celeridad a los dirigentes judíos. La aparente derrota se convirtió en una victoria señalada, porque Dios dirigía en los asuntos de los hombres. Enemigos acérrimos se convirtieron en amigos, o al menos en ayudantes, cuando el soplo de Jehová confundió su política mundana. De nuevo Dios favoreció especialmente a Israel.

Las advertencias de Jeremías seguían escuchándose: "Huid de en medio de Babilonia, y librad cada uno su alma: no seáis cortados en su iniquidad. . . . Habríamos curado a Babilonia, pero no está curada: abandonadla, y vámonos cada uno a su país. . . . El Señor ha dado a luz nuestra justicia: venid, y anunciemos en Sión la obra del Señor nuestro Dios".

"Oh necios, y tardos de corazón para creer todo lo que los profetas han dicho". Israel no hizo caso. Durante treinta y seis años -piensa en ello, más de un cuarto de siglo- reinó Darío, y Gabriel permaneció a su derecha para mantener su corazón tierno hacia el pueblo elegido.

Los ángeles del cielo observaban atentamente para ver a Israel regresar y construir Jerusalén. Al profeta Zacarías, en los días de Darío, le fue dada una maravillosa visión de la historia futura del pueblo de Dios. En aquellos

LA HISTORIA DE LOS DECRETOS

días se dio a Jerusalén la oportunidad de edificar para convertirse en una ciudad eterna. Dijo un ángel a otro al oír a Zacarías: "Corre, habla a este joven, diciendo: Jerusalén será habitada como ciudades sin muros, por la multitud de hombres y ganados que hay en ella". En lugar de muros de piedra, como los que Jerusalén y las ciudades del mundo habían acostumbrado construir hasta entonces, Dios prometió que sería un muro de fuego alrededor. "Ho, ho, salid y huid de la tierra del norte.... Líbrate, oh Sión, que habitas con la hija de Babilonia".

El amor abundante, como el amor de una madre por su primogénito, se oye en las palabras de Jehová: "Canta y regocíjate, ¡oh hija de Sión! porque he aquí que vengo. Habitaré en medio de ti". Tanto la primera como la segunda venida de Cristo fueron prometidas entonces, y sin duda se habrían sucedido rápidamente si Israel hubiera hecho caso.

En todo el mundo se vería la gloria del Señor sobre Sión, hija del Dios viviente. "He vuelto a Sión y habitaré en medio de Jerusalén; y JERUSALÉN SERÁ LLAMADA CIUDAD DE LA VERDAD". "Alégrate mucho, hija de Sión; grita, hija de Jerusalén: he aquí que tu Rey viene a ti".

A los que se lamentaban porque el nuevo templo parecía menos glorioso que el anterior, Cristo, esperando el momento en que él mismo entraría allí con palabras de vida para su pueblo, les dijo, por el profeta Ageo: "Sacudiré a todas las naciones, y vendrá el Deseado de todas las naciones; y llenaré de gloria esta casa." "La gloria de esta última casa será mayor que la de la primera .. y en este lugar daré la paz". Esto lo dijo refiriéndose a su

por los cuatro vientos de los cielos os esparcí, dice Jehová: Oh Sión, la que moras con la hija de Babilonia, escápate. Porque así ha dicho Jehová de los ejércitos: Después de la gloria me enviará él á las gentes que os despojaron: porque el que os toca, toca á la niña de su ojo.
Zac. 2:2-8.
Porque he aquí yo alzo mi mano sobre ellos, y serán despojo á sus siervos, y sabréis que Jehová de los ejércitos me envió. Canta y alégrate, hija de Sión: porque he aquí vengo, y moraré en medio de tí, ha dicho Jehová. Y uniránse muchas gentes á Jehová en aquel día, y me serán por pueblo, y moraré en medio de ti; y entonces conocerás que Jehová de los ejércitos me ha enviado á ti. Y Jehová poseerá á Judá su heredad en la tierra santa, y escogerá aún á Jerusalem..
Zac. 2:9-12.

¿Olvidaráse la mujer de lo que parió, para dejar de compadecerse del hijo de su vientre? Aunque se olviden ellas, yo no me olvidaré de ti.
Isa. 49:15.

Hermosa provincia, el gozo de toda la tierra es el monte de Sión, á los lados del aquilón, la ciudad del gran Rey. Dios en sus palacios es conocido por refugio.
Sal. 48:2, 3.

Zac. 8:3.
Zac. 9:9.

Hageo 2:7-9.

Lucas 12:28-30.
Mat. 21:12-16.

Pues poned ahora vuestro corazón desde este día en adelante, desde el día veinticuatro del noveno mes, desde el día que se echó el cimiento al templo de Jehová; poned vuestro corazón. ¿Aun no está la simiente en el granero? Ni la vid, ni la higuera, ni el granado, ni el árbol de la oliva ha todavía florecido: mas desde aqueste día daré bendición.

Hageo 2:15-19.

Lucas 6:38.
Prov. 11:24, 25.
Deut. 11:13, 14.
Lev. 26:3-12.
Santiago 5:8.
Sal. 72:6.
Prov. 16:15.
Zac. 10:1.
Oseas 10:12.
Zac. 12:8.
Deut. 32:2.
Amos 4:7, 8.
Job 29:23.
Isa. 44:3-6.
Joel 2:23.

Vendrá Jehová mi Dios, y con él todos los santos.... Y Jehová será rey sobre toda la tierra. En aquel día Jehová será uno, y uno su nombre.

Zac. 14:4-9.

El entonces le dijo: Un hombre hizo una grande cena, y convidó á muchos. Y á la hora de la cena envió á su siervo á decir á los convidados: Y comenzaron todos á una á excusarse. El primero le dijo: He comprado una hacienda, y necesito salir y verla ; te ruego que me des por excusado.... Y vuelto el siervo, hizo saber estas cosas á su señor. Entonces enojado el padre de la familia, dijo á su siervo: Ve presto por las plazas y por las calles de la ciudad, y mete acá los pobres, los mancos, y cojos, y ciegos. Y dijo el siervo: Señor, hecho es como mandaste, y aun hay lugar. Y dijo el señor al siervo: Ve por los caminos y por los vallados, y fuérza los á entrar, para que se llene mi casa. Porque os digo que ninguno de aquellos hombres que fueron llamados, gustará mi cena.

Lucas 14:16-24.

El que venciere, poseerá todas las cosas; y yo seré su Dios, y él será mi hijo.

Apoc. 21:7.

visita personal en forma de humanidad.

Y de nuevo, por el mismo profeta, les pidió que atestiguaran el hecho de que desde el mismo día en que comenzaron a construir, la tierra rindió abundantemente; la plata y el oro afluyeron y hubo prosperidad general.

Por Zacarías se prometió a Jerusalén la lluvia tardía; grandes nubes de su gloria los cubrirían con su sombra. En Jerusalén los débiles serían como David, y David como el ángel del Señor. Todo esto les dijo el profeta Zacarías. Lea toda la profecía para conocer sus gloriosas promesas. Si hubiéramos vivido en Babilonia en los días de Darío, ¿habría escuchado? Escuche al profeta cuando mira aún más lejos en el futuro, y ve al Señor viniendo y a todos sus santos con él para coronar Jerusalén, la Ciudad de nuestro Dios, la novia del Apocalipsis. Será una ciudad eterna, con el pecado y la iniquidad borrados de la tierra.

Zacarías vio estas cosas en los días de Darío, rey de Persia; y si los judíos hubieran salido de Babilonia, y seguido adonde Dios les hubiera guiado, tal habría sido la historia del mundo. No escucharon su voz, y después de un lapso de casi dos mil quinientos años, el pueblo de hoy se encuentra heredero de exactamente las mismas promesas bajo precisamente las mismas condiciones. Si la iglesia de Dios de hoy sigue la instrucción de los profetas, todas las promesas de Zacarías serán suyas. Si no, se repetirá la historia de los judíos durante el reinado del rey que siguió a Darío.

LA HISTORIA DE LOS DECRETOS

Jerjes

Al dar esta historia a Daniel, se omitieron estos detalles, y Daniel no vivió para verlos realizados. A él le dijo el ángel, hablando en el tercer año del reinado de Ciro: "He aquí que aún se levantarán tres reyes en Persia; y el cuarto será mucho más rico que todos ellos." Los tres reyes que siguieron a Ciro fueron Cambises, Pseudo Esmerdis y Darío. A éstos, y a su papel en la historia de los judíos, ya los hemos visto. El cuarto rey de Persia después de Ciro el Grande destacó por su riqueza y por el gran ejército que levantó contra los griegos. Este rey fue Jerjes, que subió al trono a la muerte de Darío, en el año 486 a.c. Nuestro interés radica en el registro de sus tratos con los judíos, y a esa historia se dedica un libro entero de la Biblia. Jerjes es el Asuero de Ester i,* y el libro de Ester es el registro de los actos de este rey con referencia al pueblo de Dios que aún vivía en el reino de Babilonia, sobre el cual Jerjes era monarca único.

El reino medo-persa estaba en su apogeo durante el reinado de este rey. Tenía en sujeción ciento veintisiete provincias, que se extendían desde la India hasta Etiopía. Su capital estaba en Susa, en la provincia de Elam. Una estimación de la riqueza de que disponía este gobernante puede obtenerse del hecho de que durante seis meses los príncipes, gobernantes y gobernadores de todas las provincias, que representaban el poder del rey persa en todas las partes del reino, fueron agasajados en el palacio real; y que

2. Y ahora yo te mostraré la verdad. He aquí que aun habrá tres reyes en Persia, y el cuarto se hará de grandes riquezas más que todos; y fortificándose con sus riquezas, despertará á todos contra el reino de Javán.
Dan. 11:2.

El que ama el dinero, no se hartará de dinero; y el que ama el mucho tener, no sacará fruto. También esto es vanidad. Cuando los bienes se aumentan, también se aumentan sus comedores. ¿Qué bien, pues, tendrá su dueño, sino verlos con sus ojos?
Ecl. 5:10, 11.

Los tesoros de maldad no serán de provecho.
Prov. 10:2.

Y aconteció en los días de Assuero, (el Assuero que reinó desde la India hasta la Etiopía sobre ciento veinte y siete provincias).
Ester 1:1.

Que en aquellos días, asentado que fué el rey Assuero en la silla de su reino, la cual estaba en Susán capital del reino,
Ester 1:2.

En el tercer año de su reinado hizo banquete á todos sus príncipes y siervos, teniendo delante de él la fuerza de Persia y de Media, gobernadores y príncipes de provincias, para mostrar él las riquezas de la gloria de su reino, y el lustre de la magnificencia de su poder, por muchos días, ciento y ochenta días.
Ester 1:3, 4.

Y cumplidos estos días, hizo el rey banquete por siete días en el patio del huerto del palacio real á todo el pueblo, desde el mayor hasta el menor que se halló en Susán capital del reino.
Ester 1:5.
Dan. 5:1, 2.

El pabellón era de blanco, verde, y cárdeno, tendido sobre cuerdas de lino y púrpura en sortijas de plata y columnas de mármol: los reclinatorios de oro y de plata, sobre losado de pórfido y de mármol, y de alabastro y de jacinto.
Ester 1:6.

Y daban á beber en vasos de oro, y vasos diferentes unos de otros, y mucho vino real, conforme á la facultad del rey.
Ester 1:7.

Ester 1:9-22.

Pues la palabra del rey es con potestad, ¿y quién le dirá, Qué haces?
Ecl. 8:4.
Y el rey amó á Esther sobre todas las mujeres, y halló gracia y benevolencia delante de él más que todas las vírgenes; y puso la corona real en su cabeza, é hízola reina en lugar de Vasthi.
Ester 2:17.

Ester no declaró su pueblo ni su nacimiento; porque Mardochêo le había
mandado que no lo declarase.
Ester 2:10.
Había un varón Judío en Susán residencia regia, cuyo nombre era Mardochêo, hijo de Jair, hijo de Simi, hijo de Cis, del linaje de Benjamín.
Ester 2:5.
Y había criado á Hadassa, que es Esther, hija de su tío, porque no tenía padre ni madre; y era moza de hermosa forma y de buen parecer; y como su padre y su madre murieron, Mardochêo la había tomado por hija suya.
Ester 2:7.
Y Esther, según le tenía mandado Mardochêo, no había declarado su nación ni su pueblo; porque Esther hacía lo que decía Mardochêo, como cuando con él se educaba.
Ester 2:20.
Y llegado que fué el tiempo de Esther, hija de Abihail tío de Mardochêo, que él se había tomado por hija, para venir

cuando terminó esta reunión, el palacio de Susa quedó abierto de par en par durante una semana entera, tiempo durante el cual todo el pueblo fue agasajado en los jardines. Hubo bebida de vino y jolgorio. Fue similar al tiempo en que Belsasar festejó con mil de sus señores. El mobiliario del palacio, con sus paredes y suelos de mármol, sus ricas cortinas y cortinajes de muchos colores, colgados por argollas de plata a las altas columnas, hablaba de la gratificación del orgullo. Las camas y los sillones eran de oro y plata, y bebían en copas de vino de oro. Verdaderamente Medo-Persia era la hija de Babilonia.

La historia de Vasti es familiar. Asasuero la mandó comparecer ante su compañía medio borracha, y ella se negó. Entonces fue apartada y una doncella judía, de nacionalidad desconocida, se convirtió en reina del reino persa. Se trataba de Hadasa, conocida como Ester, huérfana de la casa de Saúl, cuyos padres habían estado entre los cautivos reales en tiempos de Nabucodonosor. Había vivido siempre con un primo llamado Mardoqueo, que la trataba como a su propia hija. Poco pensaban Mardoqueo y su esposa cuando se llevaron a la indefensa niña Hadasa que un día representaría a su pueblo en presencia del rey. Fue una niña obediente y, en consecuencia, se convirtió en una mujer obediente. Era de corazón sencillo y sin pretensiones, requería poco y no exigía

---

Jerjes ese rey, otros pensando que Cambises era el rey en cuestión. Pero H. Prideaux, D. D., presenta un argumento que parece bastante concluyente, según el cual el rey al que se llama Asuero en el libro de Ester era Artajerjes Longimano, cuyo séptimo año era el 457 a. C. El favor mostrado por Asuero a los judíos concordaría bien con la bondad manifestada por Longimano, quien expidió el decreto a Esdras para la restauración y edificación de Jerusalén (Esdras 7:12, 13). Esto parecería hacer muy coherente suponer que el Asuero de Ester 1:1 era este Arta Longimano.

LA HISTORIA DE LOS DECRETOS

nada. Amaba a los suyos, aunque ser fiel a ellos significaba que debía mirar a la muerte a la cara.

Daniel ya no vivía, y había pocos o ninguno que representara el culto del Dios verdadero en la corte del rey impío. Mardoqueo se sentaba a la puerta del rey, es cierto, y en tiempo de conspiración informaba del asunto al rey; pero eran pocas las ocasiones en que podía mezclarse con los que tenían autoridad. Abundaban la maldad y la injusticia, y Mardoqueo se negó a tolerar tales principios, y no quiso inclinarse ante el altivo Amán, uno de los consejeros del rey. Esto era pretexto suficiente para que los enemigos de los judíos trabajaran, pues ahora eran una raza odiada en todo el imperio. No habían sabido aprovechar la época de favor nacional, y Persia se había vuelto contra ellos.

Durante unos cuarenta años se había extendido la misericordia a Israel, y ese pueblo había hecho oídos sordos a todas las súplicas. A menudo se ha dicho que cuarenta años es el tiempo asignado a una generación para decidir su destino a favor o en contra de la verdad. Moisés estuvo cuarenta años en el desierto, desaprendiendo las cosas de Egipto y siendo enseñado en las cosas de Dios; Israel vagó cuarenta años por el desierto, cuando sólo fueron necesarios once días para hacer el viaje desde el Mar Rojo hasta la frontera de Canaán; cuarenta días soportó Cristo la severa tentación como figura del tiempo anterior a la destrucción de Jerusalén; cuarenta años sellaron el destino de la Reforma en Alemania; y pasaron cuarenta años desde la predicación del mensaje sellador hasta el momento del fuerte pregón.

Así que a Israel se le dieron cuarenta años

al rey, ninguna cosa procuró sino lo que dijo Hegai eunuco del rey, guarda de las mujeres: y ganaba Esther la gracia de todos los que la veían.
Ester 2:15.

En aquellos días, estando Mardochêo sentado á la puerta del rey, enojáronse Bigthán y Teres, dos eunucos del rey, de la guardia de la puerta, y procuraban poner mano en el rey Assuero. Mas entendido que fué esto por Mardochêo, él lo denunció á la reina Esther, y Esther lo dijo al rey en nombre de Mardochêo. Hízose entonces indagación de la cosa, y fué hallada cierta; por tanto, entrambos fueron colgados en una horca. Y escribióse el caso en el libro de las cosas de los tiempos delante del rey.
Ester 2:21-23.

Y todos los siervos del rey que estaban á la puerta del rey, se arrodillaban é inclinaban á Amán, porque así se lo había mandado el rey; pero Mardochêo, ni se arrodillaba ni se humillaba.
Ester 3:2.

Empero no quisieron escuchar, antes dieron hombro rebelado, y agravaron sus oídos para no oir.
Zac. 7:11.

Hechos 7:23-30.

Cuarenta años estuve disgustado con la nación, y dije: Pueblo es que divaga de corazón, y no han conocido mis caminos.
Sal. 95:10.

Heb. 3:17.

(Once jornadas hay desde Horeb, camino del monte de Seir, hasta Cades-barnea.)
Deut. 1:2

Y habiendo ayunado cuarenta días y cuarenta noches, después tuvo hambre. Y llegándose á él el tentador.
Mat. 4:1-11.

Y dijo Amán al rey Assuero: Hay un pueblo esparcido y dividido entre los pueblos en todas las provincias de tu reino, y sus leyes son diferentes de las de todo pueblo, y no observan las leyes del rey; y al rey no viene provecho de dejarlos. Si place al rey,

Escríbase que sean destruídos. . . . Entonces el rey quitó su anillo de su mano, y diólo á Amán hijo de Amadatha Agageo, enemigo de los Judíos. . . . á cada provincia según su escritura, y á cada pueblo según su lengua: en nombre del rey Assuero fué escrito, y signado con el anillo del rey. . . . Entonces fueron llamados los escribanos del rey en el mes primero, á trece del mismo, y fué escrito conforme á todo lo que mandó Amán.
Ester 3:1-12.

Porque el Señor al que ama castiga, y azota á cualquiera que recibe por hijo.
Heb. 12:6.

Jueces 4:8, 9.
Isa. 3:12.
Gal. 3:28.

Que nuestros hijos sean como plantas crecidas en su juventud; nuestras hijas como las esquinas labradas á manera de las de un palacio.
Sal. 144:12.

Ecl. 12:1.

Y fueron enviadas letras por mano de los correos á todas las provincias del rey, para destruir, y matar, y exterminar á todos los Judíos, desde el niño hasta el viejo, niños y mujeres en un día, en el trece del mes duodécimo. . . La copia del escrito que se diese por mandamiento en cada provincia, fué publicada á todos los pueblos, á fin de que estuviesen apercibidos para aquel día. Y salieron los correos de priesa por mandato del rey, y el edicto fué dado en Susán capital del reino. Y el rey y Amán estaban sentados á beber, y la ciudad de Susán estaba conmovida.
Ester 3:13-15.

Luego que supo Mardochêo todo lo que se había hecho, rasgó sus vestidos, y vistióse de saco y de ceniza, y fuése por medio de la ciudad clamando con grande y amargo clamor; . . . Y en cada provincia y lugar donde el mandamiento del rey y su decreto llegaba, tenían los Judíos grande luto.
Ester 4:1-3.

en Babilonia mientras los ángeles retenían los vientos de la contienda. Al final de ese tiempo Jerjes cedió a la sugerencia de Amán y promulgó un decreto contra ese "cierto pueblo disperso y diseminado entre la gente de todas las provincias". Si la súplica ya no atraía la atención de los judíos, Dios, en su misericordia, dejaría que llegara la persecución, para que se vieran obligados a huir a su lado en busca de protección. Pero cuando se acercan la persecución y las dificultades, el amor de Dios es tan grande que prepara de antemano al libertador.

El ángel de Dios había guardado a Hadasa y dirigido en su educación. La había traído al reino "para un tiempo como éste". Cuando no hubo hombre que representara su causa, Jehová utilizó a una mujer, y ella, a una joven. Su misma belleza estaba consagrada al Señor, y él se sirvió de ello. Dios ama a los jóvenes, como certifica la historia de los judíos.

Se enviaron mensajeros por correo para llevar el decreto del rey a todas las provincias del vasto imperio. Estaba sellado con el sello del rey, y las leyes de los medos y los persas eran inmutables. En un día determinado todo judío del reino debía ser pasado a cuchillo; viejos, jóvenes, hombres, mujeres y niños pequeños, ninguno quedaba excluido. Satanás triunfó al pensar que por fin Israel estaba en su mano y la causa de Dios debía caer. "El rey y Amán", dos servidores de Satán, "se sentaron a beber".

La ciudad de Susa oyó primero el decreto, y la consternación llenó los corazones de los judíos. Había angustia en todos los hogares. "La ciudad de Susa estaba perpleja". Apenas

LA HISTORIA DE LOS DECRETOS

un año desde la fecha del decreto y la muerte sería su suerte. Aparentemente no había forma de escapar. Años antes podrían haber subido a Jerusalén, pero ahora era demasiado tarde para siempre. Un amargo lamento de agonía llegó al cielo, y a medida que aquellos mensajeros del rey avanzaban, el grito se hacía más fuerte. Las voces de los judíos de Susa se vieron reforzadas por los sonidos de luto de miles de judíos de todas las provincias.

Ester, en el palacio del rey, ignoraba el decreto, pero Mardoqueo le dio a conocer la angustia universal y le envió una copia de la orden del rey. El momento crucial había llegado para ella. ¿Debía, podía, ser fiel a su Dios? Los hebreos de Susa se vistieron de cilicio y durante tres días ayunaron por la reina. Entonces ella salió con la fuerza de su Dios. Reina, hermosa, confiada, estaba de pie en el patio interior frente a la casa del rey, esperando el reconocimiento del monarca de la tierra, cruzar cuya voluntad significaba la muerte. Por un lado veía la muerte a manos de Jerjes; por el otro, la aprobación de su Dios. "Si perezco, perezco", dijo ella, y Dios aceptó su sacrificio.

Dios había preparado desde lejos su liberación. El mismo acto de bondad realizado años antes por Mardoqueo obró en la liberación de su pueblo. ¿Quién dice que no se guarda ningún registro de los actos del hombre, o que el hombre realiza algún acto de bondad sin ser incitado por los seres celestiales? Dios utilizó a Ester para salvar a su pueblo; también utilizó a Mardoqueo.

Amán, el que propuso el decreto, fue colgado

Ester 4:1-17.
Dióle también la copia de la escritura del decreto que había sido dado en Susán para que fuesen destruídos, á fin de que la mostrara á Esther y se lo declarase, y le encargara que fuese al rey á suplicarle, y á pedir delante de él por su pueblo.
Ester 4:8.

Y Esther dijo que respondiesen á Mardochêo: Ve, y junta á todos los Judíos que se hallan en Susán, y ayunad por mí, y no comáis ni bebáis en tres días, noche ni día: yo también con mis doncellas ayunaré igualmente, y así entraré al rey, aunque no sea conforme á la ley; y si perezco, que perezca.
Ester 4:15, 16.

Y acontecío que al tercer día se vistió Esther su vestido real, y púsose en el patio de adentro de la casa del rey, enfrente del aposento del rey: y estaba el rey sentado en su solio regio en el aposento real, enfrente de la puerta del aposento.
Ester 5:1.

En aquellos días, estando Mardochêo sentado á la puerta del rey, enojáronse Bigthán y Teres, dos eunucos del rey, de la guardia de la puerta, y procuraban poner mano en el rey Assuero. Mas entendido que fué esto por Mardochêo, él lo denunció á la reina Esther, y Esther lo dijo al rey en nombre de Mardochêo.
Ester 2:21-25.

Así colgaron á Amán en la horca que él había hecho aparejar para

Mardochêo; y apaciguóse la ira del rey.
Ester 7:10.

Con intimación de que el rey concedía á los Judíos que estaban en todas las ciudades, que se juntasen y estuviesen á la defensa de su vida, prontos á destruir, y matar, y acabar con todo ejército de pueblo ó provincia que viniese contra ellos, aun niños y mujeres, y su despojo para presa, En un mismo día en todas las provincias del rey Assuero, en el trece del mes duodécimo, que es el mes de Adar. La copia de la escritura que había de darse por ordenanza en cada provincia, para que fuese manifiesta á todos los pueblos, decía que los Judíos estuviesen apercibidos para aquel día, para vengarse de sus enemigos. Los correos pues, cabalgando en dromedarios y en mulos, salieron apresurados y constreñidos por el mandamiento del rey: y la ley fué dada en Susán capital del reino.
Ester 8:9-14.

Los Judíos se juntaron en sus ciudades en todas las provincias del rey Assuero, para meter mano sobre los que habían procurado su mal: y nadie se puso delante de ellos, porque el temor de ellos había caído sobre todos los pueblos.
Ester 9:2.

Y hacía que á todos, á los pequeños y grandes, ricos y pobres, libres y siervos, se pusiese una marca en su mano derecha, ó en sus frentes: Y que ninguno pudiese comprar ó vender, sino el que tuviera la señal, ó el nombre de la bestia, ó el número de su nombre.
Apoc. 13:16, 17.

Aquello que fué, ya es: y lo que ha de ser, fué ya; y Dios restaura lo que pasó.
Ecl. 3:15.

Y codiciaron las heredades, y robáronlas: y casas, y las tomaron: oprimieron al hombre y á su casa, alhombre y á su heredad. Por tanto, así ha dicho Jehová: He aquí, yo pienso sobre esta familia un mal, del cual no sacaréis vuestros cuellos, ni andaréis erguidos; porque el tiempo será malo.
Miqueas 2:2, 3.

¡Ay de los que juntan casa con casa, y allegan heredad á heredad hasta acabar el término! ¿Habitaréis vosotros solos en medio de la tierra?
Isa. 5:8.

en una horca construida para Mardoqueo; Mardoqueo fue ascendido al cargo de consejero principal de Jerjes; y se promulgó un decreto para que el día señalado para la matanza de los judíos, todo judío portara armas y se defendiera de los persas. Y el temor de los judíos cayó sobre todo el pueblo. Una vez más Dios había derrotado los planes, no sólo de los hombres, sino del archienemigo. La verdad triunfó a pesar del descarrío de su pueblo. Este decreto de Asuero, o Jerjes, es la contrapartida del decreto que pronto emitirá la bestia del Apocalipsis trece contra los seguidores de Dios. Encontrará a un pueblo situado como estaban los judíos en Babilonia; encontrará a otros que se han retirado de Babilonia, y cuando el enemigo se abalance sobre esta última clase para matarlos, las espadas caerán como pajas rotas, porque los ángeles de Dios lucharán por su pueblo.

Este registro, dado en el libro de Ester, está preservado en la historia bíblica para que los hombres puedan conocer el futuro. Los tratos de Dios con los judíos revelan los principios de su gobierno, y en esta historia hay una descripción gráfica de los pecados y la liberación del Israel espiritual.

Jerjes era un hombre cruel y arrogante, y su carácter se muestra no sólo en su trato con la raza hebrea, sino también con otros pueblos. No contento con la extensión del territorio bajo su control, reunió un inmenso ejército -más de cinco millones, según los historiadores- y cruzó el Helesponto para someter a Grecia. Sin embargo, la derrota y el desastre acompañaron al esfuerzo, y regresó a su propio reino.

El Espíritu de Dios aún no se había retirado

LA HISTORIA DE LOS DECRETOS

de la corte medo-persa, y aunque Jerjes es el último rey mencionado en la visión que vio Daniel, Dios seguía teniendo misericordia con los israelitas; y fue durante el reinado de Artajerjes Longimano, sucesor de Jerjes, cuando se emitió el decreto final para el retorno de los judíos. Del mismo modo, el gran jubileo seguirá inmediatamente al último esfuerzo de Satanás por destruir al pueblo de Dios.

En el séptimo año del reinado de Artajerjes, el corazón de Esdras fue conmovido por el Espíritu de Dios, y pidió ayuda al rey. En respuesta a la súplica, Artajerjes promulgó el mandamiento registrado en Esdras siete. Se trata del decreto del año 457 a.C., mencionado en el capítulo diez, página 126, y es la fecha a partir de la cual hay que contar 165Margen el comienzo de los dos mil trescientos días de Daniel 8:14, y las setenta semanas de Daniel 9:24. El decreto de Artajerjes incluía todo lo contenido en los decretos de Ciro y Darío, y daba además la orden de construir el muro y establecer un gobierno.

Habían transcurrido ochenta años desde el decreto de Ciro, ochenta años de indulgencia; pero incluso después de la experiencia de los días de Ester y Jerjes se manifestaba poco interés en la reconstrucción de Sión, y la compañía que fue con Esdras era pequeña en comparación con lo que debería haber sido. La condición en Jerusalén era desalentadora, pues allí los judíos se habían casado con los cananeos, trayendo iniquidad y confusión. El sábado fue profanado, y los servicios de la casa del Señor fueron descuidados. No fue sino hasta el vigésimo año de Artajerjes, después de que Esdras había trabajado por Israel trece años, que Nehemías llegó de Babilonia y

Esdras 7:11-26.

Apoc. 15:2, 3.

Este Esdras subió de Babilonia, el cual era escriba diligente en la ley de Moisés, que Jehová Dios de Israel había dado; y concedióle el rey, según la mano de Jehová su Dios sobre él, todo lo que pidió.
Esdras 7:6.

El rey entonces, oyendo el negocio, pesóle en gran manera, y sobre Daniel puso cuidado para librarlo; y hasta puestas del sol trabajó para librarle.
Dan. 6:14.

Toda la congregación, unida como un solo hombre, era de cuarenta y dos mil trescientos y sesenta: Sin sus siervos y siervas, los cuales eran siete mil trescientos treinta y siete; y tenían doscientos cantores y cantoras.
Esdras 2:64, 65.

Y acabadas estas cosas, los príncipes se llegaron á mí, diciendo: El pueblo de Israel, y los sacerdotes y Levitas, no se han apartado de los pueblos de las tierras. Porque han tomado de sus hijas para sí y para sus hijos, y la simiente santa ha sido mezclada con los pueblos de las tierras; y la mano de los príncipes y de los gobernadores ha sido la primera en esta prevaricación.
Esdras 9:1, 2.

Neh. 13:23, 24.
Neh. 2:1-6.
Neh. 4:13-21.

LA HISTORIA DE DANIEL EL PROFETA

Entendí asimismo que las partes de los Levitas no se les habían dado; Y todo Judá trajo el diezmo del grano, del vino y del aceite, á los almacenes.
Neh. 13:10-13.

Y reprendí á los señores de Judá, y díjeles: ¿Qué mala cosa es esta que vosotros hacéis, profanando así el día del sábado? Sucedió pues, que cuando iba oscureciendo á las puertas de Jerusalem antes del sábado, dije que se cerrasen las puertas, y ordené que no las abriesen hasta después del sábado.
Neh. 13:15-20.

¿Qué Dios como tú, que perdonas la maldad, y olvidas el pecado del resto de su heredad? No retuvo para siempre su enojo, porque es amador de misericordia.
Miqueas 7:18, 19.

Así ha dicho el Señor Jehová: Depón la tiara, quita la corona: ésta no será más ésta; al bajo alzaré, y al alto abatiré. Del revés, del revés, del revés la tornaré; y no será ésta más, hasta que venga aquel cuyo es el derecho, y se la entregaré.
Eze. 21:25-27.

Saliendo yo, luego viene el príncipe de Grecia.
Dan. 10:20.

Dan. 5:26.

¿Por qué ha sido derribado tu fuerte? no se pudo tener, porque Jehová lo rempujó.
Jer. 46:15.
Allí gritaron: Faraón rey de Egipto, rey de revuelta: dejó pasar el tiempo señalado.
Jer. 46:17.

Esperando y apresurándoos para la venida del día de Dios.
2 Pedro 3:12.

despertó al pueblo a la actividad. Entonces, y no hasta entonces, se reconstruyeron los muros. Incluso entonces se luchaba con una mano y se construía con la otra, a causa de la multitud de enemigos. Sólo entonces empezaron a pagar el diezmo y a cesar el tráfico ordinario en sábado; fue entonces cuando repudiaron a sus esposas paganas; pero lo hicieron sólo porque estaban amenazados por la ira de Dios.

Verdaderamente Israel era de dura cerviz y rebelde. Un remanente se salvó de Babilonia, pero era sólo un remanente; y ese remanente, después de años de lucha y muchas vacilaciones, fue como un tizón arrebatado de la hoguera.

Jerusalén, que podría haber sido la gloria de la tierra, cayó presa de cada reino que se sucedía. La mente de Daniel se volvió hacia el creciente poder del reino de Grecia, y Gabriel habló a continuación del poderoso que gobernaría con gran dominio. Medo-Persia se hundió en un estado de debilidad, y el ángel retiró sus alas protectoras; la probación había pasado para otra nación. También ella había sido contada y hallada deficiente; y su nombre es abandonado por el inspirado plumilla.

La historia del imperio persa, hasta que pasó su apogeo, es la historia de los decretos; y cuando esa nación dejó de ayudar a avanzar al pueblo sobre el que Dios aún estaba otorgando luz, es perdida de vista por el historiador divino.

El tiempo no espera ni al hombre ni a la nación. La vida de cada individuo puede leerse en la historia de los años de la supremacía medo-persa. Apresuremos nuestros pasos hacia la Nueva Jerusalén.

CAPITULO XIV

LA HISTORIA DE GRECIA

(Capitulo 11:3-13)

"los griegos buscan sabiduría." 1 Cor. 1:22

Los dos primeros versículos del undécimo capítulo de Daniel esbozan la historia del segundo reino, Medo-Persia. La porción del capítulo incluida en los versículos tres a trece registra la historia del tercer reino, Grecia. Las cosas que están "anotadas en la Escritura de la verdad" relativas a Grecia son las que Gabriel dio a conocer a Daniel. Al profeta le había resultado difícil captar todo el significado de los símbolos utilizados en visiones anteriores para representar los reinos del mundo, por lo que en esta última entrevista entre el siervo de Dios y el ángel de la profecía, los símbolos se dejan a un lado y la historia se repite en lenguaje llano.

A pesar del hecho de que Gabriel da una narración llana, las mismas palabras que utiliza, y los hechos que selecciona de la multitud de acontecimientos que realmente ocurrieron, tienen un significado. Al leer la Palabra de Dios en cualquiera de sus partes se encuentra primero la historia que yace en la superficie, y en segundo lugar el significado más profundo que está igualmente allí, pero que debe buscarse como con una vela encendida. Se espera que el lector pueda al

Y en aquellos tiempos se levantarán muchos contra el rey del mediodía; é hijos de disipadores de tu pueblo se levantarán para confirmar la profecía, y caerán.
Dan. 11:14.

Y Jehová me respondió, y dijo: Escribe la visión, y declárala en tablas, para que corra el que leyere en ella. Aunque la visión tardará aún por tiempo, mas al fin hablará, y no mentirá: aunque se tardare, espéralo, que sin duda vendrá; no tardará.
Hab. 2:2, 3.

Isa. 8:1.
Isa. 30:8.

Toda palabra de Dios es limpia; es escudo á los que en él esperan.
Prov. 30:5.

Si clamares á la inteligencia, y á la prudencia dieres tu voz; Si como á la plata la buscares, y la escudriñares como á tesoros; Entonces entenderás el temor de Jehová, y hallarás el conocimiento de Dios.
Prov. 2:1-5.

Mirad á mí, y sed salvos, todos los términos de la tierra: porque yo soy Dios, y no hay más.
Isa. 45:22.

Porque la profecía no fué en los tiempos pasados traída por voluntad humana, sino los santos hombres de Dios hablaron siendo inspirados del Espíritu Santo.
2 Pedro 1:21.

Tú empero Daniel, cierra las palabras y sella el libro hasta el tiempo del fin.
Dan. 12:4

Y tú irás al fin, y reposarás, y te levantarás en tu suerte al fin de los días.
Dan. 12:13.

Y en su frente un nombre escrito: MISTERIO, BABILONIA LA GRANDE, LA MADRE DE LAS FORNICACIONES Y DE LAS ABOMINACIONES DE LA TIERRA.
Apoc. 17:5.

Apoc. 18:2.
Eze. 23:17.
Jer. 59:44.

Porque todas las gentes han bebido del vino del furor de su fornicación; y los reyes de la tierra han fornicado con ella.
Apoc. 18:3.

Y fuiste al rey con ungüento, y multiplicaste tus perfumes, y enviaste tus embajadores lejos, y te abatiste hasta el profundo.
Isa. 57,:9.

Miguel, uno de los principales príncipes, vino para ayudarme, y yo quedé allí con los reyes de Persia.
Dan. 10:13.

Y fueron enviadas letras por mano de los correos á todas las provincias del rey, para destruir, y matar, y exterminar á todos los Judíos, desde el niño hasta el viejo, niños y mujeres en un día, en el trece del mes duodécimo, que es el mes de Adar, y para apoderarse de su despojo.
Ester 3:13.

¡Oh gente pecadora, pueblo cargado de maldad, generación de malignos,

menos vislumbrar las profundas lecciones espirituales mientras lee la sencilla narración de los acontecimientos.

Dios tenía un propósito cuando dio la historia de los cuatro reinos, Babilonia, Medo-Persia, Grecia y Roma. Hay un incentivo para comprender estas profecías en el hecho mismo de que cada nación está representada de diversas maneras, revelando características diferentes. Y puesto que Daniel es un profeta para los últimos días, aumenta el deseo de leer no sólo la historia, sino el propósito de Dios al trazar la historia con tan infalible exactitud. Babilonia, como nación, como se ha visto del estudio de Daniel en conexión con el Apocalipsis, representa una condición de cosas que existirá en la iglesia de los últimos días. Grande era el esplendor de ese reino, pero era una ramera y una madre de rameras. Sobre la ciudad el cielo vio las palabras: "Misterio de iniquidad", porque ella embriagó a todas las naciones con el vino de su fornicación.

Medo-Persia era hija de Babilonia, y también fornicó; es decir, participó de los pecados de Babilonia y se apartó del Dios vivo. Los principios de la religión de Babilonia fueron llevados a cabo por la hija, aunque la maldad fue en cierta medida frenada por la presencia constante de ángeles en la corte, que trabajaban en favor del pueblo escogido de Dios; pero la tendencia constante hacia la tiranía y la opresión en el gobierno se revelan en el decreto de Asuero en los días de Ester.

Así como Medo-Persia tenía un papel importante que desempeñar en relación con el pueblo de Dios, y aunque su parte difería de los

LA HISTORIA DE GRECIA

tratos de Babilonia con ese mismo pueblo, así también la nación griega fue llamada por Dios para realizar una obra, una obra específica. Ella también era hija de Babilonia, participaba de sus pecados; pero estos pecados, aunque eran los mismos, conducían a manifestaciones externas diferentes que en Medo-Persia. Como los hijos de una misma familia, cada uno de los cuales reproduce el carácter de los padres, pero difieren ampliamente entre sí, así Grecia, Medo-Persia y Roma son tres hermanas, hijas de la misma madre, pero cada una dotada de rasgos especiales y fuertes peculiaridades.

Grecia abarca el abismo entre el Antiguo y el Nuevo Testamento. Su obra reveladora como nación se realizó durante la época en que no había profeta en Israel, el periodo entre Malaquías y Cristo, de ahí que el libro de Daniel sea la única porción de la Biblia que trata de esta nación. La historia de Grecia se remonta a Javán, de la familia de Jafet, quien, con sus hijos, se estableció en las islas del Mediterráneo. Las divisiones naturales del país por las bahías y las montañas desarrollaron muchas tribus independientes o semiindependientes, pero tenían una lengua común y una religión.

Parecería que los principios del culto a Jehová, tal como los conocieron los hijos de Noé, fueron llevados a las islas de Grecia, pues en todo el sistema se puede rastrear una estrecha semejanza con la ley ceremonial con sus tipos y sombras, tal como se llevaba a cabo en Jerusalén en los días de Salomón. Además, cuando se recuerda que el reino de los judíos, en los días de su prosperidad, era visitado por representantes de todas las naciones, es fácil

hijos depravados! Dejaron á Jehová, provocaron á ira al Santo de Israel, tornáronse atrás.
Isa. 1:4.

Mas vosotros llegaos acá, hijos de la agorera, generación de adúltero y de fornicaria. ¿De quién os habéis mofado? ¿contra quién ensanchasteis la boca, y alargasteis la lengua? ¿No sois vosotros hijos rebeldes, simiente mentirosa?
Isa. 57:3, 4.

Sus puertas fueron echadas por tierra, destruyó y quebrantó sus cerrojos: su rey y sus príncipes están entre las gentes donde no hay ley; sus profetas tampoco hallaron visión de Jehová.
Lam. 2:9.

La historia del pueblo de Dios durante este período se da en los dos libros de los Macabeos en los Apócrifos, y se harán referencias marginales en algunos casos de los Apócrifos.

Gen. 10:2, 4.
Isa. 65:19.

Heb. 9:9.
Heb. 10:1.

En aquel tiempo Merodach-baladán, hijo de Baladán, rey de Babilonia, envió cartas y presentes á Ezechías.
Isa. 39:1, 2.

Y OYENDO la reina de Seba la fama de Salomón, vino á Jerusalem, para tentar á Salomón con preguntas difíciles.
2 Cron. 9:1.

Marginal notes

Toda buena dádiva y todo don perfecto es de lo alto, que desciende del Padre de las luces, en el cual no hay mudanza, ni sombra de variación.
Santiago 1:17.

Todo hombre se embrutece y le falta ciencia; avergüéncese de su vaciadizo todo fundidor: porque mentira es su obra de fundición, y no hay espíritu en ellos. Vanidad son, obra de escarnios: en el tiempo de su visitación perecerán. No es como ellos la suerte de Jacob: porque él es el Hacedor de todo, é Israel es la vara de su herencia: Jehová de los ejércitos es su nombre.
Jer. 10:14-16.

Diciéndose ser sabios, se hicieron fatuos, y trocaron la gloria del Dios incorruptible en semejanza de imagen de hombre corruptible, y de aves, y de animales de cuatro pies, y de serpientes. Por lo cual también Dios los entregó á inmundicia, en las concupiscencias de sus corazones.
Rom. 1:21-30.

Evitando las profanas pláticas de vanas cosas, y los argumentos de la falsamente llamada ciencia: la cual profesando algunos, fueron descaminados acerca de la fe.
1 Tim. 6:20, 21.

Ni presten atención á fábulas y genealogías sin término, que antes engendran cuestiones que la edificación de Dios que es por fe.
1 Tim. 1:4.

Anduvo en derredor el sonido de tus truenos; los relámpagos alumbraron el mundo; estremecióse y tembló la

Main text

comprender cómo las formas y ceremonias del culto a Jehová fueron adoptadas por los griegos. Incluso la arquitectura de Palestina, especialmente el templo de Salomón, se convirtió en un modelo para los griegos, que eran amantes de lo bello. Todo lo que es bueno y bello en el mundo tiene su origen en la mente de Dios.

La grosera idolatría de Babilonia y Egipto fue sustituida en Grecia por un culto más refinado, si es que puede decirse que hay grados de refinamiento en el libertinaje. En cualquier caso, las costumbres griegas eran menos repugnantes en la superficie y, por lo tanto, más sutiles y engañosas. El gusto estético de los griegos se desarrolló al estar en estrecho contacto con la naturaleza. Estudiaban la naturaleza, y al no tener la Palabra de Dios como intérprete, adoraban las formas en lugar del Creador. Reconocieron el poder de la vida, pero al no conocer la fuente de la vida, se dejaron llevar por prácticas licenciosas, conocidas como "los misterios", donde las cosas sagradas eran profanadas con la bebida y la indulgencia apasionada.

Hay un compás patético a lo largo de toda su historia. Se acercaron tanto al Dios de la naturaleza y, sin embargo, al no conocerlo, vagaron en una oscuridad tan absoluta. El suyo es un recordatorio constante del destino de aquellos estudiantes de hoy en día que buscan comprender los fenómenos naturales, pero no interpretan la naturaleza según la palabra de su Creador. Ellos también adoran a Zeus y a Deméter, a Plutón o a Poseidón, en lugar de a Cristo. El hecho es que los niños de hoy se alimentan de los mitos y

LA HISTORIA DE GRECIA

tradiciones de este mismo pueblo, que andaba a tientas en la oscuridad, adorando a los dioses del Olimpo, e ignoraba al Dios cuya voz sacudía las montañas en cada tormenta, cuya sonrisa estaba en cada rayo de sol, y cuyos ríos regaban los campos.

Los griegos ofrecían sacrificios, pero ¿de qué valor eran si no aceptaban el sacrificio del inmolado Cordero de Dios? Se abrigaba el espíritu de profecía, pero mientras los profetas de Dios se mezclaban con el pueblo, la profetisa griega era una doncella de carácter dudoso, apartada del pueblo, que recibía su inspiración de un vapor que manaba de un agrietamiento de una roca sobre la que estaba construido el templo de Delfos.

Existía un sacerdocio, los deberes de cuyos miembros consistían en revelar la voluntad de los dioses. Las fiestas sagradas del pueblo de Jehová fueron sustituidas por los juegos nacionales de los griegos. Así como la pascua y la fiesta de los tabernáculos convocaban a la raza hebrea y promovían la unidad y el amor a Dios, los juegos griegos reunían a ese pueblo y promovían una lengua, una religión y una ley comunes. El pueblo de Dios se reunía para el culto espiritual; los griegos, para el disfrute físico o intelectual.

La historia de Grecia es la historia de la cultura física e intelectual. El pueblo admiraba la gracia y la belleza, y sus mentes literarias rendían culto al intelecto. Platón, el más grande de los filósofos griegos, vivió cuatrocientos años antes de Cristo, y sus enseñanzas han guiado el pensamiento de los escritores de todas las épocas desde entonces. Los judíos mezclaron las

tierra.
Sal. 77:18.

Allí anidan las aves; en las hayas hace su casa la cigüeña.
Sal. 104:17

Y el sacerdote de Júpiter, que estaba delante de la ciudad de ellos, trayendo toros y guirnaldas delante de las puertas, quería con el pueblo sacrificar.
Hechos 14:11-13.

2 Reyes 4:8, 9.
1 Sam. 7:15, 16.
2 Reyes 22:14.
Jueces 4:4-9.

Lev. 23:1-44.
Ex. 12:3-10.
Lev. 23:39-43.
Deut. 16:16.

¿No sabéis los que corren en el estadio, todos á la verdad corren, mas uno lleva el premio? Corred de tal manera que lo obtengáis. Y todo aquel que lucha, de todo se abstiene: y ellos, á la verdad, para recibir una corona corruptible; mas nosotros, incorruptible. Así que, yo de esta manera corro, no como á cosa incierta; de esta manera peleo, no como quien hiere el aire; Antes hiero mi cuerpo, y lo pongo en servidumbre; no sea que, habiendo predicado á otros, yo mismo venga á ser reprobado.
1 Cor. 9:24-27.

Porque el ejercicio corporal para poco es provechoso; mas la piedad para todo aprovecha, pues tiene promesa de esta vida presente, y de la venidera.
1 Tim. 4:8.

194   LA HISTORIA DE DANIEL EL PROFETA

¿Por qué tus discípulos traspasan la tradición de los ancianos? . . . Y él respondiendo, les dijo: ¿Por qué también vosotros traspasáis el mandamiento de Dios por vuestra tradición? . . . Así habéis invalidado el mandamiento de Dios por vuestra tradición.
Mat. 15:2, 3, 6.
Eze. 43:8.
1 Tim. 6:20.

Mirad que ninguno os engañe por filosofías y vanas sutilezas, según las tradiciones de los hombres, conforme á los elementos del mundo, y no según Cristo.
Col. 2:8.

Así que, todo lo que os dijeren que guardéis, guardad lo y haced lo; mas no hagáis conforme á sus obras: porque dicen, y no hacen.
Mat. 23:3.

Mas del árbol de ciencia del bien y del mal no comerás de él; porque el día que de él comieres, morirás.
Gen. 2:17.
Gen. 3:1-7.
Jer. 51:34.
Ester 3:13

Y se animaron a ir al rey, y éste les dio autorización para seguir las costumbres paganas. Construyeron un gimnasio en Jerusalén, como acostumbran los paganos; se hicieron operaciones para ocultar la circuncisión, renegando así de la alianza sagrada; se unieron a los paganos y se vendieron para practicar el mal.
1 Macabeos 1:13-15.

El alejamiento de Israel del Señor durante el período de influencia griega fue tan grande que no se les confió el espíritu de profecía como antes.

Dan. 10:20.

Dan. 11:3.

enseñanzas de la Biblia con la filosofía de Platón, y eso formó las tradiciones de los hombres, contra las que Cristo advirtió tan a menudo a sus seguidores. La falsa filosofía, y la "ciencia falsamente llamada así" de la época de Pablo, era la enseñanza griega, que respiraba el espíritu de Platón y sus alumnos.

Los escritos de Platón han sustituido en muchos casos a la Biblia, y un gran número de escritores modernos, tanto de prosa como de poesía, lo reconocen como su líder intelectual. La filosofía de este hombre era a menudo buena, y admiraba la verdad; pero el error residía en admirar o asentir a la verdad y no vivirla. Sus seguidores cayeron bajo la condena de Cristo, junto con los fariseos, de quienes dijo: "Dicen, pero no hacen".

Aquí, en la religión griega y en el saber griego, estaba la forma más sutil de esa mezcla de verdad y error que Satanás ofreció en el árbol del conocimiento del bien y del mal, que existió desde los días del Edén hasta la época de Grecia. Babilonia esclavizó los cuerpos del pueblo de Dios, Medo-Persia hizo leyes para matarlos, pero Grecia capturó sus mentes y los esclavizó a sus ideas. Falsificó tan prolijamente, tan hábilmente, las enseñanzas espirituales del Antiguo Testamento; y tan silenciosamente, pero con tanta seguridad, enrolló sus zarcillos alrededor del pueblo de Dios, que su esclavitud fue mucho peor que la de Egipto o Babilonia. Es esta influencia la que debe tenerse en cuenta al seguir la historia de los griegos tal como nos la relata Gabriel.

El ángel había dicho: "Cuando yo haya salido [de Persia], he aquí que vendrá el príncipe

LA HISTORIA DE GRECIA

de Grecia". Y de Grecia dice: "Se levantará un rey poderoso que gobernará con gran dominio y hará según su voluntad". Es en este lenguaje que Alejandro es introducido en los registros divinos. No era griego, sino macedonio, hijo de Filipo de Macedonia. Aparece en la historia como uno de esos personajes fuertes a los que Dios utiliza a pesar de no conocerlo y de no saber su manera de obrar. Alejandro, en la historia griega, se corresponde en cierto modo con Ciro, el persa.

Alejandro, de niño, mostró una voluntad indomable, y a medida que crecía hasta la edad adulta el rasgo se fortaleció. Fue educado por Aristóteles, el ilustre alumno de Platón, en la sabiduría de los griegos. Cuando tenía veinte años, Filipo, rey de Macedonia, murió, dejando el gobierno a Alejandro. Corría el año 336 a.C. Alejandro unió los estados independientes de Grecia y se colocó a la cabeza de su consejo anfictiónico. Los griegos eran ambiciosos, y el nuevo general organizó un ejército para la conquista extranjera.

El tercer reino estaba representado por un leopardo con cuatro alas en el lomo. Este símbolo abarcaba la época no sólo cuando Alejandro era rey, sino también durante su estado dividido. La rapidez de la conquista está bien representada por las alas de ave; la naturaleza astuta e insinuante por la forma ágil del leopardo, y la mezcla de verdad y error en sus doctrinas y prácticas por las manchas. "¿Puede el leopardo cambiar sus manchas?" Ya no podría Grecia dar la verdad sin una porción de lo falso; ya no pueden separarse la verdad y el error en ese sistema de educación fundado en la sabiduría de los griegos: su filosofía, sus mitos y

Vanamente hinchado en el sentido de su propia carne.
Col. 2:18.
Gen. 49:5, 6.

Yo Jehová, y ninguno más hay: no hay Dios fuera de mí. Yo te ceñiré, aunque tú no me conociste.
Isa. 45:5.

Aun el muchacho es conocido por sus hechos, si su obra fuere limpia y recta.
Prov. 20:11.

Y engrandecióse en gran manera el macho de cabrío.
Dan. 8:8.

Después de esto yo miraba, y he aquí otra, semejante á un tigre, y tenía cuatro alas de ave en sus espaldas: tenía también esta bestia cuatro cabezas; y fuéle dada potestad.
Dan. 7:6.

Tigre acechará sobre sus ciudades; cualquiera que de ellas saliere, será arrebatado.
Jer. 5:6.

Por tanto, yo seré para ellos como león; como un leopardo en el camino los espiaré.
Oseas 13:7.

¿Mudará el negro su pellejo, y el leopardo sus manchas? Así también podréis vosotros hacer bien, estando habituados á hacer mal.
Jer. 13:23.

LA HISTORIA DE DANIEL EL PROFETA

su enseñanza de la naturaleza.

De nuevo Daniel vio el progreso de esta tercera nación, como un áspero macho cabrío que venía del oeste sin tocar la tierra. Esto marca la rapidez de las conquistas llevadas a cabo por Alejandro. Fue Granicus, Asia Menor, Issus, Tiro, Gaza, con la rendición de todo Egipto; Arbela, Babilonia, Susa, Bactriana y la India; todo ello en el espacio de ocho cortos años. Una vez conquistados los que se le oponían, planeó unir el extenso territorio sobre el que ejercía su dominio. Fue organizador y diplomático además de general. Casándose con una princesa de Babilonia y dando en matrimonio a varios miembros de la familia real de Persia a sus generales, trató de ganarse el favor de las razas conquistadas. Fue durante su estancia en Babilonia, dirigiendo los asuntos de aquella antigua capital oriental, cuando Alejandro murió, probablemente a consecuencia de la intemperancia y los excesos. Aún era un hombre joven, pero las naciones del mundo se postraron a sus pies.

En el seguimiento de las rápidas conquistas de Alejandro,-simbolizadas por el macho cabrío que no tocaba el suelo,-todavía no se ha hecho mención de los judíos. Así como Dios puso a Nabucodonosor y a Ciro en contacto directo con su pueblo, para que conocieran al Dios del cielo, así permitió que Alejandro aprendiera de él. Mientras aquel conquistador pasaba de Tiro, tras su rendición, hacia Gaza, que guarda la entrada en Egipto, se detuvo en Jerusalén. Josefo afirma que una gran consternación llenó la ciudad cuando se supo que venía el guerrero griego. Pero el sumo sacerdote, Juddas, tuvo un sueño en el que se le ordenaba salir al encuentro

---

Después torné yo á mirar para ver la sabiduría y los desvaríos y la necedad. Y he visto que la sabiduría sobrepuja á la necedad, como la luz á las tinieblas.
Ecl. 2:12, 13.
Y estando yo considerando, he aquí un macho de cabrío venía de la parte del poniente sobre la haz de toda la tierra, el cual no tocaba la tierra: y tenía aquel macho de cabrío un cuerno notable entre sus ojos.
Dan. 8:5 [margin].

Y después de ti se levantará otro reino menor que tú; y otro tercer reino de metal, el cual se enseñoreará de toda la tierra.
Dan. 2:39.
Y engrandecióse en gran manera el macho de cabrío; y estando en su mayor fuerza, aquel gran cuerno fué quebrado.
Dan. 8:8.

Como ciudad derribada y sin muro, es el hombre cuyo espíritu no tiene rienda.
Prov. 25:28.

El vino es escarnecedor, la cerveza alborotadora; y cualquiera que por ello errare, no será sabio.
Prov. 20:1.

Y andarán las gentes á tu luz, y los reyes al resplandor de tu nacimiento.
Isa. 60:3.

Levántate, oh Jehová; prevén su encuentro, póstrale: libra mi alma del malo con tu espada; De los hombres con tu mano, oh Jehová, de los hombres de mundo, cuya parte es en esta vida, y cuyo vientre hinches de tu tesoro.
Sal. 17:13, 14.

Y harás vestidos sagrados á Aarón tu hermano, para honra y hermosura.
Ex. 28:2.

de Alejandro, ataviado con sus vestiduras sacerdotales y acompañado por los oficiales del templo vestidos de blanco.

Cuando Alejandro se encontró con esta compañía, para sorpresa de su ejército y sus generales, se inclinó hasta el suelo para adorar al Dios cuyo nombre figuraba en la mitra que llevaba el sumo sacerdote. Luego acompañó al sacerdote al templo de Jerusalén, donde se le explicaron los sacrificios. Además, se explicaron las profecías de Daniel sobre el ascenso y la caída de Babilonia, las conquistas de Medo-Persia y su posterior caída y el ascenso de un tercer imperio. Daniel, que había sido testigo ante Nabucodonosor y Ciro, fue citado entonces ante Alejandro. El poderoso conquistador estaba en presencia del Espíritu de Dios, y se le dio el mensaje de que el Altísimo gobierna en el reino de los hombres, y lo da a quien quiere. ¿Se inclinaría en sumisión y dejaría que Dios conquistara por él? Este fue el momento oportuno de su vida.

Alejandro reconoció a Dios, pero abandonó Jerusalén y siguió adelante en la batalla. Gaza cayó. Entró en Egipto, y allí, para gratificar un orgullo egoísta, se hizo proclamar hijo de Júpiter Amón. Él, que podría haberse convertido en hijo de Dios, prefirió llamarse hijo de Júpiter. El resultado de la educación y el aprendizaje griegos queda plenamente ejemplificado en este único acto. El resultado de tal elección -una consumación adecuada de toda la enseñanza griega- se conoció en Babilonia cuando el rey, en su plenitud, se acostó y murió sin esperanza alguna para el futuro. Es un comentario triste pero impresionante para aquellos que buscan los caminos del mundo con preferencia a las verdades

Y reyes serán tus ayos, y sus reinas tus amas de leche; el rostro inclinado á tierra te adorarán, y lamerán el polvo de tus pies: y conocerás que yo soy Jehová, que no se avergonzarán los que me esperan.
Isa. 49:23.

Dan. 2:31-39.

Dan. 8:3-8.
Dan. 8:20 21.
Dan. 11:2-4.

El quebrantará á los fuertes sin pesquisa, y hará estar otros en su lugar.
Job. 34:24.

Dan. 4:32.

He aquí, yo estoy á la puerta y llamo: si alguno oyere mi voz y abriere la puerta, entraré á él, y cenaré con él, y él conmigo.
Apoc. 3:20.

Hechos 14:11-13.

Mirad cuál amor nos ha dado el Padre, que seamos llamados hijos de Dios.
1 Juan 3:1, 2.

Los cuales mudaron la verdad de Dios en mentira, honrando y sirviendo á las criaturas antes que al Criador, el cual es bendito por los siglos. Amén.
Rom. 1:25.
Todo es hecho del polvo, y todo se tornará en el mismo polvo.
Ecl. 3:18-20.

El que es de la tierra, terreno es.
Juan 3:31.

LA HISTORIA DE DANIEL EL PROFETA

3. *Levantaráse luego un rey valiente, el cual se enseñoreará sobre gran dominio, y hará su voluntad*
Dan. 11:3.

Escogeos hoy á quién sirváis.
Josue 24:15.
2 Cor. 4:4.
Efe. 2:2, 3.
Fili. 2:5.
Mat. 12:30.

Así que, si el Hijo os libertare, seréis verdaderamente libres.
Juan 8:36.

Mas temo que como la serpiente engañó á Eva con su astucia, sean corrompidos así vuestros sentidos en alguna manera, de la simplicidad que es en Cristo.
2 Cor. 11:3.

He aquí los ojos del Señor Jehová están contra el reino pecador, y yo lo asolaré de la haz de la tierra.
Amos 9:8.

4. Pero cuando estará enseñoreado, será quebrantado su reino, y repartido por los cuatro vientos del cielo; y no á sus descendientes, ni según el señorío con que él se enseñoreó: porque su reino será arrancado, y para otros fuera
de aquellos.
Dan. 11:4.

Y engrandecióse en gran manera el macho de cabrío; y estando en su mayor fuerza, aquel gran cuerno fué quebrado, y en su lugar subieron otros cuatro maravillosos hacia los cuatro vientos del cielo.
Dan. 8:8.

de Dios.

Una cosa que el historiador inspirado anota, es que él haría "según su voluntad". Cuando el hombre toma tal resolución, significa que se le ha ofrecido elegir entre Dios y Satanás, y ha elegido a este último. No hay más que dos mentes en el universo, y el que rechaza a Dios puede afirmar que ejerce su propia mente, pero significa que se deja llevar por la mente del enemigo de Dios. "Haya, pues, en vosotros este sentir que hubo también en Cristo Jesús", porque trae libertad. El espíritu que desea exaltarse a sí mismo está imitando la filosofía de los griegos, y su resultado es la muerte; porque la filosofía griega no es más que una continuación de la filosofía utilizada para engañar a Adán y Eva en el Edén junto al árbol del conocimiento del bien y del mal.

Alejandro no dejó herederos al trono que pudieran llevar las riendas del gobierno. Su hijo mayor era un niño de cinco años. Varios hombres fuertes habían actuado como generales del ejército durante la marcha por Asia, y a la muerte del emperador ocho de ellos se disputaron la supremacía. Ninguno, sin embargo, era lo bastante fuerte para someter a todos los demás. Durante unos veinte años hubo guerra y contienda. Finalmente, en el año 302 a.C. se acordó que Ptolomeo se quedara con Egipto; Seleuco, con Siria y el este; Lisímaco, con Tracia y Asia Menor, y Casandro, con Grecia. El territorio de Alejandro fue dividido, pero "no a su posteridad"; ni la fuerza de estos cuatro era igual a la de Alejandro, y las cuatro particiones duraron sólo unos pocos años. Grecia, que estaba bajo el dominio de Casandro, fue tomada por Lisímaco, uniendo así

LA HISTORIA DE GRECIA

las divisiones occidental y septentrional. En 281 a.c., tras intrigas demasiado numerosas para mencionarlas, Seleuco se encontró con Lisímaco y lo mató en batalla. Esto redujo las cuatro divisiones a dos, cuyos gobernantes se distinguieron posteriormente como reyes del norte y del sur. Seleuco, el rey del norte, poseía ahora el territorio que antes había pertenecido a tres generales, mientras que Ptolomeo conservaba la división del sur. Esto concuerda con las palabras de Gabriel a Daniel. El quinto versículo, según Spurrell, dice: "Entonces el rey del sur, uno de sus príncipes [de Alejandro] será fuerte; sin embargo, otro le superará en fuerza y tendrá dominio; un gran dominio será su dominio".

El Ptolomeo que ganó Egipto se apellidaba Soter, o Salvador, y a su muerte le sucedió su hijo, Ptolomeo Filadelfo. El Seleuco que ganó las tres divisiones fue sucedido por su hijo Antíoco Soter, que fue asesinado por los galos en Asia Menor. El tercero en la línea de reyes grecosirios fue Antíoco Teo, que reinaba en Siria mientras Ptolomeo Filadelfo ocupaba el trono egipcio.

Hay, sin embargo, algo aparte de la mera sucesión de reyes que es digno de mención. Gabriel dio a Daniel el marco de la historia de Grecia. Tenemos en el registro inspirado algo que corresponde al esqueleto en el cuerpo humano, y es necesario poner la carne y los órganos de la vida. Estas naciones que existían entonces eran un refugio, tal vez, un andamiaje, construido alrededor del pueblo de Dios, ofreciéndole otra oportunidad de trabajar. El Espíritu de Dios trabajaba en las

5. Y haráse fuerte el rey del mediodía: mas uno de los príncipes de aquél le sobrepujará, y se hará poderoso; su señorío será grande señorío.
Dan. 11:5.

Hab. 2:5-7.

El hace andar á los consejeros desnudos de consejo, y hace enloquecer á los jueces. El suelta la atadura de los tiranos, y ata el cinto á sus lomos. El lleva despojados á los príncipes, y trastorna á los poderosos.
Job 12:17-19.

Menosprecia toda cosa alta: es rey sobre todos los soberbios.
Job 41:34.

Y anduvieron de gente en gente, de un reino á otro pueblo, no consintió que hombre los agraviase; y por causa de ellos castigó los reyes.
Sal. 105:13, 14.
Dios en sus palacios es conocido por refugio. Porque he aquí los reyes de la tierra se reunieron; pasaron todos. Y viéndola ellos así, maravilláronse, se turbaron, diéronse priesa á huir.
Sal. 48:3-5.

LA HISTORIA DE DANIEL EL PROFETA

> Y después de ti se levantará otro reino menor que tú; y otro tercer reino de metal, el cual se enseñoreará de toda la tierra.
> Dan. 2:39.

> 1 Macabeos 1:28.
> 1 Macabeos 1:39-46.

> Avergonzóse la hija de Egipto; entregada será en mano del pueblo del aquilón; Jehová de los ejércitos, Dios de Israel, ha dicho: He aquí que yo visito el pueblo de Amón de No, y á Faraón y á Egipto, y á sus dioses y á sus reyes; así á Faraón como á los que en él confían.
> Jer. 46:24, 25.

> Se dirigió al rey, no para acusar a sus conciudadanos sino buscando el interés general y particular de todo el pueblo: pues veía que sin una intervención del rey sería imposible alcanzar la paz pública y que Simón pusiera fin a su locura. Cuando

cortes de los monarcas tan fielmente como siempre. Al mismo tiempo, la controversia entre la verdad y el error no disminuyó ni por un momento.

Podría parecer al observador casual que Grecia no era en realidad una potencia gobernante en el sentido en que Babilonia y Medo-Persia eran monarquías universales. Veámoslo: Desde el principio se ha señalado que Grecia era una potencia gobernante intelectual y no una potencia que mantenía en esclavitud los cuerpos de los hombres. Si podemos personificar el intelecto griego de forma abstracta, podemos decir que Alejandro fue la herramienta en su mano para construir un reino en el que pudiera dominar. Hizo bien este trabajo; y mientras él caía individualmente, la lengua, el saber y las costumbres griegas se introdujeron en todos los países donde sus brazos habían abierto el camino. La religión griega, con sus misterios, fue aceptada en Siria y Asia Menor; los juegos griegos se celebraban en las provincias orientales. Pero la educación griega tomó una posición por delante incluso de su religión, y los maestros y eruditos griegos siguieron la estela del conquistador. El griego era la lengua más utilizada y los libros griegos estaban muy solicitados. La ciudad de Alejandría en Egipto fue fundada por Alejandro, y se convirtió en el centro del aprendizaje griego. La idolatría egipcia y la filosofía griega se sentaron entronizadas una al lado de la otra. Como afirma la Enciclopedia Británica: "En Egipto coexistió una aristocracia griega de oficio, nacimiento

LA HISTORIA DE GRECIA

e intelecto con una vida nativa distinta."

Israel había sido liberado una vez milagrosamente de la esclavitud física en Egipto. Se les había advertido que no huyeran a Egipto en busca de protección en los días de Nabucodonosor en el sitio de Jerusalén. Puede que escaparan de la esclavitud de aquellos tiempos anteriores, pero fueron capturados por el saber de los griegos. En los días de Ptolomeo Soter, muchos judíos se refugiaron en Egipto, y los que permanecieron en Jerusalén y Palestina se imbuyeron de muchas de las ideas de los griegos.

Se ha afirmado que la historia de Grecia llena el tiempo entre la profecía de Malaquías y Juan el Bautista. Ahora estamos preparados para apreciar la razón por la que Israel estuvo tanto tiempo sin el sonido de la voz del profeta. Dios dio a Israel un sistema de educación, separado y distinto del sistema de todas las demás naciones; un sistema que, si se seguía, haría imposible para siempre que el pueblo fuera al cautiverio. Pero Israel abandonó a menudo el sistema que Dios le había dado por la enseñanza de las naciones paganas.

Cuando los judíos regresaron de Babilonia, estaban fuertemente teñidos de las ideas babilónicas de educación y religión. Esto los preparó para aceptar con prontitud las enseñanzas de los griegos. Los rabinos de Jerusalén mezclaron tan a fondo los principios de la filosofía griega con los estatutos de Jehová, que se les ordenó enseñar a los niños, que desde la muerte de Malaquías hasta el nacimiento de Juan el Bautista, no hubo una familia en Judá a la que se pudiera confiar la educación de un

Seleuco murió, lo sucedió Antíoco, conocido con el nombre de Epífanes. Entonces Jasón, hermano de Onías, compró con dinero el cargo de sumo sacerdote; en una entrevista con el rey, prometió darle once mil ochocientos ochenta kilos de plata como tributo, más otros dos mil seiscientos cuarenta de entradas adicionales. Se comprometió, además, a pagar casi cinco mil kilos de plata, si lo autorizaba a establecer, por cuenta propia, un gimnasio y un centro de deportes y cultura griega, y si daba a los habitantes de Jerusalén el derecho de ciudadanos de Antioquía. El rey le concedió lo que pedía, y desde que Jasón tomó posesión del cargo, fomentó entre sus compatriotas la manera griega de vivir.... Se apresuró a construir un gimnasio al pie de la ciudadela, e hizo que los jóvenes más sobresalientes se dedicaran a los ejercicios del gimnasio. La extremada maldad del impío y falso sumo sacerdote Jasón, Así, los sacerdotes dejaron de mostrar interés por el servicio del altar, y ellos mismos, despreciando el Templo y descuidando los sacrificios, en cuanto sonaba la señal se apresuraban a ayudar a los luchadores a entrenarse en los ejercicios prohibidos por la ley. Despreciaban por completo los honores de la propia patria, y estimaban en sumo grado las glorias de los griegos. Pero precisamente por eso se vieron en una situación difícil: aquellos mismos a quienes se prop usieron seguir y copiar en todo, fueron después sus enemigos y verdugos.

2 Macabeos 4:5-16

Quebrantamiento vendrá sobre quebrantamiento, y rumor será sobre rumor; y buscarán respuesta del profeta, mas la ley perecerá del sacerdote, y el consejo de los ancianos.

Eze. 7:26.

profeta.

Los juegos griegos se celebraban en la propia Jerusalén, y los jóvenes judíos, vestidos únicamente con el pañuelo y el sombrero ancho a imitación del dios Hermes, luchaban como los atletas atenienses. El Dr. Mears afirma que los sacerdotes, cuando se daba la señal para los deportes, abandonaban su trabajo en el templo para presenciar los juegos. Los nombres griegos sustituyeron a los judíos en muchos casos, e incluso los sacerdotes se casaron con griegos. No es de extrañar que Gabriel diera instrucciones específicas sobre el nombre que debía ponerse al bebé de Zacarías e Isabel, pues aunque hubo una época en que se ponía nombre a todos los niños de Israel bajo la inspiración del Espíritu, ahora los israelitas habían elegido Grecia en lugar de Dios.

Toda la enseñanza judía estaba helenizada; y cuando nació Juan el Bautista, se ordenó a su madre y a su padre que abandonaran la ciudad de Jerusalén y educaran al niño en el desierto, lejos de la influencia de las escuelas y de la sociedad de los judíos. El propio Cristo nunca entró en las escuelas de su tiempo a causa de la mezcla de la verdad de Dios con la filosofía pagana. La enseñanza griega exaltaba la naturaleza; pero el Hijo de Dios no podía oír la voz del Padre en las enseñanzas de las escuelas, y vagaba por los bosques solo, o en compañía de su madre. Entonces fue cuando la naturaleza, la gran lección objetiva del Creador, se abrió a su mente en expansión. Otros jóvenes judíos se sentaron a los pies de los rabinos, aprendiendo lo que enseñaba el espíritu de los griegos, y crucificaron al Señor de la vida.

Es algo maravilloso para el hombre, que es tan limitado en medios, observar la obra de Dios, que es tan ilimitado en recursos. Cuando los judíos huyeron a Egipto, Dios

---

Poco tiempo después, el rey envió a un anciano de la ciudad de Atenas para obligar a los judíos a quebrantar las leyes de sus antepasados, y a organizar su vida de un modo contrario a las leyes de Dios; para profanar el templo de Jerusalén y consagrarlo al dios Zeus Olímpico: Aun para la masa del pueblo era penoso y difícil soportar tantos males: El templo era escenario de actos desenfrenados y de fiestas profanas, organizadas por paganos que se divertían con mujeres de mala vida y tenían relaciones con prostitutas en los atrios sagrados. Además, llevaban al templo objetos que estaba prohibido introducir en él.
2 Macabeos 6:1-4.

Llamarás su nombre Juan.
Lucas 1:13, 15, 63.

Y el niño crecía, y se fortalecía en espíritu: y estuvo en los desiertos hasta el día que se mostró á Israel.
Lucas 1:80.
Y en aquellos días vino Juan el Bautista predicando en el desierto de Judea.
Mat. 3:1.

Y maravillábanse los Judíos, diciendo: ¿Cómo sabe éste letras, no habiendo aprendido? Respondióles Jesús, y dijo: Mi doctrina no es mía, sino de aquél que me envió.
Juan 7:15, 16.

Entonces levantándose en el concilio un Fariseo llamado Gamaliel, doctor de la ley, venerable á todo el pueblo, mandó que sacasen fuera un poco á los apóstoles.
Hechos 5:34.
Yo de cierto soy Judío, nacido en Tarso de Cilicia, mas criado en esta ciudad á los pies de Gamaliel, enseñado conforme á la verdad de la ley de la patria, celoso de Dios, como todos vosotros sois hoy.
Hechos 22:3.

LA HISTORIA DE GRECIA

aprovechó su presencia allí y la convirtió para su gloria. Ptolomeo Filadelfo fundó la Biblioteca Alejandrina, y fue él quien fomentó la traducción del Antiguo Testamento al griego. Fue así como las profecías relativas al Mesías prometido se pusieron en lengua universal casi trescientos años antes del nacimiento de Cristo. El mundo podía intoxicarse con la filosofía griega, pero Dios dejó al hombre sin excusa al poner la palabra de vida en la lengua doméstica de las naciones. Satanás puede maquinar, y sus agentes en la tierra pueden ser sabios, pero no pueden hacer nada contra la verdad sin que en ese mismo acto promuevan la verdad. Mientras las oscuras alas del paganismo se acercaban más y más alrededor del mundo, para cerrar el paso si era posible a la misma luz del cielo, la palabra de Dios, como una vela encendida, una antorcha entre las gavillas, brillaba bajo esa oscuridad, y proclamaba el advenimiento del Deseo de todas las edades.

Los primeros versículos de la historia de Grecia (Dan. 11:3-5) ponen al estudiante frente a frente con ese país como potencia intelectual, y revelan que el secreto de su fuerza estaba en su lengua y filosofía. Ella conquistó el mundo poniendo todas las mentes bajo su control. El plan del enemigo de la verdad era subyugar las mentes a una filosofía falsa; y puesto que éste fue el esquema sobre el que trabajó en Grecia, fue bajo esta misma influencia nacional que la verdad que libera la mente fue dada al mundo. Qué gran alcance tenían entonces los propósitos de Dios.

Otro gran principio yace lado a lado con el dado en esos primeros versos. Este segundo, que se oculta en los versículos seis a trece, tiene que ver con la puesta en práctica de esos mismos principios a través del gobierno como canal. El reino de Alejandro se resolvió

Ex. 14:13.

Su eterna potencia y divinidad; de modo que son inexcusables: Porque habiendo conocido á Dios, no le glorificaron como á Dios, ni dieron gracias; antes se desvanecieron en sus discursos, y el necio corazón de ellos fué entenebrecido. Diciéndose ser sabios, se hicieron fatuos.
Rom. 1:20-22.

Y quiero, hermanos, que sepáis que las cosas que me han sucedido, han redundado más en provecho del evangelio. De manera que mis prisiones han sido célebres en Cristo en todo el pretorio, y á todos los demás.
Fili. 1:12, 13.

2 Cor. 10:4, 5.

También te dí por luz de las gentes, para que seas mi salud hasta lo postrero de la tierra.
Isa. 49:6.

(Entonces todos los Atenienses y los huéspedes extranjeros, en ninguna otra cosa entendían, sino ó en decir ó en oir alguna cosa nueva.)
Hechos 17:21.

Porque los Judíos piden señales, y los Griegos buscan sabiduría: Mas nosotros predicamos á Cristo crucificado, á los Judíos ciertamente tropezadero, y á los Gentiles locura. Empero á los llamados, así Judíos como Griegos, Cristo potencia de Dios, y sabiduría de Dios. Porque lo loco de Dios es más sabio que los hombres; y lo flaco de Dios es más fuerte que los hombres.
1 Cor. 1:22-25.

Dan. 11:6-13.

Y haráse fuerte el rey del mediodía: mas uno de los príncipes de aquél le sobrepujará, y se hará poderoso; su señorío será grande señorío.
Dan. 11:5.
Y del uno de ellos salió un cuerno pequeño, el cual creció mucho al mediodía, y al oriente, y hacia la tierra deseable.
Dan. 8:9.

Muy limpio eres de ojos para ver el mal, ni puedes ver el agravio: ¿por qué ves los menospreciadores, y callas cuando destruye el impío al más justo que él y haces que sean los hombres como los peces de la mar, como reptiles que no tienen señor? Sacará á todos con anzuelo, cogerálos con su red, y juntarálos en su aljerife: por lo cual se holgará y hará alegrías.
Hab. 1:13-15.

Apoc. 9:1-21.

Y os digo que vendrán muchos del oriente y del occidente, y se sentarán con Abraham, é Isaac, y Jacob, en el reino de los cielos.
Mat. 8:11.
Del mediodía viene el torbellino, y el frío de los vientos del norte. . . . Viniendo de la parte del norte la dorada claridad.
Job. 37:9, 22.

Y vi la bestia, y los reyes de la tierra y sus ejércitos, congregados para hacer guerra contra el que estaba sentado sobre el caballo, y contra su ejército.
Apoc. 19:19.
Y los congregó en el lugar que en hebreo se llama Armagedón.
Apoc. 16:16.

6. Y al cabo de años se concertarán, y la hija del rey del mediodía vendrá al rey del norte para hacer los conciertos. Empero ella no podrá retener la fuerza del brazo: ni permanecerá él, ni su brazo; porque será entregada ella, y los

en dos divisiones, una septentrional y otra meridional. Ambas estaban helenizadas, pero la septentrional representaba más verdaderamente los principios griegos, mientras que la división meridional estaba fuertemente teñida de las viejas ideas egipcias tanto de gobierno como de religión. Fue la división del norte la que llevó adelante la obra de la profecía simbolizada por el leopardo y el macho cabrío, y fue de la división del norte de donde procedió el cuerno pequeño de Daniel 8. En consecuencia, debe ser correcto concluir que es la división grecosiria, y no la egipcia, la que realizará la obra de la que Alejandro fue el precursor. Sin embargo, habrá a lo largo de los tiempos hasta el final de los tiempos una fuerza que se alzará desde el sur y se opondrá al poder del norte. Esto se verá de nuevo en la obra mahometana de la Edad Media durante la supremacía de la cuarta bestia. Pero debemos observar el desarrollo del principio durante la vida del tercer reino, ya que es introductorio en sí mismo a la obra futura.

La historia revela el hecho de que la mayor fuerza en el gobierno se encuentra en aquellas potencias cuyo territorio se extiende de este a oeste, y que las naciones que intentan gobernar territorios que se extienden lejos hacia el norte y el sur tienen problemas. Es en reconocimiento de este hecho que cada imperio universal ha progresado principalmente de este a oeste, y cada reino sucesor ha ido más hacia el oeste que los precedentes. Esto continúa hasta que el globo es rodeado, y todos los reyes de la tierra se encuentran finalmente en la gran batalla de Armagedón.

A pesar de este principio controlador entre las naciones, y frente al decreto del Santo Vigilante, el norte y el sur intentaron unirse. Se siguió una política mundana de matrimonios

LA HISTORIA DE GRECIA

mixtos, y como Spurrell interpreta el versículo 6, "Después de algunos años ellos [los reyes del norte y del sur] se asociarán; porque la hija del rey del sur [Berenice, hija de Tolomeo Filadelfo] vendrá al rey del norte [Antíoco Teo] para hacer acuerdos." Antíoco repudió a su legítima esposa, Laodice, para casarse con Berenice, y los resultados de esta transgresión de la ley de Dios están dados por la pluma de la inspiración. "El brazo no conservará su fuerza, ni su descendencia será establecida; sino que ella será entregada, y sus ayudantes, y su hijo, y sus partidarios en aquellos tiempos". La pluma humana no puede hacer la historia más clara de lo que lo hizo Gabriel al relatarla a Daniel casi doscientos años antes de que ocurriera. Berenice perdió el favor a los ojos de Antíoco Teo, quien entonces volvió a llamar a Laodice. La celosa esposa provocó entonces el envenenamiento de Antíoco y colocó a su propio hijo en el trono. A través de su influencia, también, Berenice, su hijo por Antíoco, y sus asistentes y partidarios egipcios, fueron todos asesinados.

Esto despertó a la casa real de Egipto, y un hermano de Berenice, retoño de sus raíces, avanzó hacia el territorio de Antíoco con un gran ejército. "Gobernará dentro de las fortificaciones de los reyes del norte, guerreará contra ellos y vencerá". Aquí se describe a Ptolomeo Euergetes, hijo de Ptolomeo Filadelfo. No sólo invadió Siria, sino que fue a Babilonia, donde encontró algunos de los dioses egipcios e imágenes fundidas que Cambises había capturado durante su guerra en Egipto. Estas las devolvió Ptolomeo, y por ello fue nombrado Euergetes (benefactor) por su agradecido pueblo. Se dice que llevó a Egipto cuarenta mil talentos de plata y muchos vasos de plata y oro. Ptolomeo Euergetes regresó entonces a su propio reino, donde sobrevivió a

que la habían traído, asimismo su hijo, y los que estaban de parte de ella en aquel tiempo.
Dan. 11:6.

Cuanto á aquello que viste, el hierro mezclado con tiesto de barro, mezcláranse con simiente humana, mas no se pegarán el uno con el otro, como el hierro no se mistura con el tiesto.
Dan. 2:43.

Y yo os digo que cualquiera que repudiare á su mujer, si no fuere por causa de fornicación, y se casare con otra, adultera: y el que se casare con la repudiada, adultera.
Mat. 2:44,19:9.

La maldición de Jehová está en la casa del impío; mas él bendecirá la morada de los justos.
Prov. 3:33.

Ponme como un sello sobre tu corazón, como una marca sobre tu brazo: porque fuerte es como la muerte el amor; duro como el sepulcro el celo: sus brasas, brasas de fuego, fuerte llama.
Cantares 8:6.

7. Mas del renuevo de sus raíces se levantará uno sobre su silla, y vendrá con ejército, y entrará en la fortaleza del rey del norte, y hará en ellos á su arbitrio, y predominará.
8. Y aun los dioses de ellos, con sus príncipes, con sus vasos preciosos de plata y de oro, llevará cautivos á Egipto: y por años se mantendrá él contra el rey del norte.
Dan. 11:7, 8.

Mas yo soy Jehová tu Dios desde la tierra de Egipto: no conocerás pues Dios fuera de mí, ni otro Salvador sino á mí.
Oseas 13:4.

9. Así entrará en el reino del rey del mediodía, y volverá á su tierra.

Antíoco Calínico, hijo de Laodice. Pero los problemas no cesaron entonces. Existían unos celos y una antipatía naturales entre el norte y el sur. Ptolomeo Euergetes se apoderó de gran parte de Siria a la muerte de Antíoco Calínico. Dos hijos de Calínico se propusieron recuperar el territorio perdido y redimir el honor de su padre. El primero era débil e ineficaz; el más joven, Antíoco Magno, que ocupó el trono en el transcurso de unos pocos años, era más fuerte. Fue él quien avanzó rápidamente, recuperando gran parte del territorio perdido.

Aproximadamente en la época de la ascensión de Antíoco Magno al trono sirio, Ptolomeo Filopáter subió al trono en Egipto. No manifestaba ninguna disposición a invadir el territorio del rey del norte, ya que era indolente y un gran amante del lujo y la comodidad, pero le despertaron las perspectivas de una invasión de Egipto, ya que su propio trono estaba amenazado por Antíoco Magno. Antíoco contaba con el apoyo de un inmenso ejército, que cayó en manos de Ptolomeo Filopáter, quien, eufórico por su victoria, regresó a su capital para darse un festín. Aunque había abatido a diez mil soldados, no se benefició de la victoria. No ganó nada; no fue más que una matanza despiadada de seres humanos; una contienda por la supremacía bruta que es odiosa a los ojos de Dios y del hombre. La diferencia es asombrosa entre tal guerra y el progreso de los poderosos generales que Dios utilizó para establecer reinos y castigar reyes.

Tolomeo Filopáter hizo cosas aún peores, pues en su amor propio entró en Jerusalén e intentó profanar el templo ofreciendo él mismo sacrificios. La contención ofrecida por los sacerdotes le indignó tanto que inició

LA HISTORIA DE GRECIA

la guerra contra ellos, y la historia afirma que entre cuarenta y sesenta mil judíos, que entonces vivían en Egipto, cayeron a espada. Aquellos judíos que buscaron Egipto, ya fuera por protección o por las ventajas de sus escuelas y bibliotecas, se alejaron de la mano protectora de su Dios, y tarde o temprano llegó el momento en que sintieron la ira del enemigo. A través de todas estas luchas, la nación que Dios había elegido podría haberse mantenido como un faro sobre una colina, en lugar de ser pisoteada por todos los ejércitos en sus marchas entre Egipto y Siria. Es más, la ubicación de los judíos en Palestina y su capital fue por designación divina. Estaban a las puertas de las naciones, y podrían haber mantenido el equilibrio de poder. Si hubieran sostenido en alto la espada del Espíritu, todas las naciones se habrían inclinado ante sus reyes y habrían pagado tributo en su tesorería. Así fue en los días de Salomón; podría haberse repetido en los días de la historia griega.

El acto de reverencia de Alejandro cuando se reunió con la compañía de sacerdotes en Jerusalén debería haber sido una lección objetiva para toda Judea de lo que Dios por su Espíritu haría hacer a todas las naciones. Pero tan cegados por la enseñanza griega estaban aquellos dirigentes judíos, incluso en aquella época, que no lo vieron. En lugar de acudir en masa a Alejandría en busca de la sabiduría de Grecia, las naciones deberían haber enviado a sus jóvenes a las escuelas de los profetas en Jerusalén, y los eruditos del mundo deberían haber buscado la sabiduría de aquellos que conocían al Dios de la sabiduría. Pero no fue así. Israel era entonces como la iglesia de hoy. En lugar de guiarse por la virtud de la vida espiritual, buscó la sabiduría de Egipto y Grecia. Tales cosas traen tristeza a los

¡Ay de los hijos que se apartan, dice Jehová, para tomar consejo, y no de mí; para cobijarse con cubierta, y no de mi espíritu, añadiendo pecado á pecado! Pártense para descender á Egipto, . . . para fortificarse con la fuerza de Faraón, y el amparo en la sombra de Egipto en confusión.
Isa. 30:1-3.

¡AY de los que descienden á Egipto por ayuda, y confían en caballos; y su esperanza ponen en carros, porque son muchos, y en caballeros, porque son valientes; y no miraron al Santo de Israel, ni buscaron á Jehová! Mas él también es sabio, y traerá el mal, y no retirará sus palabras. Levantaráse pues contra la casa de los malignos, y contra el auxilio de los obradores de iniquidad.
Isa. 31:1, 2.

Y te pondrá Jehová por cabeza, y no por cola: y estarás encima solamente, y no estarás debajo; cuando obedecieres á los mandamientos de Jehová tu Dios, que yo te ordeno hoy, para que los guardes y cumplas.
Deut. 28:13.

Pero el Señor no escogió al pueblo por amor al templo, sino que escogió el templo por amor al pueblo.
2 Macabeos 5:19.

Deut. 28:11, 12.

Y dió Dios á Salomón sabiduría, y prudencia muy grande, y anchura de corazón como la arena que está á la orilla del mar. Que fué mayor la sabiduría de Salomón que la de todos los orientales, y que toda la sabiduría de los Egipcios. Y aun fué más sabio que todos los hombres; más que Ethán Ezrahita, y que Emán y Calchól y Darda, hijos de Mahol: y fué nombrado entre todas las naciones de alrededor. Y propuso tres mil parábolas; y sus versos fueron mil y cinco. También disertó de los árboles, desde el cedro del Líbano hasta el hisopo que nace en la pared. Asimismo disertó de los animales, de las aves, de los reptiles, y de los peces. Y venían de todos los pueblos á oir la sabiduría de Salomón, y de todos los reyes de la tierra, donde había llegado la fama de su sabiduría.
1 Reyes 4:29-34.

2 Tim, 4:3, 4.

13. Y el rey del norte volverá á poner en campo mayor multitud que primero, y á cabo del tiempo de años vendrá á gran priesa con grande ejército y con muchas riquezas.
Dan. 11:13.

Y en aquellos tiempos se levantarán muchos contra el rey del mediodía; é hijos de disipadores de tu pueblo se levantarán para confirmar la profecía, y caerán.
Dan. 11:14.

Jer. 46:17.
Dan. 5:27.

Porque vendrá tiempo cuando no sufrirán la sana doctrina; antes, teniendo comezón de oir, se amontonarán maestros conforme á sus concupiscencias; Y apartarán de la verdad el
oído, y se volverán á las fábulas.
2 Tim. 4:3, 4.
Habían también quitado á las otras bestias su señorío, y les había sido dada prolongación de vida hasta cierto tiempo.
Dan. 7:12.

Ve pues ahora, y escribe esta visión en una tabla delante de ellos, y asiéntala en un libro, para que quede hasta el postrero día, para siempre por todos los siglos: que este pueblo es rebelde, hijos mentirosos, hijos que no quisieron oir la ley de Jehová: Que dicen á los videntes: No veáis; y á los profetas: No nos profeticéis lo recto, decidnos cosas halagüeñas, profetizad mentiras.
Isa. 30:8-10.

Destruyendo consejos, y toda altura que se levanta contra la ciencia de Dios, y cautivando todo intento á la obediencia de Cristo.
2 Cor. 10:5.

Y que desde la niñez has sabido las Sagradas Escrituras, las cuales te pueden hacer sabio para la salud por

ángeles de Dios.

Finalmente se concluyó la paz entre Filopáter y Antíoco Magno, que duró catorce años, hasta la muerte de Ptolomeo. A Ptolomeo Filopáter le sucedió su hijo Ptolomeo Epífanes, que estaba en minoría de edad. Antíoco Magno se aprovechó de esta aparente debilidad en los asuntos egipcios, e hizo grandes preparativos para invadir Egipto con el designio de tragarse todo el dominio de los Ptolomeos, Pero el Altísimo gobierna en los reinos de los hombres, y Antíoco fue llevado a darse cuenta de que había otro poder tanto en la tierra como en el cielo.

En el versículo 14 se oye la voz de la cuarta bestia; Roma se puso del lado del rey indefenso, y Antíoco vio frustrada su ambición. La vida del reino griego está agotada. Todavía quedaban muchos años de lucha, pero era una lucha por la existencia, no por ganar territorio. Pero lo que Grecia no ganó en territorio lo ganó como maestra de naciones, y aunque finalmente perdió toda supremacía territorial, aunque como el reino de Nabucodonosor, el árbol fue talado, las raíces permanecen hasta hoy. Más de una vez ha surgido Grecia como potencia intelectual. En todo el mundo intelectual tiene votantes que se inclinan ante su santuario: la mente del hombre. Su filosofía se estudia hoy en día bajo la apariencia de escritores modernos; sus ideas se inculcan en las mentes de los niños, desde el jardín de infancia hasta las universidades, y los estudiantes se gradúan en las escuelas del país sabiendo mucho más de la mitología de Grecia que de la religión de Jesucristo; mejor familiarizados con los héroes griegos que con el Hombre del Calvario. El aprendizaje griego todavía gobierna el mundo, y lo hará hasta el establecimiento del reino eterno de Dios; hasta

LA HISTORIA DE GRECIA

que la piedra tallada sin manos llene la tierra. Así como los judíos durante los días de Alejandro y sus sucesores no tenían excusa, así el Israel de hoy tiene ante sí la sabiduría del Eterno en contraste con la sabiduría de Grecia. Y el mensaje es: "Elige hoy" ante qué santuario te inclinarás. Sentarse a los pies de Jesús, aprender de él, tomar su palabra como la auténtica historia del mundo, su verdad como intérprete de la naturaleza, asegurará la vida eterna. Aceptar los escritos de los hombres, las especulaciones humanas sobre la historia del mundo, su creación, su edad, poner una interpretación humana sobre las obras de la naturaleza, y tratar de averiguar mediante experimentos y especulaciones lo que debe saberse por la fe, esto trae la muerte, pues aleja de Cristo, el centro del universo, la fuente de toda sabiduría, el gran poder de atracción de la creación. El primero es el sistema de Dios, del que la fe es la fuerza motriz; el segundo es el sistema griego, que exalta el razonamiento humano. Uno no puede inclinarse ante los ídolos de Egipto, ni beber de los vinos de Babilonia, pero si se deja atrapar por los sofismas más agradables de Grecia, su destino es el mismo al final.

Por esta razón la Verdad Eterna ha brillado a lo largo del camino de los hombres en todas las épocas para protegerse del enemigo. En estos últimos días, cuando todo el mal del pasado se renueva y se presenta al hombre en todas sus variadas formas, es cuando la filosofía griega y el escepticismo surgen con toda su fuerza. Un corazón lleno de verdad es la única salvaguardia contra el error.

la fe que es en Cristo Jesús.
2 Tim. 3:15-17.

Y si la trompeta diere sonido incierto, ¿quién se apercibirá á la batalla?
1 Cor. 14:8.

Temamos, pues, que quedando aún la promesa de entrar en su reposo, parezca alguno de vosotros haberse apartado.
Heb. 4:1.

Y ésta tenía una hermana que se llamaba María, la cual sentándose á los pies de Jesús, oía su palabra.
Lucas 10:39.

Por la fe entendemos haber sido compuestos los siglos por la palabra de Dios, siendo hecho lo que se ve, de lo que no se veía.
Heb. 11:3.

Empero sin fe es imposible agradar á Dios; porque es menester que el que á Dios se allega, crea que le hay, y que es galardonador de los que le buscan.
Heb. 11:6.

Todo lo que no es de fe, es pecado.
Rom. 14:23.

El espíritu es el que da vida; la carne nada aprovecha: las palabras que yo os he hablado, son espíritu, y son vida.
Juan 6:63.

Estad, pues, firmes en la libertad con que Cristo nos hizo libres, y no volváis otra vez á ser presos en el yugo de servidumbre.
Gal. 5:1.

Santifícalos en tu verdad: tu palabra es verdad.
Juan 17:17.

CAPITULO XV

EL CUARTO REINO
(Capitulo 11:14-22)

El decimocuarto versículo del undécimo capítulo de Daniel, como hemos visto, introduce un nuevo poder. Gabriel, al narrar los acontecimientos relacionados con la historia de Grecia, hizo descender ese imperio hasta la época en que la división meridional estaba en manos de un niño, Ptolomeo Epífanes, y cuando dos hombres, Filipo de Macedonia y Antíoco de Siria, aunque celosos el uno del otro, estaban dispuestos a unir sus fuerzas para someter a Egipto. Desde el punto de vista político prevalecía una debilidad general en el otrora poderoso imperio de Alejandro. Sin fijarse en los detalles, el ángel de la profecía habla de la primera aparición del cuarto reino al entrar en contacto con las divisiones del tercer reino, Grecia. Este cuarto reino se presenta así "Los violentos opositores de tu pueblo se exaltarán para que la visión se mantenga". (Spurrell.)

Puesto que cada palabra es dada divinamente, hay un significado en la introducción misma de lo que está a punto de convertirse en el reino más poderoso de la tierra, y al mismo tiempo en el mayor enemigo que el pueblo de Dios haya tenido que enfrentar jamás. Daniel ya había visto antes este reino. En la visión del capítulo séptimo, Roma fue representada como una bestia demasiado terrible para nombrarla. Sus características

14. Y en aquellos tiempos se levantarán muchos contra el rey del mediodía; é hijos de disipadores de tu pueblo se levantarán para confirmar la profecía, y caerán.
Dan. 11:14.

Mal. 3:5.
Prov. 11:21.

Mas destruirá á los pecadores la perversidad de ellos.
Prov. 11:3.
Ni quisieron mi consejo, y menospreciaron toda reprensión mía. Comerán pues del fruto de su camino, y se hartarán de sus consejos.
Prov. 1:30, 31.

Dan. 11:14.

El espíritu es el que da vida; la carne nada aprovecha: las palabras que yo os he hablado, son espíritu, y son vida.
Juan 6:63.

Las palabras de Jehová, palabras limpias; plata refinada en horno de tierra, purificada siete veces.
Sal. 12:6.
Dan. 2:40-43.
Dan. 7:7, 19.

Dan. 7:25.

Entonces tuve deseo de saber la verdad acerca de la cuarta bestia, que tan diferente era de todas las otras, espantosa en gran manera, que tenía dientes de hierro, y sus uñas de metal, que devoraba y desmenuzaba, y las sobras hollaba con sus pies.

Dan. 7:19.

Y del uno de ellos salió un cuerno pequeño, el cual creció mucho al mediodía, y al oriente, y hacia la tierra deseable.... Y al cabo del imperio de éstos, cuando se cumplirán los prevaricadores, levantaráse un rey altivo
de rostro, y entendido en dudas....
Y con su sagacidad hará prosperar el engaño en su mano; y en su corazón se engrandecerá, y con paz destruirá á muchos: y contra el príncipe de los príncipes se levantará.

Dan. 8:9, 23-25.

Jer. 51:34, 35.

Y en aquellos tiempos se levantarán muchos contra el rey del mediodía; é hijos de disipadores de tu pueblo se levantarán para confirmar la profecía, y caerán.

Dan. 11:14 [margin].

Porque las cosas que antes fueron escritas, para nuestra enseñanza fueron escritas; para que por la paciencia, y por la consolación de las Escrituras, tengamos esperanza.

Rom. 15:4.

Sequedad sobre sus aguas, y secaránse: porque tierra es de esculturas, y en ídolos enloquecen.

Jer. 50:38.

Y entraron á ella los hombres de Babilonia á la cama de los amores, y containáronla con su fornicación; y ella también se contaminó con ellos, y su deseo se hartó de ellos.

Eze. 23:14-18.

Y en su frente un nombre escrito: MISTERIO, BABILONIA LA

eran devorar, despedazar y romper. Durante una parte de su historia pronunciaría grandes palabras contra el Altísimo; desgastaría a los santos de Dios y pensaría incluso en cambiar sus leyes. Tan preocupado estaba el profeta por lo visto en su primera visión que buscó una explicación especial de este cuarto reino.

En su siguiente visión, el cuarto reino se mostró de nuevo bajo el símbolo de un cuerno pequeño, que surgió de una de las divisiones del reino de Alejandro. En esta visión, Roma fue presentada en una forma no más suave que en la visión anterior. Era como un rey de "fiero semblante", "entendido en oscuras sentencias", poseedor de un poderoso poder, un poder incluso superior al humano. Iba a ser un gobierno intrigante y solapado, y se vio que sus prácticas más crueles eran contra el pueblo escogido de Dios. Sí, contra Cristo, el Príncipe de los príncipes, el Príncipe de la alianza, debería levantarse este poder. Gabriel habló de los ladrones que deberían exaltarse para establecer la visión, es decir, para cumplir la descripción que se acaba de dar.

Juntando todos estos pensamientos, se verá que Roma, el cuarto reino, el sucesor de Grecia, se destacaría por la política decisiva que mantuvo. Cada nación de la cadena profética tenía alguna característica fuerte, y su historia se registra como una lección objetiva para el mundo, como en los días de su vida había sido una lección objetiva para las multitudes observadoras de otros mundos. Babilonia fue un ejemplo del poder de Satanás para establecer una religión que falsificaba el culto celestial. El resultado fue la forma más baja de idolatría, una fornicación que la convierte en la personificación, entre los escritores bíblicos, de toda vileza. Medo-Persia era un tipo de despotismo oriental. "La ley de los medos y los persas no cambia"; éste era un proverbio entre las naciones. Pero fue con los reyes de esta nación con quienes actuaron Gabriel y Miguel; fueron los jefes de este despotismo quienes fueron mantenidos en jaque por el poder del Rey de reyes.

Grecia fue totalmente diferente de las dos anteriores, y en lugar de ganar reconocimiento por la forma de religión o de gobierno, obtuvo el control del mundo por el poder de su intelecto. Con su educación y filosofía consiguió un punto de apoyo que ninguna otra nación había tenido jamás. Cuando Babilonia fue derrocada y Medo-Persia ya no existía, Grecia perduró en la mente de los hombres.

Pero el cuarto reino era "distinto de todos los demás". Tal como se la representó a Juan, Roma, la bestia de Apoc. 13:2, combinaba las características del leopardo, el oso y el león. Se unían el falso sistema de la religión de la antigua Babilonia, la tiranía gubernamental de Medo-Persia, y la mezcla del bien y del mal en la cultura intelectual de Grecia. Cuando se dan a conocer la religión y el sistema educativo, o los estatutos intelectuales, y la historia gubernamental de una nación, queda poco más que merezca la pena relatar. Así, en una nación, Roma, se encarna la fuerza de todas las naciones anteriores. ¡Qué maravilla que fuera una nación terrible y espantosa, y que a menos que se acortara el tiempo de su supremacía no quedara nadie que diera

GRANDE, LA MADRE DE LAS FORNICACIONES Y DE LAS ABOMINACIONES DE LA TIERRA.
Apoc. 17:5.

Dan. 6:12.

Mas el príncipe del reino de Persia se puso contra mí veintiún días: y he aquí, Miguel, uno de los principales príncipes, vino para ayudarme, y yo quedé allí con los reyes de Persia.
Dan. 10:13.

Y de una sangre ha hecho todo el linaje de los hombres, para que habitasen sobre toda la faz de la tierra; y les ha prefijado el orden de los tiempos, y los términos de la habitación de ellos.
Hechos 17:26.

Los griegos buscan sabiduría.
1 Cor. 1:22.

(Entonces todos los Atenienses y los huéspedes extranjeros, en ninguna otra cosa entendían, sino ó en decir ó en oir alguna cosa nueva.)
Hechos 17:16-21.

Y la bestia que vi, era semejante á un leopardo, y sus pies como de oso, y su boca como boca de león. Y el dragón le dió su poder, y su trono, y grande potestad.
Apoc. 13:2.

Jer. 50:38.
Jer. 50:2.
Dan. 6:8.
Ester 3:8-15.

Y si aquellos días no fuesen acortados, ninguna carne sería salva; mas por causa de los escogidos, aquellos días serán acortados.
Mat. 24:22.

testimonio de la verdad! Es a este poder al que se nos presenta en el decimocuarto versículo de Daniel 11.

Fue en el año 201 a.C. cuando el niño Ptolomeo Epífanes cayó heredero del trono de Egipto, y los reyes de Macedonia y Siria planearon su derrocamiento y la división de su imperio. Fue entonces cuando Roma cobró protagonismo ante los ojos del profeta. Pero Roma ya existía desde hacía años, y durante esos años había estado acumulando fuerzas para poder entrar en la arena con brío cuando llegara el momento apropiado. La historia tradicional de Roma se remonta hasta mediados del siglo VIII antes de Cristo. Eso fue antes de los días de Nabucodonosor y las glorias de Babilonia. En los días en que Isaías comenzó a profetizar entonces se fundó Roma. Se decía que era el hogar de una banda de ladrones y forajidos, y uno de los primeros actos fue el robo de las mujeres de una ciudad vecina como esposas para estos primeros colonos. Así que si a los romanos se les llama hijos de ladrones, no se puede negar el carácter. Los romanos eran una raza fuerte y robusta, y desde el principio comenzaron el desarrollo de un gobierno central fuerte. En esta empresa los hombres fueron ayudados por el príncipe de este mundo, el diablo mismo; porque el dragón, esa serpiente antigua, llamada diablo y Satanás, dio a la cuarta bestia "su poder y su asiento, y gran autoridad."

La fuerza de toda la historia se pierde a menos que el estudiante reconozca a cada nación como un actor en el gran plan de redención: uno de los participantes en la gran controversia

---

El rey que juzga con verdad á los pobres, su trono será firme para siempre.
Prov. 29:14.

Roma, al igual que otras naciones, tuvo una historia, mucho antes de su conexión con el pueblo de Dios, en cuyo momento se advierte en la profecía. Babilonia data de la torre de Babel que Nimrod y otros construyeron.

¿No era ésta vuestra ciudad alegre, su antigüedad de muchos días? Sus pies la llevarán á peregrinar lejos.
Isa. 23:7.

La justicia engrandece la nación: mas el pecado es afrenta de las naciones.
Prov. 14:34.

El camino del hombre perverso es torcido y extraño.
Prov. 21:8.
Rom. 11:14 [margin].

Apoc. 13:2.

Y el reino cuarto será fuerte como hierro; y como el hierro desmenuza y doma todas las cosas, y como el hierro que quebranta todas estas cosas, desmenuzará y quebrantará.
Dan. 2:40.

La sentencia es por decreto de los vigilantes, y por dicho de los santos la demanda: para que conozcan los vivientes que el Altísimo se enseñorea del reino de los hombres, y que á quien él quiere lo da, y constituye sobre él al más bajo de los hombres.
Dan. 4:17.
Sal. 22:27, 28.

entre Cristo y Satanás. Como los planes del archienemigo habían fracasado en la historia de Babilonia, Medo-Persia y Grecia, ahora intentó con redoblado vigor frustrar los planes de Dios. Escogió para ello la ciudad de las siete colinas. Sus planes estaban profundamente trazados, y la estructura que levantó estaba construida sobre cimientos firmes. Como un faro en alguna costa rocosa, el gran planificador esperaba que resistiera los poderosos embates de las olas de la verdad. Fue su último, su supremo esfuerzo, pues es este reino en una de sus manifestaciones el que permanece en pie hasta el fin de los tiempos.

En sus primeros tiempos, Roma estaba gobernada por reyes, pero era imposible que un rey occidental imitara las costumbres de las monarquías orientales. Los gobiernos griegos abarcaban el abismo entre el despotismo primitivo y la liberalidad de las naciones occidentales más modernas. Había dos clases de hombres en Roma, y exigían representación en el gobierno. Al cabo de doscientos cincuenta años, los reyes fueron destronados y se sustituyó el gobierno por el de los cónsules. Esto dispuso que dos cónsules de la clase rica, los patricios, llevaran las riendas del gobierno. Durante los dos siglos siguientes hubo una lucha entre patricios y plebeyos por la igualdad de derechos. Los principios del republicanismo luchaban por nacer. Poco a poco, los patricios fueron perdiendo poder, hasta que por fin el gobierno descansó en manos del pueblo, es decir, de los ciudadanos de Roma. Pero había ciudades conquistadas, especialmente en la península de Italia. "El dominio romano en

Tú echas el sello á la proporción, lleno de sabiduría, y acabado de hermosura.
Eze. 28:12.
Sal. 100:5.

Porque ninguna cosas podemos contra la verdad, sino por la verdad.
2 Cor. 13:8.

Y en los días de estos reyes, levantará el Dios del cielo un reino.
Dan. 2:44.

Y la bestia fué presa, y con ella el falso profeta que había hecho las señales delante de ella. . . . Estos dos fueron lanzados vivos dentro de un lago de fuego ardiendo en azufre.
Apoc. 19:20.

Pues la palabra del rey es con potestad, ¿y quién le dirá, Qué haces?
Ecl. 8:4.

Y respondiendo el presidente les dijo: ¿Cuál de los dos queréis que os suelte? Y ellos dijeron: A Barrabás.
Mat. 27:21.

Las riquezas del rico son su ciudad fuerte; y el desmayo de los pobres es su pobreza.
Prov. 10:15.

Mas vosotros habéis afrentado al pobre. ¿No os oprimen los ricos, y no son ellos los mismos que os arrastran á los juzgados?
Santiago 2:6.

El rico se enseñoreará de los pobres; y el que toma prestado, siervo es del que empresta.
Prov. 22:7.
Hechos 21:39.

Italia era el dominio de una ciudad sobre otras ciudades". Finalmente se concedieron derechos de ciudadanía a la mayoría de éstas.

El gobierno de Dios es un gobierno representativo, y aunque se sienta como Rey de reyes, ejerce su dominio por consentimiento común, y sus súbditos de todos los mundos tienen representantes en los concilios del cielo. Satanás, como príncipe de este mundo, era un representante en aquellos días en ese concilio. En Roma intentó falsificar esa fase del gobierno divino.

Fue como república que Roma comenzó su carrera como nación conquistadora. Su constitución fue el resultado de un crecimiento gradual de dos siglos. Una vez reconocida su autoridad en toda Italia, de la que Roma era el centro, comenzó a adquirir territorio por la fuerza de las armas. Cartago, una ciudad rival al sur del Mediterráneo, fue el primer punto de ataque, y durante cien años Roma luchó por la supremacía. Fue una lucha encarnizada, que podía acabar nada menos que con la aniquilación de una de las partes contendientes. Ridpath expresa acertadamente la política del gobierno cuando dice: "Ellos [los romanos] tomaron lo que pudieron y luego se llevaron el resto".

Durante los años en que Roma se cernía sobre Cartago, como un águila dispuesta a descender sobre su presa, también llevaba a cabo guerras de agresión en otras direcciones. Tanto el occidente como el oriente fueron invadidos. España fue convertida en una provincia sometida; todos los ciudadanos fueron gravados con impuestos; las minas de plata y oro, la riqueza de aquel país, fueron confiscadas

EL CUARTO REINO

como propiedad del Estado, y a ninguna ciudad se le permitió fortificarse sin el consentimiento de Roma. Esto era el llamado republicanismo -la igualdad de derechos de los hombres- tal como lo entendía y practicaba Roma.

Los habitantes de Córcega y Cerdeña eran vendidos en los mercados de esclavos de Roma, y tan numerosos eran estos esclavos, dice Livio, que "sardos en venta" se convirtió en una expresión proverbial para cualquier cosa barata. ¡Esto también era republicanismo romano! Macedonia y Grecia estaban en estado de agitación, y Roma se entrometió. Tras conferencias y guerras, se proclamó la independencia de todos los griegos. Este fue uno de los esquemas políticos con los que funcionó la república, pero la libertad sólo duró un breve espacio. Pocos años después, todos los macedonios capaces de gobernarse a sí mismos fueron llevados a Roma, mientras que los que quedaron eran hombres inexpertos que pronto cayeron en manos del senado romano. Ciento cincuenta mil griegos fueron vendidos como esclavos, y los tesoros tomados pagaron todos los gastos contraídos durante la guerra. Tan elevado fue el tributo exigido a las provincias sometidas que liberó a los ciudadanos romanos de todos los impuestos para futuras guerras. ¡Esto era la independencia que la república de Roma concedía a las provincias sometidas!

La familia de Antíoco seguía dominando el mundo oriental. Fue Antíoco IV quien propuso unirse con Filipo V de Macedonia contra el joven rey de Egipto cuando Roma interfirió. Pero una leve injerencia nunca fue suficiente para Roma, aunque a veces asumió desempeñar ese papel durante un tiempo. Antíoco el Grande en la única batalla de Magnesia (190 a.C.) perdió todas sus conquistas

Hab. 1:8.

Grecia, Tubal, y Mesec, tus mercaderes, con hombres y con vasos de metal, dieron en tus ferias.
Eze. 27:13.

Y con su sagacidad hará prosperar el engaño en su mano.
Dan. 8:25.

Todo esto he visto, y puesto he mi corazón en todo lo que debajo del sol se hace: hay tiempo en que el hombre se enseñorea del hombre para mal suyo.
Ecl. 8:9.

Porque el hombre tampoco conoce su tiempo: como los peces que son presos en la mala red, y como las aves que se prenden en lazo, así son enlazados los hijos de los hombres en el tiempo malo, cuando cae de repente sobre ellos.
Ecl. 9:12.

Porque por esto pagáis también los tributos: Pagad á todos lo que debéis: al que tributo, tributo; al que pecho, pecho; al que temor, temor; al que honra, honra.
Rom. 13:6, 7.

¡Ay de ti, tierra, cuando tu rey es muchacho!
Ecl. 10:16.

218 LA HISTORIA DE DANIEL EL PROFETA

> Therefore also will I make thee sick in smiting thee, in making thee desolate because of thy sins.
> Miqueas 6:13.

> El cual creció mucho al mediodía, y al oriente, y hacia la tierra deseable.
> Dan. 8:9.

> Cuando los justos dominan, el pueblo se alegra: mas cuando domina el impío, el pueblo gime.
> Prov. 29:2.

> Si violencias de pobres, y extorsión de derecho y de justicia vieres en la provincia, no te maravilles de esta licencia; porque alto está mirando sobre alto, y uno más alto está sobre ellos.
> Ecl. 5:8.

> Así que, si el Hijo os libertare, seréis verdaderamente libres.
> Juan 8:36.

> ¡Ay! multitud de muchos pueblos que harán ruido como estruendo de la mar: y murmullo de naciones hará alboroto como murmurio de muchas aguas. Los pueblos harán estrépito á manera de ruido de grandes aguas: mas Dios le reprenderá, y huirá lejos; será ahuyentado como el tamo de los montes delante del viento, y como el polvo delante del torbellino.
> Isa. 17:12, 13.

en Asia Menor. Fue obligado a pagar tres mil talentos, y un subsidio anual de mil talentos, durante doce años.

Roma controlaba Egipto porque la educación del heredero al trono estaba en manos de un senador romano, y un ejército romano estaba preparado para defender el país contra todos los ataques procedentes del norte o del este. El poder romano rodeaba así el Mediterráneo.

La libertad concedida a las naciones conquistadas era un mito. Roma era una república sólo de nombre. Era tan imposible para Roma conceder la libertad a sus dependencias como lo sería para el mismísimo Satanás manifestar los atributos de Dios. Cualquier nación, no importa cuáles sean sus pretensiones, ni la redacción de su constitución, ni la voluntad de parte de su pueblo, que se aparte de los principios de la libertad de conciencia, encontrará imposible mantener una república más que de nombre. Esto es cierto también en la experiencia individual, y la libertad sólo se conoce cuando Cristo está entronizado en el corazón.

Siempre hay otros resultados que acompañan a las guerras de conquista. Por ejemplo, esta política exige un gran ejército. En los primeros tiempos de Roma, el ejército estaba formado por hombres que dejaban el arado y la tienda para la defensa de su país, y cuando la guerra terminaba, regresaban a sus hogares y a sus oficios; pero a medida que la guerra se convirtió en un negocio regular, los generales encontraron que les convenía mantener a sus soldados preparados. "Los soldados no eran tanto siervos del estado, como apegados a la persona de un general exitoso, al que consideraban su patrón". El camino quedó así abierto para el despotismo militar, y Roma experimentó esa forma de gobierno más de una vez.

El senado, que se suponía que representaba al pueblo, se convirtió en una corporación ávida de ganancias y enriquecida con el botín de guerra. Los favoritos del senado recibían ricas provincias para gobernar, y el soborno era una práctica casi universal. "El poder de la bolsa estaba únicamente en manos del Senado. A su influencia puede añadirse el constante y firme crecimiento de las ciudades, y el declive de la población rural, una práctica siempre ruinosa para el republicanismo, y siempre fomentada por un falso sistema de educación y religión.

La tradición hizo de los romanos los descendientes del dios de la guerra, Marte, el Bruiser, y fueron fieles al personaje. Dijo el inspirado plumilla: "Romperá en pedazos y magullará". Cristo llegó a Roma como el Príncipe de la paz, el restañador de heridas, el sanador de los quebrantados de corazón.

La religión de Roma era secundaria a su gobierno. Es decir, el estado era la única institución que lo absorbía todo. Un hombre en Roma era grande, no por el carácter que tuviese o por las hazañas que hubiese realizado, sino por el simple hecho de ser ciudadano romano. El nombre ocupaba el lugar del carácter. Aquí se ve el reverso de la verdad. Con Dios es el carácter lo que da el nombre; con Roma era el nombre independiente del carácter.

Aunque la religión estaba supeditada al estado, sin embargo la forma de religión en Roma desempeñó un papel importante en su historia, especialmente en la segunda fase o fase papal.

Una vez habló Dios; dos veces he oído esto: Que de Dios es la fortaleza.
Sal. 62:11.

¡Ay de los que traen la iniquidad con cuerdas de vanidad, y el pecado como con coyundas de carreta.
Isa. 5:18.

El que ama el dinero, no se hartará de dinero; y el que ama el mucho tener, no sacará fruto. También esto es vanidad.
Ecl. 5:10.

Mas no anduvieron los hijos por los caminos de su padre, antes se ladearon tras la avaricia, recibiendo cohecho y pervirtiendo el derecho.
1 Sam. 8:3.

Ninguno de ellos podrá en manera alguna redimir al hermano, ni dar á Dios su rescate.
Sal. 49:6, 7.

Además el provecho de la tierra es para todos: el rey mismo está sujeto á los campos.
Ecl. 5:9.

Y el reino cuarto será fuerte como hierro; y como el hierro desmenuza y doma todas las cosas.
Dan. 2:40.

Me ha enviado para sanar á los quebrantados de corazón.
Lucas 4:18.

Hechos 22:25-29.
Hechos 23:27.

Hechos 16:37, 38.

Y él dijo: No se dirá más tu nombre Jacob, sino Israel: porque has peleado con Dios y con los hombres, y has vencido.
Gen. 32:28.

Y el dragón le dió su poder, y su trono, y grande potestad.
Apoc. 13:2.

220 LA HISTORIA DE DANIEL EL PROFETA

> Estas son las postreras palabras de David el ungido del Dios de Jacob, el suave en cánticos de Israel.
> 2 Sam. 23:1.

> 1 Cor. 8:5.

> Los cuales mudaron la verdad de Dios en mentira, honrando y sirviendo á las criaturas antes que al Criador, el cual es bendito por los siglos. Amén.
> Rom. 1:25.

> Envía pues ahora y júntame á todo Israel en el monte de Carmelo, y los cuatrocientos y cincuenta profetas de Baal, y los cuatrocientos profetas de los bosques, que comen de la mesa de Jezabel.
> 1 Reyes 18:19.

> Y como comenzaron á meter á Pablo en la fortaleza, dice al tribuno: ¿Me será lícito hablarte algo? Y él dijo: ¿Sabes griego?
> Hechos 21:37.

> El siervo prudente se enseñoreará del hijo que deshonra, y entre los hermanos partirá la herencia.
> Prov. 17:2.

> Y había también sobre él un título escrito con letras griegas, y latinas, y hebraicas: ESTE ES EL REY DE LOS JUDIOS.
> Lucas 23:38.

> Dejad crecer juntamente lo uno y lo otro hasta la siega; y al tiempo de la siega yo diré á los segadores: Coged primero la cizaña, y atadla en manojos para quemarla ; mas recoged el trigo en mi alfolí.
> Mat. 13:30.

Puesto que el papado era una continuación del paganismo, es necesario fijarse en sus rasgos principales. No había dulces cantores como David el de Belén; también faltaba el estudio de la naturaleza de los griegos. Había muchos dioses y muchos señores, pero una naturaleza severa caracterizaba todo el culto. El hombre fue divinizado y canonizado. El propio nombre de Augusto, que se aplicó a una larga línea de emperadores, significaba divino.

En los templos romanos un cuerpo de sacerdotes realizaba los ritos sagrados, pero eran nombrados por el Estado. El más alto funcionario religioso durante la vida del paganismo era el Pontifex Maximus, el papa del paganismo, y era un funcionario civil. La jerarquía religiosa, formada por sacerdotes, augures, vestales y Pontifex Maximus, allanó el camino a la jerarquía papal de días posteriores, del mismo modo que la transición del republicanismo al imperialismo abrió la puerta a la supremacía papal.

En literatura y educación, Roma tomó prestado en gran medida de Grecia, de modo que la supremacía intelectual de esa nación debe remontarse a Grecia, aunque el hombre de letras era a menudo un esclavo vendido en los mercados de sus captores.

Fue, sin embargo, la educación que prevaleció en Grecia, y que fue copiada por Roma, la que formó a una clase de ciudadanos para la guerra, para la tiranía y para el papado.

El derecho romano es ensalzado como la base de todo el derecho civil actual. Se desarrolló gradualmente, como ya se ha dicho, y el trigo de la verdad se mezcló con la cizaña del error. Era bueno y malo, como el árbol del que Adán participó en el jardín. Esto se ve en las aplicaciones actuales de esas leyes. La adoración griega de la mente o la razón, aplicada al amor romano por la ley, hizo del abogado de Roma el antepasado de esa clase de razonadores que hoy en día influyen en el mundo mediante argumentos en lugar de hacerlo mediante el imperio de la justicia.

Satanás no tiene más que un plan: el desarrollo del pecado; Dios no tiene más que uno: el despliegue de la verdad y el amor. Toda la historia es una lección objetiva, que muestra cómo Dios frustra las mil maneras en que se desarrollan los planes del diablo, y la historia nacional no es sino una experiencia individual a gran escala.

Los estudiantes leen muy a menudo la historia de las naciones, olvidando que tienen ante sí un retrato de sus propias vidas. La historia nacional, más que la experiencia individual, se da en la profecía, porque es como una vista ampliada arrojada sobre el lienzo, revelando detalles que se pasarían por alto en el estudio de un solo hombre. Debe recordarse que cuando se hace referencia a principios, tales como el republicanismo, el protestantismo, la monarquía, el papado, la libertad o la opresión, cada uno tiene una aplicación en el trato del hombre con el hombre, en el trato de los miembros de la iglesia entre sí, y en la nación con la nación.

Con estos hechos en mente, pueden entenderse las profecías de Daniel relativas a Roma. Parece que Gabriel llamó la atención sobre el cuarto reino, no al principio de su existencia, sino en el momento en que todos

Gen. 2:17.

Hay camino que parece derecho al hombre, mas su salida son caminos de muerte.
Prov. 16:25.

Y acordarte has de todo el camino por donde te ha traído Jehová tu Dios estos cuarenta años en el desierto, para afligirte, por probarte, para saber lo que estaba en tu corazón, si habías de guardar ó no sus mandamientos.
Deut. 8:2.

He entendido que todo lo que Dios hace, eso será perpetuo: sobre aquello no se añadirá, ni de ello se disminuirá; y hácelo Dios, para que delante de él teman los hombres.
Ecl. 3:14.

Y si él diere reposo, ¿quién inquietará? si escondiere el rostro, ¿quién lo mirará? Esto sobre una nación, y lo mismo sobre un hombre.
Job 34:29.

Porque el Señor es el Espíritu; y donde hay el Espíritu del Señor, allí hay libertad.
2 Cor. 3:17.

Entonces Jesús llamándolos, dijo: Sabéis que los príncipes de los Gentiles se enseñorean sobre ellos, y los que son grandes ejercen sobre ellos potestad. Mas entre vosotros no será así; sino el que quisiere entre vosotros hacerse grande, será vuestro servidor: Y el que quisiere entre vosotros ser el primero, será vuestro siervo.
Mat. 20:25-27.

Empero yo te declararé lo que está escrito en la escritura de verdad.
Dan. 10:21.

LA HISTORIA DE DANIEL EL PROFETA

> Porque comen pan de maldad, y be- ben vino de robos. El camino de los impíos es como la oscuridad: no saben en qué tropiezan.
> Prov. 4:17-19.

> Porque no tenemos lucha contra sangre y carne; sino contra principados, contra potestades, contra señores del mundo, gobernadores de estas tinieblas, contra malicias espirituales en los aires.
> Efe. 6:12.

> Juntaos, pueblos, y seréis quebrantados; oid todos los que sois de lejanas tierras: poneos á punto, y seréis quebrantados; apercibíos, y seréis quebrantados.
> Isa. 8:9.

> 16. *Y el que vendrá contra él, hará á su voluntad, ni habrá quien se le pueda parar delante; y estará en la tierra deseable, la cual será consumida en su poder.*
> Dan. 11:16.

> El pueblo de un príncipe que ha de venir, destruirá á la ciudad y el santuario.
> Dan. 9:26.

> Dinos pues, ¿qué te parece? ¿es lícito dar tributo á César, ó no?... Mostradme la moneda del tributo. Y ellos le presentaron un denario. Entonces les dice: ¿Cúya es esta figura, y lo que está encima escrito? Dícenle: De César. Y díceles: Pagad pues á César lo que es de César, y á Dios lo que es de Dios.
> Mat. 22:17-21.

los principios anteriormente expuestos estaban bien desarrollados, y en la etapa justa para crecer rápidamente cuando se ofrecieran los ambientes apropiados. La república estaba en realidad muerta, aunque su cadáver estaba aún insepulto, y los hombres no estaban dispuestos a reconocer que la vida había partido realmente. Durante el periodo de transición entre la república y el imperio hecho y derecho del versículo 20, varios actores desempeñaron un papel destacado. Fue una época de severa competencia entre los hombres para ver quién podía servir mejor a los propósitos del controlador de los asuntos que estaba detrás del trono de los monarcas terrenales. A medida que la república perdía poder, una corporación compuesta por César, Pompeyo y Craso tomó las riendas del gobierno. Craso controlaba el dinero, Pompeyo tenía el ejército y Cæsar era la mente maestra.

El ejército romano, con Pompeyo a la cabeza, arrasó Asia Menor y Siria, y todo el reino de los seléucidas cayó a sus pies. Antioquía y todas las estaciones fortificadas del imperio oriental se desmoronaron ante su avance. Pompeyo, llamado a decidir entre los gobernantes de los judíos, entró en Jerusalén y, como en tiempos pasados, el conocimiento del Dios de Israel se dio a conocer a la nación que lideraba el mundo. Pompeyo, sin embargo, actuó de forma muy diferente a Alejandro. Entró en la ciudad por la fuerza después de un asedio de tres meses; las murallas fueron demolidas y los judíos puestos bajo tributo al gobierno romano. Roma estaba ahora "en la tierra gloriosa que por su mano será consumida". Esto ocurrió en el año 63 a.C.

EL CUARTO REINO

La sabiduría de Dios al elegir Palestina como hogar de los judíos se reconoce cada vez más a medida que avanza la historia. No hubo error en la ubicación, y no se rebajó el estándar establecido para esa nación. En los días de la supremacía romana, como en los días de Salomón, era voluntad divina que Israel fuera la luz del mundo. Se les confiaron los oráculos sagrados de la verdad, y cada nación fue llevada a ellos como a una fuente de agua viva. Si la raza hebrea hubiera sido fiel a su deber señalado, la historia del mundo entero se leería completamente diferente. Roma vino a Jerusalén -vino porque enviada de Dios, pero el pozo era una cisterna agrietada y agujereada, y la sed de alma de la nación no pudo ser saciada. Como resultado, Roma esclavizó a los judíos: faltaba el poder de la vida que repele al enemigo.

Fue durante el gobierno del primer triunvirato cuando Egipto, el reino del sur, fue penetrado de nuevo por Roma. El senado romano, a cuyo cargo Cleopatra y su hermano, Ptolomeo Dionisio, habían sido puestos por su padre, había pedido a Pompeyo que visitara Egipto para resolver las dificultades. Pompeyo, sin embargo, fue asesinado mientras cruzaba a tierra en una pequeña embarcación. Cæsar entró en Alejandría poco después y abrazó la causa de Cleopatra, que se había visto obligada a huir de la capital. Cæsar salió victorioso de la facción gobernante en Alejandría y, antes de abandonar la ciudad, entronizó a Cleopatra y engalanó su triunfo en Roma con Arsinoë, una representante de la familia real de los Ptolomeos. La historia afirma que Cæsar pasó unos nueve meses en Egipto, algo inusual en este general, ya que sus rápidos movimientos de un lugar a otro eran uno de los secretos de su éxito.

Y dijo: Poco es que tú me seas siervo para levantar las tribus de Jacob, y para que restaures los asolamientos de Israel: también te dí por luz de las gentes, para que seas mi salud hasta lo postrero de la tierra.
Isa. 49:6.

Porque así nos ha mandado el Señor, diciendo: Te he puesto para luz de los Gentiles, para que seas salud hasta lo postrero de la tierra.
Hechos 13:47.
Porque ¿qué gente grande hay que tenga los dioses cercanos á sí, como lo está Jehová nuestro Dios en todo cuanto le pedimos?
Deut. 4:7, 8.

Hechos 17:24, 25.

Porque dos males ha hecho mi pueblo: dejáronme á mí, fuente de agua viva, por cavar para sí cisternas, cisternas rotas que no detienen aguas.
Jer. 2:13.

Ciertamente la luz de los impíos será apagada, y no resplandecerá la centella de su fuego.
Job. 18:5.

Y Saúl respondió á Samuel: Antes he oído la voz de Jehová, y fuí á la jornada que Jehová me envió, y he traído á Agag rey de Amalec, y he destruído á los Amalecitas.
1 Sam. 15:20-33.

224   LA HISTORIA DE DANIEL EL PROFETA

17. Pondrá luego su rostro para venir con el poder de todo su reino; y hará con aquél cosas rectas, y daréle una hija de mujeres para trastornarla: mas no estará ni será por él.
Dan. 11:17.

Zarcillo de oro en la nariz del puerco, es la mujer hermosa y apartada de razón.
Prov. 11:22.
Prov. 7:4, 5.

Ecl. 7:26.

Y haré cesar de ti tu suciedad, y tu fornicación de la tierra de Egipto: ni más levantarás á ellos tus ojos, ni nunca más te acordarás de Egipto.
Eze. 23:27.

Eze. 29:3, 6, 7.
2 Reyes 18:21.
Mat. 2:15.

18. Volverá después su rostro á las islas, y tomará muchas; mas un príncipe le hará parar su afrenta, y aun tornará sobre él su oprobio.
19. Luego volverá su rostro á las fortalezas de su tierra: mas tropezará y caerá, y no parecerá más.
Dan. 11, 18:19.

Y respondió el tribuno: Yo con grande suma alcancé esta ciudadanía. Entonces Pablo dijo: Pero yo lo soy de nacimiento.
Hechos 22:28.

No hay hombre que tenga potestad sobre el espíritu para retener el espíritu, ni potestad sobre el día de la muerte: y no valen armas en tal guerra; ni la impiedad librará al que la posee.
Ecl. 8:8.

Cæsar como general estaba en posición de lograr para el cuarto reino lo que Nabucodonosor, Ciro y Alejandro habían hecho para los tres anteriores, pero no tenemos constancia de que siquiera reconociera a Dios como gobernante de las naciones. Se dejó fascinar y corromper por la reina de Egipto. El decimoséptimo versículo, aunque describe un acontecimiento concreto de la historia, también simboliza la influencia corruptora de Egipto siempre que el norte entraba en contacto con el sur. Egipto fue una plaga tanto para los hombres como para las naciones, desde los días de Abraham hasta los de Cæsar, y su influencia aún perdura, como un tipo de pecado y esclavitud.

Abandonando Egipto, Cæsar pasó a lo largo de la costa de Palestina y Asia Menor, recibiendo la sumisión de todos los pueblos con tal rapidez que envió el famoso despacho a Roma: "Vine, vi, vencí" (Veni, Vidi, Vici). Regresó a Roma, donde modificó las leyes, fortaleció el senado, resolvió los disturbios en el ejército y, más tarde, sometió al África occidental, que se había sublevado.

Cæsar fue un organizador además de un guerrero, y mostró mayor liberalidad y amplitud de ideas que cualquier gobernante anterior. Se concedió el sufragio romano a los ciudadanos de muchas ciudades hasta entonces excluidas, y todos los hombres de ciencia, de cualquier nacionalidad, fueron igualmente honrados. Entre sus papeles posteriores a la muerte se encontraron planes aún mayores para la mejora de Roma. Se acercaba al pináculo de la fama terrenal cuando cayó, atravesado por una veintena de puñales, en presencia del senado que controlaba. Tropezó y cayó", sin dejar heredero

EL CUARTO REINO

al trono. Otro gran hombre había pasado de la escena de la acción. El cielo vigilaba, pues el nacimiento del Hijo del hombre estaba cerca. En el año 44 a.c. cuando los planes de Julio César se vieron truncados por su prematura muerte. El republicanismo había llegado tan lejos que el gobierno cayó en manos de los hombres más fuertes, los que contaban con apoyo militar. Lépido, uno de los segundos triunviros, murió pronto; Antonio, un segundo miembro, enamorado de Cleopatra, atrapado en la red de las tinieblas egipcias, se arrojó sobre su propia espada y murió; sólo quedó Octavio, hijo adoptivo de Julio César. Dice Gibbon "Una nobleza marital y unos comunes obstinados, poseedores de armas, tenaces de propiedades y reunidos en asambleas constitucionales, forman el único equilibrio capaz de preservar una constitución libre contra las empresas de un príncipe aspirante". Roma no tenía nada de esto; cada barrera de la constitución romana había sido derribada por la ambición de Octavio, llamado César Augusto. Además, las provincias llevaban tanto tiempo oprimidas por los intrigantes ministros de la república que acogieron de buen grado un poder unipersonal. Augusto devolvió al senado su antigua dignidad, es cierto, pero "los principios de una constitución libre se pierden irrevocablemente cuando el poder legislativo es nombrado por el ejecutivo." Así que Octavio fue proclamado emperador de Roma por el voto unánime de ese mismo senado servil.

Así fue llevado a la cabeza del cuarto reino César Augusto, el recaudador de impuestos.

Tras siglos de luchas y agitación, guerras, derramamiento de sangre y opresión, el mundo

Así el hombre yace, y no se tornará á levantar: hasta que no haya cielo no despertarán, ni se levantarán de su sueño.
Job 14:12.
Isa. 7:14-16.

Faltó el misericordioso de la tierra, y ninguno hay recto entre los hombres: todos acechan á la sangre; cada cual arma red á su hermano. Para completar la maldad con sus manos, el príncipe demanda, y el juez juzga por recompensa; y el grande habla el antojo de su alma, y lo confirman. El mejor de ellos es como el cambrón; el más recto, como zarzal: el día de tus atalayas, tu visitación, viene; ahora será su confusión.
Miqueas 7:2-4.
Pesado has sido en balanza, y fuiste hallado falto.
Dan. 5:27.
1 Sam. 8:19, 20.

Entonces sucederá en su silla uno que hará pasar exactor por la gloria del reino; mas en pocos días será quebrantado, no en enojo, ni en batalla.
Dan. 11:20.

Y aconteció en aquellos días que salió edicto de parte de Augusto César, que toda la tierra fuese empadronada. . . . E iban todos para ser empadronados, cada uno á su ciudad. Y subió José de Galilea, de la ciudad de Nazaret, á Judea, á la ciudad de David, que se llama Bethlehem, por cuanto era de la casa y familia de David. Para ser empadronado con María su mujer, desposada con él, la cual estaba en cinta. Y aconteció que estando ellos allí, se cumplieron los días en que ella había de parir. Y parió á su hijo primogénito, y le envolvió en pañales, y acostóle en un pesebre, porque no había lugar para ellos en el mesón. Y había pastores en la misma tierra, que velaban y guardaban las vigilias de la noche sobre su ganado. Y he aquí el ángel del Señor vino sobre ellos, y la claridad de Dios los cercó de resplandor; y tuvieron gran temor.
Lucas 2:1-9.

Miqueas 5:2.

Mas el ángel les dijo: No temáis; porque he aquí os doy nuevas de gran gozo, que será para todo el pueblo. Que os ha nacido hoy, en la ciudad de David, un Salvador, que es CRISTO el Señor. Y esto os será por señal: hallaréis al niño envuelto en pañales, echado en un pesebre. Y repentinamente fué con el ángel una multitud de los ejércitos celestiales, que alababan á Dios, y decían, Gloria en las alturas á Dios, y en la tierra paz, buena voluntad para con los hombres.
Lucas 2:10-14.

Y COMO fué nacido Jesús en Bethlehem de Judea en días del rey Herodes, he aquí unos magos vinieron del oriente á Jerusalem, diciendo: ¿Dónde está el Rey de los Judíos, que ha nacido? porque su estrella hemos visto en el oriente, y venimos á adorarle.. . . Y vista la estrella, se regocijaron con muy grande gozo. Y entrando en la casa, vieron al niño con su madre María, y postrándose, le adoraron; y abriendo sus tesoros, le ofrecieron dones, oro é incienso y mirra.
Mat. 2:1, 2, 10, 11.

yacía pasivo a los pies del emperador romano. Un solo gobierno rodeaba el Mediterráneo; desde el Atlántico hasta el océano Índico, una sola potencia ejercía su dominio. Parecería que el gobierno terrenal había alcanzado su mayor ambición. Satanás exultó y descansó en la esperanza de que por fin la victoria era suya. Pero el momento de su tranquilo reposo fue la calma que precedió a sus mayores luchas. Tan tranquilas estaban las naciones que el levantamiento de una mano en rebelión en cualquiera de sus partes más distantes enviaría un latido al centro, que sería respondido por el regreso de las legiones.

Entonces fue que en la pequeña ciudad de Belén Efrata, donde María y José, campesinos de la ciudad montañosa de Nazaret, habían ido a tributar en obediencia al mandato de este mismo Augusto, nació un Salvador, Cristo el Señor. Las mismas condiciones que hicieron exultar a Satanás eran las más favorables a Cristo cuando vino a tabernacular entre los hombres. Aquel a quien Satanás se había opuesto desde la rebelión en el cielo; él, el Príncipe de los mundos a través del espacio, "fue hecho a semejanza de hombre", y vino al mundo como un bebé indefenso. Los sencillos pastores de la ladera cercana a Belén, que cuidaban sus ovejas donde David había cuidado a menudo sus rebaños, oyeron al coro de ángeles proclamar el nacimiento del Redentor del mundo. Los sabios de los límites orientales del vasto imperio de Augusto, habiendo leído las profecías, estaban pendientes de su estrella, y ellos también contemplaron una brillante compañía de ángeles y supieron que Dios habitaba con los hombres. Pero el resto del imperio dormía inconsciente de su cercanía.

EL CUARTO REINO

Belén, el lugar de su nacimiento, era querido en la memoria de todo verdadero judío. Fue allí donde Dios se encontró con su padre Jacob cuando éste abandonó su hogar, fugitivo y solo. Se llamaba Betel, la casa de Dios, porque dijo Jacob: "Ciertamente Dios está en este lugar y yo no lo sabía". Jacob llegó al mismo lugar y pagó el diezmo de su ganancia mientras estuvo con Labán. Débora, la nodriza de Raquel, fue enterrada allí. Fue en Belén donde Abraham acampó cuando entró por primera vez en la tierra prometida. David, el elegido de Dios, fue ungido allí. Se señaló el pozo de Belén, símbolo apropiado de aquel que nació en Belén y ofrece el agua de la vida a todos.

"La historia de Belén es un tema inagotable". En ella se oculta "la profundidad de las riquezas tanto de la sabiduría como del conocimiento de Dios". Pero a pesar de los recuerdos sagrados que se agolpaban en torno al lugar, cuando nació el Cristo sólo unos pocos hombres lo conocían.

Todo lo que el registro sagrado da acerca de Augusto, el hombre que ejerció el dominio universal, es que era un recaudador de impuestos cuando el reino estaba en la cima de su gloria, y que después de un reinado de unos pocos días, o años, terminaría su carrera en paz. Inconscientemente había contribuido a preparar el camino para el Príncipe de la paz, y habiendo hecho eso, pasó de la escena.

"Como en la antigüedad Ciro fue llamado al trono del imperio del mundo para que liberara a los cautivos del Señor, así César Augusto es hecho el agente para el cumplimiento del propósito de Dios al traer a la madre de Jesús a Belén. Ella es del linaje de David, y el Hijo de David debe nacer en la ciudad de David".

Gen. 28:12, 19.

Y con su fortaleza venció al ángel: venció al ángel, y prevaleció; lloró, y rogóle: en Beth-el le halló, y allí habló con nosotros.
Oseas 12:4,5.

Gen. 28:22.
Gen. 35:8.

Y volvió por sus jornadas de la parte del Mediodía hacia Bethel, hasta el lugar donde había estado antes su tienda entre Bethel y Hai.
Gen. 13:3.

1 Sam. 16:4-13.
2 Sam. 23:14-17.
Si alguno tiene sed, venga á mí y beba.
Juan 7:37.

Ciertamente Jehová está en este lugar, y yo no lo sabía.
Gen. 28:16.

20. Entonces sucederá en su silla uno que hará pasar exactor por la gloria del reino; mas en pocos días será quebrantado, no en enojo, ni en batalla.
Dan. 11:20.

Por mí dominan los príncipes, y todos los gobernadores juzgan la tierra.
Prov. 8:10.

Alto sobre todas las naciones es Jehová; sobre los cielos su gloria.
Sal. 113:4.

Porque un niño nos es nacido, hijo nos es dado; y el principado sobre su hombro: y llamarás su nombre Admirable, Consejero, Dios fuerte, Padre eterno, Príncipe de paz.
Isa. 9:6.

Por amor de mi siervo Jacob, y de Israel mi escogido, te llamé por tu nombre; púsete sobrenombre, aunque no me conociste.
Isa. 45:4.

228 LA HISTORIA DE DANIEL EL PROFETA

21. Y sucederá en su lugar un vil, al cual no darán la honra del reino: vendrá empero con paz, y tomará el reino con halagos.
Dan. 11:21.

De la cárcel y del juicio fué quitado.
Isa. 53:8.

Mas nosotros esperábamos que él era el que había de redimir á Israel: y ahora sobre todo esto, hoy es el tercer día que esto ha acontecido.
Lucas 24:21.

Entonces los que se habían juntado le preguntaron, diciendo: Señor, ¿restituirás el reino á Israel en este tiempo?
Hechos 1:6.

En los cuales el dios de este siglo cegó los entendimientos de los incrédulos, para que no les resplandezca la lumbre del evangelio de la gloria de Cristo, el cual es la imagen de Dios.
2 Cor. 4:4.
Dan. 3:4-6.

Ester 3:6, 12-14.

Col. 2:8.
1 Tim. 6:20.

Nadie os prive de vuestro premio, afectando humildad y culto á los ángeles, metiéndose en lo que no ha visto, vanamente hinchado en el sentido de su propia carne.
Col. 2:17-24.

Lucas 2:25, 38.

Mat. 3:5, 6.

La mayor parte de la vida del Salvador transcurrió durante el reinado de Tiberio, el sucesor de Augusto, a quien Gabriel describió a Daniel como una "persona vil". La historia corrobora la descripción. No era un heredero directo al trono, y nunca fue honrado por sus súbditos. La tiranía del absolutismo comenzó a manifestarse de nuevo, y se repitieron los principios de las monarquías orientales. Las asambleas populares cesaron por completo, y el emperador usurpó el derecho de ejecutar sin juicio. Los gobernadores de Judá reflejaban el carácter del gobierno general. Los judíos estaban amargamente oprimidos, y como sabían que se acercaba el momento de la aparición de un Salvador, depositaron todas sus esperanzas en un rey temporal, que rompiera el yugo de Roma y estableciera para ellos un reino separado. Unos pocos, tal vez, pero sólo unos pocos, adivinaron la naturaleza espiritual de la promesa de un Mesías, pues era el estudiado plan de Satanás cegar los ojos de los hombres a toda verdad espiritual.

En Babilonia había tratado de emborrachar a los hombres con la idolatría; trabajando a través de Medo-Persia había esperado matar a los que eran fieles a su Dios; a través de las enseñanzas de Grecia había fascinado de tal manera al hombre con los poderes de su propia mente que mediante obras de justicia que podía hacer, y filosofías de su propia conjetura, era llevado a olvidar cualquier poder superior al que él mismo poseía. Pero a través de todo ello unos pocos se habían aferrado a la promesa entregada a Abraham, Isaac y Jacob. El mundo ignoraba al Cristo, pero Juan el Bautista llamó a muchos al arrepentimiento. El ministerio de Cristo tuvo lugar durante el reinado de Tiberio,

EL CUARTO REINO

y mientras esa vil persona trabajaba, planeaba, desconfiaba y mataba, el Hombre de Dios recorría todas las ciudades de Palestina, curando a los quebrantados de corazón y dispensando luz a todos los que quisieran aceptarla. Los ángeles le vigilaban, Gabriel le asistía y, en momentos de especial peligro, le protegía del enemigo que le rastreaba sin cesar. Finalmente lo clavaron en la cruz; los judíos fueron responsables de ello, pero la ley romana los sostuvo en el acto; y si no lo hubiera hecho su propio pueblo, lo habrían hecho los romanos; porque habían llegado a una condición en la que la vida del hombre no era sino ligeramente estimada, y el reino espiritual que Cristo vino a instaurar nunca podría haber sido comprendido por el monarca reinante. Los oficiales de Roma clavaron al Hijo de Dios en la cruz. El Príncipe de la alianza perpetua fue aplastado por los que pretendían confederarse; lo colocaron en el sepulcro; unieron sus manos a las de Satanás, como nunca antes lo había hecho la nación; pero él rompió esas ataduras y salió triunfante.

Representantes de las cuatro partes del globo estuvieron junto a él en sus últimas horas. Los griegos se reunieron con él en el templo el último gran día de la fiesta; el ladrón colgó a su lado en el Calvario; Simón de Cirene ayudó a llevar la cruz, y el centurión, un soldado romano, convicto, dijo: "Verdaderamente, éste era el Hijo de Dios." La oscuridad que envolvió la forma agonizante de Cristo tipificaba la condición del mundo romano. La luz que brilló alrededor de la tumba cuando los ángeles le ordenaron al Hijo del hombre que saliera, tipificó el poder con el que la verdad penetraría en el imperio cuando sus seguidores salieran a predicar la salvación.

Y rodeó Jesús toda Galilea, enseñando en las sinagogas de ellos, y predicando el evangelio del reino, y sanando toda enfermedad y toda dolencia en el pueblo. Y corría su fama por toda la Siria.

Mat. 4:23, 24.

22. Y con los brazos de inundación serán inundados delante de él, y serán quebrantados; y aun también el príncipe del pacto.

Dan. 11:22.

Gen. 9:16.
Heb. 13:20, 21.
Hechos 4:26, 27.
Hechos 2:24.

Juan 12:20-29.
Mat. 27:38.
Mat. 27:32.
Mat. 27:51.

Porque Dios, que mandó que de las tinieblas resplandeciese la luz, es el que resplandeció en nuestros corazones, para iluminación del conocimiento de la gloria de Dios en la faz de Jesucristo.

2 Cor. 4:6.

CAPITULO XVI

EL MISTERIO DE LA INIQUDAD
(Capitulo 11:23-31)

La fuerza del paganismo había sido puesta a prueba. La verdad, la verdad eterna, había habitado en la persona del Hombre de Nazaret. Con la muerte de Cristo, Satanás perdió la esperanza. Mirando hacia su crucifixión, Jesús dijo: "Ahora es el juicio de este mundo; ahora será expulsado el príncipe de este mundo." Satanás, después de su caída, se había reunido de vez en cuando con los representantes de otros mundos. Algunos en esa asamblea, al no comprender la horrible naturaleza del pecado, habían sentido cuestionar la sabiduría de Dios al expulsar a Satanás de las cortes celestiales, pero cuando la vida de Cristo terminó, y habían visto las burlas del enemigo y su acto final de asesinato, "el acusador de los hermanos" fue arrojado para siempre del concilio de los mundos. "Y cuando el dragón vio que había sido arrojado a la tierra", supo que su tiempo era corto, y con renovada energía trató de

> Yo soy el camino, y la verdad, y la vida.
> Juan 14:6.

> Así que, por cuanto los hijos participaron de carne y sangre, él también participó de lo mismo, para destruir por la muerte al que tenía el imperio de la muerte, es á saber, al diablo.
> Heb. 2:14.
> I Juan 3:5.

> Y un día vinieron los hijos de Dios á presentarse delante de Jehová, entre los cuales vino también Satán.
> Job 1:6.

> Entonces él dijo: Oye pues palabra de Jehová: Yo vi á Jehová sentado en su trono, y todo el ejército de los cielos estaba junto á él, á su diestra y á su siniestra. Y salió un espíritu, y púsose delante de Jehová, y dijo: Yo le induciré. Y Jehová le dijo: ¿De qué manera? Y él dijo: Yo saldré, y seré espíritu de mentira en boca de todos sus profetas.
> I Reyes 22:19-23.

> Porque el acusador de nuestros hermanos ha sido arrojado, el cual los acusaba delante de nuestro Dios día y noche.
> Apoc. 12:10.

> Y cuando vió el dragón que él había sido arrojado á la tierra, persiguió á la mujer que había parido al hijo varón.
> Apoc. 12:13.

---
*Nota del editos

Como se menciona en nuestra "Palabra del editor" al comienzo de este libro, no hemos vuelto a publicar este libro con la intención de probar o promover una comprensión particular de la profecía o la interpretación bíblica, sino más bien para llamar la atención sobre las sorprendentes perecepciones de Haskell sobra la verdadera educación y los tratos de Dios con Su pueblo en los acontecimientos que rodean la vida de Daniel. Hay varias interpretaciones del capítulo 11 de Daniel, y no es nuestro propósito promover un punto de vista particular. Es nuestro ferviente deseo que cada lector pueda estudiar cuidadosamente para saber por sí mismo de la Palabra de Dios lo que es verdad. Las experiencias del Israel de antaño han sido escritar para nuestra amonestación, sobre quienes ha llegado el fin del mundo (1 Corintios 10:11)
    -Los editores, A Thinking Generation Ministries

LA HISTORIA DE DANIEL EL PROFETA

Por lo cual alegraos, cielos, y los que moráis en ellos. ¡Ay de los moradores de la tierra y del mar! porque el diablo ha descendido á vosotros, teniendo grande ira, sabiendo que tiene poco tiempo.
Apoc. 12:12.

¿Cómo, pues, les oímos nosotros hablar cada uno en nuestra lengua en que somos nacidos?
Hechos 2:8-11.

La esperanza del evangelio que habéis oído; el cual es predicado á toda criatura que está debajo del cielo.
Col. 1:6, 23.

Mas los que fueron esparcidos, iban por todas partes anunciando la pa- labra.
Hechos 8:4.

Primeramente, doy gracias á mi Dios por Jesucristo acerca de todos vosotros, de que vuestra fe es predicada en todo el mundo.
Rom. 1:8.

Donde no hay Griego ni Judío, circuncisión ni incircuncisión, bárbaro ni Scytha, siervo ni libre; mas Cristo es el todo, y en todos.
Col. 3:11.

El reino de Dios no vendrá con advertencia; ni dirán: Helo aquí, ó helo allí: porque he aquí el reino de Dios entre vosotros está.
Lucas 17:20, 21.

A los cuales quiso Dios hacer notorias las riquezas de la gloria de este misterio entre los Gentiles; que es Cristo en vosotros la esperanza de gloria.
Col. 1:27.

Gal. 2:20.

Mas veo otra ley en mis miembros, que se rebela contra la ley de mi espíritu, y que me lleva cautivo á la ley del pecado que está en mis miembros.
Rom. 7:18-25.
Por cuanto la intención de la carne es enemistad contra Dios; porque no se sujeta á la ley de Dios, ni tampoco

derribar la verdad de Dios y aplastar a los que se adherían a ella. El resto del undécimo capítulo de Daniel revela claramente la verdad de estas afirmaciones.

Después de la ascensión de Cristo, sus discípulos difundieron el evangelio por toda Judea y toda Palestina, y muchos de los que oyeron la palabra pronunciada con poder el día de pentecostés fueron a sus propios países a proclamar la verdad tal como era en Cristo. En menos de treinta años el mundo fue advertido. Pero los judíos eran exclusivos, y los discípulos aún no habían perdido la idea de que Cristo era el Salvador de la raza hebrea, no el sanador de toda la humanidad. La persecución en Jerusalén dispersó a los creyentes, y luego fueron por todas partes predicando la salvación de Dios. De forma silenciosa, pero constante, la corriente vivificadora de la corriente del cristianismo penetró hasta los rincones más remotos del vasto Imperio Romano. Todas las nacionalidades se unieron en él por primera vez en toda la historia, pues con él y sus seguidores no había "griego ni judío, circuncisión ni incircuncisión, bárbaro ni escita, siervo ni libre, sino que Cristo era todo y en todos".

A medida que la verdad se extendía, era el crecimiento de un imperio; un reino espiritual dentro de los confines de la monarquía más fuerte de la tierra. Fue con toda la iglesia como con cada individuo dentro de la iglesia, una vida espiritual, un hombre nuevo, rodeado por una forma humana. ¡Bien habría sido para el progreso de la verdad si toda opresión de lo espiritual por lo temporal hubiera sido sólo cuando el estado se opuso a la iglesia!

EL MISTERIO DE LA INIQUIDAD

En cambio, el mayor, el único inconveniente eficaz para la propagación de la verdad ha sido causado en la experiencia individual cuando el hombre físico ha limitado el desarrollo de lo espiritual, el espíritu permanente, el Cristo en ti, la esperanza de gloria.

La iglesia primitiva era celosa; su primer amor era fuerte, y se enfrentaron y superaron las mayores dificultades. A veces significaba un hogar entero, pero más a menudo sólo uno o dos miembros del círculo familiar que salían de las tinieblas del paganismo para levantarse contra todos los ataques, por la verdad de Dios. Las madres vigilaban a sus hijos con sumo cuidado, pues todas las costumbres y prácticas del pueblo, desde el momento en que se despertaban hasta que se entregaban al sueño, desde el nacimiento hasta la muerte, estaban asociadas al culto de algún dios.

Una cosa peculiar de la nueva secta, tal como la veían los adoradores paganos, era la ausencia de imágenes y formas que los sentidos pudieran comprender. Cuando los cristianos se reunían para el culto, no había altar, ni dios, ni incienso. Cuando los cristianos rezaban, no había sacerdocio, ni vana repetición de palabras, ni ofrenda, sino una simple petición en nombre de Cristo. Un poder invisible parecía haber tomado el control de los nuevos conversos, un poder que nunca se acobardaba y que ningún devoto pagano podía refutar. La vida que Dios había buscado durante tanto tiempo entre los judíos se encontró entre los primeros cristianos.

El enemigo de la verdad había tratado por todos los medios de cegar los ojos de los judíos al amor de Dios; había trabajado a través de todos

puede.
Rom. 8:7.
Dejando todo el peso del pecado que nos rodea, corramos con paciencia la carrera que nos es propuesta.
Heb. 12:1.

Hombres que han expuesto sus vidas por el nombre de nuestro Señor Jesucristo.
Hechos 15:26.
2 Cor. 11:25-28.

Convertíos, hijos rebeldes, dice Jehová, porque yo soy vuestro esposo: y os tomaré uno de una ciudad, y dos de una familia, y os introduciré en Sión.
Jer. 3:14.
Que nos ha librado de la potestad de las tinieblas, y trasladado al reino de su amado Hijo.
Col. 1:13.
Que ha parecido bien al Espíritu Santo, y á nosotros, no imponeros ninguna carga más que estas cosas necesarias; que os abstengáis de cosas sacrificadas á ídolos, y de sangre, y de ahogado, y de fornicación; de las cuales cosas si os guardareis, bien haréis. Pasado bien.
Hechos 15:28, 29
Cal. 4:9, 10.

Guardad pues mucho vuestras almas: pues ninguna figura visteis el día que Jehová habló con vosotros de en medio del fuego.
Deut. 4:15-19.
Ex. 20:3, 5.

Y orando, no seáis prolijos, como los Gentiles.
Mat. 6:7.

Entonces viendo la constancia de Pedro y de Juan, sabido que eran hombres sin letras é ignorantes, se maravillaban; y les conocían que habían estado con Jesús.
Hechos 4:13.
Hechos 28:2-6.
Hechos 5:17-26.
Juan 1:11.

Mas yo os conozco, que no tenéis amor de Dios en vosotros. ¿Cómo podéis vosotros creer, pues tomáis la gloria los unos de los otros, y no buscáis la gloria que de sólo Dios viene?
Juan 5:42-44.

LA HISTORIA DE DANIEL EL PROFETA

<small>Todo el mundo está puesto en maldad.
1 Juan 5:19.

Porque no tenemos un Pontífice que no se pueda compadecer de nuestras flaquezas; mas tentado en todo según nuestra semejanza, pero sin pecado.
Heb. 4:15.

Y le llevó el diablo á un alto monte, y le mostró en un momento de tiempo todos los reinos de la tierra. Y le dijo el diablo: A ti te daré toda esta potestad, y la gloria de ellos; porque á mí es entregada, y á quien quiero la doy.
Lucas 4:5, 6.

Y entendiendo Jesús que habían de venir para arrebatarle, y hacerle rey, volvió á retirarse al monte, él solo.
Juan 6:15.

Ya no hablaré mucho con vosotros: porque viene el príncipe de este mundo; mas no tiene nada en mí.
Juan 14:30.

Por tanto, id, y doctrinad á todos los Gentiles, bautizándolos en el nombre del Padre, y del Hijo, y del Espíritu Santo: Enseñándoles que guarden todas las cosas que os he mandado: y he aquí, yo estoy con vosotros todos los días, hasta el fin del mundo. Amén.
Mat. 28:19, 20.

Y la serpiente echó de su boca tras la mujer agua como un río, á fin de hacer que fuese arrebatada del río.
Apoc. 12:15.

Dan. 3:25.
Dan. 6:22.
Lucas 24:5, 6.

Como habrá entre vosotros falsos doctores, que introducirán encubiertamente herejías de perdición, y negarán al Señor que los rescató, atrayendo sobre sí mismos perdición acelerada.
2 Pedro 2:1.

Porque cual es su pensamiento en su alma, tal es él. Come y bebe, te dirá; mas su corazón no está contigo.
Prov. 23:7.</small>

los gobiernos para su destrucción, y cuando su nación estaba en su punto más bajo, cuando la vitalidad espiritual estaba casi agotada, Cristo vino en persona a reavivar su desfalleciente esperanza. Entonces Satanás utilizó todas las artimañas para engañar al Hijo del hombre. Le tentó en todos los puntos en los que la naturaleza humana puede ser tentada; trató de atraparle con pruebas insignificantes; trató de inducirle a aceptar altos honores mundanos; pero fracasó en todo, y cuando pensó que había obtenido la victoria con su crucifixión, descubrió que era sólo la forma física la que podía ser así atada, y eso sólo por un tiempo. Un espíritu eterno habitaba en arcilla mortal, y las ataduras de la muerte se rompieron con su resurrección. Ahora, de en medio de ese pueblo pisoteado, de esa raza despreciada, desde el mismo pie de la ignominiosa cruz, Dios escogió un pueblo y lo envió a conquistar el mundo. "Tal conocimiento es demasiado maravilloso; es elevado, no puedo alcanzarlo". Qué maravilla que el mundo se despertara sobresaltado y que Satanás buscara nuevas artimañas para derrocar la verdad.

La presión externa, aunque intentada una y otra vez, había resultado inútil para acabar con la verdad. En el horno de fuego se vio la forma de un cuarto; del foso de los leones salió un primer ministro; del nuevo sepulcro de José surgió un conquistador. Babilonia, Persia, Grecia y Roma habían intentado el derrocamiento de la verdad, pero en lugar de la derrota había aumentado constantemente la grandeza. Un nuevo plan fue ideado por Satanás. Si el paganismo podía ser colocado en el corazón, mientras que los principios cristianos eran reconocidos

EL MISTERIO DE LA INIQUIDAD

exteriormente, el derrocamiento sería seguro; porque la destrucción obra desde adentro hacia afuera. Era una repetición del plan de Balaam.

Pablo, el gran maestro de justicia, mientras visitaba de lugar en lugar entre los santos, escribió así a los tesalonicenses: "El misterio de la iniquidad ya está obrando". "Nadie os engañe en modo alguno; porque no vendrá sin que antes haya apostasía, y se manifieste el hombre de pecado, el hijo de perdición, el cual se opone y se levanta contra todo lo que se llama Dios o es objeto de culto, tanto que se sienta en el templo de Dios como Dios, haciéndose pasar por Dios." Esta es la descripción que hace Pablo del misterio de iniquidad, la cuarta bestia de la visión de Daniel siete.

Entonces fue cuando en aquella iglesia, destacada por su pureza, se deslizó la vida del paganismo Cobijada en los pliegues del ropaje cristiano yacía la serpiente, el viejo dragón. Como el nacimiento de Cristo, la encarnación de Dios, fue un misterio, y es hoy un misterio que nadie puede desentrañar, se encontró con otro misterio, un misterio de iniquidad cuyas maquinaciones son demasiado fuertes para que la mente humana las comprenda. Engañará si es posible a los mismos elegidos. Sólo aquel cuyo ojo está iluminado por la verdad, cuyo corazón es la morada del Hijo de Dios; en otras palabras, sólo aquel que tiene dentro de su propio ser el misterio de la piedad, se opondrá al misterio de la iniquidad.

En los días de Pablo, es decir, en el siglo I d.C., ese poder estaba actuando. Hasta entonces la historia tal como se registra en el libro de Daniel trataba de los reinos terrenales, pero

---

Pero tengo unas pocas cosas contra ti: porque tú tienes ahí los que tienen la doctrina de Balaam, el cual enseñaba á Balac á poner escándalo delante de los hijos de Israel, á comer de cosas sacrificadas á los ídolos, y á cometer fornicación.
Apoc. 2:14.

Yo he escrito á la iglesia: mas Diótrefes, que ama tener el primado entre ellos, no nos recibe. Por esta causa, si yo viniere, recordaré las obras que hace parlando con palabras maliciosas contra nosotros; y no contento con estas cosas, no recibe á los hermanos, y prohibe á los que los quieren recibir, y los echa de la iglesia.
3 Juan 9, 10.

Y la soberbia de Israel le desmentirá en su cara: é Israel y Ephraim tropezarán en su pecado: tropezará también Judá con ellos.
Oseas 5:5.

Y muchos seguirán sus disoluciones, por los cuales el camino de la verdad será blasfemado. Y por avaricia harán mercadería de vosotros con palabras fingidas; sobre los cuales la condenación ya de largo tiempo no se tarda, y su perdición no se duerme.
2 Pedro 2:2, 3.

Nunca los reyes de la tierra, ni todos los que habitan en el mundo, creyeron que el enemigo y el adversario entrara por las puertas de Jerusalem.
Lam. 4:12.

Y sin contradicción, grande es el misterio de la piedad: Dios ha sido manifestado en carne; ha sido justificado con el Espíritu; ha sido visto de los ángeles; ha sido predicado á los Gentiles; ha sido creído en el mundo; ha sido recibido en gloria.
1 Tim. 3:16.

Porque se levantarán falsos Cristos, y falsos profetas, y darán señales grandes y prodigios; de tal manera que engañarán, si es posible, aun á los escogidos.
Mat. 24:24.

Y conocer el amor de Cristo, que excede á todo conocimiento, para que seáis llenos de toda la plenitud de Dios.
Efe. 3:19.

Y la mujer que has visto, es la grande ciudad que tiene reino sobre los reyes de la tierra.
Apoc. 17:18.

LA HISTORIA DE DANIEL EL PROFETA

Vi una mujer sentada sobre una bestia bermeja llena de nombres de blasfemia y que tenía siete cabezas y diez cuernos. Y vi la mujer embriagada de la sangre de los santos, y de la sangre de los mártires de Jesús.
Apoc. 17:3, 6.

Dios no hace acepción de personas: Sino que de cualquiera nación que le teme y obra justicia, se agrada.
Hechos 10:34, 35.

En aquel tiempo será traído presente á Jehová de los ejércitos, el pueblo tirado y repelado, pueblo asombroso desde su principio y después; gente harta de esperar y hollada.
Isa. 18:7.

Eze. 34:6.
Sal. 119:165.

Cualquiera que hace pecado, traspasa también la ley; pues el pecado es transgresión de la ley.
1 Juan 3:4.

Sal. 1:1-3.

Aquí está la paciencia de los santos; aquí están los que guardan los mandamientos de Dios, y la fe de Jesús.
Apoc. 14:12.
¡Ojalá miraras tú á mis mandamientos! fuera entonces tu paz como un río, y tu justicia como las ondas de la mar.
Isa. 48:18.

El pecado, pues, está en aquel que sabe hacer lo bueno, y no lo hace.
Santiago 4:17.
Jer. 17:24, 25.
Jer. 51:9.
Sus sacerdotes violentaron mi ley, y contaminaron mis santuarios: entre lo santo y lo profano no hicieron diferencia, ni distinguieron entre inmundo y limpio; y de mis sábados escondieron sus ojos, y yo era profanado en medio de ellos.
Eze. 22:26.

a partir de ese momento la historia se ocupa de este "misterio de iniquidad" que actuaba a través de los diversos gobiernos. La distinción entre los reinos del norte y del sur permanece como en el pasado, pero pasamos de los gobiernos como gobiernos a un poder que está influyendo en estos gobiernos. De un lado en esta controversia está la Iglesia de Dios; del otro lado está el misterio de iniquidad, que a menudo se apodera de los gobiernos terrenales con el propósito de destruir a la Iglesia.

La expresión "Iglesia de Dios" no se refiere a nombres o líneas denominacionales. Desde los días de Cristo, hasta el presente, ha existido una verdadera iglesia. Sus miembros han estado a menudo dispersos tan lejos como el ojo humano podía discernir, pero en los libros de registro del cielo han sido reconocidos como una sola compañía.

La característica que marca a la verdadera iglesia es la adhesión a los mandamientos del Dios del cielo. Dondequiera que un pueblo ha sido fiel a éstos, Dios lo ha honrado con su presencia. Además, a cada denominación que ha surgido, se le han ofrecido las mismas oportunidades que se ofrecieron a las cuatro naciones sucesivas a medida que surgían; es decir, el privilegio de caminar en toda la luz, y por ese mismo acto convertirse en una compañía eterna. Como la verdad fue rechazada por las naciones y cayeron, así la verdad ha sido rechazada por una denominación tras otra, y han caído, ocupando otro pueblo el lugar vacante. Esta sucesión se mantendrá hasta que se forme un pueblo remanente que guarde los mandamientos de Dios y la fe de Jesús. Ellos entrarán en la ciudad eterna para reinar con Cristo. Es esta lucha la que le fue revelada a Daniel en la última parte de su última visión. La historia de Roma se convierte en la historia de la controversia religiosa, y la lucha entre la verdad y el error es mayor que nunca.

La historia de la iglesia, tal como le fue dada a Juan, contiene más detalles que las palabras de Gabriel a Daniel. A sus seguidores del primer siglo, Dios les dice: "Has abandonado tu primer amor. Recuerda, pues, de dónde has caído, y arrepiéntete, y haz tus primeras obras". De la iglesia de los siglos II y III, dice: "Conozco tus obras, tus tribulaciones y tu pobreza (pero eres rico).... No temas nada de lo que vas a sufrir: he aquí que el diablo echará a algunos de vosotros en la cárcel para que seáis probados, y tendréis tribulaciones". El cristianismo y el paganismo estuvieron en conflicto abierto durante los tres siglos que siguieron al nacimiento de Cristo, y en ocasiones la serpiente levantó la cabeza para golpear la verdad contra el suelo. Algunos de los seguidores de Cristo fueron perseguidos, y otros se volvieron fríos e indiferentes. Pero había un poder en el evangelio que los paganos no podían resistir. A medida que aumentaban sus seguidores, su influencia se hacía sentir incluso en los círculos políticos.

El final del tercer siglo de la era cristiana encontró al gobierno de Roma muy debilitado. Los males del imperio, su opresión y crueldad, hacían casi imposible que los emperadores controlaran los asuntos. La autoridad estaba en manos del ejército, que sentaba y desbancaba gobernantes a voluntad. Las hordas bárbaras presionaban al imperio por todos lados, y la

11. Entonces el dragón fué airado con- tra la mujer; y se fué á hacer guerra contra los otros de la simiente de ella, los cuales guardan los mandamientos de Dios, y tienen el testimonio de Je- sucristo.
Apoc. 12:17.

Bienaventurados los que guardan sus mandamientos, para que su potencia sea en el árbol de la vida, y que entren por las puertas en la ciudad.
Apoc. 22:14.

Porque habrá entonces grande aflicción, cual no fué desde el principio del mundo hasta ahora, ni será.
Mat. 24:21.

Pero tengo contra ti que has dejado tu primer amor.
Apoc. 2:4.

Conviértete, oh Israel, á Jehová tu Dios: porque por tu pecado has caído.
Oseas 14:1, 2.

Para que la prueba de vuestra fe, mucho más preciosa que el oro, el cual perece, bien que sea probado con fuego, sea hallada en alabanza, gloria y honra, cuando Jesucristo fuere manifestado.
1 Pedro 1:7.

Y enemistad pondré entre ti y la mujer, y entre tu simiente y la simiente suya; ésta te herirá en la cabeza, y tú le herirás en el calcañar.
Gen. 3:15.

Y por haberse multiplicado la maldad, la caridad de muchos se resfriará.
Mat. 24:12
Apoc.6:2.

De manera que mis prisiones han sido célebres en Cristo en todo el pretorio, y á todos los demás.
Fil. 1:13 [margin].
Fil. 4:22.

Por la malicia de sus obras echarélos de mi casa; no los amaré más; todos sus príncipes son desleales. Mi Dios los desechará, porque ellos no le oyeron.
Oseas 9:15, 17.

Como un árbol serán los impíos quebrantados.
Job 24:20.

Como yo he visto, los que aran iniquidad y siembran injuria, la siegan. Perecen por el aliento de Dios, y por el espíritu de su furor son consumidos.
Job 4:8, 9.

Cuando faltaren las industrias, caerá el pueblo: mas en la multitud de consejeros hay salud.
Prov. 11:14.

Llegaron al profundo, corrompiéronse, como en los días de Gabaa: ahora se acordará de su iniquidad; visitará su pecado.
Oseas 9:9.

Y no saben hacer lo recto, dice Jehová, atesorando rapiñas y despojos en sus palacios.
Amos 3:10.

Ellos hicieron reyes, mas no por mí; constituyeron príncipes, mas yo no lo supe: de su plata y de su oro hicieron ídolos para sí, para ser talados.
Oseas 8:4.

23. *Y después de los conciertos con él, él hará engaño, y subirá, y saldrá vencedor con poca gente.*
24. *Estando la provincia en paz y en abundancia, entrará y hará lo que no hicieron sus padres, ni los padres de sus padres; presa, y despojos, y riquezas repartirá á sus soldados; y contra las fortalezas formará sus designios: y esto por tiempo.*
Dan. 11:23, 24.

Sus príncipes en medio de ella como lobos que arrebataban presa, derramando sangre, para destruir las almas, para pábulo de su avaricia.
Eze. 22:27.

caída de Roma era inminente. Era necesario algún cambio radical para evitar la completa desorganización, y Diocleciano, el emperador reinante, concibió la idea de repartirse el territorio. En consecuencia, asoció a sí mismo a un hombre llamado Maximiano, dándole el título de Augusto. Cada uno de los dos emperadores eligió entonces a un ayudante, llamado Cæsar, cuyo deber era vigilar las fronteras. Según el plan de Diocleciano, los cæsares debían convertirse en emperadores a la muerte de los Augusti, y entonces se nombrarían otros cæsares. Durante un tiempo, los cuatro que estaban a la cabeza del imperio romano trabajaron juntos en armonía, pero por diversas complicaciones estalló la guerra.

Constantino era un Cæsar en la división occidental del imperio, y marchando hacia Oriente, sometió, uno a uno, a todos los rivales en el gobierno. Fue hacia el año 312, cuando, enfrentado a enemigos encarnizados, cuya fuerza reconocía, esta luz naciente asumió una política nunca antes seguida.

Había muchos cristianos dispersos por todo el imperio que se negaban a luchar bajo el estandarte del paganismo. Con estos Constantino hizo una liga. La historia de su conversión se cuenta de diversas maneras, y quizá los detalles carezcan de importancia. El hecho es que reconoció al Dios de los cristianos, se proclamó seguidor de Cristo, e inmediatamente cristianos de todo el imperio acudieron en tropel a su ejército, devotos seguidores del general que ahora luchaba en nombre del cristianismo.

Hablando del uso de la cruz, Gibbon dice: "Este mismo símbolo santificaba las armas de los soldados de Constantino; la cruz brillaba en sus cascos, estaba grabada en sus escudos, estaba entretejida en sus estandartes; y los emblemas consagrados que adornaban la persona del propio emperador sólo se distinguían por los materiales más ricos y la factura más exquisita." El estandarte que portaba este ejército (cristiano) "sostenía una corona de oro, que encerraba el misterioso monograma, expresivo a la vez de la figura de la cruz y de la letra inicial del nombre de Cristo."

Los humildes seguidores de Cristo, que inmediatamente después de su ascensión habían salido "conquistando y para conquistar", llevando consigo sus palabras, la espada del Espíritu, habían sido sustituidos por un ejército con casco y espada, dirigido por un comandante que unía los emblemas de la cruz y su propio nombre.

La vestimenta del paganismo con ropajes cristianos nunca fue más completa que en los días de Constantino. El misterio de la iniquidad estaba trabajando duro. Constantino conquistó el mundo romano; se sentó como único monarca del imperio que se tambaleaba en manos de sus predecesores. La guardia prætoriana, que había sido tanto el terror como la protección de otros emperadores, fue suprimida para siempre por Constantino. La dignidad del senado y del pueblo de Roma recibió un golpe fatal, y a partir de entonces estuvieron sometidos por igual a los insultos o a la negligencia de su señor, que residía en la nueva capital, Constantinopla.

El carácter de Constantino, aquel primer emperador cristiano, es descrito acertadamente por Gibbon. Al hablar de la razón por la que

Porque yo sé que después de mi partida entrarán en medio de vosotros lobos rapaces, que no perdonarán al ganado.
Hechos 20:29.

Y diciendo: ¡Ay, ay, aquella gran ciudad, que estaba vestida de lino fino, y de escarlata, y de grana, y estaba dorada con oro, y adornada de piedras preciosas y de perlas!
Apoc. 18:16.

No todo el que me dice: Señor, Señor, entrará en el reino de los cielos: mas el que hiciere la voluntad de mi Padre que está en los cielos.
Mat. 7:21.

Cuando Ephraim hablaba, hubo temor; fué ensalzado en Israel; mas pecó en Baal, y murió.
Oseas 13:1.
Y tomad el yelmo de salud, y la espada del Espíritu; que es la palabra de Dios.
Efe. 6:17.
Yo Jehová: este es mi nombre; y á otro no daré mi gloria, ni mi alabanza á esculturas.
Isa. 42:8.

Y guardaos de los falsos profetas, que vienen á vosotros con vestidos de ovejas, mas de dentro son lobos rapaces.
Mat. 7:15.

Y no dicen en su corazón que tengo en la memoria toda su maldad: ahora los rodearán sus obras; delante de mí están.
Oseas 7:2.

Los que convierten en ajenjo el juicio, y dejan en tierra la justicia, ... Porque sabido he vuestras muchas rebeliones, y vuestros grandes pecados: que afligen al justo, y reciben cohecho, y á los pobres en la puerta hacen perder su causa. Por tanto, el prudente en tal tiempo calla, porque el tiempo es malo.
Amos 5:7, 12, 13.

¿Hasta cuándo claudicaréis vosotros entre dos pensamientos? Si Jehová es Dios, seguidle.
1 Reyes 18:21.

240   LA HISTORIA DE DANIEL EL PROFETA

Escribíle las grandezas de mi ley, y fueron tenidas por cosas ajenas.
Oseas 8:12.

Ellos entraron á Baal-peor, y se apartaron para vergüenza, é hiciéronse abominables como aquello que amaron.
Oseas 9:10.

Dividióse su corazón. Ahora serán hallados culpables: él quebrantará sus altares, asolará sus estatuas.
Oseas 10:2.

Ninguno puede servir á dos señores; porque ó aborrecerá al uno y amará al otro, ó se llegará al uno y menospreciará al otro: no podéis servir á Dios y á Mammón.
Mat. 6:24.

Y dijiste: Para siempre seré señora: y no has pensado en esto, ni te acordaste de tu postrimería.
Isa. 47:6-9.

Y díjome el ángel que hablaba conmigo: Clama diciendo: Así ha dicho Jehová de los ejércitos: Celé á Jerusalem y á Sión con gran celo. Y con grande enojo estoy airado contra las gentes que están reposadas; porque yo estaba enojado un poco, y ellos ayudaron para el mal.
Zac. 1:14, 15.

¡Ay de vosotros, escribas y Fariseos, hipócritas! porque sois semejantes á sepulcros blanqueados, que de fuera, á la verdad, se muestran hermosos, mas de dentro están llenos de huesos de muertos y de toda suciedad. Así también vosotros de fuera, á la verdad, os mostráis justos á los hombres; mas de dentro, llenos estáis de hipocresía é iniquidad
Mat. 23:27, 28.

Bien invalidáis el mandamiento de Dios para guardar vuestra tradición.
Mar. 7:9.

Mas en vano me honran, enseñando doctrinas y mandamientos de hombres.
Mat. 15:9.

retrasó el bautismo hasta que estuvo en su lecho de muerte, dice: "La sublime teoría del Evangelio había causado una impresión mucho más débil en el corazón que en el entendimiento del propio Constantino. Persiguió el gran objeto de su ambición a través de los oscuros y sangrientos caminos de la guerra y la política; y tras la victoria, se abandonó sin moderación al abuso de su fortuna. En lugar de afirmar su justa superioridad sobre el heroísmo imperfecto y la filosofía profana de Trajano y los Antoninos, la edad madura de Constantino hizo perder la reputación que había adquirido en su juventud. A medida que avanzaba gradualmente en el conocimiento de la verdad, declinaba proporcionalmente en la práctica de la virtud; y el mismo año de su reinado en el que convocó el Concilio de Niza, fue contaminado por la ejecución, o más bien asesinato, de su hijo mayor. . . . La gratitud de la iglesia ha exaltado las virtudes y disculpado los defectos de un generoso patrón, que sentó al cristianismo en el trono del mundo romano; y los griegos, que celebran la fiesta del santo imperial, rara vez mencionan el nombre de Constantino sin añadir el título de Igual a los Apóstoles." Estas palabras por sí solas ofrecen un triste comentario sobre la decadencia de la virtud cristiana desde los días de Cristo. Aquel que reclamaba el poder del cristianismo era menos virtuoso que el heroico pagano Trajano, y que filósofos paganos como los Antoninos.

Las primeras leyes religiosas aprobadas por los cristianos fueron edictos de Constantino. En 312 el edicto de Milán concedió la tolerancia universal; en 321 se publicó la primera ley para

EL MISTERIO DE LA INIQUIDAD

el culto del domingo; en 325 se convocó en Niza el primer concilio ecuménico que formuló un credo para el mundo. Entonces comenzaron los conflictos que desgarraron a la iglesia y la expusieron a una vergüenza abierta. En torno al reinado de Constantino se agolparon acontecimientos del mayor interés, no sólo para Roma, sino para la iglesia de Dios y para el mundo. Fue la primera y quizás la mayor lección objetiva que ilustra los efectos de la elevación del cristianismo de nombre al trono del mundo. A la estela de este reinado siguen los años de oscuridad para toda Europa, cuando el anticristo reinó supremo.

En efecto, realizó lo que ni su padre ni los padres de su padre habían realizado. Dejó a sus herederos "una nueva capital, una nueva política y una nueva religión". Nadie se había atrevido antes a pensar que Roma pudiera ser abandonada. Constantino eligió el emplazamiento de Constantinopla con una sabiduría más que humana. Está formada por naturaleza para ser el centro y la capital de una gran monarquía. Ha sido el punto disputado entre las naciones de Europa desde que el continente ha tenido naciones que disputar, y según la profecía de Daniel, será la manzana de la discordia hasta el fin de los tiempos. Es un hecho digno de mención que la ciudad fue fundada en el año 330 a.C., exactamente trescientos sesenta años, "un tiempo", después de la victoria de Octavio sobre Antonio en Actium, que le colocó como único gobernante en el trono romano.

La nueva política era el resultado de la unión de la iglesia y el estado. Los reinos del

Porque de cierto os digo, que hasta que perezca el cielo y la tierra, ni una jota ni un tilde perecerá de la ley, hasta que todas las cosas sean hechas.
Mat. 5:18, 19.

Israel desamparó el bien: enemigo lo perseguirá.
Oseas 8:3.

Vi una mujer sentada sobre una bestia bermeja llena de nombres de blasfemia y que tenía siete cabezas y diez cuernos. Y la mujer que has visto, es la grande ciudad que tiene reino sobre los reyes de la tierra.
Apoc. 17:3, 18.

El camino de los impíos es como la oscuridad: no saben en qué tropiezan.
Prov. 4:19.

Aunque él fructificará entre los hermanos, vendrá el solano, viento de Jehová, subiendo de la parte del desierto, y secarse ha su vena, y secaráse su manadero: él saqueará el tesoro de todas las preciosas alhajas.
Oseas 13:15.

Y el dragón le dió su poder, y su trono, y grande potestad.
Apoc. 13:2.

En el corazón de las mares están tus términos: los que te edificaron completaron tu belleza.
Eze. 27:2, 4.

Y plantará las tiendas de su palacio en- tre los mares, en el monte deseable del santuario; y vendrá hasta su fin, y no tendrá quien le ayude.
Dan. 11:45.

Contra las fortalezas formará sus designios: y esto por tiempo.
Dan. 11:24.

Por tanto, y por cuanto engañaron á mi pueblo, diciendo, Paz, no habiendo paz; y el uno edificaba la pared, y

> he aquí que los otros la encostraban con lodo suelto; di á los encostradores con lodo suelto, que caerá; vendrá lluvia inundante, y daré piedras de granizo que la hagan caer, y viento tempestuoso la romperá.
> Eze. 13:10-12.

> Yo estoy sentada reina, y no soy viuda, y no veré llanto.
> Apoc. 18:7.

> Adúlteros y adúlteras, ¿no sabéis que la amistad del mundo es enemistad con Dios? Cualquiera pues que quisiere ser amigo del mundo, se constituye enemigo de Dios.
> Santiago 4:4.

> Mi pueblo á su madero pregunta, y su palo le responde: porque espíritu de fornicaciones lo engañó, y fornicaron debajo de sus dioses.
> Oseas 4:12

> No te alegres, oh Israel, hasta saltar de gozo como los pueblos, pues has fornicado apartándote de tu Dios.
> Oseas 9:1.

> Sed templados, y velad; porque vuestro adversario el diablo, cual león rugiente, anda alrededor buscando á quien devore.
> 1 Pedro 5:8.

> Por lo cual alegraos, cielos, y los que moráis en ellos. ¡Ay de los moradores de la tierra y del mar! porque el diablo ha descendido á vosotros, teniendo grande ira, sabiendo que tiene poco tiempo.
> Apoc. 12:12.

> Entonces el dragón fué airado contra la mujer; y se fué á hacer guerra contra los otros de la simiente de ella, los cuales guardan los mandamientos de Dios, y tienen el testimonio de Jesucristo.
> Apoc. 12:17.

> No os engañéis: Dios no puede ser burlado: que todo lo que el hombre sembrare, eso también segará.
> Gal. 6:7.

> ¿Andarán dos juntos, si no estuvieren de concierto?
> Amos 3:3.

pasado habían seguido una política en cierto modo similar. El gobierno era con ellos el objeto central. Esto se vio en su luz más fuerte en la Roma pagana, pero con Constantino la política cambió. El paganismo como paganismo fue abatido, y el "misterio de iniquidad" fue entronizado. El mundo recibió el cristianismo, no tal como procedía de la vida de Aquel cuyo nombre llevaba, sino tal como estaba corrompido y contaminado por mentes humanas y satánicas. Gibbon dice que en adelante el historiador describirá las "instituciones políticas" antes de relatar las guerras, y que "adoptará la división desconocida por los antiguos de asuntos civiles y eclesiásticos". Es decir, la historia futura deberá ocuparse de la Iglesia y el Estado, no de reinos como Babilonia, Medo-Persia y Grecia.

La historia ha cambiado. El diablo anda buscando a quién devorar, y los planes tranquilos y decididos para conquistar el mundo que marcaron a las naciones antes de los días de Cristo, han sido reemplazados por una desesperación que significa la destrucción total, si es posible, de todos los que sirven al Dios del cielo. Cualquier medio es lícito en manos del príncipe de este mundo, y cuanto mayor sea el número de los que caen, más ligera será la carga que él, el archienemigo, deberá soportar en los días del ajuste de cuentas final. Los actos de Constantino iniciaron una serie de movimientos que se desarrollaron rápidamente en el anticristo de la Edad Media.

El concilio celebrado en Niza fue una reunión importante tanto para la iglesia como para la nación, ya que desde que ambas se dieron la mano, todo lo que afecta a una afecta a la otra.

EL MISTERIO DE LA INIQUIDAD

El mundo cristiano estaba desgarrado por las facciones teológicas. Alejandría, el centro de todos los estudios filosóficos, era también el centro de la actividad teológica. Aquí es donde la influencia griega se dejó sentir con más fuerza. Atanasio, el líder de una facción, era archidiácono y después obispo de Alejandría, y su oponente, Arrio, era presbítero en la misma ciudad.

El paganismo y el cristianismo se encontraron en el campo de batalla cuando Constantino contendió por el trono de Roma; el paganismo y el cristianismo se encontraron en un conflicto más mortífero en Alejandría, donde las escuelas cristiana y pagana se enfrentaron. Fue aquí donde hombres como Orígenes y Clemente, reconocidos Padres de la Iglesia, adoptaron la filosofía de los griegos y aplicaron al estudio de la Biblia los mismos métodos que eran comunes en el estudio de Homero y otros escritores griegos. La alta crítica tuvo su nacimiento en Alejandría. Fue el resultado de una mezcla de las verdades enseñadas por Cristo y la falsa filosofía de los griegos. Fue un intento de interpretar los escritos divinos por el intelecto humano, un renacimiento de la filosofía de Platón. Estos maestros, al introducir la filosofía griega en las escuelas que eran nominalmente cristianas, abrieron la vía para las controversias teológicas que sacudieron al mundo romano, y finalmente establecieron el misterio de la iniquidad.

Así que de esta falsa enseñanza de la Palabra en Alejandría surgieron dos líderes: Atanasio y Arrio. Cada uno tenía sus seguidores, y sin embargo ningún hombre podía definir

---

Sus profetas, livianos, hombres prevaricadores: sus sacerdotes contaminaron el santuario, falsearon la ley.
Sof. 3:4.

Porque los labios de los sacerdotes han de guardar la sabiduría, y de su boca buscarán la ley; porque mensajero es de Jehová de los ejércitos. Mas vosotros os habéis apartado del camino; habéis hecho tropezar á muchos en la ley; habéis corrompido el pacto de Leví, dice Jehová de los ejércitos.
Mal. 2:7, 8.

Porque mi pueblo me ha olvidado, incensando á la vanidad, y hácenles tropezar en sus caminos, en las sendas antiguas, para que caminen por sendas, por camino no hollado.
Jer. 18:15.

Los pastores se apacentaron á sí mismos, y no apacentaron mis ovejas.
Eze. 34:8.

Y poniendo ellos su umbral junto á mi umbral, y su poste junto á mi poste, y no más que pared entre mí y ellos, contaminaron mi santo nombre con sus abominaciones que hicieron: consumílos por tanto en mi furor.
Eze. 43:8.

Jer. 23:28-32.
Rom. 11:33-36.
Isa. 40:28-31.
Sal. 147:5.

¿Os es poco que comáis los buenos pastos, sino que holléis con vuestros pies lo que de vuestros pastos queda; y que bebiendo las aguas sentadas, holléis además con vuestros pies las que quedan? Y mis ovejas comen lo hollado de vuestros pies, y beben lo que con vuestros pies habéis hollado. Por tanto, así les dice el Señor Jehová: He aquí, yo, yo juzgaré entre la oveja gruesa y la oveja flaca. Por cuanto rempujasteis con el lado y con el hombro, y acorneasteis con vuestros cuernos á todas las flacas, hasta que las esparcisteis fuera. Y vosotras, ovejas mías, ovejas de mi pasto, hombres sois, y yo vuestro Dios, dice el Señor Jehová.
Eze. 34:18-21, 31.

La conjuración de sus profetas en medio de ella, como león bramando que arrebata presa: devoraron almas, tomaron haciendas y honra, aumentaron sus viudas en medio de ella.
Eze. 22:25.

LA HISTORIA DE DANIEL EL PROFETA

Sus príncipes en medio de ella como lobos que arrebataban presa, derramando sangre, para destruir las almas, para pábulo de su avaricia.
Eze. 22:27.

Sus cabezas juzgan por cohecho, y sus sacerdotes enseñan por precio, y sus profetas adivinan por dinero; y apóyanse en Jehová diciendo: ¿No está Jehová entre nosotros? No vendrá mal sobre nosotros.
Miqueas 3:10, 11.

Así ha dicho Jehová: Por tres pecados de Judá, y por el cuarto, no desviaré su castigo; porque menospreciaron la ley de Jehová, y no guardaron sus ordenanzas; é hiciéronlos errar sus mentiras, en pos de las cuales anduvieron sus padres.
Amos 2:4.

Prevaricó Judá, y en Israel y en Jerusalem ha sido cometida abominación; porque Judá ha profanado la santidad de Jehová que amó, y casádose con hija de dios extraño.
Mal. 2:11.

Dan. 7:7.
26. *Y despertará sus fuerzas y su corazón contra el rey del mediodía con grande ejército: y el rey del mediodía se moverá á la guerra con grande y muy fuerte ejército; mas no prevalecerá, porque le harán traición.*

26. *Aun los que comerán su pan, le quebrantarán; y su ejército será destruído, y caerán muchos muertos.*

claramente el punto en disputa sobre el que discutían. Tan grande fue la controversia que se convocó el Concilio de Niza para resolver la disputa, y entregar a la iglesia un credo ortodoxo. El emperador Constantino convocó el concilio, y estuvo presente en persona. En este concilio el credo de Atanasio fue reconocido como ortodoxo, y Arrio y sus seguidores fueron declarados herejes.

Pero anunciar un credo es una cosa, y que sea adoptado es otra. El credo ortodoxo fue publicado al mundo, y entonces comenzó la lucha. En esta contienda lucharon ejércitos y se derramó mucha sangre. Pero a pesar de que el arrianismo era una herejía, la doctrina se extendió. Era popular entre las tribus bárbaras que invadieron la división occidental del imperio romano. Los vándalos, que se asentaron en África, se contaban entre los seguidores de Arrio, y también lo eran los hérulos y ostrogodos que se asentaron en Italia. Pero aunque el arrianismo se extendió por África, Cerdeña y España, y estuvo presente a veces en Italia, la religión reconocida del emperador romano y del propio imperio, el reino del norte, que ahora tenía su sede en Constantinopla, era la fe católica, tal como se proclamó en Niza. Así como Constantinopla fue la representante de esta división del norte en su día, más tarde, entre 527 y 565, Justiniano se convirtió en campeón de la causa católica.

Según la visión de Daniel 7, el reino romano se dividiría en diez partes, representadas por los diez cuernos de la cuarta bestia, y tres de estos reinos serían arrancados por otra potencia. Es esta parte de la historia del cuarto reino la que se relata en Daniel 11, a partir del versículo veinticinco.

EL MISTERIO DE LA INIQUIDAD

El reinado de Justiniano fue el período más brillante de la historia bizantina después de la muerte de Constantino, y los historiadores están de acuerdo en que entre sus mayores logros militares deben clasificarse sus hazañas contra el sur. El éxito de Justiniano se debió a los servicios, durante la mayor parte de su reinado, del célebre general Belisario. Fue la herramienta en manos del emperador para aplastar la herejía.

Los vándalos eran arrianos, pero Hilderis, el nieto de su principal guerrero, el notable Genserico, era partidario de la fe católica. La desafección de sus súbditos hizo posible que Hilderis fuera destronado por Gelimer, que tenía algún título al trono vándalo. Bajo la pretensión de proteger a la destronada Hilderis, el emperador Justiniano se preparó para una guerra en África. Aunque aún estaba indeciso sobre la conveniencia de realizar el ataque debido a la debilidad del ejército romano y al coste de la empresa, su propósito fue confirmado por las palabras de un obispo católico. Dijo éste en tono profético: "Es voluntad del Cielo, oh emperador, que no abandones tu santa empresa para la liberación de la iglesia africana. El Dios de las batallas marchará ante tu estandarte y dispersará a tus enemigos, que son los enemigos de su Hijo". Esto fue suficiente, y se emprendió la guerra santa para el exterminio del arrianismo.

Una fuerza de romanos, la mayor que Belisario podía mandar del debilitado imperio, ayudada por reclutas del este, desembarcó en África. El ejército vándalo contaba con 160.000 combatientes. Belisario se vio apresurado en

---

27. Y el corazón de estos dos reyes será para hacer mal, y en una misma mesa tratarán mentira: mas no servirá de nada, porque el plazo aun no es llegado.
Dan. 11:25-27.

Por la injuria de tu hermano Jacob te cubrirá vergüenza, y serás talado para siempre.
Abd. 10.

Esto empero te confieso, que conforme á aquel Camino que llaman herejía, así sirvo al Dios de mis padres, creyendo todas las cosas que en la ley y en los profetas están escritas.
Hechos 24:14.

El hipócrita con la boca daña á su prójimo.
Prov. 11:9.

La que te dices casa de Jacob, ¿hase acortado el espíritu de Jehová? ¿son éstas sus obras? ¿Mis palabras no hacen bien al que camina derechamente? El que ayer era mi pueblo, se ha levantado como enemigo: tras las vestiduras quitasteis las capas atrevidamente á los que pasaban, como los que vuelven de la guerra. A las mujeres de mi pueblo echasteis fuera de las casas de sus delicias: á sus niños quitasteis mi perpetua alabanza. Levantaos, y andad, que no es ésta la holganza; porque está contaminada, corrompióse, y de grande corrupción. Si hubiere alguno que ande con el viento, y finja mentiras diciendo: Yo te profetizaré de vino y de sidra; este tal será profeta á este pueblo.
Miqueas 2:7-11.

¿Cómo dices: No soy inmunda, nunca anduve tras los Baales? Mira tu proceder en el valle, conoce lo que has hecho, dromedaria ligera que frecuentas sus carreras; asna montés acostumbrada al desierto, que respira como quiere; ¿de su ocasión quién la detendrá? Todos los que la buscaren no se cansarán; hallaránla en su mes; Defiende tus pies de andar descalzos, y tu garganta de la sed. Mas dijiste: Hase perdido la esperanza; en ninguna manera: porque extraños he amado, y tras ellos tengo de ir.
Jer. 2:23-25.

LA HISTORIA DE DANIEL EL PROFETA

He aquí los ojos del Señor Jehová están contra el reino pecador.
Amos 9:8.

No te alegres, oh Israel, hasta saltar de gozo como los pueblos, pues has fornicado apartándote de tu Dios: amaste salario por todas las eras de trigo.
Oseas 9:1.

Ephraim es dado á ídolos; déjalo.
Oseas. 4:17.

28. Y volveráse á su tierra con grande riqueza, y su corazón será contra el pacto santo: hará pues, y volveráse á su tierra.
29. Al tiempo señalado tornará al mediodía; mas no será la postrera venida como la primera.
Dan. 11:28, 29.

Estaba escrito también en ese documento que el profeta, por instrucciones De Dios, se había hecho acompañar por la tienda del encuentro con Dios y el arca de la alianza, y que se había dirigido al monte desde el cual Moisés había visto la tierra prometida por Dios, y que, llegar allí, Jeremías había encontrado una nueva, en la que depositó el arca de la alianza, la tienda y el altar de los inciensos, después de lo cual tapó la entrada. Algunos de los acompañantes volvieron después para poner señales en el camino, pero ya no pudieron encontrarlo. Jeremías, al saber esto, los reprendió diciéndoles: "Ese lugar debe quedar desconocido hasta que Dios tenga compasión de su pueblo y vuelva a reunirlo. Entonces el Señor hará conocer nuevamente

su marcha hacia Cartago por los enemigos de Gelimer y los amigos del credo católico. Los ejércitos se encontraron cerca de la ciudad, y la victoria fue para los romanos gracias a la insensatez y temeridad del hermano del rey vándalo. Gelimer huyó y Cartago abrió sus puertas y admitió a Belisario y a su ejército. "Los arrianos, conscientes de que su reinado había expirado, entregaron el templo a los católicos, que rescataron a su santa de manos profanas, celebraron los ritos sagrados y proclamaron en voz alta el credo de Atanasio y Justiniano". La fe católica había triunfado. El arrianismo cayó, y Cerdeña y Córcega se rindieron, y otras islas del Mediterráneo se plegaron a las armas y al credo de Justiniano.

En el otoño de 534, Justiniano concedió un triunfo a Belisario. Gibbon describió así la escena: "Desde el palacio de Belisario la procesión fue conducida por las calles hasta el hipódromo. . . . Se exhibieron las riquezas de las naciones, los trofeos del lujo marcial o afeminado; ricas armaduras; tronos de oro, y los carros de estado que había utilizado la reina vándala; el macizo mobiliario del banquete real, el esplendor de las piedras preciosas, las elegantes formas de estatuas y jarrones, los tesoros más sustanciosos de oro, y los vasos sagrados del templo judío, que, tras su larga peregrinación, fueron respetuosamente depositados en la iglesia cristiana de Jerusalén. Una larga fila de los más nobles vándalos expusieron de mala gana su elevada estatura y su varonil semblante".

"Los arrianos deploraron la ruina de su iglesia triunfante durante más de un siglo en

EL MISTERIO DE LA INIQUIDAD

África; y se sintieron justamente provocados por las leyes del conquistador, que prohibían el bautismo de sus hijos y el ejercicio de todo culto religioso." No es de extrañar que los que se quedaron conspiraran contra el gobierno y el general que representaba a Justiniano. La pérdida de vidas fue terrible en aquellas guerras por la supremacía de un credo sobre otro, y el camino hacia la corona papal estuvo manchado de sangre. Se afirma que cinco millones de africanos fueron consumidos por las guerras y el gobierno del emperador Justiniano.

En beneficio de la brevedad, las guerras entre el imperio católico y los vándalos pueden tomarse como ilustración del exterminio de los otros dos reinos: el de los hérulos y el de los ostrogodos. Justiniano era el emperador reinante y la mayor parte del trabajo fue realizado por Belisario, este mismo general, entre los años 533 y 538.

La última contienda con el paganismo fue en 508, cuando los britanos aceptaron el cristianismo; el "diario" del que habla Daniel había sido arrebatado. En 538 el camino estaba despejado para que el papado se sentara entronizado en Roma. La nueva capital establecida por Constantino abandonó Roma para que pudiera ser ocupada por el jefe de la iglesia. La nueva religión -el cristianismo- que hemos visto se mezcló con el paganismo, al que aplastó, y dio origen al papado. La nueva política, una unión de la iglesia y el estado, dio ayuda civil a ese cristianismo paganizado llamado papado. La cosecha de la semilla sembrada en los días de Constantino fue recogida en el reinado de Justiniano, cuyo poder militar y civil apoyó "la abominación desoladora".

> esos objetos; y aparecerán la gloria del Señor y la nube, como aparecieron en tiempos de Moisés y cuando Salomón pidió al Señor que el templo fuera gloriosamente consagrado"
> 2 Macabeos 2:4-8.

> *30. Porque vendrán contra él naves de Chittim, y él se contristará, y se volverá, y enojaráse contra el pacto santo, y hará: volveráse pues, y pensará en los que habrán desamparado el santo pacto.*
> Dan. 11:30.

> The pride of thine heart hath deceived thee, thou that dwellest in the clefts of the rock, whose habitation is high; that saith in his heart, Who shall bring me down to the ground? Though thou exalt thyself as the eagle, and though thou set thy nest among the stars, thence will I bring thee down, saith the Lord.
> Abd. 3, 4.

> *31. Y serán puestos brazos de su parte; y contaminarán el santuario de fortaleza, y quitarán el continuo sacrificio, y pondrán la abominación espantosa.*
> Dan. 11:31.

> Ephraim se envolvió con los pueblos; Ephraim fué torta no vuelta.
> Oseas 7:8.

> Si alguna gente ha mudado sus dioses, bien que ellos no son dioses. Pero mi pueblo ha trocado su gloria por lo que no aprovecha. Espantaos, cielos, sobre esto, y horrorizaos; desolaos en gran manera, dijo Jehová. Porque dos males ha hecho mi pueblo: dejáronme á mí, fuente de agua viva, por cavar para sí cisternas, cisternas rotas que no detienen aguas.
> Jer. 2:11-13.

> Así ha dicho Jehová acerca de los profetas que hacen errar á mi pueblo, que muerden con sus dientes, y claman, Paz, y al que no les diere que coman, aplazan contra él batalla. Por tanto, de la profecía se os hará noche, y oscuridad del adivinar; y sobre los profetas se pondrá el sol, y el día se entenebrecerá sobre ellos. Y serán avergonzados los profetas, y confundiránse los adivinos; y ellos todos cubrirán su labio, porque no hay respuesta de Dios.
> Miqueas 3:5-7.

Un rasgo sorprendente de esta historia es el hecho de que el mismo código de leyes que Roma ha legado como herencia a épocas posteriores, es obra de este mismo Justiniano. ¿Es de extrañar que las leyes de este emperador, que reinaba en la época en que se formó el papado, y que fue quien lo apoyó por las armas, contengan algunos principios del papado? Fisher dice: "Los principios humanos se incorporan a la ley civil, pero también el sistema despótico del imperialismo". Las leyes de Justiniano forman la base de las leyes nacionales de hoy en día; del mismo modo, la religión de Justiniano es la religión reconocida de la mayoría de los países en la actualidad.

Constantino y Justiniano fueron los dos hombres que, por encima de todos los demás, contribuyeron a formar el papado y a dotarlo de poder civil. La contienda entre el arrianismo y el catolicismo ortodoxo fue el medio de entronizar el papado. Un poder que pronto sería reconocido como la personificación de toda la tiranía se balanceó en el cetro de Roma, y los seguidores de Aquel que proclamó un pacto de paz a Israel, lucharían durante el período de 1260 años por la existencia. Todo principio de verdad fue aplastado, y con el año 538 se inició la Edad Oscura.

CAPITULO XVII

LA OBRA DEL MISTERIO DE INIQUIDAD
(Capitulo 11:32-45)

Al igual que el año 457 a.C. fue una fecha importante en la historia judía, el 538 d.C. es un hito en la historia de la iglesia cristiana. La primera fecha, que data del decreto para restaurar y edificar Jerusalén, marca el comienzo de un gran período profético, los 2300 días de Dan. 8:14. El segundo, que presenció el establecimiento del papado, es la fecha a partir de la cual hay que contar ese otro período profético, "un tiempo y tiempos y la división del tiempo", o los mil doscientos sesenta días de Dan. 7:25. Es el período durante el cual el cuerno pequeño, que arrancó tres de las diez divisiones del imperio romano, debía dominar. Es al comienzo de este período, el año 538, que el versículo trigésimo primero de Daniel 11 lleva la historia.

El papado plenamente desarrollado no fue obra de uno ni de dos años, como tampoco el poder universal de Babilonia, Medo-Persia o Grecia fue una adquisición inmediata. Así como esos reinos crecieron en poder, así la Roma papal creció en poder. Según Apoc. 13:2, el dragón dio a la bestia su poder y su sede y gran autoridad. La labor de Constantino y Justiniano en la obtención de poder para esta nueva organización fue paralela a las conquistas de Ciro, Alejandro

Esdras 7:11-26.
Y serán puestos brazos de su parte; y contaminarán el santuario de fortaleza, y quitarán el continuo sacrificio, y pondrán la abominación espantosa.
Dan. 11:31.

Y desde el tiempo que fuere quitado el continuo sacrificio hasta la abominación espantosa, habrá mil doscientos y noventa días.
Dan. 12:11 [margen.]

No os engañe nadie en ninguna manera; porque no vendrá sin que venga antes la apostasía, y se manifieste el hombre de pecado, el hijo de perdición; oponiéndose, y levantándose contra todo lo que se llama Dios, ó que se adora; tanto que se asiente en el templo de Dios como Dios, haciéndose parecer Dios. ¿No os acordáis que cuando estaba todavía con vosotros, os decía esto? Y ahora vosotros sabéis lo que impide, para que á su tiempo se manifieste. Porque ya está obrando el misterio de iniquidad: solamente espera hasta que sea quitado de en medio el que ahora impide.
2 Tesalonicenses 2:3-7.

Apoc. 13:2.
Isa. 44:27, 28.
Isa. 45:1-5.

LA HISTORIA DE DANIEL EL PROFETA

La violencia se ha levantado en vara de impiedad; ninguno quedará de ellos, ni de su multitud, ni uno de los suyos; ni habrá quien de ellos se lamente.
Eze. 7:11.

Soberbio y presuntuoso escarnecedor es el nombre del que obra con orgullosa saña.
Prov. 21:24.

2 Tesa. 2:4.
Dan. 8:25.

Fuente de huertos, pozo de aguas vivas, que corren del Líbano.
Cantares 4:15.
¿Faltará la nieve del Líbano de la piedra del campo? ¿faltarán las aguas frías que corren de lejanas tierras?
Jer. 18:14.
¿Os es poco que comáis los buenos pastos, sino que holléis con vuestros pies lo que de vuestros pastos queda; y que bebiendo las aguas sentadas, holléis además con vuestros pies las que quedan? Y mis ovejas comen lo hollado de vuestros pies, y beben lo que con vuestros pies habéis hollado.
Eze. 34:18, 19.
Isa. 29:13-15.

Lam. 4:12.
Sal. 119:142.
Los cuales mudaron la verdad de Dios en mentira, honrando y sirviendo á las criaturas antes que al Criador, el cual es bendito por los siglos.
Rom. 1:25.
Ex. 20:8-11.

Con todo eso vosotros guardaréis mis sábados: porque es señal entre mí y vosotros por vuestras edades, para que sepáis que yo soy Jehová que os santifico.
Ex. 31:13.
Eze. 20:19, 20.
Rom. 7:7.

y Cæsar en sus conquistas para sus respectivas naciones. La sede del gobierno romano pagano fue trasladada a Constantinopla, dando así cabida al papado para sentarse en el trono en la ciudad del Tíber. Al igual que el territorio y una capital se ganaron gradualmente, la autoridad del papado fue una adquisición gradual. Cada uno de los cuatro reinos universales tenía una política distinta, que fue seguida durante toda su existencia. Del mismo modo, el papado tenía su política igual de claramente definida. El funcionamiento de esta política en sus inicios se ve mejor en Alejandría. Fue allí donde las dos corrientes, paganismo y cristianismo, mezclaron sus aguas. El papado nació a orillas del Nilo: Egipto fue la madre que lo amamantó y, a medida que crecía, respiraba el miasma de su entorno. Primero, los cristianos interpretaron la Biblia según el pensamiento pagano, y el paganismo aparentando ser vencido, en realidad se convirtió en el vencedor.

Entonces se cambiaron las enseñanzas de la Palabra. Para transigir con los paganos, se introdujo el culto a los ídolos en la iglesia cristiana; se eliminó el segundo mandamiento del decálogo y se dividió el décimo para conservar el número. El cuarto, la piedra angular de la ley de Dios, un memorial de la creación y la redención, se alteró de tal manera que exaltaba al enemigo de Dios por encima de Dios mismo. Más tarde, toda la Biblia fue descartada, y al suprimirse ese detector del pecado, la vileza y la iniquidad se volvieron incontrolables. Sin embargo, ésta no era toda la política del papado, sino sólo una de las piedras de los cimientos de la estructura que se estaba levantando.

LA OBRA DEL MISTERIO DE INIQUIDAD

La cabeza de la iglesia, que también era un gobernante civil, fue exaltada más y más por encima de sus semejantes, hasta que se formó una jerarquía eclesiástica completa. Por decreto de un concilio general, la cabeza de la iglesia fue declarada infalible. Pero incluso antes, esta fe en la nueva iglesia, y especialmente en la cabeza de la iglesia, ocupó el lugar de la fe en Cristo. La Virgen María y los santos se convirtieron en mediadores para el hombre pecador, y el perdón fue concedido por la cabeza de la iglesia. La justicia por las obras conducía a largas peregrinaciones, penitencias y adoración de reliquias. El castigo eterno se mantuvo como una amenaza sobre las cabezas del pueblo llano. La oscuridad se hizo más profunda. Se instituyó la inquisición para forzar la conciencia de los hombres. Los reyes en sus tronos fueron obligados a reconocer la autoridad superior del poder de Roma, y no hacerlo significaba la retirada de sus coronas. Los súbditos fueron absueltos de lealtad a sus soberanos, y tan completa fue la obediencia de las naciones a Roma, que ningún hombre se atrevió a levantar la mano en oposición.

Una oscuridad más allá de la comprensión se asentó sobre todo el mundo. La luz se había extinguido cuando la Palabra de Dios fue desterrada. "El mediodía del papado fue la medianoche moral del mundo".

Al poder que debía pronunciar grandes palabras contra el Altísimo, y desgastar a los santos del Altísimo, se le asignaron 1260 años para obrar; pero tan cruel era ese poder que el tiempo se acortó, para que nadie sobreviviera a la persecución. Fue la esclavitud egipcia o

Tú que decías en tu corazón: Subiré al cielo, en lo alto junto á las estrellas de Dios.
Isa. 14:13.
2 Tesa. 2:8.

Porque hay un Dios, asimismo un mediador entre Dios y los hombres, Jesucristo hombre.
1 Tim. 2:5.
No por obras, para que nadie se gloríe.
Efe. 2:9.

Porque he aquí que tinieblas cubrirán la tierra, y oscuridad los pueblos.
Isa. 60:2.
Oseas 6:9.
Calumniadores hubo en ti para derramar sangre.
Eze. 22:9.
Apoc. 13:7, 8.

Que aborrecen lo bueno y aman lo malo, que les quitan su piel y su carne de sobre los huesos; que comen asimismo la carne de mi pueblo, y les desuellan su piel de sobre ellos, y les quebrantan sus huesos y los rompen, como para el caldero, y como carnes en olla.
Miqueas 3:2, 3.

Mas si tu ojo fuere malo, todo tu cuerpo será tenebroso. Así que, si la lumbre que en ti hay son tinieblas, ¿cuántas serán las mismas tinieblas?
Mat. 6:23.

Dan. 7:25.
Porque habrá entonces grande aflicción, cual no fué desde el principio del mundo hasta ahora, ni será. Y si aquellos días no fuesen acortados, ninguna carne sería salva; mas por causa de los escogidos, aquellos días serán acortados.
Mat. 24:21, 22.

32. Y con lisonjas hará pecar á los violadores del pacto: mas el pueblo que conoce á su Dios, se esforzará, y hará.
Dan. 11:32.

Y yo haré que queden en Israel siete mil; todas rodillas que no se encorvaron á Baal, y bocas todas que no lo besaron.
1 Reyes 19:9, 10, 18.

La oreja que escucha la corrección de vida, entre los sabios morará.
Prov. 15:31.

Es menester obedecer á Dios antes que á los hombres.
Hechos 5:29.

33. Y los sabios del pueblo darán sabiduría á muchos: y caerán á cuchillo y á fuego, en cautividad y despojo, por días.
Dan 11:33.

Estimada es a los ojos de Jehová La muerte de sus santos.
Sal. 115:16.

Y la tierra ayudó á la mujer, y la tierra abrió su boca, y sorbió el río que había echado el dragón de su boca.
Apoc. 12:16.

Y será que como fuisteis maldición entre las gentes, oh casa de Judá y casa de Israel, así os salvaré, y seréis bendición. No temáis, mas esfuércense vuestras manos.
Zac. 8:13.

34. Y en su caer serán ayudados de pequeño socorro: y muchos se juntarán á ellos con lisonjas.
35. Y algunos de los sabios caerán para ser purgados, y limpiados, y emblanquecidos, hasta el tiempo determinado: porque aun para esto hay plazo.
Dan. 11:34, 35.

babilónica para la iglesia cristiana. Pero así como Dios tuvo algunos en Egipto y Babilonia que fueron seguidores de la luz durante todo el período de tinieblas, hubo siempre una pequeña compañía de creyentes que llevaban las Escrituras en el corazón y que obedecían los mandamientos.

Los valdenses podían rastrear su ascendencia hasta los días de Pablo, y desde Asia Menor, donde ese apóstol predicó por primera vez, hasta el salvaje retiro en las montañas de Italia, había fieles observadores del sábado. El poder en el trono podía cambiar el día de culto, pero siempre había algunos que obedecían a Dios antes que a los hombres. Como dijo Gabriel a Daniel: "Los que entienden entre el pueblo instruirán a muchos; pero caerán a espada y en llamas, en cautividad y en despojo." Aunque miles cayeron porque se atrevieron a levantar la voz contra los poderes fácticos, sin embargo Dios vigiló sus números y contó a cada uno que dio su vida.

No hay registro más maravilloso de liberación de la esclavitud que el que Dios obró para su iglesia al final del período de persecución. La liberación de Israel de Egipto, cuando una multitud marchó a través del Mar Rojo en tierra seca, fue maravillosa; la liberación de Babilonia fue una maravilla a los ojos del mundo; pero el nacimiento del protestantismo -la liberación de las tinieblas de la Edad Media- superó a todas las demás.

En el duodécimo del Apocalipsis, donde se menciona la misma liberación, se afirma que la tierra ayudó a la mujer-la iglesia. Y así fue. Poderes que eran totalmente incomprensibles

LA OBRA DEL MISTERIO DE INIQUIDAD

por el bien que estaban haciendo, fueron utilizados por el Padre para romper esas bandas que Satanás había colocado alrededor de la verdad. La supresión de la Biblia había llevado a la supresión de todo aprendizaje. No había escuelas para las masas; no había libros, ni periódicos; a los médicos se les prohibía practicar la medicina, para que no tomaran dinero que de otro modo iría a las arcas de la iglesia. Si algún hombre se atrevía a abogar por el aprendizaje o a cruzar los caminos trillados por la iglesia, era conducido a la hoguera. Pero no siempre podía ser así. Dios se sirvió de los moros que habían aceptado el mahometismo para ayudar a liberar a su pueblo. Establecieron escuelas en España y Asia occidental. Se enseñaban las ciencias, y desde estas escuelas la luz del saber irrumpió en Egipto.

Wycliffe, llamado "la estrella matutina de la reforma", en el siglo XIV, tradujo la Biblia al inglés. Escribió tratados que mostraban la falacia del sistema papal. Él, en Inglaterra, como Daniel de antaño, estaba en estrecho contacto con el rey, y la luz del evangelio surtía su efecto. Al gobernante en el trono, y a los estudiantes en las universidades, Wycliffe les dio el evangelio. Sus seguidores, conocidos como lolardos, fueron amargamente perseguidos, pero nunca exterminados del todo; y fueron sus descendientes quienes, como puritanos, llevaron el protestantismo a América.

Huss y Jerónimo, en Bohemia, alzaron sus voces contra los dogmas papales, y más tarde Lutero, el monje alemán, proclamó la libertad de conciencia y la salvación sólo por la fe en Jesucristo. Había encontrado un ejemplar de

Y á la verdad yo te he puesto para declarar en ti mi potencia, y que mi Nombre sea contado en toda la tierra.
Ex. 9:16

Ciertamente la ira del hombre te acarreará alabanza: tú reprimirás el resto de las iras.
Sal. 76:10.

El hijo honra al padre, y el siervo á su señor: si pues soy yo padre, ¿qué es de mi honra? y si soy señor, ¿qué es de mi temor?, dice Jehová de los ejércitos á vosotros, oh sacerdotes, que menospreciáis mi nombre. Y decís: ¿En qué hemos menospreciado tu nombre?
Mal. 1:6.

Y diréis en aquel día: Cantad á Jehová, aclamad su nombre, haced célebres en los pueblos sus obras, recordad que su nombre es engrandecido.
Isa. 12:4.

Cantad á Jehová, que habita en Sión: noticiad en los pueblos sus obras. Porque demandando la sangre se acordó de ellos: no se olvidó del clamor de los pobres.
Sal. 9:11, 12.

Porque habrá entonces grande aflicción, cual no fué desde el principio del mundo hasta ahora, ni será. Y si aquellos días no fuesen acortados, ninguna carne sería salva; mas por causa de los escogidos, aquellos días serán acortados.
Mat. 24:21, 22.

Clama á voz en cuello, no te detengas; alza tu voz como trompeta, y anuncia á mi pueblo su rebelión, y á la casa de Jacob su pecado.
Isa. 58:1.

254   LA HISTORIA DE DANIEL EL PROFETA

¿No es mi palabra como el fuego, dice Jehová, y como martillo que quebranta la piedra?
Jer. 23:29.

Y que desde la niñez has sabido las Sagradas Escrituras, las cuales te pueden hacer sabio para la salud por la fe que es en Cristo Jesús. Toda Escritura es inspirada divinamente y útil para enseñar, para redargüir, para corregir, para instituir en justicia.
2 Tim. 3:15, 16.

Me has hecho más sabio que mis enemigos con tus mandamientos; porque me son eternos. Más que todos mis enseñadores he entendido: porque tus testimonios son mi meditación. Más que los viejos he entendido, porque he guardado tus mandamientos.
Sal. 119:98-100.

Guardadlos, pues, y ponedlos por obra: porque esta es vuestra sabiduría y vuestra inteligencia en ojos de los pueblos, los cuales oirán todos estos estatutos.
Deut. 4:5-7.

Deut. 28:13.
Efe. 6:17.
Zac. 4:6.
Jer. 1:19.

Mas la senda de los justos es como la luz de la aurora, que va en aumento hasta que el día es perfecto.
Prov. 4:18.

Ahora pues te he hecho oir nuevas y ocultas cosas que tú no sabías.
Isa. 48:6.

Así ha dicho Jehová, Redentor de Israel, el Santo suyo, al menospreciado de alma, al abominado de las gentes, al siervo de los tiranos: Verán reyes, y levantaránse príncipes, y adorarán por Jehová; porque fiel es el Santo de Israel, el cual te escogió.
Isa. 49:7.

El buey conoce á su dueño, y el asno el pesebre de su señor: Israel no conoce, mi pueblo no tiene entendimiento.
Isa. 1:3.

36. Y el rey hará á su voluntad; y se ensoberbecerá, y se engrandecerá sobre todo dios: y contra el Dios de los dioses hablará maravillas, y será prosperado, hasta que sea consumada la ira:

la Biblia encadenado en una celda de uno de los monasterios alemanes, y la chispa allí encendida, prendió un fuego que Roma fue incapaz de apagar.

La Palabra de Dios se convirtió en el libro de lecciones de la nación alemana. Lutero fue ayudado en su labor de reforma por Melanchthon, el destacado maestro de Wittenberg. Se establecieron otras escuelas por toda Alemania; se formaron maestros, y antes de la muerte de Lutero la nación alemana se sentaba a los pies de los maestros protestantes; tan rápida fue la obra cuando la Palabra de Dios se abrió a la humanidad. La Reforma marchó hacia la victoria. Roma retrocedió a límites cada vez más estrechos, no ante la espada, sino ante la marcha hacia adelante de la verdad. En cada nación de Europa brilló la luz, y América se fundó sobre los principios que tuvieron su nacimiento en Alemania.

El papado tembló ante el golpe; y si cada nación hubiera aceptado la Reforma tal como le llegó, habría pasado poco tiempo hasta que la historia hubiera llegado a su fin. Dios estaba en la Reforma, ofreciendo a las naciones modernas la misma liberación que se ofreció a los judíos cuando se les concedió la oportunidad de regresar de Babilonia a Jerusalén. El pacto eterno se repitió, pero los hombres de los siglos XVI y XVII lo trataron como los judíos trataron el decreto de abandonar Babilonia. Cuando una vez los principios de la Reforma -libertad de conciencia e igualdad de derechos de todos los hombres- fueron presentados a una nación, y fueron rechazados, esa nación se hundió de nuevo en los brazos del papado, y llevó a su término los principios de ese gobierno. Tal fue la historia de Francia. La experiencia de esa nación constituye una lección objetiva para el mundo. La verdad había sido proclamada dentro de sus fronteras, pero de nuevo el papado se levantó para hacer según su voluntad. En ese país se cumplieron exactamente los versículos 36-39 del capítulo 11. Habiendo rechazado la luz, la intensidad de la oscuridad en la que cayeron los hombres fue indescriptible.

Scott, en la vida de Napoleón, hablando de Francia en el año 1793, pocos años antes de la expiración del tiempo asignado (versículo 36), dice: "El mundo oyó por primera vez a una asamblea de hombres, nacidos y educados en la civilización, y asumiendo el gobierno de una de las mejores naciones europeas, elevar sus voces unidas para negar la verdad más solemne que recibe el alma del hombre, y renunciar unánimemente a la creencia y adoración de la Deidad." "Francia se distingue en la historia del mundo como el único estado que, por decreto de su asamblea legislativa, pronunció que no había Dios, y del que toda la población de la capital, y una gran mayoría en otros lugares, tanto mujeres como hombres, bailaron y cantaron con alegría al aceptar el anuncio. Esto era ateísmo, el resultado lógico de la postura adoptada en Alejandría cuando los cristianos asumieron el ropaje de filósofos paganos. La Palabra de Dios fue tratada como un producto de la mente humana. El ateísmo en el individuo es igualmente el resultado de tratar así a las Escrituras".

porque hecha está determinación.
Dan. 11:36.

¿Cómo te has tornado ramera, oh ciudad fiel? Llena estuvo de juicio, en ella habitó equidad; mas ahora, homicidas. Tu plata se ha tornado escorias, tu vino mezclado está con agua: tus príncipes, prevaricadores y compañeros de ladrones: todos aman las dádivas, y van tras las recompensas: no oyen en juicio al huérfano, ni llega á ellos la causa de la viuda.
Isa. 1:21-23.

37. Y del Dios de sus padres no se cuidará, ni del amor de las mujeres: ni se cuidará de dios alguno, porque sobre todo se engrandecerá.
38. Mas honrará en su lugar al dios Mauzim, dios que sus padres no conocieron: honrarálo con oro, y plata, y piedras preciosas, y con cosas de gran precio.
39. Y con el dios ajeno que conocerá, hará á los baluartes de Mauzim crecer en gloria: y haralos enseñorear sobre muchos, y por interés repartirá la tierra.
Dan. 11:37-39.

Dijo el necio en su corazón: No hay Dios. Corrompiéronse é hicieron abominable maldad: no hay quien haga bien.
Sal. 53:1.

Y Faraón respondió: ¿Quién es Jehová, para que yo oiga su voz y deje ir á Israel? Yo no conozco á Jehová, ni tampoco dejaré ir á Israel.
Ex. 5:2.

Por lo cual, también nosotros damos gracias á Dios sin cesar, de que habiendo recibido la palabra de Dios que oísteis de nosotros, recibisteis no palabra de hombres, sino según es en verdad, la palabra de Dios, el cual obra en vosotros los que creísteis.
1 Tesa. 2:13.

¿No se ha de estremecer la tierra sobre esto? ¿y todo habitador de ella no llorará? y subirá toda como un río, y será arrojada, y hundiráse como el río de Egipto.
Amos 8:8.

¡Ay de la ciudad ensuciada y contaminada y opresora! No escuchó la voz, ni recibió la disciplina: no se confió en Jehová, no se acercó á su Dios. Sus príncipes en medio de ella son leones bramadores: sus jueces, lobos de tarde que no dejan hueso para la mañana. Sus profetas, livianos, hombres prevaricadores: sus sacerdotes contaminaron el santuario, falsearon la ley.
Sofo. 3:1-4.

Su trabajo se tornará sobre su cabeza, y su agravio descenderá sobre su mollera. Alabaré yo á Jehová conforme á su justicia, y cantaré al nombre de Jehová el Altísimo.
Sal. 7:16, 17.

Destruyendo consejos, y toda altura que se levanta contra la ciencia de Dios, y cautivando todo intento á la obediencia de Cristo.
2 Cor. 10:5 [margin].

Vuestras palabras han prevalecido contra mí, dice Jehová. Y dijisteis: ¿Qué hemos hablado contra ti? Habéis dicho: Por demás es servir á Dios; ¿y qué aprovecha que guardemos su ley, y que andemos tristes delante de Jehová de los ejércitos?
Mal. 3:13-15.

Porque no pusieron por obra mis derechos, y desecharon mis ordenanzas, y profanaron mis sábados, y tras los ídolos de sus padres se les fueron sus ojos.
Eze. 20:24.

Otras citas de la historia de aquellos tiempos mostrarán cuán completamente se rechazó a Dios y se sustituyó por la adoración del intelecto humano.

Un día "las puertas de la Convención se abrieron de par en par a una banda de músicos, precedida por la cual los miembros del cuerpo municipal entraron en solemne procesión, cantando un himno en alabanza de la Libertad, y escoltando a una mujer con velo, a la que llamaron la 'diosa de la razón'". Al descubrir a la criatura, se descubrió que era una prostituta cantante de ópera. Ésta era la representación más ajustada que Francia pudo encontrar de la razón que ellos exaltaban. Tal vez fuera difícil comprender, al observar la política de Grecia en la elevación de la razón humana, cuál sería el resultado de tal proceder. La historia de Francia en los días de la Revolución es una explicación cabal de esos resultados.

Los hombres de hoy en día exaltan la razón por encima de Dios; se dignan dar una interpretación privada a la Palabra divina; ofrecen todo tipo de teorías contradictorias a un "así dice el Señor", e incluso cristianos profesos siguen el intelecto griego, estudiando ellos mismos la filosofía y enseñándosela a sus hijos, aparentemente inconscientes del hecho de que esto es papal y sólo papal, y de que su resultado final puede leerse en los horribles anales de Francia.

Habiendo entronizado a la "Diosa de la Razón", Francia aprobó leyes que revelan claramente el resultado de tal culto. Las dos instituciones que se remontan al Edén, y que están inseparablemente conectadas con el culto a Jehová, fueron difamadas. La semana fue modificada por decreto de forma que se abolió por completo toda semejanza con los tiempos pasados, y durante un breve espacio Francia descansó un día de cada diez en lugar de observar el sábado semanal. La ley del matrimonio fue derogada, y esa salvaguarda de la sociedad completamente desatendida.

El papado en Francia estaba pavimentando rápidamente el camino hacia la autoaniquilación. El culto al intelecto humano trae la muerte. La Revolución Francesa de 1798, la Masacre de San Bartolomé y el Reinado del Terror cuentan la espantosa historia de la destrucción. Toda la historia de este período es una lección objetiva para el mundo de la destrucción final de las naciones cuando el Espíritu de Dios se retira, porque los que están en la autoridad se niegan a adorar a Jehová, prefiriendo exaltar a la " diosa de la razón."

El derrocamiento total miró a Francia a la cara hasta que el control de los asuntos fue asumido por el joven militar Napoleón Bonaparte. Del caos condujo a la nación a través del derramamiento de sangre a un lugar de honor entre las naciones de Europa. La causa de la lucha, que costó miles de vidas, fue el intento de suprimir tanto los derechos civiles como los religiosos. La Reforma en Alemania en el siglo XVI asestó un golpe mortal al feudalismo y a la monarquía. Francia fue el campo de batalla donde la tiranía papal luchó con el protestantismo y el republicanismo. La monarquía absoluta siempre acompaña y apoya la política del papado, ya sea en una nación pagana o nominalmente cristiana. La

¿Qué mala cosa es esta que vosotros hacéis, profanando así el día del sábado? ¿No hicieron así vuestros padres, y trajo nuestro Dios sobre nosotros todo este mal, y sobre esta ciudad? ¿Y vosotros añadís ira sobre Israel profanando el sábado.
Neh. 13:17, 18.

Mis santuarios menospreciaste, y mis sábados has profanado.
Eze. 22:8.

1 Tim. 4:1-3.

Precio recibieron en ti para derramar sangre; usura y logro tomaste, y á tus prójimos defraudaste con violencia: olvidástete de mí, dice el Señor Jehová. Y he aquí, que herí mi mano á causa de tu avaricia que cometiste, y á causa de tus sangres que fueron en medio de ti. ¿Estará firme tu corazón? ¿tus manos serán fuertes en los días que obraré yo contra ti? Yo Jehová he hablado, y haré lo.
Eze. 22:12-14.

Santiago 1:15.

Por tanto, así ha dicho el Señor Jehová: Por cuanto habéis venido en memoria vuestras maldades, manifestando vuestras traiciones, y descubriendo vuestros pecados en todas vuestras obras; por cuanto habéis venido en memoria, seréis tomados á mano.
Eze. 21:24.
Jer. 25:29-33.

He aquí estos impíos, sin ser turbados del mundo, alcanzaron riquezas.... Pensaré pues para saber esto: es á mis ojos duro trabajo; Hasta que venido al santuario de Dios, entenderé la postrimería de ellos.
Sal. 73:12-17.

258 LA HISTORIA DE DANIEL EL PROFETA

Reinó Dios sobre las gentes: asentóse Dios sobre su santo trono. Los príncipes de los pueblos se juntaron al pueblo del Dios de Abraham: porque de Dios son los escudos de la tierra; él es muy ensalzado.
Sal. 47:8, 9.

En su interior tienen que sus casas serán eternas, y sus habitaciones para generación y generación: llamaron sus tierras de sus nombres. Mas el hombre no permanecerá en honra: es semejante á las bestias que perecen.
Sal. 49:11-13.

Deut. 28:53-57.
Job 30:3-8.

Dirán, pues, todas las gentes: ¿Por qué hizo Jehová esto á esta tierra? ¿qué ira es ésta de tan gran furor? Y responderán: Por cuanto dejaron el pacto de Jehová el Dios de sus padres.
Deut. 29:24, 25.

El se enseñorea con su fortaleza para siempre: sus ojos atalayan sobre las gentes: los rebeldes no serán ensalzados.
Sal. 66:7.

Murmullo de multitud en los montes, como de mucho pueblo; murmullo de ruido de reinos, de gentes reunidas: Jehová de los ejércitos ordena las tropas de la batalla.
Isa. 13:4, 5.
Isa. 8:7.

Mandaréle contra una gente fementida, y sobre el pueblo de mi ira le enviaré, para que quite despojos, y arrebate presa, y que lo ponga á ser hollado como lodo de las calles. Aunque él no lo pensará así, ni su corazón lo imaginará de esta manera; sino que su pensamiento será desarraigar y cortar gentes no pocas. Porque él dice: Mis príncipes ¿no son todos reyes? ¿No es Calno como Carchêmis, Hamath como Arphad, y Samaria como Damasco? Como halló mi mano los reinos de los ídolos, siendo sus imágenes más que Jerusalem y Samaria.
Isa. 10:6-10.

democracia en principio es la forma de gobierno que asume cualquier nación cuando se acepta la luz de la verdad.

Cuando la Reforma fue rechazada por Francia, la tiranía de la monarquía no conoció límites. Dos tercios de las tierras del Estado estaban en manos del clero y de los nobles; el rey aprobaba leyes que gravaban a sus súbditos contra toda protesta del Parlamento; las órdenes de arresto y encarcelamiento eran emitidas únicamente por su autoridad; "el hambre reinaba en todas las provincias, y la corteza de los árboles era el alimento diario de cientos de miles de personas." La opresión era insoportable, y los hombres, frenéticos hasta ser más demonios que humanos, se alzaron en rebelión.

En América, los principios de la Reforma se habían puesto en práctica con relativa facilidad. Pero Francia, habiendo rechazado una vez la luz, vagaba a través de la sangre en su demanda de libertad.

Entonces apareció Napoleón. Con los rápidos movimientos de una mente maestra llevó la victoria de las armas francesas por toda Europa. El ejército era el elemento controlador; nobles y clero eran igualmente impotentes, y el pueblo llano se había agotado sin provecho durante los terrores de los últimos años. Derrotó a los austriacos y capturó Milán; obligó al papa y a varias ciudades de Italia a comprar la paz renunciando a sus colecciones de arte. Organizó una república en el norte de Italia y obligó a Austria a ceder sus provincias belgas a Francia. Dirigió una expedición a Egipto, con la esperanza de hacerse con el control del

Mediterráneo oriental. En el camino capturó Malta, y luego obtuvo una victoria sobre los mahometanos de Egipto cerca de las pirámides. Cerca del Nilo, sin embargo, Bonaparte fue recibido y derrotado por Lord Nelson, el más grande de los oficiales navales ingleses. Inglaterra, celosa de los rápidos progresos que estaba realizando Napoleón, se había opuesto a su avance en Egipto. Más tarde, derrotó a los turcos de Egipto en Aboukir. En 1799 se adoptó una constitución en Francia, y Napoleón fue elegido Primer Cónsul con dos ayudantes. Francia había intentado copiar la Constitución de Estados Unidos, pero el efecto fracasó. La constitución de 1799 estableció un gobierno centralizado y privó al pueblo de libertad y autogobierno. "Igualdad, no libertad, era todo lo que representaba ahora la causa de Francia".

Las reformas de Napoleón son dignas de mención. Dice el historiador: "Participó personalmente en las ceremonias religiosas que asistieron a la restauración formal del antiguo sistema de culto donde la Diosa de la Razón había sido entronizada con orgías ateas." "Se aseguró la plena tolerancia para los no católicos". Fue Berthier, quien en 1798 hizo prisionero al papa, cumpliendo así la profecía sobre los 1260 años de supremacía papal.

Las reformas de Napoleón, sin embargo, sólo tendían hacia una monarquía, y aunque el pueblo abogaba por el republicanismo, el orgullo del hombre se impuso, e inclinó sus energías hacia su propia exaltación. Fue proclamado emperador en 1804 y, a imitación de Carlomagno, recibió una corona del papa Pío VII en Notre Dame. La libertad parecía de

He aquí el Señor Jehová de los ejércitos desgajará el ramo con fortaleza: y los de grande altura serán cortados, y los altos serán humillados. Y cortará con hierro la espesura del bosque, y el Líbano caerá con fortaleza.
Isa. 10:33, 34.

De manera que en extendiendo Jehová su mano, caerá el ayudador, y caerá el ayudado, y todos ellos desfallecerán á una.
Isa. 31:3.

Porque día es de alboroto, y de huella, y de fatiga por el Señor Jehová de los ejércitos en el valle de la visión, para derribar el muro, y dar grita al monte.
Isa. 22:5.

Tales son los caminos de todos los que olvidan á Dios: y la esperanza del impío perecerá.
Job 8:13.

Hizo él lo recto en los ojos de Jehová aunque no de perfecto corazó.
2 Cron. 25:2.

Y vi una de sus cabezas como herida de muerte, y la llaga de su muerte fué curada: y se maravilló toda la tierra en pos de la bestia. El que lleva en cautividad, va en cautividad: el que á cuchillo matare, es necesario que á cuchillo sea muerto. Aquí está la paciencia y la fe de los santos.
Apoc. 13:3, 10.

Sus telas no servirán para vestir, ni de sus obras serán cubiertos: sus obras son obras de iniquidad, y obra de rapiña está en sus manos. Sus pies corren al mal, y se apresuran para derramar la sangre inocente; sus pensamientos, pensamientos de iniquidad, destrucción y quebrantamiento en sus caminos. No conocieron camino de paz, ni hay derecho en sus caminos: sus veredas son torcidas; cualquiera que por ellas fuere, no conocerá paz.
Isa. 59:6-8.

nuevo derrotada. La aceptación parcial de la verdad sólo trae tiranía. Ésta es una experiencia tanto individual como nacional.

> No te alegres tú, Filistea toda, por haberse quebrado la vara del que te hería; porque de la raíz de la culebra saldrá basilisco, y su fruto, ceraste volador.
> Isa. 14:29.

El establecimiento de los principios de la Reforma, como se ve en la adopción de la Constitución de los Estados Unidos, fue el resultado de la fe puritana y el valor de seguir en esa luz que se alejaba del papado. La lucha de Francia es una advertencia para aquellos que no ven ningún daño en albergar los principios del anticristo, o aquellos que, habiendo conocido la verdad de la libertad civil y religiosa, se vuelven de nuevo a la esclavitud del error.

> 40. Empero al cabo del tiempo el rey del mediodía se acorneará con él; y el rey del norte levantará contra él como tempestad, con carros y gente de á caballo, y muchos navíos; y entrará por las tierras, é inundará, y pasará.
> Dan. 11:40.

En el momento del fin (1798) los reyes del norte y del sur volvieron a contender. Desde la fundación de Constantinopla por Constantino en 330, el poder que detentaba esa ciudad había mantenido el control del Mediterráneo, pues Constantinopla es reconocida por todas las naciones como la llave tanto de Asia como de Europa. En el tiempo del fin, la historia volverá a centrarse en esta ciudad.

> ¿No has oído decir que de mucho tiempo ha yo lo hice, que de días antiguos lo he formado? Helo hecho venir ahora, y será para destrucción de ciudades fuertes en montones de ruinas.
> Isa. 37:26.

> Y abrió el pozo del abismo, y subió humo del pozo como el humo de un gran horno; y oscureciósse el sol y el aire por el humo del pozo. Y del humo salieron langostas sobre la tierra; y fuéles dada potestad, como tienen potestad los escorpiones de la tierra.
> Apoc. 9:2, 3.

> Y el espíritu de Egipto se desvanecerá en medio de él, y destruiré su consejo; y preguntarán á sus imágenes, á sus mágicos, á sus pythones y á sus adivinos. Y entregaré á Egipto en manos de señor duro; y rey violento se enseñoreará de ellos, dice el Señor Jehová de los ejércitos.
> Isa. 19:3, 4.

Como en tiempos pasados, de nuevo nos vemos obligados a remontarnos muy atrás para encontrar el origen de acontecimientos que ahora aparecen a plena vista. Aproximadamente en la época en que el papado crecía hasta convertirse en una monarquía de pleno derecho, reconocida entre las naciones de la tierra, otro poder tuvo nacimiento. Esta nueva obra de Satanás llegó bajo la forma del mahometismo, que hoy tiene en sus garras a cerca de una sexta parte de la población mundial. La nueva doctrina se originó en Arabia, desde donde se extendió como el humo del pozo sin fondo. Siria cayó bajo su poder, pero Egipto se convirtió en el

LA OBRA DEL MISTERIO DE INIQUIDAD

centro de sus influencias. Egipto ha sentido toda influencia maligna, y las orillas del Nilo han alimentado toda forma de idolatría. El mahometismo no es sino otra forma de la oscuridad egipcia. Mediante el poder de la espada, los seguidores de Mahoma se esforzaron por entrar en Europa. El cuerno occidental de la Media Luna, el símbolo musulmán, se extendió hasta España a principios del siglo VIII, y durante un tiempo toda Europa se vio amenazada, pero la batalla de Tours (732) detuvo el avance de los conquistadores. En 1453, sin embargo, Constantinopla fue capturada, y desde entonces ha permanecido en manos de los turcos, los más audaces defensores de la doctrina de Mahoma. Así como la fundación de Constantinopla es un hito en la historia, la captura de esa ciudad en 1453 es otro hito. Uno de los mayores jaques recibidos por el papado se debió a la afluencia a Italia de eruditos griegos, expulsados de Constantinopla por los mahometanos entrantes. El descubrimiento de América se debió al cierre del paso oriental a las ricas islas del océano Índico por los mahometanos de Constantinopla y Asia Menor, y así, de más maneras de lo que se suele pensar, Dios obró para hacer avanzar la verdad a través de los que ignoraban su verdad.

No sólo Egipto, sino Siria y Turquía en Europa, pertenecieron a los mahometanos, y ha entrado en la "tierra gloriosa", y una mezquita musulmana ocupa el lugar donde una vez estuvo el templo de Salomón. Edom, Moab y Amón, sin embargo, escaparon a la mano de este poder conquistador, y estos países reciben un tributo anual de los turcos que pasan en caravanas camino de La Meca.

Los pueblos harán estrépito á manera de ruido de grandes aguas: mas Dios le reprenderá, y huirá lejos; será ahuyentado como el tamo de los montes delante del viento, y como el polvo delante del torbellino.
Isa. 17:13.

Haré subir contra ti muchas gentes, como la mar hace subir sus ondas.
Eze. 26:3.

Quebrantada es la que era puerta de las naciones.
Eze. 26:2.

Establécete señales, ponte majanos altos; nota atentamente la calzada, el camino por donde viniste.
Jer. 31:21.

Ensancha el sitio de tu cabaña, y las cortinas de tus tiendas sean extendidas; no seas escasa; alarga tus cuerdas, y fortifica tus estacas; porque á la mano derecha y á la mano izquierda has de crecer; y tu simiente heredará gentes, y habitarán las ciudades asoladas.
Isa. 54:2, 3.

Los unos anuncian á Cristo por contención, no sinceramente, pensando añadir aflicción á mis prisiones: ¿Qué pues? Que no obstante, en todas maneras, ó por pretexto ó por verdad, es anunciado Cristo; y en esto me huelgo, y aun me holgaré.
Fil. 1:16-19.

41. Y vendrá á la tierra *deseable, y muchas provincias caerán; mas éstas escaparán de su mano: Edom, y Moab, y lo primero de los hijos de Ammón. 42. Asimismo extenderá su mano á las otras tierras, y no escapará el país de Egipto.*
Dan. 11:41, 42.

No molestes á Moab, ni te empeñes con ellos en guerra, que no te daré posesión de su tierra.
Deut. 2:6, 9.

Juntaos, pueblos, y seréis quebrantados; oid todos los que sois de lejanas tierras: poneos á punto, y seréis quebrantados; apercibíos, y seréis quebrantados: Tomad consejo, y será deshecho; proferid palabra, y no será firme: porque Dios con nosotros.
Isa. 8:9, 10.

Jehová saldrá como gigante, y como hombre de guerra despertará celo: gritará, voceará, esforzaráse sobre sus enemigos.
Isa. 42:13.
43. Y se apoderará de los tesoros de oro y plata, y de todas las cosas preciosas de Egipto, de Libia, y Etiopía por donde pasará.
44. Mas nuevas de oriente y del norte lo espantarán; y saldrá con grande ira para destruir y matar muchos.

45. Y plantará las tiendas de su palacio entre los mares, en el monte deseable del santuario; y vendrá hasta su fin, y no tendrá quien le ayude.
Dan. 11:43-45.

Con Dios está la sabiduría y la fortaleza, suyo es el consejo y la inteligencia. He aquí, él derribará, y no será edificado: encerrará al hombre, y no habrá quien le abra.
Job 12:13, 14.

Y el sexto ángel derramó su copa sobre el gran río Eufrates; y el agua de él se secó, para que fuese preparado el camino de los reyes del Oriente. Y vi salir de la boca del dragón, y de la boca de la bestia, y de la boca del falso profeta, tres espíritus inmundos á manera de ranas. Porque son espíritus de demonios, que hacen señales, para ir á los reyes de la tierra y de todo el mundo, para congregarlos para la batalla de aquel gran día del Dios Todopoderoso. He aquí, yo vengo como ladrón. Bienaventurado el que vela, y guarda sus vestiduras, para que no ande desnudo, y vean su vergüenza. Y los congregó en el lugar que en hebreo se llama Armagedón.
Apoc. 16:12-16.

La ambición de Napoleón de establecer la autoridad de Europa en Egipto podría haber sido el comienzo de la última lucha entre el norte y el sur. Incluso en su época Rusia y Francia se hicieron amigas, pero aún no había llegado el momento de que el turco se alejara de Europa, e Inglaterra tomó el partido de Egipto contra las armas de Napoleón. Napoleón reconoció la fuerza de Constantinopla, también lo hizo Rusia, y ha habido celos constantes entre las naciones de Europa para que una no burlara a las otras y se convirtiera en la poseedora de esa fortaleza.

Todos los ojos están centrados en ese único punto, y así ha sido durante años. Turquía es conocida universalmente como el "Enfermo de Oriente", y la única razón por la que no muere es porque los intoxicantes son administrados, en sentido figurado, primero por una nación y luego por otra. Llegará el momento en que se marchará de Constantinopla y establecerá su morada en Palestina, es decir, plantará su tabernáculo entre el Mediterráneo y el Mar Rojo. Una y otra vez el mundo ha sido llevado a darse cuenta de que el fin de todas las cosas está cerca, porque todos saben que cuando el Turco salga de Constantinopla, habrá una ruptura general de Europa. Puede que no llamen a este conflicto inminente la batalla de Armagedón, pero Dios lo ha nombrado así. En la guerra de Crimea de 1853-1856, el mundo tembló por Turquía y, para que la crisis no se precipitara, Inglaterra y Francia acudieron al rescate y se ordenó a Rusia que se mantuviera al margen. En la guerra ruso-turca de 1877, las potencias de Europa se unieron para sostener la vida del enfermo.

LA OBRA DEL MISTERIO DE INIQUIDAD

"Vi a cuatro ángeles de pie sobre las cuatro esquinas de la tierra, sosteniendo los cuatro vientos de la tierra. . . . Y vi a otro ángel que subía del este, teniendo el sello del Dios viviente; y clamó. . . diciendo: No hagáis daño a la tierra. . . hasta que hayamos sellado a los siervos de nuestro Dios en sus frentes". Estos ángeles sostienen ahora los vientos de contienda, esperando que la iglesia de Dios se prepare para su venida. El ángel sellador pasa por Jerusalén (la iglesia) para colocar el sello del Dios viviente en las frentes de los fieles, y mientras esta obra avanza, Turquía se erige como un poste guía nacional para el mundo, para que los hombres sepan lo que sucede en el santuario de lo alto.

El ojo de Dios está sobre su pueblo, y nunca se deja sin un testigo en el mundo. Nadie sabe cuándo Turquía tomará su partida de Europa, pero cuando se haga ese movimiento, la historia de la tierra será corta. Entonces se dirá: "El que es injusto, que siga siendo injusto, . . . y el que es justo, que siga siendo justo". Hoy es "el día de la preparación". El destino de Babilonia, Medo-Persia, Grecia y Roma se registra para la edificación de las naciones de hoy, y las lecciones enseñadas por todos se centran en los acontecimientos que tenemos ante nosotros. Mientras el mundo observa a Turquía, que el siervo de Dios observe los movimientos de su gran Sumo Sacerdote, cuyo ministerio por el pecado casi ha terminado.

Apoc. 7:1-3.

Pasa por medio de la ciudad, por medio de Jerusalem, y pon una señal en la frente á los hombres que gimen y que claman á causa de todas las abominaciones que se hacen en medio de ella. Y á los otros dijo á mis oídos: Pasad por la ciudad en pos de él, y herid; no perdone vuestro ojo, ni tengáis misericordia: Matad viejos, mozos y vírgenes, niños y mujeres, hasta que no quede ninguno: mas á todo aquel sobre el cual hubiere señal, no llegaréis; y habéis de comenzar desde mi santuario. Comenzaron pues desde los varones ancianos que estaban delante del templo.
Eze. 9:1-6.

Y cuando estas cosas comenzaren á hacerse, mirad, y levantad vuestras cabezas, porque vuestra redención está cerca.
Lucas 21:28.

Si oyereis hoy su voz, no endurezcáis vuestros corazones.
Heb. 3:15.

Hipócritas, que sabéis hacer diferencia en la faz del cielo, ¿y en las señales de los tiempos no podéis?
Mat. 16:3.

Viviendo siempre para interceder por ellos.
Heb. 7:25.

CAPITULO XVIII

LA ESCENA FINAL *(Capitulo 12)*

Daniel, el hombre muy amado por Dios, se le dio varias veces una visión de la historia del mundo; pero la última visión cubrió todo el período en detalle, y Gabriel no dejó al profeta hasta que le hubo revelado la consumación de todas las cosas. Daniel es un profeta de los últimos días, y aunque dio una historia del tiempo que transcurrió entre su propia época y la actual, fue sobre los acontecimientos finales sobre los que puso especial énfasis. Cuatro veces en sus profecías se repite la expresión "tiempo del fin"; "los últimos días" se utiliza dos veces, y "el fin de la indignación" y "por muchos días" aparecen cada uno una vez, y las palabras finales de Gabriel fueron: "Descansarás y permanecerás en tu suerte al final de los días." Así, nueve veces en el curso del libro, se llama la atención sobre el hecho de que la profecía apuntaba directamente a la historia final de esta tierra.

Cuando comenzó la última visión, el profeta se encontraba junto al río Tigris. Era el tercer año del reinado único de Ciro, el rey persa. Empezando por los tiempos en que vivía, Gabriel llevó al profeta a través de la historia de Persia; extendió ante su visión las conquistas de Alejandría y la división de su imperio; vio el funcionamiento de la literatura y el arte griegos, y vio cómo esta influencia se

Dan. 10:11-19.
Dan. 2:31-45.
Dan. 7:1-27.
Dan. 8:1-27.
Dan. 9:24-27.
Dan. 11:1-45.

Mas hay un Dios en los cielos, el cual revela los misterios, y él ha hecho saber al rey Nabucodonosor lo que ha de acontecer á cabo de días.
Dan. 2:28.

Dan. 10:14.
Dan. 12:13.
Dan. 8:17.
Dan. 11:35.
Dan. 12:4, 9.
Dan. 8:19.

Sí, dice el Espíritu, que descansarán de sus trabajos; porque sus obras con ellos siguen.
Apoc. 14:13.

En el tercer año de Ciro rey de Persia, fué revelada palabra á Daniel, cuyo nombre era Beltsasar; y la palabra era verdadera, mas el tiempo fijado era largo: él empero comprendió la palabra, y tuvo inteligencia en la visión. . . . . Y á los veinte y cuatro días del mes primero estaba yo á la orilla del gran río Hiddekel.
Dan. 10:1, 4.

Porque no hará nada el Señor Jehová, sin que revele su secreto á sus siervos los profetas.
Amos 3:7.

Las cosas secretas pertenecen á Jehová nuestro Dios: mas las reveladas son para nosotros y para nuestros hijos por siempre, para que cumplamos todas las palabras de esta ley.
Deut. 29:29.

Porque en otro tiempo erais tinieblas; mas ahora sois luz en el Señor: andad como hijos de luz. Y no comuniquéis con las obras infructuosas de las tinieblas; sino antes bien redargüidlas.
Efe. 5:8, 11.

Mas á vosotros los que teméis mi nombre, nacerá el Sol de justicia, y en sus alas traerá salud.
Mal. 4:2.

La grande ciudad, que espiritualmente es llamada Sodoma y Egipto, donde también nuestro Señor fué crucificado.
Apoc. 11:8.

Esto pues digo, y requiero en el Señor, que no andéis más como los otros Gentiles, que andan en la vanidad de su sentido, Teniendo el entendimiento entenebrecido, ajenos de la vida de Dios por la ignorancia que en ellos hay, por la dureza de su corazón. Los cuales después que perdieron el sentido de la conciencia, se entregaron á la desvergüenza para cometer con avidez toda suerte de impureza.
Efe. 4:17-19.

Y oyeron una grande voz del cielo, que les decía: Subid acá. Y subieron al cielo en una nube, y sus enemigos los vieron.
Apoc. 11:12.

Y plantará las tiendas de su palacio entre los mares, en el monte deseable del santuario; y vendrá hasta su fin, y no tendrá quien le ayude.
Dan. 11:45.

Hablé aún de nuevo, y díjele: ¿Qué significan las dos ramas de olivas que por medio de dos tubos de oro vierten de sí aceite como oro?
Zac. 4:12.

extendía hasta Italia, moldeando allí el cuarto reino, y mezclándose finalmente con la verdad de tal manera que formó el papado. Daniel vio al anticristo sostenido por las armas en el trono de Roma; fue llevado a través de la Edad Oscura; observó, y he aquí que las tinieblas se dispersaron ante la verdad proclamada por los reformadores. Como un despeje repentino después de una tormenta, las nubes retrocedieron, y el Sol de Justicia brilló; pero de nuevo la oscuridad se acumuló, y Francia, esa nación de Europa que era un campo de batalla donde el protestantismo contendía con el papado, casi dejó de existir, tan amarga era la lucha entre los principios de la verdad y el error.

La existencia misma de Dios fue negada, y durante un tiempo la ruina eterna se cernió como un manto sobre ese país. La ira de Dios se detuvo, pero como una persona aquejada de alguna enfermedad repugnante puede vivir, pero llevar siempre en su cuerpo los efectos de la enfermedad, así Francia, al salir de la lucha, sigue marcada con las horribles cicatrices de su pecado. La guía profética llevó al profeta adelante y reveló la contienda entre las naciones modernas; vio la lucha final entre el norte y el sur, y señaló a Constantinopla como la sede de la contienda en los últimos días. Las naciones deben volver su mirada hacia los actuales ocupantes de esa ciudad y esperar pacientemente el traslado del turco a la "tierra gloriosa". Porque "llegará a su fin y nadie le ayudará".

El profeta había observado con intenso interés al pueblo sobre el que había brillado la luz del cielo. Desde Babilonia hasta el fin de los tiempos una corriente dorada conectaba el

LA ESCENA FINAL

cielo y la tierra, como si los cielos estuvieran abiertos y descendiera la paloma de la paz. A veces la corriente se estrechaba hasta quedar reducida a una mera línea de luz, pero nunca se extinguía del todo; entonces el profeta la veía ensancharse hasta iluminar el mundo entero. Esa luz siguió a los judíos durante cientos de años, pero en los días que precedieron al nacimiento del Salvador sólo había unas pocas almas que unían la tierra y el cielo. Con el advenimiento de Cristo un torrente de luz llenó la tierra, pero de nuevo las tinieblas casi cubrieron la faz del sol. Las corrientes de luz eran numerosas a medida que los cristianos se esparcían por la tierra, pero gradualmente, a medida que el profeta las seguía en visión, se hacían cada vez más tenues. En los días de Lutero y los Reformadores la corriente se ensanchó, y de nuevo la luz destelló como rayos, atravesando la oscuridad. Pero los días de claro resplandor fueron comparativamente pocos.

El fin del período profético de 2300 días llevó a los hombres a cambios importantes en el santuario celestial. A través de todos los tiempos Cristo había suplicado por su pueblo, y ya fueran muchos o pocos, su amor era siempre el mismo. Finalmente el gran Sumo Sacerdote entró en el lugar santísimo. A Daniel se le había revelado la escena del juicio investigador. Había visto al Hijo acercarse al Anciano de Días; se abrieron los libros del cielo y se examinaron los registros. Una y otra vez las manos atravesadas por los clavos se habían alzado ante el gran Juez, mientras se leía el nombre de algún alma arrepentida, y el Intercesor había clamado:

> Yo solo he quedado, y me buscan para quitarme la vida. Y yo haré que queden en Israel siete mil; todas rodillas que no se encorvaron á Baal, y bocas todas que no lo besaron.
> 1 Reyes 19:14, 18.

> Y conoceremos, y proseguiremos en conocer á Jehová: como el alba está aparejada su salida, y vendrá á nosotros como la lluvia, como la lluvia tardía y temprana á la tierra.
> Oseas 6:3.

> But your iniquities have separated between you and your God, and your sins have hid his face from you.
> Isa. 59:2.

> Mas la senda de los justos es como la luz de la aurora, que va en aumento hasta que el día es perfecto.
> Prov. 4:18.

> Dan. 8:14.

> Y el templo de Dios fué abierto en el cielo, y el arca de su testamento.
> Apoc. 11:19.

> Jehová se manifestó á mí ya mucho tiempo há, diciendo: Con amor eterno te he amado; por tanto te soporté con misericordia.
> Jer. 31:3.

> Un Anciano de grande edad se sentó. . . . El Juez se sentó, y los libros se abrieron.
> Dan. 7:9, 10.

> El que venciere, será vestido de vestiduras blancas; y no borraré su nombre del libro de la vida, y confesaré su nombre delante de mi Padre, y delante de sus ángeles.
> Apoc. 3:5.

> He aquí que en las palmas te tengo esculpida: delante de mí están siempre tus muros.
> Isa. 49:16.

Me vistió de vestidos de salud, rodeóme de manto de justicia.
Isa. 61:10.

Que cuando dirán, Paz y seguridad, entonces vendrá sobre ellos destrucción de repente.
1 Tesa. 5:3.

Y díjole Jehová: Pasa por medio de la ciudad, por medio de Jerusalem, y pon una señal en la frente á los hombres que gimen y que claman á causa de todas las abominaciones que se hacen en medio de ella.
Eze. 9:4.

He aquí que yo envío muchos pescadores, dice Jehová, y los pescarán; y después enviaré muchos cazadores, y los cazarán de todo monte, y de todo collado, y de las cavernas de los peñascos.
Jer. 16:16.

Apoc. 7:1-3.

Enviará el Hijo del hombre sus ángeles, y cogerán de su reino todos los escándalos, y los que hacen iniquidad.
Mat. 13:41.

1. Y en aquel tiempo se levantará Miguel, el gran príncipe que está por los hijos de tu pueblo; y será tiempo de angustia, cual nunca fué después que hubo gente hasta entonces: mas en aquel tiempo será libertado tu pueblo, todos los que se hallaren escritos en el libro..
Dan. 12:1.

Apoc. 22:11.
Prov. 1:24-28.
Gen. 22:1, 2.
Gen. 32:24-30.

Porque así ha dicho Jehová: Hemos oído voz de temblor: espanto, y no paz. Preguntad ahora, y mirad si pare el varón: porque he visto que todo hombre tenía las manos sobre sus lomos, como mujer de parto, y hanse tornado pálidos todos los rostros. ¡Ah, cuán grande es aquel día! tanto, que no hay otro semejante á él: tiempo de angustia para Jacob; mas de ella será librado.
Jer. 30:5-7.

"¡Perdón, Padre! ¡Mi sangre! Mi sangre", y el carácter marcado, el historial estropeado, quedaba cubierto por la vida del Hijo del hombre. Daniel había visto esto. Sabía que el pueblo de Dios debía pasar revista ante el Juez de los mundos, pero al final de la última visión se presenta otra escena.

Mientras los hombres están observando los movimientos de las naciones; mientras claman: Paz y seguridad, y sin embargo se preparan para la guerra, el ángel de Dios es visto por Daniel pasar a través de la tierra, y colocar un sello sobre las frentes de aquellos a quienes se extienden estos rayos celestiales. Mientras el ángel encuentra a alguno de estos fieles, Cristo sigue intercediendo, pero al fin el mensajero se aleja hacia el cielo. Por todo el vasto reino de Jehová resuena el sonido: "Hecho está", y Cristo desde el santuario interior se levanta y proclama: "Hecho está". Se despoja de sus vestiduras sacerdotales y se dispone a poner en orden su reino.

Su obra mediadora ha terminado; la puerta de donde han brotado esos rayos de luz y misericordia se cierra para siempre. Los que han sido sellados deben ahora permanecer totalmente por la fe, aferrándose sólo a Dios durante un "tiempo de angustia como nunca hubo desde que existe la nación."

Daniel había visto a los hombres pasar por pruebas. Había visto a Israel probado, y a hombres de todas las épocas que eran fieles a Dios probados en el punto de la fe, pero en todos los casos anteriores la prueba había sido aligerada por un mediador. Ahora no hay intercesor, y el hombre se encuentra solo. La misericordia ya no lo cobija. Es otra noche en Getsemaní, otro día del Calvario.

LA ESCENA FINAL

De nuevo las palabras son pronunciadas, no por un hombre solitario, sino por multitudes: "Dios mío, Dios mío, ¿por qué me has abandonado?". Las gotas de sudor de la sangre ruedan desde otras frentes; la corona de espinas puede ser presionada sin atención en muchas frentes; los clavos del Calvario pueden ser clavados sin dolor añadido. La carga de la búsqueda del corazón es grande entre los pocos fieles, cuando recuerdan que un solo pecado no confesado significa la muerte. La madre de los hijos de Zebedeo pidió para sus hijos un lugar a la derecha y a la izquierda del Rey en su trono. El Salvador dijo que ese lugar pertenecía a aquel que debía beber de la copa de la que él mismo debía beber. Esa es la copa que apura hasta las heces amargas el pueblo remanente en el tiempo de angustia, pues ellos son los que ocuparán el puesto mencionado por la madre de Santiago y Juan.

Los seguidores fieles y sellados no son los únicos que saben que la probación ha terminado, pues sobre los impíos está cayendo la séptima plaga, y de ella nadie escapa. El tiempo de angustia para los impíos será terrible, pues beberán hasta las heces la copa de la ira de Dios. "Caerán mil a tu lado y diez mil a tu derecha", pero los justos no sienten los efectos de la plaga. Las montañas temblarán y las islas huirán. Entonces es cuando la tumba entrega una parte de sus muertos. En la resurrección de Cristo, una multitud de todas las edades salió de sus tumbas; fueron vistos en Jerusalén y presentados por Jesús como una ofrenda de olas a su regreso al cielo.

Así, justo antes de su segunda venida, la tierra entrega a algunos de los que han dormitado en su

En aquel día habrá gran llanto en Jerusalem, como el llanto de Adadrimón en el valle de Megiddo. Y la tierra lamentará, cada linaje de por sí Todos los otros linajes, los linajes por sí, y sus mujeres por sí.
Zac. 12:11-14.

No sabéis lo que pedís: ¿podéis beber el vaso que yo he de beber, y ser bautizados del bautismo de que yo soy bautizado?.
Mat. 20:22, 23.

Y los que escaparen de ellos, huirán y estarán sobre los montes como palomas de los valles, gimiendo todos cada uno por su iniquidad.
Eze. 7:16.

Estos, los que siguen al Cordero por donde quiera que fuere. Estos fueron comprados de entre los hombres por primicias para Dios y para el Cordero.
Apoc. 14:4.
Amos 8:11, 12.
Apoc. 16:17, 21.

Porque tú has puesto á Jehová, que es mi esperanza, al Altísimo por tu habitación; no te sobrevendrá mal, ni plaga tocará tu morada. Pues que á sus ángeles mandará acerca de ti, que te guarden en todos tus caminos.
Sal. 91:9-11.
Apoc. 16:18, 20.

Y abriéronse los sepulcros, y muchos cuerpos de santos que habían dormido, se levantaron, y salidos de los sepulcros, después de su resurrección, vinieron á la santa ciudad, y aparecieron á muchos.
Mat. 27:52, 53.

Por lo cual dice: Subiendo á lo alto, llevó cautiva la cautividad, y dió dones á los hombres.
Efe. 4:8 [margin].

Mas ahora Cristo ha resucitado de los muertos; primicias de los que durmieron es hecho.
1 Cor. 15:20, 23.

2. Y muchos de los que duermen en el polvo de la tierra serán despertados,

unos para vida eterna, y otros para vergüenza y confusión perpetua.
Dan. 12:2.
Zac. 12:10.
Mat. 26:64.
Apoc. 1:7.

Escribe: Bienaventurados los muertos que de aquí adelante mueren en el Señor.
Apoc. 14:13.

Y entonces será manifestado aquel inicuo, al cual el Señor matará con el espíritu de su boca, y destruirá con el resplandor de su venida.
2 Tesa. 2:8.

Y estaba vestido de una ropa teñida en sangre: y su nombre es llamado EL VERBO DE DIOS. Y en su vestidura y en su muslo tiene escrito este nombre: REY DE REYES Y SEÑOR DE SEÑORES.
Apoc. 19:13, 16.
Isa. 63:1-6.

Y los ejércitos que están en el cielo le seguían en caballos blancos, vestidos de lino finísimo, blanco y limpio.
Apoc. 19:14.

Jehová ha hecho notoria su salud: en ojos de las gentes ha descubierto su justicia.
Sal. 98:2.

Todos tus mandamientos son justicia.
Sal. 119:172.

Y estará el arco en las nubes, y verlo he para acordarme del pacto perpetuo entre Dios y toda alma viviente, con toda carne que hay sobre la tierra.
Gen. 9:16.

Por la sangre del testamento eterno, os haga aptos en toda obra buena para que hagáis su voluntad, haciendo él en vosotros lo que es agradable delante de él por Jesucristo.
Heb. 13:20, 21.

Y sobre la expansión que había sobre sus cabezas, veíase la figura de un trono que parecía de piedra de zafiro; y sobre la figura del trono había una semejanza que parecía de hombre sentado sobre él. Esta fué la visión de la semejanza de la gloria de Jehová.
Eze. 1:26, 28.

seno. Los que traspasaron a Cristo cuando colgaba de la cruz, los que se burlaron y escarnecieron de él durante su juicio, se levantarán para verle cuando venga triunfante con las huestes del cielo. Del mismo modo, aquellos que bajo el último mensaje se durmieron en Jesús, saldrán para dar la bienvenida a aquel por quien miraron y vivieron. Éstos saldrán a la vida eterna, pero los de la primera clase serán muertos por el resplandor de su venida.

Se pone las vestiduras reales y el Salvador se prepara para reunir a su pueblo. En todo el cielo continúan los preparativos. Los ángeles se apresuran de un lado a otro, y los habitantes de los mundos no caídos observan con toda avidez. A medida que la compañía se forma para acompañar al Rey, la ley de Dios, los diez mandamientos, el fundamento de su trono, es colgada en el cielo a la vista de las sobresaltadas multitudes de la tierra. "Su justicia ha mostrado abiertamente a la vista de los paganos". Los hombres que se han burlado y mofado de los que han obedecido esta ley, ahora la ven escrita en los cielos.

De nuevo el arco iris más brillante se pinta sobre las nubes amenazadoras que se ciernen sobre la tierra. La misericordia y la justicia se mezclaron en todos los tratos de Dios con los hombres hasta que éstos se apartaron completamente de él. Para la compañía que espera esto es una renovación del pacto eterno hecho a los padres de que la herencia pertenecería a los fieles. Una y otra vez se ha colgado en el cielo ese mismo símbolo de la alianza sempiterna, pero los hombres no han oído la voz de Jehová cuando hablaba en el arco. "Los cielos declaran la gloria de Dios", pero mientras los soles, los

LA ESCENA FINAL

planetas y los sistemas han sido estudiados por los científicos, éstos no han visto que en todos ellos Dios ha representado la organización de su iglesia y la historia de su amor al hombre. Desde la creación del mundo, el orden mismo y la disposición de las estrellas han relatado el plan de la redención, pero el hombre, desprovisto del espíritu de la verdad, no puede comprender el alfabeto de la bóveda celeste; y aunque la historia se ha repetido noche tras noche, no ha logrado ver la ley de Dios en el firmamento.

Jehová nos señala hoy las estrellas para que aprendamos la lección dada a Abraham cuando lo llamó a la puerta de su tienda y trazó en el cielo la promesa del Salvador. La estrella surgió sobre Israel, y los sabios de oriente, inspirados por Dios, supieron que era la estrella de Cristo. Los hombres, utilizando la habilidad que Dios les dio, han inventado instrumentos maravillosos para escudriñar los cielos, y Dios ha alentado el esfuerzo con la esperanza de que condujera a la comprensión de la historia divina allí escrita, pero sólo unos pocos han visto u oído la lección espiritual que se les enseñó.

Daniel observó cómo procedía Gabriel, y vio cómo los cielos se apartaban como un pergamino; vio cómo el sol estallaba en toda su gloria a medianoche, heraldo del Sol de Justicia. Oyó la voz del trompetista mientras el sonido rodaba por toda la tierra; vio a los justos muertos salir en respuesta a la llamada del Dios del cielo. Salieron glorificados; el poder de la tumba se ha roto; la tierra no tiene ningún asidero sobre ellos, y atraídos hacia el cielo, se elevan para encontrarse con el Señor

Sal. 19:1-7.
And he brought him forth abroad, and said. Look now toward heaven, and tell the stars, if thou be able to number them: and he said unto him, So shall thy seed be.
Gen. 15:5.

Mas el hombre animal no percibe las cosas que son del Espíritu de Dios, porque le son locura: y no las puede entender, porque se han de examinar espiritualmente.
1 Cor. 2:14.

Como no puede ser contado el ejército del cielo, ni la arena de la mar se puede medir, así multiplicaré la simiente de David mi siervo, y los Levitas que á mí ministran.
Jer. 33:22.

Diciendo: ¿Dónde está el Rey de los Judíos, que ha nacido? porque su estrella hemos visto en el oriente, y venimos á adorarle.
Mat. 2:2.

Y el cielo se apartó como un libro que es envuelto.
Apoc. 6:14.
Vacilan todos los cimientos de la tierra.
Sal. 82:5.
Porque el mismo Señor con aclamación, con voz de arcángel, y con trompeta de Dios, descenderá del cielo; y los muertos en Cristo resucitarán primero.
1 Tesa. 4:16.
Juan 5:28, 29.
Oseas 13:14.

El cual transformará el cuerpo de nuestra bajeza, para ser semejante al cuerpo de su gloria.
Fil. 3:21.

en el aire. Multitudes desde los días de Adán hasta el fin de los tiempos se mezclan con esa pequeña compañía que en la tierra esperaba y velaba por su aparición. Juntos pasan hacia las puertas del cielo. La avanzadilla abre de par en par las puertas nacaradas, y de nuevo el coro de ángeles entona el maravilloso aleluya que se cantó cuando Cristo regresó con la pequeña compañía el día de su ascensión.

Desde fuera llegan las palabras: "Levantad la cabeza, oh puertas, y alzaos, puertas eternas, para que entre por ellas el Rey de la gloria". Desde dentro resuena el cántico: "¿Quién es este Rey de gloria?"

La hueste acompañante responde:-
"Jehová, poderoso y victorioso;
Jehová, victorioso en la batalla,
Levantad la cabeza, oh puertas;
Y levantaos
oh puertas eternas
Para que entre por ellas el Rey de gloria".

"Y miré, y he aquí un Cordero que estaba en pie sobre el monte Sión, y con él ciento cuarenta y cuatro mil". En un cuadrado hueco alrededor del trono se agrupan aquellos que vivían cuando el Hijo del hombre vino en poder. Al ver al Cordero, inmolado desde la fundación del mundo, un canto de triunfo estalla de sus labios. Los arcos del cielo resuenan, y maravilla de maravillas, ellos cuyas experiencias han parecido tan variadas, ellos que han sido separados, aplastados, degradados, sobre quienes el pecado había puesto una vez su terrible mano, encuentran que sus voces se mezclan en perfecta armonía, y la canción que

---

Luego nosotros, los que vivimos, los que quedamos, juntamente con ellos seremos arrebatados en las nubes á recibir al Señor en el aire, y así estaremos siempre con el Señor.
1 Tesa. 4:17.
And he shall send his angels with a great sound of a trumpet, and they shall gather together his elect from the four winds, from one end of heaven to the other.
Mat. 24:30, 31.

Y enviará sus ángeles con gran voz de trompeta, y juntarán sus escogidos de los cuatro vientos, de un cabo del cielo hasta el otro.
Juan 14:2, 3.

Alzad, oh puertas, vuestras cabezas, y alzaos vosotras, puertas eternas, y entrará el Rey de gloria. ¿Quién es este Rey de gloria? Jehová el fuerte y valiente, Jehová el poderoso en batalla. Alzad, oh puertas, vuestras cabezas, y alzaos vosotras, puertas eternas, y entrará el Rey de gloria. ¿Quién es este Rey de gloria? Jehová de los ejércitos, él es el Rey de la gloria. (Selah.)
Sal. 24:7-10.

Apoc. 14:1.

Y vi así como un mar de vidrio mezclado con fuego; y los que habían alcanzado la victoria de la bestia, y de su imagen, y de su señal, y del número de su nombre, estar sobre el mar de vidrio, teniendo las arpas de Dios.
Apoc. 15:2.
Apoc. 13:8.

Y cantan el cántico de Moisés siervo de Dios, y el cántico del Cordero, diciendo: Grandes y maravillosas son tus obras, Señor Dios Todopoderoso; justos y verdaderos son tus caminos, Rey de los santos.
Apoc. 15:3.

Para que todos sean una cosa; como tú, oh Padre, en mí, y yo en ti, que también ellos sean en nosotros una cosa: para que el mundo crea que tú me enviaste.
Juan 17:21.

LA ESCENA FINAL

cantan es de tal patetismo, de tal profundidad de alegría y gratitud que nadie más puede unirse a ellos. Las alabanzas resuenan por todo el cielo. La imagen de Cristo y su carácter se reflejan perfectamente en esta compañía. Desde las profundidades más profundas del pecado hasta el pináculo del cielo, cada uno, como una piedra en la corona del Maestro, refleja su carácter, en algún ángulo determinado, y los ciento cuarenta y cuatro mil juntos completan el círculo de la perfección.

Además de esta compañía, que actúa en adelante como guardaespaldas del Rey, ocupando el lugar que había quedado vacante desde la caída de Satanás y sus ángeles, se ve otra compañía compuesta por los que fueron mártires, y los que han sido arrebatados del pozo de la ruina. Y de nuevo se ve una compañía innumerable que ningún hombre puede contar, que representa a toda nación, tribu y lengua.

El número que habría poblado la tierra si nunca hubiera entrado el pecado, está reunido en torno al Padre y al Hijo. Cristo los contempla, y a pesar del recuerdo de la caída, y del dolor y la pena que costó el plan de salvación, cuando ve el afán de su alma, se siente satisfecho. En medio de su iglesia redimida, el Salvador prorrumpe en cánticos. El pensamiento de pecado y dolor se borra. De las huellas de los clavos en sus manos brotan rayos de luz que son "la ocultación de su poder". El cielo se inclina en adoración, pues se ha obtenido la victoria.

Entonces es cuando Daniel ve interpretado el lenguaje de los cielos. El universo está compuesto de soles, muchos de ellos más poderosos que el nuestro, y cada sol es el centro

Y cantaban como un cántico nuevo delante del trono, y delante de los cuatro animales, y de los ancianos: y ninguno podía aprender el cántico sino aquéllos ciento cuarenta y cuatro mil, los cuales fueron comprados de entre los de la tierra.
Apoc. 14:3.

Y los salvará en aquel día Jehová su Dios como á rebaño de su pueblo: porque serán engrandecidos en su tierra como piedras de corona.
Zac. 9:16.
Y serás corona de gloria en la mano de Jehová, y diadema de reino en la mano del Dios tuyo.
Isa. 62:3.
Y serán para mí especial tesoro, ha dicho Jehová de los ejércitos, en el día que yo tengo de hacer.
Mal. 3:17.
Estos, los que siguen al Cordero por donde quiera que fuere.
Apoc. 14:4.

Zac. 3:7.
Eze. 28:16.

Y les fueron dadas sendas ropas blancas, y fuéles dicho que reposasen todavía un poco de tiempo, hasta que se completaran sus consiervos y sus hermanos, que también habían de ser muertos como ellos.
Apoc. 6:11.

Después de estas cosas miré, y he aquí una gran compañía, que ninguno podía contar, de todas gentes y linajes y pueblos y lenguas, que estaban delante del trono y en la presencia del Cordero, vestidos de ropas blancas, y palmas en sus manos.
Apoc. 7:9, 10.
Del trabajo de su alma verá y será saciado.
Isa. 53:11.

Diciendo. Anunciaré á mis hermanos tu nombre, en medio de la congregación te alabaré. Y otra vez: Yo confiaré en él. Y otra vez: He aquí, yo y los hijos que me dió Dios.
Heb. 2:12, 13.

Y el resplandor fué como la luz; rayos brillantes salían de su mano; y allí estaba escondida su fortaleza.
Hab. 3:4.

3. Y los entendidos resplandecerán como el resplandor del firmamento; y los que enseñan á justicia la multitud, como las estrellas á perpetua eternidad.
Dan. 12:3.

274 LA HISTORIA DE DANIEL EL PROFETA

El fruto del justo es árbol de vida: y el que prende almas, es sabio.
Prov. 11:30.

Por la fe entendemos haber sido compuestos los siglos por la palabra de Dios, siendo hecho lo que se ve, de lo que no se veía.
Heb. 11:3.

Y él es antes de todas las cosas, y por él todas las cosas subsisten.
Col. 1:17, R. V. [margin].

Te haré entender, y te enseñaré el camino en que debes andar: sobre ti fijaré mis ojos.
Sal. 32:8.

Detuvo los ríos en su nacimiento, é hizo salir á luz lo escondido.
Job 28:10.

Porque el marido es cabeza de la mujer, así como Cristo es cabeza de la iglesia; y él es el que da la salud al cuerpo.
Efe. 5:23.

Y por los regalados frutos del sol, y por los regalos de las influencias de las lunas.
Deut. 33:14.

Gen. 18:19.

Hijos, obedeced en el Señor á vuestros padres; porque esto es justo.
Efe. 6:1.

Como también en parte habéis conocido que somos vuestra gloria, así como también vosotros la nuestra, para el día del Señor Jesús.
2 Cor. 1:14.

Mas vosotros sois linaje escogido, real sacerdocio, gente santa, pueblo

de un sistema planetario, y cada planeta está acompañado por sus satélites, un vasto círculo dentro de un círculo, moviéndose en perfecto orden, realizando su revolución en su tiempo asignado, haciendo, al oído de Jehová, la música de las esferas. La inmensidad del espacio está llena de universos, y todos giran alrededor del trono de Dios; todos son mantenidos en sus órbitas por los rayos de poder de su trono de vida; cada uno brilla con una luz reflejada de Aquel que es la fuente de la vida; cada uno es guiado en su camino por el ojo de aquel que está sentado en el trono.

Este es el tipo del orden de Dios para su iglesia en la tierra. El orden perfecto de los cuerpos celestes es un patrón para la organización familiar y eclesiástica. Cada pequeña compañía debe brillar como una estrella. Dios contempla complacido las agrupaciones de adoradores mientras se mueven en perfecto orden, cada una doblegándose a la influencia de los poderes superiores. Como es el poder de Dios en el sol el que mantiene a la tierra en su curso, así su poder, obrando a través de la organización más elevada de la tierra, controla a las de menor poder. En la familia, los hijos deben obedecer a los padres, y los padres deben obedecer a Dios, así como la tierra sigue al sol, y el sol da vueltas alrededor de su centro: el trono de Dios.

La perfección de este sistema caracterizará a la última iglesia, que habrá desarrollado el carácter que se buscaba en el antiguo Israel. El pueblo de Dios es un pueblo peculiar, y sus peculiaridades vivirán en las virtudes de Cristo, que ellos reflejan; esto los capacita para

LA ESCENA FINAL

convertirse en un sacerdocio real. A Daniel le dijo el ángel: "Los que sean maestros [margen] brillarán como el resplandor del firmamento". Y así el profeta tuvo el privilegio de ver una nación o compañía de maestros entre los salvados, que llevaron adelante la obra que su propia raza podría haber hecho. Así como Cristo fue un maestro, que hablaba con una autoridad a la que nadie podía resistirse, así también la iglesia remanente será maestra en virtud de la vida de Cristo dentro de ella.

Era un hermoso cuadro aquella última escena que cayó sobre los ojos de Daniel. Tantas veces la decepción había sido el resultado cuando el comienzo parecía tan prometedor, pero al final es un triunfo glorioso. Aquellos que son sacados de las profundidades del pecado brillarán como las estrellas en el firmamento.

"Pero tú, Daniel, cierra las palabras y sella el libro hasta el tiempo del fin". En ese tiempo "muchos correrán de aquí para allá, y se multiplicará el conocimiento".

La porción de tiempo conocida como "el tiempo del fin" está tan claramente marcada como cualquier otro período profético. En su comienzo se apartó la mano opresora de la ley de Dios, que había sido cambiada, y que, en el lenguaje del Apocalipsis, había profetizado vestida de cilicio. Al mismo tiempo había terminado la persecución de los santos. La libertad civil y religiosa se erguían de pleno derecho ante el mundo, y Gabriel, al ver la libertad concedida al hombre, explicó los efectos diciendo: "Muchos correrán de aquí para allá, y se multiplicará el conocimiento."

Los hombres que viven hoy en día ven el cumplimiento de las palabras del ángel. Miles

adquirido, para que anunciéis las virtudes de aquel que os ha llamado de las tinieblas á su luz admirable.
1 Pedro 2:9.

Porque ¿cuál es nuestra esperanza, ó gozo, ó corona de que me gloríe? ¿No sois vosotros, delante de nuestro Señor Jesucristo en su venida? Que vosotros sois nuestra gloria y gozo.
1 Tesa. 2:19, 20.

Nunca ha hablado hombre así como este hombre.
Juan 7:46.

Y vi así como un mar de vidrio mezclado con fuego; y los que habían alcanzado la victoria de la bestia, y de su imagen, y de su señal, y del número de su nombre, estar sobre el mar de vidrio, teniendo las arpas de Dios.
Apoc. 15:2.

Dan. 10:4.

Hasta el tiempo determinado: porque aun para esto hay plazo.
Dan. 11:35.

Y hablará palabras contra el Altísimo, y á los santos del Altísimo quebrantará, y pensará en mudar los tiempos y la ley: y entregados serán en su mano hasta tiempo, y tiempos, y el medio de un tiempo.
Dan. 7:25.

Apoc. 11:3.

Y la tierra ayudó á la mujer, y la tierra abrió su boca, y sorbió el río que había echado el dragón de su boca.
Apoc. 12:16.

El escudo de sus valientes será bermejo, los varones de su ejército vestidos de grana: el carro como fuego de hachas; el día que se aparejará, temblarán las hayas. Los carros se precipitarán á las plazas, discurrirán por las calles: su aspecto como hachas encendidas; correrán como relámpagos. Acordaráse él de sus valientes;

276 LA HISTORIA DE DANIEL EL PROFETA

andando tropezarán; se apresurarán á su muro, y la cubierta se aparejará. Las puertas de los ríos se abrirán, y el palacio será destruído.
Nahum 2:3-6.

¡Cuán hermosos son sobre los montes los pies del que trae alegres nuevas, del que publica la paz, del que trae nuevas del bien, del que publica salud, del que dice á Sión: Tu Dios reina!
Isa. 52:7.

Y será predicado este evangelio del reino en todo el mundo, por testimonio á todos los Gentiles; y entonces vendrá el fin.
Mat. 24:14.

Dichosos vosotros los que sembráis sobre todas aguas, y metéis en ellas el pie de buey y de asno.
Isa. 32:20.

He aquí, solamente he hallado esto: que Dios hizo al hombre recto, mas ellos buscaron muchas cuentas.
Eccl. 7:29.

La voz de Jehová hace marchitar las encinas, y denuda los árboles de los bosques. Ciertamente a través de este su templo universal todo habla de su gloria.
Sal. 20:9 [Spurrell's trans.].

El principio de tus palabras alumbra; hace entender á los simples.
Sal. 119:130.

Ni aun en tu pensamiento digas mal del rey, ni en los secretos de tu cámara digas mal del rico; porque las aves del cielo llevarán la voz, y las que tienen alas harán saber la palabra.
Ecl. 10:20.

¿Cómo, pues invocarán á aquel en el cual no han creído? ¿y cómo creerán á aquel de quien no han oído? ¿y cómo oirán sin haber quien les predique? ¿Y cómo predicarán si no fueren enviados?
Rom. 10:14, 15.

de kilómetros de ferrocarril hilvanan el globo, haciendo posible que los mensajeros de la verdad pasen rápidamente de un lugar a otro. El océano, antaño una barrera casi infranqueable entre continentes, se cruza ahora en pocos días. La imprenta envía diariamente miles de toneladas de materia, de modo que el evangelio eterno puede esparcirse como hojas de otoño por todas las naciones de la faz de la tierra. La multitud de inventos también asombra al mundo. Cada día es testigo del nacimiento de alguna nueva comodidad. "Los hombres han buscado muchos inventos", y aun así la obra continúa. Dios lo permite, para que su verdad se difunda con rapidez, pues antes de su venida toda nación, tribu, lengua y pueblo debe oír el mensaje de advertencia.

El aumento de los conocimientos de la generación actual es maravilloso e indescriptible. No hay reino de la ciencia que quede sin explorar. Esto es, que el hombre pueda ser conducido a ver las maravillas de la creación, y así desear saber más del Creador. Así como el cierre de la Biblia al principio de los mil doscientos sesenta años trajo oscuridad, intelectual y moral, la apertura de la Palabra de Dios ha conducido a un avance tanto intelectual como moral. De ciudad en ciudad los mensajes vuelan en alas más rápidas que las palomas mensajeras, mientras que por las misteriosas profundidades del viejo océano pasan las palabras del hombre, desoídas por las miríadas que pueblan las cavernas oceánicas.

Mientras el hombre mira asombrado, los ángeles observan con intenso interés para ver si el hombre cooperará con ellos en el uso de estas vastas instalaciones para hacer avanzar el evangelio en la tierra.

Dios, desde el principio de la historia de la tierra, ha ofrecido la vida a aquella nación que hiciera de su Palabra la base de su educación. Los judíos se perdieron como nación por no haber educado a sus hijos según sus verdades sagradas; y cuando la iglesia cristiana heredó la promesa hecha a los israelitas, fue con la misma condición de que enseñaran a sus hijos todos los estatutos de Jehová.

El tiempo del fin es el período durante el cual se desarrollará el pueblo remanente. Un gran medio para su educación será el retorno a los verdaderos principios de la educación.

Así como la educación cristiana y la vida saludable se revelan en el primer atisbo que se da del profeta Daniel y su obra, así, cuando está a punto de cerrar su carrera terrenal, cuando contempla los últimos días de la historia de la tierra, es señalado por el mensajero especial de Cristo a un pueblo que es fiel a esos mismos principios fundamentales. El pueblo que atraviese a salvo el tiempo de angustia, que cierra este último período profético, se fortificará físicamente mediante la estricta obediencia por la fe a todas las leyes del hombre físico. Y mentalmente serán fortalecidos por una educación de fe que separa a cada familia de la cultura de Egipto, Babilonia y Grecia, y en su lugar vuelve los corazones de los padres hacia sus hijos, uniéndolos a todos en el amor de Cristo.

El tiempo del fin, el período en el que vivimos ahora, es un tiempo en el que aumentará el conocimiento, y mientras los sabios mundanos confían cada vez más en su propia sabiduría, los fieles seguidores de Dios se separarán por

Por tanto, guárdate, y guarda tu alma con diligencia, que no te olvides de las cosas que tus ojos han visto, ni se aparten de tu corazón todos los días de tu vida: y enseñarlas has á tus hijos, y á los hijos de tus hijos.
Deut. 4:9.

Por tanto mi pueblo fué llevado cautivo, porque no tuvo ciencia: y su gloria pereció de hambre, y su multitud se secó de sed.
Isa. 5:13.

Y vosotros, padres, no provoquéis á ira á vuestros hijos; sino criadlos en disci- plina y amonestación del Señor.
Efe. 6:4.

4. *Tú empero Daniel, cierra las palabras y sella el libro hasta el tiempo del fin: pasarán muchos, y multiplicaráse la ciencia.*
Dan. 12:4.

Y Daniel propuso en su corazón de no contaminarse en la ración de la comida del rey, ni en el vino de su beber: pidió por tanto al príncipe de los eunucos de no contaminarse.
Dan. 1:8

Y mirad por vosotros, que vuestros corazones no sean cargados de glotonería y embriaguez, y de los cuidados de esta vida, y venga de repente sobre vosotros aquel día. Velad pues, orando en todo tiempo, que seáis tenidos por dignos de evitar todas estas cosas que han de venir, y de estar en pie delante del Hijo del hombre.
Lucas 21:34, 36.

Aquí está la paciencia de los santos; aquí están los que guardan los mandamientos de Dios, y la fe de Jesús.
Apoc. 14:12.

El convertirá el corazón de los padres á los hijos, y el corazón de los hijos á los padres: no sea que yo venga, y con destrucción hiera la tierra.
Mal. 4:6.

Y no andéis en las prácticas de la gente que yo echaré de delante de vosotros: porque ellos hicieron todas estas cosas, y los tuve en abominación.
Lev. 20:23.

LA HISTORIA DE DANIEL EL PROFETA

<small>Así alumbre vuestra luz delante de los hombres, para que vean vuestras obras buenas, y glorifiquen á vuestro Padre que está en los cielos.
Mat. 5:16.</small>

<small>Yo estoy con vosotros todos los días, hasta el fin del mundo.
Mat. 28:20.</small>

<small>5. Y yo, Daniel, miré, y he aquí otros dos que estaban, el uno de esta parte á la orilla del río, y el otro de la otra parte á la orilla del río.
6. Y dijo uno al varón vestido de lienzos, que estaba sobre las aguas del río: ¿Cuándo será el fin de estas maravillas?
Dan. 12:5, 6.</small>

<small>En las cuales desean mirar los ángeles.
1 Pedro 1:12.</small>

<small>7. Y oía al varón vestido de lienzos, que estaba sobre las aguas del río, el cual alzó su diestra y su siniestra al cielo, y juró por el Viviente en los siglos, que será por tiempo, tiempos, y la mitad. Y cuando se acabare el esparcimiento del escuadrón del pueblo santo, todas estas cosas serán cumplidas.
Dan. 12:7.</small>

<small>Los dos ángeles á Sodoma á la caída de la tarde Y deteniéndose él, los varones asieron de su mano, y de la mano de su mujer, y de las manos de sus dos hijas, según la misericordia de Jehová para con él; y le sacaron, y le pusieron fuera de la ciudad.
Gen. 19:1, 16.</small>

<small>8. Y yo oí, mas no entendí. Y dije: Señor mío, ¿qué será el cumplimiento de estas cosas?
Dan. 12:8.</small>

completo de la educación mundana. Ahora es el momento de que los verdaderos sabios brillen como estrellas cuya luz se hace más evidente a medida que se profundizan las tinieblas de la iniquidad. Es evidente que toda la atención de Daniel se había centrado en los acontecimientos que Gabriel, el historiador de Dios, había relatado, y cuando se dio el triunfo final de la verdad, se demostró que Cristo mismo estaba cerca del profeta, y que los ángeles del cielo también estaban escuchando el registro de los acontecimientos.

Tan estrechamente ligados a la tierra están estos seres celestiales, y tan fuertes son los lazos que unen sus corazones e intereses al hombre, que cuando Gabriel cesó de hablar, un ángel llamó a Cristo, que fue visto de nuevo sobre las aguas de la corriente del tiempo: "¿Cuánto falta para el fin de estas maravillas?". Esa fue la pregunta del ángel, y Cristo mismo dio la respuesta. Levantando su mano derecha y su izquierda hacia el cielo, "juró por Aquel que vive para siempre que será por un tiempo, tiempos y medio".

Los ángeles han esperado seis mil años a que se completara el plan; han vigilado generación tras generación a que se completara el número final, y han visto rodar un siglo tras otro, y aun así los habitantes de la tierra holgazaneaban. ¿Qué es de extrañar que cuando se da a conocer el fin, exclamen: "¿Cuánto falta para el fin?"?

Daniel había oído mencionar este mismo período por Gabriel, y ahora se lo repetía Cristo, pero él dice: "Oí, pero no entendí." El corazón del profeta estaba apesadumbrado mientras seguía la historia de las naciones hasta el fin de los tiempos; y temiendo que aún le quedaran

LA ESCENA FINAL

dudas sobre el tiempo para el cumplimiento de todo lo que había visto, como Jacob que en su noche de lucha se aferró al ángel, suplicó: "Oh Señor mío, ¿cuál será el fin de estas cosas?" Ninguna petición hecha hasta entonces por este hombre de Dios había pasado sin respuesta. Tampoco ahora se le dejó en la ignorancia del tiempo. Gabriel respondió a la ferviente pregunta en tono tierno. Dijo: "Vete, Daniel, porque las palabras están cerradas y selladas hasta el tiempo del fin"; y entonces se vio que "hasta el tiempo del fin" significaba lo mismo que "un tiempo, tiempos y medio", al final de cuyo período cesaría la gran persecución.

Este período profético de mil doscientos sesenta años comenzó en 538; la ley de Dios fue cambiada, y el sábado del decálogo fue pisoteado por los hombres. Tanto la ley de Dios como los santos de Dios fueron atados por "un tiempo, tiempos y medio" por el poder que se exalta sobre Jehová, como se describe en Dan. 7:25. La persecución sólo tendió a dispersar el poder del pueblo santo; y en el momento del fin tanto la ley de Dios como el pueblo fueron restaurados. El "tiempo, tiempos y medio" terminó en 1798. Desde entonces la Palabra de Dios ha circulado libremente entre el pueblo. Se han estudiado las profecías, se ha proclamado el mensaje de juicio de Apocalipsis 14, y en 1844, al final de los veintitréscientos días, la luz brilló desde el santuario de lo alto, revelando el verdadero sábado del Señor.

A medida que ha aumentado el conocimiento, las maravillosas verdades para el tiempo del fin se han difundido de país en país, preparando el camino para la venida del Hijo

1 Tesa. 5:4, 5.
Gen. 32:24-31.

9. *Y dijo: Anda, Daniel, que estas palabras están cerradas y selladas hasta el tiempo del cumplimiento.*
Dan. 12:9.

Los ojos de Jehová están sobre los justos, y atentos sus oídos al clamor de ellos.
Sal. 34:15.

La oración del justo, obrando eficazmente, puede mucho.
Santiago 5:16.

Aparezca en tus siervos tu obra, y tu gloria sobre sus hijos.
Sal. 90:16.

Oh Jehová, oído he tu palabra, y temí: oh Jehová, aviva tu obra en medio de los tiempos, en medio de los tiempos hazla conocer; en la ira acuérdate de la misericordia.
Hab. 3:2.

¿Os es poco que comáis los buenos pastos, sino que holléis con vuestros pies lo que de vuestros pastos queda; y que bebiendo las aguas sentadas, holléis además con vuestros pies las que quedan?
Eze. 34:18.

Si retrajeres del sábado tu pie, de hacer tu voluntad en mi día santo, y al sábado lla- mares delicias, santo, glorioso de Jehová; y lo venerares, no haciendo tus caminos, ni buscando tu voluntad, ni hablando tus palabras: Entonces te deleitarás en Jehová.
Isa. 58:13, 14.

Y hablará palabras contra el Altísimo, y á los santos del Altísimo quebrantará, y pensará en mudar los tiempos y la ley: y entregados serán en su mano hasta tiempo, y tiempos, y el medio de un tiempo.
Dan. 7:25 R. V.

Y el templo de Dios fué abierto en el cielo, y el arca de su testamento fué vista en su templo.
Apoc. 11:19.

Y vi otro ángel volar por en medio del cielo, que tenía el evangelio eterno para predicarlo á los que moran en la tierra, y á toda nación y tribu y lengua y pueblo.
Apoc. 14:6

10. Muchos serán limpios, y emblanquecidos, y purificados; mas los impíos obrarán impíamente, y ninguno de los impíos entenderá, pero entenderán los entendidos.

11. Y desde el tiempo que fuere quitado el contínuo sacrificio hasta la abominación espantosa, habrá mil doscientos y noventa días.

12. Bienaventurado el que esperare, y llegare hasta mil trescientos treinta y cinco días.
Dan. 12:10-12

He aquí, yo he tomado bendición: y él bendijo, y no podré revocarla.
Num. 23:20.

Muchos serán limpios, y emblanquecidos, y purificados; mas los impíos obrarán impíamente, y ninguno de los impíos entenderá, pero entenderán los entendidos.
Dan. 12:10.

Y os será toda visión como palabras de libro sellado, el cual si dieren al que sabe leer, y le dijeren: Lee ahora esto; él dirá: No puedo, porque está sellado: y si se diere el libro al que no sabe leer, diciéndole: Lee ahora esto; él dirá: No sé leer.
Isa. 29:11, 12.

He peleado la buena batalla, he acabado la carrera, he guardado la fe.
2 Tim. 4:7, 8.

Y vendrás en la vejez á la sepultura, como el montón de trigo que se coge á su tiempo.
Job 5:26.

13. Y tú irás al fin, y reposarás, y te levantarás en tu suerte al fin de los días.
Dan. 12:13.

Para presentársela gloriosa para sí, una iglesia que no tuviese mancha ni arruga, ni cosa semejante; sino que fuese santa y sin mancha.
Efe. 5:27.

del hombre.

Para que los dos períodos proféticos que tanto habían desconcertado la mente del profeta pudieran ser comprendidos más perfectamente, Gabriel dijo: "Desde el momento en que el diario sea quitado", es decir, desde 508 d.C., "habrá mil doscientos noventa días" hasta el tiempo del fin, 1798. Y de nuevo: "Bienaventurado el que espera y llega a los mil trescientos cinco y treinta días". Hay entonces una bendición pronunciada sobre aquellos que están viviendo en 1843 (508 + 1335 = 1843), porque el sello ha sido quitado de las profecías, y son comprendidas. Es cierto que "muchos serán purificados y emblanquecidos y probados", y que algunos no entenderán, pero eso no refuta las profecías, porque "los sabios entenderán". En el tiempo en que todos puedan entender algunos insistirán en que el libro de Daniel es todavía un libro sellado. Las palabras de Cristo y de Gabriel atestiguan contra todos los tales. "El que lee, que entienda". "El que tenga oído, que oiga lo que el Espíritu dice a las iglesias".

El trabajo de Daniel había terminado. La historia del mundo estaba escrita. Su profecía perduraría hasta el fin. Durmió con sus padres, después de más de setenta años de fiel servicio en las cortes de Babilonia y Susa. Los hombres no pudieron encontrarle ninguna falta excepto en lo referente a la ley de su Dios, y Jehová lo llamó "hombre muy amado".

En los últimos días le corresponde su suerte como profeta, y las cosas reveladas a él, junto con la Revelación dada a Juan en Patmos, y las advertencias enviadas por Dios mediante el espíritu de profecía en la iglesia remanente, guiarán a la fiel compañía de creyentes a través del tiempo de angustia, y los prepararán para la aparición de Cristo en las nubes del cielo.

APÉNDICE

EL SANTUARIO

El santuario celestial es el centro de la obra de Cristo en favor del hombre. El destino de cada alma pende de las decisiones que se tomen en ese gran tribunal. Sean conscientes de ello o no, esa obra concierne a cada alma sobre la tierra.

El antiguo servicio del santuario se daba como una sombra de la obra realizada por Cristo por la raza caída, en el santuario celestial. Toda la economía judía era una profecía compactada del evangelio. Era el evangelio en figuras. El diagrama dado en la página opuesta ilustra esta verdad. Los temas no están agotados de ninguna manera; pero se dan unos pocos textos sobre cada tema, que servirán de guía para una investigación más profunda para aquellos que deseen ver la luz que destellaba de las leyes levíticas y las ofrendas de sacrificio.

Todos los textos del diagrama se reimprimen en las páginas siguientes, junto con el pensamiento principal de los mismos. Que el lector recuerde siempre que: "Todo el sistema del judaísmo era el evangelio encubierto".

Hay preciosas vistas de la obra de Cristo reveladas en los rayos de luz que destellan de las leyes levíticas y las ofrendas de sacrificio, que bien recompensarán al estudiante que las busque.

Muchos descartan hoy en día el estudio de las leyes levíticas, porque piensan que el evangelio no tiene conexión con la economía judía. Todos esos harían bien en meditar en oración los dos últimos versículos del cuarto capítulo del Evangelio de Juan. Moisés escribió de Cristo. Cada declaración hecha, cada símbolo dado era para el único objeto; a saber, revelar un Redentor que perdonara el pecado al hombre caído. Cristo dijo: "Si no creéis en sus escritos [de Moisés], ¿cómo creeréis en mis palabras?"... "porque él escribió de mí"; también: "Si no oyen a Moisés y a los profetas, tampoco se persuadirán, aunque uno resucitó de entre los muertos". Lucas 16:31. Las palabras son verdaderas hoy en día, y todos los que estudien las leyes levíticas, creyendo que todo el sistema del judaísmo, revela el evangelio de Cristo, encontrarán su fe en el Salvador grandemente fortalecida por el estudio. A medida que aprendan a contemplar a Cristo revelado en tipos, sombreado en símbolos, y manifestado en las revelaciones de los profetas, tan plenamente como en las lecciones dadas a los discípulos, y en los maravillosos milagros obrados en favor de los hijos de los hombres, sus corazones arderán dentro de ellos cuando Él hable con ellos por el camino. Se detendrán en las mismas preciosas verdades en las que se detuvo el Salvador mientras caminaba con los discípulos de camino a Emaús; cuando dijo, "Comenzando por Moisés y por todos los profetas, les expuso en todas las Escrituras lo que de Él decían". Lucas 24:27-31.

APÉNDICE

La Segunda Venida de Cristo

Lev. 16:20-25. Cuando el sumo sacerdote, en el día de la expiación, había terminado de reconciliar y había colocado los pecados sobre el chivo expiatorio, se despojaba de su manto sacerdotal, entraba en el atrio y lo limpiaba. Así Cristo, cuando se cierra la probación, se despoja de sus vestiduras sacerdotales y entra en el atrio antitípico, la tierra, para recoger de ella todo lo que ofende y hace iniquidad. Mt. 13:41.

Isa. 63:1-6. Cristo viene vestido con ropas de venganza.

Apoc. 19:16; Sof. 2:1-3. Cristo no viene a la tierra con vestiduras sacerdotales, sino con vestiduras reales.

El Milenio

Lev. 16:20-22. El chivo expiatorio era conducido a una tierra desolada, una tierra no habitada.

"Chivo expiatorio" es sinónimo de maldad. Job 1:7. La tierra es el hogar del diablo.

Jer. 4:23-27. La tierra estará desolada. Cuando "no haya hombres", animales ni aves, el diablo y sus ángeles serán la única vida que quede sobre la tierra.

Isa. 24:21, 23; Jer. 4:27. Esta condición desolada será sólo por un período limitado de tiempo.

Eze. 28:18, 19. El diablo será finalmente reducido a cenizas sobre la tierra.

Lev. 6:9-11. Las cenizas del holocausto dejadas en un lugar limpio, enseñaron la destrucción final del pecado y del diablo.

La Tierra Nueva

Gén. 3:17. Tierra maldita por el pecado.

Núm. 35:33. Maldición sólo eliminada por la sangre del ofensor.

Lev. 17:11-13. La sangre hizo expiación por el pecado.

Lev. 4:7, 18, 25, 30. La sangre de toda ofrenda por el pecado derramada sobre la tierra maldita por el pecado, enseñaba la limpieza de la tierra por la sangre de Cristo.

Jer. 9:21. El aire está cargado de gérmenes de enfermedad como resultado del pecado.

Ex. 15:23. El agua está afectada por la maldición. La tierra, el aire y el agua están malditos por el pecado.

Lev. 14:4-7. Esta ofrenda hizo provisión para la limpieza del agua, el aire y la tierra. La sangre entraba en contacto con cada uno de ellos. Se recogía en una vasija de barro sostenida sobre agua corriente; y el ave volaba por el aire con sangre sobre sus plumas. Se mojaron en la sangre hisopo, madera de cedro y lana.

1 Reyes 4:33. El hisopo y el cedro representaban los dos extremos de la vegetación. Sumergirlos en la sangre no era sino un tipo de la vegetación de toda la tierra purificada por la sangre de Cristo.

Núm. 19:6. En esta ofrenda se enseñaba también la purificación de la vegetación por el fuego. Se quemaron el hisopo y la madera de cedro.

Juan 19:29. La cruz se hizo con los árboles del bosque. Así, los dos extremos de la vegetación, el hisopo y los árboles del bosque, entraban en contacto con la sangre de Cristo.

Lev. 25:23, 24. La, tierra nunca se vendía, pero si se perdía de alguna manera podía ser redimida por el pariente más cercano, que tuviera poder para redimir.

Rut 2:20, Cristo es el único pariente cercano a la humanidad que tiene poder para redimir. Satanás no es dueño de la tierra; simplemente tiene la posesión actual. Sólo Cristo tiene derecho a redimir el dominio perdido de Adán.

La Ley de Dios

Ex. 25:21. El arca, el mueble central del santuario, estaba hecha para contener la ley de Dios.
Ex. 31:i8. Las tablas se llamaban tablas del testimonio.
Apoc. 11:19. El arca que contiene el testimonio está en el santuario celestial.

Sábado

Ex. 25:30. Los panes de la proposición debían mantenerse continuamente sobre la mesa en el lugar santo.
1 Crón. 9:32. Cada sábado los sacerdotes debían preparar pan fresco.
Lev. 24:5-9. El pan, hecho en doce hogazas, se colocaba en dos filas sobre la mesa. Permanecía sobre la mesa una semana, y luego era retirado de la mesa y comido por los sacerdotes.
1 Sam. 21:6. El pan fresco se sacaba caliente del horno cada sábado por la mañana y se colocaba sobre la mesa.
Todo el trabajo relacionado con el pan de la proposición era trabajo sabático; por lo tanto, todas las lecciones antitípicas relacionadas con él son lecciones sabáticas. El pan era un tipo de Cristo, el "pan vivo", Juan 6:51. Nosotros como miembros del sacerdocio real (1 Pedro 2:9) debemos tener verdad fresca de la Palabra de Dios cada día de reposo, y alimentarnos de la verdad nosotros mismos.
Apoc. 11:19. El arca en el lugar santísimo fue hecha para contener la ley de Dios. Juan vio el arca en el cielo. El mandamiento del sábado, que es la base de toda observancia del sábado, es el cuarto del decálogo, y se encuentra en el arca celestial.

Arrepentimiento

Toda ofrenda por el pecado enseñaba esta verdad, pues el pecador confesaba sus pecados sobre la cabeza del sacrificio antes de que se le quitara la vida.
Lev. 4:27-31. Se enseñaba claramente la liberación del pecado; los pecados del pecador le eran "perdonados".

El destino e los impíos

Salmo 73:12-18. Cuando David entró en el santuario comprendió claramente el destino de los impíos. El servicio del santuario lo enseñaba claramente.
Lev. 3:14-17; Lev. 16:25. Toda la grasa se separaba del sacrificio y se quemaba.
Sal. 37:20. La quema de la grasa simbolizaba la quema del pecado y de los pecadores en los fuegos de los últimos días.
Lev. 4:8-12; Lev. 6:10, 11. Incluso el cuidado de las cenizas retiradas del altar enseñaba esa importante lección. No se arrojaban descuidadamente a un lado, sino que se vaciaban en un "lugar limpio" preparado para ese fin.

APÉNDICE

Mal. 4:3. El antitipo se cumplirá plenamente cuando los fuegos del último día hayan con sumido por completo a Satanás y a los malvados, y todo lo que quede de ellos serán cenizas sobre la tierra "limpia". Eze. 28:18.

La obra de caridad cristiana

Ex. 22:22-24. Dios tiene un cuidado especial por la viuda y los huérfanos.
Deut. 14:29. El que cuida del forastero, la viuda y el huérfano será bendecido en su trabajo.
Deut. 24:19-22. Cuando se cosechaba el grano se hacía provisión para los pobres.
Isa. 58:7-12. La salud espiritual y física viene como recompensa de suplir las necesidades de los pobres y desvalidos.

Dones espirituales

Ex. 28:30. El Urim y el Tummin debían ser colocados en el pectoral y llevados por el sumo sacerdote.
Núm. 27:21; 1 Sam. 28:6. El sumo sacerdote aprendía la mente del Señor a través de estas piedras en el pectoral.
1 Sam. 23:9-12. Se daban respuestas directas de Dios por medio del pectoral, que representaba la comunicación directa entre Dios y su pueblo, a través de los profetas.
"A la derecha y a la izquierda del pectoral había dos grandes piedras de gran brillantez. Eran conocidas como Urim y Tummin. Por medio de ellas se daba a conocer la voluntad de Dios a través del sumo sacerdote. Cuando se llevaban cuestiones para su decisión ante el Señor, un halo de luz que rodeaba la piedra preciosa de la derecha era una señal del consentimiento o aprobación divina, mientras que una nube que sombreaba la piedra de la izquierda era una prueba de negación o desaprobación."

La Educación Cristiana

Ex. 12:26, 27. Uno de los objetivos de los tipos y símbolos era despertar una pregunta en las mentes, de los jóvenes, y estas preguntas" debían ser respondidas fielmente por los padres.
Ex. 13:7, 8, 14. El comer pan sin levadura y la redención del primogénito harían que los niños preguntaran por qué se hacía. La instrucción dada debía ser en respuesta a la propia indagación del niño.
Deut. 32:7. La instrucción debía recibirse mediante preguntas formuladas a los padres y a los ancianos. Era deber de los padres y de los ancianos responder fielmente a estas preguntas.
Jos. 4:6-7. Se colocaban objetos en lugares visibles para despertar la curiosidad de los niños, y las preguntas debían ser contestadas fielmente.
Sal. 78:6, 7. La fidelidad a Dios debía implantarse en el niño mediante la instrucción impartida por los padres.
Deut. 4:9-13. El conocimiento de los acontecimientos relacionados con la entrega de la ley de Dios, fue especialmente mencionado como importante en la educación de los niños.

Deut. 6:7-9. La conversación en el hogar y mientras se realizan las tareas diarias debe ser siempre tal que eduque a los niños en las cosas de Dios.

El ministerio de los ángeles

Ex. 25:20. Los querubines de oro no eran sino una sombra o tipo del querubín "que cubre" en el santuario del cielo. Lucas 1:19.
Ex. 36:8, 35. Los querubines estaban forjados en las cortinas que servían de "velos" y techo para el santuario terrenal, y no eran sino un tipo de los "mil millares" y "diez mil veces diez mil" de ángeles que Daniel contempló en el santuario celestial.
Dan. 7:9, 10. A Daniel esta vasta multitud de ángeles que ministraban en el santuario celestial le pareció una "llama ardiente". Heb. 1:7; Eze. 1:14.

Bautismo

Juan. 1:25. Había algo en las Escrituras que enseñaba que el precursor de Cristo bautizaría, y el pueblo lo esperaba.
Ex. 40:12-16. Lavarse con agua formaba parte de la ceremonia de consagración de los sacerdotes.
Ex. 30:17-21. Lavarse con agua cuando servían en el trabajo de los sacerdotes era tan importante que la "muerte" era la pena por negligencia.
1 Cor. 10:1, 2. El Señor llamó bautismo al paso por el Mar Rojo.

Reforma de la vestimenta

Núm. 15:37-39. Los vestidos se hacían de tal manera que al mirarlos recordaran los mandamientos de Dios y se animaran a obedecerlos.
En su vestido no debían buscar su propio corazón ni sus propios ojos. Si lo hicieran, copiarían las modas de Babilonia.
Deut. 22:5. Se prohibía a las mujeres vestir atuendos masculinos.
Lev. 19:19. Las vestiduras se tomaban siempre como emblema de la justicia de Cristo, y cuando se mezclaban sustancias diferentes como lino y lana se estropeaba la figura.
Isa. 3:16-24. Las modas insensatas no se limitan a los días modernos, sino que han existido desde los primeros tiempos. Todas las modas nombradas aquí, se usan en alguna parte del mundo hoy en día. Cuando las "hijas de Sión" siguieron las modas del mundo, hicieron que Sión se sentara en tierra desolada. Isa. 3:26.
1 Pe. 3:5. Sólo una firme confianza en Dios permitió a las mujeres vestir con sencillez e ignorar las modas del mundo.
1 Tim. 2:9. Las mujeres deben vestirse con modestia.
Gén. 35:1-5. Después de que la hija de Jacob fuera deshonrada (Gn. 34:1-5), Jacob se acercó a Dios. Entonces vio que su manera de vestir era como la del mundo, y exhortó a su familia a cambiar sus vestidos y esconder sus adornos.
Jos. 7:20, 21, 11. Acán codició la vestimenta babilónica y perdió su lugar en Israel.

APÉNDICE

El Juicio

Ecl. 12:13, 14. La ley contenida en el arca en el lugar santísimo, es la norma en el Juicio.
Jer. 17:12. El trono de Dios siempre ha estado relacionado con el santuario en el cielo.
Dan. 7:9, 10. Daniel recibió una vista del trono de Dios en el santuario celestial. Vio al Gran Juez del universo sentado en ese trono. En Su presencia se abrieron los libros y se decidieron todos los casos. El santuario es la gran Sala del Juicio del universo de Dios.

The Lord's Slipper

Gn. 14:18. Melquisedec, el gran sacerdote rey de Salem, dio "pan y vino" a Abraham.
Lev. 7:15-21. La "ofrenda de paz" era la sombra de la muerte y resurrección de Cristo. Debía comerse el primer y el segundo día; cualquiera que comiera la carne el tercer día, con ese acto, virtualmente decía que no creía que Cristo estaría vivo al tercer día.
Lev. 19:5-8. Cualquiera que hiciera caso omiso de este mandamiento no veía el objeto del servicio, y así "profanaba las cosas santificadas del Señor", y era cortado de entre el pueblo de Dios. La ofrenda de paz era comida por todo el pueblo. Era la sombra de la muerte de Cristo, mientras que la Cena del Señor la conmemora.
Juan 11:39. Al cuarto día después de la muerte, el cuerpo había comenzado a descomponerse.
Salmo 16:9-10. Los profetas revelaron claramente que el cuerpo de Cristo no vería la corrupción. No estaría en la tumba al tercer día.
Hechos 2:24-27, 30, 31. Pedro citó el Salmo XVI para demostrar la resurrección de Cristo. La gente estaba familiarizada con la ofrenda de paz, que enseñaba claramente la muerte y resurrección de Cristo, y el poder convertidor de Dios asistía a sus palabras.

Justicia por la fe

Lev. 16:13. El incienso protegía al sacerdote de la muerte cuando entraba ante el Señor.
Apoc. 8 : 3 [margen]. El incienso añadido a las oraciones de los santos las hace aceptables a Dios.
Nota. "Era el trabajo del sacerdote en la ministración diaria presentar ante Dios la sangre de la ofrenda por el pecado, también el incienso que ascendía con las oraciones de Israel. Así también Cristo suplicó su sangre ante el Padre en favor de los pecadores, y presentó ante Él también, con la preciosa fragancia de su propia justicia, las oraciones de los creyentes penitentes." -Gran Controversia p. 421.
Deut. 15 : 19, 21. Las ofrendas debían ser sin defecto, representando así la vida perfecta de Cristo que se nos imputa.
Lev. 22 : 24, 25. Si alguien ofrecía una ofrenda imperfecta no era aceptada. Por la fe debían ver el carácter justo de Cristo en cada ofrenda.

La Reforma Pro-salud

Lev. 23 : 27, 29. "Todo hombre debía afligir su alma mientras durara la obra de expiación. Todos los negocios debían dejarse de lado, y toda la congregación de Israel debía pasar el día en solemne humillación ante Dios, con oración, ayuno y profundo escrutinio del corazón." -Conflicto de los Siglos p. 420.

Isa. 58 : 5. Ayunar es afligir el alma. El día de la expiación en el tipo era un día de ayuno. El apetito se mantenía en perfecto control, un tipo del control del apetito que Dios requiere durante el día antitípico de la expiación.

Lucas 21:34-36. El Salvador dice que durante el tiempo del juicio, mientras los individuos están siendo "contados" dignos o indignos, debemos tener cuidado de no sobrecargarnos de glotonería y embriaguez. El saciarse es tomar demasiado libremente de la comida, ya sea buena o mala. La embriaguez es participar de alimentos inadecuados. Debemos ser el amo y no el esclavo de nuestro apetito.

Isa. 22 : 12-14. En este período en que Dios llama al autocontrol, muchos darán riendas sueltas a su apetito.

Isa. 66 : 15-17. Todos los tales serán destruidos, "consumidos juntamente, dice el Señor".

Deut. 23 : 12-14. El Señor exigía disposiciones sanitarias estrictas en todo el campamento, pues Él caminaba en medio de su pueblo.

La vida sólo a través de Cristo

Lev. 4:29. Toda ofrenda por el pecado inmolada, enseñaba que el pecador obtenía la vida mediante la muerte de la ofrenda. Se sacrificaba un sustituto y el pecador vivía.

Rom. 6:23. El pecado trae la muerte; la liberación del pecado, la vida por medio del Salvador.

El diezmo

Lev. 27 : 30-34. El Señor reservó como suya la décima parte de los ingresos del hombre. "Del Señor es la tierra y su plenitud". Tiene derecho a reclamar una porción de la riqueza.

Núm. 18 : 20-28. El Señor utilizaba el diezmo para sostener su obra en la tierra. Se entregaba a los sacerdotes, y ellos a su vez pagaban el diezmo en el tesoro.

Heb. 7 : 1, 2. Abraham pagaba el diezmo a Melquisedec.

Heb. 6 : 20. Jesús es sacerdote según el orden de Melquisedec.

Juan 8:39. Si somos simiente de Abraham haremos las obras de Abraham: pagaremos nuestro diezmo para apoyar la obra de Cristo en la tierra. "Así ha ordenado el Señor que los que anuncian el evangelio vivan del evangelio". 1 Cor. 9 : 9-14.

Order

Núm. 4 : 17-20. Si los designados para llevar los artículos de mobiliario, entraban a mirar los muebles antes de que fueran cubiertos, eran sacrificados. Cada uno debía entrar en su orden. Los sacerdotes debían cubrir los muebles, luego los coatitas debían llevarlos.

1 Sam. 6:19-20. El pueblo fue castigado con la muerte por desobedecer y mirar dentro del arca.

2 Sam. 6 : 6, 7. Dios ordenó que sólo los sacerdotes tocaran el arca.

2 Sam. 6 : 12, 13. Cuando el arca fue llevada por los sacerdotes según las indicaciones de Dios, el Señor los bendijo.

APÉNDICE

Nota. "Las instrucciones con respecto al orden en el servicio del tabernáculo fueron registradas para que de ellas pudieran extraer lecciones todos los que habrían de vivir sobre la tierra. Los hombres fueron seleccionados para hacer varias partes del trabajo de armar, levantar y desarmar el tabernáculo; y si uno se desviaba descuidadamente y ponía sus manos .en el trabajo asignado a otro, debía ser condenado a muerte.
"Hoy servimos al mismo Dios. Pero la pena de muerte ha sido abolida; si no lo hubiera sido, no habría tanto trabajo descuidado y desordenado en Su causa. El Dios del cielo es un Dios de orden, y Él requiere que todos sus seguidores tengan reglas y regulaciones, y que preserven el orden." -Testimonios para la Iglesia vol. 5, p. 274.

APÉNDICE

Preguntas para el estudio

Nota.—En beneficio de quienes deseen utilizar "Historia de Daniel el Profeta" como libro de texto en la familia o en la escuela, se han preparado las siguientes preguntas:

CAPITULO 1
Daniel y sus compañeros puestos a prueba

1. ¿Cuánto tiempo vivió Daniel?
2. ¿Cómo se le llama y por qué?
3. ¿Qué debe estudiarse? ¿Por qué?
4. ¿Qué se encuentra en sus profecías?
5. ¿De qué dio testimonio el Salvador?
6. ¿Estuvo alguna vez sellado el Libro de Daniel? Si es así, ¿por cuánto tiempo?
7. ¿Cuándo comenzó "el tiempo del fin"?
8. ¿Quién puede entender el libro de Daniel?
9. ¿Con qué declaración se abre el libro?
10. ¿Cuál fue el comienzo de esta angustia?
11. ¿Para quién es la cautividad de Judá una lección objetiva?
12. ¿Cuál fue el designio de Dios al separar a la nación judía del resto del mundo?
13. ¿Qué facilidades se dieron para llevar a cabo Su plan?
14. ¿Por qué fue destruida Jerusalén?
15. ¿A través de qué organismos se llevó a cabo la restauración?
16. ¿Qué rey reinó sobre Judá unos cien años antes de los días de Daniel? ¿Cuánto tiempo reinó?
17. ¿Qué incidente notable ocurrió durante su reinado?
18. ¿Quién acudió al rey para preguntar por el Dios poderoso de Israel?
19. ¿De qué escucharon en cambio?
20. ¿Qué mensaje llegó al rey de parte de Dios?
21. ¿Cómo fue conservado?
22. ¿Qué dos clases de madres se ponen de manifiesto?
23. ¿Quién nació tres años después de la recuperación del rey? ¿Cómo se llamaba su madre?
24. ¿Cómo fue educado el niño?
25. Indique los puntos de contraste entre el carácter de este joven rey y el de Cristo.
26. ¿Se cumplió enseguida la predicción del profeta?
27. ¿Quién reinaba cuando Jeremías comenzó a profetizar? ¿Qué relación tenía el rey con Manasés?
28. ¿Cómo se describió la inminente fatalidad?
29. ¿Qué hizo Josías que impidió que la destrucción llegara en su día?
30. ¿Cuántos hijos tuvo Josías y qué cargo ocuparon?
31. ¿Cuáles eran sus nombres?
32. ¿Quién era Joaquín?
33. ¿Qué se dice del reinado de Joacaz? (margen)
34. ¿Qué curso siguió Joacim?

APÉNDICE

35. ¿Qué calamidad sobrevino a la nación durante su reinado?
36. ¿Qué se dice de Joaquín?
37. Dé la historia de Joaquín.
38. ¿A quién se le dio la oportunidad de salvar Jerusalén?
39. ¿Cuánto tiempo llevaba Daniel en Babilonia cuando Sedequías recibió un importante testimonio de Jerusalén?
40. Dé el testimonio.
41. ¿Qué excusa dio Sedequías para no obedecer el testimonio?

La Verdadera Educación

42. ¿Quiénes eran parientes de los reyes mencionados?
43. ¿Qué edad tenía Daniel cuando fue llevado a Babilonia?
44. ¿Qué se dice de la formación inicial de Daniel?
45. ¿Qué historia estudió? ¿Qué historia bíblica le contaron y le volvieron a contar? ¿Le enseñaron fisiología?
46. ¿Qué se dice de las canciones que cantaban?
47. ¿Dónde se educaban estos jóvenes?
48. ¿Cuál era el carácter de los jóvenes en las escuelas de aquella época?
49. ¿Por qué Daniel y sus compañeros fueron elegidos como misioneros en el extranjero? ¿Se aplica hoy el mismo principio?
50. ¿En qué lista fueron colocados estos jóvenes?
51. ¿Qué demuestra que su educación en casa había sido completa?
52. ¿Qué se dice de su "grado de examen"?
53. ¿Qué prueba especial se les presentó?
54. ¿Con qué está en armonía una educación bíblica?
55. ¿Qué decisión tomó Daniel?
56. ¿Había más de cuatro jóvenes hebreos en la corte de Babilonia?
57. ¿Qué posición adoptaron Daniel y sus tres amigos?
58. ¿Qué implicaba esta decisión?
59. ¿Qué petición se hizo a los oficiales?
60. Cuando los oficiales dudaron, ¿qué proposición hicieron los jóvenes?
61. ¿Cuál fue el resultado de los diez días de prueba?
62. ¿Fue siempre ésta su dieta exclusiva?
63. ¿A quién representa el personaje de Daniel?
64. ¿En qué se pareció la prueba de Daniel a la de Adán?
65. ¿Dónde comenzó Cristo su ministerio?
66. ¿Qué hay en la base de toda verdadera reforma?
67. ¿Qué se abarca en la reforma sanitaria?
68. ¿Quiénes están capacitados para asumir responsabilidades?
69. Describa la experiencia escolar de Daniel y sus amigos.
70. ¿Qué motivo les inspiró?
71. ¿Quién fue su educador?
72. ¿Qué se les dio mientras aprendían las lenguas y las ciencias?
73. ¿Cuánto tiempo estuvieron en esta escuela?

74. ¿Quién dirigía los exámenes?
75. ¿Quién obtuvo las calificaciones más altas?
76. ¿Cómo se comparaban con los sabios del reino? ¿Qué cargo se les daba?
77. ¿Qué tenían en mente?
78. Describa su aspecto personal. ¿Cuál es el fundamento de la educación más elevada?
79. ¿Quién será recompensado?
80. ¿Qué oportunidad para el trabajo misionero se ofrece en las universidades mundanas?
81. ¿Qué ejemplos del pasado se citan?
82. ¿Cuánto tiempo vivió Daniel?
83. ¿Con quién se relacionó?

CAPITULO 2
Una controversia entre la verdad y el error

1. Diga la primera frase del capítulo.
2. ¿Cómo se habla de Nabucodonosor en el primer capítulo? ¿Cómo en el segundo?
3. ¿Dónde podemos trazar la historia de Babilonia?
4. ¿Qué se abarca en esta historia?
5. ¿Cuál es la acusación de Satanás contra Dios?
6. ¿Qué petición fue hecha y concedida?
7. ¿Qué había dicho Dios al pueblo que hiciera? ¿Qué hicieron?
8. Describa la ciudad.
9. ¿En qué consejo estaba representado entonces Satanás?
10. ¿Cuál era su diseño?
11. ¿Según qué modelo fue modelada la ciudad?
12. Describa su gobierno cuando Nabucodonosor subió al trono.
13. ¿Qué hizo por la ciudad?
14. ¿Qué se dice de Nabucodonosor?
15. ¿En qué se convirtió Babilonia?
16. ¿En qué ramas de la educación eran especialmente competentes los babilonios?
17. ¿Qué dijo Dios que hizo que Babilonia se apartara?
18. ¿Qué declaración del Señor fue ejemplificada en la corte de Babilonia? ¿Por quién?

El Sueño

19. ¿En qué pensaba Nabucodonosor cuando se durmió?
20. ¿Con qué hecho estaba bien familiarizado?
21. ¿Conocía el futuro?
22. ¿Cuándo tuvo Dios la oportunidad de hablarle?
23. ¿Qué impidió al rey relatar el sueño?
24. ¿A quién exigió una interpretación?
25. ¿Cuál fue su respuesta?
26. ¿Por qué lo permitió el Señor?

APÉNDICE

27. ¿Cómo afectó al rey la petición de los sabios?
28. ¿Cuánto tiempo había reinado Nabucodonosor cuando hizo este decreto?
29. ¿Con quién había gobernado los dos años anteriores?
30. ¿Cuánto tiempo hacía que Daniel y sus compañeros contaban con los sabios?
31. ¿Qué pregunta le hicieron a Arioc? ¿Qué respuesta les dieron?
32. ¿Confiaba Daniel en que alguien intercediera por él? ¿Qué hizo? ¿Cuál fue el resultado?
33. ¿Qué momento supremo llega en toda vida?
34. ¿Cómo se había preparado Daniel para esta prueba?
35. ¿Qué razón probable se da para que Daniel no fuera clasificado entre los sabios de Caldea?
36. ¿Qué elige Dios para confundir a los poderosos?
37. ¿Cómo pasaron la noche Daniel y sus compañeros?
38. ¿Qué se le mostró a Daniel?
39. ¿Qué se reveló en el canto de alabanza de Daniel?
40. ¿Qué se desarrollaba en las escuelas de Babilonia?
41. ¿Con qué se contrastaba esto?
42. ¿Cómo había enseñado Dios a los senadores egipcios?
43. ¿Qué texto de la Escritura se ejemplificó cuando Daniel se presentó ante el rey y los sabios?
44. Dé el contraste en apariencia entre Daniel y el rey.
45. ¿Qué oportunidad se le dio a Daniel? ¿Qué eligió?
46. ¿A quién se dirigió la mente del rey?
47. ¿Cuánto tiempo y espacio necesita Dios para dar la historia de veinticinco siglos?
48. ¿De qué manera se reconocía en la imagen la grandeza de Babilonia?
49. Cite los pasajes de la Escritura que predicen la caída de Babilonia y de sus sabios.
50. ¿Dónde reside la fuerza de cada nación?
51. ¿Quién decide su destino?
52. ¿Cuánto tiempo continuó Babilonia?
53. ¿De qué manera estaba representada la segunda nación en la imagen?
54. Nombre en orden los cuatro reinos representados por la imagen.
55. ¿Qué división se hizo en Roma?
56. En los días de la división, ¿qué establecerá Dios?
57. ¿Qué era la imagen?
58. ¿Qué revelaban los diferentes grados de metal?
59. En el lugar de un reino universal ¿qué se establecería?
60. ¿Qué combinación peculiar denotaba la mezcla de arcilla y hierro?
61. Dé la base del gobierno en las naciones paganas.
62. ¿Por cuánto tiempo continuará la unión de la Iglesia y el Estado?
63. ¿Qué indicaba el hecho de que la piedra fuera cortada del monte sin manos?

Un corazón transformado

64. ¿Aceptó el rey la interpretación?
65. ¿Fue a Dios o a Daniel a quien honró cuando se postró ante Daniel?

APÉNDICE

66. ¿Qué edad tenía Daniel? ¿Qué cargo se le dio? ¿Se olvidó de sus compañeros?
67. ¿Quién reinaba en Judá?
68. ¿Qué pretendía Dios que hiciera su pueblo?
69. ¿Fueron excusados de este deber porque no lo hicieron en tiempos de paz?
70. Siga paso a paso los medios que Dios utilizó para enviar el conocimiento del Dios verdadero hasta los confines de la tierra.
71. ¿Qué colocó a Nabucodonosor en una posición en la que podía salvar a Jerusalén?
72. ¿Cómo reconoció Dios este cambio en el mensaje enviado a través de su profeta?
73. ¿Qué es para nosotros la historia de Babilonia?
74. Haga una comparación entre el pasado y el presente.
75. Mencione algunos de los pecados de la antigua Babilonia hacia los que se precipita el mundo actual.
76. ¿En qué se parece la llamada de Dios a separarse de la Babilonia moderna a la llamada de Abraham?
77. ¿Qué ha dado Dios a su pueblo que, de seguirlo, lo convertiría en una maravilla para el mundo?
78. ¿Qué les convertiría en maestros del mundo?
79. ¿Qué lograrán los verdaderos principios de gobierno?
80. ¿Cuántos fueron fieles a los principios en los días de Daniel? ¿Quiénes serán verdaderos hoy?

CAPITULO 3
Verdadera libertad en la adoración

1. ¿Cuántos años después del sueño del segundo capítulo hizo Nabucodonosor la imagen de oro?
2. ¿Qué cargos ocupaban Daniel y sus tres amigos?
3. ¿Qué oportunidades habían mejorado gracias a ellos?
4. ¿Qué había ocurrido con Jerusalén, los judíos y Joaquín?
5. Indique la condición espiritual de Nabucodonosor.
6. ¿Qué hizo? ¿Siguiendo qué modelo?
7. ¿En qué se diferenciaba su imagen de la del sueño?
8. Dé la altura y la ubicación de la imagen.
9. ¿A quién dirigió el rey un decreto?
10. ¿Quién observaba con intenso interés?
11. ¿Con qué estaba en conflicto el poder mundano de Babilonia?
12. ¿De qué era Babilonia un símbolo?
13. Diga las palabras del heraldo.
14. ¿Cómo debe adorarse a Dios?
15. ¿Qué es necesario en el culto pagano?
16. ¿Qué hizo Satanás en la persona del rey de Babilonia?
17. Describa el curso que siguió Dios cuando Satanás se negó a adorar ante su trono.
18. ¿Qué curso siguió el rey babilónico?
19. ¿Cuál es el poder motriz en el gobierno celestial?
20. ¿Qué es el poder humano ejercido?

APÉNDICE

21. ¿Qué es toda tiranía? ¿Con qué otros nombres se la conoce a veces?
22. Cuando el poder civil impone el culto, ¿en qué se convierte ese culto?
23. ¿Qué es desde el punto de vista civil? ¿Desde el punto de vista religioso?
24. ¿Se inclinaron todos ante la imagen?
25. ¿Qué informe se llevó al rey?
26. Nombre a los que se negaron a inclinarse ante la imagen.
27. ¿A la presencia de quién fueron llamados?
28. Describa su entrevista con el rey.
29. ¿Para quién eran un espectáculo?
30. ¿Qué estaba en juego?
31. ¿Quiénes eran los actores? ¿Qué oportunidad se les ofrecía?
32. ¿Existe alguna religión de valor que no enseñe la lealtad a Dios?
33. ¿Qué habían aprendido los jóvenes hebreos de la historia de los tratos de Dios en el pasado?
34. ¿Qué respuesta dieron al rey?
35. ¿Cómo afectó esta respuesta al rey?
36. ¿Qué orden dio?
37. ¿De qué manera comenzó Dios a vindicar a sus siervos?
38. ¿Fueron heridos por el fuego?
39. ¿Cómo se vio afectado el rey de repente?
40. ¿Qué pregunta hizo? Dé la respuesta de sus asistentes, también la respuesta del rey.
41. ¿Qué permitió al rey reconocer la forma del cuarto?
42. ¿Quién le había dado al rey una descripción del Hijo de Dios? ¿Qué sabía él de los ángeles?
43. ¿Cómo se sintió el rey al acercarse al horno?
44. ¿Cómo se dirigió a los que estaban en el horno?
45. ¿De qué eran testigos los ejércitos en la llanura de Dura? ¿Qué fue olvidado por la asamblea?
46. ¿Qué logró Dios con sólo tres hombres?
47. ¿Qué difusión tuvo la historia de la maravillosa liberación?
48. ¿Qué principios se dieron a conocer, también qué historia?
49. ¿Qué reconoce de nuevo Nabucodonosor?
50. Cuando Daniel interpretó el sueño, ¿qué triunfó? Cuando los tres hebreos fueron salvados del fuego, ¿qué se proclamó a las naciones de la tierra?
51. ¿Qué decreto se promulgó? ¿Qué libertad se otorgó con ello?
52. En lugar de la muerte, como planeaba Satanás, ¿qué se concedió?
53. ¿Cuál fue el acto culminante en la vida de los tres hebreos? ¿Se les menciona después de esto? ¿Cómo fueron recompensados?
54. ¿Sabían que Dios los libraría?
55. ¿Qué trae consigo la ausencia de fe?
56. ¿Qué está Dios siempre dispuesto a hacer?
57. ¿A menudo somos probados dos veces de la misma manera?
58. ¿Qué hombres se mencionan como probados de diferentes maneras? ¿Qué tiene hoy cada hijo de Dios? ¿Qué oído nunca está abierto?

59. ¿Eran Sadrac, Mesac y Abednego diferentes de nosotros?
60. ¿Por qué están escritas sus vidas?
61. ¿Les afectaron los cargos que ocupaban?
62. ¿De qué manera podemos obtener fuerza de voluntad y de cuerpo?
63. ¿Cuál es el fruto del Espíritu?
64. Dé los pasos que condujeron a la prueba crucial en las llanuras de Dura.
65. ¿Qué capítulo del Apocalipsis contiene los mismos principios que el tercero de Daniel?
66. ¿Qué es la imagen del Apocalipsis?
67. ¿Qué se le dará a la imagen? ¿Cuántos serán requeridos para adorarla?
68. Responda a las cuatro preguntas formuladas en el último párrafo del capítulo.
69. ¿De qué son una representación en miniatura las escenas del tercer capítulo?

CAPITULO 4
El Altísimo Gobierna

1. ¿Cuál es el cuarto capítulo de Daniel?
2. ¿A quién fue enviado?
3. ¿Cómo nos llega a nosotros?
4. ¿Cuál era el objetivo del rey al escribirlo?
5. Cite las palabras del rey.
6. ¿Cómo se llamaba Nabucodonosor?
7. ¿Cómo se hablaba de él en la profecía?
8. ¿Por qué había tenido éxito en la guerra?
9. ¿De qué manera la captura de Tiro ilustra cómo Dios utilizó al rey para castigar a otras naciones?
10. ¿A quién se le dio testimonio de la captura de Egipto? ¿A quién se envió el testimonio?
11. ¿Cómo se representó a Egipto en la visión?
12. ¿De qué manera se dio a conocer probablemente esta visión a Nabucodonosor?
13. ¿Cuán grandes eran las conquistas de Nabucodonosor cuando se dio el sueño del cuarto capítulo? ¿Qué puede decirse de sus ingresos y recursos?
14. ¿Cómo le afectó el sueño? ¿A quién recurrió para que le interpretara el sueño?
15. ¿Podían ellos interpretar el sueño?
16. ¿A quién dio siempre Dios la primera prueba?
17. Cuando fracasaron, ¿a quién llamó?
18. ¿Con qué nombre conocían a Daniel Nabucodonosor y sus asociados?
19. ¿Cuál era el significado de ese nombre?
20. ¿Qué había dicho Dios de Bel años antes?
21. ¿Qué oportunidad se le dio de nuevo a Daniel?
22. ¿Qué se dice del sueño?
23. ¿Dónde se vieron magníficos ejemplares de árboles?
24. ¿Qué historia se había transmitido al pueblo y de qué dos árboles tenían conocimiento?
25. Describa el árbol del sueño.

APÉNDICE

26. ¿Qué hecho extraño se daba en el árbol?
27. ¿Cómo se correspondía con el árbol egipcio?
28. ¿Qué puede decir de las raíces de este árbol maravilloso?
29. ¿De dónde se nutría?
30. ¿De qué dependían sus hermosas hojas y sus frutos?
31. ¿A quién vio el rey mientras contemplaba el árbol?
32. ¿A quién se parecía?
33. ¿Qué orden dio el Santo Vigilante?
34. ¿Qué quedó del árbol?
35. ¿La tala del árbol mató el tocón y las raíces?
36. ¿Qué se dice de este mensaje a Nabucodonosor?
37. En su sueño anterior, ¿qué se le mostró?
38. ¿Cómo podría haber evitado esta experiencia?
39. ¿Repite las palabras de despedida del ángel?
40. ¿Es un hombre personalmente mejor a causa de la posición que ocupa?
41. ¿Cómo afectó a Daniel el verdadero significado del sueño?
42. ¿Cómo le animó el rey?
43. ¿Qué representaba el árbol?
44. Diga las palabras de Daniel al rey.
45. ¿De qué había surgido el reino de Nabucodonosor?
46. ¿Con quién se habían originado los principios?
47. ¿De qué eran una perversión?
48. ¿Cuál era la forma de gobierno?
49. Mencione algunas de las formas en que se manifestaba este poder.
50. ¿Dónde se ven hoy los retoños de las raíces del árbol babilónico?
51. ¿Qué se implantó allí donde Babilonia conquistó?
52. ¿Qué se practicaba en el reino?
53. ¿En qué condiciones se encontraba el corazón de la nación?
54. ¿Qué era lo que dominaba?
55. ¿Cuáles eran los misterios de Grecia?
56. ¿Qué puede decirse de la copa de oro?
57. ¿De qué manera perpetúa hoy la gente las costumbres religiosas babilónicas?
58. ¿De dónde proceden los huevos de Pascua y las cabriolas salvajes de Halloween?
59. ¿Dónde pueden verse rastros de su raíz?
60. ¿Qué se dice de la raíz educativa del árbol?
61. ¿A qué nación se suele remontar el sistema educativo mundial?
62. ¿A qué nación pertenecen sus principios?
63. ¿Qué se mostraba cada vez que los hebreos se encontraban con los caldeos y los sabios?
64. ¿Qué exalta la llamada educación superior?
65. ¿Qué se dice de sus estudiantes?
66. ¿De dónde procede?
67. ¿Qué se había plantado en Babilonia?
68. ¿Qué buscaba el Santo Vigilante?
69. ¿Qué esperaban recibir de Babilonia todas las naciones? ¿Qué recibieron?

APÉNDICE

70. ¿Qué se dice de las hojas y del olor del árbol?
71. ¿Cuánto tiempo permanecerá la sabiduría de Dios?
72. ¿Qué debemos vigilar y contra qué debemos protegernos?
73. ¿Tiene el sueño una aplicación tanto personal como general?
74. ¿Por qué habría de perder la razón?
75. ¿Dónde encontraría su hogar?
76. ¿Por cuánto tiempo? ¿Qué lección aprendería así?
77. ¿Cómo exhortó Daniel al rey?
78. ¿Había tiempo para el arrepentimiento?
79. ¿Es escuchado el mensaje de advertencia por aquellos decididos a salirse con la suya?
80. ¿Cuánto tiempo se le dio al rey para arrepentirse?
81. ¿Cómo se comprometió el rey al final de este período?
82. ¿Qué exclamó?
83. ¿De quién eran los pensamientos y las palabras que casi repetía?
84. ¿Qué fue lo que destrozó el árbol y degradó al monarca?
85. ¿Quién tiene poder para dar y quitar razón y habilidad?
86. ¿Qué eleva al hombre por encima de las bestias?
87. Cite las palabras de David.
88. ¿Qué medios utiliza Dios para salvar a los que no atienden a su llamada en la prosperidad?
89. Describa la condición de Nabucodonosor durante los siete años.
90. ¿Qué mandato había recibido?
91. ¿Qué es necesario en la causa de Dios?
92. ¿Cuándo puede Dios dejar de sostener a los hombres?
93. ¿Qué se dice de la experiencia de las naciones y de los individuos?
94. ¿Quién será llevado a la confusión?
95. ¿Dónde se origina todo pensamiento brillante?
96. ¿Cuál era el objeto en los tratos de Dios?
97. ¿Cuál fue el resultado de la degradación del rey?
98. ¿A quién envió un relato de su experiencia?
99. ¿Qué había aprendido el rey?

CAPITULO 5
Los últimos años del reino babilónico

1. ¿Qué cuatro principios revela la historia de la nación babilónica?
2. ¿Cómo aprendemos estos principios?
3. ¿Dónde encontramos el mayor desarrollo de algunos de los planes de Satanás?
4. ¿De qué eran una falsificación estos principios?
5. ¿Cuál era la fuente de su fuerza?
6. ¿Bajo qué leyes se construyó y desarrolló?
7. ¿Dónde reside la mayor maldad?
8. ¿Qué principio crea los reinos terrenales más fuertes?
9. ¿Fue fácil detectar el error?

APÉNDICE

10. ¿Trata Dios alguna vez arbitrariamente con los hombres o los ángeles?
11. ¿Trata arbitrariamente con Satanás?
12. ¿Qué permitió Él en el reino de Babilonia?
13. ¿Por qué lo hizo?
14. ¿Qué trae consigo la menor perversión de la verdad?
15. ¿Cómo se reivindica Dios ante el universo?
16. ¿Qué reclamó Satanás como suyo?
17. ¿Quién protegió al rey en el trono?
18. ¿Quién le dio poder en sus batallas?
19. ¿Con qué se comparaba este reino en el sueño del rey?
20. ¿Quién hizo crecer el árbol?
21. ¿Qué altura tenía?
22. ¿Por qué envió Dios advertencias y súplicas a esta nación?
23. ¿De qué es su historia un comentario forzoso?
24. Si Babilonia hubiera hecho caso de las advertencias, ¿qué habría hecho?
25. ¿Cuál habría sido entonces su historia?
26. ¿De qué no necesita nadie permanecer ignorante?
27. ¿De qué no puede ninguna nación alegar ignorancia?
28. ¿Qué lo explica todo?
29. ¿A quién va dirigido el libro? ¿De qué es Babilonia una lección objetiva?
30. ¿Qué se dice de su crecimiento?
31. ¿Qué describen sus fracasos?
32. ¿En qué se parecen las naciones y los individuos?
33. ¿Cuándo llega la destrucción a las naciones y a los individuos?
34. ¿Qué ocupa su lugar?
35. ¿Qué hace el Altísimo?
36. ¿Cómo aparecen a menudo los acontecimientos al ojo humano?
37. ¿Bajo qué control se encuentran?
38. ¿Qué exige, pues, el estudio del libro de Daniel?
39. ¿Cuántos años transcurrieron entre los capítulos cuarto y quinto de Daniel?
40. ¿Cuándo terminó el reinado de Nabucodonosor?
41. ¿Qué tipo de reinado tuvo?
42. ¿Hubo señales de debilitamiento de su poder?
43. ¿Quién ocupó su lugar?
44. ¿Cuestionó alguien su derecho al trono?
45. ¿Sobre qué tenían sus súbditos motivos aparentes de alegría?
46. ¿Cómo se veía esta historia a los ojos del cielo?
47. ¿Qué deseos se habían escrito en diferentes épocas frente al nombre del rey?
48. ¿Con qué fueron seguidos estos periodos?
49. ¿De qué se dejó constancia?
50. ¿Qué objeto tenía Dios en esto?
51. ¿Se cansa el cielo con las luchas de las naciones?
52. ¿Quién era el hijo de Nabucodonosor?
53. ¿Cuántas veces se le menciona en las Escrituras?
54. ¿Cuántos actos de su vida están asociados con la mención de su nombre?

55. ¿Qué hay de extraño en ello?
56. Cuando se rompe este silencio, ¿cuál es la naturaleza del acto mencionado?
57. ¿En qué año de su reinado sacó a Joaquín de la cárcel?
58. ¿Cuánto tiempo había estado en prisión?
59. ¿Qué le dio el rey a este gobernante?
60. ¿Cuánto tiempo continuó esta bondad para con Joaquín?
61. ¿Dónde se había criado Evil-Merodach?
62. ¿Qué debía saber?
63. ¿Quién pudo haber sido el instructor del príncipe?
64. ¿Qué razón puede darse para ello?
65. ¿Cuánto tiempo reinó Evil-Merodach?
66. ¿Qué siguió a su reinado?
67. ¿Quién se sentó entonces en el trono?
68. ¿Quién se asoció con él hacia el 541 a.C.?
69. ¿Cuánto tiempo reinaron conjuntamente?
70. ¿Qué relación tenía Belsasar con Nabucodonosor?
71. ¿Cuál era su carácter?
72. ¿Fue Daniel retenido en su corte?
73. ¿Dónde vivía en el tercer año de Belsasar?
74. ¿Qué visión le fue dada a Daniel mientras se encontraba en este lugar?
75. ¿Qué ocurrió durante el reinado de estos dos reyes?
76. ¿Quién sabía que la caída del reino estaba próxima?
77. ¿Qué debía hacerse a pesar de la opresión de los judíos?
78. ¿De dónde se reunirá la hueste de los salvados?
79. ¿A quién se menciona entre ellos?
80. Cuando estos monarcas gobernantes se apartaron de Dios, ¿cómo afectó a los judíos?
81. ¿Qué se les había ordenado hacer a los judíos cuando fueron a Babilonia?
82. ¿Cuánto duraría su cautiverio?
83. ¿Qué preservaba la peculiaridad de los judíos?
84. ¿Qué les impedía esto?
85. ¿De qué eran adoradores los babilonios?
86. ¿Por qué se burlaban de los judíos?
87. ¿Qué les prohibieron hacer?
88. ¿Qué exigían a los judíos?
89. Pero ¿cómo fue con Israel
90. ¿De qué se jactaban los babilonios?
91. ¿Qué razón dieron?
92. ¿Cedió el rey?
93. ¿Qué fue para los judíos?
94. ¿De qué fue un anticipo?
95. ¿Cómo se denominan ambos períodos de angustia?
96. ¿Qué debían hacer los judíos en estas circunstancias?
97. ¿Podrían haber predicado el Evangelio en circunstancias más favorables?
98. ¿Qué enseñaron bajo esta opresión?

APÉNDICE

99. ¿Qué conocieron los babilonios durante todo este cautiverio?
100. ¿Qué había recibido Daniel más de una vez?
101. ¿Qué hacían Ezequiel y Jeremías en esta época?
102. ¿A quién debían dar a conocer estos mensajes?
103. ¿Estaba oculta la presencia de profetas entre el pueblo de Dios?
104. ¿A qué naciones se enviaron estos mensajes?
105. ¿Sabían quién iba a destruir Babilonia?
106. ¿Se había mencionado el nombre del general líder?
107. ¿Cómo utiliza Dios a su pueblo?
108. ¿Cómo se les exigió que dieran la luz en tiempos de paz?
109. ¿Cómo era Babilonia en esta época?
110. ¿En qué año comenzaron los medos y los persas contra Babilonia?
111. ¿Quién se enteró de esta noticia?
112. ¿Qué mensaje envió entonces Dios a su pueblo?
113. ¿Quiénes ante este mensaje se retiraron de Babilonia?
114. ¿Qué dice la historia sobre el retraso de Ciro?
115. ¿Qué hizo Ciro?
116. ¿Cuánto tiempo estuvieron excavando estos canales?
117. ¿Qué decía la profecía de este tiempo?
118. ¿Cómo se cumplió?
119. ¿Quién se burló?
120. ¿Qué vino la primavera siguiente?
121. ¿Hubo tiempo de partir entonces?
122. ¿Quién se enfrentó en batalla abierta?
123. ¿Quién fue derrotado?
124. ¿Qué hicieron los babilonios?
125. ¿Pudieron entonces los judíos abandonar la ciudad?
126. ¿Qué se alcanzó entonces en el mayor de los gobiernos terrenales?
127. ¿Qué estaba despierto de ansiedad?
128. ¿Quién sólo estaba dormido?

CAPITULO 6
La escritura en la pared

1. ¿Qué hora había llegado?
2. ¿Lo sabía la gente?
3. ¿Cómo pasaba el pueblo aquella noche?
4. ¿Cómo en los antros de Babilonia?
5. ¿Cómo en los salones del palacio?
6. ¿Dónde estaban los nobles?
7. ¿Quién más estaba presente?
8. ¿En qué consistía el banquete y por quién brindaron?
9. ¿Qué ordenó el rey?
10. Mientras bebían, ¿la bendición de quién fue invocada?
11. ¿Llegó la copa a los labios del rey?

APÉNDICE

12. ¿Por manos de quién, y según qué modelos, se habían fabricado aquellos vasos?
13. ¿Quién los había vigilado cuando fueron llevados a Babilonia?
14. ¿Quién los había custodiado mientras estuvieron allí?
15. ¿De qué era testigo su presencia?
16. ¿Deja Dios que tales profanaciones pasen desapercibidas?
17. ¿Qué vio el rey en la pared opuesta?
18. ¿Cómo afectó esto al rey?
19. ¿Qué cesó?
20. ¿A quién miraban los mil invitados?
21. ¿Quiénes fueron llamados a leer la escritura?
22. ¿Podían leer el lenguaje del cielo?
23. ¿Cómo aparecieron los cuatro caracteres en la pared?
24. ¿Cuál había sido el estado de la ciudad durante varios días?
25. ¿Qué había dicho el Señor sobre su protección terrenal?
26. ¿En qué se convierten las fortalezas más fuertes cuando la mano de Dios se posa sobre ellas?
27. ¿Habían aprendido esta lección los gobernantes de Babilonia?
28. ¿Quién no había reconocido nunca sus debilidades?
29. ¿Quién había observado la marcha de los asuntos en esta gran ciudad?
30. ¿De qué era el campo de batalla?
31. ¿Entre quiénes era la controversia?
32. ¿Quién había reunido esas fuerzas contra Babilonia?
33. ¿A quién estaba utilizando Dios?
34. ¿Qué había dicho Dios sobre la entrada de Ciro en la ciudad?
35. Mientras el rey y sus señores bebían, ¿qué hacía Ciro?
36. Cuando los caldeos no pudieron leer la escritura en la pared, ¿cómo afectó al rey?
37. ¿Qué sabía él?
38. ¿Qué recordaba la reina madre de Daniel?
39. ¿A quién llamaron a la sala del banquete?
40. ¿Qué le prometió el monarca terrenal?
41. ¿Cómo se presentó el profeta de Dios ante los aterrorizados?
42. ¿Cómo llamaba Israel a los niños en los primeros tiempos?
43. ¿Los nombres de quiénes fueron cambiados por Dios?
44. ¿Cuál es el significado del nombre de Daniel?
45. ¿Cómo le había llamado Nabucodonosor?
46. ¿En honor de quién era este nombre?
47. ¿Afectó esto al profeta?
48. ¿Cómo habló ante el rey?
49. ¿Qué supuso este momento para ellos?
50. ¿Qué se dice de la edad de Daniel?
51. ¿Cómo le afectaron estas recompensas?
52. ¿Qué procedió a hacer?
53. ¿Cómo habló a Belsasar?
54. ¿Qué le dijo?
55. ¿Cómo fueron dichas estas palabras?

APÉNDICE

56. ¿Qué había hecho Belsasar?
57. ¿Qué había cortado?
58. ¿De qué es símbolo el aliento natural?
59. ¿Cómo había utilizado el rey su aliento y sus poderes?
60. ¿Dónde y cómo fueron escritos estos caracteres?
61. Diga las cuatro palabras terribles.
62. ¿Cuál era su significado?
63. ¿De qué manera trata Dios a los hombres?
64. ¿Cuál es una creencia común entre los idólatras?
65. ¿Cómo afectó a los magos la explicación de la escritura?
66. ¿Sigue siendo aplicable este símbolo?
67. ¿Por medio de quién había enviado Dios una explicación?
68. Dé la explicación de Ezequiel.
69. Cuando un hombre acepta a Cristo, ¿qué se escribe frente a su nombre en los libros del Cielo?
70. Mientras se esconda en Cristo, ¿cómo se le conoce?
71. ¿Cómo trata Dios a los hombres?
72. Si el peor de los pecadores se arrepiente, ¿qué tiene en cuenta Dios?
73. ¿Cómo trata Dios a las naciones?
74. ¿Qué explica esto?
75. ¿Qué había dado Dios a los monarcas babilonios?
76. ¿Quién se había cernido durante mucho tiempo sobre este gobierno terrenal?
77. ¿Qué se les había concedido? ¿Y con qué propósito?
78. ¿Qué sucedió finalmente?
79. ¿Cuál podía ser el único resultado?
80. ¿Cuál fue la última palabra que leyó Daniel?
81. ¿Cómo se vistió Daniel?
82. ¿Qué se oyó al final?
83. ¿Qué hacían sus enemigos mientras ellos festejaban?
84. ¿Qué había impedido a Ciro entrar en la ciudad?
85. ¿Cómo entraron los hombres en el río?
86. Cuando los babilonios se sentían seguros, ¿qué habían dejado de hacer?
87. En cuanto los persas entraron en la ciudad, ¿qué ocurrió?
88. ¿Recibieron la noticia a tiempo para salvarlos?
89. ¿Hacia qué lugar se precipitó el enemigo?
90. ¿Qué palabras había pronunciado el profeta describiendo la escena?
91. ¿Qué exclamó el profeta?
92. ¿Qué arrasó las calles?
93. ¿Con qué lucharon cuerpo a cuerpo?
94. ¿Qué fue del rey?
95. ¿Quién tomó el reino?
96. ¿Qué había llegado a su fin?
97. Cuando un individuo o una nación se enaltecen en la iniquidad, ¿qué sucede?
98. ¿Qué pregunta surge de forma natural?
99. ¿Cuál es la respuesta sencilla y natural?

APÉNDICE

100. ¿Qué había descubierto Daniel mediante el estudio de las profecías?
101. Sabiendo esto, ¿cuál fue su actitud hacia Ciro?
102. ¿Qué razón había para creer?
103. Cuando fue excluido del consejo de Belsasar, ¿dónde pasó parte de su tiempo?
104. ¿Qué se dice de la provincia de Elam en esta época?
105. ¿Con quién era probable que Daniel se hubiera hecho conocido?
106. ¿En qué otra ocasión revelaron los sacerdotes a un general importante la profecía que le concernía?
107. ¿Qué se desprende del primer capítulo de Esdras?
108. ¿Qué da siempre Dios a los que caminan en la luz?
109. ¿Qué gran verdad ilustra esto?
110. ¿Dónde hay siempre un Testigo?
111. ¿Qué escribe el ángel registrador contra los infieles?
112. ¿Dónde está este Testigo?
113. ¿Cómo podemos sentirnos?
114. ¿Qué cosechará cada hombre?
115. ¿Qué repiten hoy las naciones?
116. ¿Quién fue un instrumento en manos de Dios para castigar a Babilonia?
117. ¿Qué traerá consigo el próximo derrocamiento de gobiernos?
118. ¿Para qué están reuniendo ahora sus fuerzas las naciones?
119. ¿Qué clamor se ha lanzado?

CAPITULO 7
Daniel en la guarida de los leones

1. ¿Qué contienen los cinco primeros capítulos de Daniel?
2. Con el cierre del quinto capítulo, ¿qué nación se presenta?
3. Indique el nombre y la edad del rey gobernante.
4. ¿Quién está asociado con él? ¿Cuál es su posición en la nación?
5. ¿Cómo se representó este cambio de reinos en la imagen del segundo capítulo?
6. ¿Eran los medos una potencia desconocida?
7. Dé el registro bíblico más antiguo de esta nación.
8. ¿Cómo entraron los medos en contacto por primera vez con los judíos? ¿Cuánto tiempo transcurrió antes de la caída de Babilonia?
9. ¿Qué se puede decir de su culto? ¿Qué razón se da para ello?
10. ¿Con qué entraron en estrecho contacto los medos y los persas?
11. Nombre los elementos que adoraban.
12. ¿Dónde establecían su culto y qué mantenían continuamente encendido?
13. ¿En qué creían?
14. Cite las palabras de Isaías a Ciro.
15. ¿Cómo se muestra la posición de Dios en estas palabras?
16. ¿Cuál era la condición física del reino?
17. Dé la razón de ello.
18. ¿Qué eran los medos y los persas?
19. ¿Dónde nos enteramos de la organización del reino?

APÉNDICE

20. ¿En cuántas provincias se dividió el reino?
21. ¿Por qué fue importante este cambio?
22. ¿De qué dependía la paz?
23. ¿Quiénes fueron colocados al frente de los ciento veinte príncipes?
24. ¿Qué nombramiento se hizo fuera del orden habitual?
25. ¿Qué lo hizo aún más inusual?
26. ¿Qué se revela en Daniel 8:1-2?
27. ¿Qué le dio probablemente esta posición?
28. ¿Qué se dice del carácter de Daniel?
29. ¿De qué da testimonio?
30. ¿De qué manera era Daniel un ejemplo para todos los que ocupaban cargos?
31. ¿Qué hecho demuestra que servía a Dios y no a un partido creado por el hombre?
32. ¿Para ser un buen hombre de negocios es necesario ser un "hombre de política"?
33. Mientras era primer ministro, ¿qué recibía Daniel?
34. ¿Con qué se compara el tipo habitual de hombre de Estado?
35. ¿Qué agrada al Señor?
36. ¿Cómo puede un hombre preservar su integridad?
37. ¿Cuál era el deber de Daniel como jefe de los presidentes?
38. ¿Por qué debían presentarse ante Daniel?
39. ¿Cuál era el carácter de los presidentes?
40. ¿En qué aspecto se parecía el gobierno babilónico a los actuales?
41. Cite la descripción divina de la condición de la nación.
42. ¿Dónde encontraremos los detalles dados?
43. ¿Cuáles son las naciones de hoy?
44. ¿Qué se observa incluso en el mejor de los gobiernos?
45. Dé puntos de semejanza entre Roma y Babilonia.
46. ¿Sobre qué se construyó Roma?
47. ¿Qué otras naciones repiten la misma historia?
48. ¿Dónde podemos leer los detalles que Daniel tuvo que conocer?
49. ¿Qué tres cosas se muestran en el se muestran en el capítulo sexto de Daniel?
50. ¿Por qué planeaba el rey ascender a Daniel?
51. ¿Qué planeaban hacer los presidentes?
52. Indique los principios del gobierno divino de los que Daniel no se apartaría,
53. ¿De qué manera podrían condenarlo?
54. ¿Con quién entraron en conflicto por sus maneras solapadas?
55. ¿Quién esperaba a Darío?
56. ¿Con qué falsedad se dirigieron al rey?
57. Diga el significado del decreto.
58. ¿Por qué estaba Dios especialmente interesado en Babilonia?
59. ¿Cuál es la diferencia entre conocer a Dios y saber de Él?
60. ¿A través de quién manifestó Dios su poder? ¿Cuánto tiempo llevaba Daniel dando testimonio de Él?
61. Describa el carácter de Daniel.
62. ¿De qué se dio cuenta?
63. ¿Conocía el decreto?

64. ¿Qué curso siguió?
65. ¿Qué citas cumplió?
66. Hable de su vida espiritual.
67. ¿Qué vida podían comprender sus enemigos?
68. ¿Qué paralelismo se establece entre Cristo y Daniel?
69. ¿De qué manera estaba preparado Daniel para afrontar la tensión nerviosa de los negocios?
70. ¿Cuál es el peso de la atmósfera?
71. ¿Por qué no nos aplasta?
72. ¿De qué es un tipo?
73. ¿Cómo podemos igualar la presión de las pruebas?
74. ¿Qué curso siguió Daniel?
75. ¿Quién estaba en los consejos cuando conspiraron contra Daniel?
76. ¿Qué descubrieron los espías?
77. ¿Qué descubrió el rey? ¿Cómo pasó el rey el día?
78. ¿Cómo se enfrentaron a cada argumento del rey?
79. ¿Cuándo es la oportunidad de Dios?
80. Diga la oración de Daniel. ¿Qué era imposible?
81. ¿Dónde se encontraron Darío y Daniel?
82. ¿Quién estaba mejor preparado para entrar en la guarida?
83. Dé las palabras de Darío a Daniel.
84. ¿Cómo se aseguró la boca del foso?
85. ¿Cuándo volvió a exultar Satanás al ver una piedra colocada sobre la entrada?
86. ¿Podían ser retenidos Cristo o Daniel?
87. ¿Dónde estaba el ángel? Describa la experiencia de Daniel en el foso.
88. ¿Hubo alguna vez un tiempo en que todas las bestias fueran mansas?
89. ¿Qué las hizo feroces?
90. ¿Qué restaurará de nuevo la armonía con Dios?
91. ¿Cómo pasó el rey la noche?
92. Diga las palabras del rey a Daniel y su respuesta.
93. ¿Qué respuesta dio a la mujer junto a la tumba de Cristo?
94. ¿Por qué fue protegido Daniel?
95. Dé el destino de los acusadores de Daniel.
96. ¿Qué vieron las naciones del mundo?
97. ¿Qué efecto tuvo sobre Darío y Ciro?
98. ¿Qué luz especial recibió Daniel después de esta experiencia?
99. Dé el decreto de Darío. ¿Qué decreto dio Ciro?
100. ¿Dónde podemos aprender el destino de los hombres malvados?
101. Dé la sustancia del último párrafo del capítulo.

CAPITULO 8
La profecía de Daniel
La escena del juicio

1. ¿De qué trata la primera mitad del libro de Daniel?
2. ¿Qué contienen los seis últimos capítulos?

APÉNDICE

3. ¿Hasta dónde llegan las visiones?
4. ¿Qué ve el profeta en el futuro?
5. ¿Qué podemos saber a partir de estas visiones del profeta?
6. ¿Qué historia se relata en el séptimo capítulo de Daniel? Indique el tema central del capítulo.
7. ¿Qué hecho notable se menciona?
8. ¿Qué se le mostró a Nabucodonosor? ¿Por qué?
9. ¿Qué se le abrió a Daniel?
10. ¿Dónde se detuvo el ángel de la revelación?
11. ¿El séptimo capítulo de Daniel revela la historia de qué pueblo?
12. ¿Cuándo fue dada esta visión?
13. ¿De qué da testimonio la entrega de esta visión?
14. ¿Qué edad tenía Daniel?
15. ¿Cuántos años llevaba en la corte?
16. ¿Qué atestigua la pureza de la vida de Daniel?
17. ¿A quién se le habían mostrado estas cosas antes?
18. ¿Por qué pudo el Espíritu revelar estas cosas a Daniel?
19. Diga las palabras de Oseas. ¿Con qué símbolos estaban representados los reinos?
20. ¿De qué son símbolo los vientos?
21. ¿Qué representaba el agua?
22. ¿Cuántos reinos estaban representados?
23. ¿De qué manera se había representado el primero a Nabucodonosor?
24. ¿Cómo se le había representado a Daniel?
25. ¿Cuándo había hablado Habacuc de Babilonia?
26. ¿Qué había dicho?
27. Cuando Daniel observó al león en visión, ¿qué posición antinatural adoptó?
28. ¿Qué indicaba este cambio de posición?
29. Dé la razón de Habacuc para este repentino debilitamiento del poder de Babilonia.
30. ¿Qué pecado imperdonable cometió Babilonia?
31. ¿Cuánto tiempo después de la visión presenció Daniel el derrocamiento de Babilonia?
32. ¿Con qué símbolo se representaba a Medo-Persia?
33. ¿Cuál era su carácter?
34. Indique la nacionalidad de Darío y Ciro.
35. ¿Quién gobernaba el reino cuando Babilonia fue derrocada?
36. ¿Quién era el espíritu dirigente?
37. ¿Cómo se representa a Medo-Persia en el capítulo octavo de Daniel?
38. ¿Qué dos porciones de la Escritura se mencionan como reveladoras de la naturaleza de oso de Medo-Persia?
39. ¿Cuántos años abarca la historia del segundo reino?
40. ¿Con qué símbolo estaba representado el tercer reino?
41. ¿Qué indican las cuatro alas y las cuatro cabezas del leopardo?
42. ¿Cómo se representa el reino griego en el capítulo octavo de Daniel?
43. ¿De qué bestia deseaba Daniel saber en particular?
44. Describa la cuarta bestia.

APÉNDICE

45. ¿Qué dijo el ángel de la vida de las bestias?
46. ¿Cómo se representó la misma verdad en el capítulo cuarto?
47. Explique la forma en que estos principios se han transmitido de nación en nación.
48. ¿Qué renovó Roma en religión? ¿En la educación?
49. ¿Cuándo sucedió Roma a Grecia?
50. ¿Qué eran los diez cuernos?
51. ¿Con qué parte de la imagen del segundo capítulo armoniza la cuarta bestia?
52. ¿En qué se diferencia la historia de Roma de la de las naciones precedentes?
53. ¿En qué parte de la profecía encontramos los detalles de la decadencia y caída de Roma?
54. ¿Por quién y cuándo fue dividida en diez partes?
55. Enuncie las oportunidades de Roma para recibir el evangelio.
56. ¿Cómo se ofreció la luz a Babilonia, Media y Persia?
57. ¿Tuvo también Grecia la oportunidad de recibir la luz?
58. ¿En qué aspectos fue especialmente favorecida Roma y cómo trató la luz?
59. ¿Acabó la historia romana con la división?
60. Cite lo que se dice del cuerno pequeño.
61. Detalle el relato del arrancamiento de los tres cuernos.
62. Describa el aspecto del cuerno pequeño.
63. ¿Cuál era la situación de Roma?
64. ¿Con qué se compara el surgimiento del cuerno pequeño?
65. ¿Con qué nombre se le conoce?
66. ¿Por qué cayeron Babilonia y la Roma pagana?
67. Describa la obra del cuerno pequeño.
68. ¿Qué posición ocupaba Roma en los días de Cristo?
69. ¿Quién predicó en Roma? ¿Con qué resultados?
70. ¿Qué se introdujo gradualmente en la iglesia romana?
71. ¿Cómo lo llamó Pablo?
72. ¿Qué fue asumido por la iglesia?
73. ¿Cuándo fue asumido este poder?
74. ¿Qué decreto entró entonces en vigor?
75. Además de pronunciar palabras fuertes, ¿qué hizo el cuerno pequeño?
76. ¿Sobre qué puso sus manos el cuerno pequeño?
77. Indique los diversos medios utilizados para mantener a Europa en la oscuridad durante más de mil años.
78. ¿Cuánto tiempo iba a continuar este poder?
79. Dé los textos que hablan de ello.
80. ¿De cuántas formas diferentes se habla de él?
81. ¿Cuándo comenzó? ¿Cuándo terminó?
82. ¿Se ha destruido aún su poder?
83. ¿Qué otras escenas terrenales se le mostraron a Daniel?
84. ¿Cuándo fue crucificado el Salvador?
85. ¿Dónde fue asesinado? ¿Adónde fue?
86. ¿De qué era un tipo el día de la expiación?
87. Cite la traducción de Spurrell de la escena.

APÉNDICE

88. ¿Quién habita en el lugar santísimo?
89. ¿De qué es el trono de Dios el centro?
90. ¿Qué gira a su alrededor?
91. ¿Qué es la gravedad? ¿Qué hace?
92. ¿De dónde procede toda vida?
93. ¿Qué convierte el alma?
94. ¿Qué aportó cada ofrenda a la mente de Dios?
95. ¿Qué retendrá incluso Cristo?
96. Dé la sustancia de Job 37:19-23.
97. ¿Cuándo se abrió la puerta del lugar santísimo?
98. ¿Dónde se encuentra el anuncio de la apertura del juicio?
99. ¿Dónde se encuentra la única descripción de la escena del juicio?
100. ¿Dónde se encuentra el único período profético que marca el tiempo del juicio?
101. ¿Cuándo comenzaron los veintitréscientos días? ¿Cuándo terminaron?
102. ¿Qué mensaje se predicó al final de los días?
103. ¿Cuán ampliamente fue predicado el mensaje?
104. ¿Cuándo entró Cristo ante el Padre?
105. ¿Por qué no pudo ser cuando Cristo ascendió al cielo?
106. ¿Cuándo se abrieron los libros de registro?
107. ¿Quién ha sido testigo de cada pecado?
108. ¿De qué tiene Dios un registro fiel?
109. ¿Quién intercede por cada nombre?
110. ¿Qué hay sobre el trono?
111. ¿Qué está escrito frente a cada nombre que se confiesa?
112. Describa la escena que sigue.
113. ¿Cuánto tiempo ha durado el juicio?
114. ¿Qué se decidirá antes de su clausura?
115. ¿Qué bestia continúa después de la apertura del juicio investigador?
116. ¿Cuándo llama la atención?
117. Mientras Cristo suplicaba en favor del hombre, ¿qué hacía el hombre?
118. ¿Por qué cayó Babilonia?

CAPITULO 9
El octavo capítulo de Daniel

1. ¿Cuánto tiempo había pasado desde la visión del capítulo séptimo?
2. ¿Qué tema había estado a menudo en la mente del profeta?
3. ¿Por qué guardaba el asunto en su corazón?
4. ¿Qué cambios se habían producido durante los dos años?
5. ¿Cómo afectaron a Daniel?
6. ¿Dónde vivía Daniel en aquel tiempo?
7. ¿Cuál era la capital de Elam?
8. ¿Qué era Elam antiguamente?
9. ¿Quién lideró la revuelta?
10. ¿Qué había predicho Isaías?

11. ¿Qué vio Daniel?
12. ¿Por qué comienza esta visión con Media y Persia?
13. ¿Adónde fue llevado Daniel en visión?
14. ¿Qué vio?
15. Describa al carnero y sus conquistas.
16. ¿Con qué estaba representado el segundo reino en su visión anterior?
17. ¿Qué muestran ambos símbolos?
18. ¿Qué reino era el más fuerte?
19. ¿Cuál es el mejor comentario de las Escrituras?
20. Diga las palabras del ángel.
21. ¿Cómo se representaba el aumento del reino?
22. ¿En tiempos de Ciro cuántas provincias había? ¿Cuántas en tiempos de Ester?
23. ¿Cómo se llamaba entonces el reino? ¿Cuál el monarca?
24. ¿Qué se dice de Jerjes en el undécimo capítulo de Daniel?
25. Dé el segundo símbolo en la visión.
26. ¿De dónde procede? ¿De qué manera?
27. Describa su aspecto.
28. ¿Qué se dice del cuarto rey después de Ciro?
29. ¿Cuándo se cumplió?
30. ¿Qué tamaño tenía el ejército de Jerjes?
31. ¿Dónde fue derrotado?
32. ¿Qué había predicho la profecía?
33. ¿Cómo atacó Grecia a Medo-Persia?
34. Cita la traducción de Spurrell.
35. ¿Quiénes eran los comandantes?
36. ¿Qué fue de Medo-Persia? ¿Por qué?
37. ¿Quién apoyó al monarca persa?
38. ¿Qué había sido de la nación de la mano de Dios?
39. ¿De quién fue el ejemplo que siguieron?
40. ¿De quién fue el destino que compartieron?
41. ¿Qué buena acción realizó Persia?
42. ¿Cómo se prolonga la vida de las naciones?
43. ¿Dónde se encontraron el carnero y la cabra?
44. Dé el cumplimiento histórico de este encuentro.
45. ¿Qué otras derrotas siguieron? ¿Cuál fue el resultado?
46. ¿En qué no tiene rival Alejandro?
47. Haga un esbozo de sus primeros años de vida.
48. ¿Cómo se proclamó?
49. ¿Cuál fue la causa de su muerte?
50. ¿Quién dirige en el ascenso y la caída de los reinos?
51. Dé cumplimiento a la rotura del gran cuerno.
52. ¿Qué representaban los cuatro cuernos?
53. Nombre los cuatro generales y el territorio gobernado por cada uno.
54. ¿Qué sale de uno de estos cuernos?
55. ¿Cómo se simbolizaba este poder en el séptimo capítulo?

APÉNDICE

56. ¿Qué siente uno al leer sobre este poder?
57. ¿Qué se concentraba en este poder?
58. ¿Qué se dice que es?
59. ¿Qué fue traído al campo de acción para contrarrestar el don del cielo?
60. ¿Qué dijo Gabriel de este poder?
61. Si nuestros ojos se dirigen hacia el cielo, ¿qué recibimos?
62. ¿Qué se apodera de los que se resisten al amor de Dios?
63. ¿Qué se dice de la extensión del reino?
64. Diga lo que la inspiración dice del "cuerno pequeño".
65. ¿Qué fue de las ciudades que resistieron a Roma?
66. Dé la descripción del gobierno dada por el ángel.
67. ¿Cómo se manifestó la gran arrogancia de Roma?
68. Cite Daniel 8:11.
69. ¿Cómo considera Dios a su pueblo?
70. ¿De qué privó Roma primero a los judíos?
71. ¿Cuándo vino Cristo?
72. ¿Con quién se identificó?
73. ¿Qué demostró Él?
74. ¿Qué hizo Roma con Cristo?
75. ¿En qué condiciones se encontraba el paganismo?
76. ¿Cómo actuaba Satanás?
77. ¿Qué se introdujo en la iglesia?
78. ¿Dónde residía el poder de la iglesia primitiva?
79. ¿Qué hacían las madres cristianas?
80. ¿Qué libro de texto se utilizaba?
81. ¿Se dejaba a los niños en las escuelas paganas?
82. ¿Podían comer con los paganos?
83. ¿Cómo y por qué introdujo Satanás sus principios en la nueva iglesia?
84. ¿Qué cayó ante el creciente poder de la jerarquía?
85. ¿Qué ahogó la vida de la nueva iglesia?
86. ¿En qué se convirtió nominalmente Roma?
87. ¿Qué se puede decir del emperador?
88. ¿Qué decretos se aprobaron?
89. ¿Quién intentó exaltarse por encima de Dios?
90. ¿De quién fueron recibidos los principios?
91. ¿Cómo habla Juan de la transferencia de poder?
92. ¿Con qué guarda paralelismo Daniel 8:11, 12?
93. Indique la obra del cuerno pequeño de Daniel 7:25.
94. ¿Cuántas veces se le mostró a Daniel la doble historia de Roma? Describa cada una.
95. ¿Cómo afectó esto al profeta?
96. ¿Comprendió el momento del cumplimiento?
97. Dé tres acontecimientos definitivos que le fueron mostrados al profeta.
98. ¿Cómo pasaron estas escenas ante él?
99. ¿Quién estaba observando?

100. ¿Cuánto tiempo y qué había esperado el universo?
101. ¿Qué se preguntan las huestes angélicas?
102. ¿Quién conoce el tiempo?
103. ¿Qué muestra el versículo decimotercero?
104. ¿Qué pregunta hizo Gabriel?
105. Dé su respuesta.
106. ¿Qué anhelaba Daniel?
107. ¿Quién apareció ante Daniel?
108. ¿Qué orden se le dio a Gabriel?
109. ¿Cómo afectó a Daniel la aparición de Gabriel?
110. ¿Con qué palabras se dirigió el ángel a Daniel?
111. ¿Cómo comenzó Gabriel la explicación?
112. ¿De qué manera habló de los dos mil trescientos días?
113. ¿Qué vio Daniel que le hizo desfallecer?
114. ¿Qué se enseña en el capítulo octavo además de la línea de la profecía?
115. ¿Qué don debe codiciarse?
116. ¿Qué revela el estudio de la vida de Daniel?
117. ¿Qué posición ocupa Gabriel?
118. Diga sus palabras a Juan. A Daniel.
119. ¿De quién es asistente Gabriel?
120. ¿Quién ocupaba su puesto anteriormente?
121. ¿Quién se apareció a María? ¿A los pastores?
122. ¿Qué le trajo Gabriel a Cristo? ¿Cómo le consoló?
123. ¿Cómo afectó su presencia a los soldados romanos? Hable de su presencia en la tumba del Salvador.
124. ¿Adónde fue el Salvador? ¿Quién consoló a los discípulos?
125. ¿Cuál de los ángeles ha estado más estrechamente relacionado con el hombre?
126. ¿Qué prohibió? ¿Cómo se cuenta a sí mismo?
127. ¿Quién se comunicaba con cada profeta?
128. ¿Quién era Lucifer? Desde su caída, ¿cómo ha utilizado su poder?
129. ¿Qué se puede decir de los falsos profetas?
130. ¿Quién aparecerá finalmente como ángel de luz?
131. ¿Cuál será la seguridad del pueblo de Dios?
132. ¿A dónde fue llevado Daniel? ¿Qué se le mostró?
133. ¿Qué representa el río?
134. ¿Qué hay en las orillas de la corriente del tiempo? ¿Quién preside las aguas?
135. ¿Desde dónde se oyó la voz?
136. Diga las palabras del ángel.

CAPITULO 10
La historia de los judíos

1. ¿Cuánto tiempo transcurrió entre los capítulos octavo y noveno de Daniel?
2. ¿Cuáles fueron las palabras de despedida de Gabriel?
3. ¿En qué pensaba Daniel mientras atendía los asuntos del rey?

APÉNDICE

4. ¿Por qué fue llamado a la corte de Babilonia?
5. ¿Qué calamidad había caído sobre Babilonia?
6. ¿Qué cargo se le había dado a Daniel?
7. ¿Para qué encontraba siempre tiempo Daniel?
8. ¿Qué había dicho la profecía sobre Ciro?
9. ¿Qué se acercaba?
10. ¿Qué profecía indicaba la duración del cautiverio?
11. ¿Sobre qué estaba Daniel probablemente perplejo?
12. ¿Qué significaba entonces para los judíos la purificación del santuario?
13. ¿Cuántas veces dio Jeremías la duración del cautiverio?
14. Dé las citas.
15. ¿Qué estaba cerca?
16. ¿De qué es ejemplo esta oración?
17. ¿Qué había oscurecido la visión de muchos?
18. ¿Qué relación mantenían hacia la verdad de Dios?
19. ¿Cómo les convenía personalmente?
20. ¿Cómo veían el viaje a Jerusalén?
21. ¿Qué había de fuerte en el corazón de muchos?
22. Setenta años después del decreto de Ciro, ¿dónde estaban muchos de los judíos?
23. ¿Qué proporción regresó?
24. ¿Con quiénes se comparaban?
25. ¿Cómo recibieron el espíritu de profecía?
26. ¿Qué eligieron?
27. ¿Conocía Daniel esta condición?
28. ¿Con quién se identificó?
29. ¿Dónde se situó?
30. Dé una parte de la oración.
31. ¿De quién era Daniel un representante?
32. ¿A quién reprendía su oración?
33. ¿Con qué palabras se dirigió Daniel a Dios?
34. ¿Con quién estaba familiarizado?
35. ¿Con qué dos brazos puede el hombre finito alcanzar el Amor Infinito?
36. ¿Cómo fue recibida la oración?
37. ¿Por qué nuestras peticiones quedan a menudo sin respuesta?
38. ¿Cómo se nos pone a prueba a veces?
39. ¿Cuándo tocó Gabriel a Daniel?
40. ¿Qué fue lo primero que mencionó Gabriel?
41. Diga sus palabras.
42. ¿Qué era necesario para que Daniel recibiera el Espíritu?
43. ¿Quiénes son los favoritos especiales de Dios?
44. ¿Qué palabras se dirigen a unos pocos?
45. ¿Con qué versículo comienza la explicación del tiempo?
46. ¿Con qué estaba familiarizado Gabriel?
47. Cite Daniel 9:24.
48. ¿Cuánto contiene este versículo?

APÉNDICE

49. ¿Quién es el historiador más condensado?
50. ¿Qué fecha exacta se da?
51. ¿Qué otros puntos se dan en el versículo?
52. ¿Qué parte de los dos mil trescientos días se dio?
53. ¿Qué se le había revelado ya a Daniel?
54. ¿Cuántos años hay en setenta semanas?
55. ¿Qué abarca este período?
56. ¿Cuándo iba a comenzar?
57. ¿En qué períodos se dividió la historia judía?
58. ¿Qué se cumplió durante el primer período?
59. ¿A qué se extiende el segundo período?
60. ¿Qué abarcaría la primera semana?
61. ¿A qué se dedica la última semana?
62. ¿Qué cuatro profetas nos dan la historia de los cuarenta y nueve años?
63. ¿Para qué fue levantado Ciro?
64. ¿Qué dijo Isaías de él?
65. ¿Qué iba a hacer?
66. ¿Dónde encontramos el decreto de Ciro?
67. Dé una parte del decreto.
68. ¿Podrían regresar todos a Jerusalén?
69. Si eran demasiado pobres para ir, ¿quién correría con los gastos?
70. ¿Había habido antes un decreto semejante?
71. ¿Qué debería haber hecho Israel?
72. ¿Cómo debería haber sido el éxodo?
73. ¿Cómo se habría comparado con la salida de Egipto?
74. ¿Quién vigilaba los preparativos? ¿Cuántos habían salido al final del primer año?
75. ¿Cómo se sintió Ciro al respecto?
76. ¿Quién trabajó de nuevo para despertar el interés de Ciro?
77. ¿Qué se devolvió a los dirigentes de los judíos?
78. ¿Qué obras se iniciaron en el segundo año?
79. ¿Qué se dice del emplazamiento del templo de Salomón?
80. ¿Quién detuvo pronto las obras?
81. ¿Bajo qué rey se reanudaron las obras?
82. ¿Cuántos años estuvo detenida la obra?
83. ¿Qué dos profetas comenzaron ahora a profetizar?
84. ¿Cómo se habían mantenido los judíos?
85. ¿Qué quería Dios que hicieran?
86. ¿Quién les ayudó?
87. ¿Quién trató de obstaculizarlos? ¿Cuál fue el resultado?
88. ¿Cómo se abastecieron de dinero?
89. ¿Cuánto tiempo estuvo Jerusalén gobernada por Persia?
90. ¿Qué decreto se promulgó en el séptimo año de Artajerjes?
91. Indique los seis puntos principales del decreto.
92. ¿Qué establecía? ¿Era algo común?
93. ¿En qué año se promulgó?

APÉNDICE

94. ¿Qué período comenzó con esta fecha?
95. ¿Qué muestra Esdras 6:14?
96. ¿Quién describe los "tiempos difíciles" en los que se construyó el muro?
97. ¿Qué cargo ocupaba Nehemías?
98. ¿Cuántos años después del decreto de Artajerjes subió Nehemías a Jerusalén?
99. ¿Quién dirigió los trabajos de construcción del muro?
100. ¿Cómo construyeron?
101. ¿Qué lecciones de Nehemías deberían seguir los cristianos de hoy?
102. ¿De qué es símbolo apropiado la reconstrucción de Jerusalén?
103. ¿Quién fue el responsable de los problemas?
104. ¿Qué aportaban siempre unos años de descanso?
105. ¿Cómo trataban a sus propios hermanos?
106. ¿Qué es necesario para ser "verdaderamente libres"?
107. ¿Qué ocurrirá cuando el pueblo de Dios proclame la libertad entre ellos?
108. Cite Daniel 9:25.
109. Diga las palabras griega y hebrea para "ungido".
110. ¿Cuándo y con qué fue expiado Cristo?
111. ¿Qué acontecimiento cerró las sesenta y nueve semanas?
112. Cuatrocientos cincuenta y siete años desde el decreto de Artajerjes llegan hasta ¿qué fecha?
113. Veintiséis años añadidos, ¿nos llevan a qué acontecimiento?
114. Cite Marcos 1:10 (margen) y Lucas 3:21-23 (margen).
115. ¿Qué había buscado la nación judía?
116. ¿Quién controlaba la nación judía al final de las sesenta y nueve semanas?
117. ¿Cuál era el deseo de toda verdadera madre judía?
118. ¿Sabían dónde nacería el Salvador?
119. ¿Quién profetizó de Juan?
120. ¿Desde cuándo se oía su voz?
121. ¿Cuántos hechos históricos establecieron la época de la predicación de Juan?
122. ¿Quién vino a escuchar la predicación de Juan?
123. ¿Cómo lo reconoció Juan?
124. ¿Quién buscaba al Salvador?
125. ¿Qué dijo Juan de él?
126. ¿Qué dijo Cristo de la época?
127. ¿En qué condiciones se encontraba la nación?
128. ¿Qué libro les habría iluminado?
129. ¿Qué libros, si se estudian, advertirán al mundo de hoy?
130. ¿Qué dos señales fueron mencionadas por Gabriel?
131. ¿Cuántas de las setenta semanas quedaban?
132. ¿Qué se hizo en la primera mitad de la semana?
133. ¿Qué debía tener lugar en la "mitad de la semana"?
134. ¿Cuándo se cumplió?
135. ¿Cómo se mostró esto en el templo?
136. ¿Qué fue del cordero del sacrificio?
137. ¿Quién abandonó el templo?

APÉNDICE

138. ¿Qué cesó para siempre?
139. ¿Cómo intentó Dios todavía salvar al pueblo judío?
140. Dé los resultados.
141. ¿Cuándo fue apedreado Esteban?
142. ¿Qué resultó de esta persecución?
143. ¿Cuánto tiempo después de esto fue destruida Jerusalén?
144. ¿Qué puede decir de la exactitud de la fecha 457 a.c.?
145. Dé cuatro acontecimientos que la establezcan.
146. ¿Cómo la establece la historia?
147. ¿De qué dos maneras puede calcular este período?
148. ¿Cuántos de los dos mil trescientos años fueron explicados por Gabriel en el capítulo noveno?
149. ¿Cuántos quedaron?
150. ¿Cuándo terminaron los cuatrocientos noventa años? ¿Cuándo terminarían los veintitrés mil trescientos años?
151. ¿Qué acontecimientos comenzaron a producirse entonces?
152. ¿Vive alguno de los que ayudaron a dar el primer mensaje?
153. ¿Cuánto tiempo antes de 1844 comenzaron a dar el mensaje?
154. ¿Quién fue el principal en esta obra?
155. ¿Qué error se cometió?
156. ¿Cómo afectó a muchos la decepción?
157. ¿Qué mostró el estudio posterior?
158. ¿Qué luz especial se les mostró?
159. Al investigar el servicio típico del santuario, ¿qué se reveló?
160. ¿A quién contemplaron en el cielo?
161. ¿En qué obra entró en 1844?
162. ¿En qué se equivocó Guillermo Miller?
163. ¿En qué no estaba equivocado?
164. ¿Dónde se dan los acontecimientos entre el 34 d.C. y 1844?
165. ¿Qué podemos esperar? ¿Qué debemos hacer?

CAPITULO 11
El santuario

1. ¿Qué llevó a la decepción en 1844?
2. ¿Cuántos santuarios se ponen a la vista?
3. ¿Cuál es el primero?
4. ¿A cuántos se les ha permitido verlo?
5. ¿Cuál es el segundo? ¿Cómo se construyó?
6. ¿Cuánto tiempo se celebró el servicio en el segundo?
7. ¿Qué alcanzaron los que seguían la sombra?
8. ¿Cuándo abandonó el Salvador el templo por última vez?
9. ¿Qué dijo? ¿Cómo afectaron sus palabras a la gente?
10. Aunque el edificio permaneció, ¿qué había dejado de ser?
11. ¿Cómo confirmó el Padre las palabras?

APÉNDICE

12. ¿Necesita ahora el pecador un sacerdote para ofrecer su sacrificio?
13. ¿Qué se ha hecho? ¿Quién puede aceptarlo?
14. ¿Qué camino estaba ahora abierto?
15. ¿Qué había ocupado el lugar del santuario terrenal?
16. ¿Dónde debía centrarse ahora la fe del hombre?
17. ¿Cuál es el tercer templo mencionado en la Biblia?
18. ¿De qué habían perdido de vista los judíos?
19. ¿En qué pensaban cuando Jesús habló de su cuerpo-templo?
20. ¿Qué dijo Jesús? Dé su respuesta.
21. ¿Qué les llega a los que estudian la obra típica?
22. Cuando estos rayos se reúnen en el cuerpo-templo, ¿qué reflejan?
23. ¿Cuál era el plan original de Dios? ¿Quién obtuvo la posesión? Dé el resultado.
24. ¿Qué era necesario para hacer del cuerpo un templo puro?
25. ¿Por qué se sacrificaron animales inocentes?
26. ¿Dónde presentó Adán sus ofrendas?
27. ¿Qué vio por fe?
28. ¿Cómo enseñó la naturaleza la muerte de Cristo?
29. ¿Cómo se encendieron los altares al principio?
30. ¿Quién fue el primero que no apreció los sacrificios?
31. ¿Cuál era la diferencia entre las ofrendas de Caín y las de Abel?
32. Describa cada una. ¿De qué son Caín y Abel un tipo?
33. ¿Cómo adoraban los seguidores de Caín?
34. Antiguamente, ¿qué tenía cada familia?
35. ¿Qué posición ocupaba el padre?
36. ¿Qué vio Jacob?
37. Cuente la historia de José.
38. ¿Qué era José?
39. ¿Por qué se construyó el santuario terrenal?
40. ¿Qué dijo Dios? ¿Cuánto tiempo pasó antes de que Moisés subiera a la montaña?
41. ¿Cuántos días permaneció allí?
42. ¿Qué se había perdido en Egipto?
43. ¿Qué hizo Dios para alcanzar al hombre en su estado caído?
44. ¿Cuál era toda la economía judía?
45. ¿En qué consistía cada acto de ese servicio?
46. ¿Cómo se llama esta obra?
47. ¿Por qué no podían ver la luz en las ofrendas de los sacrificios?
48. Siga paso a paso el trabajo realizado por el pecador que traía una ofrenda.
49. Describa el trabajo del sacerdote.
50. Describa el arca.
51. Describa los artículos del primer departamento.
52. ¿Dónde se vertía la sangre?
53. ¿Qué significaba esto?
54. ¿Quién separaba la grasa de la ofrenda?
55. ¿Qué se hacía con la grasa?
56. ¿Qué tipificaba este trabajo?

57. ¿Por qué era la quema de la grasa un dulce sabor para Dios?
58. ¿Qué lección le enseñaba al pecador el acto de separar la grasa de la ofrenda?
59. Describa la ofrenda en la que la carne era comida por el sacerdote.
60. ¿Qué maravillosa verdad se enseñaba mediante este servicio?
61. ¿De qué era una lección objetiva el incienso?
62. ¿Con qué frecuencia se reponía el fuego?
63. Dé el antitipo de las siete lámparas.
64. ¿Qué representaba la mesa de los panes de la proposición?
65. ¿Qué posición ocupaba el arca y qué contenía?
66. Indique el significado de la combustión continua.
67. ¿Qué se hacía con las cenizas y qué verdad se enseñaba con ello?
68. Mencione algunos de los servicios que suscitarían preguntas de los niños.
69. Describa la ofrenda por el leproso.
70. ¿Qué verdades maravillosas se enseñaban con esta ofrenda?
71. Mencione el antitipo.
72. Describa la escena en la cruz.
73. ¿Qué tipificaban las diversas fiestas?
74. Dé el antitipo de la Pascua y las primicias.
75. ¿Cuál era el servicio de coronación del año y qué se lograba con él?
76. ¿Qué se vio cuando se abrió el arca en el cielo?
77. ¿Cuándo se abrió el juicio?
78. ¿Cuál es el deber del pueblo durante este período?
79. ¿Cómo se sabía antiguamente cuándo comenzaba el día de la expiación?
80. ¿Cómo se celebraba?
81. Dé la diferencia entre los hogares gentiles y judíos.
82. Dé el trabajo del sacerdote en el templo.
83. ¿Cuándo se introdujo el chivo expiatorio?
84. Describa el papel que tenía el chivo expiatorio en el servicio. ¿Contemplaba la congregación este servicio?
85. Describa el antitipo de este servicio. ¿Quién lo contemplará?
86. ¿Cuándo será destruido Satanás? ¿Se volverán a encontrar los pecados?
87. ¿Quién fue cortado de Israel en el día de la expiación?
88. ¿Puede responder afirmativamente a las tres preguntas formuladas en el último párrafo?
89. ¿Cuántos cumplirán el antitipo?
90. ¿Qué harán?

CAPITULO 12
Introducción a la última visión

1. ¿Qué se registra en los tres últimos capítulos de Daniel?
2. ¿A qué es preliminar el décimo capítulo?
3. ¿A qué intentaba acercarse Daniel?
4. ¿Cómo transcurrieron sus últimos días?
5. ¿Qué había sucedido desde los acontecimientos registrados en el capítulo noveno?

APÉNDICE

6. ¿A qué reprendía su vida piadosa?
7. ¿Qué hizo Dios a aquellos hombres impíos?
8. ¿Cómo fue considerado Daniel por Darío?
9. Tras la ascensión de Ciro, ¿dónde permaneció?
10. ¿Qué había hecho Ciro en el primer año de su reinado?
11. ¿Qué opinaba de los judíos?
12. ¿Por qué dudaba Ciro de la sabiduría del decreto?
13. ¿A quién representaban los judíos?
14. Cuando se les ofrece el perdón y el libre albedrío, ¿qué eligen?
15. ¿Por qué los judíos oían débilmente la voz de Dios?
16. ¿Cómo afectó esto al profeta?
17. ¿Qué dos cosas pesaban sobre Daniel?
18. ¿De qué se maravillaba?
19. ¿Qué era lo que no podía comprender?
20. ¿Qué determinó hacer dos años después del decreto?
21. ¿Practicó la abstinencia total de alimentos?
22. ¿Qué comía y cómo pasaba el tiempo? ¿Cuál era su propósito?
23. ¿De qué suele participar la vida espiritual?
24. ¿Cómo debe afectar el alma al cuerpo?
25. ¿Adónde iba el profeta para fortalecer su mente?
26. ¿A quién llevó con él?
27. ¿Qué llevó a la mente del profeta a buscar a Dios?
28. ¿Cuánto tiempo buscó así a Dios?
29. Cuando levantó la vista, ¿a quién vio a su lado?
30. ¿Cómo afectó la visión a sus compañeros?
31. ¿Con qué se compara el semblante de Cristo?
32. ¿Cuál es el carácter de quien puede llevar la luz del cielo?
33. ¿Cómo aparecieron los ojos del Hijo de Dios?
34. ¿Cómo ha prometido Él "guiarte"?
35. ¿Qué estaban acostumbrados a oír los oídos de Daniel desde hacía mucho tiempo?
36. ¿Cómo le sonó a Daniel la voz del Hijo de Dios?
37. ¿Cómo suena a oídos no acostumbrados a los sonidos celestiales?
38. ¿Quién tuvo después una experiencia similar?
39. ¿De qué otras maneras se oyó la misma voz?
40. ¿Cómo se sintió Daniel cuando se comparó con Cristo?
41. ¿Cómo describió su condición?
42. Describa su posición.
43. Cuando Gabriel le tocó y le levantó, ¿qué dijo?
44. Describa el toque de la mano de Cristo. También el de Gabriel.
45. ¿Quién debería tener hoy esta corriente de vida en ellos?
46. ¿Por qué vino Cristo a la tierra?
47. ¿Cuánto tiempo después de que Daniel comenzara a orar, le fue dada la visión?
48. Explique la causa del retraso de Gabriel.
49. ¿Dónde había estado el ángel?

50. Hasta que una nación es rechazada por Dios, ¿quién está en medio de sus consejos?
51. ¿Quién es hoy un vigilante constante en los salones legislativos?
52. ¿De qué es resultado todo decreto justo?
53. ¿Dónde actuaba esta influencia?
54. ¿Cuál habría sido el resultado si Daniel hubiera dejado de orar al cabo de una o dos semanas?
55. Cite la promesa con respecto a la oración.
56. ¿Por qué no siempre recibimos una respuesta inmediata?
57. ¿Qué le preguntó el ángel al profeta?
58. ¿Con qué propósito dijo que había venido?
59. ¿Cuál es la condición física de los que están en visión?
60. ¿Cuándo pudo hablar?
61. ¿Quién estuvo a su lado para fortalecerle? ¿Qué le explicó?
62. ¿Puede explicarse el efecto del Espíritu de Dios en una persona?
63. ¿Quién habla a través del instrumento humano?
64. ¿En qué estado se encuentran los ojos de una persona en visión?
65. ¿Qué es lo que ven?
66. Cuando se rompe la atracción de la tierra, ¿a dónde son llevados?
67. Cuando se pone una brasa sobre los labios, ¿qué hablan?
68. ¿Cómo expresó Gabriel su amor por Daniel?
69. ¿Cómo respondió el profeta canoso?
70. ¿Qué se le reveló?
71. ¿Cómo suele registrar el hombre los acontecimientos? ¿Por qué?
72. ¿Qué clase de acontecimientos se registran cuando Dios escribe la historia?
73. ¿Dónde es especialmente notorio este hecho?
74. ¿Cómo relata Gabriel los acontecimientos de cientos de años?
75. ¿Qué pone de relieve?
76. ¿Cómo pueden comprenderse estos acontecimientos?
77. ¿Qué libros deben estudiarse para comprender la historia bíblica de Persia?
78. ¿Hasta qué período se lleva la historia en estos libros?
79. ¿Cuándo guarda silencio el registro?

CAPITULO 13
La historia de los decretos

1. ¿Por qué empezó el ángel con la historia persa?
2. ¿Cuándo fue dada la visión?
3. ¿Qué había visto Daniel en visión?
4. ¿Quién es el único historiador auténtico? ¿Dónde se encuentra la única historia imparcial?
5. ¿Cuántos hilos ininterrumpidos hay en la red de la vida?
6. ¿En qué se fija la historia egipcia?
7. ¿Cuándo y por qué se fija en una nación el historiador divino?
8. ¿Por qué existió el reino medo-persa? ¿Cuándo pasó del escenario de la acción?
9. ¿Cuándo nació la nación medo-persa?

APÉNDICE 323

10. ¿Quién fue el primer rey? Indique su edad.
11. ¿Quién estuvo a su lado durante su reinado?
12. ¿Qué oportunidad se le dio a Darío?
13. ¿Qué posición se le dio a Daniel?
14. ¿Conocía Darío al Dios verdadero?
15. ¿Cómo respondió? ¿Cuánto tiempo reinó?
16. Diga las primeras palabras de Gabriel en esta última visión.
17. ¿Quién puede ayudar cuando se retira la influencia de Dios?
18. ¿Qué ilustración enfática se da?
19. ¿Cuánto tiempo llevaba reinando Ciro?
20. ¿Cuándo había dado la libertad a los judíos?
21. ¿Dónde fue anunciada la noticia?
22. ¿Qué ofreció a los judíos?
23. ¿Cómo respondieron?
24. ¿De qué es un comentario?
25. ¿Cuál era el carácter de Babilonia? ¿Cuál era la naturaleza del decreto de Ciro?
26. ¿De qué es esto una ilustración?
27. ¿Por qué tardaron tanto los judíos?
28. ¿Qué deberían haber hecho?
29. Dé el resultado de asistir a las escuelas babilónicas.
30. Si hubieran sido verdaderos, ¿cuál podría haber sido?
31. ¿Cuándo se les ofreció esta oportunidad?
32. ¿Qué hizo que Daniel y sus compañeros obtuvieran el favor del rey?
33. ¿Qué se podría haber establecido entonces?
34. ¿Lo hizo Israel? ¿Qué responde a la pregunta?
35. ¿Cuál fue el resultado?
36. ¿Cómo les fue a los que fueron a Jerusalén?
37. ¿Cómo afectó a los ancianos la colocación de los cimientos del templo?
38. ¿Cómo afectó a Ciro el retraso por parte del pueblo?
39. ¿Cuánto tiempo ayunó y oró Daniel antes de que su oración fuera respondida?
40. ¿Qué hacían Miguel y Gabriel durante este tiempo?
41. ¿Qué estaba dispuesto a hacer Ciro si los judíos hubieran cumplido su parte?
42. ¿Hay algún otro registro de Ciro?
43. ¿Por qué se cumplió su obra sólo parcialmente?
44. ¿Quién influyó en los judíos para que se demoraran?
45. ¿Qué papel desempeñó Gabriel?
46. ¿Cuánto tiempo reinó Cambises?
47. ¿En qué empleó la mayor parte de su tiempo?
48. ¿Cómo se llama a Cambises en las Escrituras?
49. ¿Quién le escribió cartas de queja contra los judíos?
50. ¿Por qué pasaron desapercibidas?
51. ¿Qué libertad se seguía concediendo a los judíos?
52. ¿Por qué permanecieron en Babilonia?

53. ¿Desearon alguna vez haber abandonado Babilonia?
54. ¿Dónde fue asesinado Cambises? ¿Quién ocupó el trono?
55. ¿Por qué nombre se le conoce en la historia?
56. ¿Cuál es su nombre bíblico?
57. ¿Cuánto tiempo reinó?
58. ¿Qué hizo durante ese tiempo?
59. ¿Dónde encontramos esta carta?
60. ¿Hay algo más registrado de este monarca?
61. ¿Cómo afectó su carta al trabajo en Jerusalén?
62. ¿Cómo razonaron los judíos?
63. ¿A quién levantó Dios en este tiempo?
64. Dé la condición financiera del pueblo.
65. ¿Cómo obró Dios en Babilonia?
66. ¿Quién sucedió a Esmerdis?
67. ¿Cómo se habla de él en Esdras 4:24?
68. Mientras los judíos eran tan incrédulos, ¿qué hacía Dios?
69. ¿Qué hicieron Ageo y Zacarías?
70. ¿Quién advirtió a continuación a los judíos que dejaran de trabajar?
71. ¿Qué citaron los principales judíos para reivindicar su causa?
72. ¿Quién escribió al rey y cuál fue el resultado?
73. ¿Qué se vio en esto?
74. ¿Qué orden se dio a sus enemigos?
75. ¿Por qué la aparente derrota se convirtió en victoria?
76. ¿Cuál fue el resultado de que Dios confundiera la política mundana?
77. ¿Qué advertencias se siguieron escuchando?
78. ¿Cuánto tiempo mantuvo Dios tierno el corazón de Darío hacia su pueblo?
79. ¿Quién estaba pendiente de que los judíos regresaran a Jerusalén?
80. ¿Qué oyó Zacarías que le decía un ángel a otro?
81. ¿Qué prometió Dios para un muro?
82. ¿Qué palabras del Señor se escucharon?
83. ¿Qué abarcaba esta promesa?
84. ¿Qué dijo Dios que se vería por toda la tierra?
85. ¿Qué promesas notables se pronunciaron?
86. ¿A qué tiempo apuntaban sus mentes?
87. ¿Cuál fue el efecto de que comenzaran a construir?
88. ¿Quién registró la promesa de la lluvia tardía?
89. Estudie detenidamente los textos marginales junto a la promesa de la lluvia tardía.
90. ¿Qué habría en Jerusalén?
91. ¿Qué vio el profeta en el futuro?
92. ¿Quién reinaba en Persia cuando se dieron estas visiones?
93. ¿Por qué no se cumplieron estas promesas en el pasado?
94. ¿Quiénes son herederos de las mismas promesas hoy?

APÉNDICE 325

Jerjes

95. ¿Qué profecía recibió Daniel?
96. ¿Quiénes fueron los tres reyes que siguieron a Ciro?
97. Nombre al cuarto rey. ¿Cuándo subió al trono?
98. Diga su nombre bíblico.
99. ¿Qué libro de la Biblia está enteramente dedicado a la historia persa durante su reinado?
100. ¿Cuándo alcanzó Persia el apogeo de su gloria?
101. ¿Cuántas provincias gobernaba Persia entonces?
102. ¿Cuál era su capital?
103. Describa la exhibición de la riqueza de Jerjes que se recoge en Ester.
104. ¿Qué otra fiesta fue similar a ésta?
105. Describa el mobiliario del palacio.
106. ¿Qué historia familiar se menciona?
107. ¿Cuál fue el resultado de la negativa de la reina?
108. ¿Quién era Ester?
109. ¿Con quién había vivido?
110. Describa su carácter desde la infancia.
111. ¿Qué posición ocupaba Mardoqueo?
112. Dé la condición moral de la corte.
113. ¿Qué se negó a hacer Mardoqueo?
114. ¿Cómo eran considerados los judíos en esta época?
115. ¿Qué habían dejado de hacer?
116. ¿Por cuánto tiempo se había extendido la misericordia?
117. Mencione las diferentes ocasiones en que se han concedido cuarenta años para realizar una obra determinada.
118. ¿Qué decreto se emitió después de que los persas hubieron esperado unos cuarenta años para que los judíos abandonaran Babilonia?
119. ¿Qué permitió Dios cuando fracasó la súplica?
120. ¿Qué prepara Dios en medio de la persecución?
121. ¿Quién había custodiado a Hadasa?
122. Cuando los hombres fracasaron en representar la obra de Dios, ¿a quién utilizó Él?
123. ¿Cómo pudo Dios utilizar la belleza de Ester?
124. Dé la importancia del decreto. ¿Cómo se proclamó en todo el reino?
125. ¿En qué triunfó Satanás?
126. ¿Dónde se publicó por primera vez el decreto? ¿Cuál fue el efecto?
127. ¿Cómo recibió Ester el decreto?
128. ¿Qué supuso para ella?
129. ¿Quién se unió a ella en ayuno y oración?
130. ¿Cómo se acercó ella al rey?
131. ¿Qué había ante ella?
132. ¿Por quién y cómo había preparado Dios su liberación?
133. Diga el destino de Amán y la recompensa de Mardoqueo.
134. ¿Cómo escaparon los judíos?

135. ¿Cuál es la contrapartida del decreto de Amán?
136. ¿Dónde encontrará a muchos del profeso pueblo de Dios?
137. ¿Cómo será liberado el verdadero pueblo de Dios?
138. ¿Por qué se conserva este registro en la historia?
139. ¿Cómo se muestra el carácter de Jerjes?
140. ¿Por qué reunió un ejército inmenso?
141. ¿Qué acompañó el esfuerzo?
142. ¿Bajo el reinado de quién se emitió el decreto final para el retorno de los judíos?
143. ¿Dónde se encuentra este decreto?
144. ¿Cuándo fue emitido?
145. ¿Qué maravilloso período profético comenzó en esta época?
146. ¿Qué contenía el decreto de Artajerjes?
147. ¿Cuánto tiempo pasó después del decreto de Ciro?
148. ¿En qué año subió Nehemías a Jerusalén? ¿Cuánto tiempo había sufrido Esdras?
149. ¿Cómo se construyeron los muros?
150. ¿De qué manera se reformaron los judíos?
151. ¿Qué proporción de los judíos se salvó?
152. ¿En qué se habría convertido Jerusalén?
153. ¿Qué potencia mencionó a continuación Daniel?
154. ¿Qué fue de Media y Persia?
155. ¿Qué se incluye en la historia de los decretos?
156. ¿Qué encontramos individualmente en la historia de Persia?
157. ¿Qué debemos hacer?
158.

CAPITULO 14
La historia de Grecia

1. ¿Qué contienen los dos primeros versículos de este capítulo?
2. ¿Qué historia se relata en los versículos 3-13?
3. ¿Qué se le dio a conocer a Daniel?
4. ¿Qué había sido difícil para Daniel?
5. ¿De qué manera se da esta última profecía?
6. ¿Qué se dice de las palabras utilizadas y de los acontecimientos seleccionados?
7. En la lectura de la Biblia, ¿qué dos líneas de pensamiento se encuentran?
8. ¿Cómo debemos buscar el significado más profundo?
9. ¿De qué puede vislumbrar el lector?
10. ¿Por qué dio Dios la historia de estos cuatro reinos?
11. ¿Qué crea un incentivo para comprender las profecías?
12. ¿Qué aumenta el deseo de estudiar el libro de Daniel?
13. ¿Qué representa la historia de Babilonia como nación?
14. A pesar de su esplendor, ¿qué era?
15. ¿Qué estaba escrito sobre la ciudad?
16. ¿De quién era hija Medo-Persia?

APÉNDICE

17. ¿De qué participaba?
18. ¿Qué se dice de sus principios religiosos?
19. ¿Qué frenó en parte la maldad de Medo-Persia?
20. ¿En qué tomó parte importante Medo-Persia?
21. ¿Cómo era con la nación griega?
22. ¿Qué relación mantenía con Babilonia?
23. ¿Cómo se ilustra esto en la relación familiar?
24. ¿Quiénes son las tres hijas de Babilonia?
25. ¿En qué se diferencian?
26. ¿Qué nación abarca el abismo entre el Antiguo y el Nuevo Testamento?
27. ¿Qué período careció de profeta?
28. ¿De qué familia descienden los griegos?
29. ¿Dónde se asentaron?
30. ¿Qué se desarrolló en este quebrado país?
31. ¿Qué tenían en común?
32. ¿A qué se parecía su religión?
33. ¿Cómo fueron llevadas estas formas y ceremonias a otras naciones?
34. ¿Qué sirvió de modelo a los griegos?
35. ¿Dónde está el origen de todo lo bueno y bello?
36. ¿Por qué fue sustituida en Grecia la grosera idolatría de Babilonia y Egipto?
37. ¿Qué puede decir de estas costumbres?
38. ¿Cómo se desarrolló el gusto estético de los griegos?
39. ¿Qué faltaba en su estudio de la naturaleza?
40. ¿Qué adoraban?
41. Dé el resultado.
42. ¿Qué puede decir de su historia?
43. ¿Por qué vagaban en la oscuridad?
44. ¿De qué nos recuerda su historia?
45. ¿A quién adoran los mundanos de hoy?
46. ¿De qué se alimentan?
47. ¿De qué son ignorantes?
48. ¿Ofrecieron sacrificios los griegos?
49. ¿Cómo se manifestaba el espíritu de profecía?
50. ¿Qué se puede decir del sacerdocio griego?
51. ¿Qué sustituyó a las fiestas sagradas del pueblo de Jehová?
52. ¿Qué promovían las fiestas? ¿Qué eran los juegos griegos?
53. ¿Por qué se reunía el pueblo de Dios? ¿Cuál era el objeto de las reuniones griegas?
54. ¿Qué historia se incluye en la historia grecia?
55. ¿Qué se puede decir del pueblo?
56. ¿Quién era Platón? ¿Cuándo vivió?
57. ¿Qué se combinó para formar "las tradiciones" en tiempos de Cristo?
58. ¿Qué era la "ciencia falsamente llamada"?
59. ¿Qué ha sustituido para muchos a la Biblia?
60. ¿Qué puede decir de las enseñanzas de Platón?
61. ¿Cómo cayeron sus seguidores bajo la condena de Cristo?

APÉNDICE

62. ¿Dónde encontramos el error más sutil?
63. ¿Dónde se encontró por primera vez esta mezcla?
64. ¿Qué fue esclavizado por Babilonia?
65. ¿Qué fue conquistado por Grecia? Dé el efecto de esto.
66. Dé lo que el ángel dijo de Persia. De Grecia.
67. ¿Qué se dice del carácter y la educación de Alejandro?
68. ¿Cuándo comenzó a reinar? ¿Qué hizo?
69. ¿Con qué símbolo se representaba el tercer reino? ¿Qué largo período abarcaba este símbolo?
70. ¿Nombre algunas de las conquistas de Alejandro?
71. ¿Qué tres dones se combinaban en Alejandro?
72. ¿Cómo intentó ganarse el favor de las razas conquistadas?
73. Describa la visita de Alejandro a Jerusalén.
74. ¿Qué se le explicó?
75. ¿A la presencia de quién fue llevado?
76. ¿Qué mensaje se le dio? ¿Con qué resultado?
77. ¿Cómo gratificó Alejandro su orgullo?
78. ¿Qué podría haber sido?
79. ¿De qué fue resultado?
80. ¿Cuál fue el resultado de tal elección?
81. ¿De qué es un comentario?
82. ¿Qué elección se muestra al hacer "según su voluntad"?
83. ¿Cuántas mentes hay en el universo?
84. Nómbrelas. Cuando afirmamos ejercer nuestra propia mente, ¿de quién es la mente que nos controla?
85. ¿Qué aporta la libertad?
86. ¿De qué es continuación la filosofía griega?
87. Haga un relato de la lucha por el poder tras la muerte de Alejandro.
88. ¿Cuándo se resolvió la contienda? ¿De qué manera?
89. ¿Qué profecía se cumplió así?
90. ¿Qué división fue derrocada primero?
91. ¿Cómo se redujeron las divisiones a dos? ¿Cuándo?
92. Cite la traducción de Spurrell de Daniel 11:5.
93. Indique los dos primeros reyes del norte y los tres primeros del sur.
94. ¿Qué le dio Gabriel a Daniel?
95. ¿Qué relación mantenían estas naciones con el pueblo de Dios?
96. Explique por qué Grecia era una potencia universal.
97. ¿Qué entró en todos los países que conquistó Alejandro?
98. Muestre la extensión de la religión, los juegos, la educación y la lengua griegos.
99. ¿Qué ciudad se convirtió en un centro educativo?
100. Cite la cita de la Enciclopedia Británica.
101. Dé los casos en los que Israel escapó dos veces de la esclavitud egipcia. ¿Por qué fueron finalmente capturados?
102. Localice la historia de Grecia.
103. ¿Qué puede decir del sistema de educación que Dios dio?

APÉNDICE

104. ¿Por qué lo cambió a menudo Israel?
105. ¿Qué preparó a los judíos para aceptar la enseñanza griega?
106. ¿En qué medida se introdujeron los juegos griegos?
107. ¿Qué se dice de los nombres griegos? ¿En qué caso lo impidió Dios?
108. Hable de la educación temprana del Salvador.
109. ¿Dónde se educaron otros jóvenes?
110. ¿Qué es una maravilla para el hombre?
111. ¿Qué convirtió Dios para su gloria?
112. ¿Qué hizo Ptolomeo Filadelfo?
113. ¿En qué se convirtió esto para gloria de Dios?
114. ¿De qué manera estaba el hombre sin excusa?
115. ¿Cuál era la lengua del hogar en esta época?
116. ¿Con qué se compara la Palabra de Dios?
117. ¿Qué se muestra en Daniel 11:3-5?
118. ¿Cuál era el plan del enemigo?
119. ¿Bajo esta influencia qué se llevó a cabo?
120. ¿Qué se encuentra en Daniel 11:6-13?
121. ¿En qué se diferenciaba la influencia griega en el reino del norte de la del sur?
122. ¿Qué división llevó adelante la obra simbolizada por el leopardo y el macho cabrío?
123. ¿Qué dos poderes opuestos se ven en la historia?
124. ¿De qué manera se manifestaron en la Edad Media?
125. ¿Qué hecho revela la historia?
126. ¿Qué naciones tienen problemas?
127. ¿En qué dirección han conquistado las potencias universales?
128. A pesar de todo, ¿qué se intentó?
129. Cite la traducción de Spurrell de Daniel 11:6.
130. ¿Qué puede decir de este versículo?
131. ¿Cuánto tiempo antes de su cumplimiento fue escrito?
132. Relate la historia que cumplió este versículo.
133. Relate la historia que cumplió los versículos 7 y 8.
134. ¿Cesaron entonces los problemas?
135. ¿Quién poseía gran parte de Siria? ¿Cuándo?
136. ¿Quién se comprometió a recuperar este territorio?
137. Describa a los hijos de Calínico y dé sus nombres.
138. ¿Qué dos reyes empezaron a reinar más o menos al mismo tiempo?
139. Indique el carácter del rey del sur.
140. ¿Cuál fue el resultado de la invasión de Egipto por Antíoco?
141. ¿Qué intentó Ptolomeo? ¿Quién lo impidió? ¿Cuál fue el resultado?
142. ¿Qué pudo ocurrir durante este período?
143. ¿Por qué se instalaron los judíos en Palestina?
144. ¿Dónde se encontraban?
145. Si hubieran cumplido con su deber, ¿cuál habría sido el resultado?
146. ¿Qué lección deberían haber recibido los judíos?
147. ¿Adónde deberían haber ido los jóvenes para recibir una educación?

148. ¿Quiénes deberían haber sido los maestros?
149. ¿Cómo afectaron estas cosas a los ángeles?
150. ¿Entre quiénes se concertó la paz?
151. ¿Cuánto duró?
152. ¿Qué diseñó Antíoco?
153. ¿Qué poder se introduce en el versículo decimocuarto?
154. ¿Qué se dice de las luchas griegas después de este tiempo?
155. ¿Cómo se perpetuó el poder de Grecia?
156. ¿Cuál es su santuario?
157. ¿Qué se puede decir hoy de ese poder?
158. ¿Durante cuánto tiempo continuará?
159. ¿Qué opción se le ofrece al Israel de hoy?
160. ¿Cómo puede conseguir la vida eterna?
161. ¿Qué camino traerá la muerte? ¿Por qué?
162. ¿Cuál es la fuerza motriz del sistema de Dios?
163. ¿Qué exalta el sistema griego?
164. ¿Por qué la verdad eterna siempre ha brillado en el camino de los hombres?
165. ¿Cuándo surgen con toda su fuerza la filosofía griega y el escepticismo?
166. ¿Cuál es la única salvaguarda?

CAPITULO 15
El Cuarto Reino

1. ¿Qué poder se introduce en el decimocuarto versículo del undécimo capítulo?
2. ¿Hasta qué punto siguió Gabriel la historia de Grecia?
3. ¿Qué prevaleció en el otrora poderoso imperio de Alejandro?
4. ¿De qué habló el ángel de la profecía?
5. ¿Cómo se introdujo el cuarto reino?
6. ¿Cómo se pronunció cada palabra?
7. ¿Hay algún significado en la introducción de lo que iba a convertirse en el reino más poderoso de la tierra?
8. ¿Qué iba a ser para el pueblo de Dios?
9. ¿Cómo se representaba a Roma en el séptimo capítulo?
10. ¿Cuáles eran sus características?
11. ¿Qué era este poder de hablar?
12. ¿Cómo afectó esto al profeta?
13. ¿Qué vio Daniel en la siguiente visión?
14. ¿De dónde surgió el cuerno pequeño?
15. ¿Cómo se describió este reino?
16. ¿Cuál iba a ser su carácter?
17. ¿Qué actitud asumió hacia Cristo?
18. Juntando todos estos pensamientos, ¿qué vemos?
19. ¿Qué tenía cada nación y por qué se registra aquí?
20. ¿De qué era Babilonia un ejemplo?
21. ¿Qué falsificaba su religión? ¿Cuál fue el resultado de esto?

APÉNDICE

22. ¿De qué era Medo-Persia un tipo? ¿Qué se dice de sus leyes?
23. ¿Cómo se mantenían bajo control los jefes de este despotismo?
24. ¿En qué se diferenciaba Grecia de las dos naciones precedentes?
25. ¿Cómo obtuvo el control?
26. Cuando Babilonia fue derrocada y Medo-Persia desapareció, ¿dónde estaba Grecia?
27. ¿Qué se dice del cuarto reino?
28. ¿Cómo se representa a Roma en Apocalipsis 13:2?
29. ¿Qué se unió en este reino?
30. ¿Cuáles son los puntos principales en la historia de cualquier nación?
31. ¿Cuál era el carácter de Roma?
32. ¿Por qué se acortó el tiempo de la supremacía?
33. ¿En qué año cayó Ptolomeo Epífanes heredero del trono de Egipto?
34. ¿Quién planeó su derrocamiento y la división de su imperio?
35. ¿Qué poder se alzó ante los ojos del profeta?
36. ¿Había existido antes Roma?
37. ¿De cuándo data la historia tradicional de Roma?
38. ¿Qué profeta comenzó a profetizar en la época en que se fundó Roma?
39. ¿Quién fundó Roma?
40. ¿Cuál era el carácter de los romanos?
41. En el establecimiento de un gobierno central fuerte, ¿quién ayudó al pueblo?
42. ¿Qué bestia recibió un asiento, poder y gran autoridad del dragón?
43. ¿Qué debe reconocer el estudiante en cada nación?
44. Cuando Satanás vio que había fracasado en la historia de Babilonia, Medo-Persia y Grecia, ¿qué intentó?
45. ¿Qué ciudad eligió?
46. ¿Qué se puede decir de sus planes?
47. ¿Qué esperaba Satanás?
48. ¿Cuánto durarán sus esfuerzos?
49. Trace la historia de Roma desde la época de los reyes hasta la república.
50. ¿Cómo gobierna Dios?
51. ¿Quiénes son los representantes en los consejos del cielo?
52. ¿Por qué fue admitido Satanás en este concilio?
53. ¿Qué intentó hacer en Roma?
54. ¿Cómo comenzó Roma su carrera como nación conquistadora?
55. ¿Cómo se desarrolló su constitución?
56. ¿Cómo adquirió su territorio?
57. ¿Localice y nombre una ciudad rival?
58. ¿Cuánto tiempo luchó Roma por la supremacía? ¿Con qué resultado?
59. ¿Cómo expresa Ridpath la política del gobierno?
60. ¿Qué hacía Roma mientras se cernía sobre Cartago?
61. ¿Qué nación se convirtió en una de sus provincias? ¿Cuál fue el resultado?
62. ¿Qué se prohibió?
63. ¿Cómo se llamaba este estado de cosas?
64. ¿A quién se vendía en los mercados de esclavos de Roma?

APÉNDICE

65. ¿Qué se convirtió en una expresión proverbial para referirse a cualquier cosa barata?
66. ¿Qué plan político se menciona?
67. Unos años más tarde, ¿qué fue de los macedonios?
68. ¿Qué se dice de los griegos?
69. ¿De qué se libraron los romanos?
70. ¿Cómo se llamaba esto?
71. ¿Qué familia seguía dominando el mundo oriental?
72. ¿Quién propuso unirse a Filipo V de Macedonia?
73. ¿Quién interfirió?
74. ¿Qué le ocurrió a Antíoco en la batalla de Magnesia?
75. ¿Quién controlaba Egipto? ¿Por qué?
76. ¿Qué se dice del ejército romano y de la extensión de su poder?
77. ¿Qué se dice de la república de Roma?
78. ¿Qué es imposible cuando las naciones se apartan de los principios de la verdadera libertad de conciencia?
79. ¿Es esto cierto en la experiencia individual?
80. ¿Sólo cuando se conoce la verdadera libertad?
81. ¿Qué exige esta línea política?
82. ¿Qué se puede decir del ejército romano?
83. ¿Qué se dice del poder del Senado?
84. ¿En qué convirtió la tradición a los romanos?
85. ¿Qué dice de esto el inspirado plumilla?
86. ¿Quién llegó a Roma como el Príncipe de la Paz?
87. ¿Qué relación mantenía la religión de Roma con el gobierno?
88. ¿Cuál era la única institución que lo absorbía todo?
89. ¿Qué es necesario para llegar a ser grande?
90. ¿Qué ocupó el lugar del carácter?
91. ¿Qué hizo la forma de religión en Roma?
92. ¿Cuáles fueron algunas de las características principales del papado?
93. ¿A quién se divinizó? ¿Dé una ilustración de ello?
94. ¿Quién era el máximo responsable religioso durante el reinado del paganismo?
95. ¿Qué preparó el camino para la jerarquía papal de días posteriores?
96. ¿Qué se tomó prestado de Grecia?
97. ¿Para qué formaba a una clase de ciudadanos?
98. ¿En qué se basa el derecho romano?
99. ¿De quién es antepasado el abogado romano?
100. ¿Cuántos planes tienen Dios y Satanás?
101. ¿Qué es toda la historia?
102. ¿Qué es la historia nacional?
103. ¿Qué olvidan a menudo los estudiantes?
104. ¿Con qué se compara la historia nacional?
105. ¿Qué se debe recordar?
106. ¿En qué momento llamó Gabriel la atención sobre el cuarto reino?
107. ¿En qué condiciones se encontraba la república?

APÉNDICE

108. ¿Qué se dice de este periodo de transición entre la república y el imperio?
109. A medida que la república perdía su poder, ¿quién componía una corporación?
110. ¿Quién controlaba el dinero? ¿Quién tenía el ejército?
111. ¿Quién era el cerebro?
112. ¿Qué países fueron conquistados por el ejército romano?
113. ¿Quién entró en Jerusalén? ¿Qué se le dio a conocer?
114. ¿Cómo entró Pompeyo en la ciudad?
115. ¿Dónde se encontraba ahora Roma? ¿Cuándo ocurrió esto?
116. ¿Quién eligió Palestina como patria de los judíos?
117. ¿Cuál era la voluntad de Dios respecto a Su pueblo durante la supremacía romana?
118. ¿Qué había confiado Dios a su pueblo?
119. ¿Cuál era el objeto de Dios al traer diferentes naciones a los judíos?
120. Si la raza hebrea hubiera sido fiel a su deber, ¿habría cambiado la historia del mundo?
121. ¿Quién vino a Jerusalén? ¿Por qué?
122. ¿Cuál fue el resultado? ¿Por qué?
123. ¿Durante qué gobierno entró Roma de nuevo en Egipto?
124. ¿Quién pidió a Pompeyo que visitara Egipto para resolver las dificultades?
125. ¿Qué fue de Pompeyo?
126. Haga un relato de la visita de César a Egipto.
127. ¿Tenemos constancia de que César reconociera alguna vez a Dios como gobernante de las naciones?
128. ¿Por quién fue fascinado y corrompido?
129. ¿Qué describe el versículo decimoséptimo?
130. ¿Qué se dice del carácter de Egipto?
131. Tras abandonar Egipto, ¿adónde fue César?
132. ¿Cuál fue el famoso despacho que envió a Roma?
133. ¿Qué hizo a su regreso a Roma?
134. ¿Qué se dice de César?
135. ¿Qué concedió a los ciudadanos de muchas ciudades?
136. ¿Qué concedió a todos los hombres de ciencia de cualquier nacionalidad?
137. ¿Qué se encontró entre sus papeles tras su muerte?
138. ¿Cómo murió? ¿Qué dijo Gabriel que haría?
139. ¿Por qué le vigilaba el cielo?
140. ¿Cuándo tuvo Julio César una muerte prematura?
141. ¿Qué fue del republicanismo?
142. ¿Quién murió poco después? ¿Qué fue de Antonio?
143. ¿Quién permaneció solo?
144. ¿Qué dice Gibbon de esto?
145. ¿La ambición de quién derribó todas las barreras de la constitución romana?
146. ¿Qué poder acogieron de buen grado las provincias?
147. ¿Quién devolvió al senado su antigua dignidad?
148. ¿Cuándo se pierden irrevocablemente los principios de una constitución libre?
149. ¿Quién fue proclamado emperador de Roma?
150. ¿Cómo se llama a Augusto en Daniel 11:20?

APÉNDICE

151. ¿Cuál era la condición del mundo en esta época?
152. ¿Qué extensión tenía el territorio de este gobierno?
153. ¿Por qué exultó Satanás?
154. ¿A qué precedió este momento de tranquilo reposo?
155. ¿Por qué fueron María y José a la pequeña ciudad de Belén?
156. ¿Qué era lo que más favorecía a Cristo?
157. ¿A quién se había opuesto Satanás desde la rebelión en el cielo?
158. ¿Cómo vino Cristo al mundo?
159. ¿Quién había cuidado a menudo de su rebaño en las llanuras de Belén?
160. ¿Qué oyeron los pastores?
161. ¿Qué habían estado leyendo los reyes magos?
162. ¿Qué vieron? ¿Qué sabían?
163. ¿Cómo era con el resto del imperio?
164. ¿Diga al menos diez hechos relacionados con Belén?
165. ¿Qué se dice de la historia de Belén?
166. ¿Cuántos sabían del nacimiento de Cristo?
167. ¿Qué se dice sobre Augusto?
168. ¿Qué había hecho inconscientemente?
169. ¿Por qué Ciro fue llamado al trono?
170. ¿De qué César Augusto un agente?
171. ¿Quién iba a nacer en la ciudad de David?
172. ¿Quién reinaba durante la mayor parte de la vida de Cristo?
173. ¿Cómo describe Gabriel a Tiberio?
174. ¿Qué se dice de él?
175. ¿Qué comenzó a manifestarse?
176. ¿Qué cesó por completo?
177. ¿Qué derecho usurpó el emperador?
178. ¿Qué reflejaron los gobernadores de Judá?
179. ¿Cuál era la condición de los judíos cuando se acercaba el momento de la aparición del Salvador?
180. ¿En quién basaban todas sus esperanzas?
181. ¿Qué esperaban que hiciera?
182. ¿Cuál era el estudiado plan de Satanás en todo esto?
183. ¿Qué pretendía hacer en Babilonia?
184. ¿Qué esperaba hacer a través del reino medo-persa?
185. ¿Qué hizo a través de las enseñanzas de Grecia?
186. ¿Qué llevó esto a los hombres a olvidar?
187. ¿En qué tenían fe unos pocos?
188. ¿Cuál fue la obra de Juan el Bautista?
189. Mientras Tiberio reinaba y planeaba, ¿qué hacía el Hombre de Dios?
190. ¿Quién lo vigilaba?
191. ¿Quién le asistía y le protegía del enemigo?
192. ¿Qué le hicieron finalmente a Cristo?
193. ¿Quién fue responsable de ello?
194. ¿Quién les sostuvo en el acto?

APÉNDICE

195. Si los judíos no hubieran dado muerte a Cristo, ¿quién lo habría hecho?
196. ¿Quién clavó al Hijo de Dios en la cruz?
197. ¿Con quién se aliaron?
198. Nombre a los representantes de las cuatro partes del globo que estuvieron junto a Cristo en sus últimas horas.
199. ¿Quién ayudó a llevar la cruz?
200. ¿Qué dijo el soldado romano?
201. ¿Qué tipificaba la oscuridad que envolvía la forma moribunda de Cristo?
202. ¿Qué tipificaba la luz que brillaba sobre la tumba cuando salió el Hijo de Dios?

CAPITULO 16
El misterio de la iniquidad

1. ¿Qué se había puesto a prueba?
2. ¿En quién moraba la verdad eterna?
3. ¿Cómo afectó a Satanás la muerte de Cristo?
4. Mirando hacia su crucifixión, ¿qué dijo Jesús?
5. Después de que Satanás fuera expulsado del cielo, ¿con quién se reunía de vez en cuando?
6. ¿Qué habían cuestionado estos seres no caídos?
7. ¿De qué fueron testigos?
8. Desde que Satanás fue arrojado a la tierra, ¿cómo ha actuado?
9. ¿Cómo y dónde se predicó el Evangelio?
10. ¿Cuánto tiempo se tardó en advertir al mundo?
11. ¿Cuál fue el resultado de la persecución en Jerusalén?
12. ¿Qué barrera derribó el evangelio?
13. ¿Cuál fue el resultado de la difusión de la verdad?
14. ¿Cuál ha sido el mayor inconveniente en la experiencia cristiana?
15. ¿Cuál era el carácter del amor de la primera iglesia?
16. ¿Cómo y con qué propósito vigilaban las madres a sus hijos?
17. ¿Qué notaban los paganos en la nueva secta?
18. ¿Qué se dice de los cristianos y de su culto?
19. ¿Qué había intentado hacer el enemigo de toda verdad?
20. ¿Cuál era la situación cuando vino Cristo?
21. ¿Qué hizo Satanás para engañar al Hijo del hombre?
22. ¿Cómo fue tentado Cristo?
23. ¿Qué habitaba en el barro mortal?
24. ¿Qué se rompió con su resurrección?
25. Del pie de la cruz, ¿a quién eligió Dios? ¿Con qué propósito?
26. ¿En qué falló la presión externa?
27. ¿Qué ejemplos se dan?
28. ¿Qué naciones habían intentado derrocar la verdad?
29. ¿Qué nuevo plan ideó Satanás?
30. ¿De qué plan es una repetición?
31. ¿Qué escribió Pablo a los tesalonicenses sobre la actuación de este poder?

APÉNDICE

32. ¿Qué se introdujo en la iglesia pura?
33. ¿Quién se vistió con el ropaje cristiano?
34. ¿Con qué entró en contacto el misterio de Cristo?
35. ¿Quién es el único que está a salvo del engaño?
36. ¿Cuándo comenzó su obra el misterio de la investigación?
37. A partir de este periodo, ¿de qué poder habla la historia?
38. ¿Cómo actuó el misterio de la iniquidad?
39. ¿Qué se dice de la distinción entre los reyes del norte y del sur?
40. ¿Qué dos lados de esta controversia son manifiestos?
41. ¿Qué se dice de la "Iglesia de Dios"?
42. ¿Qué características marcan a la verdadera iglesia?
43. ¿Cómo las ha honrado Dios?
44. ¿Qué se le ha ofrecido a cada denominación?
45. ¿Cuál es el efecto de rechazar la verdad en las naciones y los individuos?
46. ¿Quién llena las vacantes?
47. ¿Cuánto tiempo se mantendrá esta sucesión?
48. ¿Quién entrará en la ciudad eterna?
49. ¿Cuándo le fue revelada esta lucha a Daniel?
50. ¿En qué se convierte la historia de Roma?
51. ¿Qué se dice de la iglesia del primer siglo?
52. ¿Qué se dice de la iglesia de los siglos II y III?
53. ¿Durante cuántos siglos estuvieron en conflicto abierto el cristianismo y el paganismo?
54. ¿Cómo afectó a los seguidores de Cristo?
55. ¿Qué se dice de Roma en el siglo III de la era cristiana?
56. ¿Qué dificultaba el control de los asuntos por parte de los emperadores?
57. ¿Dónde estaba la autoridad?
58. ¿Qué presionaba al Imperio Romano por todos lados?
59. ¿Qué concibió Diocleciano?
60. ¿A quién se asoció para lograr este propósito?
61. ¿A quiénes asoció con los Augusti?
62. ¿Quién era el César de la división occidental del emperador?
63. ¿Cuándo se enfrentó Constantino a enemigos acérrimos?
64. ¿Con quién hizo Constantino una liga?
65. ¿Qué reconoció exteriormente Constantino en ese momento?
66. ¿Bajo el nombre de quién luchaba ahora?
67. ¿Qué dice Gibbon del uso de la cruz?
68. ¿Cómo fue falsificada la obra de Cristo por Constantino?
69. ¿A quién conquistó Constantino y sobre qué se sentó como único monarca?
70. ¿Cómo trataba al senado y al pueblo?
71. Diga la sustancia del extracto de Gibbon.
72. ¿Sobre qué son estas palabras un triste comentario?
73. ¿Cómo se compara la vida de Constantino con la de los paganos?
74. ¿Quién dictó las primeras leyes religiosas en la era cristiana?
75. ¿Qué destacado edicto fue aprobado por él en el año 312?

APÉNDICE

76. ¿En qué año se aprobó la primera ley dominical?
77. ¿Qué concilio convocó en 325?
78. ¿Cómo afectó a la Iglesia el conflicto que se inició entonces?
79. ¿De qué fue una gran lección objetiva?
80. ¿Qué siguió a su reinado?
81. ¿Qué dejó a sus herederos?
82. Indique lo que se dice de Constantinopla.
83. ¿Cuándo se fundó la ciudad?
84. ¿Cuánto tiempo transcurrió desde la fundación de la ciudad hasta la victoria de Octavio sobre Antonio en Actium?
85. ¿De qué era fruto esta nueva política?
86. ¿Qué habían seguido los reinos del pasado?
87. ¿Cuál era el pensamiento central en ellos?
88. ¿Con quién cambió esta política?
89. ¿Qué fue entronizado en el lugar del paganismo?
90. ¿Qué dice Gibbon que describirá en adelante el historiador?
91. ¿Cómo se describe la obra del diablo?
92. ¿Cuáles fueron los resultados de la obra de Constantino?
93. ¿Qué se dice del concilio de Niza?
94. ¿Por qué se desgarró el mundo cristiano?
95. ¿Qué se puede decir de Alejandría?
96. ¿Quién era Atanasio? ¿Quién era Arrio?
97. ¿Qué dos potencias se encontraron en el campo de batalla cuando Constantino contendió por el trono de Roma?
98. ¿Dónde hubo un conflicto más mortífero?
99. ¿Qué primeros Padres adoptaron la filosofía de los griegos y la aplicaron al estudio de la Biblia?
100. ¿Dónde tuvo su nacimiento la alta crítica?
101. ¿De qué fue resultado?
102. ¿De qué es un renacimiento?
103. Indique el resultado de la introducción de la filosofía griega en las escuelas cristianas.
104. ¿Cómo afectó esto al mundo romano y qué estableció?
105. ¿Qué dos líderes surgieron de esta enseñanza?
106. ¿Qué se dice de los puntos controvertidos sobre los que discutieron?
107. ¿Con qué fin se convocó el concilio de Niza?
108. ¿Quién convocó este concilio y estuvo presente en persona?
109. ¿Qué credo fue reconocido como ortodoxo?
110. ¿Qué comenzó cuando este credo fue anunciado y publicado al mundo?
111. ¿Controló esto la propagación del arrianismo?
112. ¿Dónde era popular esta doctrina?
113. ¿Cuál era la fe de los vándalos?
114. ¿Qué otras naciones creyeron en la fe arriana?
115. ¿Dónde se asentaron?
116. ¿En qué países se extendió el arrianismo?

117. ¿Cuál era la fe del emperador?
118. ¿Quién se convirtió en el paladín de la causa católica? ¿Cuándo?
119. ¿Qué iba a ser de tres de las divisiones de Roma?
120. ¿Dónde comienza esta parte de la historia en Daniel 11?
121. ¿Qué se dice del reinado de Justiniano?
122. ¿A qué se debe el éxito de Justiniano?
123. ¿Qué notable guerrero favoreció la fe católica?
124. ¿Bajo el pretexto de proteger a la destronada Hilderis, qué se hizo?
125. ¿Cómo fue confirmado en su labor?
126. ¿Qué dijo el obispo en tono profético?
127. ¿Con qué propósito se determinó esta "guerra santa"?
128. Indique los hechos con respecto a ambos ejércitos.
129. Dé el resultado del conflicto.
130. ¿Qué fe triunfó?
131. Describa el triunfo concedido a Bellsarius.
132. ¿Quién conspiró contra el gobierno y el general de Justiniano?
133. ¿Qué se dice de las guerras de Justiniano?
134. ¿Qué puede tomarse como ilustración del exterminio de los otros dos reinos?
135. ¿En qué años se llevó a cabo?
136. ¿En qué consistió la toma del "diario"?
137. ¿Cuándo se estableció el papado?
138. ¿Quién estableció la nueva capital? ¿Por qué?
139. ¿Qué se dice del nacimiento y el poder del papado?
140. ¿Cuándo se recogió la semilla sembrada por Justiniano?
141. ¿En qué se apoyó?
142. ¿Cuál es un rasgo llamativo de esta historia?
143. ¿Qué principios contenían las leyes de este emperador?
144. ¿Qué dice Fisher?
145. ¿Qué leyes se convirtieron en la base de las leyes nacionales actuales?
146. ¿Qué religión es la reconocida hoy en día en la mayoría de los países?
147. ¿Qué dos hombres, por encima de todos los demás, fueron decisivos para formar el papado y darle poder civil?
148. ¿Qué contienda fue el medio de entronizar el papado?
149. ¿Cuánto tiempo gobernó el mundo?
150. ¿Qué fue aplastado durante este tiempo?
151. ¿En qué fecha se inició la "Edad Oscura"?

CAPITULO 17
La obra del misterio de iniquidad

1. ¿Cuál es una fecha importante en la historia judía?
2. ¿Cuál es un hito en la iglesia cristiana?
3. ¿Qué acontecimiento dio importancia a la fecha anterior?
4. ¿Qué periodo profético comenzó en ese momento?
5. ¿Qué atestiguó la segunda fecha?

APÉNDICE

6. ¿Qué período profético comenzó en 588 d.C.?
7. ¿Qué se dice del cuerno pequeño de Daniel 7 durante este período?
8. ¿A qué fecha nos lleva el versículo 31 de Daniel 11?
9. ¿Se desarrolló el papado en un período corto?
10. ¿Qué otros poderes ilustran la manera del ascenso del papado?
11. ¿Quién dio su poder, sede y gran autoridad al papado?
12. ¿Qué dos emperadores romanos fueron conspicuos en preparar el camino para el surgimiento del papado?
13. ¿Qué acontecimiento preparó el camino para que el papado se asentara sobre el Tíber?
14. ¿Cómo se ganó la autoridad del papado?
15. ¿Qué tenía cada uno de los cuatro reinos?
16. ¿Dónde mezclaron sus aguas el paganismo y el cristianismo?
17. ¿Dónde tuvo lugar el nacimiento del papado?
18. ¿Quién fue su madre? Describa su crecimiento.
19. ¿Qué hicieron los cristianos con la Biblia? Dé el resultado.
20. ¿Qué se introdujo en la iglesia cristiana? ¿Por qué?
21. ¿Qué mandamiento se suprimió del decálogo?
22. ¿Cuál se dividió para formar el número diez?
23. ¿Cuál es el cuarto mandamiento?
24. ¿Cómo se modificó?
25. ¿Cómo se trató la Biblia? ¿Cuál fue el resultado?
26. ¿Quién era la cabeza de la iglesia y cómo fue exaltada?
27. ¿Qué había ocurrido antes de esto?
28. Mencione ocho hechos dados en relación con la obra del papado.
29. ¿Qué se asentó sobre el mundo?
30. Cuando la Palabra de Dios fue desterrada, ¿qué se extinguió?
31. ¿Cuánto tiempo le fue asignado al poder que iba a hablar grandes palabras contra el Altísimo?
32. ¿Por qué se acortó su tiempo? ¿Qué clase de esclavitud era ésta para la iglesia?
33. ¿Qué pequeñas compañías se encontraron?
34. ¿Hasta qué días podían los valdenses remontar su historia?
35. ¿En qué cambió el poder sobre el trono? ¿Qué le había dicho Gabriel a Daniel? ¿Quién vigilaba a cada uno que daba su vida?
36. ¿Qué se dice de las liberaciones de la iglesia de la esclavitud? ¿A qué dio a luz?
37. ¿En qué capítulo del Apocalipsis se menciona esta liberación?
38. ¿Qué se afirma allí?
39. ¿Cómo se rompieron las ataduras que Satanás había colocado alrededor de la verdad?
40. ¿Qué se dice de la Biblia durante ese período?
41. ¿Había escuelas para las masas?
42. ¿Qué se dice de los libros, los periódicos y los médicos?
43. ¿Qué fue de aquellos que se atrevieron a abogar por el aprendizaje?
44. ¿A quién utilizó Dios para ayudar a liberar a su pueblo?
45. ¿Dónde se establecieron sus escuelas?

46. ¿Qué se enseñaba en esas escuelas?
47. ¿Qué logró Wycliffe? ¿Cuándo?
48. ¿Con quién se le compara?
49. ¿A quién dio el Evangelio Wycliffe?
50. ¿Con qué nombre se conocía a sus seguidores?
51. ¿Cómo eran tratados?
52. ¿Quién llevó el protestantismo a América?
53. ¿Quién alzó su voz contra el papado en Bohemia?
54. ¿Qué monje alemán proclamó la libertad de conciencia?
55. ¿Dónde encontró por primera vez un ejemplar de la Biblia?
56. ¿Pudo Roma apagar esta luz?
57. ¿Qué libro se convirtió en una lección para la nación alemana?
58. ¿Quién ayudó a Lutero en esta obra de reforma?
59. ¿Qué lugar se hizo notar como sede de su principal escuela?
60. ¿Quiénes fueron educados y enviados antes de la muerte de Lutero?
61. ¿A quién se le abrió la Palabra de Dios?
62. ¿Cómo le fue a Roma durante esta marcha hacia adelante de la verdad?
63. ¿Cuántas naciones de Europa recibieron la luz?
64. ¿Cómo se fundó América?
65. Si todas las naciones hubieran aceptado la Reforma, ¿cuál habría sido el resultado?
66. ¿Qué estaba ofreciendo Dios a todas estas naciones?
67. ¿A quién se le ofreció la gran oportunidad de regresar de Babilonia a Jerusalén?
68. ¿Qué se repitió? ¿Cómo fue tratado?
69. ¿Cuál es el resultado de que una nación rechace los principios de la Reforma?
70. ¿Qué país es un ejemplo de tal historia?
71. ¿Qué se había proclamado en sus fronteras?
72. ¿Qué versículos de este undécimo capítulo se cumplieron exactamente en su historia?
73. ¿Qué dice Scott en la "Vida de Napoleón", respecto a Francia en 1793?
74. ¿En qué sentido se distingue Francia en la historia del mundo?
75. ¿Cuál fue el resultado lógico?
76. Describa la revelación de la "Diosa de la Razón".
77. ¿De qué fue el resultado?
78. ¿Qué hacen los hombres cuando dan interpretaciones privadas a la Palabra divina?
79. ¿A quién siguen los cristianos profesos al hacer esto?
80. ¿Dónde puede leerse el resultado de tal culto?
81. ¿Qué dos instituciones tuvieron su origen en el Edén?
82. ¿Cómo fueron tratadas en Francia?
83. ¿Qué camino recorría Francia?
84. ¿Qué aporta el culto al intelecto humano?
85. ¿Qué ocurrió en 1798? ¿Qué narra la historia de la destrucción?
86. ¿De qué es toda esta historia una lección objetiva?
87. ¿Qué miró a Francia a la cara?
88. ¿Quién salvó a la nación?
89. ¿A qué asestó un golpe mortal la Reforma en Alemania en el siglo XVI?

APÉNDICE

90. ¿Qué nación se convirtió en el campo de batalla entre la tiranía papal y el protestantismo?
91. ¿A qué acompaña siempre la monarquía absoluta?
92. ¿Qué principio asume ay nación cuando acepta la luz de la verdad?
93. ¿Qué no conoció límites en Francia?
94. ¿Quién poseía dos tercios de la tierra?
95. ¿Quién emitía órdenes de arresto y encarcelamiento por su sola autoridad?
96. ¿Qué prevalecía en cada provincia?
97. ¿En qué país se pusieron en práctica los principios de la Reforma?
98. Cuando Francia llegó a este estado, ¿quién apareció entonces?
99. ¿Cuál era el elemento controlador?
100. ¿Quiénes eran impotentes?
101. ¿A qué se vio obligado el Papa?
102. ¿Qué organizó Napoleón?
103. Siga a Napoleón desde Malta hasta Aboukir.
104. ¿Para qué cargo fue elegido Napoleón en 1799?
105. ¿Qué constitución intentó copiar Francia?
106. ¿Qué se estableció en Francia?
107. ¿Qué representaba la causa de Francia?
108. ¿Qué dice el historiador de las reformas de Napoleón?
109. ¿Qué se garantizó a los no católicos?
110. ¿Quién hizo prisionero al Papa? ¿Cuándo?
111. ¿Qué profecía se cumplió en esta época?
112. ¿Hacia qué tendían las reformas de Napoleón?
113. ¿Cuándo fue proclamado emperador?
114. ¿De quién recibió la corona?
115. ¿Cuál fue el resultado de una aceptación parcial de la verdad? ¿Es esto cierto individualmente?
116. ¿De qué fue resultado el establecimiento de los principios de la Reforma en Estados Unidos?
117. ¿Para quién es una advertencia la lucha de Francia?
118. ¿Qué dos reyes contendieron de nuevo en 1798?
119. ¿Cómo es reconocida Constantinopla por todas las naciones de Asia y Europa?
120. En el tiempo del fin, ¿qué se centrara en esta ciudad?
121. ¿Qué surgió cuando el papado estaba en el poder?
122. ¿En qué forma vino la nueva obra de Satanás?
123. ¿Cuánto de este mundo si la fe mahometana?
124. ¿Dónde se originó esta doctrina?
125. ¿Qué país se convirtió en el centro de su influencia?
126. ¿Qué riberas han alimentado todas las formas de idolatría?
127. ¿De qué manera se esforzaron los seguidores de Mahoma por entrar en Europa?
128. ¿Hasta qué país se extendió su influencia?
129. ¿Con qué estaba amenazada toda Europa en esta época?
130. ¿Qué se comprobó en la batalla de Tours? Indique la fecha.
131. ¿Cuándo fue capturada Constantinopla?

132. ¿En manos de quién ha permanecido desde entonces?
133. ¿Cuál fue uno de los mayores controles del papado?
134. ¿Qué condujo al descubrimiento de América?
135. ¿A través de quién obró Dios para hacer avanzar la verdad?
136. ¿Qué países pertenecían en esta época a los mahometanos?
137. ¿En qué lugar se levanta ahora una mezquita musulmana?
138. ¿Qué países escaparon de la mano de esta potencia conquistadora?
139. ¿Quién recibe un tributo anual de los turcos que pasan en caravana camino de La Meca?
140. ¿Cuál era la ambición de Napoleón?
141. ¿Cuál podría haber sido?
142. ¿Qué acontecimiento aún no se había producido?
143. ¿Qué reconoció Napoleón?
144. ¿Qué otro país reconoció lo mismo?
145. ¿Qué ha provocado los constantes celos entre las naciones de Europa?
146. ¿Dónde se han centrado los ojos del mundo durante años?
147. ¿Cómo se designa universalmente a Turquía?
148. ¿Qué ocurrirá en un futuro próximo?
149. ¿De qué se ha dado el mundo una y otra vez?
150. ¿Qué tendrá lugar cuando el turco salga de Constantinopla?
151. ¿Qué nombre ha dado Dios a la batalla?
152. ¿Quién temía que la crisis hubiera llegado finalmente en la guerra de Crimea?
153. ¿Qué poderes se unieron para sostener la vida del "enfermo"?
154. ¿Quién sostiene ahora los cuatro vientos de la contienda?
155. ¿Con qué propósito los sostienen?
156. ¿Qué nación se erige como un poste guía que señala la obra en el santuario celestial?
157. ¿El ojo de quién está sobre el pueblo de Dios?
158. ¿Puede alguien decir cuándo saldrá Turquía de Europa?
159. ¿Qué se dirá cuando se vaya?
160. ¿Por qué se registró el destino de Babilonia, Medo-Persia, Grecia y Roma?
161. Mientras el mundo vigila a Turquía, ¿qué deben vigilar los siervos de Dios?

CAPITULO 18
La escena final

1. ¿Cómo consideraba Dios a Daniel?
2. ¿Qué le había dado Dios varias veces?
3. ¿De qué trataba la última visión?
4. Antes de que Gabriel se fuera, ¿qué le reveló a Daniel?
5. ¿Qué es Daniel?
6. ¿Cuántas veces se repite cada una de las expresiones siguientes? "el tiempo del fin", "los últimos días", "el fin de la indignación" y "por muchos días"?
7. ¿Cuáles fueron las palabras finales del ángel?
8. ¿Cuántas veces mediante expresiones positivas se llama a la mente a las escenas finales de la tierra?

APÉNDICE

9. Cuando comenzó esta visión, ¿dónde estaba el profeta?
10. ¿En qué año del reinado de Ciro se dio la visión?
11. ¿A través de qué reinos llevó la mente del profeta?
12. ¿Qué se mostró de la influencia griega?
13. ¿Cuál fue el resultado de esta influencia moldeadora en el cuarto reino?
14. ¿Qué vio el profeta?
15. ¿Ante quién se dispersaron las tinieblas?
16. ¿Con qué se compara?
17. ¿Qué nación se convirtió en el campo de batalla entre el protestantismo y el papado?
18. ¿Qué fue negado, y qué como un manto se cernió sobre el país?
19. ¿Cuál fue el resultado de esta lucha sobre Francia?
20. ¿Qué se le mostró al profeta?
21. ¿Qué debía esperar pacientemente el pueblo de Dios?
22. ¿Qué había observado atentamente el profeta?
23. ¿Qué vio que unía la tierra y el cielo?
24. ¿Durante cuánto tiempo siguió esta luz a los judíos?
25. ¿Qué llegó con el primer advenimiento de Cristo?
26. ¿Qué cambios se produjeron en las corrientes de luz?
27. ¿Qué cambios tuvieron lugar al final de los dos mil trescientos días?
28. ¿En qué lugar entró nuestro gran Sumo Sacerdote?
29. ¿Qué le fue revelado a Daniel?
30. ¿Qué ha tenido lugar una y otra vez?
31. ¿Con qué está cubierto el registro estropeado de la vida del hombre?
32. ¿Qué sabía Daniel?
33. ¿Qué dicen las naciones; qué hacen?
34. ¿A quién vio el profeta pasar por la tierra?
35. ¿Por cuánto tiempo intercederá Cristo?
36. Cuando se salva la última alma, ¿qué resuena en el cielo?
37. ¿Qué deja a un lado el gran Sumo Sacerdote?
38. ¿Qué se termina entonces?
39. ¿Qué puerta se cierra entonces?
40. ¿Cómo deben permanecer en el tiempo de angustia los que están sellados?
41. ¿Qué hace que este período sea diferente de todas las pruebas precedentes?
42. ¿Con qué se compara?
43. ¿Qué palabras fueron pronunciadas que entonces serán pronunciadas por multitudes?
44. ¿Qué rodará de sus frentes?
45. ¿Por qué habrá un examen de corazón tan profundo?
46. ¿Qué preguntó la madre de los hijos de Zebedeo?
47. ¿A quién dijo Cristo que pertenecía ese lugar?
48. ¿Quién ocupará el puesto mencionado por la madre de los hijos de Zebedeo?
49. ¿Quién, además de los sellados, sabrá que la gracia ha terminado?
50. ¿De cuál de las plagas no habrá escapatoria?
51. ¿Cómo describe David el tiempo de angustia?

52. ¿Quién está protegido de los efectos de las plagas?
53. ¿Cómo se verán afectadas las montañas y las islas?
54. ¿Qué ocurrió en la resurrección de Cristo?
55. ¿Quiénes eran y qué se dice que eran?
56. ¿En qué momento habrá otra resurrección parcial?
57. ¿Quiénes estarán entre los que se levantarán? ¿Qué verán?
58. ¿Qué será de los que salgan a la vergüenza y al desprecio eterno?
59. ¿Qué vestiduras llevará el Salvador?
60. ¿Quiénes están profundamente interesados en esta obra?
61. ¿Cuál es el fundamento del trono de Dios?
62. ¿Dónde estará colgado? ¿Quién lo verá?
63. ¿Qué se pinta en las nubes amenazadoras?
64. ¿Qué se mezcla con todos los tratos de Dios hasta que los hombres se apartan totalmente de Él?
65. ¿Qué se ha visto en el cielo una y otra vez?
66. ¿Han escuchado los hombres su voz?
67. ¿Qué declaran los cielos?
68. ¿Qué han estudiado los científicos y no han logrado ver?
69. ¿Qué ha contado, desde la creación del mundo, el plan de redención?
70. ¿Quién no puede comprenderlo?
71. ¿Por qué Jehová nos señala las estrellas?
72. ¿Quién fue el que vio a Cristo en la estrella?
73. ¿Qué han inventado los hombres utilizando la capacidad que Dios les ha dado?
74. ¿Por qué ha alentado Dios este esfuerzo? ¿Con qué resultado?
75. Mientras Daniel observaba, ¿qué vio y oyó?
76. Describa la resurrección de los justos.
77. ¿Hacia qué lugar pasan?
78. ¿Quién abre las puertas perladas?
79. ¿Qué se canta?
80. ¿Cuáles son las palabras que vienen de fuera?
81. ¿Qué resuena desde dentro?
82. ¿Qué responde el anfitrión acompañante?
83. Describa a los ciento cuarenta y cuatro mil.
84. ¿Qué hace brotar de sus labios un canto de triunfo?
85. ¿Qué hay de maravilloso en el canto?
86. ¿Qué resuena en el cielo?
87. ¿De dónde proceden las piedras que brillan en la corona del Maestro?
88. ¿Qué completa el círculo de la perfección?
89. ¿Cuál es su relación con el Rey?
90. ¿Qué lugar ocuparán los ciento cuarenta y cuatro mil?
91. ¿De quién estaba compuesta otra compañía?
92. Entonces, ¿quiénes son vistos?
93. ¿Cuántos se reúnen en torno al Padre y al Hijo?
94. Cuando Cristo los contempla, ¿qué ve y cómo se siente afectado?
95. ¿Qué hará Él?

96. ¿De dónde vienen corrientes de luz?
97. ¿Quiénes se inclinan en adoración? ¿Por qué?
98. ¿De qué está compuesto el cielo?
99. ¿Con qué se llena la inmensidad del espacio?
100. ¿Cómo se mantienen en sus órbitas?
101. ¿De quién se refleja su luz?
102. ¿Cómo se guían los planetas?
103. ¿De qué es todo esto un tipo?
104. ¿De qué es un patrón?
105. ¿Cómo debe brillar cada compañía?
106. ¿Cómo mira Dios a cada compañía de adoradores?
107. ¿Quiénes se mueven en perfecto orden?
108. ¿Cómo debe ser en cada familia?
109. ¿Dónde se encontrará la perfección de este sistema?
110. ¿Cómo vivirán las peculiaridades?
111. ¿Qué le dijo el ángel a Daniel?
112. What did the prophet have the privilege of seeing?
113. How is the teaching compared to Christ's teaching?
114. What can you say of the last scene presented to Daniel?
115. How will those shine that are taken from the depths of sin?
116. What was Daniel told to do?
117. What would take place in the time of the end?
118. What can you say of the time of the end?
119. What is said of the law of God and the saints?
120. What stood full-fledged before the world?
121. What did this freedom lead the angel to say?
122. Mention some of the inventions of the last days.
123. Why does God allow these things?
124. What is marvelous beyond description?
125. What is said of the realms of science?
126. What is God's object in this?
127. What is it that has ed to such intellectual and moral advancement?
128. How rapidly are messages sent from city to city?
129. How from continent to continent?
130. How does man look upon these things?
131. How are the angels watching them?
132. In what way has God offered life to every nation?
133. Why were the Jews lost as a nation?
134. Upon what condition was the Christian church to inherit the promises made to the Israelites?
135. What will be developed in the time of the end?
136. What will be one great means of their education?
137. What was revealed in the glimpse given to the prophet Daniel?
138. To whom is he pointed in the last days?
139. How will the people of God in the last days be fortified physically?

140. How will they be fortified mentally?
141. In what period do we now live?
142. What characterizes this age?
143. What will be the attitude of the faithful followers of God?
144. In what time should we be truly wise in a special sense?
145. To what time was Daniel's attention centered?
146. Who was near the prophet, a listening to the record of events?
147. What question was asked by the angel when Gabriel ceased to speak?
148. Who replied?
149. What did he say?
150. How long have angels waited for the completion of this plan?
151. What have they looked for in each generation?
152. When they saw the inhabitants of earth loiter, what did one cry out?
153. When this period was mentioned by Christ, what did Daniel say?
154. Fearing that he still might be left in doubt, what did he then say?
155. Had any request of this man of God been left unanswered?
156. What was the reply of the angel?
157. What was meant by the time of the end?
158. What would then cease?
159. When did this period of 1260 years begin?
160. What had been changed during this time?
161. What had been bound?
162. What did the persecution tend to do?
163. At the end of this 1260 years, what would be restored?
164. When did this "time, times, and a half" end?
165. What has been circulated since that time as never before?
166. What special light has shone since 1844?
167. How have the truths for this time spread?
168. How did the angel explain the two periods that had puzzled the prophet?
169. What does he say of those who live at the end of the 1335 days?
170. Why will they be blessed?
171. What will happen to many?
172. Who will understand?
173. What will some insist upon when the wise understand?
174. What is said of the words of Gabriel and Christ?
175. How was it with the aged prophet?
176. What had been written?
177. How long would the prophecy stand?
178. How long had the prophet done faithful service in the courts of Babylon and Shushan?
179. How did Daniel stand with men?
180. What did God say of him?
181. How will he stand in the last days?
182. What two prophets in this sense will stand together?
183. What will guide the faithful few safely through the time of trouble, and prepare them for Christ's coming?

ÍNDICE MARGINAL DE REFERENCIA

Génesis

Ref	Pág
1:14	136
1:28	86
2:16, 17	23
2:17	56, 184, 209
2:19, 20	86
3:1	112
3:1-7	184
3:15	111, 136, 223
3:17	23, 140, 145
3:24	137
4:3, 4	136
4:5	137
7:7-9	70
9:16	217, 255
10:2	77
10:2, 4	181
10:8-10	28
11:1-9	28
12:1	38
12:8	137
13:3	215
15:5	255
15:16	107
17:5	71
18:6-8	24
18:17-19	121
18:19	16, 259
18:20, 21	62
18:27	157
19:1, 16	263
19:3	24
19:12-16	120
19:14	62
22:1, 2	253
22:1-14	47
22:17	255
25:34	24
28:10-13	137
28:12, 16, 19, 22	215
32:24-30	253
32:24-31	263
32:28	71, 208
35:3	137
35:8	215
37:3, 31	137
39:7-14	79
39:9	138
49:3, 4	137
49:5, 6	184

Éxodo

Ref	Pág
1:8	64
5:2	241
9:16	238
12:3-10	183
12:26, 27	144
14:13	197
15:1-21	20
15:8-14	130
16:14-31	130
16:23	154
20:3	99
20:3, 5	228
20:4, 5	41
20:8-11	153, 245
24:16-18	143
25:8, 9	143
25:8-10	148
25:9, 40	70
25:40	93, 139
26:29, 31, 32	145
27:20, 21	145
28:2	191
28:33-35	155
28:40, 41	144
29:42, 43	145
30:7, 8	145, 147
31:2-7	70
31:13	245
34:7	114
34:29-33	93
35:31-35	148
40:9	128

Levítico

Ref	Pág
4:5	145
4:7, 18, 25, 26, 30	146
4:8-10, 27-31	146
4:12	149
4:27-35	144
6:10, 11	148
6:30	147
7:30	146
9:24	141
10:9-11	19
10:16-18	147
11:44	38
14:4-7	150
16:2, 13, 14, 20, 21, 22	154
16:8, 11-14	154
17:11	142
20:23	271
23:1-44	188
23:4-11	152
23:27	152
23:29, 30	157
23:29, 31, 32	154
24:57	145
25:9	153
26:3-12	174

Números

Ref	Pág
5:6, 7	144
12:6	121
14:21	37
14:34	136
20:8-12	48
23:20	273
24:15, 16	164
24:17	120

Deuteronomio

Ref	Pág
1:2	178
2:6, 9	256
4:5-7	249
4:5-8	39
4:7, 8	217
4:9	270
4:14-19	42
4:15-19	228
6:3-9, 20	19
6:6, 7	38
8:2	215
10:1-5	148
11:13, 14	174
11:19	149
12:2	81
13:1-3	121
14:1-3	38
15:6	37
16:16	188
16:19	83
21:20, 21	19

ÍNDICE MARGINAL DE REFERENCIA

28:11, 12	3
28:12, 13	37
28:13	201, 249
28:49-52	17
28:53-57	252
29:24, 25	252
29:29	93, 260
30:19, 20	112
32:2	174
32:4	149
32:8	14, 62
32:9	85
32:9-12	116
33:14	268

Josué

3:9-17	130
4:21, 22	150
24:2, 3	38
24:15	42, 192

Jueces

4:4-9	188
4:8, 9	178
5:1-31	20
6:21	141

Rut

2:14	24

I Samuel

1:12, 13	144
2:1-10	20
2:3	74, 166
2:7, 9	113
2:9	62
2:30	25, 127
7:15, 16	188
8:1-5	83
8:3	213
8:19, 20	219
10:5-12	15
14:6	62, 113
15:20-33	219
16:4-13	221
19:23, 24	15

II Samuel

22:43	157
23:1	214
23:14-17	221
30:11, 12	24

I Reyes

4:29-34	202
4:33	150
17:13-16	24
18:19	215
18:21	44, 234
18:30-40	48
18:38	142
19:5, 6	24
19:9, 10, 18	247
19:14, 18	261
21:26	112
22:8	84
22:18-23	29
22:19-23	226

II Reyes

4:8, 9	188
4:42-44	24
5:2-4	20, 67
12:2	77
17:6	80
18:11	80
18:21	218
20:1-6	15
21:1-3	16
22:14	188
22:19, 20	17
23:21-25, 31-37	17
23:36	14
24:1-4, 8-20	18
24:5	14
24:6, 7	17
25:27-30	18, 65

I Crónicas

1:5	80

II Crónicas

6:36-39	86
9:1	186
14:11	113
16:9	48
17:7-12	15
18:18	28
20:20	44, 121
25:2	254
26:16-23	201
32:24-26	15
33:1-10	16
36:5-7	14
36:7	68
36:17-19	100
36:21	66, 124
36:23	129

Ezra

1:1, 2	154
1:1-5	78
1:1-6	168
1:3	129
1:7-11	130
1:9-11	68
2:64, 65	182
2:64-67	130
3:10, 11	130
3:12, 13	169
4:1-6	170
4:1-24	131
4:7, 18-24	171
5:1	166
5:1, 2	131
5:1-17	131
5:7-17	172
6:1-3, 7	131
6:1-12	172
7:6, 11-26	181
7:11-26	127, 244
8:21-23	124
9:1, 2	182

Nehemías

2:1-3, 5-8	132
2:1-6	182
2:19	124
4:13-21	182
4:16-21	132
5:1-15	132
5:5-8	133
9:28	132
13:10-13, 15-20, 23, 24	182
13:17, 18	251

Ester

1:1, 4	176
1:1-7, 9-22	176
2:5, 7, 10, 15, 17, 20-23	172
2:21-25	180
3:1-12	178
3:2	178
3:6, 13-15	179
3:6, 12-14	223
3:8-15	209
3:13	186, 190
3:13-15	171
4:1-17	180

ÍNDICE MARGINAL DE REFERENCIA

5:1 180	12:6 207	75:6, 7 113
7:10 181	17:7 48	76:10 ....45, 248
8:9-14 181	17:13, 14 192	77:18 188
9:2 181	18:19, 20 82	80:1 141
	18:48 45	82:5 265
Job	19:1-7 265	83:9-17 243
1:6 ....204, 227	19:3, 4 48	89:9-11 167
1:6, 7 28	20:7 113	89:15 162
1:8 128	22:27, 28 210	90:5 69
2:1, 2 28	24:7-10 266	90:16 273
4:8, 9 233	25:12-14 33	91:7 163
5:22-27 89	25:14 63	91:9-11 263
5:26 ....86, 274	29:9 ....261, 114	91:14 127
8:13 254	31:23 89	92:12-14 159
12:13, 14 257	32:5 75	94:12, 13 60
12:17-19 ....113, 189	32:8 ....162, 268	95:10 178
12:19, 23 99	33:1 33	97:2 105
12:21, 23-25 114	33:13-15 41	98:2 264
14:7-9 ....58, 99	33:15-17 62	99:1 102
14:12 219	33:16-18 113	100:5 210
15:20 119	33:16-19 168	102:19 139
15:21 113	34:7 ....46, 89, 105	103:19-21 102
16:19 106	34:15 ....49, 273	103:20 127
16:21 102	37:3 48	104:4 105
22:21 127	37:5, 6 21	104:17 188
23:12 128	37:9, 10 149	105 20
24:1 119	37:12 84	105:13, 14 ....167, 194
24:20 233	37:20 147	105:17-22 ....33, 169
28:10 268	37:24 45	105:22 38
28:24-27 102	37:31, 37 86	105:37 130
28:28 25	37:35 55	107:40 113
29:23 175	37:35, 36 60	110:7 123
30:3-8 253	42:1 128	111:10 25
31:6 74	42:11 23	113:4 222
33:13-17 30	44:6 113	115:16 247
34:24 192	46:10 48	119:59, 60 153
34:29 216	47:8, 9 253	119:67 65
37:9, 22 199	48:2, 3 174	119:71 65
37:16 ....87, 102	48:3-5 195	119:98-101 26
37:19, 23 102	49:6, 7 214	119:98-100 ....33, 249
39:18 94	49:11-13 253	119:105 78
39:27 95	51:15 164	119:130 270
41:34 194	51:17 126	119:142 264
	53:1 250	119:165 231
Salmos	55:6, 7 86	119:172 264
1:1-3 ....82, 231	57:1-5 88	127:1 71
2:8, 9 36	57:17 103	137:1-4 20
7:15, 16 89	59:7 244	137:1-6 67
7:16 157	62:9 74	139:1-16 78
7:16, 17 251	62:11 213	139:7-12 105
8:3-5 162	68:13 82	139:14 74
9:11, 12 248	72:6 175	144:12 179
11:4 139	75:4-7 ....62, 71	145:11-14 47

146:3 111	17:2 215	7:26 219
147:5 238	17:11 172	7:27 105
	17:17 82	7:29 .... 141, 270
Proverbios	18:5 211	8:2-4 81
1:11 87	20:1 .... 21, 191	8:4 .... 177, 210
1:24, 25 168	20:11 .... 16, 190	8:8 219
1:24-28 263	20:28 167	8:9 212
1:30, 31 207	21:1 .... 47, 173	9:10 49
2:1-5 .... 24, 185	21:8 209	9:12 .... 83, 212
2:10, 11 37	22:4 84	10:16 213
2:10-12 25	22:6 .... 26, 51	10:20 271
3:7, 8 49	22:7 211	12:1 179
3:13, 18 112	22:11 46	12:13 26
3:25, 26 32	22:29 .... 26, 82	
3:33 201	23:1-3, 24, 25 20	**Cantares**
4:10-12 22	23:7 230	4:15 246
4:14, 15 84	23:11 43	8:6 200
4:17-19 216	23:17-19 82	
4:18 .... 148, 3, 249	23:19-22 19	**Isaías**
4:19 236	23:20, 21 49	1:2-4, 25 168
4:20-22 49	23:29-32 21	1:3, 21-23 251
4:22 86	24:5 85	1:4 186
5:22 42	24:6 81	1:16-20 59
6:2, 11 74	24:15 44	1:18 151
6:17-19 87	24:15-24 84	1:23 83
6:20-23 21	25:28 191	3:12 179
7:4, 5 219	27:4 201	3:13 43
8:10 222	28:13 75	5:4 63
8:14-16 92	28:15 101	5:3, 4 168
8:15, 16 163	29:2 213	5:8 182
10:2 176	29:4 83	5:11 21
10:15 210	29:14 209	5:13 .... 15, 37, 271
11:3, 21 200	29:15 169	5:18 214
11:9 239	29:15-17 16	5:20 201
11:14 233	30:5 185	7:14-16 220
11:22 219	30:14 211	8:1 185
11:24 236	31:4, 5 21	8:7 .... 94, 253
11:24, 25 175		8:9 217
11:30 268	**Eclesiastés**	8:9, 10 257
11:31 149	1:9 64	8:9-12 84
13:6 93	1:9, 10 57	8:12 117
13:15 25	1:9, 10, 15 84	9:3 114
14:28 81	1:10 83	9:6 222
14:35 82	2:12, 13 191	10:1-16 62
14:38 203	3:14 216	10:6-10, 33, 34 254
15:22 81	3:15 .... 57, 181	11:2, 3 148
15:31 247	3:17 .... 92, 105	11:6-9 89
16:7 .... 47, 82	3:18-20 192	12:4 249
16:14 22	4:1 84	13:1-5 .... 72, 81
16:15 175	5:8 213	13:1-15 63
16:22 25	5:9, 10 214	13:4, 5 253
16:25 216	5:10, 11 176	13:6-22 68
16:32 .... 24, 113	5:13 84	13:11 57

ÍNDICE MARGINAL DE REFERENCIA

13:12 49	42:6, 7 15	59:1 48
13:17 104	42:8 .... 60, 234	59:2 .... 123, 262
13:17, 18 95	42:13 257	59:6-8 255
13:19 .... 29, 91	43:1-3 72	60:2 .... 126, 247
14:3-7 29	43:2 45	60:3 192
14:4 .... 35, 38	43:10 44	60:3-5 37
14:4-6 63	44:3-6 175	60:17 35
14:12-14 .... 28, 120	44:27 .... 72, 78	61:10 262
14:13 .... 67, 246	44:27, 28 245	62:3 267
14:13, 14 59	44:28 .... 27, 68, 77, 129	63:1-6 264
14:29 255	45:1, 2 .... 27, 68, 78	64:4 164
17:3 246	45:1-3 .... 71, 77	65:5 126
17:12, 13 .... 111, 214	45:1-4 72	65:17 158
18:7 231	45:1-5 .... 110, 245	65:19 187
19:3, 4 256	45:1-13 80	65:24 164
21:1-3 110	45:4 222	66:20 130
21:2 .... 68, 78	45:5 .... 85, 190	
21:3-5 69	45:7 80	**Jeremías**
21:4, 5 70	45:13 130	1:2, 3 16
21:5 96	45:19 127	1:19 250
21:9 .... 37, 68	45:22 185	2:3 67
22:12-14 155	46:1, 2 52	2:11-13 243
23:7 209	46:4 86	2:13 218
23:13 .... 28, 94	46:8-11 212	2:22 105
24:5, 6 145	47:1, 2, 13 34	2:23-25 240
24:23 104	47:6-9 235	3:14 228
26:4 48	47:6, 10 90	3:20 17
26:10 160	47:9 95	3:24, 25 169
26:12 77	47:10, 13, 14 29	5:6 191
26:15 114	48:6 250	5:7 169
26:19 90	48:18 .... 16, 231	5:15 17
28:10 16	49:6 .... 15, 130, 198, 218	5:26 87
29:11, 12 274	49:7 250	6:13 84
29:13-15 246	49:15 174	6:30 112
29:21 84	49:16 .... 103, 262	8:9 54
30:1-3 202	49:23 192	9:21 151
30:8 185	51:3 150	9:23, 24 35
30:8-10 204	52:2 130	10:2, 3 84
30:21 162	52:7 270	10:7 167
31:1, 3 202	53:4 126	10:14-16 187
31:3 254	53:8 223	10:25 148
32:20 270	53:11 268	13:23 191
35:1, 2 151	54:2, 3 256	15:16 137
37:19 54	55:2 22	16:16 263
37:26 255	57:3, 4 186	17:24, 25 232
37:35, 36 87	57:9 180	18:4 236
38:1-5 15	57:15 49	18:7, 8 .... 17, 63
39:1, 2 187	58:1 249	18:7-10 75
39:1, 2, 6, 7 15	58:3 154	18:15 238
40:12-17 102	58:7-11 59	23:5, 6 67
40:28-31 238	58:8 23	23:28-32 238
40:31 164	58:13 154	23:29 249
41:1-5 78	58:13, 14 273	25:11, 12 .... 66, 119

25:15-28 68	51:20 112	26:2, 3 236
25:29-33 253	51:20-23, 63, 64 64	27:1, 2 68
25:32, 33 94	51:24, 29 69	27:2, 4 236
27:5-8 64	51:25 29	27:13 212
27:6-11 28	51:30 94	28:12 210
27:7 .... 35, 66	51:30-33, 53-58, 40 76	28:14 103
28:14 64	51:34 189	28:16 267
29:4-7, 10 66	51:34, 35 207	28:18 149
29:10 124	51:40, 41 77	29:2, 3 68
30:3-9 67	51:53 71	29:3, 6, 7 218
30:5-7 263	52:31-34 65	29:17-21 53
31:3 262	59:44 184	29:18-20 63
31:21 256		30:9-11 53
31:34 158	**Lamentaciones**	30:10, 11, 25 52
32:19 48	1:2-6, 7 65	31:1-8 53
33:22 265	2:9 181	31:12 52
38:17-28 .... 18, 37	4:1, 2 155	33:10-16 75
38:19 19	4:6, 18, 19 64	33:11, 14-16 63
38:19, 20 88	4:12 .... 14, 222, 236	34:6 231
39:11-14 64		34:8 237
44:30 64	**Ezequiel**	34:18 273
46:15, 17 184	1:1 164	34:18, 19 246
46:17 203	1:16 102	34:18-21, 31 238
46:19, 20 167	1:26, 28 265	43:8 .... 189, 238
46:24, 25 195	4:6 .... 101, 137	47:1 142
48:11, 12 68	7:16 263	
49:16 95	7:26 196	**Daniel**
49:39 .... 77, 109	8:15, 16 155	1:1 28
50:2, 38 209	9:1-6 259	1:8 271
50:7, 17, 33, 34 67	9:4 262	1:17-20 29
50:8 68	11:24, 25 66	1:20 58
50:9 78	13:9-12 236	2:19, 27 32
50:14 34	14:4-8 59	2:21 114
50:15, 16, 29 56	14:14-20 23	2:28 92
50:20 152	16:49 23	2:29-31 95
50:23 52	18:4 63	2:31-35 .... 92, 166
50:24-28 70	20:12, 16, 20 66	2:31-39 192
50:25, 38 72	20:19, 20 246	2:28, 31-45 259
50:35-46 76	20:24 252	2:32, 38 94
50:38 .... 65, 72, 95, 208	21:24 252	2:32-39 79
50:43 69	21:25-27 183	2:34 107
50:58 28	21:27 35	2:34, 35 118
51:2, 27, 28 72	22:8 252	2:36 68
51:6 68	22:9 246	2:37, 38 28
51:6, 8, 35, 47 65	22:12-14 252	2:38 94
51:6, 9, 10 173	22:25 238	2:39 .... 191, 194
51:6, 11, 28, 44, 46, 50 66	22:26 231	2:40 .... 209, 214
51:6, 36 98	22:27 .... 233, 238	2:40-42 97
51:6, 60-64 66	23:14-16 160	2:40-43 207
51:7 .... 38, 57	23:14-18 208	2:43 199
51:9 .... 58, 63, 223	23:17 185	2:44 .... 35, 199
51:11 .... 70, 80	23:27 218	2:44, 45 52
51:17, 18 203	25:2, 3 68	2:47 64

ÍNDICE MARGINAL DE REFERENCIA

2:48 37	8:1-8...167	11:31 239
2:49 68	8:1-27...259	11:33 26
3:4-6..222	8:2 .... 78, 81, 122	11:35 266
3:18 58	8:3-8, 20, 21 191	11:45 257
3:25 229	8:5, 8 190	12:1 50
3:28 64	8:6 112	12:3 168
4:6-9...58	8:7 122	12:4 13
4:17 .... 63, 108, 210	8:7, 16 117	12:4, 9, 13...................................256
4:17-25 113	8:8 .... 113, 189	12:4, 13..180
4:23 96	8:9 .... 198, 210	12:5, 6 121
4:24 68	8:9, 23-25 206	12:6 118
4:32 192	8:9, 25 205	12:9, 10, 13..................................14
4:36, 37 64	8:11, 12 118	12:10 271
5:1, 2 .... 66, 176	8:13, 14 119	12:11 241
5:1-4...95	8:14 ... 104, 134, 135, 136, 152, 260	
5:8, 13, 14.....................................73	8:16, 17, 19...................................13	**Oseas**
5:21 114	8:20 ....95, 110	1:4-8..163
5:26 183	8:21 111	2:5 36
5:27 203	8:21, 22 ....35, 96	2:18 88
5:27, 28, 30, 31.........................123	8:21, 23-25, 27 113	4:6 37
5:30, 31 167	8:22 114	4:6-10..15
5:31 79	8:23-25 115	4:12 234
6:1 110	8:25 .... 116, 244	4:17 ....64, 238
6:1-3...58	8:26 ....14, 122	5:5 228
6:2 ....82, 123	9:1, 2 166	6:3 258
6:3-22...159	9:16 67	6:9 243
6:8, 12 208	9:19 118	7:2 232
6:10-23 48	9:23 .... 127, 159	7:8 240
6:14 182	9:24-27 257	8:3 233
6:18, 23, 28 167	9:25 133	8:4 231
6:22 229	9:26 .... 136, 216	8:7 55
6:27 167	9:26, 27 134	8:12 232
7:1 93	10:1 165	9:1 .... 238, 234
7:1-8...166	10:1, 4, 11-19 259	9:9 230
7:1-27...259	10:1, 20 162	9:10 232
7:5 110	10:3 23	9:15, 17 230
7:6 .... 112, 190	10:4 268	10:2 232
7:7 238	10:13 .... 130, 169, 185, 207	10:12 173
7:7-11, 25 118	10:14, 20 13	12:4 219
7:7, 19 706	10:20 .... 64, 167, 182	12:10 93
7:9, 10 .... 135, 138, 139, 261	10:20, 21 112	13:1 232
7:9, 10, 21, 22..............................97	10:21 .... 91, 119, 214	13:4 199
7:9-14...92	11:1 111	13:7 189
7:11 106	11:1-45 .... 137, 256	13:14 ....87, 262
7:12 203	11:2, 3 174	13:15 234
7:13 103	11:2-4...................................95, 191	14:1, 2 230
7:14 103	11:3 188	
7:17, 23 93	11:4 113	**Joel**
7:19 .... 114, 115	11:5-13 197	2:23 174
7:19, 25 207	11:13 58	
7:25 .... 246, 269, 273	11:14 .... 183, 202, 204, 205	**Amós**
7:28 109	11:20 218	2:4 236
8:1 66	11:24, 45 234	3:3 234

ÍNDICE MARGINAL DE REFERENCIA

3:7 .... 62, 91, 257
3:9, 10 199
3:10 231
4:7, 8 173
5:7, 12, 13 232
5:10, 12 84
8:8 247
8:11, 12 260
9:8 .... 192, 238

Abdías
3, 4 239
10 237
16 148

Miqueas
2:2, 3 180
2:7-11 237
3:2, 3 243
3:5-7 240
3:10, 11 236
3:11 83
5:2 .... 133, 219
7:2-4 .... 83, 219
7:10 156
7:18, 19 181
9:13 206

Nahúm
1:9 156
2:3-6 266
3:2, 3 110

Habacuc
1:5-13 61
1:6-10 93
1:8 209
1:11 .... 94, 106
1:13-15 197
2:2, 3 183
2:5-7 193
2:14 37
3:2 270
3:4 .... 101, 264

Sofonías
3:1-4 248
3:4 229

Hageo
1 and 2 130
1:1-6 170
2:7-9 173

2:15-19 .... 132, 173
2:18, 19 130

Zacarías
1:14, 15 233
2:2-12 172
2:8 .... 84, 172
2:9 70
3:6, 7 115
3:7 264
4:6 246
4:10 147
4:11, 12 74
4:12 258
7:11 .... 120, 177
7:14 93
8:3 173
8:9-11 132
8:13 244
9:9 173
9:16 263
9:17 22
10:1 173
12:8 173
12:10 260
12:11-14 259
13:6 102
14:4-9 174
14:8 140

I Macabeos
1:13-15 188
1:28, 39-46 194

II Macabeos
2:4-8 239
4:5-16 195
5:19 201
6:1-4 195

Mateo
2:1, 2, 10, 11 219
2:2 262
2:9 119
2:15 217
3:1 196
3:5, 6 221
3:5, 13, 17 133
4:1-4 24
4:1-11 177
4:11 119
4:23, 24 221
5:7 64

5:8 119
5:14 102
5:16 .... 46, 262
5:18, 19 233
6:7 226
6:23 243
6:24 .... 41, 232
7:8, 9 233
7:15 232
7:15, 21 231
8:2, 3 161
8:11 198
10:29 102
10:32 44
12:30 192
12:34, 35 46
12:36, 37 .... 77, 105
12:43-45 146
12:30 213
13:41 259
14:18-20 24
14:23 86
15:2, 3, 6 188
16:3 255
16:26 44
17:24-27 210
19:9 198
20:22-23 260
20:25-27 214
21:12-16 173
21:16 30
22:14 39
22:17-21 215
22:18-22 61
23:3 188
23:12 58
23:27, 28 233
23:38 .... 105, 134, 138
24:3, 15 13
24:12 230
24:14 266
24:15 .... 91, 134
24:15-20 67
24:21 245
24:21, 22 .... 97, 243, 245
24:22 206
24:24 .... 121, 228
24:30, 31 262
24:49-51 49
26:2 .... 134, 138
26:13 147
26:64 260
27:21 208

ÍNDICE MARGINAL DE REFERENCIA

27:21, 22 143
27:24-26, 62-66 99
27:32, 58, 54 222
27:50, 51 138
27:51 222
27:52, 53 260
27:63-66 97
28:2, 4 120
28:19, 20 .... 227, 168
28:20 268

Marcos
1:10 .... 133, 135
1:13 88
1:15 .... 127, 133
1:31 161
4:22 77
10:35-37 116
11:24 45
15:9 227
16:6 120
16:17, 18 161

Lucas
1:2, 3 35
1:9, 10 147
1:13, 15, 63, 80 195
1:19 119
1:19, 26, 27 119
2:1, 2 133
2:1-4 97
2:1-9 219
2:10-14 219
2:13, 14 119
2:25, 38 221
2:42, 49, 52 16
3:1-3 133
3:21, 22 132
4:5, 6 227
4:18 212
4:18, 19 134
6:12 86
6:19 161
6:38 173
7:47 74
10:27 40
10:39 203
11:10 96
12:28-30 173
14:11 41
14:16-24 174
16:10 25
16:31 58

17:20, 21 224
19:41-45 133
21:12, 13 47
21:14, 15 43
21:20 13
21:28 255
21:34 ....23, 157
21:34, 36 268
21:35 134
21:36 105
22:1-8 134
22:43 119
22:44 150
23:38 213
23:39-43 150
24:5 120
24:5, 6 227
24:21 221
24:25 172
24:26, 27 150
24:44 151
24:47 135

Juan
1:4 160
1:9 147
1:11 226
1:11, 31-37 134
1:29 150
1:41 132
1:42 72
2:19-21 139
3:2 168
3:7 114
3:16 ....99, 102
3:31 191
4:24 41
5:28, 29 262
5:39 128
5:42-44 226
5:45-47 143
6:15 227
6:63 .... 141, 203, 204
7:15, 16 196
7:17 118
7:37 220
7:46 264
8:12 102
8:32, 36 132
8:36 .... 192, 211
8:44 120
10:10 ....90, 161
10:11-17 125

12:3 146
12:20, 21 97
12:20-29 222
12:20, 28-30 160
14:2, 3 263
14:6 222
14:30 .... 209, 222
16:13 25
16:33 ....82, 115
17:5 102
17:17 .... 165, 203
17:21 263
19:29, 34 150
21:9, 12 24

Hechos
1:6 221
1:9-11 120
2:8-11 224
2:22, 23 134
2:24 ....87, 222
2:41 135
3:13-16 115
3:14, 15 134
3:19-21 155
4:13 226
4:26, 27 .... 96, 115, 222
4:36 72
5:17-26 226
5:29 244
5:34 196
6:11-13 135
7:23-30 177
7:52 115
7:59, 60 135
8:1-4 135
8:4 224
10:34, 35 ....61, 229
10:38 132
12:1-3 97
13:6-10 121
13:10 114
13:46 127
13:47 215
13:47, 48 14
14:11-13 .... 187, 191
15:8 112
15:20, 28, 29 116
15:26 225
15:28, 29 226
16:13 86
16:16 121
16:37, 38 212

356 ÍNDICE MARGINAL DE REFERENCIA

17:16-21, 26 ... 206
17:21 ... 197
17:24, 25 ... 215
17:26, 27 ... 61
17:28 ... 72, 102
20:28 ... 150
20:29 ... 231
20:29, 30 ... 116
20:30 ... 115
21:25 ... 116
21:37 ... 213
21:39 ... 208
22:3 ... 196
22:25-29 ... 212
22:28 ... 217
23:27 ... 212
24:14 ... 237
28:2-6 ... 226
28:16, 30 ... 99

Romanos
1:8 ... 99, 116, 224
1:19, 20, 25 ... 79
1:20-22 ... 196
1:21-30 ... 186
1:25 ... 191, 213, 242
2:12, 13 ... 147
3:21 ... 147
5:8 ... 155
5:20 ... 74
6:6-8 ... 140
6:23 ... 42, 62, 157
7:7 ... 242
7:13-25 ... 219
8:7 ... 225
8:31 ... 166
10:14, 15 ... 267
10:18 ... 48
11:14 ... 207
11:18 ... 54, 96
11:33 ... 30
11:33-36 ... 235
12:1, 2 ... 157
12:11 ... 82
12:19 ... 45
13:1 ... 41
13:1-7 ... 61
13:6, 7 ... 210
13:11 ... 77
13:11, 12 ... 138
14:4 ... 45, 50
14:23 ... 94, 203
15:4 ... 41, 49, 205

16:17, 18 ... 116
16:19 ... 99
22:21 ... 84

I Corintios
1:11 ... 116
1:19-25 ... 30
1:22 ... 206
1:22-25 ... 197
2:9, 10 ... 93
2:14 ... 86, 108, 143, 262
2:14, 15 ... 31
3:17 ... 148
4:5 ... 104
4:9 ... 71
5:7 ... 151
6:19, 20 ... 139
8:5 ... 212
8:9-13 ... 116
9:24-27 ... 187
9:25 ... 24
9:26, 27 ... 159
10:11 ... 50, 63, 141
10:13 ... 86
10:15 ... 13
10:19, 20 ... 116
12:28, 29 ... 119
14:1 ... 119
14:8 ... 202
15:4, 20, 23 ... 151
15:20, 23 ... 260

II Corintios
1:14 ... 265
2:14-16 ... 145
3:2, 3 ... 45
3:17 ... 214
3:18 ... 125
4:4 ... 192, 221
4:6 ... 222
4:16 ... 159
5:14 ... 42
5:20 ... 46, 125
10:4, 5 ... 196
10:5 ... 202, 248
11:3 ... 57, 192
11:14 ... 121
11:25-28 ... 225
12:4 ... 163
13:8 ... 47, 208

Gálatas
1:4 ... 145

2:20 ... 86, 140, 225
3:4-11 ... 56
3:8 ... 143
3:28 ... 39, 178
4:9, 10 ... 71
5:1 ... 203
5:8 ... 96
6:7 ... 55, 234
6:14 ... 60
6:22, 23 ... 49

Efesios
1:14 ... 150
2:2 ... 114
2:2, 3 ... 192
2:9 ... 243
2:13, 14 ... 122
2:14-16 ... 154
2:22 ... 86
3:9, 10 ... 102
3:16, 17 ... 146
3:16-19 ... 86
3:19 ... 228
4:8 ... 260
4:11 ... 119
4:14 ... 116
4:17-19 ... 257
5:2 ... 146
5:8, 11 ... 257
5:18 ... 86
5:23 ... 265
5:27 ... 271
6:1 ... 265
6:4 ... 267
6:12 ... 214
6:17 ... 232, 246

Filipenses
1:12, 13 ... 196
1:13 ... 230
1:15, 16 ... 116
1:16-19 ... 253
2:5 ... 192
3:11 ... 106
3:21 ... 262
4:13 ... 146
4:22 ... 230

Colosenses
1:6 ... 116
1:6, 13, 23, 27 ... 224
1:17 ... 81, 102, 264
2:3 ... 59

ÍNDICE MARGINAL DE REFERENCIA

2:8 188
2:17-24 221
2:17 135
2:18 189
3:11 224

I Tesalonicenses
2:13 247
2:19, 20 265
4:16 262
4:17 262
5:3 258
5:4, 5 264

II Tesalonicenses
1:6 84
2:3-7 241
2:4 .... 106, 114
2:4-7 117
2:4, 8 236
2:5-7 99
2:8 260
2:10 74

I Timoteo
1:4 187
2:5 243
2:5, 6 139
3:16 228
4:1-3 248
4:2 49
4:8 187
4:12 32
6:6 48
6:20 .... 188, 221
6:20, 21 .... 21, 57, 186

II Timoteo
1:5 .... 19, 116
1.10 162
2:7 13
3:13 90
3:15 116
3:15, 16 245
3:15-17 202
4:3, 4 .... 201, 202
4:7, 8 271

Tito
3:1 41
3:9 116

Hebreos
1:14 .... 105, 118, 162
2:3 .... 128, 135
2:12, 13 264
2:14 .... 107, 223
3:7, 8 105
3:15 254
3:17 177
4:1 198
4:12 146
4:13 105
4:14-16 156
4:15 226
5:8 64
6:19, 20 139
7:25 .... 106, 156, 254
8:1-5 137
8:3-5 138
8:5 151
9:1-6 144
9:7 135
9:7, 23 155
9:8, 9, 11, 23, 24 138
9:8, 9, 24 139
9:9 .... 143, 185
9:9, 11, 12 144
9:23 101
9:24 101
10:1 .... 135, 185
10:32-36 137
11:3 .... 203, 264
11:4 141
11:6 .... 125, 203
11:25, 26 50
12:1 225
12:2 94
12:4-11 59
12:6 177
13:20, 21 .... 222, 261

Santiago
1:12 89
1:15 248
1:17 .... 162, 186
2:6 208
2:12 152
3:15 53
4:4 234
4:11-16 82
4:14 30
4:17 229
5:1-5 83

5:1-6 112
5:8 173
5:16 .... 158, 269
5:17 49

I Pedro
1:7 .... 160, 229
1:12 .... 118, 268
2:9 .... 38, 265
2:12 47
2:24 .... 125, 146, 150
3:15 27
4:17 .... 117, 127
5:6 59
5:8 234

II Pedro
1:11 51
1:20 136
1:21 184
2:1 227
2:1-3 99
2:2, 3 227
3:3 68
3:3, 4 16
3:12 182

I Juan
1:7 139
1:7, 9 105
1:9 74
2:13, 14 20
2:16 57
2:20, 27 25
2:27 14
3:1, 2 191
3:4 229
3:5 218
3:8 107
5:4 45
5:19 226

III Juan
2 23
9, 10 227

Apocalipsis
1:1 120
1:7 .... 134, 260
1:15-18 160
2:4 224
2:7 140
2:14 .... 116, 227

2:29	14
3:5	104, 258
3:5, 8	104
3:20	126, 191
4:1	163
4:3	105
4:5	147
5:13	118
6:2	230
6:11	263
6:14	262
7:1-3	252, 258
7:9	65
7:9, 10	263
7:14	151
8:3, 4	146
8:7-13	97
9:1-21	198
9:2, 3	251
10:1, 2, 9	136
11:1	152
11:2, 3	100
11:3	266
11:8	257
11:12	257
11:18, 19	155
11:19	132, 138, 258, 270
12:9, 12, 17	115
12:10, 12, 13	223
12:12, 17	234
12:15	227
12:16	244, 266
12:17	229
13:2	114, 206, 207, 212, 233, 241
13:3, 10	250
13:7, 8	243
13:8	102, 140, 263
13:14-17	50
13:16, 17	180
14:1, 3, 4	262
14:3-5	157
14:4, 13	259
14:6	117, 270
14:6, 7	100, 136
14:6-12	134
14:8	38
14:8-12	152
14:9	50
14:12	229, 268
14:13	256
15:2	263
15:2, 3	180, 263
16:12-16	254
16:13, 14	121
16:16	198
16:17, 18, 20, 21	260
17:2, 3	36
17:3, 6, 18	228
17:3, 18	233
17:4	38
17:5	61, 184, 206
17:15	93
17:18	228
18:1	131
18:1-4, 16, 17	38
18:2, 3	184
18:3	56
18:4	78
18:7	234
18:16	231
18:21	63
19:10	120
19:13, 14, 16	260
19:19	198
19:20	106, 208
20:1-3	156
20:4, 6	107
20:9, 15	147
20:10	156
20:12	105
21:1	149
21:7	174
22:1, 2	29, 140
22:3	107, 149
22:8, 9	120
22:11	105, 155, 259
22:12	137
22:14	229
22:17	42

INDICE GENERAL

1260 años, fin de 25, 275
1260 años, la iglesia lucha por su existencia durante ... 248
1260 años anunciados por Cristo a Daniel 277
2300 días, 457 a 1844 104
Abel, la ofrenda de 140
Abradates, virrey de Elam 112
Abraham, por qué se cambió el nombre 73
Abraham llamado de la idolatría 38
Abraham se le muestra la promesa del Salvador 277
Abrigo de José hecho a imitación de las vestiduras del Señor 146
Abstinencia durante el estudio 23
Acontecimientos entre 34 y 1844 descritos a Daniel ... 144
Acontecimientos futuros, Cristo los revela a través de Gabriel 121
Acontecimientos nacionales, único registro imparcial en la Biblia 171
Actitud de los hombres hacia el gobierno
Actitud de los hombres hacia los gobiernos
Actos de bondad impulsados por el Cielo 180
Acusación contra Daniel, los príncipes no se atrevieron a hacer abiertamente 86
Adopción de la Constitución en Francia 245
Adoración, Daniel dio a Dios 83
Adoración, Nabucodonosor perdió el espíritu de la verdadera 41
Adoración, severidad de en Roma 213
Adoración, verdadera libertad en 41
Adoradores del sol, los babilonios eran 68
Agua adorada por medos y persas 79
Aguas de Ulai, Cristo preside 121
Alas de leopardo 96
Alas de águila sobre león 93
Alcalde gasta más que su sueldo en el cargo 83
Alejandrina biblioteca fundada por Ptolomeo Filadelfo 196
Alejandro, carácter de 112
Alejandro, el destino de 112
Alejandro, en el registro divino 198
Alejandro, la muerte de 202
Alejandro, los generales no tenían poder de 118
Alejandro, mensaje de Dios para 193
Alejandro, reino dividido 199
Alejandro, reverencia los sacerdotes 201
Alejandro, sus generales se reparten el reino 113
Alejandro, voluntad de niño 189
Alejandro adora a Dios 191
Alejandro en Jerusalén 202
Alejandro Macedonio 193
Alejandro se convierte en rey de Grecia 190

Alejandro tuvo la oportunidad de elegir 194
Alejandro utilizado por Dios 189
Alejandro victorioso 111
Alejandro y Ciro, semejanza entre 193
Alejandro y Darío, contienda entre 116
Alejandría, centro de teología 234
Alejandría, ciudad de, fundada 194
Alejandría, política del papado vista en 242
Alemanes, la Biblia se convierte en libro de lecciones para 254
Alexander organizador y diplomático 194
Aliento abandona el cuerpo en visión 164
Aliento un símbolo del aliento espiritual 73
Alimento de bestias, Nabucodonosor comió 59
Alimentos, puros 21
Alimentos, ricos, los efectos de 23
Almas salvadas de Babilonia 65
A los niños hay que enseñarles la ley de Dios 268
A los sabios, Dios les da la primera prueba 53
Alquiler, las lecciones de Nehemías sobre 131
Alquiler del velo del templo 135, 142
Altares, cada familia erigió su propio 141
Altísimo, cuerno pequeño habló contra 100
Amenaza de castigo eterno 251
Amor a Dios, los judíos cegados a 223
Amán ahorcado 180
Amán trama la destrucción de los judíos 178
América, descubrimiento debido a los mahometanos 253
Amón sabía que Babilonia iba a caer 69
Anfitrión, ningún rey salvado por 118
Angeles, en el coro dirigido por Gabriel 119
Angeles, ministerio entendio Nabucodonosor 46
Ángel, Daniel habló con el 88
Ángel de la luz, Satanás aparecerá como 121
Ángel en la cueva visible para Daniel 88
Angeles interesados en escenas de la tierra 118
Ángeles luchan por el pueblo de Dios 180
Ángeles observan sus acontecimientos 277
Ángeles reunió las fuerzas contra Babilonia 71
Angustia de Jacob, dos periodos llamados tiempo de ... 68
Anhelo humano y corazón de Cristo, conexión entre. 122
Anticristo supremo 233
Anticristo surgió poco después de Constantino 234
Antiguo Testamento traducido al griego 196
Antioquía cae ante Pompeyo 215
Antitipo, 144.000 cumplirán 157
Antitipo, el pueblo fiel llevará a cabo 156
Antitipo de las ofrendas 151
Antonio, muerte de 218
Antonio y Cleopatra 218

INDICE GENERAL

Antíoco Calínico, hijo de Laodicea 200
Antíoco envenenado 199
Antíoco IV rey del mundo oriental 210
Antíoco Magno, éxito de contra Egipto......... 200
Antíoco se prepara para invadir Egipto......... 201
Antíoco Soter, sucesor de Seleuco 193
Antíoco Teo, un rey grecosirio 193
Antíoco Teo se casa con Berenice 199
Apatía de los judíos, Ciro descorazonado ante 167
Apatía de los judíos en Babilonia, causa de.................. 166
Apetito, Adán fracasó en 24
Apetito, control del 156
Apetito, Cristo tentado en 24
Apetito, el exceso de indulgencia da moho terrenal al cuerpo 159
Apetito, el pueblo de Dios a prueba..........................24
Apetito, la juventud hebrea no se complacio.................25
Apetito, la victoria de Daniel sobre...............................23
Apetito, los padres enseñan a controlar......................26
Apetito, tentaciones de gratificación 26
Apocalipsis, libro de, el complemento de Daniel............38
Aprendizaje, supresión bajo el papado 245
Aprensión, agudeza de la juventud hebrea en 25
Arabia sabía que Babilonia iba a caer..........................69
Arbela, aplastante derrota de los medo-persas 111
Árbol, el, un símbolo llamativo 53
Árbol de la vida conocido por tradición 53
Árbol del conocimiento conocido por la tradición........53
Árboles en Babilonia de todos los países....................53
Árbol talado, pero las raíces permanecieron 95
Arbitrario, Dios nunca es 61
Arca, los ángeles reunieron a los animales en 71
Arca en el templo centro de culto 147
Arcilla en pies denota un cambio marcado 36
Arco iris pintado en las nubes....................................27
Arco iris sobre el trono de Dios................................ 104
Argumento, el mundo gobernado por 214
Arianismo, propagación del................................... 236
Arianismo, tres reinos se adhirieron al.........................95
Arians, las dificultades de 238
Arioch busca a Daniel para matarlo............................31
Aristocracia fomentada en Babilonia............................34
Aristóteles alumno de Platón................................. 189
Armagedón, batalla de 198, 254
Armas en mano, los judíos trabajaron con 131
Arpillera, los hebreos en Susa se pusieron 182
Arrepentimiento, destino del pecador sin 74
Arrepentimiento, Nabucodonosor tuvo tiempo para.....59
Arrianismo declarado herejía.................................. 236
Arrio, presbítero en Alejandría 235
Arrogancia de los babilonios 38
Arsinoe adornó el triunfo de Cæsar en Roma 217
Artajerjes emite el tercer decreto 130
Artajerjes Longimano emite el decreto final para el retorno de los judíos....................... 180
Arte en Babilonia 52
Artificial, Babilonia eligió lo 38
Ascensión, Gabriel se apareció a los discípulos después.... 119
Asedio de Jerusalén por Nabucodonosor 14
Ashpenaz, maestro de eunucos..................................20
Asia, occidental, idolatría en......................................79
Asirios, Israel llevado cautivo por..............................79
Astronomía, los estudiantes de Babilonia se deleitaban con 29
Atanasio, obispo de Alejandría............................... 234
Ateísmo en Francia... 247
Atmósfera, qué limpia... 149
Augusto, significado del nombre 213
Augusto proclamado emperador de Roma 218
Aunque pagana, la Biblia interpretada según............ 242
Auto-olvido de Daniel..34
Autoridad de la tierra y del cielo desplegada..............41
Ayuno, los dos años de Daniel tras el decreto de Ciro. 159
Azazel, el chivo expiatorio 153
Babilonia, cambios durante dos años...................... 108
Babilonia, campo de batalla del bien y del mal 71
Babilonia, caída bien conocida por los judíos.............65
Babilonia, caída conocida por muchas naciones..........69
Babilonia, corazón de Dios atraído............................84
Babilonia, Daniel vio el derrocamiento completo..........94
Babilonia, descripción de la última noche 69
Babilonia, Dios esperó mucho....................................74
Babilonia, el amor de los judíos............................. 124
Babilonia, el poder de..93
Babilonia, extensión de la historia..............................28
Babilonia, gente reunida, que debio dispersar..........28
Babilonia, huye de la moderna...................................77
Babilonia, iniquidad de descrita por Miqueas...........82
Babilonia, los gobernantes aprenden de Dios 45
Babilonia, moderna, Dios llama a la gente a salir de 38
Babilonia, por qué cayó................................... 95, 106
Babilonia, por qué Dios bendijo 77
Babilonia, por qué el más fuerte de los reinos terrenales 61
Babilonia, principio de, pequeña...............................55
Babilonia, principios se originó con Lucifer...............55
Babilonia, rapidez de las conquistas de......................94
Babilonia, repetira los pecados de la antigüedad..........38
Babilonia, se dijo a los judíos que huyeran de 66
Babilonia, vigila contra los males de 58
Babilonia, época de la destrucción de 64
Babilonia...77
Babilonia aplicada a las iglesias modernas en Apocalipsis 38
Babilonia borrada... 106
Babilonia centro educativo del mundo............... 29, 38
Babilonia considerada inexpugnable 70
Babilonia construida sobre leyes divinas pervertidas......61

ÍNDICE GENERAL

Babilonia diseñada como ciudad de Dios 28
Babilonia embellecida por Nabucodonosor 29
Babilonia establecida por Satanás para mostrar a Dios su éxito 28
Babilonia madre de rameras 97, 185
Babilonia muestra el mayor desarrollo de los planes de Satanás 61
Babilonia podrida de corazón 56
Babilonia pudo haber sido eterna 61
Babilonia representada por cabeza de oro y león 93
Babilonia soprepasa los consejos del Cielo 33
Babilonia símbolo de todos los gobiernos terrenales 41
Babilonia tomada por los persas 75
Babilonia un asombro 76
Babilonia un nombre utilizado en Apocalipsis 38
Babilonia y sus hijas 184
Babilonios, esfuerzos de Dios para advertir 62
Babilonios derrotados en batalla 68
Baco, una fiesta de 69
Balaam, condición de en visión 164
Balanzas, los idólatras creen que los dioses usan 73
Batalla, final, las naciones reúnen ahora fuerzas para 77
Batalla entre el carnero y el macho cabrío 121
Batallas, romanas, más grandes de la historia 114
Bautismo de Cristo en otoño del 27 133
Bel, bendición invocada por Belsasar 69
Bel, Daniel nombrado por el rey 53, 72
Belisario, general del ejército de Justiniano 95
Belisario, éxito de Justiniano debido a 238
Belisario victorioso en África 238
Belleza, los griegos admiraban 193
Belleza de Ester, Dios utilizó 178
Belleza del Edén, la tierra de nuevo para vestirse del ... 149
Belsasar, advertencias de Dios a desoídas 72
Belsasar, personaje de 65
Belsasar asesinado 76, 122
Belsasar en el trono con su padre 64
Beltsasar, Daniel nombrado 53, 72
Belén, acontecimientos que han tenido lugar en 220
Belén, Jesús nació en 218
Bendiciones dadas a Babilonia 74
Berenice, del sur de Grecia 199
Berenice, muerte de 200
Bestia, cuarta, diez cuernos de 95
Bestia, cuarto, destino de 106
Bestia, decreto de, en qué posición encontrará al pueblo de Dios 180
Bestia, en cuarto lugar, Daniel deseaba comprender 96
Bestia, espantosa y terrible 96
Bestia, los no adoradores de no pueden comprar ni vender 50
Bestias, dominio tomado, pero vida prolongada 95
Bestias, el hombre una vez tuvo dominio 89
Bestias, la mente eleva al hombre por encima 59

Bestias, lo que hará al hombre rey de 89
Bestias, por qué buscan herir al hombre 89
Bestias de presa, reino representado como 93
Bestias que suben del mar 93
Biblia, cómo la estudiaron los Padres de la Iglesia 234
Biblia, interpretaciones privadas de 249
Biblia aporta progreso intelectual y moral 268
Bibliotecas en Babilonia 52
Boca del cuerno pequeño 100
Bosques, Cristo vagó en 196
Brevedad de la historia de las Escrituras 33
Buey para la expiación del sacerdote ofrecido primero 153
Bárbaros en Europa y Asia, 351 a 483 97
Bárbaros invaden Roma 97
Cabeza de oro 34
Cabezas de leopardo, símbolos 96
Cabra, Grecia representada por una 190
Cabra, interpretación de 111
Cabras, dos para el día de la expiación 153
Caldeos amargados y precipitados 93
Calvario, dos extremos de vegetación se encontraron .. 159
Cambio en Ciro, Daniel no podía entender 159
Cambises, hijo de Ciro, reinado de 170
Cambises el Asuero de Esdras 4:5 170
Cambises reinado, los judíos seguían en Jerusalén durante 170
Cambyses asesinado en Egipto 170
Campanas en la túnica del sacerdote, la gente escuchaba por 155
Canales para el río, los hombres de Ciro cavando 69
Cananeos, los judíos se casan con 182
Canciones de niños hebreos 20
Canción de los salvos, armonía en 265
Cantos exigidos a los judíos en Babilonia 68
Capacidad empresarial de Daniel 81
Capacidad otorgada por Dios 59
Características de los cuatro reinos, se muestran 184
Carnero, significado de los cuernos desiguales de 112
Carnero con dos cuernos igual que el oso 112
Cartago, rendición ante Belisario 238
Cartago y Roma, lucha entre 210
Cartas de samaritanos quejándose de los judíos 170
Carácter, contraste entre el siervo de Dios y el de Satanás. 86
Carácter, lo que resistirá la prueba del juicio 147
Carácter, nombra una expresión de 72
Carácter, según 213
Carácter de Cristo, hombre conocido por los libros del cielo 74
Carácter de Cristo, Jacob conocía 141
Carácter de Daniel como el de los últimos días 23
Carácter de José, Jacob leído correctamente 139
Casandro, Grecia entregada a 113
Catolicismo, religión reconocida 236

362 INDICE GENERAL

Cautiverio, cargatodavía en el corazón de Daniel 159
Cautiverio de los judíos, duración 123
Caín no vio a Cristo en el sacrificio 141
celestial 61
Celo de la iglesia primitiva 232
Celos de tres hebreos 45
Cenizas de impíos sobre tierra limpia 149
Cenizas llevadas a lugar limpio, significado de 148
Censura, Dios limpie de en destino de los hombres ... 59
Cerdeña se rinde a Belisario 238
Ceremonias cesaron en la cruz 135
Ceremonias multiplicadas por los seguidores de Caín 141
Cesa la construcción de Jerusalén 171
Chivo expiatorio, destino de 155
Cielo, Cristo entra con redimidos 265
Ciencia, los conocimientos de Daniel sobre 20
Científicos honrados por Roma 218
Circunstancias, rara vez iguales dos veces 48
Ciro, Daniel continuó hasta el primer año de 27
Ciro, decreto de hallado en los registros 130
Ciro, Dios estaba usando 71
Ciro, general del ejército medo-persa 79, 94
Ciro, Isaías profetizó acerca de 130
Ciro, la liberación de Daniel una lección para 89
Ciro, por qué llamado a un trabajo extraño 78
Ciro, por qué llevado al poder 159
Ciro cumplió la profecía de Isaías 130
Ciro devolverá la libertad a los judíos 122
Ciro dirigiendo tras la muerte de Darío 94
Ciro disgustado con los judíos 132
Ciro el Persa 94
Ciro familiarizado con las profecías relativas a
Ciro hecho fuerte por Dios 71
Ciro heredero del trono medo-persa 79
Ciro recibido en Babilonia por Daniel 159
Ciro reconstruirá el templo de Jerusalén 76
Ciro retenido de Babilonia un año 70
Ciro se le impide entrar en Babilonia 122
Ciro y Daniel no son extraños 76
Cita con Dios, Daniel cumplió 85
Ciudades, tentaciones en nuestras grandes 26
Ciudades de Roma saqueadas 95
Ciudades destruidas por Roma 114
Ciudad eterna, Jerusalén podría haber sido 174
Clemente, filosofía de los griegos adoptada por ..... 234.
Cleopatra, causa de desposada por César 217
Cleopatra a cargo del senado romano 217
Cleopatra colocada en el trono de Egipto 218
Cleopatra y Antonio 218
Comentario de David sobre el fallecimiento de un hombre 59
Comer en exceso, efectos de 23
Comida, la prueba de Daniel en 21
Comparación entre Manasés y Cristo 16

Comparación entre Media y Persia 112
Compañeros, Daniel se retiró con ellos 159
Compañeros de Daniel reciben altos cargos 38
Complot para destruir a Daniel 86
Conciencia, encadenar es tiranía y persecución 42
Conciencias de los hombres, Roma gobernó 99
Concilio niceno, una reunión importante .... 234.
Conexión del alma entre Daniel y Dios 85
Confesión de Daniel por su pueblo 124
Conocimiento, aumento de 260
Conocimiento, los que se gloríen caerán 59
Conocimiento de la juventud hebrea, amplio 25
Conquistas de Alejandro, rapidez de 190
Conquistas extranjeras de Alejandro 190
Consejeros de Babilonia, no hay hombres temerosos de Dios entre 65
Consejo de Niza 236
Consejos, ángeles siempre en nacional 164
Consejos del cielo, representantes de todos los mundos.... 209
Consejos de príncipes, Satanás en 86
Constancia de tres hebreos, Dios triunfó a través de ... 46
Constantino, conversión de 231
Constantino, personaje de 232
Constantino hace alianza con los cristianos 231
Constantinopla, capital de Roma bajo Constantino 232
Constantinopla, cuando se fundó 233
Constantinopla, la historia volverá a centrarse en 250
Constantinopla, la llave del Mediterráneo 250
Constantinopla, los celos de las naciones por 252
Constantinopla, manzana de la discordia 233
Constantinopla, por qué fue elegida capital 233
Constantinopla, sede del gobierno romano trasladada240
Constantinopla capturada por los mahometanos 253
Constantinopla la sede de la contienda en los últimos días 256
Constantinopla sede del imperio de Justiniano 95
Constantino somete a todos los rivales .... 230.
Constantino y Justiniano, conquistas de 240
Consternación de los judíos ante la llegada de Alejandro . 186
Constitución de Estados Unidos resultado de la fe y el coraje puritanos 250
Constitución del gobierno romano 210
Construir, Ageo y Zacarías instan a la gente a reanudar.... 172
Contra-decreto de Jerjes 180
Controversia entre Atanasio y Arrio 236
Controversia entre Cristo y Satanás, fin de 28, 44, 106
Conversión de discípulos, 3.000 en un día 135
Conversión de muchos fechada de día en Dura 47
Copa de Cristo, que debe beber 269
Copa de la ira de Dios, que beberá 269
Corazón, Dios habita en él por la fe 146

INDICE GENERAL

Corazón, un cambio 38
Corazón de Dios tocado por la penitencia 102
Corazón natural, libertad para seguir 77
Cordero, sacrificio de una lección objetiva 140
Cordón que une la tierra y el cielo roto por Belsasar.....74.
Corporaciones en Roma 83
Corrupción, actitud que el hombre de Dios debe asumir hacia...............................83
Corte del cielo, Daniel vio escenas que
Cosas celestiales, por qué pudieron ser reveladas a Daniel 93
Cosechas, fracaso de................... 171
Costumbres griegas sutiles y atrapantes 187
Craso controlaba el dinero de Roma................. 215
Creación, el poder de atracción........................ 209
Creador, el hombre reinará con........................ 106
Credo, Niceno................................ 236
Credo de Atanasio adoptado como ortodoxo............ 236
Credo niceno, cuando fue adoptado................ 233
Cristianismo, efectos de elevar al trono................. 233
Cristiano, lo que significaba ser en tiempos de Roma. 223
Cristo, 144.000 guardaespaldas................... 265
Cristo, corazón de Dios partido en ofrenda 102
Cristo, cordero inmolado desde la fundación del mundo. 139
Cristo, cómo es considerado en el cielo................ 102
Cristo, el cordero inmolado en el atrio exterior........... 101
Cristo, Grecia no tiene excusa para no recibir 97, 187
Cristo, por qué se retiró a las montañas................85
Cristo, Roma presumía de tener autoridad sobre la persona de..............................95
Cristo, Satanás no tiene ningún poder sobre..............88
Cristo, significado de en griego............................ 129
Cristo ayunó cuarenta días............................... 178
Cristo crucificado por los judíos...................... 135
Cristo en el cielo sigue siendo un hombre 102
Cristo en el sepulcro sellado 89
Cristo habla a través de Gabriel........................... 121
Cristo Salvador de Hebreos.............................. 133
Cristo satisfecho.. 265
Cristo suplicando por su pueblo.........................259
Cristo tentado por Satanás 223
Cristo uno con el Padre................................... 102
Cristo vencedor en la cruz................................. 151
Cristo y Satanás contendiendo en Babilonia...........71
Crucifixión, Daniel vio y se desmayó..................... 122
Crucifixión, ¿quién es responsable de.................... 231
Cruz, emblema del ejército de Constantino 231
Crítica superior, cómo se originó......................... 234
Cuarenta años, ejemplos de periodos de............... 178
Cuarto mandamiento, la luz rodea........................ 153
Cuatrocientos noventa años, cómo contar............... 135
Cuenta, los príncipes le rindieron a Daniel 82
Cuerno, grande, roto 118

Cuerno, pequeño, continuación de 538 a 1798........... 101
Cuerno, pequeño, diverso de los demás..................... 100
Cuerno, pequeño, gobierno de una monarquía absoluta99
Cuerno, pequeño, grandes palabras de..................... 106
Cuerno, pequeño, intenta cambiar el sábado 99
Cuerno, pequeño, origen de............................. 118
Cuerno, pequeño, recibe el poder civil en 538...............99
Cuerno, pequeño, representaba el poder fuera del imperio romano..97
Cuerno, pequeño, tenía todo el poder de Babilonia ......99.
Cuerno, pequeño, tres reinos arrancados por 100
Cuerno entre los ojos de la cabra........................ 111
Cuernos, diez, significado de.............................95
Cuernos, tres, motivo del derrocamiento de 100
Cuernos de la bestia corresponden al hierro y a la arcilla.. 95
Cuerpo, el alma debe controlar........................... 159
Cuerpo, lo que dará fuerza a...............................49
Cuerpo del cordero, ¿qué se hace con..................... 146
Cuerpo del hombre, Satanás tomó posesión de........... 139
Cuerpo la morada de Dios, Israel había perdido de vista.. 139
Cuerpo para ser presentado en sacrificio vivo .... 157.
Cuerpo será la morada del Espíritu Santo..................... 139
Cuerpo un templo...................................... 146
Cuidado de Dios por los pecadores.........................62
Culto, espiritual, paganismo ignorante de 41
Culto, libertad a todos los judíos............................47
Culto de los cristianos, peculiaridades de 223
Culto de los medos, pureza de..............................79
Culto en Grecia más refinado que en Babilonia y Medo-Persia 187
Culto impuesto por Roma.............................. 118
Cultura de los griegos................................... 193
Curiosidades sobre tres hebreos..........................47
Cæsar, muerte de 218
Cæsar, personaje de 217
Cæsar, ríndele lo que es suyo............................83
Cæsar Augusto gobernante de Roma 218
Cæsar comparado con Nabucodonosor, Ciro y Alejandro 217
Cæsar en Egipto, conquistas de...................... 217
Cæsar la mente maestra de Roma 215
Cónsules, Roma regida por............................ 209
Córcega se rinde a Belisario............................ 238
Daniel, 2300 días explicados a.......................... 140
Daniel, cómo entender....................................14
Daniel, despedida de Darío en el foso de los leones 89
Daniel, hogar en el reinado de Belsasar....................67
Daniel, la confianza de Darío.............................84
Daniel, la última visión de............................. 159
Daniel, libro de que hay que entender 275
Daniel, los príncipes no encuentran falta en el trabajo de. 84

Daniel, muerte de... 269
Daniel, obediencia a los gobernantes y a Dios 85
Daniel, por qué Dios podía hablar con..............................34
Daniel, por qué fue elegido para ir a Babilonia..............20
Daniel, ¿por qué no se destruyó con Babilonia...............76
Daniel 3 y Apocalipsis 13 comparados................................49
Daniel 4 el capítulo más maravilloso de la Biblia 53
Daniel acogió a Ciro como enviado de Dios.....................76
Daniel aconseja a Belsasar que se arrepienta...................59
Daniel acusado ante Darío...86
Daniel colocado sobre los sabios cuando tenía 21 años.38
Daniel conoce a Dios.. 128
Daniel conocido como profeta en Babilonia..................68.
Daniel cuenta la visión a Nabucodonosor 38
Daniel de nuevo en Babilonia.. 122
Daniel educado por el Señor..24.
Daniel en Babilonia durante setenta años........................27
Daniel fue testigo de Dios durante 68 años 85
Daniel hecho consejero..41
Daniel honrado por Dios 88
Daniel jefe de presidentes en Medo-Persia 78
Daniel llamó para leer lo escrito en la pared 71
Daniel no contaminado 83
Daniel nombrado gobernador de las provincias de Babilonia...38
Daniel no se clasifica entre los sabios................................34
Daniel perplejo ante los 2300 días 122
Daniel recordado por reina...71
Daniel rehén en Babilonia 14
Daniel retenido en la corte por Darío y Ciro................ 159
Daniel se aferró al nombre hebreo.....................................72
Daniel significa "juez de Dios"..72
Daniel sirvió a Dios, no a un partido.................................81
Daniel tercer gobernante en Babilonia 49
Daniel un libro sellado...13
Daniel tenia el habito de ver cosas celestiales 203
Daniel un libro tanto para gobernantes como para personas..62
Daniel un profeta de los últimos días.............. 13, 184, 265
Daniel un representante de Cristo 89, 128
Daniel y compañeros, por qué poner a la cabeza del imperio...38
Daniel único gobernante en Babilonia cuando fue tomada por Ciro..76
Darius, Gabriel permaneció... 171
Darío, el largo reinado de 174
Darío, reino otorgado a..76
Darío el Medo...94
Darío el Medo hecho rey 79
Darío gobernó poco tiempo 94
Darío halagado por decreto de príncipes..........................84
Darío Histaspes se convierte en rey de Persia .... 171.
Darío pensó en poner a Daniel sobre todo el reino 83
Darío tuvo la oportunidad de trabajar para los judíos 169

David, no hay cantantes dulces como en Roma 213
Debilidad, confiesa Nabucodonosor....................................60
Debilidad de las instituciones de Nabucodonosor..........34
Decadencia de Roma, razones.. 230
Decreto, Ciro dudó de la sabiduría de su 159
Decreto, Daniel conocía el propósito de..........................85
Decreto, Mardoqueo da a conocer a Ester................... 184
Decreto, resultado de la decepción de Daniel 132
Decreto, significado de...84
Decreto, todo lo justo es resultado de un impulso de Dios 164
Decreto de 457... 180
Decreto de Artajerjes, cuando fue emitido................... 130
Decreto de Artajerjes, disposiciones de......................... 130
Decreto de Artajerjes, extensión de................................ 180
Decreto de Ciro, donde se registra 130
Decreto de Ciro citado a los gobernadores en Palestina 172
Decreto de Ciro encontrado por Darío.......................... 172
Decreto de Ciro una llamada a la pureza y la libertad. 167
Decreto de Darío, segundo 132
Decreto de Darío más completo que el de Ciro........... 172
Decreto de Jerjes, contrapartida del que emitirá la bestia de Apocalipsis 13 180
Decreto de Jerjes contra los judíos.................................. 182
Decreto de Nabucodonosor a todo el mundo........... 41, 53
Decreto firmado por Darío...84
Decreto inalterable en Medo-Persia...................................89
Decreto para el retorno de los judíos emitido por Ciro .88
Decreto que prohíbe hablar contra el Dios del cielo......47
Decálogo, cómo lo cambiaron los católicos 242
Degradación, Nabucodonosor tuvo siete años de..........60.
Delfos, oráculo de 193
Democracia la verdadera forma de gobierno................ 257
Denominaciones, oportunidades ofrecidas a................ 236
Denominaciones, sucesión de 236
Derrocamiento de Babilonia, vívida descripción en la Biblia...75
Descendientes de Ezequías serán eunucos en Babilonia15
Descripción de Dios, Nabucodonosor había oído 46
desecha. 140
Deseos, cómo Dios prueba la fuerza de................ 128, 164
Deseos, Daniel un hombre de 140
Deshonestidad en tiempos de Daniel como ahora 82
Desierto, Gabriel atendió al Salvador en 119
Desierto, por qué Juan fue educado en.......................... 202
Desobediencia, resultados de a Israel................................44
Despotismo militar de Roma... 211
Destino, cómo se decide..34
Destino de generación, cuarenta años el tiempo asignado para asentarse 178
Destino de los impíos mostrado en Daniel 6 88
Destrucción, los hombres se traen sobre sí......................59
Destrucción del pueblo de Dios, Satanás decidido a lograr 234

ÍNDICE GENERAL

Detalles del gobierno igual entonces que ahora...............82
Deterioro de los reinos después de Babilonia..................36
Dieta, el principio de 23
Dieta, sencilla mientras se estudian las cosas divinas.....23
Diezmo, los judíos comienzan a pagar de nuevo.......... 182
Dinero, escasez en Jerusalén 171
Dinero utilizado ilegalmente en los mejores gobiernos.82
Diocleciano reparte el territorio de Roma 230
Dios, lo que separa al hombre de......................................74
Dioses, cómo miden el bien y el mal................................73
Dios tiene un plan para cada persona..............................74
Diploma otorgado Daniel..34
Discípulos, Espíritu Santo obrando por los judíos 13
Discípulos de Jesús, Satanás se levantó contra 135
Disfrute, físico o intelectual, los griegos se reunían para ... 193
División greco-siríaca del reino, obra de....................... 194
Dominio del cuerno pequeño, cuando es arrebatado. 101
Drama de la vida, Dios da a los acontecimientos el marco adecuado en... 171
Dura, imagen en la llanura de 41
Dura, vastas multitudes aprenden de Dios en.................45
Débil para ser como David... 180
Edictos de Constantino.. 233
Edom sabía que Babilonia iba a caer................................70
Educación, Babilonia centro de..29
Educación, Babilonia la falsa 58
Educación, Biblia la base de 268
Educación, Daniel decidido a obtener.............................25
Educación, diseño en Israel 15
Educación, el sistema romano de mantuvo a Europa en la oscuridad durante más de 1.000 años 101
Educación, griego, por delante de la religión................ 199
Educación, griego, resultado de mostrado en la vida de Alejandro 193
Educación, incapaz de salvar Babilonia...........................34
Educación, influencia de Babilonia en............................58
Educación, la historia de los judíos contada en Dura.....47
Educación, la negligencia causó la destrucción de Jerusalén 15
Educación, la verdadera...19
Educación, mundanos, el pueblo de Dios se separará. 277
Educación, poder de Roma mantenido por el sistema de . 101
Educación, principio religioso base de la alta................26
Educación, prominencia de en libro de Daniel..............56
Educación, remanente para volver a los verdaderos principios de 268
Educación, resultado de Daniel..93
Educación, sistema de dado a Israel............................... 199
Educación, verdadera, exaltada por Dios........................38
Educación, "superior", viene del babilonio árbol 58
Educación de Alejandro 190
Educación de Grecia, la juventud romana formada bajo. 214

Educación de judíos y caldeos cara a cara.........................95
Educación de Roma como la de Babilonia 95
Educación el rasgo dominante de Grecia....................... 202
Educación en casa, resultados de......................................21
Educación y religión, judíos teñidos de babilonio........ 202
Edén, Adán esperaba volver a... 141
Edén, historias tradicionales de árboles en 53
Edén, árboles del, envidiado árbol de Egipto 52
Egipto, el control de Roma sobre 210
Egipto, Ezequiel tuvo la visión de la captura de 52
Egipto, Israel liberado de la esclavitud en..................... 194
Egipto, muchos judíos acudieron a 194
Egipto centro educativo del mundo 33
Egipto esclavo de Babilonia... 217
Egipto esclavo de Babilonia..5
Egipto representado como un árbol.................................52
Egipto sabía que Babilonia iba a caer...............................69
Egipto una plaga para los hombres y las naciones........ 217
Egipto y Etiopía, las guerras de Cambises con 170
Ejercicio...21
Ejército..21
Ejército, las guerras de conquista exigen 211
Ejército de Constantino, los cristianos acuden 231
Ejército de Jerjes 180
El acto bondadoso de Mardoqueo prepara la liberación de los hebreos... 180
Elam, rebelión de Babilonia....................................... 76, 108
El amor, fuerza motriz del gobierno de Dios..................42
El aprendizaje griego domina el mundo 203
El asedio de Babilonia comenzó en primavera 68
El banquete de Belsasar..69
El carácter de Daniel pudo soportar el resplandor del rostro de Cristo 161
El carácter será juzgado por la ley en el cielo................ 147
El cielo ansioso en el asedio de Babilonia........................68
El cielo en el corazón... 116
El cielo observa las luchas de las naciones 64
El cielo y la tierra conectados 256
El corazón de Dios roto por los sufrimientos de Cristo 102
El corazón del hombre entregado al león........................94
El cuerno, pequeño, hizo la guerra a los santos .... 100.
El cuerpo humano, el tercer templo 139
El culto a Jehová conocido en las islas de Grecia.......... 186
El culto a los ídolos, por qué se introdujo en la iglesia cristiana 242
El culto espiritual, el pueblo de Dios se reunía para 193
El culto impuesto por el poder civil es idolatría.............42
El culto pagano debe tener alguna imagen 42
El decreto de Amán contra los judíos, por qué Dios lo permitió 178
El decreto no supuso ninguna diferencia en la vida de Daniel..83
El derecho romano, base del derecho actual................. 214
El despotismo la característica gobernante de Medo-Persia 213

El dinero, de dónde viene 82
El ejército de Jerjes, el tamaño de................................ 111
El ejército romano invade África 238
Elementos naturales venerados por medos y persas.......79
El error fatal de Joacim...18
El escepticismo en pleno vigor ahora.............................. 209
El Espíritu de Cristo visto en Daniel 128
El espíritu de Daniel lo hizo prominente...........................81
El Espíritu de Dios actuando en los tribunales 193
El espíritu de profecía, un don codiciado...................... 119
El espíritu de profecía apreciado por los griegos 187
El espíritu de profecía cayó en saco roto....................... 124
El Espíritu Santo cortado de Belsasar..............................73
El Espíritu Santo llena el corazón cuando se vacía de sí mismo 129
El estudio de la naturaleza, ausente en Roma............... 213
El Evangelio en cifras.. 143
El Evangelio en la economía judía 143
El Evangelio podría haber sido enviado al mundo en tiempos de Nabucodonosor 38
El famoso despacho de Cæsar desde Asia Menor 217
El fuego en el altar representa el culto familiar 146
El fuego se mantiene encendido por los persas 78
El físico de los persas, robusto 78
El físico limita el crecimiento del espiritual .... 233.
El gobierno divino, un principio de..................................83
El hombre, poder de Dios en...................................... 101
El hombre de negocios puede ser instruido por Dios a cada paso 81
El hombre divinizado en Roma 213
El imperialismo en el derecho civil 248
El Imperio avanza de este a oeste.................................. 199
El intelecto humano, culto sustituido por el culto a Dios .. 247
El intelecto humano, resultado de la adoración............ 249
El mandamiento del sábado visto en 1844..................... 153
El mar o las aguas denotan pueblos o naciones 93
El misterio de la iniquidad actúa en Roma......................99
El misterio de la iniquidad dominada en Babilonia........56
El mundo advertido en 30 años tras la ascensión 318
El mundo debe ser advertido en tiempos difíciles 131
El mundo escuchó la verdad gracias a la fidelidad de tres hombres 46
El mundo vegetal se librará de la maldición 149
El odio de los hermanos de José.................................... 146
El ojo de la fe, el de Daniel sin mácula sobre los 85 años......93
El orgullo causa una caída..59
El oso representaba a Medo-Persia..................................95
El paganismo toma la forma del cristianismo..................99
El pan de la proposición representaba la dependencia del hombre 152
El papado, de dónde obtuvo su poder 114
El papado, la obra maestra de Satanás 113
El papado nace a orillas del Nilo 242

El pecado, efecto de vivir a la vista de 167
El pecado, la tierra, el aire y el agua contaminados por149
El pecado, recordado por Adán en cada hoja que cae. 141
El pecado abunda en tiempos fáciles 131
El pecado revelado por el Espíritu Santo...................... 146
El plan de Balaam, una repetición de............................ 227
El plan de Satanás para cada nación............................. 228
El poder de Dios, lo que hace en la naturaleza............. 101
El poder de Dios impregna el espacio........................... 101
El poder del cuerno pequeño no se destruye 101
El propiciatorio revelado a la multitud 135
El razonamiento humano exaltado por el sistema griego.. 209
El reino babilónico gobernado por la tiranía ....29.
El sacrificio, una lección objetiva para Israel 141
El santuario en la tierra un modelo del celestial 142
El segundo advenimiento sorprenderá al mundo 133
El semblante muestra el estado de salud 23
El servicio en el santuario terrenal una sombra............ 142
El sueño de la imagen de Nabucodonosor......................31
El sábado cambió 242, 275
El sábado conservó la peculiaridad de los judíos en Babilonia..65
El tabernáculo es una sombra del santuario celestial.. 139.
El templo del alma, cómo se limpia.............................. 146
El templo de Salomón, sitio de oculto por la basura... 132
El templo se llenará de gloria cuando venga Cristo 180
El terror de Belsasar..71
El tiempo no espera al hombre ni a la nación 188
El trabajo de Daniel sobre 275
El triunfo de Belisario descrito por Gibbon.................. 238
Embajadores, objecion de visita a Ezequías...................15
Enciclopedia Británica, cita de 194
Enemigos, cuando el pueblo de Dios puede tener apoyo de.. 129
Energía de Satanás 228
Engaño en los tiempos de Daniel ....82.
Enoc, Daniel y sus compañeros como 24
Enseñanzas del Antiguo Testamento falsificadas por Grecia 189
Enseñanzas de los griegos, los judíos dispuestos a aceptar 202
Entrenamiento en casa, Daniel mostró resultados de 21
Equilibrar la presión hacia fuera mediante la fuerza hacia dentro 86
Equilibrio, cómo mantener el espiritual..........................86
Equilibrio de poder, Israel podría haber tenido............ 202
Error, difícil de detectar en el gobierno de Babilonia......61
Errores religiosos de Babilonia renovados por Roma 95
Escape para Daniel, rey en busca de................................86
Escarlata, antitipo de en cruz 151
Escena del juicio, el 89-106
Escena del juicio, única descripción en Daniel 7 104
Esclavos, 150 000 griegos vendidos como.................... 210

INDICE GENERAL 367

Esclavos, corsos y sardos vendidos como............ 210
Esclavos por deudas, los judíos tenían a sus propios hermanos como.. 129
Escrito, en la pared, Daniel lee.................................73
Escritores modernos, la filosofía griega en................ 203
Escritura en la pared, Daniel llamado desde Susa para interpretar.. 122
Escritura en la pared, efecto de sobre Belsasar..............71
Escritura en la pared..69
Escrituras, buscando el significado oculto de............... 189
Escuelas, Cristo no podía oír la voz del Padre en........ 202
Escuelas, filosofía griega en Roma............................ 234
Escuelas, los niños no se quedan en paganas.............. 118
Escuelas, por qué Cristo nunca entró....................... 202
Escuelas de Babilonia, arte y ciencia enseñadas en........29
Escuelas de Babilonia, rasgos desarrollados en.............34
Escuelas de los profetas en Babilonia........................ 167
Escuelas de profetas, otras naciones deberían haber enviado a.. 213
Escuelas en Babilonia, lo que podría haber sido hecho por...16
Escuelas en casa... 167
Escuelas establecidas por los moriscos...................... 254
Escuelas no permitidas bajo el papado....................... 245
Esdras pide ayuda a Artajerjes................................. 180
Esdras va a Jerusalén con poca compañía.................. 182
Es necesario proclamar la libertad entre los judíos...... 129
España sometida a Roma....................................... 210
Esposas paganas, judíos repudiados.......................... 182
Espías vigilando a Daniel...86
Espíritu de profecía entre los judíos en Babilonia..........68
Espíritu de vida, cómo exteriorizarlo........................ 118
Espíritu Santo, cómo actúa en el corazón................... 116
Espíritu Santo el canal dorado de la sabiduría...............24
Espíritus ministradores, el trabajo de los ángeles......... 104
Esqueleto, correspondencia en la Biblia..................... 193
Establecimiento del Reino de Dios.............................36
Estados Unidos se fundó sobre los principios de la Reforma.. 246
Estados Unidos siguiendo la historia de Babilonia.........83
Esteban apedreado... 135
Ester, libro del registro de Jerjes.............................. 173
Ester, los judíos ayunaron durante........................... 182
Ester, nacionalidad desconocida en Shushan.............. 182
Ester, padres de llevados cautivos por Nabucodonosor 182
Ester, personaje de... 182
Ester es fiel a Dios.. 182
Ester una huérfana de la casa de Saúl....................... 182
Esther, los ángeles dirigieron la educación de............. 178
Esther, momento crucial en la vida de...................... 182
Estrategia que Satanás intenta con la Iglesia primitiva 116
Estrella de Belén, Gabriel en................................... 119
Estrellas, plan de redención contado por................... 270
Estudio, Daniel siempre tenía tiempo para................ 122

Estudio filosófico, Alejandría el centro de................. 248
Estudioso de la profecía, Daniel 7 importante para los estudiantes de hoy adoran a los dioses griegos....... 187
Eterna, cada denominación tuvo el privilegio de convertirse en.. 236
Eternidad, alegría y paz por doquier......................... 156
Eternidad y el tiempo comparados........................... 121
Éufrates, Ciro bajando el agua en...............................71
Éufrates fluía a través de Babilonia............................29
Éufrates retrocede, nadie lo nota...............................75
Eunucos, descendientes de Ezequías para ser...............15
Europa, autoridad del cuerno pequeño sobre todos los tronos de..99
Europa, ruptura general de cuando los turcos abandonan Constantinopla... 254
Evangelio, el poder en... 230
Evangelio, facilidades para avanzar.......................... 268
Evangelio, la economía judía una profecía de la......... 139
Evangelio, los hebreos vivieron el..............................46
Evangelio dado por Wycliffe................................... 254
Evangelio enseñado por los sentidos a Israel.............. 143
Evangelio predicado bajo dificultades en Babilonia........68
Evangelio predicado en Roma por Pablo....................99
Examen, la posición de Daniel en..............................20
Excusa, Dios deja al hombre sin......................202, 203
Existencia de individuos o naciones, cómo prolongar 116
Éxodo de Babilonia, lo que debió ser........................ 130
Éxodo de Egipto comparado con el de Babilonia........ 132
Experiencia de cada uno diferente.............................48
Experiencia pentecostal, por qué no se repite a menudo... 140
Expiación, conducta del pueblo en el día de.............. 154
Expiación, cómo la guardaba el antiguo Israel........... 153
Expiación, día de en el cielo................................... 101
Expiación, resultado de... 155
Expiación, servicio en el templo el día de................. 153
Expiación, un día de búsqueda en el corazón............. 153
Ezequiel, condición de en la visión........................... 164
Ezequiel, la actitud de Dios hacia los pecadores mostrada por..74
Ezequiel conocido como profeta en Babilonia..............69
Ezequiel contemporáneo de Daniel............................23
Ezequiel describe el trono de Dios........................... 101
Ezequiel un cautivo hebreo......................................52
Ezequías no educa bien a su hijo...............................16
Falsificación del gobierno celestial.............................61
Familia, obediencia en.. 266
Favor de Dios...74
Favor de las razas conquistadas, cómo Alejandro trató de ganar... 202
Favorito de Dios, cada hombre un........................... 140
Fe, fuerza motriz del sistema de Dios....................... 209
Fe, la ausencia de trae perplejidad.............................48
Fe, la petición de Daniel un acto de...........................23

Fe, la prueba suprema para el remanente 268
Fe católica, Justiniano el campeón de 236
Fe católica, tres reinos opuestos a 238
Fe católica, tres reinos opuestos a 95
Fe desarrollada en la infancia 26
Fe y la oración prevalecen ante Dios 128
Fideicomisos en la iglesia primitiva 118
Fideicomisos en Roma 83
Fidelidad, prueba de 45
Fidelidad de Daniel a Medes 81
Fidelidad en las pequeñas cosas 25
Fidelidad en una cosa, influencia de 49
Fiel a Dios, lo que significa ser 24
Fiesta de Jerjes como la de Belsasar 181
Fiestas que los judíos tienen prohibido celebrar 68
Filipo de Macedonia, muerte de 190
Filosofía de los griegos, la muerte le resultado de 193
Filosofía de Platón, error en 193
Formación infantil 151
Formación mundana, cualidades producidas por 20
Fornicación, naciones ebrias con vino de 56, 184
Fortaleza, donde Daniel encontró 81
Fortaleza no inexpugnable para Dios 71
Francia, condición del resultado de la enseñanza griega ... 249
Francia, el ateísmo en 247
Francia, experiencia de una lección objetiva 246
Francia, gobierno como el de Babilonia 83
Franquicia concedida a los romanos 217
Fruto del Espíritu 49
Frutos, Caín trajo una ofrenda de 141
Fuego, fuego continuo tipificado del último día 147
Fuego, sin olor en la ropa 46
Fuego adorado por medos y persas 79
Fuego consumió la ofrenda de Abel 141
Fuego en las calles de Babilonia 76
Fuego en los altares, cómo se enciende 141
Fuerza mental, lo que dará 277
Futuro, Daniel tuvo visiones de 93
Futuro, Nabucodonosor deseaba saber 31
Futuro abierto por Dios al rey pagano 93
Futuro del pueblo de Dios, Zacarías vio 174
Futuro determinado por la conducta 106
Gabriel, cargos ocupados por 119
Gabriel da las características del cuarto reino 211
Gabriel dio instrucciones a Zacarías sobre el nombre para Juan 202
Gabriel dio la señal en el bautismo de Jesús 135
Gabriel dirigió el coro de ángeles en el nacimiento de Cristo 119
Gabriel el asistente personal de Cristo 119
Gabriel el portador de la luz 119
Gabriel el ángel de la profecía 119
Gabriel envió rápidamente a Daniel 128

Gabriel explica los 2300 días 122
Gabriel habla a través del profeta 121
Gabriel llevó a Daniel al cielo en visión 93
Gabriel mostrando a Daniel los acontecimientos de los últimos días 277
Gabriel no dejó que Juan le adorara 121
Gabriel suplica a Ciro 21 días 164
Gastos de regreso a Jerusalén, a cargo de quién 130
Gelimer, rey de los vándalos 238
Generación, fruto de Babilonia visto en cada 56
Getsemaní para el hombre 268
Gibbon, se dan detalles del derrocamiento de tres reinos . 100
Gloria dada a Dios por Daniel 33
Gloria de Babilonia reconocida por Dios 34
Gloria de Dios, Cristo dejó cuando vino a la tierra ..... 102.
Gloria del rostro velado de Moisés 93
Gobernante de Babilonia, Nabucodonosor para saber quién era real 53
Gobierno, Babilonia una falsificación 95
Gobierno, base de la religión en las naciones paganas ...36
Gobierno, la fuerza de radica en el territorio que se extiende al este y al oeste 199
Gobierno, la iglesia tomó las riendas de 99
Gobierno, plan de Dios 209
Gobierno, verdadero, principios de 39
Gobierno civil, deber hacia 62
Gobierno de Babilonia, el mundo tiende hacia hoy 39
Gobierno de Babilonia una monarquía absoluta 29, 55
Gobierno de Roma tras la muerte de Cæsar 218
Gobierno de Satanás, el más alto desarrollo de Babilonia . 61
Gobierno divino, Roma una falsificación de 209
Gobierno republicano, Roma a 209
Gobiernos, relación con Dios 61
Gobiernos de hoy en día vástagos de Babilonia 61
Gracia, los griegos admiraban 193
Grados otorgados por el propio Nabucodonosor 29
Grasa, ardiente de dulce sabor para Dios 146
Grasa de cordero, tipo de malvado 146
Grasa del sacrificio quemada 146
Grecia, debilidad en 211
Grecia, divisiones de reducidas a dos 198
Grecia, división de 190
Grecia, historia de 189
Grecia, Jerjes intentó someter a 180
Grecia, Jerjes renunció a invadir 111
Grecia, las naciones se agitaron contra 111
Grecia, misterios de una repetición de Babilonia 58
Grecia, obra específica de 184
Grecia, poder intelectual de 196
Grecia, reino descrito 116
Grecia, representantes de Jerusalén 97
Grecia, tribus de 186

INDICE GENERAL

Grecia ataca Medo-Persia............................ 111
Grecia declarada independiente....................... 210
Grecia diferente de Medo-Persia.......................96
Grecia hija de Babilonia............................ 184
Grecia meridional, principios egipcios en 194
Grecia salva el abismo entre el Antiguo y el Nuevo Testamento.. 186
Grecia siguió a Medo-Persia 36
Grecia un gobernante intelectual..................... 193
Griegos, Israel capturado por el aprendizaje de 199
Grito fuerte, a cuarenta años del mensaje de sellado... 178
Gránico, escenario de la batalla entre medos y griegos111, 169
Guardia romana cayó ante Gabriel.................... 119
Guarida de leones, boca de sellado.....................89
Guarida de los leones, Darío y Daniel se encuentran en89
Guarida de los leones, el rey se apresuró por la mañana89
Guerra de Crimea 254
Guerra ruso-turca 25
Guía, si Dios quiere para ser nuestro 48
Guías, profecías de Daniel como.......................89
Habacuc, profecía sobre Babilonia 91
Habacuc da la razón del debilitamiento de Babilonia ...94
Hadasa, o Ester 182
Hageo insta al pueblo a trabajar 130
Hageo profeta en Jerusalén 171
Hageo y Zacarías reprendiendo a la gente por su inactividad... 171
Halagos, Daniel no habló..............................72
Halloween, reliquia de los misterios de Babilonia.....56
Hebreos, cautiverio de................................15
Hebreos, cuatro, no se avergüenzan de su Dios.........46
Hebreos, tres, acusados ante Nabucodonosor............45
Hebreos, tres, como otros hombres.....................48
Hebreos, tres, puestos más altos de después de Dura....48
Hebreos, tres, última noticia.........................48
Hebreos amenazados de muerte en el horno 45
Hebreos en esclavitud a causa de los pecados..........68
Helesponto, Jerjes cruzó............................ 180
Heruli desplumado en 493............................ 100
Hijo de Dios entre la gente tres años y medio 135
Hijos de judíos educados como babilonios 167
Hijos de los primeros cristianos, cómo se enseñaba... 116
Hilderis, Justiniano intenta apoyarla en el trono 238
Hipocresía no engaña a Dios......................... 104
Historia, brevedad de en las Escrituras...............34
Historia, cambios en................................ 234
Historia cristiana, 538 una fecha importante en....... 240
Historia de 100 años antes de Daniel..................14
Historia de Babilonia, estudio de las demandas de Daniel 62
Historia de Babilonia, naciones que se repiten hoy en día 77
Historia de Grecia, Gabriel dio a Daniel el marco de .. 193

Historia de la iglesia, Juan da detalles de........... 236
Historia de las naciones, cuánto se da de ella en la Biblia.. 171
Historia de las naciones un retrato de las vidas individuales.. 214
Historia del mundo, especulaciones humanas sobre... 203
Historia del mundo, imagen un esbozo de 36
Historia del mundo, lo que podría haber sido 173
Historia del mundo desde Babilonia hasta el juicio 89
Historia de los griegos patéticos.................... 182
Historia de Nabucodonosor revisada antes de Belsasar.72
Historia de Persia, qué libros contiene la Biblia 160
Historia de Persia dada por Gabriel 171
Historia de Roma dada en Apocalipsis 8...............97
Historia de Roma mostrada a Daniel dos veces........ 118
Historiador, Dios el único auténtico 171
Historia en la Biblia, qué puntos notó en 164
Historia judía, 457 una fecha importante en 240
Hogares en Babilonia, los judíos tenían agradables 126
Hogares gentiles en el día de la expiación 153
Hombre de negocios no necesariamente político 81
Hombre de política, no es necesario que un hombre de negocios sea...81
Hombres de negocios, Daniel un ejemplo para.........81
Hombres en el poder, cómo funcionan.................82
Hongo, crecimiento de pequeño cuerno como 100
Hora de finalización, detalles de los acontecimientos en... 260
Hora del fin, explica Gabriel 120
Hora del fin, principio del 14
Hora del fin, significado de 275
Horno, el rey ve a cuatro hombres en 45
Horno, hebreos arrojados al..........................44
Horno, liberación de contado hasta los confines de la tierra...46
Humanidad, Dios gobierna.............................59
Humildad de la iglesia primitiva, poder en 116
Humildad de Nabucodonosor ante Daniel...............38
Humillación de Nabucodonosor, resultado de 60
Humillación de Nabucodonosor........................55
Huss denuncia los dogmas papales 234
Hábitos de los persas, sencillos......................78
Hérulos y ostrogodos, exterminio de................. 248
Idolatría, los medos no practicaban formas groseras de 79
Idolatría, ¿qué es 42
Ídolos alabados por Belsasar.........................73
Iglesia, el Apocalipsis dice que la tierra ayudó 245
Iglesia, el paganismo en los primeros................ 227
Iglesia, la igualdad de derechos de los miembros de....38
Iglesia, los males se colaron en los primeros........ 116
Iglesia, poder de perderse por orgullo 59
Iglesia, Roma se engrandeció contra................. 114
Iglesia, verdadera, características de............... 229
Iglesia, última, perfección de la organización en ... 266

Iglesia de Dios, significado de 229
Iglesia de hoy, promete en Zacarías para 173
Iglesia de hoy en día en la misma posición que los israelitas en Babilonia 173
Iglesia de los últimos días, Babilonia representa 184
Iglesia de Roma, mundanalidad en 99
Iglesia de Roma, rango de 99
Iglesia organizada en Roma 99
Iglesia remanente, Gabriel enviado para revelar la verdad a 121
Iglesia y Estado, la unión de cerca del fin del mundo 36
Iglesia y Estado, unión bajo Constantino 234
Iglesia y Estado, unión de denotada por la arcilla 36
Iglesia y Estado, unión en Babilonia 29
Iglesia y Estado en tierras cristianas 36
Ignorancia, las naciones no pueden alegar ahora 62
Igualdad de derechos de todos los hombres 38
Imagen, de oro, tres hebreos no adorarán 42
Imagen, dorada, como imagen en sueño 41
Imagen, la de Nabucodonosor, cuando se instaló 41
Imagen, por qué hecho todo de oro 41
Imagen de Apocalipsis 13, los hombres serán desheredados por no adorar 50
Images and treasure of Egypt returned by Ptolemy Euergetes 200
Impostor en el trono de Medo-Persia 170
Impuestos, exorbitantes, forzados a los súbditos babilonios 57
Impuestos, los políticos recurren a la cuenta personal ..82.
Imágenes, ausencia de entre los discípulos de Jesús 223
Incienso, nube del arca cubierta 155
Incienso, perfume de 146
Incienso, significado de 146
Indiferencia de los judíos en Babilonia 126
Individuos, cómo hacer que el servicio del tabernáculo esté disponible para 156
Inducciones a los judíos para que regresen a Palestina 167
Infalibilidad, decreto de 106
Influencia de Grecia en Alejandría 234
Influencia de Grecia utilizada tanto por Dios como por Satanás 199
Influencia de los cristianos como el incienso 146
Influencia de los seguidores de Cristo 230
Influencia del saber y la literatura griegos 189
Informes, Daniel preciso en 83
Ingenio y aprendizaje en la corte de Babilonia 52
Inglaterra, historia de como la de Babilonia 83
Inglaterra derrota a Napoleón 245, 252
Iniquidad, la copa de Persia, llena 111
Iniquidad, llenando la taza de 76
Inquisición, instrumento de Roma 101
Inquisición instituida 251
Instrucción a los judíos en Babilonia 65
Integridad, preservar en circunstancias adversas 81

Integridad de Daniel los medios de publicar la verdad ..88
Intelecto, del que se gloríian, fracasará 59
Intelecto, los griegos literarios adoraban 193
Inteligencia, hombres de, deseada en la obra de Dios 81
Intereses comerciales secundarios 156
Inventos utilizados para transmitir mensajes con rapidez. 260
Invitados, el terror de Belsasar 71
Ira, Daniel no hizo nada para provocar 85
Isaías, condición de en visión 164
Isaías, Roma fundada en tiempos de 214
Isaías advierte a Ezequías 15
Israel, espiritual, historia de, visto por Daniel 93
Israel, por qué Dios no podía proteger 135
Israel, por qué los babilonios pensaban que la opresión de no era pecado .... 68.
Israel aparentemente olvidado por Dios 41
Israel en Babilonia una contraparte del pueblo de Dios ahora 167
Israel espiritual, descripción gráfica de 180
Israelitas, la liberación de Daniel una nueva señal para ..88
Israel la fuente de la verdad 217
Israel rígido 182
Israel será la luz del mundo 14, 217
Israel vagó cuarenta años 178
Issus, derrota de los medo-persas en 111
Jacob, por qué se cambió el nombre 73
Jacob vio al Señor en Betel 146
Jardín de infancia para Israel, el servicio del santuario 143
Javan, la historia de Grecia se remonta a 186
Jerarquía papal, lo que allanó el camino para 213
Jeremías, tiempo de profetizar 18
Jeremías conocido como profeta en Babilonia 69
Jeremías profetizó sobre el cautiverio 18, 122
Jeremías profetizó sobre la revuelta de Elam 76
Jeremías sigue instando a la gente a abandonar Babilonia 172
Jerjes, cuando cruzó el Helesponto 111
Jerjes, extensión del reino de 111
Jerjes, historia de 173
Jerjes, riquezas de 173
Jerjes, tratos con los judíos 173
Jerjes, último rey de Medo-Persia mencionado por Daniel 180
Jerjes derrotado 180
Jerjes el Asuero de Ester 173
Jerjes un hombre cruel 180
Jerjes y Amán, siervos de Satanás 182
Jerusalén, condiciones desalentadoras en 182
Jerusalén, condiciones tras el retorno de los judíos 171
Jerusalén, la ventana de Daniel abierta hacia 86
Jerusalén, lo que Ciro habría hecho por 167
Jerusalén, los creyentes expulsados de 135
Jerusalén, los judíos en Babilonia temen volver a 126

INDICE GENERAL 371

Jerusalén, pequeño porcentaje de judíos retornados a desde Babilonia 124
Jerusalén, por qué los israelitas tuvieron problemas en la reconstrucción............ 131
Jerusalén, restaurada a los judíos por los persas 111
Jerusalén destruida por Pompeyo............ 217
Jerusalén la novia del Apocalipsis............ 180
Jerusalén presa de cada reino sucesor............ 182
Jerusalén sometida a Persia, ¿cuánto tiempo............ 130
Jerónimo denuncia los dogmas papales............ 254
Jesús nace............ 218
Joaquín, rey de Judá............38
Joaquín prisionero en Babilonia............41
Joaquín sacado de prisión y exaltado en Babilonia........64
Jordán, Jesús en el............ 133
José enseñó a los senadores egipcios............33
Josías fracasó en la formación de sus hijos............18
Joven, Dios ama al............ 178
Joven hebreo llevado a tribunal pagano para dar a conocer a Dios............38
Juan, estado de en visión............ 164
Juan, tiempo de predicación establecido por la historia..... 133
Juan el Bautista, predicación de............ 228
Juan vio a Cristo en el santuario celestial............ 101
Jubilación en el Tigris, Daniel buscó............ 159
Jubileo seguirá a los últimos esfuerzos de Satanás contra el pueblo de Dios............ 180
Juddas ordenó reunirse con Alejandro............ 191
Judá, el cautiverio de una lección objetiva............14
Judíos, consternación de............ 182
Judíos, cómo Dios hizo uso en Babilonia............69
Judíos, historia contada en Babilonia............47
Judíos, las ideas griegas imbuidas por............ 194
Judíos, por qué perdidos como nación............ 268
Judíos, por qué tan pocos regresaron a Jerusalén............ 124
Judíos en Babilonia, Persia se había vuelto contra............ 182
Judíos en Babilonia burlados a causa del Sábado............68
Judíos en Babilonia durante el asedio............68
Judíos en Egipto, de 40.000 a 60.000 asesinados............ 202
Judíos enviados a Babilonia para difundir el evangelio..97
Judíos esclavizados por Roma............ 217
Jueces y reyes, muchos serán llamados a comparecer ante 27
Juegos, griegos, celebrados en Oriente............ 199
Juegos, griegos, realizados por judíos en Jerusalén............ 202
Juicio, apertura de............ 104
Juicio, cuánto tiempo en curso ahora............ 106
Juicio, Daniel preocupado por............ 108
Juicio, Dios puede quitar............59
Juicio, el Salvador suplica mientras se leen los nombres en 104
Juicio, emocionantes escenas de............93
Juicio, expiación un tipo de............ 153

Juicio, hora de enseñar en Babilonia............68
Juicio, hora de proclamado en 1844............ 104
Juicio, inaugurado en 1844............ 153
Juicio, investigación, comienzo de............ 135
Juicio, investigación, cuando se inicia............ 144
Juicio, recompensa de los que son hallados dignos en 106
Juicio, resultado de diez días............23
Juicio, tiempo de............ 104
Juicio, vida de la cuarta bestia prolongada tras............ 106
Juicio, visto por Daniel............ 259
Juicio de 1844, lo que fue, lo que no fue............ 104
Juicio de Dios sobre Roma............97
Justiniano, autor del código de leyes............ 248
Justiniano, brillante reinado de............ 238
Justiniano, campeón de la fe católica............ 236
Justiniano, decreto de entra en vigor en 538............99
Justiniano, leyes de base del derecho nacional actual.. 248
Justiniano derrocó tres reinos............ 100
Juventud hebrea sin rival en la corte de Nabucodonosor .. 25
Jóvenes, carácter de en tiempos de Daniel............20
Júpiter Amón, Alejandro proclamado hijo de.......112, 193
La adoración, la práctica más vil en Babilonia............56
La adoración a Dios es espiritual............41
La adversidad, Dios la trae cuando es necesario............59
La alegría sacrílega, testigo en cada escena de............77
La amabilidad de los leones con Daniel............89
La armonía con Dios hace la armonía con las bestias....89
La arquitectura de Palestina, un modelo para los griegos.. 186
La autoexaltación en la Iglesia primitiva............ 118
La autoridad del papado ganó gradualmente............ 242
La bendición de obedecer la Biblia............85
La caída de Babilonia se enseña en Babilonia............68
La ciencia, dios exaltado en Babilonia............38
La ciencia, ningún reino sin explorar............ 260
La conexión de Gabriel con el hombre............ 121
La controversia entre la verdad y el error no cesa............ 193
La cooperación entre el pecador y el sacerdote, lo que representa............ 146
La creencia de Darío en Dios confirmó............89
La decisión de Daniel, razones a favor y en contra............21
La decisión de Daniel sobre la dieta............21
La Diosa de la Razón descubierta en Francia............ 151
Ladrón perdonado en la cruz............ 151
La Edad Oscura comenzó en 538............ 248
La educación, hebrea la verdadera............58
La educación de Daniel, la entrega de visiones un fuerte testimonio de............93
La educación de Ester, dirigida por los ángeles............ 178
La esclavitud, cómo la imponían Babilonia, Medo-Persia y Grecia............ 189
La esclavitud, espíritu cultivado en Babilonia............33
La escritura, la recompensa de Daniel por interpretar...75

ÍNDICE GENERAL

La filosofía de Platón y los judíos mezclada con la Biblia.. 193
La formación de Jesús por María 16
La formación temprana de Daniel 19
La fuerza abandona el cuerpo en la visión 164
La fuerza de Dios mantiene los mundos en órbita 101
Lago de fuego, la bestia entra 106
La grandeza, verdadera, donde reside 34
La grandeza siempre viene de Dios 59
La gravitación una porción del poder de atracción de Dios 101
La guardia prætoriana suprimida por Constantino .... 232.
La guarida de los leones, Daniel en 79, 159
La guarida de los leones, momento feliz para Daniel en 89
La habilidad de Daniel una maravilla para el mundo 81
La historia, actual, muestra lo que Daniel tuvo que afrontar 83
La historia, el propósito de Dios al trazar 184
La historia, una lección objetiva 214
La historia de 2.500 años revelada en una noche 34
La historia de Babilonia, una lección objetiva 38
La historia de Inglaterra como la de Babilonia 83
La historia de la Tierra depende de Turquía 254
La historia del imperio persa es la historia de los decretos 188
La historia del mundo revelada a un rey pagano 31
La historia de los judíos en un verso 130
La historia de los judíos puede repetirse ahora 173
La historia de Nabucodonosor a cuadros 63
La historia de Roma no terminó con la división 97
La historia egipcia, tan presente en la Biblia 171
La honestidad como espina en la carne de los injustos .. 83
La honestidad de Daniel 81
La ignorancia del verdadero Dios en Grecia 187
La infancia, la fe desarrollada en 26
La invención alentada por Dios 268
La justicia por la fe enseñada en Babilonia 68
La justicia por las obras, a qué conducía 251
La justicia propia, la oración de Daniel una reprimenda para todos 128
La juventud hebrea honrada por Dios 25
La ley, norma de juicio 147
La libertad de Babilonia, el temido esfuerzo de los judíos por obtener 124
La libertad religiosa, principios dados a conocer en Babilonia 47
La literatura y la educación de Roma tomaron prestado de Grecia 214
La madera de cedro y el hisopo representan la vegetación 149
La madre de Daniel, personaje de 19
La maldad en la corte medo-persa controlada por los ángeles 184
La muerte es el resultado de desconectarse del cielo 74

La mujer, figura utilizada para representar la causa de Dios 178
La mundanidad en la iglesia romana 99
Lana escarlata una prenda 149
La naturaleza, el mal, debe morir para que el cuerpo sea apto para que Dios habite en él 139
La obra de Cristo en la tierra 135
La obra del sacerdote una profecía de la de Cristo en el cielo 143
La obra mahometana en la Edad Media a la vista 194
Laodicea causa la muerte de Berenice 200
Laodicea guardó y recordó 199
La oportunidad de Sedequías de salvar Jerusalén 18
La oración, detenerse demasiado pronto 128
La oración, maravillosa de Daniel 124
La Palabra de Dios, lámpara y guía 77
La paz depende de la organización 78
La paz interior antes que la paz exterior 129
La perversión de la verdad trae la muerte 62
La profecía de Isaías sobre Ciro 76
La profecía de Isaías sobre Elam 112
La prueba, confiar en Dios en tiempo de 48
La puerta del lugar santísimo se abrió en 1844 104
La razón exaltada hoy por encima de Dios 249
La reforma sanitaria, nuestra necesidad de 23
La religión de Justiniano la religión de la mayoría de los países hoy en día 248
La religión y el saber griegos, la verdad y el error en ... 189
La revolución en Francia repite la historia de Babilonia 83
La Revolución Francesa, una lección objetiva 249, 250
La sabiduría, principio de 26
La sabiduría de la juventud hebrea no se alcanza por casualidad 26
La sanción debe seguir la orden 42
La segunda venida de Cristo descrita 268
La sencillez de Daniel en la corte de Babilonia 33
Las enseñanzas de la Biblia cambiaron 242
Las escrituras su mejor comentario 112
Las espadas caen rotas 180
Las facciones teológicas, la iglesia desgarrada en tiempos de Constantino 234
Las fiestas del año judío tipificaban fases del evangelio .. 48
Las hojas del árbol de Nabucodonosor eran veneno 58
Las luchas de Satanás con la Iglesia primitiva 118
Las murallas de Jerusalén en llamas 174
Las palabras no se pueden cambiar 106
Las profecías de Daniel explicadas a Alejandro en Jerusalén 191
Las rameras, Babilonia la madre de 100, 184
La supremacía de Roma se acortará 213
Las vasijas del templo judío regresan a Jerusalén 238
La templanza, fundamento de la Biblia 21
La templanza un fruto del Espíritu 49
Laurel, el hombre pasa como un 59

INDICE GENERAL 373

La venida de Cristo en 1844, lo que fue.......................... 104
La venida personal del Salvador se predica en 1833-1844. 136
La verdad, la aceptación parcial provoca la tiranía..... 250.
La verdad, semillas de plantadas en Babilonia................58
La verdad, triunfo de.. 106
La verdad da vida..62
La verdad echada por tierra... 118
La verdad implantada en los corazones infantiles........ 116
La verdad reivindicada ante Belsasar................................71
La victoria, aparente derrota convertida en.................. 172
La vida, cristiana debe estar llena de.............................. 167
La vida, Cristo da abundancia de.................................... 167
La vida, Cristo tan lleno de que los ojos brillan como relámpago.. 161
La vida, Cristo vino a dar...88
La vida, Daniel está a salvo con Dios................................89
La vida, espiritual, para cortar dolorosa.........................85
La vida, espiritual, una realidad 85
La vida, física, sólo la conocían los enemigos de Daniel 85
La vida, Gabriel lleno de 166
La vida, la necesidad de tomar 146
La vida, los griegos reconocieron el poder de 187
La vida de Daniel una reprimenda a los hombres corruptos en el poder.. 159
La vida de Ezequías se alargó......................................15
La vida espiritual de Daniel una cosa real.....................85
La vileza, Babilonia la personificación de 166
La Virgen María hecha mediadora............................... 251
Lecciones espirituales en Daniel para 159
Lengua, el aprendizaje y las costumbres griegas, Alexander una herramienta para introducir.............................. 193
Lengua, griego, más utilizado 199
Lengua del cielo, los sabios de Babilonia no sabían ....61.
Lengua de los jóvenes hebreos, elección y corrección....25
Lenguaje, Dios utiliza a la fuerza....................................73
Lenguaje de Dios, lo que el carácter puede entender... 119
Lenguaje de las Escrituras bien elegido y en el marco adecuado..34
Lenguaje del cielo interpretado 265
Lenguas de todas las naciones enseñadas en Babilonia..29
Leones, Daniel liberado de..89
Leones con alas, significado de....................................93
Leopardo, carácter de 190
Leopardo representa la vivacidad 96
Leopardo representó a Grecia.................................... 190
Leopardo y la cabra representan el norte de Grecia..... 194
Leproso, ofrenda de 149
Leproso, un toque sanó... 166
Ley, íntegra, vista por el pueblo de Dios en 1844........... 153
Ley ceremonial, el culto griego se parecía..................... 186
Ley de Dios, el cuerno pequeño puso las manos sobre 100
Ley de Dios cambiada 275
Ley de Dios colgada en el cielo..................................... 270

Ley de Dios descartada por el papado 242
Ley dominical, la primera 233
Leyes físicas, remanente obediente a............................ 277
León con las alas trasquiladas..................................... 94
Liberaciones, maravillosas... 245
Liberación de los judíos, Daniel busca el tiempo de.... 122
Liberación preparada para Ester.................................. 180
Libertad, verdad, donde sólo se encuentra 211
Libertad condicional, fin de 268
Libertad condicional, las naciones tienen un tiempo.....63
Libertad condicional, un año de concedido Nabucodonosor 59
Libertad condicional termina durante la séptima plaga 269
Libertad entre el pueblo de Dios 129
Libertador, que buscaban a 136
Libertador prometido a los judíos 129
Libro de texto para niños, la Biblia era el 116
Libros, griego, en demanda...19
Libros de registro abiertos en el cielo 104
Limpieza del templo, servicio del año señalado........... 152.
Lisímaco, Asia Menor entregada a 113
Livio, cita de 210
Lluvia tardía prometida por Zacarías............................ 180
Lolardos, persecución de 254
Los acontecimientos nacionales, registrados en el cielo.63
Los acusadores, de Daniel, arrojados al foso 93
Los babilonios eran adoradores al sol..........................62
Los científicos no ven a Dios en soles, planetas y sistemas 270
Los escritos de Platón han sustituido a la Biblia 193
Los esfuerzos de Daniel para presentar Cristo al rey......45
Los fariseos y los platónicos dicen y no 189
Los funcionarios, Daniel un ejemplo para.......................81
Los generales se reparten el reino, cuatro.................... 198
Los griegos expulsados de Constantinopla comprueban el papado.. 253
Los guardianes del sábado, siempre unos pocos en los tiempos más oscuros 245
Los hijos de Zebedeo, un lugar solicitado 269
Los huevos de Pascua, comidos en conmemoración de los dioses paganos..58
Los impuestos, excesivos en Babilonia 38
Los judíos deslumbrados por los pecados de Babilonia159
Los judíos destinados a ser maestros de las naciones 38
Los judíos entregaron el evangelio a medos y persas......97
Los judíos finalmente se dispersaron de Jerusalén....... 135
Los judíos no dieron su mensaje al mundo 46
Los judíos un pueblo pequeño durante la supremacía de Babilonia... 38
Los juegos griegos unían a la gente.............................. 193
Los juegos sustituyeron a las fiestas de Jehová 193
Los jóvenes hebreos no son todos templados 21
Los jóvenes judíos se entretienen entre paganos 124

ÍNDICE GENERAL

Los jóvenes que aprendieron de los rabinos crucificaron a Cristo.................. 196
Los niños, resultado del fracaso de Israel en la educación. 167
Los nombres en Israel, una expresión del carácter..........72
Los obispos de Roma se exaltan...............99
Los pecados de los redimidos los carga Satanás........... 156
Los persas entran en Babilonia...............75
Los persas sabían qué poder derrocaría a Babilonia........69
Los planes contra la verdad la promueven.................. 196
Los planes de los hombres y de Satanás fracasan......... 180
Los poderes del bien y del mal en pleno juego en tiempos de Cristo................ 114
Los principios del gobierno de Dios, un tema absorbente en Dura...........47
Los principios educativos favorecieron a Daniel y a sus compañeros............ 167
Los príncipes adulan a Darío..........86
Los romanos llamaban ladrones.................. 214
Los romanos una raza robusta.......... 214
Los sacerdotes dejaron su trabajo en el templo para ver los partidos................. 202
Los samaritanos impiden la restauración del templo. 132.
Los samaritanos se quejan de los judíos a Cambises .. 170.
Los santos, culto iniciado............... 251
Los sistemas solares giran en torno al trono de Dios... 170
Los sueños de Nabucodonosor...............28
Los vientos, símbolo de guerra............93
Los vándalos, arrancados en 534.................. 100
Lot, hijas de mencionado................ 124
Lucha entre el bien y el mal representados por la luz y la oscuridad............78
Lucifer, Gabriel tomó el lugar de en el cielo.............. 119
Lucifer acusa a Dios de injusticia............28
Lucifer el portador de la luz.................. 121
Lucifer intenta hacer un reino............28
Lugar de encuentro, Daniel tenía un.........85
Lutero encuentra una Biblia................. 254
Lutero proclama la libertad de conciencia................ 254
Luz, Daniel dejo que brille...................49
Luz a Daniel mayor tras su experiencia con los leones ..88
Luz sobre tumba un tipo............... 229
Luz y oscuridad, el Señor dijo a Ciro que era creador....78
Luz y oscuridad, espiritual, juego de sobre la tierra..... 259
Lámparas, tipo de espíritus ante el trono................ 146
Lépido, muerte de................. 218
Macedonia sometida a Roma................. 210
Madre del Salvador, toda mujer judía deseaba ser....... 133
Madres de Israel, resultado de la enseñanza de............47
Madres enseñan a los niños del cautiverio a venir.........15
Madres entrenan a sus hijos para que vivan de verdad en la corte de Babilonia...............16
Magnesia, batalla de................. 210
Magos, efecto de la interpretación de Daniel sobre.......74

Mahometanismo, Egipto el centro de............................ 253
Mahometanismo, origen del................................ 253
Malaquías a Cristo, Grecia abarca el tiempo desde....... 186
Malaquías profetizó de Juan................................ 133
Malaquías y Juan el Bautista, la historia griega llena el tiempo entre............... 194
Maldad, aumento de en Babilonia................................ 108
Malvado-merodach, Daniel posiblemente el instructor de 64
Malvado-merodach, período inestable tras el reinado...64
Malvado-merodach la única cosa registrada de............64
Malvado-merodach mencionado dos veces en la Biblia 64
Malvado-merodach reinó dos años................................64
Malvado-merodach sucede a Nabucodonosor................64
Malvado-merodaco, la destrucción de Babilonia se retrasó más allá del reinado de................................64
Mandamiento de Daniel 9:25, se necesitaron tres decretos para hacer................ 131
Manifestaciones espirituales, origen de........................ 121
Maníaco, Nabucodonosor.............59
Maravilla para el mundo, el pueblo de Dios será un.......39
Marca de la falsa adoración.............50
Marca del culto babilónico................................68
Mardoqueo, conspiración denunciada por................... 182
Mardoqueo, primo de Ester................................ 182
Mardoqueo en la puerta del rey................................ 182
Mardoqueo nombrado consejero jefe de Jerjes............. 180
Marte, los romanos descendientes tradicionales de..... 211
Matemáticas, los estudiantes de Babilonia se deleitaron con............29
Matrimonio, ley de derogación en Francia................... 249
Matrimonios mixtos en Grecia................................ 199
Maxim, hebreo, sobre la educación................................15
Maximiano asociado con Diocleciano................... 230
Mears, Dr., declaración de................................ 202
Medes, fecha del encuentro con los judíos.....................79
Media luna, el símbolo musulmán................................ 253
Media y Persia sabían que Babilonia iba a caer................69
Mediterráneo, el poder romano cercó........................ 210.
Mediterráneo, los javaneses se asentaron en islas de ... 186
Medo-Persia, 538 a 331................................96
Medo-Persia, Daniel no es ajeno a...............81
Medo-Persia, extensión en tiempos de Asuero............. 112
Medo-Persia, la libertad condicional pasó por............. 182
Medo-Persia, sedienta de sangre por naturaleza............94
Medo-Persia, tienen carácter de................................96
Medo-Persia descartada por historiador divino........... 188
Medo-Persia diferente de Babilonia................................64
Medo-Persia en su apogeo durante el reinado de Jerjes 181
Medo-Persia hija de Babilonia................................ 184
Medo-Persia representada por el carnero en Daniel 8 ..96
Medo-Persia representada por el oso................................94
Medo-Persia siguió a Babilonia................................36
Medo-Persia utilizada por Dios para castigar a Babilonia.

77

INDICE GENERAL

Medos, Israel dispersado por las ciudades asirias............79
Medos conocían al Dios de los hebreos......................79
Medos descendientes de Jafet 79
Medos no eran una nueva potencia cuando tomaron Babilonia...79
Medos y los persas conocían a Dios.........................82
Medos y Persas, reino otorgado a 75
Medos y persas marchan sobre Babilonia....................69.
Mejora de Roma, los planes de Cæsar para 218
Melanchthon, Lutero ayudado por........................... 246
Mensaje, del primer ángel, extensión de................... 104
Mensaje, del primer ángel................................. 135
Mensaje, momento del primer ángel......................... 104
Mensaje de Adveniminento, dado en memoria de los vivos 141
Mensaje de cambio desoído cuando el corazón de los hombres está puesto...68
Mensaje proclamado en Babilonia 65
Mente de Dios, todo lo bueno y lo bello tiene su origen en 186
Mente del hombre el santuario de Grecia 20
Mente eleva al hombre por encima de las bestias...........59
Mentes, cómo Grecia conquistó............................. 194
Mentes, sólo dos en el universo........................... 193
Mesías, naturaleza espiritual vista por pocos 228
Mesías, significado de en hebreo.......................... 129
Mesías, venida enseñada por los judíos en Babilonia.......68
Miguel se aparece a Daniel junto al Tigris 161
Milagro en el horno como resultado de vidas piadosas.46
Mil años, Satanás cautivo durante 161
Miller, Wm., cómo se equivoca 144
Miller, Wm., estudiando las profecías de Daniel........... 136
Milán, edicto de 233
Misericordia, límite pasajero de la........................76
Misericordia aún para los judíos 135
Misioneros, los jóvenes hebreos eran verdaderos...........46
Misterio de iniquidad, el Cielo vio a Babilonia como.. 184
Misterio de iniquidad, la profecía trata de 229
Misterio de iniquidad en acción en tiempos de Pablo. 227
Misterios, Daniel comprendió...............................25
Misterios del culto griego 187
Mitología de Grecia, los graduados saben 203
Moab sabía del decreto de la caída de Babilonia...........69
Mobiliario del tabernáculo descrito a los niños 143
Moisés cuarenta años en el desierto 178
Moisés en presencia de la Deidad.......................... 139
Moisés vio el santuario celestial..........................93
Momento, ¡el supremo en la vida de Daniel!................34
Monarcas de Babilonia, conocimiento de Dios perdido por...65
Monarquía, absoluta, apoya al papado 257
Monarquía, fin de la más orgullosa de la tierra...........76
Monarquía en Francia, tiranía de.......................... 257
Monopolios en Roma...83

Monte Horeb, Moisés vio el cielo desde 93
Moros utilizados por Dios para ayudar a liberar a su pueblo.. 254
Mosheim habla del derrocamiento de tres reinos 100
Movimiento realizado por el poder de Dios..................73
muerte, Cristo tiene poder sobre 88
Muerte, la especulación trae 209
Muerte, tres hebreos no sabían que Dios los salvaría de 48
Muerte de Alejandro, confusión tras...................... 198
Muerte de Cristo, signo de su mesianismo 135
Muertes, casos investigados 104
Muros fluviales a orillas del Ulai 121
Mártires, compañía de 265
Médicos no autorizados a ejercer...........................25
Métodos de estudio de la Biblia, griego 248
Música de las esferas...............................106, 265
Música en el banquete de Belsasar..........................69
Nabonadio hecho rey después del malvado-merodac....64
Nabonadio no estaba en Babilonia cuando fue tomada 76
Nabonadio y Belsasar, acontecimientos importantes durante el reinado de 65
Nabopolasar reina dos años con Nabucodonosor...........31
Nabucodonosor, Dios obrando para la salvación de 60
Nabucodonosor, Dios se reveló a..........................38.
Nabucodonosor, el éxito de.................................52
Nabucodonosor, extensión de su reino 28
Nabucodonosor, la ansiedad del sueño inquietante........33
Nabucodonosor, riqueza de 52
Nabucodonosor altamente educado 29
Nabucodonosor apartado de los hombres 58
Nabucodonosor degradado por Dios 59
Nabucodonosor examinó personalmente a los estudiantes..29
Nabucodonosor humillado por la interpretación del sueño de Daniel..41
Nabucodonosor podría haber salvado Jerusalén............38
Nabucodonosor pone a prueba a los príncipes reales 25
Nabucodonosor reconoce a Cristo en el horno..............45
Nabucodonosor reconoce a Dios en Dura 47
Nabucodonosor un hombre de guerra 53
Nabucodonosor usó palabras de Satanás......................59
Nabucodonosor vio reinos terrenales; Daniel vio también celestiales..89
Nacimiento de Jesús, lugar predicho........................93
Nacimiento del Salvador anunciado por Gabriel a María. 119
Naciones, Daniel vio la historia de 93
Naciones, muchas, sabían quién derrocaría a Babilonia 69
Naciones, todas, a orillas del río Ulai .... 121.
Naciones llevadas a los judíos para aprender la verdad 217
Naciones paganas, el pueblo de Dios debe llevar la verdad 38
Naciones un andamio para el pueblo de Dios............... 193
Nación, cuando la destrucción llega a 63

376 INDICE GENERAL

Nación hebrea, Abraham padre de 38
Nación judía, ¿por qué separarse 14
Nación judía destinada a ser eterna................38
Napoleón, conquistas de................................ 245
Napoleón, las reformas de 245
Napoleón Bonaparte asume el control de Francia 257
Napoleón proclamado emperador 250
Naturaleza, cómo interpretar.......................... 187
Naturaleza, interpretación humana de 209
Naturaleza, los griegos adoraban................... 187
Naturaleza, los griegos estudiaron................. 187
Naturaleza, los hábitos de los persas les pusieron en estrecho contacto con 79
Naturaleza, poder de Dios en 101, 265
Naturaleza abrió la mente de Cristo............... 196
Naturaleza conduce a Dios.............................. 161
Navidad, una reliquia de las costumbres babilónicas 56
Nehemías, tiempos difíciles en la construcción descritos por........... 131
Nehemías copero del rey en Babilonia 131
Nehemías incitando a la gente a la actividad............... 182
Nehemías va a Jerusalén 130, 182
Nelson derrota a Napoleón en Egipto............ 245
Niños, canciones sagradas enseñadas a......... 116
Niños, la filosofía griega enseñada a ahora............ 249
Niños, las ideas griegas inculcadas en............ 203
Niños, los israelitas los venden como esclavos.......... 171
Niños comprensivos, Israel se había convertido........... 143
Niños se alimentan ahora de mitos griegos 187
Nobleza se pierde cuando uno elige a Satanás............86
Nombre, cambio de significa cambio de carácter...........72
Nombres, griego, sustituido judío................... 202
Nombres de niños elegidos por inspiración 202
Norte y Sur en Grecia, intento de unión........ 199
Nubes del cielo son ángeles............................ 104
Obediencia a las leyes de la naturaleza, cómo se muestra . 25
Obispos de Roma codiciosos de poder civil.....................99
Objeto de la existencia de Persia 171
Obra mediadora de Cristo sobre..................... 268
Octavio llega al poder en Roma 218
Ofreciendo un cordero, detalles de................ 143
Ofrenda, muertos resucitados presentados como, en la ascensión 269
Ofrenda, muertos resucitados presentados como, en la ascensión 94
Ofrenda quemada, detalles de 146
Ofrenda quemada, significado de que el sacerdote coma.. 146
Ofrendas, Israel en Egipto no vio al Salvador en 139
Ofrendas, Israel no vio el significado de.............. 143
Ofrendas, significado de a Adán..................... 141
Ofrendas de Caín y Abel................................. 141
Ofrendas representaban diferentes fases de la obra de Cristo... 146
Ojo, Dios guiará con su................................... 161
Ojos abiertos en visión.................................... 164
Ojos de cuerno pequeño................................. 101
Ojos del Señor son siete espíritus................... 146
Oportunidad, de Dios 89
Oportunidades para bendiciones, Dios da 77
Oportunidades perdidas por los hijos de Josías..............18
Oposición entre el norte y el sur de Grecia.................... 194
Opresión de los judíos en Babilonia..................65
Opresión de los judíos por Roma 116, 228
Oprimidos, Dios del lado de........................... 116
Oraciones de santos añadidas al incienso 146
Oración, Daniel siempre tuvo tiempo para 122
Oración, Daniel visto en tres veces al día.............85
Oración, por qué Daniel buscó a Dios en 85
Oración, ventanas del cielo abiertas a 48
Oración de Daniel, por qué registrada............ 126
Oración de Daniel aparentemente desoída............ 164
Orden de los cuerpos celestes un tipo............ 265
Organización, la paz del reino depende de......78
Organización del reino babilónico 78
Orgullo, Belsasar reprendido por......................72
Orgullo, Dios capaz de abatir 60
Orgullo, mundano, Dios no lo sostendrá..........59
Orgullo de Alejandro 193
Orígenes, filosofía de los griegos adoptada por 248
Oscuridad sobre cruzar un tipo 229
Oseas, palabra de Dios a 93
Ostrogodos arrancaron en 538....................... 100
Pablo, condición de en visión 164
Pablo escribió sobre el misterio de la iniquidad..............99
Pablo predicó el Evangelio en Roma................99
Pacto, símbolo del Eterno............................... 270
Padre, sacerdote de casa................................. 141
Paganismo, crueldad de 99
Paganismo, fuerza probada en la cruz 218
Paganismo aplastado 248
Paganismo en el corazón-un nuevo dispositivo 227
Paganismo en la iglesia................................... 227
Paganismo en su apogeo en tiempos de Cristo............. 116
Paganismo en vestimentas cristianas............. 231
Palacio, los peces se precipitan hacia el 75
Palacio de Shushan, descripción de................ 181
Palacio de Susa, banquete ofrecido por Jerjes 181
Palestina, acierto al elegirla como hogar de los judíos. 217
Palestina, mahometanos en 252
Palestina a las puertas de las naciones........... 202.
Paloma posada sobre Jesús en el bautismo ... 133
Pan de vida, las naciones buscan en Babilonia.................58
Papa, reyes obligados a inclinarse ante 251
Papado, 1260 años asignados en..................... 251
Papado, características principales de........... 213
Papado, Constantino y Justiniano contribuyeron a formar 240

INDICE GENERAL

Papado, desarrollo gradual 240
Papado, fundamentos del 242
Papado, males de épocas pasadas concentrados en 113
Papado, obra de retratados 113
Papado, poder mayor que cualquier otro anterior 113
Papado, sede de Roma 236
Papado apoyado por el poder civil 248
Papado visto por Daniel en visión 256
Pared, letra en el 69
Pascua, Cristo nuestro 152
Pascua, los niños a entender 149
Pascua judía, la más grande de la historia 17
Pastor en Israel, Daniel un verdadero 128
Patricios de Roma en el poder 209
Patricios y plebeyos, luchas entre 209
Países continentales, historia de como Babilonia 83
Pecado, fin del 107
Pecado, pecador destruido con 146
Pecado de Israel, Daniel se puso bajo carga de 124
Pecador, Dios desea separarte del pecado 146
Pecador, la actitud de Dios hacia 74
Pecados, pasados, no tenidos en cuenta 74
Pecados, registro guardado en el cielo 104
Pecados de Israel olvidados 156
Pecados todos conocidos por los ángeles y otros mundos 104
Pecho y brazos de plata 35
Pena de pecado, los pecadores eligen 159
Pensamientos, brillantes, de Dios 59
Pensamientos, Roma asomándose a 101
Pensamientos, secretos, no ocultos al cielo 104
Perdón, los pecadores no eligen 159
Perdón a los pecadores 104
Perdón concedido por el Papa 251
Persas, Gabriel sigue vigilando 171
Persas, templanza de 78
Persas entendían la naturaleza 79
Persecución, libertador preparado de antemano en tiempo de 178
Persecución, permitida a los judíos bajo Jerjes 178
Persecución bajo Roma 97
Persecución cesa al principio del tiempo del fin 275
Persecución de los judíos en Babilonia 68
Persecución en el 34 d. C. 135
Persecución en Jerusalén, resultados de 232
Persia, posición de en la historia 112
Personaje, nombre independiente de en Roma 213
Personajes reflejados en los libros del cielo 104
Períodos proféticos explicados a Daniel 275
Peter, por qué se cambió el nombre 72
Peticiones, presionar más alto 128
Peticiones de Daniel tan apremiantes que Cristo ayudó a Gabriel 164
Piedras de Jordania, los niños esperaban preguntar sobre 149

Piedra tallada sin manos, significado de 38
Plaga, los justos no sienten los efectos de 269
Planeta, composición de 149
Plan para cada uno, Dios tiene 48
Platón, filosofía de, la alta crítica un renacimiento de . 248
Platón, influencia de las enseñanzas de 193
Platón el líder intelectual de los escritores modernos .. 193
Población rural, declive de entre los romanos 211
Pobres oprimidos en Babilonia 39
Pobres y enfermos, provisión para el regreso a Jerusalén .. 130
Poder de Dios, cómo los judíos perdieron 38
Poder de Dios en la naturaleza 265
Poder de Dios imputado a los dioses paganos 94
Poder de Roma, los reyes se inclinan ante 251
Poder en contacto con la mano de Cristo 166
Poderes mentales de la juventud hebrea, vigor de 25
Poder intelectual de Grecia, permanencia de 203
Poder unipersonal, los romanos aceptan de buen grado ... 218
Politico, Daniel un noble 81
Politico comparado con la hierba 81
Política, cada uno de los cuatro reinos tenía distintas . 242
Política, la influencia de los cristianos se deja sentir en 230
Política, Satanás lo intenta con la Iglesia primitiva 116
Política de gobierno cambiada por Constantino 234
Política del papado 242
Político, Daniel no es un 81
Políticos, Darío en peligro de 82
Políticos robando al gobierno en tiempos de Daniel 82
Pompeyo, muerte de 217
Pompeyo dirigió el ejército de Roma 215
Pontifex Maximus, el más alto funcionario religioso de Roma 213
Posiciones, compra de en tiempos de Daniel 82
Posición, sostener una no demuestra superioridad 55
Posición de Daniel bajo Darío 122
Posición de Daniel una prueba severa 82
Posición de Israel frente a las demás naciones 202
Precio pagado por la redención 151
Precisión de Daniel 83
Precisión de la fecha 457, cómo se estableció 139
Preparación para la venida de Cristo en el cielo 270
Presente, Dios trata con los hombres y las naciones en .. 74
Presidentes sobre príncipes, Daniel hecho jefe de 78
Presión, física, 15 libras por pulgada cuadrada 86
Presión, igualando 86
Primer ministro, confianza del rey en 86
Principio, adhesión a siempre honrado por Dios 2
Principio, Daniel firme como una roca para 49
Principio, ser fiel a en Babilonia 38
Principio pasado por alto por los seguidores de Caín . 146
Principios, aplicación de 215
Principios, cada imperio sucesor fundado sobre los

INDICE GENERAL

mismos..95
Principios, cierto, la salida de Belsasar de.........................72
Principios, eternos, en juego en la llanura de Dura..........45
Principios de gobierno que deben extraerse de la historia de Babilonia 61
Principios de la Reforma, resultado de rechazar.......... 246
Principios del gobierno babilónico representados por las raíces de un árbol..95
Principios educativos para hacer del pueblo de Dios maestros del mundo..38
Proclamación de emancipación a los judíos en Babilonia. 159
Proclamación de la libertad a los judíos, primer acto de Ciro.. 169
Proclamación del sábado en las llanuras de Dura..........47
Profecía, cuando Roma se hizo prominente en 215
Profecía da la historia nacional....................................... 214
Profecía de la humillación de Babilonia 34
Profecías, los judíos no estudiaron 133
Profecías, perder la fe en ellas después de 1844 136
Profecías dadas a Daniel después de su noche con los leones..88
Profecías de Daniel, una clave para la historia 13
Profecías de Daniel 8, belleza en 119
Profecías de Daniel referidas por Cristo.............................13
Profecías del segundo advenimiento, debemos estudiar.... 133
Profecía sobre la contienda entre Medo-Persia y Grecia.... 111
Profesores, la iglesia remanente será 266
Profesores del mundo, Dios pretendía que Israel fuera 167
Profesores para brillar 266
Profeta, no se podía confiar en ninguna familia de Israel para traer 202
Profeta, por qué Israel estuvo tanto tiempo sin............. 194
Profetas, falsos... 121
Profetas, la verdad dada a través de Gabriel 121
Profetisa griega, personaje de la 193
Promesas a Abraham, unos pocos se habían aferrado 228
Promesas en Zacarías, gloriosas.. 180
Promoción, Dios da... 112
Prosperidad de Daniel durante los reinados de Darío y Ciro..88
Prosperidad en Israel cuando empezaran a construir. 180
Protestantismo, el nacimiento de, una maravillosa liberación 245
Protestantismo, líderes conversos en las universidades..26
Protestantismo, principios de verdad proclamados en Dura..47
Provincias, 120 pasaron a depender de Medo-Persia a la caída de 112
Provisiones para 20 años en Babilonia cuando comenzó el asedio..71
Prueba, la final, lo que será..50

Prueba, una segunda dada tres hebreos 45
Prueba de la juventud hebrea, resultado de 25
Pruebas, cómo igualar la presión de..................................86
Pruebas, diferentes a Abraham, Moisés, Elías, Daniel....48
Príncipe de príncipes, Roma para enfrentarse a........... 213
Príncipes, 120, colocados sobre provincias por Darío....78
Príncipes, Daniel obligado a tratar con todos..................82
Príncipes, diseño de comprendidos por Darío 86
Príncipes, el rey pasó todo el día suplicando a................89.
Pseudo-Smerdis descubierto y asesinado 69
Pseudo-Smerdis el Artajerjes de Esdras 4:7.................. 170
Ptolomeo, Egipto dado a.. 113
Ptolomeo apellidado Soter.. 193
Ptolomeo Dionisio, hermano de Cleopatra................... 217
Ptolomeo Epífanes, los reyes de Macedonia y Siria conspiran contra.. 208
Ptolomeo Epífanes toma el trono de Egipto 213
Ptolomeo Euergetes invade Grecia, Siria y Babilonia .. 200
Ptolomeo Filadelfo, Biblioteca Alejandrina fundada por .. 196
Ptolomeo Filadelfo, sucesor de Ptolomeo en Egipto.... 193
Ptolomeo Filopáter en el trono egipcio 200
Publicar la noticia de la liberación de Daniel..................88
Pueblo de Dios, la historia de proporciona el único hilo ininterrumpido.. 171
Puertas de Babilonia, que Dios abra..................................71
Puritanos, descendientes de los lolardos 254
Pájaro con sangre volando por el aire, significado de. 149.
Rabinos, la filosofía griega y las leyes de Dios mezcladas por.. 202
Ram, la definición de la interpretación de .... 112.
Ram, representaba a Medo-Persia.....................................94
Ram, sin ayuda para contra cabra.................................. 169
Rastrojos, sabios de Babilonia como.................................34
Razón, culto griego de... 214
Razón dada por Dios..59
Raíces del árbol babilónico siguen vivas...........................95
Reconstrucción de Jerusalén, un símbolo de la labor evangélica actual 131
Reconstruidas las murallas de Jerusalén....................... 182
Recursos, Dios ilimitado en 196
Redención, las naciones como actores en el plan de.... 214
Redentor prometido en el Edén 141
Reforma, cuarenta años sellaron el destino de en Alemania 178
Reforma, oferta en la misma que a los judíos en Babilonia 246
Reforma, principios de.. 246
Reforma, Roma retrocedió ante la marcha de.............. 246
Reforma, semillas de esparcidas por los valdenses..........26
Reforma, vista por Daniel... 256
Reforma en Alemania, resultado de............................... 257
Reformas de Josías alejan la ira de Dios 18
Registro de Ester, por qué se conserva 180

INDICE GENERAL

Reinado del Terror en Francia.................................. 249
Reinado de Nabucodonosor, fin de...........................63
Reinado próspero de Nabucodonosor........................63
Reino, quinto, establecido por Dios 106
Reino de Babilonia, decadencia de............................54
Reino de Medas y Persas, doble naturaleza de............ 112
Reino romano, comienzo de..................................... 214
Reino romano, división de 236
Reinos, cada uno fusionado en sucesivos....................95
Reinos, cada uno tenía una fuerte característica 213
Reinos, cuatro, destino de.. 106
Reinos, la profecía presenta de varias maneras........... 184
Reinos universales, no más después de los cuatro.........36
Religión, Daniel condenado por.................................86
Religión, griega, aceptada en Siria 199
Religión, secundaria frente al gobierno en Roma 213
Religión base del gobierno en las naciones paganas......36
Religión de Babilonia, propagación de 56
Religión de Jesús, los graduados no saben 203
Religión el rasgo fuerte de Babilonia......................... 213
Remanente salvado de Babilonia............................... 182
Rendir cuentas de nuestros caminos...........................79
Representación en la tierra, Dios siempre tiene.......... 119
Representantes de todas las naciones visitaron Judea en su prosperidad... 186
Representantes en la cruz de los cuatro puntos cardinales 229
Republicanismo, lo que Roma entendía por 210
Responsabilidad, los hombres deben soportar 59
Responsabilidades, Babilonia una escuela extraña para adaptarse a...24
Responsabilidades, que son aptas para soportar..........25
Respuesta al decreto, débil....................................... 132
Resumen de 2300 y 1260 días.................................. 240
Resumen de la historia en Daniel 8:14...................... 130
Resumen del reinado de Nabucodonosor....................63
Resurrección, especial, quien resucitará en 269
Resurrección, primicias tipificadas.................... 152.
Resurrección, promesa de 88
Resurrección de los muertos cuando Cristo resucitó .. 269
Resurrección justo antes de la segunda venida de Cristo .. 269
Revelación a Daniel sobre los últimos días................. 164
Reverencia por Dios o su pueblo, ninguna en Babilonia ... 108
Rey, deber de obediencia de los súbditos 41
Rey de Babilonia, Dios puso espada en mano de 53
Reyes, Roma gobernada en los primeros tiempos 209
Reyes de Medo-Persia, cómo Gabriel trabajó con....... 169
Reyes hechos esclavos de Nabucodonosor 55
Reyes persas, brevedad de la historia de.................... 160
Ricos exaltados en Babilonia......................................38
Riqueza, la gente que se glorié caerá 59
Rociada de sangre ante el arca 155

Roma, cristiana, más cruel que la pagana 99
Roma, Cristo vino personalmente a...................................97
Roma, nadie se atrevió a oponerse 251
Roma, ninguna bestia lo bastante terrible para representar...96
Roma, oportunidad de aceptar a Dios................................97
Roma, pagana, por qué cayó.. 100
Roma, poder absoluto de...99
Roma, principios de gobierno falsificados fuertes en 95
Roma, territorio de 114
Roma ayuda a Ptolomeo Epífanes 201
Roma ayudada por Satanás.. 214
Roma centro del mundo en tiempos de Cristo..................99
Roma combinó características de tres reinos anteriores 208
Roma construida sobre principios babilónicos.................83
Roma crucificó a Jesús 97
Roma dividida en diez partes 36, 97
Roma durará hasta el fin de los tiempos 36
Roma el mayor enemigo del pueblo de Dios................... 211
Roma exaltándose por encima de Dios 118
Roma explicó minuciosamente a Daniel................. 96, 213
Roma nominalmente cristiana 118
Roma pagana, crueldad de... 118
Roma papal, crueldad de 118
Roma se hunde en la ruina.. 100
Roma siguió a Grecia 36
Roma sucedió a Grecia en 161 95
Roma un reino longevo 101
Roma un reino universal durante la vida de Cristo ....97.
Ruina del alma, Satanás debe sufrir por 156
Rumores de la llegada del enemigo, dos............................68
Ruptura del gobierno de Roma 100
Rusia y Francia amigas en tiempos de Napoleón .... 252.
Sabado, por qué los judíos dejaron de traficar el 182
Sabiduría, Daniel tuvo oportunidad de exaltar su propia.. 33
Sabiduría, por qué dada a los babilonios..........................62
Sabiduría de los caldeos, cómo Dios demostró su sabiduría superior a..38
Sabiduría y conocimiento, ¿dónde están escondidos los tesoros de..59
Sabios, Nabucodonosor amenaza......................................31
Sabios incapaces de salvar Babilonia.................................34
Sacerdocio, deberes de entre los griegos......................... 193
Sacerdote en casa, qué decidida sucesión de 146
Sacrificios de griegos sin valor... 187
Sacrificios ofrecidos en el Edén 141
Sacrificio y oblación suprimidos..................................... 135
Sadrac, Mesac, Abed-nego, juicio de........................ 42-46
Sadrac, Mesac, Abed-nego hechos gobernantes..............41
Salarios, lecciones de Nehemías sobre 131
Saliendo el sol, el sacerdote estaba de espaldas a 155
Salomón, los reyes pagaron tributo a Israel en días de 213

ÍNDICE GENERAL

Salvador, los judíos esperaban 228
Salvador crucificado bajo el cuarto poder....................... 101
Salvados, tres compañías de... 265
San Bartolomé, masacre de 249
Sanción por no adorar la imagen...41
Sangre de Cristo cayo al aire 151
Sangre de Cristo recibida por la tierra en el jardín........ 151
Sangre de la ofrenda por el pecado, de dónde se
Sangre sostenida sobre agua, significado de 149
Santo de los santos la morada de Dios............................ 101
Santos, el cuerno pequeño hizo la guerra a.................... 100
Santo Vigilante en las legislaturas 164
Santuario, cambios en el cielo.. 259
Santuario, celestial, Moisés vio en el monte................... 139
Santuario, Cristo deja el cielo... 268
Santuario, el periodo de limpieza comenzó en 1844 .. 152.
Santuario, indicaciones para construir 139
Santuario, Israel no tenía ninguna concepción del trabajo realizado en el cielo 13
Santuario, limpieza del cielo... 152
Santuario, lo que la limpieza significaba para los judíos en Babilonia... 126
Santuario, luz recibida en 1844.. 275.
Santuario, por qué Dios tenía uno visible entre los hijos de Israel 139
Santuario, un estudio de 142
Santuario celestial, Cristo entró en su ascensión 101
Santuario de Dios significaba templo en Jerusalén para los judíos.. 126
Santuario en el cielo, cuando Cristo entró 144
Santuario en el cielo, Daniel vio al Padre y al Hijo en....93.
Santuario en el cielo, visto por Moisés y Juan.........93, 142
Santuario en la tierra típica 136
Santuario entendido como tierra en 1844...................... 136
Santuario entendido después de 1844............................. 136
Santuarios, tres mencionados en la Biblia..................... 142
Satanás, cada movimiento es contrarrestado por Dios..48
Satanás, Dios vigila cada movimiento de..........................48
Satanás, los pecados que se.. 161
Satanás, por qué Dios no destruyó al principio 42
Satanás derrotado con Babilonia 76
Satanás desafía al gobierno de Dios...................................42
Satanás destruyó... 156
Satanás el portador de la oscuridad................................. 121
Satanás exultante por la unificación del mundo bajo Augusto.. 218
Satanás insta a los gobernantes de Babilonia a pecar......71
Satanás perdió la esperanza en la cruz............................ 218
Satanás representaba al mundo en los consejos del cielo... 209
Satanás se reunió con representantes de mundos 29
Satanás sobrepasó los límites en Dura...............................47
Satanás triunfa en Susa... 182
Satanás y su hueste, 144.000 ocupan el lugar en el cielo....

265
Se acerca la liberación de Israel de Babilonia..................84
Se advierte a Egipto e Israel de que no huyan en busca de protección.. 194
Secretos de Dios, el hombre puede comprender algunos de.. 118
Se declara la infalibilidad del Papa................................... 251
Se dejan abiertas las puertas del río de Babilonia............75
Sedequías, cómo podría haber salvado a Jerusalén........38
Sedequías, por qué condenado y aprobado, también 74
Sedequías teme obedecer a Dios...18
Se descuidan los servicios del templo 182
Se establece la tolerancia en Francia................................ 250
Se explicará a los niños el significado del servicio de santuario.. 149
Segundo advenimiento, Gabriel dará a los hombres señales de... 144
Seleucidæ conquistada por Roma 215
Seleuco, Siria entregada a 113
Sello de Dios, sobre el que colocó 268
Semana, duración de cambiada a diez días en Francia 249
Semblante de Cristo como un relámpago...................... 161
Senado de Roma, poder de 211
Senado de Roma restaurado por Augusto 218
Senadores egipcios enseñados por José............................33
Se ordena la matanza de todos los judíos del reino de Medo-Persia... 182
Separación, lo que causa entre Dios y el hombre...........74
Sepulcro de Cristo, mujeres en...89
Servicio, Cristo realiza ahora su 156
Sesenta y nueve semanas, fin de 129
Sesenta y nueve semanas cumplidas 133
Setenta semanas, comienzo de 130
Setenta semanas, como divididas por ángel 130
Shinar elegido como emplazamiento de Babilonia........28
Siete denota Espíritu completo... 146
Siete semanas de Daniel 8:14, por quién explicadas ... 130.
Simpatía con el cielo, Daniel estaba en.............................89
Simpatía de los súbditos, fuerza del reino en proporción a 78
Sistema educativo, Babilonia confía en la salvación........29
Sistema educativo, nuestro, rastreado hasta Babilonia ...56
Sistema educativo causó la ruina de Babilonia................29
Sistema educativo de Babilonia aceptado hoy en día......38
Sistema educativo más antiguo que Grecia......................56
Smerdis, Dios vigilando cada movimiento de............... 171
Smerdis, hijo de Cambises... 170
Smerdis ordenó el cese de la construcción en Jerusalén 170
Soborno en Roma..83
Soborno en tiempos de Daniel..82
Sociedades secretas, la copa dorada un símbolo familiar.. 56
Sociedad pagana, principios de en la iglesia primitiva 118.

INDICE GENERAL

Sofismas de Grecia, destino de los atrapados por........ 209
Sol, los seguidores de Caín ofrecieron a........................ 146
Sorpresa, Dios nunca tomó por 77
Sueño, importancia del de Nabucodonosor 54
Sueño, por qué dado a Nabucodonosor en la noche .....31.
Sueño, por qué Nabucodonosor olvidó...........................31
Sueño de árbol, de Nabucodonosor 31, 52
Sufrimientos del pueblo de Dios, Daniel enfermo al contemplar 118
Sufrimientos de Satanás, lo que hará más ligero........... 234
Sumo sacerdote, obra del típico 144
Supremacía bruta y el progreso de los generales poderosos, el contraste entre 202
Supremacía medo-persa, la vida de cada individuo en 188
Supremacía papal, fin de en 1798 250
Susa, Daniel vivía en..81
Susa, donde vivió Daniel después de que Belsasar tomara el reino..76
Susa, la casa de Daniel en palacio en............................ 108
Susa la capital de Jerjes 181
Susa perpleja ante el decreto 182
Sábado, cuerno pequeño intentó cambiar 99
Sábado, semanal, expiación diferente de 153
Sábado profanado en Jerusalén 182
Símbolos, gotas de Gabriel para explicar Grecia.......... 189
Símbolos difíciles de entender para Daniel.................. 189
Súbditos, vidas en manos del rey 57
Tabernáculo, modelo dado a Moisés en el monte Horeb 93
Tabernáculo, por qué Dios construyó la tierra............. 139
Tatnai advierte a los judíos que dejen de construir ..... 172.
Tatnai escribe a Darío para que deje de construir en Jerusalén 172
Tatnai ordenó ayudar a los judíos................................ 172
Temor a los judíos entre los persas............................... 180
Templanza, prueba de los tres niños hebreos en 20
Templanza..20
Templo, Alexander visita el 191
Templo, celestial, camino al interior manifestado por Cristo... 139
Templo, construcción de ayudado del tesoro real 130
Templo, Cristo salió dos días antes de la crucifixión .. 142.
Templo, el intento de Ptolomeo Filopáter de profanar 202
Templo, griegos en..97
Templo, iniciadas las obras de restauración................. 132
Templo, la gente se va para construirse casas 132, 171
Templo, nuevo, menos glorioso que el primero........... 180
Templo, presencia de Dios retirada de.......................... 135
Templo, segundo, ancianos decepcionados por........... 170
Templo, tesoros de llevados a Babilonia 18
Templo del cuerpo, Cristo destruirá y resucitará en tres días.. 139
Templo de Salomón, mezquita musulmana en el emplazamiento de... 252
Templo quemado por Tito 135

Tensión nerviosa de los deberes de la oficina, cómo Daniel tuvo fuerzas para afrontarla....................................86
Termópila, Salamina y Platea, los persas derrotados ... 111
terrenales...61
Territorio de los generales de Alejandro...................... 198
Terror causado por el desgarro del velo del templo..... 139
Tesoro tomado por Roma en homenaje....................... 210
Testimonio enviado al Faraón por Ezequiel 52
Tiberio, personaje de 228
Tiberio César sucede a Augusto................................... 228
Tiempo, importancia de saber..77
Tiempo de acontecimientos, Daniel no podía entender.... 118
Tiempo de huir cuando Ciro se retrasó...........................68
Tiempo del fin, el remanente se desarrollará en 268
Tiempo de problemas, la gente debe mantenerse por fe.... 268
Tiempo de problemas en Babilonia................................68
Tiempos difíciles, dos..68
Tiempos y leyes, cuerno pequeño piensa cambiar 100
Tierra, fuego, agua adorados por medos y persas 79
Tierra, maldición 140
Tierra para ser limpiada de los efectos del pecado....... 140
Tigris, la última visión de Daniel por........................... 260
Tipos de adoradores Caín y Abel 142
Tipo y antitipo, resumen del.. 152
Tiranía, cuando gobierna 29
Tiranía actual tiene la misma raíz que en Babilonia ......57.
Tiranía en el gobierno de Babilonia 57
Tiranía en el reino persa, tendencia a la 184
Tiranía papal..42
Tiranía papal..42
Tiranía repetición de Babilonia......................................42
Tiro conquistada por Nabucodonosor...........................52
Tiro resistió a Nabucodonosor durante 13 años............53
Tiro y Sidón sabían que Babilonia iba a caer.................71
Tito captura Jerusalén 135
Tolomeo Filopáter victorioso sobre Antíoco Magno.. 202.
Tonterías, libertad para permitirse
Tours, la batalla de frenó el progreso mahometano.... 253.
Trabajos de sellado.. 254
Tradiciones de los hombres, lo que formó 193
Trajano, Constantino menos virtuoso que 233
transcurrirían 101
tratos, Daniel intachable en..83
Tratos de Dios con las naciones 61
Trato torcido, Dios tiene constancia de 104
Triunfo, Daniel vio al final... 266
Trompetas de Apocalipsis 8 símbolo de Roma en estado dividido..97
Trono de Dios, la descripción de Ezequiel de.............. 101
Trono de Dios, la misericordia y la justicia se mezclan 104
Trono de Dios el centro de la creación 101
Trono de Dios vivo... 101

Trueno, voz de Dios como 161
Tumba de Cristo, sello romano en..............97
Tumba del Salvador, Gabriel en 119
Tunica de José bañado en sangre 141
Turcos, países que reciben tributos de 252
Turcos se trasladarán a Palestina................. 252
Turquía, cómo ha sido ayudada 254
Turquía, un punto de referencia nacional 254
Turquía el enfermo del este 252
Túnica, escarlata, colocada sobre Daniel........................75
Ulai, Daniel en visión 112
Ulai contiene agua de vida 121
Ulai representa el río del tiempo........................ 121
Una semana, tiempo asignado a la nación judía........... 135
Ungimiento de Jesús........................ 129
Uniones en la iglesia primitiva 118
Universidades, mundanas, lo que capacitaría a nuestros jóvenes para entrar en..........................26
Universidades, valdenses en...........................26
Universo observando a tres hebreos 44
Universos, espacio lleno de 265
Unión de la Iglesia y el Estado, continuación de.............38
Usura, lecciones de Nehemías sobre 131
Vacío aborrecido en las cosas espirituales.................... 140
Valdenses, persecución de.......................... 245
Valdenses en universidades mundanas...........................26
Vasos del santuario llevados a Babilonia.....................14
Vasos sagrados, por qué llevados al banquete de Belsasar. 69
Vasos sagrados vigilados por ángeles....................69
Vasti, historia de 181
Venganza, tiempo del Señor 77
Venida de Cristo, primera y segunda, probabilidad en tiempos de Jeremías 17
Venida de Cristo para juzgar no el segundo advenimiento 104
Ventana, Daniel oro en voz alta abriendo 86
Ventanas abiertas hacia Jerusalén 85
Verdad, hombres guiados por ángeles para tomar posiciones para........................... 164
Verdad, Jerusalén para ser llamada ciudad de............... 180
Verdad, los judíos no dieron 38
Verdad, Platón asintió, pero no vivió 189
Verdad, Satanás busca nuevos artilugios para derrocar 227
Verdad, triunfo de bajo Jerjes 180
Vicio, actitud que el hombre de Dios debe asumir hacia 83
Vida en la corte, Daniel tuvo 67 años de 89
Vida eterna, lo que asegurará........................... 203
Vida sana, lo que hará por la gente.....................38
Vida sana, principios de encomendados ahora al pueblo de Dios.........................38.
Vidas de hombres, los ángeles registran 104
Vidas de tres hebreos, por qué se dan 48
Vientos, contienda de cuatro 93

Vientos de contienda sostenidos por ángeles............... 254
Violencia, Ciro frenado por Gabriel............................... 170
Virilidad, la juventud hebrea respetaba su 25
Visiones de Daniel 89
Visión, acontecimientos vistos en la última................. 260
Visión, estado de la persona en 164
Visión de Daniel 7, cuando se dio 93
Visión de Daniel 8, por qué comienza con Medo y Persia 112
Visión de Daniel 8.............................. 108
Visión de Daniel del cuarto reino.................... 211
Visión de Ezequiel sobre Egipto..........................52
Visión de Ezequiel sobre Egipto conocida por Nabucodonosor 52
Visión del pueblo de Dios oscurecida por el pecado.. 126.
Voluntad, cómo tener una fuerte........................49
Voz de Cristo, calidad de 161
Voz de Dios, Daniel sabía 34
Voz de Dios en el bautismo de Jesús 133
Voz de Dios hablando a Cristo en el templo.................. 156
Vándalos, el arrianismo favorecido por..................... 238
Wycliffe, Biblia traducida por.................... 254
Wycliffe, una obra como la de Daniel 254
Zacarías, tiempo de la visión de 173
Zacarías profeta en Jerusalén............................ 171

www.ingramcontent.com/pod-product-compliance
Lightning Source LLC
LaVergne TN
LVHW020925090426
835512LV00020B/3201